GREGOR DER GROSSE

HOMILIEN ZU EZECHIEL

CHRISTLICHE MEISTER

Band 21

GREGOR DER GROSSE

HOMILIEN ZU EZECHIEL

Erstmals ins Deutsche übertragen und eingeleitet von

GEORG BÜRKE SJ

JOHANNES VERLAG EINSIEDELN

Mit kirchlicher Druckerlaubnis

Hergestellt im Graphischen Betrieb
Benziger, Einsiedeln
ISBN 3 265 10268 8

INHALT

EINLEITUNG

I

Die Ezechielhomilien Gregors I. gehören zu den verborgenen Kostbarkeiten der patristischen Literatur. Sie sind selbst den gebildeten Laien wie auch den meisten Theologen so gut wie unbekannt. Das hängt nicht zuletzt mit ihrer Stellung im Gesamtwerk Gregors zusammen. Die historische Bedeutung des heiligen Papstes liegt ja nicht sosehr im theologisch-dogmatischen Bereich, wie etwa bei Irenäus und Augustin, Gregor von Nyssa und Maximus Confessor, sondern darin, daß er die mittelalterliche Kultur entscheidend mitgeformt hat, die, wie jede große Kultur, auf sittlichen und religiösen Fundamenten aufruht. Für ihn war nach den großen ökumenischen Konzilien die Theologie abgeschlossen; und es ging ihm daher weniger um die Vermittlung neuer Erkenntnisse oder Glaubenseinsichten als vielmehr um die Organisation und kraftvolle Durchsetzung eines christlichen Lebenswandels bei Priestern, Ordensleuten und Laien. Gregor hat nicht allein durch sein Leben und Wirken das weithin leuchtende Beispiel einer starken geistlichen Autorität gegeben – die über 800 erhaltenen Briefe legen ein beredtes Zeugnis davon ab –, er hat darüber hinaus Schriften hinterlassen, die den kommenden Jahrhunderten des heraufsteigenden Mittelalters seinen Lebens- und Führungsstil aufgeprägt haben.

Sein erstes und umfangreichstes Werk ist die in den 80er Jahren des 6. Jahrhunderts entstandene Auslegung des Buches Job, kurz Moralia genannt. Es ist das große Pastoral- und Moralhandbuch des Mittelalters geworden, das weiteste Verbreitung fand, immer wieder exzerpiert und bereits um das Jahr 1000 von dem St. Galler Benediktiner Notker Labeo ins Deutsche übersetzt worden ist.

Die Regula pastoralis, die Gregor 591, kurz nach seiner Papstwahl geschrieben hat, übernimmt zwar manches aus den Moralia, geht aber viel direkter auf die Verhaltensweisen und Verhaltensnormen des Priesters und Seelsorgers ein. Die Synoden von Mainz, Reims und Chalons-sur-Saône machten den Bischöfen deren Studium zur Pflicht, und bei der Konsekration wurde ihnen das Buch zusammen mit den Canones überreicht. Es bedeutete für den Weltklerus das, was die Benediktinerregel für die Orden war.

Greogors populärste Schrift, 593/94 verfaßt, waren die vier Bücher Dialoge, deren Einfluß auf die Volksfrömmigkeit, namentlich die Heiligenverehrung, unabsehbar werden sollte. Nach Rufins wunderreichen Lebensbeschreibungen ägyptischer und palästinensischer Mönche, nach dem Bericht des Sulpicius Severus von den Wundertaten des hl. Martin in Gallien und anderen Vorbildern wollte Gregor die Tugenden und Wunder der Männer aufzeichnen, die im 5. und 6. Jahrhundert in seinem geliebten Italien gelebt hatten, allgemein kaum bekannt waren, und deren Kenntnis das von Kriegen, Hungersnöten und Seuchen heimgesuchte Volk im Glauben stärken und ihm neue Zuversicht schenken konnte. Das zweite Buch enthält in 38 Kapiteln die älteste Lebensbeschreibung des hl. Benedikt.

Auch die aus dem Kirchenjahr 590/91 stammenden 40 Evangelienhomilien, die Gregor zur Hälfte selber vorgetragen, zur anderen Hälfte hat vorlesen lassen, sind ganz von der pastoralen Absicht des Seelsorgers getragen. Den älteren Priestern sind sie noch gut erinnerlich, weil Abschnitte aus ihnen besonders häufig als Lesungen ins römische Brevier aufgenommenn wurden: ein weiteres Zeichen für die hohe Wertschätzung, die man diesem Papst, der seit dem 11. Jahrhundert der Große genannt wurde, entgegenbrachte.

Etwas anders verhält es sich mit den 22 Ezechielhomilien aus dem Jahr 593, die keinen so direkten pastoralen Bezug wie die übrigen Schriften haben. Gregor hat die von den Schnellschreibern davon angefertigten Nachschriften auf Bitten seiner Freunde 601 gründlich überarbeitet, so daß der ursprüngliche Predigtcharakter des gesprochenen Wortes weitgehend verblaßt ist. Gregor verwendet überhaupt die peinlichste Sorgfalt darauf, daß seine sämtlichen Schriften einschließlich der Briefe ungekürzt und originalgetreu in den päpstlichen Archiven verwahrt werden. Die 12 Homilien des ersten Buches behandeln die «phantastische» und schreckenerregende Eingangsvision des Propheten (Ez 1–4,3), die 10 Homilien des zweiten Buches die «unvorstellbare» visionäre Architektur der Tempelstadt auf dem Berge (Ez 40,1–47), die Gregor im Vorwort zum zweiten Buch als die dunkelste aller Visionen Ezechiels bezeichnet. Selbst ein so profunder Kenner der Patristik wie Henri de Lubac weiß keine Erklärung dafür, warum diese Homilien seit jeher und bis auf den heutigen Tag sozusagen nicht beachtet oder übersehen worden sind (Exégèse médiévale I,2; Aubier 1959, 537). Hat die praxisnahe Aktualität von Gregors anderen Schriften dessen tiefsinnige und gelehrte Ausführun-

gen über Ezechiels rätselhafte Visionen übertönt und in Vergessenheit geraten lassen? Ist es nicht auch erstaunlich, daß Gregor diese anspruchsvollen Predigten nicht vor einem auserwählten Kreis interessierter Mönche, sondern vor dem gewöhnlichen Kirchenvolk gehalten hat? Anderseits waren es gerade Job und Ezechiel, die für Gregor etwas Verwandtes und Anziehendes haben mußten: Job wegen seiner Leiden, mit denen ihn der Herr bis aufs äußerste prüfte; Ezechiel, der dem israelitischen Volk in die babylonische Gefangenschaft nachfolgen mußte und in einer bislang noch nie dagewesenen Radikalität vom Herrn für seine prophetische Sendung buchstäblich mit Haut und Haar in Anspruch genommen wurde. Ähnlich dem großen Dulder Job litt Gregor seit seinem Eintritt ins Kloster 574/75 infolge überstrenger Askese dauernd unter fiebrigen Magenbeschwerden und später dann zunehmend unter der Gicht, so daß er die letzten Lebensjahre meist ans Krankenlager gefesselt war. Ähnlich dem alttestamentlichen Propheten empfand der Mönch auf dem Stuhl Petri sein Wächteramt (Gregor hängt mit grex, gregis zusammen: die Herde, das Bewachte) von Anfang an als eine fast unerträgliche Überforderung, zumal äußere Umstände ihm zu der Sorge um die Kirche auch noch eine unabweisbare und immer schwerer lastende Verantwortung für weltliche Belange aufbürdeten.

2

Gregors Lebensjahre fallen in eine Zeit, da die antike Zivilisation in Rom, in Italien, im weströmischen Reich zusammenbricht und auch das mit ihr aufs engste verwachsene Christentum mit sich in den Untergang zu reißen droht. Kaiser Justinian, der eben das Vandalenreich gestürzt und Nordafrika für Byzanz wiedergewonnen hat, beginnt den Krieg gegen die Herrschaft der Ostgoten in Italien. 535–540 erobert sein Feldherr Belisar Sizilien und den größten Teil des Festlandes. Justinian belegt das eroberte Land mit schweren Abgaben. Die Steuereinnehmer und die Militärbesatzung, die von Byzanz höchst unregelmäßig ihren Sold beziehen, halten sich durch Plünderungen schadlos. Die Soldaten sind ja nur zu einem verschwindenden Teil Römer und Griechen, sie stammen viel mehr aus den entlegensten Gebieten des byzantinischen Reiches: Neger, Araber, Hunnen, Perser hausen mit ungezügelter Leidenschaft. Von Pavia aus unternimmt Totila die Gegenoffensive, kann 549 sogar Rom einnehmen, bis der zweite byzantinische Feldherr Narses die Ostgoten 553 endgültig besiegt – freilich mit Hilfe der arianischen Langobarden. Diese, in Pannonien seßhaft, fallen 568 wieder in Italien ein, und ihre Grausamkeit übertrifft noch die der Ostgoten. 579 belagern sie Rom, vergeblich. 589 zerstören sie Monte Cassino. Während des ganzen Pontifikates Gregors werden die Kriegswirren in Ober- und Mittelitalien nur mit kurzen Unterbrechungen andauern. Byzanz ist wegen der ständigen Bedrohungen vom Osten her unfähig, Italien wirksam zu schützen. Einmal gelingt es Papst Gregor auf eigene Faust, eine Atempause zu schaffen, indem er Rom zu einer jährlichen Tributzahlung von 500 Pfund Gold an die Feinde verpflichtet.

Die Kriegsfurie fordert im Lauf dieser Jahrzehnte ein nach Hunderttausenden zählendes Blutopfer, das eine Entvölkerung in Stadt und Land und durch Verödung der landwirtschaftlichen Anbauflächen eine Verarmung sondergleichen zur Folge hat. Der bankrotte Kleingrundbesitzer, der wurzellos gewordene Kolone, der unter der staatlichen Steuerlast zusammenbrechende städtische Kuriale, sie alle pochen um Einlaß an das Kirchenportal und die Klosterpforte. Echte Menschen einer spätzivilisatorischen Epoche streben sie nach Sicherheit und Unterhalt, weil ihnen der Mut, das Leben aus eigener Kraft zu meistern, vergangen ist. Das weltabgewandte beschauliche Leben übt somit auf immer mehr Menschen eine ganz neue wachsende Anziehungskraft aus. Das ist die Kehrseite jener erbaulichen Bekehrungsgeschichten in den Dialogen Gregors und der Hintergrund, vor dem man die strengen Aufnahmebestimmungen der Benediktinerregel zu lesen hat. Nicht allein die Klöster, die Kirche überhaupt ist jetzt die Institution des öffentlichen Lebens, die in dem allgemeinen Niedergang im Aufstieg begriffen ist. Kaiser Justinian hat in seinem berühmten codex iuris nicht nur innerkirchliche Angelegenheiten oft bis in die Einzelheiten hinein gesetzlich geregelt, sondern auch umgekehrt den Bischöfen, dem Klerus und den Klöstern immer mehr Kompetenzen im Bereich der zivilen Gerichtsbarkeit und der öffentlichen Verwaltung übertragen. Wer heute die sogenannte Konstantinische Ära der Kirchengeschichte verurteilt, sollte bedenken: die Rettung des erst im Entstehen begriffenen Abendlandes beruht nicht zuletzt darauf, daß die Kirche im 6. Jahrhundert zur – einzigen! – funktionstüchtigen Ordnungsmacht geworden ist. Daß sich daraus später arge Mißstände ergeben werden, steht auf einem anderen Blatt.

Außerdem erhält die Kirche eine immer stärkere wirtschaftliche Bedeutung. Spätestens zur Zeit Gregors ist sie zum größten Grundbesitzer der westlichen Reichshälfte geworden. Fromme Schenkungen, planmäßige und günstige Ankäufe, gesetzliche Schutzbestimmungen mehren und festigen das Patrimonium Petri, wie die amtliche Bezeichnung lautet. Die Verwaltung wird zumeist an Subdiakone und Diakone übertragen und von Gregor meisterhaft organisiert und kontrolliert. Die Wirtschaft Roms ist schon seit langem passiv, die Provinzen hatten das kaiserliche Rom ernährt. Jetzt leisten dasselbe in erster Linie die päpstlichen Patrimonien. Im Lateran wird ein großes Register der Personen geführt, die regelmäßige Unterstützungen empfangen, darunter sind auch nicht weniger als 3000 Nonnen, die ohne Habe nach Rom geflüchtet waren. An jedem Monatsersten finden die großen Verteilungen von Naturalien an die Massen statt. 589, im Jahr von Gregors Papstwahl, vernichtet eine Überschwemmung die am Tiber gelegenen Getreidespeicher der Kirche, worauf Gregor aus eigenen Mitteln und mit eigenen Fuhrwerken die ärgste Not in der Stadt lindern hilft.

Überblickt man den hier skizzierten Wandel im 6. Jahrhundert, so sind zwei wesentliche Momente hervorzuheben: einmal bewirken die Stürme und Nöte der Invasions- und Fremdherrschaftszeiten eine seelische Auflockerung, die dem asketischen, monastischen Lebensideal zu neuen, dem abendländischen Geist gemäßen Organisationsformen verhilft. Ferner erweitert sich der kirchliche und päpstliche Wirkungsbereich durch mächtig angewachsenen materiellen Besitz, durch verwaltungstechnische Leistungssteigerung und immer weiter greifende Übernahme öffentlicher Aufgaben.

3

Die historische Gestalt, in welcher sich diese doppelte Entwicklung programmatisch verkörpert, ist der heilige Papst und Kirchenlehrer Gregor I. der Große. Als sein Geburtsjahr wird mit Recht 540 angenommen. Er entstammt einer der ältesten, angesehensten und reichsten Familien des senatorischen Hochadels, der Anicier, welcher auch die Päpste Felix III. und vermutlich Agapet I. angehörten. Sein Vater Gordian, ein hoher Beamter, hat seinen Palast auf dem Clivus Scauri und ausgedehnte Besitzungen in Sizilien. Seine Mutter wohnt in ihrem Palast auf dem Aventin. Zur Zeit von Gregors Papstwahl ist sein Bruder, dessen Namen wir nicht kennen, praefectus urbanus, der höchste zivile Beamte Roms. Gregor erwähnt auch drei Tanten väterlicherseits: Tarsilla, Aemiliana und Gordiana, die im Familienpalast ein klosterähnliches Leben führen, das zuerst durch Hieronymus in den vornehmen Damenkreisen Roms in Übung gebracht wurde. Tadelnd erzählt Gregor, daß die Jüngste, Gordiana, von den beiden älteren Schwestern nur mit Mühe bei dem Reklusenleben festgehalten werden konnte und mit weltlich lebenden Freundinnen verkehrte. Nach dem Tode der beiden lästigen Mahnerinnen heiratete sie einen ihrer Gutsverwalter. In Gregors Entrüstung über Gordianas Sinnesänderung schwingt auch eine gute Dosis aristokratischen Ärgers über die Mésalliance seiner Schwester mit.

Gregors Ausbildung besteht nicht in dem ehemals klassischen, aber längst nicht mehr üblichen Studium der römischen und griechischen Dichter und Philosophen, sondern in einer gründlichen Schulung in juristischen und verwaltungstechnischen Fragen. Schon mit knapp über 30 Jahren verwaltet er die praefectura urbana, übrigens in durchaus christlichem Geist, wie er denn von Kindheit an eine echt christliche Gesinnung und Tatkraft an den Tag legt. In dem Widmungsbrief zu den Moralia schildert er seinem Freund und späteren Bischof von Sevilla, Leander, wie ihn die weltlichen Obliegenheiten immer weniger befriedigten. In dem Augenblick, da er durch den Tod des Vaters in den Besitz eines riesigen Vermögens gelangt, «rettet er sich nackt aus dem Schiffbruch dieses Lebens» in den schützenden Hafen des Klosters. Es ist nicht der dramatische Bruch, wie er im Leben Augustins stattfand, der sich von einem sündhaften Lebenswandel gewaltsam losriß; auch nicht Benedikts radikale Flucht in die Einöde von Subiaco. Wenn der junge Aristokrat seinen väterlichen Palast in ein Kloster verwandelt, bringt er nur zu Ende, was im Schoße seiner frommen Familie begonnen ward. Er führt das Leben eines einfachen Mönches, ohne je Abt zu sein. Es scheint, daß er auch nicht auf seinen Besitz verzichtet hat, ähnlich wie 200 Jahre zuvor der hl. Paulinus von Nola, ihn vielmehr zum Nutzen der Kirche und der Armen einzusetzen weiß. So errichtet er auf seinen sizilianischen Besitzungen sechs weitere Klöster.

Die Jahre monastischer Sammlung bezeichnet er als die schönsten seines Lebens. Da vertieft er sich in das Studium der Heiligen Schrift und der Kirchenväter. Doch dauert dieses Glück nicht lange. 579 erteilt Papst Pelagius II. Gregor die Diakonatsweihe und ernennt ihn zu seinem Apokrisiar, wir würden sagen apostolischen Nuntius am Kaiserhof in Konstantinopel. Einige seiner Mönche und der Abt begleiten ihn, so daß er sich in ihrem Kreis von den Intrigen des Hoflebens und den politischen Geschäften immer wieder «geistlich erholen» kann. Daß er trotz eines sechsjährigen Aufenthaltes in der Hauptstadt des Reiches kein Griechisch lernt, darf uns nicht wundern. War doch damals die Sprache der Gebildeten auch dort das Lateinische, wie man zum Beispiel aus Justinians Gesetzeswerk ersehen kann, das der Kaiser lateinisch geschrieben hat. Gregor erkennt durchaus die Schäden der kulturellen Entfremdung zwischen dem griechischen Osten und dem lateinischen Westen, aber für seine Person empfindet er ganz römisch. 595 schreibt er an einen seiner Gewährsmänner in Konstantinopel: «Die Schriften der Römer sind viel wahrhaftiger als die der Griechen; es fehlen ihnen zwar eure Geistesblitze, dafür aber auch die Zweideutigkeiten.» Und einer Palastdame am Kaiserhof läßt er ausrichten: «Ich habe ihr mitnichten geantwortet, weil sie mir griechisch geschrieben hat, obwohl sie Lateinerin ist.»

Seine diplomatische Mission in Konstantinopel ist entmutigend erfolglos, für ihn selbst aber überaus lehrreich. Er erkennt die Ohnmacht der östlichen Reichshälfte, der westlichen wirksam beizustehen und daselbst die Zügel wieder straff in die Hand zu nehmen. Nach seiner Heimkehr nach Rom ist es ihm völlig klar, daß die Zukunft des Abendlandes nirgendwo anders als in der römisch-lateinischen Organisation des Christentums liegt, dessen jeweilige geistig-religiösen Zentren die Klöster sind, natürlich die der Benediktiner. In diesem Sinn ist Gregor auch zum ersten Missionspapst geworden. Um 596 entsendet er aus seinem römischen Kloster einige Mönche unter dem Abt Augustinus nach England. Die Mission ist nach anfänglichen Schwierigkeiten erfolgreich. Im Todesjahr Gregors wird Augustinus Primas von Canterbury.

Aus dem zuletzt Gesagten läßt sich nun noch ein drittes wesentliches Moment im weltgeschichtlichen Wandel des 6. Jahrhunderts ablesen. Nämlich die Abkehr der westlichen Reichshälfte vom antiken zumal griechischen Intellektualismus und Ästhetizismus und damit von der sogenannten Bildungskultur, wodurch der Weg frei wird für ein neues geistesgeschichtliches Zeitalter.

4

Der Amtsantritt Papst Gregors steht unter denkbar düsteren Auspizien. Im Februar 590 wird sein Vorgänger Pelagius II. von der Pest hinweggerafft, die infolge der Überschwemmungen des Vorjahres besonders grausam wütet. Es ist nicht mehr möglich, die Toten zu beerdigen, Nacht für Nacht lädt man sie lastwagenweise vor den Stadtmauern ab. Zur selben Zeit war auch das byzantinische Heer von den Persern geschlagen und Antiochien durch ein Erdbeben in Trümmer gelegt worden – man spricht von 60 000 Toten bei dieser Katastrophe. Gregor sträubt sich gegen die Amtsübernahme und beschwört den Kaiser, seine Wahl nicht zu bestätigen. Doch der begrüßt den Neugewählten hoffnungsvoll als einen zweiten Leo (den Großen), und Gregor erwidert einem Freund, der ihn mit ähnlichen Vorschußlorbeeren bekränzt: «Wahrlich, da nennst Du einen Affen einen Löwen (= lat. leo), wie wir bisweilen tun, wenn wir räudige Katzen Pardel oder Tiger nennen.» Immerhin übernimmt er vom ersten Tag an – er wird erst am 3. September konsekriert – die Regierung von Kirche und Volk, indem er schon im April eine siebenfache sternförmige Bittprozession anordnet, die er in der Lateranbasilika, also von der Bischofskirche aus, mit einer machtvollen Bußpredigt einleitet. Mit ungläubigem Staunen sieht man, wie der kränkliche Mann mit detaillierter Sachkenntnis, diplomatischer Erfahrung, psychologischem Taktgefühl und unerschrockenem Mut ein schier unmenschliches Arbeitspensum bewältigt.

Dazu kommen seit seiner Mission nach Konstantinopel die bitteren Klagen darüber, daß ihm die kontemplative Lebensweise in der Abgeschiedenheit des Klosters verwehrt sei, wonach seine Seele sosehr dürste. Freilich hat er bei seinem Amtsantritt sämtliche Hofschranzen und weltlichen Bediensteten aus der päpstlichen Residenz entfernt und durch Kleriker und Mönche ersetzt, was ihm vielfach sehr übel genommen wurde. Außer den weiter oben erwähnten Schwierigkeiten bedrücken ihn die Sorgen um die arianische Irrlehre unter den Langobarden, die der Donatisten in Afrika, das drohende Schisma aufgrund der unterschiedlichen Auslegungen des Konzils von Chalzedon (der sogenannte Dreikapitelstreit), die sich über Jahre hinziehende Auseinandersetzung mit dem Bischof von Konstantinopel, Johannes dem Faster, der sich den Titel eines episcopus universalis beigelegt hatte, was einer Usurpation päpstlicher Autorität nahekommt. Dem setzt Gregor sein servus servorum Dei entgegen und beteuert: «Ich erachte das nicht als eine Ehre für mich, was die Ehre meiner Brüder mindert».

Am Ende des 6. Jahrhunderts herrschen in Rom und Italien Furcht und Unsicherheit, die jegliche schöpferische Initiative lähmen. Das Schwergewicht der Dekadenz zieht alles unaufhaltsam abwärts. Gregor gleicht den großen Propheten des Alten Bundes, die, menschlich gesehen, allesamt jämmerlich scheitern. Er gleicht auch Moses, der das israelitische Volk durch die Wüste bis an die Grenzen des gelobten Landes führt, es aber nur sehen, nicht jedoch betreten darf. Dies alles und das Wiederaufflammen der Pest um die Jahrhundertwende, die stets aktuelle Kriegsgefahr, seine zunehmende Gebrechlichkeit lassen ihn am Ende der Ezechielhomilien mit seinem geistesverwandten Dulder Job bekennen: «Es ekelt meine Seele ob meines Lebens» (Job 10,1). Trotzdem bleibt seine Energie ungebrochen bis zu seinem Tod am 12. März 604.

Angesichts der weit über tausendjährigen Geschichte Roms und all der erwähnten (und nicht erwähnten!) Übelstände und Aussichtslosigkeiten ist es nur zu begreiflich, daß Gregor das Ende der Welt nahe wähnte. Er sah sich als voll verantwortlichen, aber ohnmächtigen Zeugen einer untergehenden Epoche und war von der Vergeblichkeit seiner – oft verzweifelten – Anstrengungen überzeugt. Es ist eines der «Wunder» der Weltgeschichte, daß auf den Schultern dieses Mannes, ohne daß er es auch nur zu ahnen vermochte, zum guten Teil der Aufstieg des christlichen Mittelalters während des kommenden halben Jahrtausends aufruht. Wie das geistig-religiöse Fundament einer solchen Gründergestalt aussieht, wird aus den Ezechielhomilien wohl am deutlichsten. In ihnen bewegt sich sein Geist am freiesten, am wenigsten behindert durch aktuelle Sorgen und Nöte. Und die gewaltigen Visionen des ihm so nahe stehenden Propheten beflügeln seinen Geist zu immer neuen und überraschenden Aufschwüngen. Sein so lange verkanntes letztes Werk ist zweifellos sein reifstes geworden.

5

Um einen guten Zugang zu Gregors Ezechielhomilien zu gewinnen, muß der Leser eine Distanz von fast 1400 Jahren überspringen und sich im Geist in eine fernabliegende kulturelle und religiöse Welt versetzen, die nicht mehr der Spätantike und noch nicht dem Mittelalter zuzurechnen ist.

Da ist zunächst einmal Gregors exegetische Methode, die sogenannte geistige Schriftauslegung, vor Mißverständnissen zu schützen. Ihr Ursprung liegt beim Apostel Paulus. Als dieser seine Briefe zu schreiben begann, gab es noch kein Neues Testament. Die ersten Christen, die zumeist dem Judentum entstammten, erkannten im Glauben, daß das Alte Testament mit all seinen Verheißungen in Jesus Christus die Erfüllung gefunden und somit seine bisherige Geltung verloren hatte. Im Licht von Jesu Tod und Auferstehung hat das ganze Alte Testament einen völlig neuen Sinn, eine geistige Bedeutung erhalten. So erklärt etwa Paulus, als er auf die vierzigjährige Wüstenwanderung der Israeliten zu sprechenn kommt: «Diese Dinge aber sind als Vorbilder für uns geschehen» und: «Dies alles widerfuhr jenen vorbildlich (typikōs; in figura sagt die Vulgata); geschrieben aber wurde es uns zur Warnung» (1 Kor 10,6 und 11). Berühmt ist jene Stelle im Galaterbrief, wo Paulus von den zwei Söhnen Abrahams redet, deren einen er von der Sklavin Hagar, den anderen von der Freien Sara hatte, und dann bemerkt: «Doch ist das sinnbildlich (per allegoriam) gesprochen. Diese (Frauen) nämlich sind die beiden Testamente» (Gal 4,24). Anderswo erinnert er an den Felsen in der Wüste, aus dem Moses Wasser schlug, und sagt: «Sie tranken aus einem geistigen Felsen, der nachfolgte, der Fels aber war Christus» (1 Kor 10,4). Das 11. Kapitel des Hebräerbriefes führt eine ganze Litanei derartiger Beispiele an; und Lukas erzählt, wie Jesus am Abend des Ostertages den Jüngern von Emmaus die Augen öffnete, indem er ihnen zeigte, daß Moses und alle Propheten über niemand anderen als «über ihn» geschrieben hatten (Lk 24,27).

Diese geistige Auslegung war die einzige Möglichkeit des jungen Christentums, das Alte Testament als sein Buch für sich zu beanspruchen, was für die Christen eine Existenzfrage darstellte. Einer solchen christozentrischen Exegese setzten die «orthodox» gebliebenen Juden erbitterten Widerstand entgegen, zumal sie Jesus als den verheißenen Messias abgelehnt, verfolgt und getötet hatten. Sie hielten um ihrer Rechtfertigung willen am Wortlaut des Buchstabens fest, so daß ihnen Paulus in aller Schärfe entgegnete: «Der Buchstabe tötet, der Geist aber macht lebendig. ... Denn der Herr ‹selbst› ist der Geist» (2 Kor 3,6 und 9), von dem die ganze Schrift Zeugnis ablegt. Dazu Gregor: «Woher kommt uns dies zu, die tiefen Geheimnisse des

Propheten Ezechiel zu durchforschen, von denen die Hebräer bis zum heutigen Tag nichts wissen? Laßt uns daher Dank sagen dem Einen, der alles, was in der Heiligen Schrift (des Alten Bundes) über ihn geschrieben steht, in der Tat erfüllt hat ... In ihr sind seine Menschwerdung, sein Leiden, sein Tod, seine Auferstehung, seine Himmelfahrt (in figura, per allegoriam) enthalten. ... Der Löwe vom Stamme Juda hat das versiegelte Buch, wie in der Apokalypse des Johannes geschrieben steht, das niemand aufzuschlagen und zu entziffern imstande war (vgl. Offb 5,1f.), geöffnet, indem er uns in seiner Passion und Auferstehung alle seine Geheimnisse erschlossen hat» (Ez hom II,4; 19).

Diese exegetische Methode war freilich keine reine Erfindung der Christen. Etwas Ähnliches war auch in der heidnischen Literatur in Übung. Da man weder auf die Mythen Homers noch auf die Erkenntnisse der griechischen Naturphilosophen verzichten wollte, hatte man schon seit dem 6. vorchristlichen Jahrhundert damit begonnen, die Mythen Homers «allegorisch» umzudeuten. Auch der jüdisch hellenistische Gelehrte Philo von Alexandrien, 15. v. Chr. bis 45/50 n. Chr., hat den Pentateuch «allegorisch» interpretiert, um die Vereinbarkeit des mosaischen Gesetzes mit der platonisch-aristotelischen Lehre darzutun. Daß von hier aus starke formale Einflüsse auf christliche Theologen einwirkten, ist geradezu selbstverständlich, während in bezug auf den Inhalt die ausschließliche Christozentrik der katholischen Exegese diese von allen anderen Methoden grundsätzlich unterschied.

Der eigentliche Begründer der Bibelwissenschaft war dann der neben Augustin und Thomas von Aquin wohl größte katholische Theologe Origenes, um 185 bis 253/54, ebenfalls aus Alexandrien, dessen Ausstrahlung auf spätere Theologen, auch und gerade auf Gregor, kaum unterschätzt werden kann. Beide legen größtes Gewicht auf den moralischen Schriftsinn, von dem weiter unten die Rede sein wird. Zur weiteren Illustration sei noch auf die beiden exegetischen Schulen von Alexandrien und Antiochien hingewiesen. Sehr abgekürzt gesprochen achtete die erstere mehr spirituell-theologisch auf die Ineinanderspiegelung der beiden Testamente, die sich gegenseitig auslegen, und suchte von da aus die Tiefen der Heilsmysterien zu ergründen. Die letztere trachtete mehr rational-exegetisch die Eigenart des Alten Testamentes und der jüdischen Religion herauszuarbeiten.

6

Nun lag ja die ursprüngliche Absicht der geistigen Exegese nicht darin, die Berechtigung des christlichen Anspruches auf das Alte Testament gegenüber den Juden zu verteidigen. Letzteres war vielmehr die Folge der theologischen Notwendigkeit, die um so zwingender wurde, als neben das Alte auch das Neue Testament trat. Dieser Prozeß, die Entstehung des Kanons der neutestamentlichen Schriften, war gegen Ende des 2. Jahrhunderts abgeschlossen. Gregor sagt es mit unüberbietbarer Klarheit: «Was das Alte Testament verheißen hat, offenbart das Neue, und was jenes dunkel ankündigt, spricht dieses offen aus. Das Alte Testament ist somit die Prophezeiung des Neuen Testamentes, und das Neue Testament ist die Auslegung des Alten Testamentes» (Ez hom I,6; 15). Deshalb gilt: «Wer das Verborgene unter dem Offenkundigen noch nicht erkennt, dessen Augen sind verhüllt. Wer es aber erkennt, schaut mit enthüllten Augen die Wunder des Gesetzes Gottes; und indem er den Buchstaben der Worte geistig erforscht, ermißt er, welche Größe sich im Inneren verbirgt» (Ez hom II,10; 1).

Man hat Gregor – und auch den meisten anderen Kirchenvätern – vorgeworfen, er vernachlässige allzu eilfertig den buchstäblichen Wortlaut der Schrift, um in einer uns oft befremdlichen Naivität und Willkür einen geistigen Sinn heraus- oder hineinzulesen. Gerne behandelt er den historischen Schriftsinn «sub brevitate», um sich «non breviter» dem geistigen Sinn zuzuwenden (Ez hom II,10; 3). Doch sollten wir hier nicht an einzelnen, gelegentlich bizarren Beispielen Anstoß nehmen, als vielmehr die ursprüngliche Intuition der Kirchenväter in das Wesen der Schrift im Auge behalten. Gregor zu Ez 1,16: «Mit Recht werden die heiligen Schriften mit dem Anblick ähnlich dem des Meeres verglichen, da sich in ihnen große Schätze von Weisheit und Berge von Bedeutungen finden» (Ez hom I, 6; 13). In diesem Meer tummeln sich die Väter wie Fische nach Herzenslust, wissen sie doch, daß die darin verborgenen Geheimnisse unermeßlich, weil göttlich, sind.

Indes war Gregor viel zu sehr in der gesunden kirchlichen Tradition verwurzelt, als daß er nicht gewußt hätte: der Geist setzt den Buchstaben voraus, wenn die Exegese nicht zu einem phantastischen Hirngespinst ausarten soll; aber der Buchstabe ist um des Geistes willen da, oder umgekehrt: der Geist ist es, der den Buchstaben allererst

rechtfertigt. «Dicturus mystica, narrationem historicam praemittit» (Wer sich anschickt, Mystisches zu sagen, setzt den historischen Bericht voraus.) (Ez hom II,1; 1). Das ist Gregors Maxime, die er, soweit es bei prophetischen Texten beziehungsweise apokalyptischen Visionen möglich und sinnvoll ist, auch befolgt.
So kommt er beispielsweise bei Ezechiels Vision der Tempelstadt im 40. Kapitel nach sorgfältigen Berechnungen zu dem Schluß: «Die Architektur dieser Stadt kann offensichtlich nicht im buchstäblichen Sinn verstanden werden» (Ez hom II,1; 3). Aufmerksam fügt er bei: «Man beachte, daß nicht von einem Bauwerk, sondern von so etwas wie einem Bauwerk die Rede ist, offenbar um anzuzeigen, daß sich alles Gesagte nicht auf eine materiell, sondern auf eine geistig erbaute Stadt bezieht. Indem der Prophet sagt, er habe nicht ein Bauwerk, sondern so etwas wie ein Bauwerk gesehen, lenkt er das Herz der Hörenden auf ein geistiges Gebilde» (Ez hom II,1; 5).

7

Im Lauf der ersten Jahrhunderte hat sich der geistige Sinn der Schrift in mehrere Richtungen verzweigt. Da ist zuerst nach der von Paulus verwendeten Terminologie der allegorische oder typologische Sinn, der auf die Mysterien Christi und der Kirche abzielt. Sodann der moralische oder tropologische Sinn, der die Verwirklichung der Heilsmysterien im Menschen, deren Aneignung durch die Einzelseele betrifft. Letzteres ist ja das Ziel der gesamten Heilsökonomie, und daher hängt der moralische Sinn aufs engste mit dem allegorischen zusammen und wächst wie von selbst aus ihm hervor. Gregor hat diesen Zusammenhang prägnant formuliert: «Der allmächtige Gott ... redet so von der Gesamtkirche, als ob er von der Einzelseele spräche. Und oft gibt es keinen Grund, das von der Einzelseele Gesagte nicht auf die Gesamtkirche anzuwenden» (Ez hom II,2; 15). Diesen Grundsatz exemplifiziert Gregor etwa an jener Stelle, wo Ezechiel zu einer rätselhaften symbolischen «Belagerungszeremonie» aufgefordert wird (Ez 4,1–3): «Wir glauben, daß die Belagerung Jerusalems, die später buchstäblich so geschehen ist, in den Worten und Taten des Propheten bildlich dargestellt und daß dennoch durch dieselbe Belagerung jene andere innere Belagerung angedeutet wird. ... Wir wissen ja, daß die Belagerung, wodurch die Stadt Jerualem zerstört wurde, bereits geschehen ist, doch nun fragen wir nach jener anderen inneren Belagerung, die Tag für Tag stattfindet» (Ez hom I,12; 21).

Der dritte und letzte geistige Schriftsinn ist der anagogische, der besser der transzendierende hieße, weil er den Buchstaben in zwei Richtungen übersteigt. Einmal gleichsam horizontal in die Zukunft des ewigen Lebens weisend: dieser eschatologische Sinn betrifft zum Beispiel das himmlische Jerusalem oder, wie Gregor zu sagen pflegt, unser Vaterland da droben. Dann gleichsam vertikal in die Höhe weisend: dieser kontemplative oder mystische Sinn betrifft die Entrückung der Seele zur Schau übernatürlicher Geheimnisse. Die wohl großartigste Schilderung dieser «ascensiones in corde», dieser Aufschwünge des Herzens, steht in der 8. Homilie des ersten Buches (Ez hom I,8; 11f.), wo die Seele über sich selbst und über die Engel hinaus bis zur Schau des Unschaubaren entrückt wird, um daraufhin ihrer eigenen Ohnmacht und Niedrigkeit um so schmerzlicher bewußt zu werden.

Freilich darf man die erwähnten geistigen Schriftsinne nicht allzu schematisch pressen. Bei den Vätern wechseln oft die Zahl und die Bezeichnung sowie auch die Bedeutung der Bezeichnungen, sogar bei ein und demselben Kirchenvater. Der Geist läßt sich eben nicht in menschliche Kategorien einfangen und katalogisieren. Er «weht, wo er will, und du hörst seine Stimme, aber du merkst nicht, woher er kommt und wohin er geht» (Job 3,8). Auch Gregor weiß um die souveräne göttliche Freiheit: Wenn nämlich der Geist des Lesenden «in den heiligen Schriften» einen moralischen oder historischen Sinn zu erkennen trachtet, wird ihm der moralische aus dem historischen Sinn hervorgehen. Handelt es sich um den typischen Sinn, wird die bildliche Redeweise bald durchschaut. Wenn es um den kontemplativen Sinn geht, wachsen den Rädern, «die die beiden Testamente symbolisieren», gleichsam Flügel, und sie schwingen sich in die Luft, da sich in den Worten der Heiligen Schrift eine himmlische Einsicht auftut ... So findet in ein und derselben Aussage der Schrift der eine am historischen Sinn allein sein Genügen, ein anderer forscht nach dem typischen, wieder ein anderer durch den typischen Sinn hindurch nach dem kontemplativen Verständnis. Und meistens ist es wie gesagt so, daß in ein und demselben Schriftwort alle drei zugleich gefunden werden können» (Ez hom I,7; 9 und 10).

Diese geistigen Schriftsinne haben aber auch eine bestimmte historische Relevanz. Wir haben eingangs erwähnt, daß Gregor die dogmatische Theologie im wesentlichen für abgeschlossen hielt. Es war die religiöse

Lage der Christen seiner Zeit eine andere als die der ersten Jahrhunderte. Damals ging es um die Entfaltung der Glaubenslehre, was sich zumal durch die wachsende Einsicht in das wechselseitige Verhältnis von Altem und Neuem Tetament vollzog. Und dafür war die allegorische Exegese vorzüglich geeignet. Unterdessen war aus der Bekenner- und Martyrerkirche der Christenverfolgung eine Massenkirche der Staatsreligion geworden. Daraus ergab sich eine perspektivische Verschiebung der Schriftauslegung, die, ohne auf den allegorischen Sinn zu verzichten, immer größeren Nachdruck auf den moralischen Sinn legte. Man suchte im Wort Gottes zunehmend nach Erleuchtung und Kraft für eine conversio morum, eine Bekehrung in der Gesinnung und in der Tat, nach einer praktikablen Spiritualität für Mönche, Kleriker und Laien. Dieser Wandel läßt sich zeitlich nicht exakt fixieren, man wird jedoch nicht fehlgehen, die neue Lage mit dem Namen Gregors des Großen zu kennzeichnen. Er war ein Seelsorger höchsten Ranges, bahnbrechend und wegweisend für Jahrhunderte. Seine mehr auf die christliche Lebenspraxis bezogenen Bemühungen als «Vulgärkatholizismus» (Harnack) abzutun, zeugt von einem geringen Gespür für den existentiellen Ernst des Christentums. Die Ezechielhomilien sind ein Musterbeispiel für die Einheit von Theologie und Spiritualität (Mystik), und man weiß, welchen unabsehbaren Schaden die bald danach einsetzende Auseinanderentwicklung beider Bereiche einem jeden von ihnen zugefügt hat.

8

In der Heiligen Schrift sind Theologie und Spiritualität untrennbar eins. Für Gregor ist sie das absolute Kriterium für ein christliches Leben. «Schließlich kann die Heilige Schrift auch in dem Sinn als Maß-gebendes Rohr aufgefaßt werden, daß, wer immer sie liest, in ihr sich selber mißt: wie weit er hinter dem gebotenen Guten zurückgeblieben ist, wie sehr er sich zu guten Werken aufraffen sollte, wie sehr er noch immer in verkehrtem Tun am Boden darniederliegt» (Ez hom II,1; 14). Die Schrift gibt einem jeden, was ihm gerade nottut. «Dort finden wir Anweisungen für unser Verhalten und Beispiele von Tugenden, dort werden wir dazu angehalten, was wir äußerlich zu tun haben. . . . Und nachdem wir durch immer deutlichere Vorschriften und die Vorbilder der Gerechten in guten Werken geübt sind, lenken wir ... die Schritte des Geistes ... zur mystischen Einsicht der inneren Beschauung. Ich bitte Euch, geliebte Brüder, bemüht Euch um die Betrachtung der Worte Gottes und verachtet nicht die Schriften unseres Schöpfers, die zu uns gesendet worden sind» (Ez hom II,3; 18).

Die Inspiration der Schrift darf nicht bloß negativ auf die Irrtumslosigkeit eingeschränkt werden, sondern meint die Geisterfülltheit, und diese umfaßt auch den Adressaten der Schrift, den Leser oder Hörer des Wortes Gottes. «Wieviel ein jeder der Heiligen aus der Heiligen Schrift gewinnt, ebenso gewinnt die Heilige Schrift bei ihm selber ... Die göttlichen Worte wachsen mit den Lesenden, denn je tiefer einer sie begreift, um so tiefer dringt er in sie ein. ... Du wirst einen solchen Fortschritt in der Heiligen Schrift erfahren, als du selber in ihr vorangeschritten bist. Und du merkst, daß die Worte der Heiligen Schrift einen himmlischen Sinn haben, sobald du ... selbst zu Himmlischem emporstrebst. Die wunderbaren und unaussprechlichen Vorzüge der Schrift werden dann wahrgenommen, wenn die Seele des Lesenden von der Liebe von oben durchdrungen ist» (Ez hom I,7; 8).

Die lebendige Synthese von Theologie und Spiritualität ist keineswegs selbstverständlich und muß immer wieder aufs neue und oft mühsam genug errungen werden. Am schönsten ist sie vielleicht bei Origenes gelungen. Doch schon bei Augustinus und vollends bei Gregor wandelt sich das Hirtenamt zur drückenden Fron. Dennoch gelingt eine abermalige Synthese durch das frühmittelalterliche Mönchtum, wenngleich vorzugsweise innerhalb des klösterlichen Bezirkes. Doch gerade die Klöster haben das antike Geistesgut gerettet und weitervermittelt und waren die ausstrahlenden Zentren einer zugleich kirchlichen und weltlichen Kultur. Der machtvoll in die Welt hinein wirkende Papst mit der betont monastischen Religiosität steht am Beginn dieser Entwicklung.

Unermüdlich warnt er vor einem zu lebhaften Kontakt mit der Welt (im johanneischen Sinn). Wohlgemerkt, nirgends wendet er sich gegen den Staat oder staatliche Einrichtungen, weil für den ehemaligen praefectus urbanus und Apokrisiar die Verwaltungsstrukturen nicht nur im Staat, sondern auch in der Kirche selbstverständlich sind. Was uns vom Guten abhält und zum Bösen verleitet ist «die Welt» oder «das Fleisch», denen «der Geist» gegenübersteht: «In den Erwählten und in den Verworfenen sind ja verschiedene Antriebe wirksam, in den Erwählten der Antrieb des Geistes, in den Verworfenen der

Antrieb des Fleisches. Der Antrieb des Fleisches verleitet die Seele zu ... äußerem Ruhm ... Der Antrieb des Geistes lenkt den Sinn auf ... inneren Fortschritt» (Ez hom I,5; 2). Wie man sieht, spielen hier wie überhaupt sehr häufig bei Gregor die Kategorien von Innerlichkeit und Äußerlichkeit mit hinein, so sehr, daß auch jede gute äußere Beschäftigung – zum Beispiel der Nächstenliebe – die Seele an der innerlichen Sammlung hindert. «Ja, als ich noch im Kloster war, da konnte ich ... den Geist fast ununterbrochen in der Gebetshaltung bewahren. Aber nachdem ich die Bürde der Seelsorge den Schultern des Herzens aufgeladen habe, vermag sich die Seele nicht immerfort in sich selbst zu sammeln, weil sie in so vielerlei geteilt ist ... Wenn nun der Geist nicht umhin kann, seine Aufmerksamkeit auf so viele und so wichtige Dinge zu richten und daher zerrissen und zersplittert ist, wann soll er zu sich selbst kommen?» (Ez hom I,11; 6).

Es ist der Weg von außen nach innen, vom Materiellen zum Geistigen, von der Aktion zur Kontemplation, von unten nach oben, den Gregor unentwegt predigt. «Der erste Schritt besteht darin, daß die Seele sich in sich selbst sammelt, der zweite, daß sie sich in dieser Sammlung wahrnimmt, der dritte, daß sie sich über sich selbst hinausschwingt und sich unverwandten Blickes der Schau des unsichtbaren Schöpfers hingibt» (Ez hom II,5; 9). Man weiß, daß dieser Weg in der Antike von Platon über Seneca und Plotin eine lange Tradition hat und im Christentum seine wahre Erfüllung fand. Ein machtvolles Zeugnis vom Vorrang des Geistes vor allen materiellen Gütern, des geoffenbarten dreifaltigen Lichtes vor allen kreatürlichen und vergänglichen Werten. Gregor ist sich sehr wohl darüber im klaren, daß die Kontemplation nicht die Frucht eigener Anstrengung, sondern eine unverdiente Gabe Gottes ist. «Es ist ja nicht so, daß die Gnade der Beschauung nur den Größten gegeben wird, den Kleinsten jedoch nicht, vielmehr erhalten sie gewiß oft die Größten, aber oft auch die Kleinsten, öfter die Ordensleute, manchmal auch Verheiratete. Wenn es also keinen Stand der Gläubigen gibt, von welchem die Gnade der Beschauung ausgeschlossen werden könnte, so kann jeder, der sein Herz in innerer Sammlung bewahrt, vom Licht der Beschauung erleuchtet werden» (Ez hom II,5; 19). Gregor hat sein Leben lang um ein Gleichgewicht von Aktion und Kontemplation durch die ihm auferlegte Aktion gelitten und dieses Kreuz Tag für Tag ganz bewußt auf sich genommen. Da gibt es wohl Klagen, aber nirgends ein Zögern oder

Nachlassen. Das Aushalten dieser Spannung gehört zum Bewundernswertesten am Charakter dieses Papstes.
Ebenfalls einer alten Tradition folgend unterscheidet Gregor die drei christlichen Lebensformen der Weltpriester, Ordensleute und Laien. «Sowohl im Alten wie auch im Neuen Bund wird der Stand der Seelsorger von dem Stand der Enthaltsamen und dem Stand der guten Eheleute unterschieden» (Ez hom II,4; 5). Einerseits erblickt Gregor das höchste Ziel christlichen Strebens in der Kontemplation, die am ehesten im Ordensstand gelingt. Andererseits gesteht er den Seelsorgern einen viel höheren Rang als den Enthaltsamen zu, weil sie «nicht nur selbst die Laster meiden, sondern auch andere vom Sündigen abhalten, zum Glauben führen und den Eifer eines guten Lebenswandels fördern» (Ez hom II,4; 6). Ganz zu schweigen von den Verheirateten, die zwar gewiß viel Gutes tun und sich auch nach der Schau Gottes sehnen, aber doch zwischen irdischen Sorgen und himmlischem Verlangen geteilt sind. Es besteht ein dialektisches Verhältnis zwischen der aktiven und der kontemplativen Lebensweise. «Die aktive ist zeitlich früher als die kontemplative, weil die guten Werke der Einsatzpunkt für die Beschauung sind ... Und obgleich das tätige Leben gut ist, ist das beschauliche doch besser, da jenes mit dem sterblichen Leben endet, dieses aber im ewigen Leben zu je größerer Fülle wächst» (Ez hom I,3; 9). «Beide Lebensformen sind uns, solange wir unter Menschen leben, als Gnadengeschenk geben. ... Nur wer zuvor gute Werke verrichtet, wird Gott erkennen und in sein Reich eingehen. Wer also die guten Werke, die in seiner Macht stehen, nicht vernachlässigt, kann auch ohne Beschauung ins himmlische Vaterland eingehen» (Ez hom I,3; 10).
Auf die drei Stände übertragen heißt das: «Es ist derselbe Glaube, der die einen im Größten stärkt und die Schwachheit der anderen im Kleinen stützt. Anders gesagt: die drei haben einerlei Maß, weil bei der endgültigen Abrechnung allen das eine Leben der Seligkeit zuteil wird» gemäß dem Wort des Herrn: «Im Haus meines Vaters sind viele Wohnungen» (Joh 14,2). So daß «es unerachtet der unterschiedlichen Ranghöhe der seligen Bewohner ein und dieselbe Ruhe in der ewigen Vergeltung gibt» (Ez hom II,4; 6).

Noch ein Wort zur Zahlensymbolik, die zumal im zweiten Buch der Ezechielhomilien eine Rolle spielt und manchem Leser Schwierigkeiten bereiten kann. Sie ist nicht nur bei Gregor, sondern auch bei vielen anderen Kirchenvätern und sogar in der Heiligen Schrift wirksam. Man erinnere sich nur an die Zwölfzahl der Stämme Israels, die in den 12 Aposteln ihre Fortsetzung und in den 12 Toren des himmlischen Jerusalems ihre Vollendung findet (Offb 21,12). Hier meint die Zahl zwölf etwa soviel wie das Ganze, das Vollständige – obgleich es ja gar nicht zwölf Apostel waren, wenn man Paulus dazuzählt. Ohne näher auf diese Symbolik (samt ihren Ausnahmen) einzugehen, mag folgende Erwägung hilfreich sein.

Die Pythagoräer waren der Ansicht, daß das Weltall nach Maß, Zahl und Gewicht geordnet sei, wovon vor allem die Astronomie und die Akustik Zeugnis geben, und daß diese Ordnung eine Harmonie ergäbe, die der Weise als Sphärenmusik zu vernehmen imstande sei. Das griechiche Wort Kosmos heißt ja auch nicht einfach Weltall, sondern Schmuck, Zierde, Ordnung, Harmonie, Wohlklang. Besondere Zahlen waren beispielsweise 4 (die vier Weltgegenden, d.h. der ganze Erdkreis), 5 (das Pentagramm, das den bösen Geistern Ein- und Ausgang verwehrt; die 5 Sinne), 7 (die Gaben des Heiligen Geistes, die Sakramente) usf. Sie drückten also nicht nur eine leere Quantität aus, sondern auch bestimmte Qualitäten, Sinngehalte, Bedeutungen.

Als dann die moderne Naturwissenschaft dank der Reduktion der Wirklichkeit auf die Quantität (Galilei: «Messen, was meßbar ist; meßbar machen, was es noch nicht ist») ihren Siegeszug begann, der in der Elektronik seinen vorläufigen Höhepunkt erreicht hat, ging der Sinn für die Qualität der Zahlen allmählich verloren. Deutlich spürbar zum Beispiel am Verlust des Sinnes für Proportionen in der Architektur, der einem rein zweckmäßigen Funktionalismus gewichen ist (einsames Gegenbeispiel: Le Corbusiers Wallfahrtskirche in Ronchamp). Anderseits zeigt die Naturwissenschaft die Tendenz, sich mehr und mehr «in Mathematik aufzulösen», was etwa in der Physik und in der Chemie offenkundig ist. Ähnliches läßt sich u.a. auch von der Technik, von der Automatisierung, von der Statistik sagen. Das heißt: der Mensch wird sich wie nie zuvor der Tatsache bewußt, daß die Mathematik, die Zahl zur wesentlichen Struktur der Welt gehört.

Es ist nun sehr wichtig, einzusehen, daß die Alten mit ihrer Zahlenmystik – wenn auch mit antiquierten Mitteln und in oft willkürlicher, übertriebener Weise – genau dasselbe meinten: daß die Zahl zur wesentlichen Struktur der von Gott geschaffenen Welt gehört und uns von deren Ordnung, Harmonie und Wohlklang kündet: Die Welt als Offenbarung ihres Schöpfers, was natürlich noch viel mehr für die Heilige Schrift, das Dokument der zweiten, endgültigen Offenbarung Gottes zutreffen muß. Daß die Zahl also keine leere Quantität ausdrückt, sondern eben auch diese «kosmische», im letzten theologische Qualität anzeigt.

Wenn man diese notgedrungen knappen Andeutungen im Auge behält, wird man Gregors Zahlensymbolik mit größerem prinzipiellem Verständnis begegnen, zumal es bis heute den Theologen beziehungsweise Exegeten nicht gelungen ist, die oft rätselhafte und geheimnisvolle Zahlensprache der Heiligen Schrift zufriedenstellend zu entziffern.

10

Nicht obwohl, vielmehr weil Gregor eine monastische, kontemplative Spiritualität vertritt, dürften diese Homilien heute einem gesteigerten Interesse begegnen. Man denke an einige in den letzten Jahren zumal unter Jugendlichen wach gewordene Bestrebungen. Auf der einen Seite die Abkehr von der Wohlstandsgesellschaft, die Kritik am technischen Fortschritt um seiner selbst willen, der Protest gegen die dämonischen Zwänge des Wettrüstens – auf der anderen Seite der Einsatz für mehr Gerechtigkeit in der Welt, die Hinwendung zum «einfachen Leben» (Hesse), die Einkehr in sich selbst, um dort den Sinn des Lebens zu erlauschen. Wenn man das bedenkt, ist es erstaunlich, wie genau Gregor – natürlich in einem anderen kulturellen Kontext – die Fragen aufgreift, die im Grunde genommen damals wie heute dieselben waren und sind. Den Anworten, die Gregor auf diese Fragen gibt, ins Auge zu sehen und standzuhalten, erfordert freilich mehr als nur die Erwartung eilfertiger Tröstungen. Es erfordert letztlich die Anerkennung der allmächtigen Majestät Gottes sowie die Bereitschaft, sich von dem Feuer seiner Liebe verzehren zu lassen (Das häufigste Attribut Gottes ist bei Gregor die Allmacht, und die Liebe wird fast überall mit Ausdrücken des Feuers, des Brennens, Glühens usf. umschrieben.) So gesehen sind Gregors Ezechielhomilien von einer Un-

zeitgemäßheit, die ihnen – sit venia verbi – eine geradezu sensationelle Aktualität verleiht.

Auch und gerade die Ungewohntheit des gregorianischen Idioms erleichtert dem Leser die objektive Distanz, die zu einem unvoreingenommenen Urteil über das Gelesene und über sich selbst unerläßlich ist. Daher wurde darauf Bedacht genommen, den originalgetreuen Klang von Gregors Sprache im Deutschen, soweit es irgendwie ging, wiederzugeben. Die ehrwürdige römische gravitas, der völlig uneitle Ernst der Diktion, die oft fremdartig kraftvolle Bildhaftigkeit des Ausdrucks und die überraschende Kühnheit der Vergleiche, die psychologische Treffsicherheit der aus einer reichen Menschenkenntnis gegriffenen Beispiele und nicht zuletzt der unerbittliche Mut zur Wiederholung samt dem etwas einförmigen Wortschatz: all das sollte nach Möglichkeit erhalten bleiben. Viel von ihrer herben Faszination verdankt diese archaische Sprache der Heiligen Schrift, namentlich dem Alten Testament, das Gregor etwa doppelt so häufig zitiert wie das Neue.

Der Leser wird gut daran tun, das anspruchsvolle Buch ohne Hast, besinnlich und in kleineren Abschnitten zu lesen. Das heißt: die Ezechielhomilien sind eigentlich gar nicht zum Lesen da, viel eher zur hörenden, innerlich (ge-)horchenden Meditation in Blickrichtung auf die persönliche Praxis christlichen Lebenswandels. Um das zu erleichtern, sind vom Übersetzer Zwischentitel eingefügt worden, sozusagen als Haltepunkte. Das empfiehlt sich um so eher, als die Ezechielhomilien mehr noch als die meisten Schriften der Kirchenväter unsystematisch konzipiert sind. Auch schien es nicht geraten, von dem Ganzen lediglich eine Auswahl zu treffen. Zumal es sich um die erste Übertragung ins Deutsche handelt, die den mächtigen Eindruck dieses letzten Werkes des großen Kirchenlehrers unverkürzt vermitteln sollte. Der Übersetzung wurde die von Marcus Adriaen besorgte kritische Textausgabe im Corpus Christianorum, series latina, Band 142 zugrundegelegt: Sancti Gregorii Magni Homiliae in Hiezechihelem, Turnholti 1971.

Abschließend ist noch einer angenehmen Pflicht nachzukommen: Frau Felicitas Kucsko hat trotz der intensiven Inanspruchnahme durch ihre große Familie die Reinschrift des gesamten Manuskriptes besorgt. Dafür sei ihr an dieser Stelle der aufrichtigste Dank gesagt.

Wien-Kalksburg am 12. März 1983,
dem Todestag Gregors des Großen. *Georg Bürke SJ*

ERSTES BUCH

WIDMUNG

Bischof Gregor, Diener der Diener Gottes, dem geliebten Bruder Bischof Marianus.

Die Homilien über den heiligen Propheten Ezechiel, die so, wie ich sie vor dem Volk gehalten habe, aufgezeichnet worden waren, hatte ich unter dem Ansturm der vielen Amtsgeschäfte der Vergessenheit anheimgegeben. Acht Jahre danach habe ich auf Bitten der Brüder die Papiere der Schreiber gesucht und wieder herbeigeschafft, sie mit des Herrn Beistand durchgesehen und, soweit es die Sorgen und Drangsale zuließen, ausgebessert. Deine Liebe hatte ja verlangt, daß sie dir zum Lesen übersandt würden. Ich war freilich der Meinung, es sei höchst unangemessen, daß einer von verächtlichem Wasser schöpfe, der sich, wie man weiß, unablässig an den unergründlichen und klaren Strömen aus den Sturzbächen der heiligen Väter Ambrosius und Augustinus labt. Indem ich aber anderseits bedenke, daß zwischen den täglichen Leckerbissen zuweilen auch einfachere Speisen süß schmecken, habe ich diese Kleinigkeiten dem übersandt, der Besseres zu lesen gewohnt ist, auf daß er, wenn er diese gröbere Speise sozusagen mit Widerwillen zu sich nimmt, um so begieriger zu den vorzüglicheren Gerichten zurückkehre.

1. HOMILIE

DIE DREI ZEITEN DER WEISSAGUNG

1 Indem ich mich anschicke, mit dem Beistand des Allmächtigen über den Propheten Ezechiel zu sprechen, muß ich zuvor die Zeiten und die Arten der Weissagung offenlegen, damit, wenn der Zugang zu ihr gebahnt ist, ihre Kraft um so besser erkannt werde.

Es gibt drei Zeiten der Weissagung: Vergangenheit, Gegenwart und Zukunft. Nun muß man wissen, daß in zwei Zeiten die Weissagung ihre eigentliche Wortbedeutung verliert. Weissagung nennt man sie, wenn sie Künftiges voraussagt; wenn sie jedoch von Vergangenem oder Gegenwärtigem redet, verliert die Bezeichnung ihren ursprünglichen Sinn, da nicht Künftiges prophezeit wird, sondern entweder von Vergangenem oder Gegenwärtigem die Rede ist.

Indes können wir die drei Zeiten der Weissagung einleuchtender erklären, wenn wir sie anhand von Zeugnissen aus der Heiligen Schrift erläutern. Eine Weissagung über Künftiges ist: *Siehe, die Jungfrau wird empfangen und einen Sohn gebären* (Is 7,14). Ein prophetisches Wort über Vergangenes: *Im Anfang schuf Gott Himmel und Erde* (Gen 1,1). Denn hier redet ein Mensch von jener Zeit, da noch kein Mensch war. Ein prophetisches Wort über Gegenwärtiges ist dort, wo der Apostel Paulus sagt: *Wenn aber alle weissagen, und es kommt ein Ungläubiger oder ein Unwissender herein, so wird er von allen überführt, von allen beurteilt; denn das Verborgene seines Herzens wird offenbar, und so wird er auf sein Angesicht niederfallen und Gott anbeten und verkünden, daß Gott wahrhaft in euch ist* (1 Kor 14,24–25). Wenn es daher heißt: *Das Verborgene seines Herzens wird offenbar,* so liegt es auf der Hand, daß der Geist durch diese Art von Weissagung nicht Künftiges voraussagt, sondern aufzeigt, was ist. Wie aber kann er Geist der Weissagung genannt werden, da er nichts Zukünftiges aussagt, sondern von Gegenwärtigem spricht? Hier ist nun zu bedenken, daß die Weissagung zu Recht als solche bezeichnet wird, nicht weil sie Kommendes ankündigt, sondern Verborgenes offenbart.

Wie die Zeit etwas in der Zukunft Liegendes unseren Blicken entzieht, so ist die Ursache von etwas Gegenwärtigem vor unseren Augen verhüllt. Ein Künftiges nämlich ist in der kommenden Zeit umdunkelt, ein gegenwärtiger Gedanke aber in der Abgeschiedenheit des Herzens verborgen. Eine Weissagung über Gegenwärtiges ist es auch, wenn etwas nicht in der Seele verborgen, sondern durch die räumliche Entfernung verdeckt ist und dennoch vom Geist enthüllt wird. Der Geist des Propheten ist dann dort zugegen, wo der Körper nicht ist. So war Giezi schon lange vom Propheten weggegangen, als Naaman die Geschenke des Syrers entgegennahm, zu dem der Prophet sprach: *War mein Geist nicht dabei, als der Mann von seinem Wagen stieg und dir entgegenging?* (4 Kön 5, 26).

Man muß auch beachten, daß die wechselseitige Übereinstim- 2
mung der Weissagungszeiten die Wahrheit der Weissagung erhärtet, indem manchmal Vergangenes durch Künftiges, manchmal auch Künftiges durch Vergangenes bekräftigt wird. So hat Moses gesagt: *Im Anfang schuf Gott Himmel und Erde* (Gen 1, 1). Doch wer würde glauben, er habe über Vergangenes wahr gesprochen, wenn er nicht auch über Zukünftiges Wahres gesagt hätte? Am Ende desselben Buches, zu dessen Beginn er dies aus der Vergangenheit behauptet hatte, ließ er durch Jakobs Mund eine Weissagung über das Kommende einfließen: *Nicht wird das Szepter von Juda weichen noch der Heerführer aus seinen Lenden, bis der kommt, der gesandt werden soll, und auf diesen werden die Völker harren* (Gen 49, 10). Und er hat sogar den, der gesandt werden sollte, dem von ihm geführten Volk geweissagt: *Einen Propheten wird euch euer Gott und Herr aus euren Brüdern erwecken, den sollt ihr hören wie mich. Und es wird geschehen, daß jeder, der seine Propheten nicht hört, aus seinem Volk ausgerottet wird* (Dt 18, 15). Warum also hat er dem Vergangenen das Künftige beigefügt? Doch wohl um zu zeigen, daß er über Vergangenes wahr gesprochen habe, wenn das, was er über Künftiges gesagt hat, in Erfüllung ginge.

Da wir somit dargelegt haben, wie Vergangenes durch Pro- 3
phezeiungen über Künftiges erhärtet wird, wollen wir jetzt anhand der heiligen Schriften zeigen, wie aus dem Geist der Weissagungen über Vergangenes solche über Künftiges glaubhaft werden. Als der babylonische König ein Traumge-

sicht gehabt hatte (vgl. Dan 2,2), sandte er nach den Magiern und Wahrsagern und ließ alle Weisen Babylons zusammenrufen. Er befragte sie nicht nur nach der Bedeutung des Traumes, sondern auch über den Traum selbst, um so aus Vergangenem zu entnehmen, was er aus ihren Antworten für die Zukunft für gewiß halten könnte. Als sie nichts zu sagen wußten, wurde Daniel in die Mitte geführt und über die Bedeutung sowie über den Inhalt des Traumes befragt. Er beantwortete nicht nur diese Frage, sondern gab auch über die Ursache des Traumes Auskunft, indem er sprach: *Es stiegen dir, o König, auf deinem Ruhelager Gedanken darüber auf, was nach dieser Zeit geschehen werde* (Dan 2,29), und kurz danach: *Du, o König, schautest, und siehe, so etwas wie eine große Bildsäule* usw. (Dan 2,31). Und wie er alsbald den Inhalt des Traumes der Reihe nach darlegte, so hat er das, was künftig aus ihm folgen würde, offenbart. Erwägen wir nun das Zeitgefüge der Weissagung. Von den Gedanken war er zum Traum gelangt, und vom Traum zum Zukünftigen. Er hat also, um mich so auszudrücken, die Wurzel dieses Traumes genannt und somit aus Vergangenem die Wahrheit dessen, was er über Zukünftiges sagte, glaubwürdig erscheinen lassen. Demgegenüber bedarf die Weissagung über zeitlich Gegenwärtiges weder der Bekräftigung aus Vergangenem noch einer solchen aus Zukünftigem, denn indem Verborgenes durch Weissagung aufgedeckt wird, wird dessen Wahrheit durch den aufgewiesenen Tatbestand selbst dargetan.

ARTEN UND WEISEN DER WEISSAGUNG

4 Da wir von den Zeiten der Weissagung gesprochen haben, wollen wir jetzt auch über deren Art und Weise etwas sagen. Rührt doch der Geist der Weissagung weder zu jeder Zeit noch auf ein und dieselbe Weise an die Seele des Propheten. Denn einmal rührt der Geist der Weissagung aus Gegenwärtigem an die Seele des Propheten, nicht jedoch aus Zukünftigem; ein andermal berührt er sie aus Zukünftigem und nicht aus Gegenwärtigem; dann wieder berührt er sie aus Gegenwärtigem und Zukünftigem. Bisweilen rührt der Geist der

Weissagung an Vergangenes und nicht an Zukünftiges; bisweilen auch an Künftiges und nicht an Vergangenes. Oder er rührt auch nur zum Teil an Gegenwärtiges, zum Teil aber nicht, beziehungsweise zum Teil an Künftiges, zum Teil aber nicht. Wir wollen nun das, soweit wir können, in der genannten Reihenfolge an Hand von Zeugnissen der Heiligen Schrift erläutern.

Der Geist der Weissagung berührt die Seele des Propheten 5
aus Gegenwärtigem und nicht aus Zukünftigem, wenn zum Beispiel Johannes der Täufer den Herrn kommen sieht und sagt: *Seht das Lamm Gottes, seht, es nimmt hinweg die Sünden der Welt* (Joh 1,29). Doch vor seinem Tod schickt er die Jünger und läßt fragen: *Bist du der, der da kommen wird, oder sollen wir auf einen anderen warten?* (Mt 11,3). Aus diesen Worten erhellt, daß er zwar gewußt hat, der Erlöser sei in die Welt gekommen, aber darüber im Unklaren war, ob er es sei, der hinabsteigen werde, die Riegel der Unterwelt aufzustoßen. Aus Gegenwärtigem war er vom Geist der Weissagung berührt worden, da er die Menschheit des Mittlers sah, dessen Gottheit erkannte und auf das Lamm hinwies, das hinwegnimmt die Sünden der Welt. Nicht berührt worden war er aus dem Zukünftigen, da er von dessen Gang in die Unterwelt nichts wußte.

Ein andermal berührt der Geist der Weissagung die Seele des 6
Propheten aus Zukünftigem und nicht aus Gegenwärtigem, wie es aus der Erzählung des Buches Genesis offenkundig hervorgeht, wonach Isaak seinen Sohn Esau auf die Jagd schickt, Rebekka ihm den jüngeren Sohn zur Segnung unterschiebt, der, mit Ziegenfellen bekleidet, dem ihn betastenden Vater den Körper des Bruders vortäuscht (vgl. Gen 27). Er gibt dem jüngeren Sohn anstelle des älteren den Segen und prophezeit ihm, was in ferner Zukunft liegt; er konnte ja nicht wissen, wen er vor sich hatte. Der Geist der Weissagung hatte also die Seele des Weissagenden aus dem Zukünftigen, nicht aus dem Gegenwärtigen angerührt, da der Vater mit umdunkelten Augen zwar das Kommende voraussagte, den gegenwärtigen Sohn jedoch nicht erkannte.

Dann wiederum berührt er die Seele des Prophezeienden 7
gleicherweise aus Gegenwärtigem und aus Zukünftigem, was

wir aus demselben Buch Genesis leicht nachweisen können. Dort steht geschrieben: Als Jakob sich dem Ende seines Lebens näherte, stellte ihm Joseph seine beiden Söhne vor, auf daß sie aus seinem Segen noch in ferner Zukunft Nutzen ziehen könnten. Den älteren stellte er ihm zur Rechten, den jüngeren zur Linken. Da nun seine Augen infolge seines Alters umdunkelt waren und er mit menschlicher Sehkraft nicht mehr unterscheiden konnte, welcher von seinen Enkeln der ältere, welcher der jüngere war, kreuzte er die Arme und legte die rechte Hand dem jüngeren, die linke dem älteren auf. Als ihn der Sohn korrigieren wollte und sagte: *So paßt es nicht, Vater, denn dieser da ist der Erstgeborene* (Gen 48,18), vernahm er dessen Antwort: *Ich weiß, mein Sohn, ich weiß: auch dieser wird zu Völkern werden und sich vermehren, aber sein jüngerer Bruder wird größer sein als er* (Gen 48,19). Der Geist der Weissagung hatte also die Seele des Prophezeienden gleicherweise aus dem Gegenwärtigen und aus dem Zukünftigen berührt, da Jakob nicht nur Kommendes verkündete, sondern auch die vor ihm Stehenden, die er mit leiblichen Augen nicht zu sehen vermochte, im Geiste unterschied. So hat auch der Geist der Weissagung die Seele des Propheten Ahias aus dem Gegenwärtigen und dem Zukünftigen berührt, als er trotz umdunkelter Augen jene, die sich als eine andere ausgab, nicht nur als die Gattin des Jeroboam erkannte, sondern ihr auch kundtat, was ihr geschehen werde, indem er sprach: *Tritt herein, Gattin Jeroboams! Warum verstellst du dich, als ob du eine andere wärest! Ich aber bin zu dir gesandt mit harter Botschaft. Geh hin und sage Jeroboam: So spricht der Herr, der Gott Isaaks. Weil . . . du mehr Böses getan hast als alle, die vor dir waren, und dir fremde Götter und in Erz gegossene Bilder gemacht hast, um mich zum Zorn zu reizen, mich aber hinter dich geworfen hast, darum werde ich über das Haus Jeroboams Unheil bringen* (3 Kön 14,6–10). Die Seele des Prophezeienden war also gleicherweise aus Gegenwärtigem wie aus Künftigem berührt worden, da er die Eintretende entlarven und ihr das Kommende voraussagen konnte.

8 Bisweilen jedoch wird die Seele des Weissagenden zugleich aus Vergangenem, Gegenwärtigem und Zukünftigem berührt, wie es bei Elisabeth der Fall war. Als sie Maria zu sich kommen sah, erkannte sie, daß sie das fleischgewordene Wort

im Schoße trug, und begrüßte sie als Mutter ihres Herrn: *Woher geschieht mir dies, daß die Mutter meines Herrn zu mir kommt?* (Lk 1,43). Über dessen Empfängnis spricht auch der Engel zu Joseph: *Was in ihr gezeugt worden ist, ist vom Heiligen Geist* (Mt 1,20). Eben das meint Elisabeth, wenn sie sagt: *Selig, die du geglaubt hast, daß in Erfüllung gehen werde, was dir vom Herrn gesagt ward* (Lk 1,45). Denn mit den Worten: *Selig, die du geglaubt hast* gibt sie deutlich zu verstehen, daß sie um die zu Maria gesprochenen Engelsworte im Geist gewußt hat. Und indem sie hinzufügt: *Es wird in Erfüllung gehen, was dir vom Herrn gesagt ward* hat sie vorausgesehen, was Maria künftig widerfahren wird. So ist sie vom Geist der Weissagung gleicherweise aus Vergangenem, Gegenwärtigem und Zukünftigem berührt worden, denn sie erkannte, daß jene den Verheißungen des Engels geglaubt hatte, nannte sie Mutter, da sie wußte, jene trage den Erlöser des Menschengeschlechtes im Schoß, und sah voraus, was künftig sein werde, da sie die Erfüllung von allem prophezeite.

Dann wieder berührt der Geist der Weissagung die Seele aus 9
Vergangenem, nicht aus Zukünftigem, wie am Apostel Paulus gut gezeigt werden kann, wenn er zu den Jüngern sagt: *Ich tue euch kund, Brüder: das Evangelium, das ich verkündet habe, ist nicht von menschlicher Art; ich habe es ja von keinem Menschen empfangen oder gelernt, sondern durch eine Offenbarung Jesu Christi* (Gal 1,11–12). Und ebenso zu anderen Jüngern: *Durch Offenbarung ist mir das Geheimnis kundgeworden* (Eph 3,3). Trotzdem sagte er, als er nach Jerusalem hinaufging, um das ihm durch Offenbarung kundgewordene Evangelium zu verkünden: *Seht, ich gehe, im Geist gebunden, nach Jerusalem, ohne zu wissen, was mir dort widerfahren wird* (Apg 20,22). Das Geheimnis des Evangeliums ist aber folgendes: der Eingeborene des Vaters ist Fleisch geworden und wahrer Mensch, der gekreuzigt ward, starb und begraben wurde und am dritten Tag auferstand; und am 40. Tag fuhr er zum Himmel empor und sitzt zur Rechten des Vaters. Indem ihm also das Evangelium durch Offenbarung kundgeworden war, ist er vom Geist der Weissagung aus Vergangenem berührt worden; da er jedoch nicht wußte, was er um des Evangeliums willen leiden werde, ist er zweifellos nicht aus Zukünftigem berührt worden. Denn

obgleich er beifügt: *Außer daß mir der Heilige Geist von Stadt zu Stadt Zeugnis gibt und sagt, daß Fesseln und Drangsale meiner zu Jerusalem warten* (Apg 20,23), macht er deutlich, daß das, was ihm widerfahren werde, anderen über ihn geoffenbart worden sei, nicht ihm selbst. Sagt doch Agabus von ihm: *Der Mann, dem dieser Gürtel gehört, muß in Jerusalem gefesselt werden* (Apg 21,11).

10 Dann wieder berührt der Geist der Weissagung aus Künftigem, nicht aus Vergangenem, wie es von Elias berichtet wird: als einer der Söhne des Propheten Holz fällte, fiel ihm das Eisen der Axt ins Wasser, und er rief: *Ach, ach, mein Herr! Und ich hatte es noch dazu ausgeborgt. Da sprach der Mann Gottes: wohin ist es gefallen? Und jener zeigte ihm die Stelle. Er schnitt nun ein Stück Holz ab und stieß es dort hinein, und das Eisen schwamm oben auf* (4 Kön 6,5). Aus diesem Tun des Propheten ersieht man, daß er wußte, was er tun werde, als er fragte, wohin es gefallen sei. Nicht jedoch wußte er, wohin das Eisen gefallen war, da er ja danach fragte. So hatte also der Geist der Weissagung die Seele des Propheten aus Künftigem, nicht aus Vergangenem berührt. Er wußte, daß das Eisen ins Wasser gefallen war, da er es ja wieder an die Oberfläche zurückzurufen sich anschickte; wohin es aber gefallen war, wußte er nicht.

11 Schließlich berührt der Geist der Weissagung nur zu einem Teil aus Gegenwärtigem, zum anderen Teil aber nicht. Das zeigt die Geschichte des Apostel Petrus, als die von Cornelius zu ihm geschickten Soldaten ihm vom Geist gemeldet wurden. Es steht geschrieben: *Und der Geist sprach zu ihm: Siehe, drei Männer suchen dich* (Apg 10,19). Da ging er zu ihnen hinunter und fragte: *Was ist der Grund, weswegen ihr gekommen seid* (Apg 10,21)? Aus diesen Worten erhellt, daß er den Grund, wonach er die Soldaten befragte, vom Geist nicht erfahren hatte. Über Gegenwärtiges hatte demnach der Geist Petrus zum einen Teil aufgeklärt, zum anderen nicht, da er ihm sagte, die Soldaten seien da, nicht aber, weshalb sie gekommen waren.

12 Endlich berührt der Geist der Weissagung teilweise aus Zukünftigem, teilweise nicht. Das geht aus dem hervor, was die Söhne der Propheten zu Elisäus über die Hinwegnahme des

Elias sagen: *Weißt du, daß der Herr heute deinen Herrn von dir nehmen wird?* (4 Kön 2, 3). Hier hatte der Geist der Weissagung ihren Sinn zum Teil aus Zukünftigem angerührt, zum Teil aber nicht, da sie zwar wußten, er werde hinweggenommen, jedoch den suchten, der nicht mehr auffindbar war. Sie wurden also zum Teil angerührt, zum Teil nicht, da sie wußten, er werde hinweggenommen, nicht aber, daß er unauffindbar wäre. Ebenso ist auch Elisäus vom Geist der Weissagung aus Künftigem nur zu einem Teil angerührt worden, zum anderen aber nicht, als er zum König Israels sprach: *Schlage mit dem Wurfspieß auf die Erde. Und als er dreimal geschlagen hatte, aber dann innehielt, wurde der Mann Gottes zornig über ihn und sagte: hättest du fünf- oder sechs- oder siebenmal geschlagen, so hättest du Syrien bis zur Vernichtung geschlagen: jetzt aber wirst du es dreimal schlagen* (4 Kön 13, 18–19). Er wußte also, daß er Syrien sooft besiegen werde, als er auf die Erde schlagen würde. Doch als er zu ihm sagte: *Schlage auf die Erde* wußte er nicht, wie oft er darauf schlagen sollte – er wurde ja unwillig, als er dreimal auf die Erde geschlagen hatte. Daraus erhellt, daß er nur teilweise aus Zukünftigem angerührt wurde, teilweise nicht. Zwar hatte er vorausgesagt, Syrien werde besiegt, wollte aber, daß er öfter auf die Erde schlüge. So auch Samuel: als er vom Herrn zur Salbung Davids gesandt wurde, erwiderte er: *Wie kann ich hingehen? Wird nicht Saul davon hören und mich umbringen* (1 Kön 16, 2)? Dann salbte er David und wurde doch nicht von Saul getötet. Auch hier ist die Seele des Weissagenden nur zu einem Teil aus Zukünftigem berührt worden, zum anderen nicht, denn er wußte, daß er David zum König salben sollte, nicht jedoch, daß er von Saul nicht getötet würde.

Nun ist auch zu beachten, daß die einen Prophezeienden vom 13
Geist der Weissagung aus Naheliegendem, nicht jedoch aus Fernliegendem berührt werden; andere aus Fernliegendem und nicht aus Naheliegendem; wieder andere aus Naheliegendem und aus Fernliegendem. Manche werden also aus Naheliegendem und nicht aus Fernliegendem berührt, wie Samuel, der um die verlorenen Eselinnen wußte, und sagte, sie seien wiedergefunden worden, und dann Saul als den künftigen König ankündigte (vgl. 1 Kön 9, 15–20) und auch beifügte, David werde ihm als König nachfolgen, nicht jedoch voraus-

sagte, daß dieser der Stammvater des ewigen Königs sein werde (vgl. 1 Kön 16,12). Andere wiederum werden aus Fernliegendem, nicht jedoch aus Naheliegendem berührt, wie David, der um die kommende Menschwerdung des Eingeborenen Gottes wußte, da er über Judäa sprach: *Ein Mensch ist ihm geboren, und der Allerhöchste hat es begründet* (Ps 86,5), und wußte, dieser werde zum Himmel auffahren und zur Rechten des Vaters sitzen, da er sagte: *Es sprach der Herr zu meinem Herrn: setze dich zu meiner Rechten* (Ps 109,1). Dennoch hat er vieles, was in seiner Nähe geschehen sollte, nicht vorausgesagt. Um aus zahlreichen Beispielen nur einige anzuführen: er wußte nicht, daß der Diener Mephibosets ihn zum Schaden seines Herrn anlog, und versprach dem Amasa: *Der Herr tue mir dies und das, wenn du nicht alle Zeit anstelle Joabs Heerführer vor mir sein sollst* (2 Kön 19,13), nicht wissend, was kommen werde, da Amasa nicht nur anstelle Joabs den militärischen Oberbefehl nicht erhielt, sondern auch kurz darauf durch Joab sein Leben verlor (vgl. 2 Kön 20,10). Oder: als er Gott einen Tempel bauen wollte, wußte er nicht, was unmittelbar danach folgen würde, denn er hat eine andere Prophezeiung erhalten (vgl. 2 Kön 7,2–4).

14 Wieder andere werden sowohl aus Fernliegendem als auch aus Naheliegendem berührt, wie Isaias, der voraussagt, was in ferner Zukunft liegt: *Siehe, die Jungfrau wird empfangen und einen Sohn gebären, und sein Name wird sein Emanuel* (Is 7,14). Über ihn sagt er wiederum: *Ein Kind wird uns geboren, ein Sohn ist uns gegeben, und die Herrschaft ist auf seine Schulter gelegt; sein Name wird genannt werden: Wunderbarer, Ratgeber, starker Gott, Vater des künftigen Weltalters, Friedensfürst. Seine Herrschaft wird sich mehren, und des Friedens wird kein Ende sein* (Is 9,6–7). Auch in bezug auf König Ezechias wird er vom Geist der Weissagung aus Naheliegendem berührt und prophezeit ihm, daß er von seiner Krankheit genesen und wie viele Jahre er nach seiner Krankheit noch leben werde (vgl. Is 38,5).

UNVERFÜGBARKEIT DES PROPHETISCHEN CHARISMAS

Freilich fehlt zuweilen den Propheten der Geist der Weis- 15
sagung und steht ihnen nicht immer zur Verfügung. So oft sie ihn haben, sollen sie erkennen, daß sie ihn, wenn sie ihn haben, als ein Gnadengeschenk besitzen. So hinderte Elisäus seinen Diener Giezi daran, die weinende Samariterin von seinen Füßen zu vertreiben und sprach: *Laß sie, denn ihre Seele ist betrübt, und der Herr hat es mir verborgen und es mir nicht kundgetan* (4 Kön 4, 27). Auch ließ er, als ihn Josaphat über die Zukunft befragte und ihm der Geist der Weissagung fehlte, einen Harfenspieler rufen, auf daß durch den Lobgesang der Psalmodie der Geist der Weissagung auf ihn herabkomme und seinen Geist mit Künftigem erfülle (vgl. 4 Kön 3, 11 f.). Wenn nämlich der Gesang der Psalmodie aus der Innigkeit des Herzens heraus ertönt, findet der allmächtige Herr durch ihn einen Zugang zum Herzen, auf daß er dem hinhorchenden Sinn die Geheimnisse der Weissagung oder die Gnade der Zerknirschung eingieße. So steht geschrieben: *Ein Lobgesang bringt mir Ehre, und dies ist der Weg, auf dem ich ihm Gottes Heil zeigen will* (Ps 49, 23). Was nämlich auf Lateinisch salutare, Heil, bedeutet, das heißt auf Hebräisch Jesus. Im Lobgesang wird daher ein Zugang geschaffen, wo Jesus sich offenbaren kann, denn wenn durch den Psalmengesang die Zerknirschung ausgegossen wird, entsteht in uns ein Weg zum Herzen, an dessen Ende man zu Jesus gelangt, wie er es selbst von seiner Offenbarung ausspricht: *Wer mich liebt, wird von meinem Vater geliebt, und ich werde ihn lieben und mich selbst ihm offenbaren* (Joh 14, 21). Ebenso steht geschrieben: *Singet Gott, singt Psalmen seinem Namen, bereitet dem den Weg, der heraufzieht über dem Sonnenuntergang: Herr ist sein Name* (Ps 67, 5). Er ist es nämlich, der über dem Sonnenuntergang heraufzieht, da er auferstehend den Tod mit Füßen trat. Indem wir ihm lobsingen, bereiten wir den Weg, auf daß er in unsere Herzen komme und uns mit der Gnade seiner Liebe entzünde.

Daß der Geist der Weissagung den Propheten nicht immer zur Verfügung steht, zeigt ferner der Mann Gottes, der, nach Samaria gesandt, der Stadt das bevorstehende Unheil ankündigte (vgl. 3 Kön 13,10–23). Obwohl ihm vom Herrn verwehrt war, auf dem Wege zu essen, ist er durch die Überredungskunst eines falschen Propheten verführt worden. Die trügerische Rede hätte ihn nicht verführt, wenn ihm der Geist der Weissagung gegenwärtig gewesen wäre.

16 Es ist nun auch zu beachten, daß die heiligen Propheten, wenn sie um Rat gefragt werden, infolge der dauernden Gewohnheit des Weissagens zuweilen etwas aus ihrem eigenen Geist vorbringen und meinen, sie sagten es aus dem Geist der Weissagung. Weil sie indes heilig sind, werden sie vom Heiligen Geist sogleich korrigiert, vernehmen von ihm, was wahr ist, und weisen sich selbst zurecht, daß sie Falsches gesagt hätten.

Wer wüßte beispielsweise nicht, daß der Prophet Nathan ein heiliger Mann gewesen ist? Er wies König David ob seiner Schuld offen zurecht und verkündete ihm, was ihm aufgrund der Schuld zustoßen werde. Als ihm nun David, der Gott einen Tempel erbauen wollte, deshalb um Rat fragte, erwiderte er auf der Stelle: *Alles, was du im Sinne hast, geh' hin, und tu' es, denn der Herr ist mit dir* (2 Kön 7,3). Von ihm heißt es unmittelbar anschließend: *Es begab sich aber in jener Nacht, siehe, da erging das Wort des Herrn an Nathan: geh' hin und rede zu meinem Diener David. So spricht der Herr: wirst etwa du mir ein Haus zum Wohnen bauen? Habe ich doch in keinem Haus gewohnt von dem Tag an, da ich die Söhne Israels aus dem Ägypterland herausgeführt habe, bis auf diesen Tag?* (2 Kön 7,4–6). Und gleich darauf: *Wenn deine Tage vollendet sein werden und du zu deinen Vätern entschlafen bist, will ich dir einen Nachkommen erwecken, der aus deinen Lenden kommen soll, und sein Königtum befestigen. Er soll meinem Namen ein Haus bauen* (2 Kön 7,12–13). Siehe der Prophet Nathan, der zuerst gesagt hatte: *Geh' hin und tu' es,* wird nachher vom Geist der Weissagung belehrt und sagt, daß es nicht geschehen könne, und widerspricht den Plänen des Königs wie auch seinen eigenen Worten, indem er das, was er aus eigenem Geist gesprochen hatte, als unrichtig bezeichnet.

17 Zwischen wahren und falschen Propheten besteht demnach der Unterschied, daß die wahren Propheten das, was sie einmal aus eigenem Geist gesagt haben, vom Heiligen Geist

belehrt, gegenüber ihren Zuhörern alsogleich korrigieren. Die falschen Propheten hingegen sagen nicht nur Unwahres, sondern verharren auch noch, dem Heiligen Geist entfremdet, in ihrer Unwahrheit.

DIE BABYLONISCHE GEFANGENSCHAFT

Da wir nun die Zeiten und Arten der Weissagung erwogen 18
haben, mag es angezeigt sein, zu erwägen, mit welcher Mäßigung der allmächtige Gott seine Zorngerichte zur Förderung der Menschen einsetzt. Das israelitische Volk hatte seinen Schöpfer verlassen und diente dem babylonischen König in der Gefangenschaft. Mit ihm wurde auch der Prophet Ezechiel in die Gefangenschaft geschickt (vgl. Ez 3,11). Ihn hatte sich die göttliche Gnade so fügsam gemacht, daß sie in ihm auch Künftiges voraussagte und sich würdigte, die Herzen des unglücklichen Volkes zu trösten. Betrachten wir also, soweit wir dazu imstande sind, wie ausgewogen das Maß der göttlichen Herablassung ist, da der Herr zwar seinem Volke zürnt, doch nicht ohne Grenzen. Denn wäre er nicht erzürnt gewesen, hätte er das Volk ja nicht der Gefangenschaft preisgegeben; und wenn er ohne Grenzen erzürnt gewesen wäre, hätte er nicht auch seine Auserwählten mit ihm in die Gefangenschaft geschickt. Aber die göttliche Barmherzigkeit verfährt so, daß sie in ein und demselben Fall den fleischlich Gesinnten eine Züchtigung verabreicht, den geistlich Gesinnten jedoch zum Wachstum der Tugend verhilft. Während er jene durch Trübsal reinigt, beruft er diese aus der Schar der Leidgeprüften zu höheren Verdiensten. Er zürnt den Ungerechten so, daß deren Herzen durch die Schicksalsgemeinschaft mit den Gerechten getröstet werden, damit keinem, der schuldig geworden ist, der Rückweg zur Vergebung abgeschnitten würde, indem er ihn gänzlich fallen ließe. Indem er ihn hält, verstößt er ihn, und indem er ihn verstößt, hält er ihn, da er zugleich mit denen, die er verurteilt, jene, die er liebt, in die Verbannung schickt. Wer vermöchte die Herzensinnigkeit einer solchen Güte zu ermessen? Der Herr läßt die

Schuld des Volkes nicht ohne Strafe hingehen, und dennoch stößt er das abtrünnige Volk nicht völlig zurück.
So war es auch, als Moses die zwölf Kundschafter in das Land der Verheißung ausgesandt hatte und nachher zehn von ihnen das Volk zur Mutlosigkeit verführten (vgl. Num 13): da erregte sich das Volk in zornigem Murren und beklagte sich, es sei vom Herrn in der Weise hintergangen worden, daß nun seine Leichen in der Wüste liegen blieben, hatte ihm doch der allmächtige Gott in seinem Zorn gesagt, keiner von ihnen werde das gelobte Land betreten (vgl. Num 14). Dieses Strafgericht rührte ihr Gewissen, und sie erkannten, daß sie Böses getan hatten, schlugen weinend an ihre Brust, nahmen ihre Waffen zur Hand und schritten unverzüglich zum Angriff gegen die Feinde, um so nach Reuetränen ins verheißene Land einziehen zu können. Da sprach der Herr durch Moses zu ihnen: *Sage ihnen: zieht nicht hinauf und meidet den Kampf, denn ich bin nicht mit euch, sonst werdet ihr von euren Feinden erschlagen* (Dt 1,42). Dazu ist folgendes zu erwähnen: wenn er nicht mit ihnen war, warum riet er ihnen ab hinaufzuziehen, damit sie nicht erschlagen würden? War er aber mit ihnen, was soll es dann heißen, wenn er sagt: *denn ich bin nicht mit euch?* In einer wundersamen Ausgewogenheit zwischen Strenge und Milde war er mit ihnen und zugleich nicht mit ihnen. Nicht mit ihnen war er, daß sie hätten siegen können, und zugleich war er mit ihnen, daß sie durch die Feinde nicht zugrunde gingen. O unaussprechliches Geheimnis der Güte! Er verfolgt die Sünden und beschützt doch die Sünder. Er verhehlt seinen Zorn nicht und gewährt doch Schutz vor den Feinden. So zürnt oft eine Mutter ihrem kleinen schlimmen Sohn, tadelt, schilt und züchtigt ihn. Aber wenn sie merkt, daß er den Kopf verliert und in Lebensgefahr gerät, streckt sie ihre Hand aus und hält ihn zurück. Sie, die ihn im Zorn gezüchtigt hat, als liebte sie ihn nicht, hält ihn in Liebe zurück, als ob sie ihn nie im Zorn gezüchtigt hätte.

19 Indem wir dies lediglich als Vorbemerkung vorausschickten, haben wir gleichsam mit unserem Schiff im Hafen des Propheten eine Probefahrt gemacht, um sodann, wenn wir in die Geheimnisse des Propheten eindringen, die Segel zu setzen und in die Unermeßlichkeit der hohen See hinauszustechen.

Was wir uns freilich nicht aus eigener Kraft zutrauen, sondern in dem, der die Zungen der Unwürdigen beredt macht, denn *der Geist des Herrn erfüllt den Erdkreis, und der das All umfaßt, weiß alles, was geredet wird* (Wh 1,7). Das Wort des allmächtigen Vaters ist ja selbst der allmächtige Gott, und die über ihn zu reden sich anschicken, werden in ihm nicht stumm bleiben. Das allmächtige Wort wird uns die rechten Worte eingeben, das, für uns Fleisch geworden, lebt und herrscht mit dem Vater in der Einheit des Heiligen Geistes, Gott von Ewigkeit zu Ewigkeit. Amen.

2. HOMILIE: Ez 1,1–5

1 Die prophetische Rede geht für gewöhnlich so vor, daß sie zunächst Person, Ort und Zeit beschreibt und danach mit der Aussage der prophetischen Geheimnisse einsetzt, so daß sie, um die Wahrheit sicherer zu begründen, zuerst die geschichtliche Wurzel befestigt und dann die Früchte des Geistes in Zeichen und Allegorien hervorbringt. Ezechiel gibt daher sein Alter an, wenn er sagt:

(Ez 1,1) Und es geschah im dreißigsten Jahr, im vierten Monat, am fünften Tag des Monats. Auch den Ort bezeichnet er, indem er hinzufügt:

(Ez 1,1) Als ich mitten unter den Verbannten am Flusse Kebar weilte: da öffnete sich der Himmel und ich sah göttliche Gesichte. Die Zeit teilt er ebenfalls mit, da er anmerkt:

(Ez 1,2) Am fünften Tag des Monats, es war das fünfte Jahr nach der Wegführung des Königs Joachin. Und um die Person genau zu beschreiben, nennt er auch die Familie, indem er sagt:

(Ez 1,3) Da erging das Wort des Herrn an Ezechiel, den Sohn des Buzi, den Priester.

VOM INNEREN ZUM ÄUSSEREN WORT

2 Eine erste Frage stellt sich uns: warum setzt einer, der bis dahin nichts gesagt hat, mit den Worten ein: *Und es geschah im dreißigsten Monat?* Und ist ein Bindewort, und wir wissen ja, daß ein nachfolgender Satz nur mit einem vorausgehenden verbunden wird. Da er also nichts gesagt hat, warum beginnt er mit: *Und es geschah,* wo doch kein Wort vorhanden ist, an welches er diesen Beginn anknüpfen könnte? Hier ist nun zu bedenken, daß wie wir Körperliches sehen, so die Sinne des Propheten Geistiges wahrnehmen, und daß ihnen auch jene Dinge gegenwärtig sind, die unserer Unwissenheit als abwesend erscheinen. Daher kommt es, daß im Geist der Propheten die inneren mit den äußeren Dingen so verbunden

sind, daß sie beides zugleich sehen und in ihnen inwendig ein Wort ertönt, das sie hören, und zugleich eines außen, das sie aussprechen. Jetzt wird auch klar, weshalb er, der bisher nichts gesagt hat, mit den Worten anhebt: *Und es geschah im dreißigsten Jahr.* Er verknüpft das Wort, das er nach außen spricht, mit dem, das er inwendig gehört hat. Er fährt also in der Rede fort, die er in dem inneren Gesicht vernommen hat, und setzt daher ein mit: *Und es geschah.* Er knüpft das, was er nach außen hin zu sagen anhebt, so an Vorausgehendes an, als ob das, was er inwendig schaut, ebenfalls außen wäre.

KINDHEIT UND MANNESALTER

Auch seine Bemerkung, er habe den prophetischen Geist im 3
dreißigsten Lebensjahr empfangen, gibt uns einen Hinweis zum Nachdenken: daß nämlich gemäß der Ordnung der Vernunft keiner vor dem Erwachsenenalter etwas Gescheites zutage fördern kann. So wollte selbst der Herr, als er in seinem zwölften Lebensjahr inmitten der Lehrer saß, nicht als Lehrender, sondern als Fragender erfunden werden (vgl. Lk 2,46). Damit sich keiner herausnähme, im jugendlichen Alter andere zu belehren, hat sich jener, der aufgrund seiner Gottheit im Himmel immerfort die Engel lehrt, gewürdigt, als Zwölfjähriger auf Erden die Menschen zu befragen. Ist er doch selbst Gottes Weisheit, aus dessen Schau die Engel leben und die ewige Seligkeit genießen. Dazu ermahnt uns auch Moses unter dem Schleier der Allegorie, wenn er sagt: *Du sollst nicht pflügen mit dem Erstgeborenen des Rindes* (Dt 15,19). Wohl halten wir die Erstgeburt des Rindes im zarten Alter unserer ersten Lebenszeit für ein taugliches Wesen. Aber man darf damit noch nicht pflügen, denn in der ersten Zeit unserer Jugend oder Adoleszenz sollen wir uns jeder Belehrung anderer enthalten, damit nicht etwa die Pflugschar unserer Zunge den Ackerboden eines fremden Herzens verletze. Solange wir noch schwach sind, müssen wir uns in uns selbst gesammelt halten, damit wir das noch nicht gekräftigte Gute nicht verlieren, indem wir es zu früh vorzeigen. Auch frisch gepflanzte Bäumchen verdorren vorzeitig durch eine rauhe Be-

handlung, wenn sie nicht zuvor im Erdboden eingewurzelt sind; haben sie einmal Wurzeln geschlagen, schadet es nicht, wenn man sie hart angreift; Stürme fahren sie an, und sie werden durch deren Anprall nicht verletzt. Auch wenn Stürme auf neuerrichtete Mauern stoßen, brechen sie zusammen, falls ihre Feuchtigkeit zuvor nicht ausgetrocknet ist. Daher darf der menschliche Geist, solange die Feuchtigkeit seines unfertigen Wuchses noch nicht ganz ausgetrocknet ist, von keiner Hand fremder Zunge angegriffen werden, damit er seine Festigkeit nicht verliere, bevor er sie vollständig erlangt hat, und nicht unter der Belastung zusammenbreche, nicht wie ein wurzelloses Bäumchen verdorre, wenn er einem stärkeren Druck, als er zu ertragen imstande ist, ausgesetzt wird. Nur das bereits Gefestigte darf daher als verbindliches Vorbild ans Tageslicht treten. Der Geist muß zuvor erstarken und soll erst dann zum Nutzen der Mitmenschen heraustreten, wenn er weder, durch Lobreden überheblich geworden, verdorben noch, durch Tadel niedergedrückt, verzagt ist. Denn mag auch zu Timotheus gesagt werden: *Das mußt du einschärfen und lehren; niemand soll dich wegen deiner Jugend gering achten* (1 Tim 4,11f.), so ist daran zu erinnern, daß in der Heiligen Schrift die Adoleszenz bisweilen als Jugend bezeichnet wird. So steht geschrieben: *Freue dich, junger Mann, deiner Jugendzeit* (Pred 11,9). So wird auch der Prophet als ein gefestigter Erwachsener beschrieben, um seine Autorität in der Verkündigung zu unterstreichen, da in seinem Leben und in seiner Geisteshaltung alles, was zum Auftrag der Verkündigung gehört, zusammenstimmt.

4 Anderseits soll es niemanden befremden, daß Jeremias (Jer 1,5) und auch Daniel (Dan 13,45) den Geist der Weissagung schon als Knaben empfangen haben, denn Wunder sind nicht als Beispiele für eine normale Vorgangsweise anzusehen. Der allmächtige Gott macht auch die Zungen der Unmündigen beredt (Wh 10,21) und bereitet sich Lob aus dem Mund von Kindern und Säuglingen (Ps 8,3). Aber eines ist's, was wir aus der üblichen Ordnung der Lehre lernen, ein anderes, was wir aus einem Wunder wissen.

5 Wenn man nun nachforscht, inwiefern sich in der Angabe seines Alters eine mystische Bedeutung anzeigt, dann ist es

nicht abwegig, daß der Prophet den Herrn, den er mit seinen Worten ankündigt, auch in dessen Lebensalter vorstellt. Im dreißigsten Lebensjahr Ezechiels öffnete sich der Himmel, und er schaute die Gesichte des Herrn am Flusse Kebar; und etwa in seinem dreißigsten Lebensjahr kam der Herr an den Jordanfluß. Auch dort öffnete sich der Himmel, als der Geist in Gestalt einer Taube herabstieg. Und eine Stimme ertönte vom Himmel und sprach: *Dieser ist mein geliebter Sohn, an dem ich mein Wohlgefallen habe* (Mt 3,17).

DAS NIEDERZIEHENDE GEWICHT DER SÜNDE

Aber auch die hebräischen Namen können uns zur Auslegung 6
der mystischen Bedeutung dienen. Denn Kebar heißt Beschwernis, Schwere; Ezechiel Kraft Gottes; Buzi Verachtung oder Geringschätzung; Chaldäer die Gefangennehmenden oder so etwas wie die Dämonen. Ezechiel kam also zum Fluß Kebar: wenn nun Kebar Beschwernis oder Schwere heißt, wird dann nicht mit dem Kebarfluß passenderweise das Menschengeschlecht bezeichnet? Das von Anbeginn zum Tod hinabsinkt und sich selbst zur Last wird durch die Sünden, die es nicht nur begeht, sondern immerfort mit sich schleppt. Steht doch geschrieben: Das Böse sitzt in dem Bleigewicht (vgl. Zach 5,7). Jede Sünde ist schwer, weil sie es der Seele verwehrt, sich emporzuschwingen. Daher spricht auch der Psalmist: *Ihr Menschensöhne, wie lange noch seid ihr schweren Herzens?* (Ps 4,3). Und vom Herrn steht geschrieben: *Er ist Gottes Kraft und Gottes Weisheit* (1 Kor 1,24). Ezechiel kam also zum Fluß Kebar, wie ja auch die Kraft Gottes im Mysterium seiner Menschwerdung sich gewürdigt hat, dem Menschengeschlecht, das die Last seiner Sünden trug und von Anbeginn Tag um Tag zum Tod hinabsank, nahezukommen. Von ihm sagt der Psalmist: *Er gleicht einem Baum, gepflanzt am Ufer der abwärtsfließenden Wasser* (Ps 1,3). Am Ufer der abwärtsfließenden Wasser ward er gepflanzt, da er wegen des Niedergangs der herabfließenden Völker Mensch geworden ist. Wir sagten ferner, Ezechiel bedeute Kraft Gottes, Buzi Verachtung: Eze-

chiel ist der Sohn des Buzi, wie ja auch der eingeborene Gottessohn aus jenem Volk geboren zu werden sich gewürdigt hat, das der Herr wegen der Sünde der Treulosigkeit verachtet hat. Die Kraft Gottes wird also aus der Verachtung oder Geringschätzung geboren, da sich unser Erlöser gewürdigt hat, aus einem treulosen und verachteten Volk die menschliche Natur anzunehmen. Er kam in das Land der Chaldäer. Chaldäer heißt, wie gesagt, die Gefangennehmenden oder so etwas wie Dämonen. Die Gottlosen, die selbst Gottloses tun und andere durch Verlockungen zur Gottlosigkeit verleiten, sind wahrhaftig Gefangennehmende. Zu Recht werden sie auch als Dämonen bezeichnet, weil diejenigen, die andere durch Verlockung zur Gottlosigkeit verleiten, das Amt der Dämonen, das zur Gottlosigkeit führt, übernehmen, obgleich sie von Natur aus keine Dämonen sind. Es kam also die Kraft Gottes in das Land der Chaldäer, als der Eingeborene des Vaters unter denen erschienen ist, die zur Sünde herabgesunken waren und andere gefangennehmend zur Sünde verführt hatten. Doch jetzt soll unsere Auslegung zur Person des Propheten zurückkehren.

DER GEIST SPRICHT DURCH DEN PROPHETEN

7 *(Ez 1,3) Dort kam über ihn die Hand des Herrn.* Der Sohn des Herrn wird Hand oder Arm genannt, sofern durch ihn alles geschaffen ist. Von ihm sagt der Psalmist: *Strecke aus deine Hand, mir zu helfen* (Ps 119,173). Diese Hand Gottes ist nach ihrer Gottheit nicht geschaffen, sondern gezeugt, nach ihrer Menschheit hingegen geschaffen, um die Wunden des Menschengeschlechtes zu heilen. Der Prophet ist also der Menschwerdung des Eingeborenen dort innegeworden, wo er über sich die Hand des Herrn geschaut hat. Dann fährt er fort:

8 *(Ez 1,4) Und ich schaute, und siehe, ein Sturmwind kam vom Norden.* Man achte darauf, welche Aussageform der Prophet bei diesen Worten verwendet. Oben hatte er gesagt: *Der Himmel öffnete sich, und ich schaute die Gesichte Gottes;* weiter

unten fügt er, als spräche er von einem anderen, hinzu: *Dort kam die Hand des Herrn über ihn;* und danach sagt er, als ob er zu sich selbst zurückkehre: *Und ich schaute, und siehe, ein Sturmwind kam vom Norden.* Was hat es zu bedeuten, daß Ezechiel bald selber, bald Ezechiel über Ezechiel spricht? Wenn er durchgehend selbst spräche, gäbe es kein Problem. Wenn er überall wie von einem anderen spräche, gäbe es ebenfalls kein Problem. Was also bedeutet dieser Wechsel der prophetischen Aussageform, daß der Prophet bald selbst über sich spricht, bald wie ein anderer über sich zu sprechen scheint? Man muß indes wissen, daß die von prophetischem Geist Erfüllten dadurch, daß sie einmal augenscheinlich selber, ein andermal von sich wie von einem anderen sprechen, anzeigen, daß nicht der Prophet, sondern der Heilige Geist durch die Propheten redet. Sofern nämlich die Rede durch sie geschieht, sprechen sie selbst über sich, sofern sie unter dem Anhauch des Heiligen Geistes reden, spricht der Heilige Geist durch sie über sie, was die WAHRHEIT bestätigt: *Nicht ihr seid es, die reden, sondern der Geist eures Vaters ist es, der in euch redet* (Mt 10,20). So drückt sich auch Moses aus: *Er, Moses, war ein sehr sanftmütiger Mann, mehr als alle Menschen auf Erden* (Num 12,3). Indem er nicht sagt «ich war», sondern «er war», gibt er augenscheinlich zu erkennen, daß der, welcher durch ihn über ihn redete, ein anderer war. Ebenso Johannes: *Er sah den Jünger, den Jesus lieb hatte* (Joh 21,20). Auch Paulus sagt, um zu zeigen, daß nicht er selbst rede: *Ihr verlangt ja einen Ausweis dafür, daß Christus in mir redet* (2 Kor 13,3). Weil also in der prophetischen Rede der eine die Führung innehat, der andere gehorsam ist, so redet, wenn der Prophet über sich selber spricht, die Person des Gehorchenden, wenn aber der Heilige Geist durch die Propheten über die Propheten redet, wird die Hoheit des Führenden offenbar. Richtig heißt es daher wie von einem anderen: *Dort kam über ihn die Hand des Herrn,* und anschließend über sich selbst: *Und ich schaute, und siehe, ein Sturmwind kam vom Norden.*

Nun müssen wir erwägen, was mit den Worten gemeint ist:
9 *(Ez 1,4) Und siehe, ein Sturmwind kam vom Norden, und eine große Wolke.* Sofern der Nordwind in Kälte erstarren macht, wird mit seinem Namen nicht unpassend das Starrwerden durch den bösen Geist bezeichnet. Was auch der Prophet Isaias bezeugt, wenn er den Teufel sagen läßt: *Auf dem Versammlungsberg im höchsten Norden will ich wohnen* (Is 14,13). Der böse Geist beherrschte ja den Versammlungsberg, da er sich das Volk der Juden, welches das Gesetz erhalten hatte, zur Treulosigkeit unterjochte. Solange der Teufel die Herzen der Lehrenden gefangenhält, beherrscht er den Versammlungsberg. Er wohnt auch hoch im Norden, weil er die erkalteten Gedanken der Menschen in seiner Gewalt hat. Daher läßt der Heilige Geist die Braut im Hohenlied sprechen: *Nordwind, hebe dich hinweg, und Südwind, eile herbei, durchwehe meinen Garten, damit seine Düfte strömen* (Hl 4,16). Wenn nämlich der kalte Geist auf Befehl des Herrn zurückweicht, besetzt der warme Geist die Gedanken der Gläubigen; er durchweht den Garten Gottes, das heißt die heilige Kirche, so daß der gute Ruf ihrer Tugenden wie ein Wohlgeruch von vielen wahrgenommen wird. Weicht der Nordwind, das heißt der böse Geist zurück, dann erfüllt der Heilige Geist gleichsam als Südwind die Gedanken. Wenn er wärmespendend weht, strömen alsbald Wohlgerüche aus den Herzen der Gläubigen. Der Prophet schaut, was am Ende kommen wird, und sieht den Sturmwind aus dem Norden kommen, da der böse Geist am Ende der Welt die Gedanken der Menschen in seiner eisigen Erstarrung härter in Beschlag nehmen wird. So steht geschrieben: *Wehe der Erde und dem Meer! Denn der Teufel ist zu euch herabgestiegen in grimmigem Zorn, weil er weiß, daß er nur noch wenig Zeit hat* (Offb 12,12). Der alte Widersacher wird die Wucht seiner Nachstellungen in den Herzen der Menschen gewaltsam verstärken. Angesichts seines wachsenden Stolzes ist die Demut des menschgewordenen Gottes offenbar geworden: und um das Menschengeschlecht von seiner Schwachheit zu befreien, ist die große Macht des Arztes dann erschienen, als die Schwachheit des Kranken überhandnahm.

Mit Recht wird der Einbruch des bösen Geistes als ein Sturmwind bezeichnet. Der Sturm reißt ja das Gebäude, auf das er trifft, durch seinen Anprall nieder. Und jede Versuchung des alten Widersachers, die in der Seele ihr Unwesen treibt, ist ein Sturmwind, der sie durch Begierden bedrängt und aus der rechten Ordnung reißt. Indes wollen wir das, was dem Menschengeschlecht am Ende der Welt von Seiten des listigen Widersachers bevorsteht, mit Stillschweigen übergehen und nur über die Juden, denen der Prophet entstammte und deren Verderben er weissagend schaute, ein paar Worte sagen. Diese haben bei der Menschwerdung des Herrn einen um so heftigeren Nordsturm erregt, je mehr sie, in ihrer Verwirrung vom rechten Weg abgekommen, geistig erstarrt waren und in kalter Untreue verharrten. Der Sturmwind kam somit vom Norden, als das Leben des jüdischen Volkes in der Versuchung durch den bösen Feind vernichtet wurde. 10

Darum heißt es zu Recht: *Und eine große Wolke*. Denn je mehr einer in Grausamkeit entbrennt, desto mehr verdient er, in der Finsternis seiner Unwissenheit zu erblinden. Haben sie doch den Erlöser des Menschengeschlechtes, den sie aufgrund ihrer Kenntnis des Gesetzes und der Propheten erwartet hatten, gesehen und verleugnet. So geschah es, daß ihr Geist durch die große Wolke ihrer Unwissenheit zugedeckt wurde, so daß sie denjenigen, den sie zuvor zwar anzukündigen vermochten, hernach aber zu lieben sich weigerten, gerichtlich verfolgten und verwarfen. Denn obgleich sie sowohl seine Machttaten als auch seine Leiden sahen, drang die große Wolke vom Norden in die Herzen der Ungläubigen, weil sie infolge der Eiseskälte ihrer Sündhaftigkeit trotz aller Zeichen – wegen der Schwachheit, die in seiner Passion offenbar wurde – von Finsternis umhüllt blieben. 11

GERICHT UND HEIL

Was aus dieser großen dunklen Wolke folgte, wird alsbald gesagt:

(Ez 1,4) Und ein wirbelndes Feuer. Mit dem Wort Feuer 12
wird das einemal der Heilige Geist, das anderemal die Her-

zensbosheit versinnbildlicht. So steht von dem guten Feuer geschrieben: *Ich bin gekommen, Feuer auf die Erde zu werfen, und was will ich anderes, als daß es brenne* (Lk 12,49). Dieses Feuer wird auf die Erde geworfen, wenn im irdisch gesinnten Geist, von der Glut des Heiligen Geistes angehaucht, die fleischlichen Gelüste ausgebrannt werden. Von dem bösen Feuer hingegen heißt es: *Und nun wird das Feuer die Widersacher verzehren* (Hebr 10,27), weil das verstockte Herz an seiner eigenen Bosheit zugrundegeht. Wie nämlich das Feuer der Liebe den Geist erhebt, so drückt ihn das Feuer der Bosheit nieder, und wie der Heilige Geist das Herz, das er erfüllt, erhebt, so beugt es die glühende Begierde der Bosheit immerfort nach unten. So sind die Juden, blind unter der Wolke ihrer Unwissenheit, die allsogleich in Verfolgungswut ausartete, von ihrem eigenen Feuer versengt worden und haben sich mit derselben Grausamkeit, mit welcher dieses Feuer wütete, ausweglos in ihre Bosheit verstrickt. *Ein Sturmwind kam vom Norden, und eine große Wolke und ein wirbelndes Feuer:* aus der Eiseskälte der Erstarrung gerieten sie in die Finsternis der Unwissenheit und endeten bei der Niedertracht der Verfolgung. Auch als ein anderer Prophet gefragt wurde: *Was siehst du?* erwiderte er: *Ich sehe einen siedenden Kessel; er droht vom Norden her* (Jer 1,13). Die Juden sannen auf wütende Verfolgung und wälzten wogende Gedanken grausamer Bosheit: was war das anderes als ein siedender Kessel? *Er drohte vom Norden her* will besagen: wenn sie sich in ihrer Herzenshärte dem Geist des Widersachers nicht ausgeliefert hätten, wären sie nicht in derartiger Niedertracht gegen die Guten entbrannt. Nach dem verzehrenden Feuer kam die Wolke, da die Verfolgungswut in ihnen geistige Blindheit zur Folge hatte: *Hätten sie (Gottes Weisheit) erkannt, dann hätten sie den Herrn der Herrlichkeit nicht gekreuzigt* (1 Kor 2,8). So war dieses Feuer hier ein verzehrender Brand, dort ein strahlendes Licht.

13 *(Ez 1,4) Und ein Lichtglanz ringsumher.* Während nämlich die Verfolgung durch die Juden stattfand, ist die heilige Botschaft der Apostel über den ganzen Erdkreis gedrungen, wie sie selbst bezeugen: *Zu euch ist das Wort Gottes zuerst gesandt worden, doch da ihr euch dessen als unwürdig erachtet habt, siehe, da gehen wir zu den Heiden* (Apg 13,46). Während also die Grau-

samkeit der Bosheit die Herzen der Juden völlig ausbrannte, hat der allmächtige Gott sein Licht über die Heiden ausgebreitet; denn dadurch, daß jene ihren Erlöser und dessen Anhänger verfolgt haben, sind die heiligen Apostel überallhin zerstreut worden und haben wir, die wir außerhalb Israels im Dunkeln waren, aufgrund eines himmlischen Gnadenerweises den Glanz des wahren Lichtes erblickt. So steht geschrieben: *Denen, die in Finsternis und in Todesschatten wohnen, erstrahlte ein Licht* (Is 9,1).

Dieses Feuer der Bosheit, das die Herzen der Juden zur Verfolgung entzündete, hat sich aber am Urheber und Erlöser des Menschengeschlechtes selbst erprobt, bevor es die heiligen Apostel in seiner Wut angriff. Darum heißt es weiter:
(Ez 1,4) Und aus seiner Mitte, nämlich aus der Mitte des 14
Feuers, schimmerte es wie von Glanzgold. Mit dem Glanzgold wird auf Jesus Christus, den Mittler zwischen Gott und den Menschen, hingewiesen. Glanzgold besteht aus Gold und Silber. Werden Gold und Silber gemischt, dann wird das Silber strahlender, wogegen das Gold an Glanz einbüßt. Die Leuchtkraft des einen nimmt zu, die des anderen ab. Weil nun im eingeborenen Sohn Gottes unsere Natur mit der göttlichen Natur vereinigt ist, wodurch die Menschheit zur Herrlichkeit der göttlichen Majestät emporwächst, die Gottheit jedoch die Macht ihres Glanzes menschlichen Augen anpaßt, so wird gleichsam die Qualität des Silbers durch das beigemischte Gold erhöht, das heißt die menschliche Natur hat an Glanz gewonnen. Umgekehrt verringert das Gold durch das beigemischte Silber seinen Schimmer, weil die Gottheit ihren Glanz für unsere Augen abschwächt. Denn wenn jene unveränderliche Natur, die in sich verharrend alles erneuert, sich uns hätte offenbaren wollen, so wie sie ist, hätte sie uns mit ihrem Feuerblitz viel eher in Brand gesteckt als wiederhergetellt. Doch Gott hat den Lichtschimmer seiner Größe unseren Augen angepaßt, so daß, während sein Glanz für uns abgeschwächt wurde, unsere Schwachheit aufgrund der Ähnlichkeit mit ihm in seinem Licht aufstrahlte und durch die empfangene Gnade, um mich so auszudrücken, die Farbe ihres Äußeren änderte. Der menschgewordene Gott ist also in der Verfolgung wie Glanzgold im Feuer geworden.

Dann folgt:

15 *(Ez 1,5) Und in seiner Mitte etwas, was vier lebenden Wesen glich.* Ob hier gemeint ist: in der Mitte des Glanzgoldes oder des Feuers, hindert nicht die Einsicht, daß diese vier lebenden Wesen, das heißt die heiligen Evangelisten, sowohl infolge der Menschwerdung des Herrn zur Bekräftigung des Glaubens berufen wurden, als auch im Feuer der Verfolgung viele Trübsale erduldet haben.

16 Wenn man das, was wir von der ersten Ankunft des Herrn vorgebracht haben, auch auf die zweite anwenden will, wird man alsbald erkennen, daß der prophetische Geist, wenn er eines sagt, oft zugleich mehreres meint. Der Sturmwind kommt vom Norden, und zweifellos erfordert es die Schuld der Sünder, daß die Erschütterung des weitumspannenden Gerichtes alle Bereiche zugleich umfasse. Es soll ja der Schrecken dieser letzten Erschütterung von dorther kommen, von woher sie entstanden ist. Weil das Gericht der letzten Erschütterung deshalb stattfindet, um die erkalteten Herzen der Sünder aufzurütteln, wird mit Recht angenommen, der Sturmwind komme vom Norden. Diese Erschütterung wird durchaus angemessen als Sturmwind bezeichnet, weil an jenem Tag die Herzen aller, die dann im sterblichen Fleische erfunden werden, in übermäßigen Schrecken versetzt werden. Wenn nämlich die Erfüllung des Schriftwortes einsetzt: *«Die Sonne wird sich verfinstern, und der Mond wird seinen Schein nicht mehr geben, und die Sterne werden vom Himmel fallen, und die Kräfte des Himmels werden erschüttert werden»* (Mt 24,29), welches Menschenherz wird dann vor dem Richterstuhl des ewigen Richters nicht erschaudern? Dort werden alle Sünden zugleich vor Augen gestellt, dort wird alles mit verbotener Lust Getane schaudernd ins Gedächtnis zurückgerufen, dort wird die Dunkelheit nichtswürdiger Gesinnung angesichts der nahen Strafe der Verdammnis offenbar. Daher heißt es: *Und eine große Wolke.* Dann wird die Nacht der Blindheit den geistigen Spürsinn aus dem Gedächtnis der Sünder auslöschen, da es den Verworfenen verwehrt ist, den eingeborenen Sohn Gottes in seiner göttlichen Gestalt zu schauen. *Sie werden auf den*

schauen, den sie durchbohrt haben (Joh 19,37; Zach 12,10). Und *der Gottlose wird hinweggerafft, auf daß er die Herrlichkeit Gottes nicht schaue* (Is 26,10). Darum heißt es ja: *Und ein wirbelndes Feuer.* Denn jenes Feuer des Gerichtes, das den blauen Himmel und die Erde verbrennen wird, verhindert, daß sich die Sünder in ihrem Stolz aufrichten, es umlodert sie vielmehr und wird sie unausweichlich in der Strafe ihrer Verdammnis zuschanden machen.

(Ez 1,4) Und ein Lichtglanz ringsumher. Denn wie der 17
Blitz vom Osten auffährt und bis zum Westen leuchtet, so wird es mit der Ankunft des Menschensohnes sein (vgl. Mt 24,27). Dann wird keiner seinen Geist vom Gericht abwenden dürfen, da er selbst vom Blitz des Richters durchbohrt wird. Dazu heißt es noch: *Und aus seiner Mitte, nämlich aus der Mitte des Feuers, schimmerte es wie von Glanzgold.* Denn unser Erlöser, der die Engel und Erzengel sowie alle Mächte anführt, der, nach dem Sinnbild des Glanzgoldes aus zwei Naturen eine Person und in beiden Naturen mit dem Vater ein Gott bleibend, zu unserem Heil mit uns Menschen sterblich geworden ist, wird dann in seiner Schrecknis erscheinen, und ihm wird das Feuer des Gerichtes für die Bestrafung der Verworfenen zur Verfügung stehen. So ist geschrieben: *Der Tag des Herrn wird es ausweisen, weil er sich im Feuer offenbart* (1 Kor 3,13). So spricht der Psalmist: *Gott wird kommen und sich offenbaren, er wird nicht schweigen, Feuer lodert vor ihm auf, und um ihn tobt ein mächtiges Sturmwetter* (Ps 49,3). Und der Apostel Petrus sagt: *Der Tag des Herrn kommt wie ein Dieb; dann werden die Himmel mit reißender Wucht vergehen, die Elemente aber sich in Feuersglut auflösen* (2 Petr 3,10). Dann werden auch alle Heiligen, welche die Welt als Vollendete verlassen haben, als Richter kommen, wie im folgenden angedeutet ist:

(Ez 1,5) Und in seiner Mitte etwas, das vier lebenden 18
Wesen glich. Was ist mit den vier lebenden Wesen anderes gemeint als die vier Evangelisten? Und nicht zu Unrecht drückt die Vierzahl der Evangelisten die Zahl der Vollendeten aus, weil alle, die dereinst die Vollkommenheit in der Kirche erlangt haben werden, aus deren Evangelium die Richtschnur ihrer Vollkommenheit kennengelernt haben. *In seiner Mitte etwas, das vier lebenden Wesen glich.* Sie, die einst gemäß den

Weisungen des Evangeliums vollkommene Werke getan haben, werden dann, mit seinem Leib vereinigt und an seiner Herrlichkeit teilhabend, mit ihm zusammen als Richter in Erscheinung treten. Wird doch den heiligen Aposteln gesagt: *Ihr, die ihr mir nachgefolgt seid, werdet in der Wiedergeburt, wenn der Menschensohn auf dem Thron seiner Herrlichkeit sitzen wird, ebenfalls auf zwölf Thronen sitzen und die zwölf Stämme Israels richten* (Mt 19,28). Nicht anders Isaias: *Der Herr wird mit den Ältesten seines Volkes zum Gericht kommen* (Is 3,14). Und Salomon sagt, von der Kirche redend: *Angesehen ist ihr Mann in der Torhalle, wenn er bei den Ältesten seines Landes sitzt* (Spr 31,23). – Nach dieser kurzen Abschweifung setzen wir die begonnene Besprechung der ersten Ankunft des Herrn fort und wenden uns in der Auslegung wieder den Personen der Evangelisten zu.

VON ÄHNLICHKEIT ZU ÄHNLICHKEIT

19 *(Ez 1,5) Und dies war ihr Aussehen: sie hatten Menschenähnlichkeit.* Da in der Folge diese heiligen Lebewesen in verschiedenen Bildern beschrieben werden, wonach das erste wie ein Mensch, das zweite wie ein Löwe, das dritte wie ein Rind, das vierte wie ein Adler aussah, inwiefern wird dann hier von allen gleicherweise gesagt: *Sie hatten Menschenähnlichkeit?* Welcher Mensch ist aber an dieser Stelle gemeint, wenn nicht jener, von dem geschrieben steht: *Da er in Gottesgestalt war, hielt er nicht wie an einem Raub daran fest, Gott gleich zu sein, sondern entäußerte sich, indem er Knechtsgestalt annahm, den Menschen gleich geworden ist und in seiner äußeren Erscheinung als Mensch erfunden ward* (Phil 2,6–7)? Um sich daher zur Würde der Heiligkeit emporzuschwingen, trachten die Lebewesen danach, dem Menschen ähnlich zu werden. Sie wären ja nicht heilig, wenn sie ihm nicht ähnlich wären. Was immer an inniger Frömmigkeit, an Sanftmut der Seele, an Eifer für das Rechte, an bewährter Demut und an Liebesglut in ihnen ist, das haben sie vom Quell der Barmherzigkeit, vom Ursprung der Sanftmut, vom Inbegriff der Gerechtigkeit, das heißt von Gott, dem Herrn und Mittler zwischen Gott und

den Menschen, empfangen. Diesem Menschen ähnlich zu sein bezeugt der vortreffliche Lehrer: *Seid meine Nachahmer, so wie auch ich Christi Nachahmer bin* (1 Kor 4,16). Zu dessen Ähnlichkeit heranzuwachsen mahnt er uns, indem er spricht: *Der erste Mensch aus Erde ist irdisch, der zweite Mensch vom Himmel ist himmlisch. Wie wir das Bild des irdischen getragen haben, so laßt uns auch das Bild dessen tragen, der vom Himmel herabgestiegen ist* (1 Kor 15,47.49). Gelangt doch jeder Heilige in dem Maße zur Ähnlichkeit mit diesem Menschen, als er das Leben seines Erlösers nachahmt. Denn zu seinen Geboten und Werken in Widerspruch stehen heißt nichts anderes als sich weit von seiner Ähnlichkeit entfernen.

So beklagen die heiligen Lehrer den Lebenswandel der Sünder – von unserem Haupt steht geschrieben, daß er über Jerusalem weinte (vgl. Lk 19,41). Jene freuen sich über die guten Werke der ihnen Anbefohlenen und lieben die, welche das Rechte tun – von unserem Erlöser steht geschrieben, daß er den Jüngling, der zu ihm sagte: *Dies alles habe ich von meiner Jugend an beobachtet* (Mk 10,20), noch mehr geliebt habe (vgl. Mk 10,21). Die heiligen Lehrer ertragen eine ihnen zugefügte Beleidigung, ohne sie ihrerseits mit einer Beschimpfung zu vergelten – als unserem Erlöser vorgeworfen wurde: *Du hast einen bösen Geist* (Joh 8,48), hat er die Schmähung nicht zurückgegeben, sondern gelassen erwidert: *Ich habe keinen bösen Geist* (Joh 8,49). Die heiligen Lehrer glühen vor Eifer, das Rechte zu tun – der Erlöser aller hat mit einer aus Schnüren gefertigten Peitsche die Verkäufer und Käufer aus dem Tempel geworfen, die Tische der Taubenhändler umgestoßen und das Geld der Wechsler ausgeschüttet (vgl. Mt 21,12; Joh 2,15). In allem, was jene unerschrocken vollbringen, sind sie nach Kräften bestrebt, die Demut zu bewahren – unser Erlöser spricht: *Lernet von mir, denn ich bin sanftmütig und demütig von Herzen* (Mt 11,29). Die heiligen Lehrer lieben ihre Verfolger – er, der Schöpfer und Erlöser aller, bittet in der Passion für seine Verfolger: *Vater, verzeih ihnen, denn sie wissen nicht, was sie tun* (Lk 23,34). Jene erdulden an ihren Gliedmaßen Qualen für die Brüder – der Urheber des Lebens hat sich für das Leben der Auserwählten bis in den Tod ausgeliefert. In diesem Sinn also wird von den heiligen Lebewesen gesagt: *Sie hatten Menschenähnlichkeit,* denn was heilig und wunderbar in ihnen war, verdankten sie dieser sichtbaren Ähnlichkeit, das heißt der Wirksamkeit der Nachahmung.

Unser aller Haupt ist ja unser Erlöser. Und Salomon erklärt: *Der Weise hat Augen in seinem Kopf, der Tor wandelt im Finstern* (Pred 2,14). Dann nämlich haben wir Augen im Kopf, wenn wir das Leben unseres Erlösers in schweigendem Nachdenken betrachten und all unser Bestreben auf dessen Nachahmung gerichtet ist; sonst würde sich das geistige Auge, wenn es aufhörte, die Wege des Lichtes zu betrachten, sofort verschließen und der Finsternis des Irrtums verfallen. Zur Ähnlichkeit mit diesem Menschen eilte der Prophet sich aufzuschwingen, da er sprach: *In deinen Geboten will ich mich üben und nachsinnen über deine Wege* (Ps 118,15). Wer nämlich die Wege des Herrn in seinem Geist schweigend erwägt und sich in dessen Geboten zu üben trachtet, tut nichts anderes als das Bild des neuen Menschen in sich erneuern. Da dies in den Herzen der Heiligen unablässig geschieht, heißt es von den Lebewesen zu Recht: *Sie hatten Menschenähnlichkeit.*

Von dieser Ähnlichkeit, die jetzt in unserem Leben zutage tritt, gelangen wir dereinst zur Ähnlichkeit der Herrlichkeit. So sagt Johannes: *Jetzt sind wir Kinder Gottes, aber noch ward es nicht offenbar, was wir sein werden. Wir wissen, daß, wenn er sich offenbart, wir ihm ähnlich sein werden* (1 Joh 3,2). Auf welche Weise das dann geschehen kann, sagt er ausschließend: *Weil wir ihn schauen werden so, wie er ist* (1 Joh 3,2). Gottes Sein ist ja ewige und wandellose Dauer. Alles, was sich verändert, hört auf zu sein, was es war, und beginnt zu sein, was es nicht war. Gottes Sein aber ist ein unwandelbares Sein. Darum wird zu Moses gesagt: *Ich bin, der ich bin. Und du sollst den Söhnen Israels sagen: der da ist, hat mich zu euch gesandt* (Ex 3,14). Ebenso Jakobus: *Bei ihm ist keine Veränderung noch irgendein Schatten von Wandelbarkeit* (Jak 1,17). Deshalb sagt Johannes: *Wir werden ihm ähnlich sein, weil wir ihn schauen so, wie er ist* (1 Joh 3,2). Indem wir die Wahrheit seiner Natur schauen, werden wir, von unserer Veränderlichkeit befreit, in Ewigkeit wandellos feststehen. Wir werden an der Unveränderlichkeit dessen teilhaben, den wir schauen, denn in der Schau des Lebens entrinnen wir dem Tod, und in der Schau der Unveränderlichkeit übersteigen wir unsere Wandelbarkeit. In der Schau des Wandellosen werden wir von keiner Veränderlichkeit mehr festgehalten.

Diese Menschenähnlichkeit wird dann auch unsere Leiber 21
miteinbeziehen. So sagt Paulus: *Unser Wandel ist im Himmel, von wo wir auch den Heiland erwarten, unseren Herrn Jesus Christus, der den Leib unserer Niedrigkeit umgestalten wird, so daß er gleichgestaltet wird dem Leib seiner Herrlichkeit* (Phil 3,20–21). Es werden dann also die Leiber der Auserwählten der Herrlichkeit des Herrenleibes gleichgestaltet sein, und obzwar sie die Gleichheit seiner Herrlichkeit nicht von Natur aus besitzen, wird ihnen die Ähnlichkeit der Gleichgestaltung aus Gnade geschenkt werden. Weil also die Ähnlichkeit mit seinem Leben jetzt im Leben der Auserwählten zutage tritt, worauf in der Auferstehung die Ähnlichkit mit dem Ewigen im Geiste folgt, da wir ihn schauen so wie er ist, und weil die Ähnlichkeit mit ihm auch unsere Leiber betrifft, wird von den heiligen Lebewesen gesagt: *Sie hatten Menschenähnlichkeit.*

Soviel zu Beginn unserer Ausführungen dargelegt zu haben, mag einstweilen genügen, auf daß sich die Beredsamkeit, durch Schweigen erquickt, den folgenden Geheimnissen mit erneuerten Kräften zuwende. Wir sind überzeugt, den, von dem wir sprechen, zum Helfer zu haben, der mit dem Vater in der Einheit des Heiligen Geistes lebt und herrscht von Ewigkeit zu Ewigkeit. Amen.

3. HOMILIE: Ez 1,6–10

GLAUBE UND WERKE

1 Die vier heiligen Lebewesen, vom Geist des Propheten als künftige vorausgesehen, werden mit tiefsinnigen Worten wie folgt beschrieben.

(Ez 1,6) Ein jedes hatte vier Gesichter und ein jedes vier Flügel. Mit dem Gesicht wird die Erkenntnis, mit den Flügeln der Flug bezeichnet. Am Gesicht wird ein jedes erkannt, mit den Flügeln werden die Vogelkörper in die Höhe getragen. Dem Gesicht entspricht somit der Glaube, dem Flügel die Beschauung. Wir werden vom allmächtigen Gott am Glauben erkannt, wie er selbst von seinen Schafen sagt: *Ich bin der gute Hirt, und ich kenne meine Schafe, und die meinigen kennen mich* (Joh 10,14). Und *Ich weiß, welche ich erwählt habe* (Joh 13,18). In der Beschauung werden wir, über uns hinausgehoben, gleichsam in die Lüfte getragen. Ein jedes hat vier Gesichter, denn wenn du überlegst, was Matthäus über die Menschwerdung des Herrn denkt, dann denkt er dasselbe wie Markus, Lukas und Johannes. Wenn du überlegst, was Johannes denkt, dann ist's zweifellos dasselbe wie Lukas, Markus und Matthäus. Und bei Markus ist's dasselbe wie bei den anderen drei und ebenso bei Lukas. Jedes hat also vier Gesichter, weil die Glaubenserkenntnis, wodurch wir von Gott erkannt werden, ein und dieselbe ist bei dem einen wie bei allen vieren. Was immer du bei dem einen findest, das erkennst du gleichfalls bei allen vieren.

2 *Und jedes hatte vier Flügel.* Denn alle verkünden einmütig den Sohn des allmächtigen Gottes, unseren Herrn Jesus Christus, und schweben auf dem Fittich der Beschauung, indem sie die Augen ihres Geistes zur Gottheit emporrichten. Somit entspricht das Antlitz der Evangelisten der Menschheit des Herrn, der Flügel der Gottheit. Wenn sie ihn in seiner Leiblichkeit sehen, richten sie gleichsam ihre Gesichter nach ihm. Wenn sie ihn als den gemäß seiner Gottheit Unumgrenzten und Unkörperlichen verkünden, erheben sie sich gleichsam auf den Fittichen der Beschauung in die Lüfte. Und weil in

allen der eine Glaube an seine Menschwerdung und in jedem einzelnen die gleiche Schau seiner Gottheit ist, heißt es jetzt zu Recht: *Ein jedes hatte vier Gesichter, und ein jedes vier Flügel.* Doch welchen Wert hätte es, wenn die Glaubensverkünder zwar den Glauben und die Schau des Herrn hätten, nicht aber dessen heilige Werke vollbrächten? Somit folgt:

(Ez 1,7) Und ihre Füße waren gerade. Mit den Füßen wird 3
das tatkräftige Ausschreiten bezeichnet. Die Füße der vier Lebewesen werden als gerade beschrieben, weil die Taten der Evangelisten sowie aller Vollkommenen nicht das verkehrte Ziel haben, dem Bösen nachzujagen. Keine geraden Füße haben jene, die zu dem Bösen der Welt, das sie hinter sich gelassen haben, zurückkehren. Über diese steht geschrieben: *Der Hund wendet sich zu dem zurück, was er ausgespieen hat, und das Schwein wälzt sich nach der Schwemme wieder im Kot* (2 Petr 2,22). Der vortreffliche Lehrer klagt über jene, die die rechte Richtung ihrer Schritte umgedreht haben, und wirft ihnen vor: *Warum wendet ihr euch wieder den schwachen und armseligen Naturmächten zu, denen ihr von neuem dienen wollt? Ihr beobachtet Tage und Neumonde und Festzeiten und Neujahrstage. Ich fürchte um euretwillen, ich könnte am Ende vergeblich bei euch gearbeitet haben* (Gal 4,3–11). Andere mahnt er: *Darum richtet die erschlafften Hände und die wankenden Knie wieder auf und macht gerade Schritte mit euren Füßen* (Hebr 12,12). Um indes den Ernst, die Unerschrockenheit und die Diskretion im Lebenswandel der heiligen Glaubensboten anzuzeigen, heißt es weiter:

(Ez 1,7) Ihr Huf war wie der eines Rindes. Warum die 4
heiligen Glaubensboten mit Rindern verglichen werden, lehrt der Apostel Paulus, da er auf das Zeugnis des Gesetzes verweist: *Du sollst dem dreschenden Ochsen nicht das Maul zubinden* (1 Kor 9,9; Dt 25,4; 1 Tim 5,18). Der Huf des heiligen Glaubensboten ist der eines Rindes: er schreitet überlegt voraus, ist unerschrocken; sein Huf ist gespalten, denn er besitzt die Würde des Vollalters, die Unerschrockenheit im Handeln und in der Diskretion die Spaltung des Hufes. Seine Botschaft wird nicht leicht angenommen, wenn er einen lokkeren Lebenswandel zu führen scheint. Der Erweis des Vollalters wird nichtig, wenn er nicht von unerschrockenem Handeln in allen Widrigkeiten begleitet ist. Und das unerschrok-

kene Handeln verliert seine erhoffte Wirkung, wenn es ohne diskrete Einsicht geschieht. Denn siehe, wir lesen die Heilige Schrift: wenn wir alles buchstäblich verstehen, haben wir die Tugend der Diskretion verloren; wenn wir alles in allegorischem Vertändnis auffassen, sind wir ebenso durch die Torheit der Indiskretion gebunden. Wenn die heiligen Glaubensverkünder die heiligen Worte lesen, nehmen sie das einemal die Geschichte wörtlich, ein andermal suchen sie in der Bedeutung der Worte den geistigen Sinn. Das einemal ahmen sie die guten Werke der vorausgegangenen Väter nach, wie sie sie dem Buchstaben gemäß vorfinden, ein andermal verstehen sie das, was buchstäblich nicht nachgeahmt werden kann, im geistigen Sinn und ziehen gute Lehren daraus. So spalten die heiligen Glaubensboten in ihrem Tun den Huf des Fußes.

FUNKEN UND SAMEN DES WORTES

Von ihnen heißt es weiter:
5 *(Ez 1,7) Und sie funkelten so, wie glühendes Erz leuchtet.* Erz ist ein klingendes Metall, und richtig wird die Stimme der Glaubensboten dem Erz verglichen, denn *über die ganze Erde dringt ihr Schall, und bis an die Enden der Welt ihre Worte* (Ps 18,5). Das Erz wird auch glühend genannt; weil das Leben der Glaubensboten glüht und klingt, glüht in Sehnsucht, klingt im Wort. So ist der Feuereifer der Verkündigung ein glühendes Erz. Und Funken springen aus dem glühenden Erz, da in ihren Ermahnungen flammende Worte die Ohren des Hörenden treffen. Mit Recht werden daher die Worte der Glaubensboten als Funken bezeichnet, weil sie die Herzen derer, die sie berührt haben, in Flammen setzen. Es ist auch zu beachten, daß Funken überaus zierlich und fein sind, denn wenn die heiligen Boten vom himmlischen Vaterland reden, können sie es nicht in dem Maß mit Worten sichtbar machen, wie sie selbst in Sehnsucht nach ihm erglühen. Aus ihren Reden gelangen gleichsam Funken zu uns, da aus ihren Worten zwar nur wenig vom himmmlichen Vaterland erkennbar wird, das sie aber durchaus nicht wenig lieben. Freilich können sie die himmlische Herrlichkeit weder schauen, wie sie ist,

noch so von ihr reden, wie sie sie schauen. Das glühende Erz sendet also Funken aus, denn der Prediger kann nur ein Geringes von dem vermitteln, wovon er sosehr entbrannt ist. Doch die göttliche Huld bewirkt, daß das Gemüt der Hörenden selbst von den feinsten Funken entzündet wird; gibt es doch Menschen, die von dem wenigen Gehörten mit um so größerer Sehnsucht erfüllt werden; und sie entbrennen schon dann in vollkommener Gottesliebe, wenn sie von feinsten Wortfunken kaum berührt wurden.

Das Verkündigungswort ist ein Same im Herzen des Hören- 6
den. Und ein guter Hörer wird, wenn er zuvor auch nur einen kleinen Wortsamen aufgenommen hat, in der Folge dennoch einen großen Wissensertrag ernten. Damit stimmt das vom Propheten Elisäus an der Witwe vollbrachte Wunder gut überein (vgl. 4 Kön 4,1–7): Um durch die Forderung des Gläubigers ihre zwei Söhne nicht zu verlieren, gehorchte sie der Anweisung des Propheten, goß das wenige Öl, das sie hatte, in die leeren Gefäße, die bis zum Rand gefüllt wurden, und mit ihrer Menge Öl hat die Frau die Schuld bei ihrem Gläubiger getilgt. Mit dieser Frau ist niemand anderer gemeint als die heilige Kirche, die Mutter zweier Söhne, das heißt zweier Völker, der Juden und der Heiden. Sie hatte zuvor, von dem hinterlistigen Geist verführt, in bösem Tun gleichsam eine Sündenmünze vom Gläubiger erhalten und fürchtete, die beiden im Glauben geborenen Söhne zu verlieren. Aber im Gehorsam gegenüber den Worten des Propheten, das heißt gegenüber den Geboten der Heiligen Schrift, goß sie von dem wenigen Öl, das sie hatte, in die leeren Gefäße. Denn wenn die leeren Herzen der vielen aus dem Mund des einen Lehrers auch nur ein weniges von der Liebe der Gottheit hören, werden sie in überschwenglicher Gnade vom Salböl der göttlichen Liebe bis zum Rand erfüllt. Und die Herzen der vielen, die zuvor kleine, leere Gefäße waren, sind jetzt vom Salböl des Heiligen Geistes erfüllt, obwohl scheinbar nur eine kleine Menge Öl in sie gegossen wurde. Und wenn dieses Öl nun immer wieder anderen weitergegeben und von den Hörenden der Glaube angenommen wird, dann steht die Witwe von Sarepta, das heißt die heilige Kirche, nicht mehr in der Schuld ihres Gläubigers.

Es folgt:

7 *(Ez 1,8) Und Menschenhände waren unter ihren Flügeln an den vier Seiten.* An dieser Stelle können die vier Seiten als die vier Weltregionen verstanden werden: Osten, Westen, Süden und Norden, denn die Frohbotschaft der Heiligen ist durch Gottes Ratschluß nach allen Erdteilen hinausgegangen.

8 Wir können indes die vier Seiten auch als die vier Kardinaltugenden auffassen, aus denen die übrigen Tugenden hervorgehen: Klugheit, Starkmut, Gerechtigkeit und Mäßigkeit. Wir verstehen diese Tugenden dann richtig, wenn wir ihre Ordnung einhalten: an erster Stelle Klugheit, an zweiter Starkmut, an dritter Gerechtigkeit und an vierter Mäßigkeit. Das Wissen darum, was er nicht zu leisten imstande ist, peinigt den Betreffenden mehr als es ihn stärkt. Wer aber klug überlegt, was er tun möchte, und dann das Geplante starkmütig durchführt, ist zweifellos auch gerecht. Doch muß seine Gerechtigkeit von Mäßigung begleitet sein, weil eine Gerechtigkeit, der das rechte Maß fehlt, nicht selten in Grausamkeit ausartet. Jene Gerechtigkeit ist die wahre, die sich die Zügel der Mäßigung anlegt, so daß auch der vor Eifer Glühende das rechte Maß bewahrt und nicht im Übereifer der Gerechtigkeit entbehrt, indem er deren Grenzen nicht einzuhalten weiß.

9 Nun gibt es zwei Lebensformen der heiligen Glaubenslehrer, die aktive und die kontemplative. Die aktive ist zeitlich früher als die kontemplative, weil die guten Werke der Einsatzpunkt für die Beschauung sind. Doch ist die kontemplative von größerer Verdienstlichkeit als die aktive, denn diese müht sich in gegenwärtigen Dienstleistungen, während jene bereits die kommende Ruhe in innerem Verkosten genießt. Durch die Hände wird somit das aktive, durch die Flügel das kontemplative Leben angedeutet. Die Hand des Menschenwesens befindet sich daher unter seinen Flügeln, das heißt die tätige Wirksamkeit unter dem Fittich der Beschauung. Das wird im Evangelium durch die beiden Frauen Martha und Maria gut veranschaulicht. *Martha machte sich viel zu schaffen, ihn mannigfach zu bedienen; Maria aber saß zu den Füßen des Herrn und*

lauschte seinen Worten (Lk 10,40.39). So war die eine auf Geschäftigkeit, die andere auf Beschauung bedacht. Die eine widmete sich in äußeren Dienstleistungen dem tätigen, die andere durch die Aufmerksamkeit des Herzens auf das Wort dem beschaulichen Leben. Und obgleich das tätige Leben gut ist, ist das beschauliche doch besser, da jenes mit dem sterblichen Leben endet, dieses aber im ewigen Leben zu größerer Fülle wächst. Daher heißt es: *Maria hat den besten Teil erwählt, der ihr nicht genommen werden wird* (Lk 10,42). Da also das tätige Leben von geringerem Wert als das beschauliche ist, steht hier zu Recht: *Menschenhände waren unter ihren Flügeln.* Freilich tun wir im aktiven Leben auch Gutes, aber in der Beschauung fliegen wir zu himmlischer Sehnsucht empor. Daher wird auch bei Moses das tätige Leben mit der Knechtschaft, das beschauliche mit der Freiheit gleichgesetzt (vgl. Dt 15,12). Beide Lebensformen sind uns, solange wir unter Menschen leben, als Gnadengeschenk gegeben, das eine als auferlegte Pflicht, das andere nach unserem Ermessen. Nur wer zuvor gute Werke verrichtet, wird Gott erkennen und in sein Reich eingehen. Wer also die guten Werke, die in seiner Macht stehen, nicht vernachlässigt, kann auch ohne Beschauung ins himmlische Vaterland eingehen. Ohne tätiges Leben kann er jedoch nicht eintreten, wenn er die in seiner Macht stehenden guten Werke vernachlässigt. Diese Lebensform ist somit unerläßlich, jene freigestellt.

HERR, KNECHT UND FREIHEIT

Das ist auch der Sinn dessen, was zu Moses gesagt wird: *Wenn du einen hebräischen Knecht gekauft hast, so diene er dir sechs Jahre, im siebten soll er ohne Entgelt frei werden. Mit dem Kleid, in dem er eintrat, mit diesem soll er wieder gehen. Hatte er ein Weib, so soll auch sein Weib mit ihm fortziehen. Hat ihm aber sein Herr ein Weib gegeben und dieses ihm Söhne und Töchter geboren, so sollen das Weib und ihre Kinder dem Herrn gehören, er aber soll in seinem Kleid entlassen werden. Sagt nun der Knecht: ich liebe meinen Herrn und mein Weib und die Kinder, ich will nicht freigehen, so führe ihn der Herr vor die Obrigkeit und stelle ihn an die Pfosten des Tores und durchbohre sein Ohr mit einem Pfriemen: dann wird er für immer sein Knecht sein* (Ex 21,2–6). Wir haben anderswo ausführlicher davon gehandelt und gezeigt, wie sich die beiden Lebensformen der Knechtschaft und der Freiheit unterscheiden. Immerhin wird es nicht schaden, dieses Thema hier weiter zu verfolgen und das Gesagte näher zu erläutern.

11 Hebräer heißt übersetzt der Hinübergehende. Und ein hebräischer Knecht wird gekauft, wenn sich einer, der aus dieser Welt im Geist «hinübergeht», in den Dienst des allmächtigen Gottes stellt. Der ist bestrebt, Gott wahrhaft zu dienen, der gelernt hat, aus diesem Äon im Geist «hinüberzugehen». So ging Moses hinüber, um die Erscheinung zu sehen (vgl. Ex 3,3). So ging David, als er einen Gottlosen erblickte, aufgerichtet und hochgewachsen wie die Zedern des Libanon, hinüber, und siehe, da war er nicht mehr (vgl. Ps 36,35–36). Wir meinen wohl, die Mächte der Gottlosen seien etwas Großes, es sei denn, wir sind im Geist in den immerwährenden Äon hinübergegangen. Nach dem Gesetz soll ein gekaufter hebräischer Knecht sechs Jahre dienen, auf daß er im siebten ohne Entgelt frei wird. Mit der Sechszahl ist nichts anderes als die Vollkommenheit des tätigen Lebens gemeint, mit der Siebenzahl das beschauliche Leben. Sechs Jahre hat gedient und wird im siebten frei, wer vom vollkommen geführten tätigen Leben zur Freiheit des beschaulichen Lebens «hinübergeht». Man beachte, daß er umsonst frei wird. Nennen sich doch diejenigen, die alles getan haben, unnütze Knechte (vgl. Lk 17,10); wie ihnen das tätige Leben als Pflicht auferlegt war, so wird ihnen das beschauliche als Gnade geschenkt. *In dem Kleid, in dem er gekommen ist, in diesem soll er wieder gehen,* denn es ist durchaus notwendig, daß jeder von uns in dem, was er angefangen hat, verbleibe und bis zum Ende des Werkes in der Gesinnung verharre, in der er begonnen hat. Der geht in der rechten Weise zum kontemplativen Leben hinüber, der im aktiven Leben das Kleid seiner Gesinnung nicht beschädigt hat. Es gibt solche, die die guten Werke lieben, schon bevor sie sich in heiligem Lebenswandel dem Dienst des allmächtigen Gottes widmen. Und es gibt andere, die die guten Werke erlernen, erst nachdem sie in den Dienst des allmächtigen Gottes getreten sind. Wer also nach einem

guten Lebenwandel strebt, bevor er in den Dienst Gottes getreten ist, ist ein hebräischer Knecht, der zusammen mit seinem Weibe gekauft worden ist.

Meist kann ein solcher zum kontemplativen Leben hinüberge- 12
hen, ohne deswegen das aktive aufzugeben. Darum heißt es ja: *Hatte er ein Weib, so soll auch sein Weib mit ihm fortziehen.* Dann wird nämlich mit ihm auch das Weib in die Freiheit entlassen, wenn der zur Beschauung Gelangte die äußere Betätigung in guten Werken, womit er anderen zu nützen vermag, nicht aufgibt.

Hat ihm aber der Herr ein Weib gegeben und dieses ihm Söhne und Töchter geboren, dann gehören das Weib und die Kinder dem Herrn, und er wird in seinem Kleid freigehen. Der Herr gibt dem gekauften Knecht ein Weib, wenn ein geistlicher Lehrer den, den er der Gerechtsame des allmächtigen Gottes übergeben hat, zu guten Werken anhält. Wird doch auch der Lehrende als Herr bezeichnet, wie dem Propheten Elisäus über seinen Lehrer gesagt wird: *Weißt du, daß dein Herr von dir genommen werden wird?* (4 Kön 3,3). Das Weib des getauften Knechtes bringt Söhne und Töchter zur Welt, wenn die guten Werke kräftige beziehungsweise zarte Früchte zeigen. Die Frau, die der Herr ihm gegeben hat, verbleibt mitsamt den Kindern dem Herrn, der Knecht jedoch geht frei in seinem Kleid, weil die guten Werke beziehungsweise dessen Früchte dem Lehrenden zum Lohn angerechnet werden. Jener aber verharrt in der Zielrichtung seiner Sehnsucht und geht durch die Gnade von oben frei zur Beschauung über. *Sagt nun der Knecht: ich liebe meinen Herrn und mein Weib und die Kinder, ich will nicht freigehen*, dann liebt der Knecht seinen Herrn und bewahrt die Worte des geistlichen Lehrers sorgfältig in seinem Geist. Aus Liebe zu Weib und Kindern will er nicht freigehen, da er das tätige Leben und dessen Früchte vorzieht und nicht zum beschaulichen Leben übergehen will. Er erwägt, daß er im Dienst seiner Knechtschaft gute Werke tun kann, und schlägt den Übergang zur Ruhe der Freiheit aus. *Aber der Herr führe ihn vor die Obrigkeit und stelle ihn an die Pfosten des Tores und durchbohre sein Ohr mit einem Pfriemen: dann wird er für immer sein Knecht sein.* Wer nämlich im aktiven Leben zu bleiben entschlossen ist, wird vom Herrn vor die Obrigkeit geführt und von seinem geistlichen Lehrer mit den Worten der alten Väter vertraut gemacht, die auf dem Weg des allmächtigen Gottes unsere Priester gewesen sind. Er wird zum Eingang und zu den Pfosten des Zeltes geführt, um aus der Öffnung der himmlischen Wohnung Erhabeneres zu vernehmen und den Tag des schrecklichen Gerichtes lebendig vor Augen zu haben, damit er in den von ihm getanen guten Werken nicht etwa den Menschen zu gefallen trachte. Und so wird sein Ohr mit einem Pfriemen durchbohrt, sein Inneres von der Schärfe der Furcht des Herrn und vom Stachel des Wortes durchdrungen, auf daß er in all seinem Tun immerfort dem Eingang des Reiches zustrebe. So ist sein Ohr gleichsam am Eingang und am Pfosten des Zeltes durchbohrt.

13 Er wird in diesem Äon Knecht sein, damit er nach diesem Äon frei sein kann. Ein Knecht in diesem Äon ist, wer sich entschlossen hat, im tätigen Leben den Menschen zu dienen, auf daß er nach dem gegenwärtigen Äon zur wahren Freiheit gelangen kann. Von dieser sagt Paulus: *Daß auch die Schöpfung selbst von der Knechtschaft des Verderbens zur Freiheit der Herrlichkeit der Kinder Gottes befreit werden wird* (Röm 8,21). Dann nämlich wird uns die wahre Freiheit zuteil, wenn wir von unserer Annahme an Kindes Statt zur Herrlichkeit der Kinder Gottes gelangt sein werden. Jetzt steht ja nicht allein das tätige Leben unter der Knechtschaft, auch die Beschauung, worin wir über uns hinaus entrückt werden, erwirkt die Freiheit des Geistes noch nicht vollständig, sondern nachahmungsweise, weil jene innerste Ruhe im Gleichnis geschaut wird. Ungeachtet dieser Einschränkung ist die Beschauung doch reicher und erhabener als das tätige Leben, da sie immerhin zu einer gewissen Freiheit des Geistes führt, nicht auf zeitliche, vielmehr auf ewige Güter Bedacht nimmt. Weil jedoch das beschauliche Leben zu Höherem emporsteigt und, um mich so auszudrücken, das tätige Leben durch das größere Maß an Sicherheit weit übertrifft, heißt es hier treffend: *Und Menschenhände waren unter ihren Flügeln.*

14 Bezieht man jedoch diese Stelle auf die Menschheit unseres Erlösers, dann bedeutet der Satz *Menschenhände waren unter ihren Flügeln* folgendes: wäre Gott nicht Mensch geworden, der die Herzen der geistlichen Lehrer zu Himmlischem em-

porgerichtet hat, dann könnten die erscheinenden Lebewesen nicht fliegen. Nicht umsonst heißt es, die Menschenhände seien unter den Flügeln; steht doch von demselben Erlöser geschrieben: *Er ist der Abglanz seiner Herrlichkeit und das Ebenbild seines Wesens, er trägt alles* (Hebr 1,3). Seine Hand trägt unsere Herzen, seine Hand hebt uns in der Beschauung empor. Wäre wie gesagt das allmächtige Wort nicht Mensch geworden um der Menschen willen, dann würden sich die Herzen der Menschen nicht zur Schau der Erhabenheit des Wortes aufschwingen. Deshalb also sind die Herzen der Menschen hoch erhoben worden, weil Gott in Niedrigkeit unter den Menschen erschienen ist. So mag denn von den heiligen Lebewesen gesagt werden: *Und Menschenhände waren unter ihren Flügeln.*

WER DIE HAND AN DEN PFLUG LEGT

Von ihnen heißt es weiter:
(Ez 1,8–9) Auch hatten sie Gesichter und Flügel an vier 15
Seiten, und mit ihren Flügeln berührten sie einander.
An den vier Seiten haben sie Gesichter und Flügel, da die geistlichen Lehrer in allen Weltgegenden kundtun, was sie von der Menschheit, was sie von der Gottheit unseres Erlösers erfahren haben. Indem sie überall den menschgewordenen Gott verkünden, wenden sie das Gesicht nach den vier Weltgegenden. Und indem sie von dessen Einssein mit dem Vater und dem Heiligen Geist künden, schweben sie überall auf dem Fittich der Beschauung. Mit ihren Flügeln berühren sie einander, denn all ihre Kraft, alle Weisheit, worin sie die übrigen Menschen im Flug ihrer Schau überragen, sind in einmütigem Frieden miteinander verbunden. So steht geschrieben: *Die Weisheit, die von oben stammt, ist zuallererst rein, dann friedfertig* (Jak 3,17). Ebenso spricht die Wahrheit zu ihren Verkündern: *Habt Salz in euch, und habt Frieden untereinander* (Mk 3,49). Mit ihren Flügeln berühren sie einander insofern, als die Kraft und die Weisheit der heiligen Lehrer im Frieden der Liebe und der Eintracht miteinander verbunden sind. Ließe freilich ein jeder in seinem Aufschwung zur

Weisheit die Übereinstimmung mit den anderen vermissen, dann wäre der Flügel des einen von dem des anderen getrennt. Es folgt:

16 *(Ez 1,9) Sie wendeten sich nicht um, wenn sie einhergingen, vielmehr schritt jedes gerade vor sich hin.* Die geflügelten Lebewesen, das sind die heiligen Glaubensboten, wenden sich beim Gehen nicht um, sie sind von irdischen Tätigkeiten zu geistigen Dingen übergegangen, so daß sie sich zu dem, was sie hinter sich gelassen haben, in keiner Weise mehr zurückwenden. Wie auf einer Straße dahingehend, schreiten sie im Geist stets zum Besseren. Demgegenüber wird von den Verworfenen gesagt, sie seien im Herzen nach Ägypten zurückgekehrt (vgl. Num 3–4). Spricht doch die WAHRHEIT selbst: *Niemand, der die Hand an den Pflug legt und zurückblickt, ist tauglich für das Reich Gottes* (Lk 9,62). Die Hand an den Pflug legen heißt gleichsam mit der Pflugschar der Zerknirschung das Erdreich seines Herzens aufbrechen, damit es Früchte hervorbringe. Hinter den Pflug schaut zurück, wer nach den ersten guten Werken wieder zu den schlechten, die er aufgegeben hatte, zurückkehrt. Da dies bei den Auserwählten Gottes keineswegs zutrifft, wird hier durch den Mund der Propheten zu Recht gesagt: *Sie wendeten sich nicht um, wenn sie einhergingen.*

17 Weshalb sie sich nicht umwenden, wird anschließend erläutert: *Jedes schritt gerade vor sich hin.* Vor uns liegt ja das Ewige, hinter uns das Zeitliche, jenes erreichen wir im Vorwärtsschreiten, dieses lassen wir gleichsam hinter dem Rükken, indem wir es aufgeben. Daher sagt jenes große geflügelte Lebewesen, das sich bis zu den Geheimnissen des dritten Himmels emporgeschwungen hatte: *Eines aber tue ich: vergessend, was hinter mir liegt, ausgespannt nach dem, was vor mir liegt, jage ich der Siegespalme der Berufung von oben nach* (Phil 3,13–14). Ausgestreckt nach dem Vorausliegenden hatte er das hinter ihm Liegende vergessen, und das Zeitliche verachtend, suchte er einzig nach dem Ewigen. Die heiligen Lebewesen schreiten also gerade vor sich hin, weil sie das, was sie verlassen haben, mit keinem Verlangen mehr betrachten und auch im Streben nach dem Ewigen die Schauungen der Kontemplation auf die festen Füße der guten Werke stellen.

Wer immer gerade vor sich hin zu gehen beschlossen hat, muß 18
in reiflicher Überlegung erwägen, daß man anders im Tun zurückblickt, anders in Gedanken. So gibt es Menschen, die sich zu Großem entschlossen haben und im Bewußtsein ihrer Sünden ihr ganzes Sinnen und Trachten darauf richten, vieles von ihrem Besitz an die Notleidenden auszuteilen, um durch inniges Erbarmen vor Gottes Augen ihre Schuld abzutragen. Schon beginnen sie, dies zu tun, aber dann packt sie dabei nicht selten die Furcht vor der Armut, und aus Angst, sie könnten selber darben, verhärten sie sich gegen die Bedürftigen und zögern, in dem begonnenen guten Werk fortzufahren. Diese haben sich im Gehen umgewendet, da sie nicht gerade voranschreiten wollten. Ihnen gilt: *Wegen der Kälte wollte der Faule nicht pflügen, deshalb muß er im Sommer betteln, aber man wird ihm nichts geben* (Spr 20,4). Wer nämlich aus Furcht und mangelnder Tatkraft die guten Werke jetzt verabsäumt, der bettelt, wenn im Gericht die Sonne der Gerechtigkeit wie zur Sommerszeit erstrahlt, um sein Leben, erhält es aber nicht, weil er sich seinetwegen geweigert hat, Gutes zu wirken. Ein anderer verachtet die Gelüste des Fleiches, ist eifrig bestrebt, alles zu verlassen und sich in den Dienst des allmächtigen Gottes zu verfügen, und hat beschlossen, sich der Zucht der Enthaltsamkeit und der Keuschheit zu unterwerfen: wenn er nun sieht, wie andere nach dem Keuschheitsgelübde wieder gefallen sind, dann bekommt er Angst davor auszuführen, wozu er sich entschlossen hat. So kommt es, daß einer, der vorwärtsblickend im Geist bereits nach Höherem ausgeschritten ist, sich in Gedanken wieder zurückwendet. Von ihm sagt Salomon treffend: *Wer auf den Wind achtet, sät nicht; und wer nach den Wolken schaut, wird nie ernten* (Pred 11,4). Im Wind wird der böse Geist bezeichnet, der das Herz mit Versuchungen bedrängt, in der Wolke der Sünder, der dem Angriff der Versuchung erliegt. Wer also auf den Wind achtet, sät nicht; und wer nach den Wolken schaut, erntet niemals, denn wer sich vor den Versuchungen des bösen Feindes fürchtet und auf das Versagen der Schlechten sieht, wird weder jetzt den Samen der guten Werke aussäen noch dereinst mit dem Geschenk gerechter Vergeltung belohnt werden. Schließlich gibt es solche, die das erkannte Gute tun und in

diesem Tun dann das jeweils Bessere wählen; aber sie mindern dieses Bessere wiederum, indem sie die Wahl rückgängig machen. Diese scheinen zwar im Urteil der Menschen im Guten festzustehen, doch in den Augen des allmächtigen Gottes haben sie in der Wahl versagt. Daher geschieht es bisweilen, daß sogar ihre guten Werke Gott weniger gefallen; denn wenn sie auf dem gewählten Weg des jeweils Besseren unbeständigen Sinnes ausschreiten, wird gerade ihr unbeständiger Sinn das gute Werk tadelnswert erscheinen lassen. Doch weil die Vollkommenen sich mit großer Sorgfalt prüfen, daß sie weder in Gedanken noch in Werken jemals zum Schlechteren abgleiten, und unablässig ihren täglichen Fortschritt überwachen, heißt es zu Recht von ihnen: *Sie wendeten sich nicht um, wenn sie einhergingen, vielmehr schritt jedes gerade vor sich hin.*

19 An dieser Stelle wird es daher gut sein zu erwägen und zu bedenken, wer wir sind, woher wir kommen und zu welcher Einsicht in die Geheimnisse der Heiligen Schrift wir erhoben wurden. Gewiß sind wir in unseren Vorfahren Götzendiener gewesen, doch siehe, im Geist der Gnade durchforschen wir jetzt himmlische Worte. Woher ward uns dies zuteil? Der Erlöser des Menschengeschlechtes hat erfüllt, was er durch die Propheten gesagt hat: *Fremde ernähren sich von der in fruchtbares Land verwandelten Wüste* (Is 5,17). Diese von den Propheten erwähnte Wüste hat es bei den Juden gegeben, die sich indes weigerten, sie in mystischer Einsicht zu durchforschen und fruchtbar zu machen. Uns aber ist sie in fruchtbares Land verwandelt worden, da der historische Buchstabe der prophetischen Vision unserem Geist durch Gottes Huld in seinem geistigen Sinn schmackhaft wurde und wir als Fremde verzehren, was die Bürger des Gesetzes nicht essen wollten. Lobpreis sei der ewigen Weisheit und Dank dem Eingeborenen, der lebt und herrscht mit dem Vater in der Einheit des Heiligen Geistes, Gott von Ewigkeit zu Ewigkeit. Amen.

4. HOMILIE: Ez 1,10–12

DIE VIER EVANGELISTEN

Von dem Heiligen Geist der Weissagung werden die vier geflügelten Lebewesen genau beschrieben, und diese genaue Beschreibung verrät uns, daß mit ihnen die Personen der Evangelisten bezeichnet werden; an dieser Feststellung erlaubt uns das Wort Gottes keinen Zweifel, denn siehe, da heißt es: 1
(Ez 1,10) Ihre Gesichter sahen so aus: rechts bei allen vieren ein Menschenkopf und ein Löwenkopf, links bei allen vieren ein Rinderkopf und oben ein Adlerkopf bei allen vieren. Daß diese vier geflügelten Lebewesen die vier Evangelisten anzeigen, bestätigen die Anfänge eines jeden Evangelienbuches. Matthäus beginnt mit der menschlichen Herkunft: sein rechtes Sinnbild ist der Mensch; Markus stellt den Rufer in der Wüste an den Anfang: sein treffendes Sinnbild ist der Löwe; Lukas setzt mit einem Opfer ein: sein angemessenes Sinnbild ist das Rind; Johannes hebt mit der Gottheit des Wortes an: sein würdiges Sinnbild ist der Adler. Indem er sagt: *Im Anfang war das Wort, und das Wort war bei Gott, und Gott war das Wort* (Joh 1,1), zielt er auf das Wesen der Gottheit und richtet so gleichsam wie ein Adler seine Blicke auf die Sonne. Da nun alle Erwählten Glieder unseres Erlösers sind, unser Erlöser aber das Haupt aller Erwählten ist, die seine Glieder bilden, so hindert nichts, daß er selbst in ihnen allen bezeichnet wird. Denn der eingeborene Sohn Gottes ist wahrhaft Mensch geworden und hat sich gewürdigt, im Opfer unserer Erlösung wie ein Rind geschlachtet zu werden, und ist in der Macht seiner Kraft auferstanden gleich einem Löwen. Auch sagt man, der Löwe schlafe mit offenen Augen: so konnte unser Erlöser seiner Menschheit entsprechend im Tode entschlafen, während er, seiner Gottheit entsprechend unsterblich, wach geblieben ist. Nach seiner Auferstehung ist er zum Himmel auffahrend wie ein Adler in die Höhe emporgestiegen. Daher ist er alles zugleich für uns, indem er in der Geburt ein Mensch, im Opfertod ein Rind,

in der Auferstehung ein Löwe und in der Himmelfahrt ein Adler geworden ist. Somit haben wir dargetan, daß durch diese Lebewesen die vier Evangelisten und in ihrem Sinnbild zugleich alle Vollkommenen bezeichnet werden, jetzt wollen wir noch zeigen, wie jeder einzelne Erwählte in diesen Erscheinungsformen der Lebewesen abgebildet ist.

2 Jeder Erwählte und auf dem Pfad Gottes Vollkommene ist Mensch, Rind, Löwe und Adler. Der Mensch ist ein vernunftbegabtes Lebewesen. Das Rind wird im Opfer geschlachtet. Der Löwe ist ein starkes Tier, wie geschrieben steht: *Der Löwe, das stärkste unter den wilden Tieren, erschreckt vor niemandes Begegnung* (Spr 30,30). Der Adler fliegt in die Höhe und schaut unverwandten Blickes in die Sonnenstrahlen. So ist jeder, der zum vollen Gebrauch der Vernunft gelangt ist, ein Mensch. Sofern er die Gelüste dieser Welt in sich abtötet, ist er ein Rind. Sofern er in seiner freiwilligen Abtötung eine kraftvolle Sicherheit gegenüber allen Anfeindungen besitzt – es steht geschrieben: *Der Gerechte ist mutig wie ein Löwe und unerschrocken* (Spr 28,1) –, ist er ein Löwe. Und sofern er sich zur Schau himmlischer und ewiger Dinge aufschwingt, ist er ein Adler. Weil also jeder Gerechte dank der Vernunft ein Mensch, dank des Opfers seiner Abtötung ein Rind, dank seiner starken Sicherheit ein Löwe und dank der Beschauung ein Adler ist, so kann jeder Vollkommene sehr wohl durch diese heiligen Lebewesen bezeichnet werden. Wir erwähnen das, um deutlich zu machen, daß das von den vier Lebewesen Gesagte auch für jeden einzelnen von den Vollkommenen gilt.

3 Indes erhebt sich uns eine große Frage bezüglich der Evangelisten und der heiligen Glaubensverkünder: warum gesagt wird, Mensch und Löwe befinden sich bei allen vieren zur Rechten, das Rind jedoch bei allen vieren zur Linken. Es wird wohl eine sinnreiche Bedeutung haben, daß jene zwei zur Rechten sind und dieses eine zur Linken ist. Und ferner ist zu fragen, warum der Adler weder zur Rechten noch zur Linken, sondern bei allen vieren oben ist. Das sind die zwei Fragen, die wir, vom Herrn erleuchtet, beantworten wollen. Es wird also gesagt, Mensch und Löwe seien zur Rechten, das Rind zur Linken. Nun haben wir aber zur Rechten die freudigen, zur Linken die traurigen Dinge. Deshalb nennen wir links,

was wir als widrig ansehen. Wie schon gesagt, wurde durch den Menschen die Menschwerdung, durch das Rind die Passion, durch den Löwen die Auferstehung unseres Schöpfers angezeigt. An der Menschwerdung des eingeborenen Sohnes, durch die wir erlöst worden sind, haben sich alle Erwählten erfreut; über dessen Tod jedoch trauerten die ersten der Erwählten, die heiligen Apostel, wogegen sie über dessen Auferstehung Freude empfanden. Da also dessen Menschwerdung und Auferstehung den Jüngern Freude bereitete, dessen Leiden aber Trauer, werden Mensch und Löwe zur Rechten, das Rind zur Linken angegeben. Denn die heiligen Evangelisten freuten sich über seine Menschheit und sind durch seine Auferstehung gestärkt worden, während sie über sein Leiden Trauer empfanden. Mensch und Löwe stehen zur Rechten, weil die Menschwerdung des Erlösers die Evangelisten zum Leben erweckt und die Auferstehung sie gestärkt hat. Das Rind hingegen steht zur Linken, weil sein Tod sie für eine kurze Zeit im Glauben wankend machte. Mit Recht jedoch wird der Ort des Adlers nicht seitwärts, sondern oben angegeben: denn weil dadurch seine Himmelfahrt angezeigt beziehungsweise darauf hingewiesen wird, daß das Wort des Vaters bei Gott dem Vater ist, erhebt er sich kraft der Beschauung über die anderen Evangelisten; obschon er wie sie von seiner Gottheit redet, erscheint diese in seiner Schau doch deutlicher hervorgehoben. Da nun der Adler den anderen drei beigesellt ist und daher vier Lebewesen genannt sind, wäre es dennoch erstaunlich, daß unter allen vier Lebewesen gerade der Adler oben angegeben wird, wenn nicht Johannes *im Anfang das Wort* geschaut und sich dadurch auch über sich selbst erhoben hätte. Denn hätte er sich selbst nicht überstiegen, hätte er *das Wort im Anfang* nicht gesehen (Joh 1,1). Da er also sich selbst überstiegen hat, war er nicht allein über den dreien, sondern, sich selbst dazugerechnet, über den vieren.

Dann folgt:
4 *(Ez 1,11) Ihre Gesichter und ihre Flügel waren nach oben gerichtet.* Die Flügel und die Gesichter werden nach oben gerichtet beschrieben, weil alles Sinnen und Trachten sowie alle Schau der Heiligen über sich hinausweist, auf daß sie das einzuholen vermöchten, was sie im Himmel ersehnen. Ob sie nun guten Werken oder dem betrachtenden Gebet obliegen, sie tun dann das wahrhaft Gute, wenn sie dem zu gefallen streben, von welchem es stammt. Wer sich den Anschein gibt, Gutes zu tun, damit aber nicht Gott, sondern den Menschen zu gefallen trachtet, wendet das Gesicht, das heißt seine Aufmerksamkeit nach unten. Wer in der Heiligen Schrift die göttlichen Geheimnisse in der Absicht betrachtet, daß er aufgrund des dort Erkannten an irgendwelchen Problemen herumgrübeln kann, sich nicht am Wohlgeschmack der kostbaren Süßigkeit zu sättigen sucht, sondern lediglich für gescheit gelten will, der streckt die Flügel seiner Einsicht gewiß nicht nach oben aus. Da sein ganzes Sinnen und Sehnen mit der Stillung irdischer Gelüste beschäftigt ist, senkt er die Flügel nach unten, die er in die Höhe heben und durch die er selbst erhoben werden könnte. Dabei ist zu erwägen, daß alles, was in guter Absicht geschieht, stets zum Himmel emporführt. Doch wer in dem Guten, das er tut, irdischen Ruhm zum Ziel seiner Wünsche macht, hält seine Flügel und sein Gesicht nach unten gerichtet. In diesem Sinn spricht der Prophet von den Betreffenden: *Schlachtopfer rissen sie in die Tiefe* (Hos 5,2). Was sind denn die Tränen des Gebetes anderes als Schlachtopfer unserer Hingabe? Wie geschrieben steht: *Ein zerknirschter Geist ist ein Opfer für Gott* (Ps 50,19). Doch gibt es nicht wenige, die sich bei ihren Gebeten in Klagen ergehen, um entweder irdische Vorteile herauszuschlagen oder von den Menschen für fromm gehalten zu werden. Was tun sie anderes als Schlachtopfer in die Tiefe werfen? Weil das von ihnen Gesuchte drunten ist, vollziehen sie auch das Opfer ihres Gebetes drunten. Die Erwählten aber, die sowohl in guten Werken dem allmächtigen Gott zu gefallen trachten als auch dank der Gnade der Beschauung die

ewige Seligkeit vorauszukosten sich sehnen, strecken ihre Gesichter und Flügel nach oben aus.

DIE VIER FLÜGEL

(Ez 1,11) Je zwei ihrer Flügel berührten einander, und zwei bedeckten ihre Leiber. Zuvor hatte es geheißen: *Und ihre Gesichter und Flügel waren nach oben gerichtet,* und gleich darauf folgt das soeben zitierte: *Je zwei ihrer Flügel berührten einander.* Daraus ist klar ersichtlich, daß zwei nach oben ausgestreckt waren und einander berührten und zwei ihre Leiber bedeckten. Warum aber wird das Gefieder der Lebewesen als Flügel bezeichnet? Hier müssen wir in sorgfältigem Nachdenken ergründen, was die vier Flügel der Heiligen bedeuten, deren zwei nach oben ausgestreckt einander berühren, die zwei anderen ihre Leiber bedecken. Wenn wir nun aufmerksam zusehen, dann kommen wir darauf, daß es vier Tugenden sind, welche jedes der gefiederten Lebewesen über irdisches Tun hinausheben, nämlich Liebe und Hoffnung in bezug auf Künftiges, Gottesfurcht und Buße in bezug auf Vergangenes. Die miteinander verbundenen Flügel werden also nach oben ausgestreckt, indem Liebe und Hoffnung die Herzen der Heiligen zur Höhe emporheben. Von ihnen heißt es angemessenerweise, sie seien verbunden, weil die Erwählten zweifellos die himmlischen Dinge lieben, die sie erhoffen, und erhoffen, die sie lieben. Zwei decken die Leiber zu, denn Gottesfurcht und Buße verbergen ihre früheren Vergehen vor den Augen des allmächtigen Gottes. Zwei Flügel berühren einander wie gesagt nach oben hin, sofern Liebe und Hoffnung die Herzen der Erwählten zur Höhe emporheben und nach Himmlischem hin ausrichten. Zwei Flügel bedecken die Leiber, sofern Gottesfurcht und Buße ihre früheren Vergehen vor dem Anblick des ewigen Richters verbergen. Indem sie sich ihrer Sünden erinnern, sie verabscheuen und beweinen, tun sie nichts anderes, als ihren Leib zudecken und die fleischlichen Werke durch die darübergelegten guten Werke einer ausgedehnten Prüfung entziehen. Steht doch geschrieben: *Selig diejenigen, deren Missetaten vergeben und deren Sünden zugedeckt sind* (Ps 31,1).

Die Sünden bedecken wir, wenn wir über die bösen Taten gute Werke breiten. Denn alles, was verhüllt wird, liegt darunter, und das Verhüllende ist darübergebreitet. Wenn wir daher dem Bösen, das wir getan haben, widersagen und das Gute wählen und auch durchzuführen willens sind, dann breiten wir gleichsam eine Decke über all das, dessen Anblick uns die Schamröte ins Gesicht treiben müßte.

6 Solange sich freilich die heiligen Männer noch in diesem Leben befinden, gibt es dennoch Dinge, die sie vor Gottes Augen verbergen sollten, denn es ist gänzlich unmöglich, daß sie sich, sei es in Gedanken, Worten oder Werken, niemals verfehlen. Hat doch auch der selige Job «Vollkommenes» zu den Freunden geredet; aber als er die Stimme Gottes vernahm, hat er sich ob seines «vollkommenen Redens» getadelt und gesagt: *Ich will meine Hand auf meinen Mund halten* (Job 39,34). In der Hand ist ja das Handeln, im Mund das Reden. Und die Hand auf den Mund halten heißt soviel wie die Zungensünden mit der Tugend guten Handelns zudecken. Geliebteste Brüder, ich möchte zum Zeugnis des Gesagten den Völkerapostel aufrufen und sehen, wie dieses heilige Lebewesen die vier Flügel gebraucht, mit Hilfe von deren zweien es zur Höhe schwebt, während es mit zwei Flügeln den Leib bedeckt, um das früher Getane zu verbergen. Seht, welch große Liebe ihn zu Himmlischem erhebt: *Für mich ist Leben Christus und Sterben ein Gewinn* (Phil 1,21). Erkennt, welch große Hoffnung ihn emporträgt: *Unser Wandel ist im Himmel, von wo wir auch den Erlöser erwarten, unseren Herrn Jesus Christus* (Phil 3,20). Seht, wie gottesfürchtig er noch immer ist, obwohl er in so hohen Tugenden erfunden ward: *Ich züchtige meinen Leib und unterwerfe ihn in Knechtschaft, damit ich nicht etwa, nachdem ich anderen gepredigt habe, selbst verworfen werde* (1 Kor 9,27). Erkennt, wie er das getane Böse bereut: *Ich bin der geringste unter den Aposteln und nicht wert, Apostel zu heißen, weil ich die Kirche Gottes verfolgt habe* (1 Kor 15,9). Was wird in diesen Worten anderes angeprangert als unsere Herzenshärte? Er beklagt, was er sich vor der Taufe hatte zu Schulden kommen lassen, wir aber haben uns nach der Taufe vieles zu Schulden kommen lassen und weigern uns trotzdem, es zu beweinen. So benützen also die vier heiligen Lebewesen die

vier Flügel, da sie in Hoffnung und Liebe zu Himmlischem auffliegen sowie in Gottesfurcht und Buße ihre unerlaubten Taten beweinen.

Indes kann die Aussage *je zwei ihrer Flügel berührten einander* 7
vielleicht auch so verstanden werden, daß nicht die beiden eigenen emporgestreckten Flügel einander berühren, sondern je ein Flügel des einen den des anderen berührt und die emporgestreckten Flügel wechselseitig in der Berührung zusammentreffen. Hier erhebt sich nun die Frage: wenn die zwei emporgestreckten Flügel Liebe und Hoffnung, die zwei den Leib bedeckenden Gottesfurcht und Buße bezeichnen, weshalb wird dann von den beiden emporgestreckten gesagt, sie berührten einander, von den beiden den Leib bedeckenden aber nicht? Da bietet sich mit des Herrn Beistand eine einfache Antwort an: die einander berührenden Flügel der Heiligen sind Liebe und Hoffnung, die den Leib bedeckenden und einander nicht berührenden Gottesfurcht und Buße. David hat sich für die fleischliche Sünde in Gottesfurcht und Buße gedemütigt (vgl. 2 Kön 12,13). Petrus hat die Verleugnung bitterlich beweint (vgl. Mt 26,75). Paulus hat die Grausamkeit der früheren Verfolgung in seinem Inneren beklagt (vgl. 1 Kor 15,9). Und doch streben sie alle nach dem einen Vaterland und eilen, um zu dem einen Schöpfer aller zu gelangen. Somit berühren zwei Flügel eines jeden die der anderen, zwei nicht, weil sie in der Liebe und in der Hoffnung ein und dasselbe ersehnen, während sie in Gottesfurcht und Buße jeweils etwas anderes beweinen.

SICH SELBST GEGENWÄRTIG

Dann folgt:

(Ez 1,12) Und ein jedes von ihnen ging je jetzt vor sich 8
hin. Zuvor hatte es geheißen: *Ein jedes von ihnen ging gerade vor sich hin* (Ez 1,9), und nun heißt es: *Ging je jetzt vor sich hin.* Es scheint also der gleiche Satz wiederholt worden zu sein. Doch weil wir unter dem Ausdruck *je jetzt* die jeweilige Gegenwart verstehen, so können wir nach genauerer Überlegung feststellen, daß *gerade vor sich hingehen* etwas anderes ist

als *je jetzt vor sich hingehen.* Gerade vor sich hingehen heißt nach Vorausliegendem hinstreben; je jetzt vor sich hingehen heißt sich selbst gegenwärtig sein. Jeder Gerechte, der sein Leben unablässig beobachtet und gewissenhaft darauf sieht, wieviel er täglich im Guten zunimmt, beziehungsweise sich vielleicht vom Guten entfernt, der stellt sich sich selbst gegenüber, geht je jetzt vor sich hin, weil er wachsam darauf achtet, ob er steigt oder fällt. Wer aber die Kontrolle seines Lebens vernachlässigt und sie entweder verschmäht oder es nicht versteht, zu prüfen, was er tut, redet oder denkt, geht nicht je jetzt vor sich hin, denn er weiß nicht, wie er sich in seinen Verhaltensweisen oder Handlungen benimmt. Ebenso ist sich selbst nicht gegenwärtig, wer sich um seine tägliche Selbstprüfung und Selbsterkenntnis nicht kümmert. Der hingegen stellt sich wahrhaft sich selbst gegenüber und ist sich selbst gegenwärtig, der sich in seinem Tun beobachtet, als ob er ein anderer wäre.

9 Wir begehen ja viele Sünden, die uns deshalb nicht so schwer scheinen, weil wir uns in Eigenliebe hochschätzen und uns mit geschlossenen Augen in unserer Selbsttäuschung noch schmeicheln. Daher geschieht es, daß wir unsere schweren Fehler zumeist als leicht, die leichten Fehler anderer als schwer beurteilen. Steht doch geschrieben: *Es wird Menschen geben, die nur sich selbst lieben* (2 Tim 3,2). Und wir wissen, daß die Eigenliebe die Augen des Herzens gründlich verschließt. So kommt es, daß wir unser Tun nicht für schwerwiegend halten, wenn dagegen ein anderer das gleiche tut, uns das zumeist als überaus verabscheuungswürdig erscheint. Doch warum erscheint uns das, was wir bei uns als geringfügig ansehen, beim anderen als schwerwiegend, wenn nicht deshalb, weil wir uns nicht so wie den anderen und den anderen nicht so wie uns selbst beurteilen. Würden wir uns nämlich wie einen Fremden betrachten, dann nähmen wir das Tadelnswerte an uns deutlich wahr. Und umgekehrt: wenn wir den anderen wie uns selbst sähen, käme uns sein Tun niemals untragbar vor, zumal wir vielleicht oft das gleiche getan haben und meinen, wir hätten nie etwas getan, was dem anderen unerträglich ist. Dieser üblen doppelten Moral unseres Urteils suchte Moses mit der Gesetzesvorschrift zu

begegnen, als er sagte, der Scheffel müsse richtig sein und das Maß entsprechend (vgl. Lev 19,36). Desgleichen Salomon: *Zweierlei Gewicht und zweierlei Maß: beides ist Gott ein Greuel* (Spr 20,10). Wir wissen wohl, daß von den Gewichten der Kaufleute das eine schwerer, das andere leichter ist. Das eine Gewicht nehmen sie, wenn sie für sich, das zweite, wenn sie für andere abwiegen. Zum Geben verwenden sie leichtere, zum Nehmen schwerere Gewichte. Daher mißt jeder, der die Dinge eines anderen anders wägt als seine eigenen, mit zweierlei Maß. Beides ist Gott ein Greuel, denn wenn einer den anderen liebte wie sich selbst, dann liebte er ihn auch im Guten wie sich selbst. Und wenn er sich selbst wie einen anderen sähe, würde er sich auch im Schlechten wie einen anderen beurteilen. Wir müssen uns also genau wie die anderen sehen und uns wie gesagt uns selbst gegenüberstellen, auf daß wir unablässig die geflügelten Lebewesen nachahmen und stets wissen, was wir tun, und so je jetzt vor uns hingehen. Die Schlechten aber gehen, wie soeben gesagt, nicht je jetzt vor sich hin: da sie nie darauf achten, was sie tun, eilen sie ins Verderben und freuen sich noch über ihre verkehrten Handlungen. Von ihnen steht geschrieben: *Sie freuen sich, wenn sie Böses getan haben, und frohlocken über die schlimmsten Dinge* (Spr 2,14). Der Gerechte, der sie sieht, weint oft über sie, sie aber ergehen sich in lautem Wehgeschrei nach Art der Verrückten – und lachen.

Manche wieder schenken den Bedürftigen vieles von ihrem 10
Besitz, doch sobald sich Zeit und Gelegenheit bietet, unterdrücken sie die Armen und beuten sie aus, soviel sie nur können. Sie halten sich das Gute, das sie tun, vor Augen, nicht aber das Verwerfliche, das sie ebenfalls begehen. Diese gehen nicht je jetzt vor sich hin, denn wenn sie sich selbst gegenwärtig wären, sähen sie genau, was sie alles treiben, und merkten sehr wohl, wiesehr sie die guten Werke durch böse Taten verderben; steht doch geschrieben: *Und wer Lohn gesammelt hat, steckt ihn in einen durchlöcherten Beutel* (Agg 1,6). Was man auf der einen Seite in einen löcherigen Beutel steckt, fällt auf der anderen wieder heraus, weil die törichten Köpfe nicht merken, wie der aufgrund guter Werke erhaltene Lohn durch böse Taten wieder verlorengeht.

Ein anderer wieder bewahrt die Reinheit des Leibes, achtet sorgfältig darauf, daß er sich nach außen hin nichts Tadelnswertes zu Schulden kommen läßt, ist mit dem Seinigen zufrieden, beschädigt kein fremdes Gut, trägt aber vielleicht doch einen Haß gegen den Nächsten im Herzen. Und obschon geschrieben steht: *Wer seinen Bruder haßt, ist ein Mörder* (1 Joh 3,15), denkt er, wie tadellos er sich nach außen hin benimmt, erwägt jedoch nicht, wie grausam er im Inneren ist. Ist ein solcher nicht sich selbst entfremdet, der in der Finsternis seines Herzens wandelt und es nicht weiß?
Abermals ein anderer vergreift sich nicht an fremdem Gut, bewahrt die Liebe in Reinheit, liebt die Nächsten aufrichtigen Sinnes und tut im Bewußtsein früherer Vergehen Buße mit Wehklagen und Gebeten. Doch kaum ist das Gebet zu Ende, sucht er nach Unterhaltungen, um sich in dieser Welt zu ergötzen, läßt seiner unbekümmerter Seele in zeitlichen Lustbarkeiten die Zügel schießen und sorgt sich nicht darum, daß sich die ausgelassenen Freuden für ihn in Tränen verwandeln könnten; und so kommt es, daß er in seiner unbeherrschten Heiterkeit das Gut wieder verscherzt, das er zur Zeit der Buße gewonnen hat. Auch dieser geht nicht je jetzt vor sich hin, weil er sich weigert, den Schaden zu sehen, den er erleidet. Steht doch geschrieben: *Das Herz der Weisen ist im Haus der Trauer, das Herz der Toren im Haus der Freude* (Pred 7,5).
Wir müssen uns daher bei jeglichem Tun inwendig und auswendig sorgfältig beobachten, damit wir, den geflügelten Lebewesen folgend, uns selbst gegenwärtig sind und stets je jetzt vor uns hingehen. Dazu haben wir als Helfer den Einzigen des Vaters, Jesus Christus, unseren Herrn, der mit ihm lebt und herrscht in der Einheit des Heiligen Geistes, Gott von Ewigkeit zu Ewigkeit. Amen.

5. HOMILIE: Ez 1,12–14

Wie wundersam ist die abgründige Tiefe der Reden Gottes! Wie gut ist es, von der Gnade geleitet achtsam in ihr Inneres einzudringen. Ist's nicht, sooft wir sie einsichtig erforschen, als ob wir in den Schatten eines Waldes einträten, um uns in seiner Kühle vor der Hitze dieser Welt zu bergen? Dort lesend pflücken wir die immergrünen Kräuter der Worte und verkosten sie nachdenkend.
In der neulich vor euch, geliebteste Brüder, gehaltenen Homilie ist aufgezeigt worden, inwiefern die besagten Lebewesen unseren Erlöser beziehungsweise auch dessen vier Evangelisten sowie alle Vollkommenen bezeichnen. In diesen vier Lebewesen wird aber noch ein tieferer Sinn offenbar, dem auch wir Schwache und Verachtungswürdige nachzuspüren angeregt werden, soweit wir dazu mit der Hilfe des Herrn imstande sind.

UNTERSCHEIDUNG DER GEISTER

Denn siehe, da heißt es:
(Ez 1,12) Wohin sie der Geist zu gehen trieb, dahin 2
gingen sie. In den Erwählten und in den Verworfenen sind je verschiedene Antriebe wirksam, in den Erwählten der Antrieb des Geistes, in den Verworfenen der Antrieb des Fleisches. Der Antrieb des Fleisches verleitet die Seele zu Haß, Überheblichkeit, Unreinheit, Räuberei, äußerem Ruhm, Grausamkeit, Treulosigkeit, Verzweiflung, Zorn, Zänkereien und Genußsucht. Der Antrieb des Geistes lenkt den Sinn auf Liebe, Demut, Enthaltsamkeit, barmherzige Freigebigkeit, inneren Fortschritt, Werke der Frömmigkeit, Glaube an die ewigen Dinge, Hoffnung auf künftige Freuden, Geduld, Friedfertigkeit, auf kritische Betrachtung des sterblichen Lebens und auf Reuetränen. Es ist somit notwendig, in all unserem Tun mit großer Sorgfalt darauf zu achten, welcher Antrieb uns bewegt, ob unsere Gedanken vom Antrieb des Fleisches oder vom Antrieb des Geistes geleitet werden. Denn

Irdisches lieben, Zeitliches dem Ewigen vorziehen, äußere Güter nicht nur zum nötigen Gebrauch, vielmehr zur Befriedigung der Begierlichkeit benützen, sich am Feind zu rächen trachten, über den Sturz des Rivalen frohlocken: all das stammt aus dem Antrieb des Fleisches. Wogegen Himmlisches lieben, Irdisches verachten, die vergänglichen Dinge nicht zum bloßen Genuß, sondern zum unerläßlichen Gebrauch verwenden, über den Tod des Feindes trauern: das entstammt dem Antrieb des Geistes. Und da sich die Vollkommenen immerfort in diesen Tugenden üben, heißt es jetzt zu Recht von den heiligen Lebewesen: *Wohin sie der Geist zu gehen trieb, dahin gingen sie.*

3 Nun muß man wissen, daß sich der Antrieb des Fleisches nicht selten unter dem Schleier des geistigen Antriebes verbirgt und der nach dem Fleische Handelnde sich in seinen Gedanken belügt, er handle im Sinne des Geistes. Denn oft wird einer vom Stachel des Zornes besiegt, und vom Eifer, das Unrecht zu ahnden, über das erforderliche Maß hinaus entflammt, überschreitet gegen die Schuldigen er die Grenze von der Gerechtigkeit zur Rache und geht mit rücksichtsloser Härte vor, während er meint, gerecht zu handeln. Ihm ist daher der Antrieb des Fleisches unter dem Schein des Geistes verhüllt, wenn er dort, wo er gerecht zu handeln glaubt, das Maß der Unterscheidung nicht einhält. – Ein anderer, auf allzu große Milde bedacht, sieht zwar die Laster der Untergebenen, unterläßt es aber oft, sie im glühenden Eifer zurechtzuweisen, und vergrößert so die Fehler in ihnen, da er sie nicht energisch korrigiert. So kommt es, daß seine Nachgiebigkeit sowohl ihm als auch den Untergebenen schadet, weil er seine Charakterschwäche für Geduld hält und sich unter dem Antrieb des Fleisches vom Antrieb des Geistes entfernt. Unser erster Gedanke muß also der Prüfung unseres Herzens gelten, ob wir in unserem Tun nicht etwa durch den offensichtlichen Antrieb des Fleisches geleitet werden und die Seele, von falschen Verlockungen verführt, das Böse zwar erkennt, aber gleichwohl tut. Die zweite Sorge muß uns wachsam machen, daß der Antrieb des Fleisches sich nicht gleichsam als Antrieb des Geistes unterschiebe und die Fehler, die wir begehen, uns als Tugenden vorgaukle.

Man muß ferner wissen, daß die Fehler, die unter verdecktem Anschein Tugenden nachahmen, die größeren sind. Jene, die offen als solche erkannt werden, bringen die Seele in Unruhe und bewegen sie zur Umkehr; diese jedoch demütigen sie nicht nur nicht zur Buße, sondern machen sie auch noch überheblich, da sie sie für Tugenden hält. Was aber von den heiligen Lebewesen weiter oben gesagt ist (vgl. Ez 1,9), wird zur nachdrücklichen Bekräftigung nochmals wiederholt: 4

(Ez 1,12) Sie wendeten sich nicht um im Gehen. Die Auserwählten streben zum Guten, ohne sich umzukehren, um Böses zu tun. Denn *wer ausharrt bis ans Ende, wird gerettet werden* (Mt 10,22). Desgleichen Salomon: *Der Pfad der Gerechten ist wie das helle Morgenlicht, das immer leuchtender wird und zunimmt bis zum vollen Tag* (Spr 4,18). Das gute Verlangen und die Erkenntnis des innersten Lichtes in ihren Seelen ist ja bereits ein Stück des Tages, aber weil sie bis zum Lebensende in der Tugend voranschreiten, gelangen sie erst dann zum vollen Tag, wenn ihnen im Himmelreich an dem von ihnen ersehnten Licht nichts mehr abgehen wird. 5

KOHLEN UND FACKELN

Es folgt:

(Ez 1,13) Die Gestalt der Lebewesen war anzusehen wie die Glut feuriger Kohlen und wie der Anblick von Fackeln. Der Anblick der Lebewesen wird mit der Glut feuriger Kohlen und mit Fackeln verglichen. Wer die Kohle berührt, verbrennt sich, denn wer einem heiligen Mann anhängt, nimmt etwas von dessen beständiger Gottesschau, Redeweise und tatkräftigem Beispiel an, so daß er zur Wahrheitsliebe entzündet wird, dem Dunkel seiner Sünden entflieht, in Sehnsucht nach dem Licht entbrennt und in wahrer Liebe erglüht, wogegen er zuvor im Bösen erstorben war und erkaltet darniederlag. Die Fackeln verbreiten ihr Licht in einem weiteren Umkreis, und während sie an dem einen Ort sind, verbreiten sie an einem anderen ihren Glanz. Denn wer mächtig ist im Geist der Weissagung, im Wort der Gelehrsamkeit und in der Gnade der Wuntertätigkeit, dessen Ruf 6

leuchtet weit und breit gleich einer Fackel. Und die von seinen Vorzügen hören und sich dadurch zur himmlischen Liebe aufschwingen, spiegeln gleichsam das Licht der Fackel wider, indem sie sich in guten Werken hervortun. Sofern also die heiligen Männer einige ihnen Zunächststehende gleichsam durch Berührung zur Liebe des himmlischen Vaterlandes entzünden, sind sie Kohlen. Sofern sie weiter Entferntstehenden leuchten, werden sie ihnen auf deren Wegen zu Fackeln, auf daß sie in den Finsternissen ihrer Sünde nicht zugrundegehen. Darin unterscheiden sich demnach die Kohlen von den Fackeln: die Kohlen glühen, erhellen aber nicht das Dunkel an dem Ort, wo sie liegen; die Fackeln hingegen leuchten im starken Licht der Flammen und vertreiben die Finsternis ringsumher.

7 In diesem Zusammenhang ist zu bemerken, daß manche Heilige schlicht und zurückgezogen leben und sich unter großem Schweigen in bescheidener Stellung verbergen, so daß ihr Leben von anderen kaum bemerkt werden kann. Was sind sie daher anderes als Kohlen? Mögen sie noch sosehr im Eifer des Geistes glühen, so fehlt ihnen dennoch die Flamme des Beispiels. Auch besiegen sie nicht die Finsternisse im fremden Herzen, weil sie es durchaus vermeiden, daß ihr Leben bekannt wird. Sie brennen für sich selbst, sind aber kein leuchtendes Vorbild für andere. Jene aber, die sowohl das Beispiel der Tugend geben als auch in Wort und Leben den Wandernden das Licht guter Werke spenden, werden mit Recht Fackeln genannt, da sie durch die Glut der Sehnsucht und die Flamme des Wortes die Finsternisse des Irrtums aus den Herzen der Sünder vertreiben. Wer also im Verborgenen recht lebt, zu fremdem Fortschritt aber nichts beiträgt, ist Kohle. Wer hingegen, zum nachahmenswerten Vorbild der Heiligkeit berufen, vielen von seinem klaren Licht spendet, ist Fackel, da er nicht nur für sich selbst brennt, sondern auch anderen leuchtet.

Dann heißt es:
(Ez 1,13) Und mitten zwischen den Lebewesen sah man ein glänzendes Feuer hin- und herfahren und aus dem Feuer Blitze hervorzucken. Inmitten sieht man Feuer hin- und herfahren, denn wenn jene gefiederten Lebewesen vom Feuer der Wahrheit keine Glut aufnähmen, würden sie nicht nach Art von Kohlen und Fackeln brennen. Mit dem Feuer pflegt der Heilige Geist bezeichnet zu werden, von dem der Herr im Evangelium sagt: *Ich bin gekommen, Feuer auf die Erde zu werfen, und was will ich anderes, als daß es brenne?* (Lk 12,49). Wenn die fleischlich gesinnte Seele den Heiligen Geist aufnimmt, bereut sie, in geistiger Liebe entbrannt, das getane Böse. Und die Erde steht in Flammen, wenn sich das Herz des Sünders unter der brennenden Anklage des Gewissens verzehrt und in Reueschmerz vergeht. So steht wiederum geschrieben: *Dein Gott ist ein verzehrendes Feuer* (Dt 4,24). Weil er das Herz, das er erfüllt, vom Rost der Sünde reinigt, wird unser Schöpfer ein Feuer genannt, und zwar ein verzehrendes. Deshalb wird der Heilige Geist inmitten der Lebewesen als ein Feuerglanz beschrieben, der hin- und herfährt und aus dem Blitze hervorzucken, zumal er die gesamte Kirche erfüllt und aus sich heraus Flammen der Liebe in die Herzen der Auserwählten schleudert, so daß er in die trägen Herzen wie ein Blitz gewaltig einschlägt und sie zu seiner Liebe entzündet. 8

Da jedoch der Heilige Geist vor jeder Zeit mit dem Vater und dem Sohn gleichewiger Gott ist, stellt sich uns die Frage, warum er als Hin- und Herfahrender beschrieben wird. Denn alles Hin- und Herfahrende kommt an einen Ort, wo es nicht war, und verläßt den, wo es war. In welchem Sinne können wir also sagen, der Geist fahre hin und her, da doch alles in ihm ist und es keinen Ort gibt, wo er nicht ist? Wie geschrieben steht: *Der Geist des Herrn erfüllt den Erdkreis* (Wh 1,7). Und beim Lobpreis der Weisheit wird beigefügt: *In ihr ist der Geist des Verstandes, ein einziger, mannigfaltiger, feiner, beweglicher Geist* (Wh 7,22), und kurz danach: *ein menschlicher, unveränderlicher* (Wh 7,23). 9

10 Angesichts dieser Aussagen erhebt sich uns wieder eine große Frage: warum dieser Geist, der alles erfüllt, zugleich beweglich und unveränderlich genannt wird. Wenn wir uns an den gewöhnlichen Sprachgebrauch der Menschen erinnern, finden wir den Sinn des Gesagten rascher. Ein Mensch, der in der Gegend, in der er sich befindet, herumgeht, wird einem zweifellos überall begegnen und, wo man's nicht vermutet, plötzlich angetroffen. Um daher den allmächtigen Geist als allgegenwärtigen zu bezeichnen, wird er zugleich beweglich und unveränderlich genannt. Unveränderlich, weil er gemäß seiner Natur alles zusammenhält, beweglich, weil er auch Ahnungslosen überall begegnet. Unveränderlich, weil er alles umfaßt, beweglich, weil er sich allen gegenwärtig erzeigt. Ein glänzendes Feuer und ein aus dem Feuer zuckender Blitz fährt zwischen den gefiederten Lebewesen hin und her, da der Heilige Geist einzelnen wie auch allen zugleich gegenwärtig ist und entzündet, die er berührt, und erleuchtet, die er entzündet, so daß die, welche ehemals erkaltet waren, entbrennen und durch das empfangene Feuer der Liebe die Flammen des guten Beispiels widerspiegeln. Der aus diesem Feuer aufzukkende Blitz trifft die trägen Seelen, weckt und entflammt sie mit seinem Strahl, so daß sie zugleich brennend und leuchtend seiner Liebe nachjagen. Daher steht anderswo geschrieben: *Sein Thron war lodernde Flamme, die Räder daran brennendes Feuer* (Dan 7,9). Denen nämlich, die Wächter der Seelen sind und für die Herde die Last des Hirtenamtes auf sich genommen haben, ist es nicht erlaubt, ihren Platz zu verlassen. Da sie, an diesen Ort gestellt, die Gegenwart Gottes in sich tragen und brennen, wird der Thron Gottes eine lodernde Flamme genannt. Jene aber, die aus Liebe zum Herrn predigend von Ort zu Ort ziehen, sind das brennende Feuer eines Rades, und indem sie aus Sehnsucht nach ihm verschiedene Orte durchwandern, brennen sie selbst und entzünden andere.

11 Nun kann freilich das Hin- und Herfahren, beziehungsweise die Beweglichkeit des Geistes in tiefer schürfendem Nachdenken auch anders gedeutet werden. Der Geist bleibt in den Herzen bei bestimmten Tugenden stets gegenwärtig, bei anderen kommt er, um wieder zu gehen, und geht, um wiederzukommen. Im Glauben nämlich, in der Hoffnung und in der

Liebe sowie in weiteren Tugenden, ohne die man nicht zum himmlischen Vaterland gelangen kann, wie beispielsweise in Demut, Reinheit, Gerechtigkeit und Barmherzigkeit, da verläßt er die Herzen der Heiligen nicht. Aber in der Kraft der Weissagung, in der sprachmächtigen Gelehrsamkeit, im Vollbringen von Wundertaten ist der Geist das einemal nahe, das anderemal entzieht er sich ihnen. Nah ist er, um sie zu erhöhen, und fern ist er, um sie zu erniedrigen. Nah ist er, um sie durch den Aufweis der Macht zu verherrlichen, fern ist er, damit sie sich beim Ausbleiben seiner Macht selbst erkennen. Nah ist er, um zu zeigen, was sie durch ihn sind, fern ist er, um sichtbar zu machen, wer oder was sie ohne ihn bleiben würden. In den Tugenden also, ohne die man nicht zum Leben gelangt, bleibt der Heilige Geist in den Herzen der Seinen und wird somit zu Recht als unveränderlich bezeichnet. In den Tugenden jedoch, durch die sich die Macht der Heiligkeit nach außen offenbart, ist er das einemal in Barmherzigkeit nahe, das anderemal in Barmherzigkeit ferne und wird daher mit Recht beweglich genannt. Hin- und herfahrend, beziehungsweise beweglich, wird also der Geist beschrieben, weil er in den Zeichen und Machterweisen dem Wunsch des einzelnen nicht ununterbrochen zuhanden ist. Darum heißt es folgerichtig, er fahre zwischen den heiligen Lebewesen hin und her. Nun deutet das Hin- und Herfahren auf Schnelligkeit. Fährt doch der Geist zwischen den Heiligen hin und her, und mag er sich auch für kurze Zeit aus deren Herzen zurückziehen, so kehrt er um so rascher wieder zurück.

KONTEMPLATION UND APOSTOLAT

Nun folgt:
(Ez 1,14) Und die Lebewesen gingen hin und kehrten 12
wieder nach Art eines aufzuckenden Blitzes. Da oben gesagt wurde: *Sie wendeten sich nicht um im Gehen.* (Ez 1,12), weshalb heißt es jetzt: *Die Lebewesen gingen hin und kehrten wieder?* Die beiden Aussagen: *Sie wendeten sich nicht um im Gehen* und: *Sie gingen hin und kehrten wieder* scheinen sich geradewegs

zu widersprechen. Doch wie das zu verstehen ist, werden wir rascher begreifen, wenn wir die beiden Lebensformen, die aktive und die kontemplative, sorgfältig unterscheiden. In der einen nämlich können wir unentwegt verharren, in der anderen liegt es keineswegs in unserer Macht, unseren Geist in der Beschauung zu halten. Wenn wir nämlich von unserer Trägheit ablassen und uns zu guten Werken aufraffen, wenden wir uns dann nicht dem aktiven Leben zu? Davon dürfen wir uns in der Folge keineswegss wieder abwenden, denn wer zu der trägen Nachlässigkeit, zu den verkehrten Nichtigkeiten, die er hinter sich gelassen hat, wieder zurückkehrt, ist gewiß nicht einem himmlisch Lebenden zu vergleichen. Wenn wir uns nun vom tätigen zum beschaulichen Lebewesen aufschwingen, vermag der Geist nicht lange in der Beschauung zu verharren; denn die Seele, die alles vom Ewigen Erschaubare in Spiegel und Gleichnis wahrnimmt und gleichsam in flüchtigem Vorübergehen erblickt, wird von diesem so unermeßlichen Erhobensein durch ihre eigene Schwachheit zurückgestoßen und fällt auf sich selbst zurück. Und so sieht sie sich genötigt, zum tätigen Leben zurückzukehren, sich unablässig in guten Werken zu üben und, wenn sich der Geist zur himmlischen Schau nicht zu erheben vermag, fortzufahren, soweit immer möglich Gutes zu tun. Dann geschieht es, daß sie, durch ihre eigenen guten Werke gestützt, von neuem zu den Höhen der Beschauung aufsteigt und aus der Schau der Wahrheit die Speise der Liebe empfängt. Und falls sie sich dort infolge ihrer Hinfälligkeit und Schwachheit nicht lange halten kann, kehrt sie wieder zu den guten Werken zurück, erlabt sich an der Erinnerung der Süßigkeit Gottes und wird äußerlich von frommen Verrichtungen, innerlich von heiligem Verlangen genährt. Wird doch von den aus ihrer Schau zurückkehrenden heiligen Männern gesagt: *Sie werden das Gedächtnis deiner Süßigkeit kundtun* (Ps 144,7). Da sie zuvor den Wohlgeschmack der innersten Süßigkeit, soviel sie vermochten, gleichsam wie aus einem Blitz wahrhaft verkostet haben, suchen sie die Erinnerung daran immerfort wachzuhalten und zu verkünden. So mahnt uns der Psalmist ganz in diesem Sinne: *Ein Licht ist den Gerechten aufgegangen und eine Seligkeit denen, die aufrichtigen Herzens sind. Freut euch, ihr Gerechten, im*

Herrn und preist das Gedächtnis seiner Heiligkeit (Ps 96, 11–12). Und ferner: *Wie groß ist der Reichtum deiner Süßigkeit, o Herr* (Ps 30, 20). Wie groß diese ist, könnte er keineswegs erkennen, wenn er sie nicht in bestimmtem Maße verkostet hätte. So klagt er wiederum: *In meiner Verbannung sprach ich: ich bin verstoßen vom Anblick deiner Augen* (Ps 30, 23). Wenn er nämlich, im Geist entrückt und erhoben, den Wohlgeschmack der ewigen Süßigkeit nicht gekannt hätte, könnte er, noch in dieser Welt zurückgehalten, nicht unterscheiden, wie weit er von ihr verbannt und entfernt ist. Die besagten Lebewesen gehen also und kehren nicht zurück, aber sie gehen und kommen auch wieder. Ebenso fallen die heiligen Männer von dem einmal begonnenen tätigen Leben nicht wieder in den Abgrund der Sünden, aber vom beschaulichen Leben, das sie auf die Dauer nicht einhalten können, wenden sie sich wieder dem tätigen zu. Wie schon gesagt kehren sie, vom Gewicht ihrer Schwachheit besiegt und auf sich selbst zurückgeworfen, wieder zurück, um im Gehen zu lernen, wonach sie sich sehnen, und im Zurückkommen zu wissen, wo sie darniederliegen. Im Gehen sollen sie einsehen, wo sie noch nicht sind, und im Zurückkommen, was sie sind.

Auf welche Weise nun diese heiligen Lebewesen zurückkommen, wird durch die angeführten Worte gezeigt: *Nach Art eines aufzuckenden Blitzes.* Sehr gut werden die zurückkehrenden Lebewesen mit einem aufzuckenden Blitz verglichen. Denn wenn sich die heiligen Männer zur Höhe der Beschauung aufschwingen und die Erstlinge ihres Geistes in der Liebe zum himmlischen Vaterland festigen, doch vom Gewicht der menschlichen Daseinsweise beschwert auf sich selbst zurückgeworfen werden, zumal sie die himmlischen Güter nur wie im Spiegel zu schauen vermochten, verkünden sie das Geschaute den Brüdern und entzünden deren Seelen zur Liebe der innersten Herrlichkeit, die sie weder so zu sehen imstande sind, wie sie ist, noch so zu beschreiben, wie sie sie gesehen haben. In ihrer Sprache redend, treffen und entflammen sie die Herzen der Hörenden. Ihre Rückkehr geschieht also nach Art eines aufzuckenden Blitzes, da sie die Seelen der Hörenden zur Liebe des himmlischen Vaterlandes entzünden, wenn sie von himmlischen Dingen reden und durch sie das Licht 13 von oben hervorbricht. Indem daher ihre Worte nach Art eines aufzuckenden Blitzes einschlagen, verbreiten sie das Feuer geistigen Verlangens.

ALL UNSER TUN HAST DU FÜR UNS VOLLBRACHT

14 Nun kommen und gehen die heiligen Lebewesen aber auch auf eine andere Weise, wenn sie zur Ausspendung himmlischer Gnaden in ihrer Verkündigung ausgesandt werden und vor den Ungläubigen Wunderbares vollbringen, um sie zum Glauben zu bewegen; sie kommen wieder zurück, da sie das Vollbrachte nicht sich selbst anrechnen, sondern der Kraft des allmächtigen Herrn zuschreiben. Sofern sie Staunenswertes vollbringen, sind sie Blitze, indem sie die Herzen der Zuschauenden treffen, aufschrecken, erleuchten und entzünden. So steht geschrieben: *Deine Wurfspieße fliegen im Licht, im blitzenden Glanz deiner Waffenrüstung* (Hab 3,11 [LXX]). Die Wurfspieße des Herrn sind die Worte der heiligen, die die Herzen der Sünder treffen. Diese Wurfspieße gehören zur Waffenrüstung. Ihr wißt, Brüder, daß die Kämpfer Wurfspieße schleudern und durch Waffenrüstungen geschützt werden. Wenn sie nun den Worten Wundertaten hinzufügen, schützen sie sich gleichsam durch Waffenrüstungen, um nicht selbst verletzt zu werden. *Deine Wurfspieße fliegen im Licht,* denn Gottes Worte gehen ungehindert hinaus. Sofern aber Wundertaten die Aussagen der heiligen Glaubenslehrer begleiten müssen, wird mit Recht hinzugefügt: *Im blitzenden Glanz deiner Waffenrüstung;* denn wenn du den Worten die Waffenrüstung der Wundertaten beifügst, blenden diese die Verfolger, so daß sie es nicht wagen, den Glaubensstreitern nachzustellen. Daher gehen und kommen diese Lebewesen nach Art eines aufzuckenden Blitzes, denn nachdem die Heiligen vor den Menschen Wundertaten gewirkt und die Herzen der Hörenden durch das ausgestrahlte Licht entflammt haben, treten sie wieder zurück, um ihrem Schöpfer die Ehre zu geben, um alles Lob ihm zukommen zu lassen im Bewußtsein, daß sie solches nur durch ihn vermögen.

So sprach Petrus, als er mit der Heilung des vom Mutterschoß an lahmen Mannes ein Wunderzeichen gewirkt hatte, das alle, die es sahen, in großes Staunen versetzte: *Was wundert ihr euch darüber, oder was schaut ihr uns an, als hätten wir diesen aus eigener Kraft oder Macht zum Gehen gebracht? Der Gott Abrahams, der Gott Isaaks und der Gott Jakobs, der Gott unserer Väter hat seinen Sohn Jesus verherrlicht* (Apg 3,12–13). Und wenig später: *Im Glauben an seinen Namen hat sein Name diesem, den ihr seht und kennt, die Kraft gegeben* (Apg 3,16). Indem er das Zeichen setzte, hat er die Blicke der Zusehenden durch das Licht des Wunders gebannt; doch wahrte er die Demut und überließ alles Lob dem Schöpfer, da er gleichsam dorthin zurückkehrte, woher er gekommen war, wie ja auch das Licht des Blitzes anzeigt, woher er kommt. Wenn daher die heiligen Lebewesen kommen, um Wunderzeichen zu wirken, und wieder in sich selbst zurückkehren, um ihrem Schöpfer die Ehre zu geben, sind sie Blitze, da sie durch den Aufweis von Wundertaten und durch das Beispiel der Demut die Herzen der Zusehenden treffen und entzünden. 15

In allem, was sie tun, kehren sie deshalb stets zum Lobpreis des Schöpfers zurück, um in der erhaltenen Kraft unverbrüchlich festzustehen. Denn wenn sie sich selbst etwas zuschrieben, könnten sie in dem Empfangenen nicht bestehen. Daher sagt auch Salomon treffend: *An den Ort, woher die Flüsse kommen, kehren sie wieder zurück, um von neuem zu fließen* (Pred 1,7). Sei es in Machttaten, sei es in der Lehre: was sind die heiligen Männer anderes als Flüsse, die die ausgedörrte Erde der fleischlich gesinnten Herzen bewässern? Doch würden sie in den Werken, die sie tun, wie auch in der Lehre, die sie verkünden, schneller austrocknen, wenn sie in ihrer Herzensgesinnung nicht eilig zu dem Ort zurückkehrten, von wo sie ausgegangen sind. Wenn sie nämlich nicht in die Innerlichkeit des Herzens einkehren und sich nicht mit den Fesseln der Sehnsucht in der Liebe zum Schöpfer festbinden, erlahmt die Hand in dem, was sie wirkte, und verdorrt die Zunge in dem, was sie redete. Aber sie kehrten stets aus Liebe ins Innere zurück, und was sie öffentlich wirkend und redend ausgießen, schöpfen sie in ihrer Abgeschiedenheit vom Quell der Liebe. Liebend lernen sie, was sie lehrend verkünden. So kehren die 16

Flüsse zu dem Ort zurück, von dem sie ausgehen, um von neuem zu fließen, und schöpfen das Wasser der Weisheit stets von dort, woher es entspringt, damit es nicht austrocknet, während es strömt.
Deshalb sollen wir in all unserem Tun eifrigen Sinnes zum Urquell des wahren Lichts zurückkehren. Statten wir unserem Schöpfer Dank ab für das empfangene Gute und bekennen wir ihm mit Isaias demütig: *All unser Tun hast du für uns vollbracht* (Is 26,12). Denn unser Gutes ist sein Werk, für dessen Erbarmen es nicht genug war, uns zu erheben, ohne sich für uns herabzuneigen. Wäre nämlich Gott, vor aller Zeit gleich ewig mit dem Vater, nicht Mensch geworden in der Zeit, wann vermöchte der zeitliche Mensch Ewiges zu verkosten? Der Abstieg der WAHRHEIT ist also der Aufstieg unserer Niedrigkeit geworden. Laßt uns ihn verherrlichen und loben, der mit dem Vater in der Einheit des Heiligen Geistes lebt, Gott von Ewigkeit zu Ewigkeit. Amen.

6. HOMILIE: Ez 1,15–18

1 *Dunkle Wasser in den Wolken der Lüfte* (Ps 17,12). Dunkel ist die Wissenschaft von den Propheten. Aus Salomons Zeugnis haben wir gelernt: *Der Könige Ehre ist es, eine Sache zu verheimlichen* (Spr 25,2): und *Gottes Ruhm ist es, eine Sache zu ergründen* (Spr 25,2). *Und der Menschen Ehre ist es, ihre Geheimnisse zu verbergen, und Gottes Ruhm ist es, das Mysterium seiner Rede zu offenbaren (?).* Sagt doch die WAHRHEIT selbst zu den Jüngern: *Was ich euch im Finstern sage, das redet im Licht* (Mt 10,27), das heißt ihr sollt offen auslegen, was ihr im Dunkel der Allegorien vernehmt. Diese Dunkelheit der Reden Gottes ist von großem Nutzen, sie übt den Geist, auf daß er sich in der Anstrengung des Begreifens ausweite und arbeitend erfasse, was er untätig nicht zu fassen vermöchte. Oder besser gesagt: wenn der Sinn der Heiligen Schrift überall offen zutage läge, würde man ihn geringschätzen, doch wenn er an manchen dunkleren Stellen aufleuchtet, erquickt er die Seele mit um so mehr Süßigkeit, je mehr Mühe sie aufgewandt hat, ihn zu suchen.

ESAU UND JAKOB

Siehe, da spricht der heilige Ezechiel:

2 *(Ez 1,15) Und als ich die Lebewesen anschaute, erschien ein Rad auf dem Boden.* Das Rad bedeutet nichts anderes als die Heilige Schrift, es rollt von allen Seiten auf die Hörenden zu und wird durch keinen Winkelzug des Irrtums vom Weg seiner Botschaft abgelenkt. Es rollt nach allen Seiten, da es zwischen Freund und Feind gerade und demütig einherfährt. Der Umschwung seiner Weisungen zeigt bald nach oben, bald nach unten; und was den Vollkommeneren im geistigen Sinn erklärt wird, genügt den Schwachen im wörtlichen Sinn, und was die Kleinen im wörtlichen Sinn verstehen, das erheben die gelehrten Männer in geistiger Einsicht zu höherem Verständnis. Wie sollte auch einer der Kleinen die Begebenheit mit Esau und Jakob, da der eine auf die Jagd

geschickt wird, um gesegnet zu werden, der andere infolge der Vertauschung durch die Mutter vom Vater gesegnet wird (vgl. Gen 27,3–28), anders als im wörtlichen Sinn der heiligen Lesung begreifen? Wer indes den tieferen Sinn dieser Geschichte auch nur in etwa erkennt, sieht, daß sich Jakob den Segen des Erstgeborenen nicht durch einen Betrug ergaunerte, sondern rechtmäßig empfangen hat, weil er ihn mit Zustimmung des Bruders um den Preis eines Linsengerichtes erkaufte.

3 Wer nun also in tieferem Nachdenken den verborgenen Sinn dessen, was sich mit den beiden begeben hat, ergründen will, der steigt vom historischen Geschehen zum Geheimnis empor. Daß nämlich Isaak von der Jagdbeute seines älteren Sohnes zu essen begehrte, bedeutet nichts anderes, als daß der allmächtige Gott durch gute Werke des jüdischen Volkes verehrt zu werden verlangte. Doch da jener säumte, hat Rebekka den jüngeren vorgeschickt. Denn während das jüdische Volk die guten Werke nur äußerlich zu tun suchte, hat die Mutter das Volk der Heiden in Gnaden gelehrt, dem allmächtigen Vater die Speise guter Werke darzubringen und so den Segen des älteren Bruders zu empfangen. Jener hatte die gleichen Speisen aus den Haustieren zubereitet – das heißt, die Heiden suchten Gott nicht durch äußerliche Opfer zu gefallen – und sprach mit den Worten des Propheten: *Mir sind, o Gott, deine Gelübde und die Lobopfer aufgetragen, die ich dir darbringen soll* (Ps 55,12). Und daß Jakob Hände, Arme und Nacken mit den Fellen eines Böckleins bedeckte, bedeutet nichts anderes, als daß für gewöhnlich ein Böcklein für die Sünden geopfert wurde. Haben doch die Heiden die Sünden des Fleisches in sich geschlachtet und sich nicht geschämt zu bekennen, daß sie von fleischlichen Sünden bedeckt seien. Und daß er die Kleider des älteren Bruders angezogen hat, heißt, daß sie sich in ihren guten Werken mit den Vorschriften der Heiligen Schrift, die dem älteren Volk gegeben waren, bekleidet haben. Und was der ältere Bruder beim Hinausgehen drinnen zurückgelassen hat, verwendet der jüngere zu Hause, denn die Heidenvölker halten die Gebote dem Sinne nach, die das Judenvolk nicht zu bewahren vermochte, weil sie in ihnen lediglich auf den Buchstaben achteten. Und was

bedeutet es, daß Isaak den Sohn, den er segnet, nicht wiedererkennt, wenn nicht das, was der Herr durch den Psalmisten von den Heidenvölkern sagt: *Ein Volk, das ich nicht kannte, ward mir untertan: kaum hatte es gehört, gehorchte es mir* (Ps 17,45). Und daß er den Anwesenden nicht erkennt, wohl aber was ihm künftig geschehen werde, bedeutet folgendes: zu dem Zeitpunkt, da der allmächtige Gott durch seine Propheten die den Heiden zu gewährende Gnade verheißen hat, hat er sie, da er sie damals noch im Irrtum beließ, aus Gnade nicht anerkannt, aber gleichwohl durch die Gnade des Segens vorausgesehen, er werde sie eines Tages zusammenführen. Daher wird zu Jakob, der das Sinnbild der Heidenvölker darstellt, in der Segensformel gesagt: *Siehe, der Duft meines Sohnes ist wie der Duft eines vollen Ackers, den Gott der Herr gesegnet hat* (Gen 27,27). Wie auch im Evangelium die WAHRHEIT spricht: *Der Acker aber ist die Welt* (Mt 13,38). Und da die zum Glauben gelangten Heidenvölker durch die Tugenden ihrer Erwählten die ganze Welt mit ihrem Duft erfüllen, ist der Wohlgeruch des Sohnes wie der Duft eines vollen Ackers.

Anders duftet nämlich die Blüte des Weinstocks, denn groß 4
sind die Überzeugungskraft und der Ruf der Glaubensboten, die die Herzen der Hörenden berauschen; anders die Blüte des Ölbaums, denn süß ist das Werk der Barmherzigkeit, das wie die Öllampe wärmt und leuchtet; anders die Rosenblüte, denn wundersam ist der Wohlgeruch, der dem rötlich schillernden Blut der Martyrer entströmt; anders die Lilienblüte, denn weiß ist das lebendige Fleisch der unversehrten Jungfräulichkeit; anders die Veilchenblume, denn groß ist die Macht der Demütigen, die voll Verlangen die letzten Plätze einnehmen, sich in Bescheidenheit nicht von der Erde in die Höhe erheben und den Purpurglanz des Himmelreiches im Herzen bewahren; anders duftet die Kornähre, wenn sie reif wird, denn die Vollkommenheit der guten Werke ist zur Sättigung jener bereitet, die nach Gerechtigkeit hungern. Sofern also die Heidenvölker in ihren Erwählten überallhin in der Welt verstreut sind und dank der von ihnen geübten Tugenden alle Einsichtigen mit dem Wohlgeruch ihres guten Rufes erfüllen, heißt es zu Recht: *Der Duft meines Sohnes ist wie der Duft eines vollen Ackers.* Doch weil sie diese Tugenden nicht aus sich

selbst haben, ist beigefügt: *den Gott der Herr gesegnet hat* (Gen 27,27).

5 Und da nun dieses Volk der Erwählten in einigen auch zur Höhe der Beschauung gelangt, in anderen nur im Vollzug des tätigen Lebens erstarkt, wird anschließend gesagt: *Der Herr gebe dir vom Tau des Himmels und vom Fett der Erde* (Gen 27,28). Der Tau fällt ja ganz zart von oben herab. Und jedesmal wenn wir etwas vom Tau des Himmels erhalten, erblicken wir dank der Eingießung der innersten Schauung ein Weniges von den höheren Gütern. Wenn wir hingegen leibliche Werke verrichten, werden wir mit dem Fett der Erde beschenkt.

6 Daß Esau spät zum Vater zurückkehrt, bedeutet, daß sich das jüdische Volk spät bekehren wird, um dem Herrn zu gefallen. Zu ihm wird bei dieser Segnung gesagt: *Es wird die Zeit kommen, da das Joch von deinem Nacken gelöst wird* (Gen 27,40). Denn am Ende wird das jüdische Volk aus der Knechtschaft der Sünde befreit, wie geschrieben steht: *Bis die Fülle der Heiden eintritt und so ganz Israel gerettet wird* (Röm 11,25–26).

7 Wen von den Kleinen erfreut nicht die Geschichte des Evangeliums von dem Wunder, da der Herr die leeren Krüge mit Wasser zu füllen befiehlt und dann dieses Wasser in Wein verwandelt? Doch wenn die geistig Aufgeschlosseneren dies vernehmen und die heilige Erzählung gläubig verehren, finden sie, was damit dem tieferen Sinn nach gemeint ist. Denn wer Wasser in Wein verwandeln konnte, war auch imstande, die leeren Wasserkrüge geradewegs mit Wein zu füllen. Doch befiehlt er, die Krüge mit Wasser zu füllen, weil zuvor unsere Herzen mit der Geschichte der heiligen Lesung gefüllt werden sollen. Für uns verwandelt er dann das Wasser in Wein, wenn diese Geschichte im Geheimnis der Allegorie für uns einen geistigen Sinn erhält.

CHRISTI LEIB WÄCHST IN SEINEN GLIEDERN

Das Rad wird gleichsam über den Boden gerollt, sofern diese schlichte Redeweise den Kleinen verständlich ist. Dennoch bietet es den Großen geistige Einsicht, sofern es seine Rundung gleichsam empordreht und dort in die Höhe steigt, wo es kurz zuvor die Erde zu berühren schien.

Da das Rad in jeder Hinsicht auferbaut, läuft es gleichsam im 8
Kreis. So steht im Gesetz geschrieben: *Mache auch einen von reinstem Gold getriebenen Kandelaber, seinen Schaft, seine Rohre, Kelche, Knäufe und Lilien, die aus ihm vorspringen* (Ex 25,31). Mit dem Kandelaber wird der Erlöser des Menschengeschlechtes angezeigt. In seiner menschlichen Natur ließ er das Licht der Gottheit aufleuchten, so daß er zum Kandelaber der Welt wurde und jeder Sünder in seinem Licht erkannte, in welchen Finsternissen er darniederlag. Indem er unsere Natur sündelos angenommen hat, wird er zum Kandelaber des Zeltes aus reinstem Gold. Durch Hammerschläge getrieben wird er gefertigt, denn unser Erlöser, der aufgrund seiner Empfängnis und Geburt als wahrer Gott und Mensch erfunden ward, erduldete die Qualen der Passion und erreichte so die Herrlichkeit der Auferstehung. Der Kandelaber war aus reinstem Gold getrieben, denn er hatte keine Sünde, und trotzdem gelangte sein Leib durch die Schmach der Passion zur Unsterblichkeit. Angesichts seiner Tugenden gab es keinen Grund, weshalb er durch Hammerschläge hätte vervollkommnet werden sollen. Aber in seinen Gliedern, die wir sind, wird er täglich durch Hammerschläge vervollkommnet, denn während wir geschlagen und heimgesucht werden, damit wir sein Leib zu werden verdienen, wird er selbst vervollkommnet. Von seinem Leib steht geschrieben: *Von dem aus der ganze Leib, durch Gelenke und Bänder unterstützt und zusammengehalten, heranwächst in Gott* (Kol 2,19). Sein Leib sind wir alle. Durch Verknüpfungen und Verbindungen wird der Leib zusammengehalten; indem die Brust mit dem Kopf, die Arme mit der Brust, die Hände mit den Armen, die Finger mit den Händen verbunden sind und die übrigen Glieder jeweils mit den anderen zusammenhängen, wird der ganze Leib vollendet. So sind die heiligen Apostel, die unserem Erlöser nahestanden, wie die Brust mit dem Haupt verbunden. Die Martyrer sind ihm nachgefolgt und hängen wie die Arme mit der Brust zusammen. Und da die Hirten und Lehrer durch gute Werke mit ihnen verknüpft sind, sind sie wie die Hände an den Armen festgewachsen. Dieser ganze Leib unseres Er-

lösers wird täglich durch Verknüpfungen und Verbindungen im Himmel unterstützt, denn wenn die auserwählten Seelen dorthin zu ihm geführt werden, werden ihm seine Glieder zusammengefügt. Darum heißt es von ihm: *Unterstützt und zusammengehalten wächst er heran in Gott* (Kol 2,19). Unser Erlöser, in welchem ja kein Fortschritt stattfindet, wächst noch immer täglich in seinen Gliedern. So steht wiederum geschrieben: *Bis wir alle hingelangen zur vollen Mannesreife, zum Maß des Vollalters Christi* (Eph 4,13). Der Schaft jenes Kandelabers muß als die Kirche verstanden werden, die sein Leib ist und frei inmitten so vieler Anfeindungen aufrechtsteht. Die Rohre, die aus dem Schaft vorspringen, sind die Glaubensboten, die süßen Klang in der Welt ertönen lassen, ein neues Lied. Die Kelche pflegen mit Wein gefüllt zu werden: sind denn die Herzen der Hörenden nicht wie Kelche, die von den heiligen Glaubensboten mit dem Wein der Weisheit angefüllt werden? Und deuten die Knäufe nicht auf die Beweglichkeit der Verkündiung hin? Ein runder Knauf rollt nach allen Seiten hin. Und die Verkündigung, die weder durch Widerstände aufgehalten werden kann noch durch Erfolge überheblich wird, ist wie eine Kugel; sie ist in Widrigkeit unerschrokken, bleibt in Erfolgen demütig und kennt weder die Fußangeln der Angst noch jene der Überheblichkeit. Sie kann in ihrem Lauf nicht festgelegt werden, da sie beweglich überallhin rollt.

9 Um nun das, was wir beispielshalber vorgebracht haben, zu vervollständigen, sollen nach den Schäften, Rohren und Knäufen noch die Lilien an dem Kandelaber erwähnt werden, denn auf die eben genannte Anmut und Beweglichkeit der Verkündigung folgt jenes immergrüne Vaterland, wo heilige Seelen, das heißt ewige Blumen blühen. Die Knäufe beziehen sich auf die Anstrengung, die Lilien auf die Belohnung. Wie daher bei Moses der Knauf als die Belehrung durch Verkündigung aufgefaßt wird, so wird hier mit dem Rad die Heilige Schrift bezeichnet.

PROPHETISCHE SCHAU UND SPRACHLICHER AUSDRUCK

Und so setzt der Prophet beim Anblick der heiligen Lebewesen hinzu:
(Ez 1,15) Und als ich die Lebewesen anschaute, erschien 10
ein Rad auf dem Boden. Hier stellt sich folgende Frage: da anschließend von mehreren Rädern die Rede sein wird, weshalb wird zuerst von der Erscheinung eines Rades gesprochen? Doch wohl deshalb, weil dem alten Volk lediglich das Alte Testament gegeben war, das sich zu seiner geistigen Erziehung gleichsam wie ein Rad bewegt. Passend heißt es ja auch, dieses Rad sei auf dem Erdboden erschienen. Denn zum sündigen Menschen wurde gesagt: *Erde bist du, und zur Erde sollst du zurückkehren* (Gen 3,19). Das Rad ist somit auf dem Erdboden erschienen, weil der allmächtige Gott das Gesetz auf die Herzen der Sünder legte. Da aber diese gefiederten Lebewesen wie gesagt auch die heiligen Evangelisten bezeichnen, weshalb werden dann zunächst die Lebewesen und erst danach das eine Rad erblickt, zumal es zuvor das Alte Testament gab und erst danach die heiligen Evangelisten kamen? Aus all dem können wir entnehmen, daß die zu Recht höher Stehenden vom Propheten zuerst gesehen wurden. Denn je mehr die heilige Frohbotschaft das Alte Testament überragt, um so mehr mußten dessen Verkünder in der prophetischen Beschreibung vorgezogen werden.
Trotzdem ist in dieser Beschreibung noch etwas anderes zu 11
bedenken: der Geist der Weissagung erfaßt in seinem Inneren Früheres und Späteres in der Weise, daß die Rede des Propheten nicht alles in einem auszudrücken vermag. Der Reichtum des von ihm Geschauten entströmt ihm in verschiedenen Äußerungen, und bald redet er vom Letzten vor dem Ersten, bald vom Ersten vor dem Letzten. So sieht der Prophet Ezechiel als Vorbild der heiligen, allumfassenden Kirche die Herrlichkeit der Evangelisten im Sinnbild der vier Lebewesen und fügt unvermittelt bei, was in früheren Zeiten geschehen ist, wodurch er offenkundig darauf hindeutet, er habe auf einmal gesehen, was die menschliche Zunge nicht auf einmal auszusprechen vermag. Da wir jedoch sagten, mit den vier

Lebewesen würden auch alle Vollkommenen bezeichnet, so ist ferner zu bedenken, daß es schon vor dem Gesetz manche Heilige gegeben hat, die gewissenhaft nach dem Gesetz der Natur lebten und dem allmächtigen Herrn wohlgefielen. Das Rad wird erst nach den Lebewesen erwähnt, weil viele von den Erwählten, die vollkommen vor dem Herrn wandelten, schon vor dem Gesetz lebten. Aber wenn wir wie gesagt unter den Lebewesen lediglich die Evangelisten verstehen sollen, drängt sich eine weitere Überlegung auf. Der Prophet sah nämlich, daß sich diese von Dunkelheit umhüllten Worte nicht auf das jüdische Volk, vielmehr auf die Heiden bezogen. Da er jedoch zu uns redete, mußte er zuerst die Lebewesen und dann das Rad erwähnen, denn als wir mit des Herrn Hilfe zum Glauben kamen, haben wir die Frohbotschaft nicht durch das Gesetz, sondern das Gesetz durch die heilige Frohbotschaft kennengelernt.

DAS MEER DER SCHRIFT

Wo und wie das Rad erschien, sagt er anschließend: *(Ez 1,15) Neben den Lebewesen, und es hatte vier Gesichter*. Dann heißt es weiter:
12 *(Ez 1,16) Die Räder sahen aus und waren gearbeitet wie das Meer; und alle vier hatten die gleiche Gestalt, und sie sahen aus und waren gearbeitet, als wäre ein Rad innerhalb des anderen*. Was soll es heißen, daß, nachdem von einem Rad die Rede war, gleich darauf beigefügt wird: *Als wäre ein Rad innerhalb des anderen*, wenn nicht dies: im Buchstaben des Alten Testamentes lag nach allegorischer Auslegung das Neue Testament verborgen. So wird auch gesagt, das Rad, das neben den Lebewesen erschien, habe vier Gesichter, denn die Heilige Schrift ist in beiden Testamenten in vier Teile unterschieden, das Alte Testament in das Gesetz und die Propheten, das Neue in die Evangelien und die Taten, beziehungsweise Worte der Apostel. Wir wissen ja, daß wir dort, nach welcher Seite wir auch den Blick wenden, alles Notwendige sehen. Das Rad hat vier Gesichter: zuerst sieht es durch das Gesetz, was bei den Völkern an Bösem zu

beschneiden ist; danach sieht es durch die Propheten, genauer noch durch das Evangelium, und schließlich sieht es durch die Apostel, was an den Verfehlungen der Menschen zurückzuschneiden ist. Daß das Rad vier Gesichter hat, kann auch so ausgelegt werden, daß die Heilige Schrift dank der Gnade der Verkündigung über die vier Weltgegenden hin bekanntgeworden ist. Daher heißt es auch zuerst, daß ein Rad neben den Lebewesen erschienen sei, und dann erst, daß es vier Gesichter habe, denn wenn das Gesetz nicht mit dem Evangelium übereinstimmte, wäre es nicht in den vier Weltgegenden bekanntgeworden. Nun folgt:
(Ez 1,16) Und die Räder sahen aus und waren gearbeitet 13
wie das Meer. Mit Recht werden die heiligen Schriften mit dem Anblick ähnlich dem des Meeres verglichen, da sich in ihnen große Schätze von Weisheit und Berge von Bedeutungen finden. Nicht zu Unrecht wird die Heilige Schrift einem Meer verglichen, zumal der Inhalt des in ihr Gesagten durch das Sakrament der Wassertaufe bekräftigt wird. Auch ist zu erinnern, daß wir auf Schiffen übers Meer fahren, wenn wir den ersehnten Ländern zustreben. Nach welchem Land aber weist unsere Sehnsucht, wenn nicht nach jenem, von dem geschrieben steht: *Mein Anteil ist im Land der Lebendigen* (Ps 141,6). Auf hölzernen Schiffen, wie gesagt, sticht in See, wer das Meer überquert. Und wir wissen, daß uns die Heilige Schrift das Holz des Kreuzes durch das Gesetz ankündigt: *Verflucht sei jeder, der am Holze hängt* (Dt 21,23). Das bestätigt Paulus von unserem Erlöser: *Er ist für uns zum Fluch gemacht worden* (Gal 3,13). Auch die Propheten sagen das Holz voraus: *Der Herr ist König vom Holze aus* (Ps 95,10). Und: *Laßt uns Holz in sein Brot geben* (Jer 11,19). Im Evangelium wird das Holz des Kreuzes deutlich gezeigt, wo die prophezeite Passion des Herrn offen an den Tag gebracht wird. Von den Aposteln wird dieses selbe Kreuz in Wort und Tat vorgestellt, da Paulus sagt: *Mir ist die Welt gekreuzigt und ich der Welt* (Gal 6,14). Und: *Ferne sei es von mir, mich zu rühmen außer im Kreuz Jesu Christi* (Gal 6,14). Uns, die wir nach der ewigen Heimat streben, ist die Heilige Schrift in ihren vier Gesichtern ein Meer. Sie kündet uns das Kreuz, das uns auf seinem Holz zum Land der Lebendigen trägt. Sähe aber der Prophet die Heilige

Schrift nicht gleich einem Meer, hätte er nicht gesagt: *Die Erde ist erfüllt mit der Erkenntnis des Herrn, so wie die Wasser den Meeresgrund bedecken* (Is 11,9).

DIE BEIDEN TESTAMENTE

Nun folgt:

14 *(Ez 1,16) Alle vier hatten die gleiche Gestalt, und sie sahen aus und waren gearbeitet, als wäre ein Rad innerhalb des anderen.* Alle vier hatten die gleiche Gestalt, denn was das Gesetz lehrt, lehren auch die Propheten; was die Propheten künden, sagt auch das Evangelium; was das Evangelium sagte, das verkündeten die Apostel in der Welt. Alle vier haben demnach die gleiche Gestalt; denn die Reden Gottes sind, obschon nach Zeiten verschieden, dennoch eins in ihrem Sinngehalt.

15 *(Ez 1,16) Und sie sahen aus und waren gearbeitet, als wäre ein Rad innerhalb des anderen.* Das Rad innerhalb des Rades ist, wie wir sagten, das Neue Testament innerhalb des Alten, denn was das Alte Testament vorzeichnete, hat das Neue Testament ausgeführt. Um nur weniges von dem Vielen zu nennen: Daß aus dem schlafenden Adam Eva hervorgebracht wird (vgl. Gen 2,21–22), deutet auf den sterbenden Christus voraus, aus welchem die Kirche gebildet wird. Daß Isaak zur Opferung geführt wird, das Brennholz trägt, auf den Altar gelegt wird und doch am Leben bleibt (vgl. Gen 22,6–16), deutet auf unseren Erlöser voraus, der auf dem Leidensweg das Kreuzesholz selber trägt; bei diesem Opfer ist er in seiner Menschheit für uns gestorben, in seiner Gottheit hingegen unsterblich geblieben. Daß der Mörder nach dem Tod des Hohenpriesters frei in seine Heimat zurückkehrt (vgl. Num 35,25; Jos 20,6), deutet auf das Menschengeschlecht voraus, welches sich durch die Sünde den Tod eingetragen hatte und nach dem Tod des wahren Priesters, unseres Erlösers, aus den Fesseln seiner Sünden befreit und wieder in den Besitz des Paradieses eingesetzt wird. Daß im Zelt ein Gnadenthron errichtet werden soll, über welchem zwei Cherubim, der eine an der einen oberen Seite, der andere an der

anderen oberen Seite, aus reinstem Gold aufgestellt sind, die die Flügel ausbreitend den Thron überschatten und mit einander zugewandten Gesichtern den Gnadenthron anblicken (vgl. Ex 25,17–20), deutet auf die beiden Testamente voraus, die in dem Mittler zwischen Gott und den Menschen so übereinstimmen, daß was das eine vorausdeutet, das andere verwirklicht. Deutet der Gnadenthron etwa nicht auf den Erlöser des Menschengeschlechtes voraus, von dem Paulus sagt: *Ihn hat Gott als Versöhnung vorgestellt durch den Glauben in seinem Blut* (Röm 3,25)? Und in den zwei Cherubim, welche die Fülle der Weisheit genannt werden, sind die beiden Testamente bezeichnet, von denen oberhalb des Gnadenthrones der eine auf der einen, der andere auf der anderen Seite steht, denn was das Alte Testament über die Menschwerdung prophetisch zu verheißen anhob, berichtet das Neue Testament als vollständig erfüllt. Die zwei Cherubim sind aus reinstem Gold gefertigt, denn beide Testamente schreiben die reine, schlichte Wahrheit. Sie breiten die Flügel aus und überschatten den Thron, denn wir, die wir der Thron des allmächtigen Gottes sind, werden vor der drohenden Schuld durch die Erbauung der Heiligen Schrift beschützt. Indem wir die Weisheit der Schrift aufmerksam betrachten, werden wir von ihren Flügeln vor dem Irrtum der Unwissenheit abgeschirmt. Die zwei Cherubim blicken einander an und wenden die Gesichter zum Gnadenthron, denn die beiden Testamente widersprechen sich in keinem Punkt. Und sie halten ihre Gesichter gleichsam einander zugewandt, denn was das eine verheißt, offenbart das andere, da sie zwischen sich den Mittler Gottes und der Menschen erblicken. Würden doch die Cherubim ihre Gesichter voneinander abwenden, wenn das eine Testament verneinte, was das andere verhieß. Da sie aber von dem Mittler zwischen Gott und den Menschen übereinstimmend reden, sind sie zum Gnadenthron hingewendet, so daß sie sich gegenseitig sehen. So ist also ein Rad inmitten des anderen, da das Neue Testament im Inneren des Alten Testamentes ist. Und, wie wir schon oft gesagt haben, was das Alte Testament verheißen hat, offenbart das Neue, und was jenes dunkel ankündigt, spricht dieses offen aus. Das Alte Testament ist somit die Prophezeiung des Neuen Testamentes, und das

Neue Testament ist die Auslegung des Alten Testamentes. Es folgt:

16 *(Ez 1,17) Nach ihren vier Seiten gingen sie und wandten sich nicht um.* Wohin gehen die göttlichen Reden, wenn nicht zu den Herzen der Menschen? Nach vier Seiten gingen sie, denn die Heilige Schrift schreitet im Gesetz auf ein Geheimnis hinweisend zu den Herzen der Menschen. In den Propheten schreitet sie den Herrn verheißend schon etwas deutlicher. Im Evangelium schreitet sie den offenbarend, den sie verheißen hat. In den Aposteln schreitet sie den verkündend, den der Vater zu unserer Erlösung ausersehen hat. So haben die Räder Seiten und Wege, da die heiligen Schriften die Kenntnis der Vorschriften sowie deren Ausführung in der Tat aufzeigen. Und sie gehen nach vier Richtungen, da sie wie gesagt zu verschiedenen Zeiten reden beziehungsweise den fleischgewordenen Herrn in allen Gegenden der Welt verkünden.

17 *(Ez 1,17) Und da sie gingen, kehrten sie nicht zurück.* Das hatte weiter oben von den Lebewesen gegolten, kann aber hier im selben Sinn von den Rädern verstanden werden. Wir sagten ja, daß die Räder die Testamente bezeichnen. Das Alte Testament *ging* freilich auch, da seine Botschaft in die Herzen der Menschen kam, doch kehrte es hinter sich selbst zurück, weil seine Vorschriften und Opfer, buchstäblich aufgefaßt, nicht vollständig gehalten werden konnten. So ist es unbeweglich starr geblieben, weil es in ihm an geistiger Einsicht mangelte. Als jedoch unser Erlöser in die Welt kam, machte er, was er in fleischlichem Verständnis vorfand, in geistigem Sinn begreifbar. Da nunmehr sein Buchstabe geistig verstanden wird, ist jene ganze fleischliche Struktur in ihm mit Leben erfüllt. Ist doch das Neue Testament zusammen mit den Texten des Alten das Ewige Testament genannt worden, weil dessen geistiges Verständnis keinem Wandel mehr unterliegt. Richtig ist daher gesagt, daß die Räder gingen, und im Gehen nicht zurückkehrten, denn solange das Neue Testament nicht aufgehoben wird und das Alte seinen geistigen Sinn behält, kehren beide nicht hinter sich zurück, sondern bleiben bis zum Ende der Welt unwandelbar bestehen. Sie gehen also, kehren aber nicht zurück, da sie geistig in unser

Herz kommen und ihre Weisungen und ihre Lehren künftig nicht mehr abgeändert werden.

STATUR, HÖHE UND SCHRECKEN DER SCHRIFT

Es folgt:
(Ez 1,18) Auch hatten die Räder Statur, Höhe und 18
ein schreckliches Aussehen. Weshalb wird gesagt, daß den Worten der Heiligen Schrift diese drei innewohnen, daß ihnen Statur, Höhe und ein schreckliches, das heißt furchterregendes Aussehen zugeschrieben wird? Wir haben vor allem zu ergründen, was mit der Statur, der Höhe und dem schrecklichen Aussehen der göttlichen Schrift gemeint ist. Nun (das Wort Statur hat dieselbe Wurzel wie Stand, Stehen), in der Tat ist es so, daß das Stehen gut zum Leben eines tüchtig Wirkenden paßt. So sagt Paulus: *Wer steht, der sehe zu, daß er nicht falle* (1 Kor 10,12). Und zu den Jüngern: *So steht fest im Herrn, Geliebte* (Phil 4,1). Und der Prophet, der sich in seinem Leben und Verhalten vor dem Herrn stehen sah, spricht: *So wahr der Herr lebt, vor dessen Angesicht ich stehe* (4 Kön 3,14). Die Höhe aber ist die Verheißung des Himmelreiches. Dahin gelangt man, wenn alle Verderbnis des sterblichen Lebens unterjocht ist. Das furchterregende Aussehen schließlich ist der Schrekken der Hölle, der die Verworfenen ohne Ende peinigt und in ihrer Pein immerfort festhält. Die Statur ist also in der Geradheit der Vorschriften, die Höhe in der Erhabenheit der hohen Verheißung, das furchterregende Aussehen in den Drohungen und Schrecknissen der bevorstehenden Strafe. Die Heilige Schrift hat die Statur, weil sie die Lebensweise zur Standhaftigkeit lenkt, so daß die Gesinnung der Hörenden nicht zu den irdischen Begierden abgebogen wird. Die Höhe hat sie, weil sie die Freuden des ewigen Lebens im himmlischen Vaterland verheißt. Ein schreckliches Aussehen hat sie, weil sie allen Verworfenen mit den Höllenstrafen droht. So zeigt sie ihre Statur in der sittlichen Erbauung, die Höhe in den Verheißungen des Lohnes, ein furchterregendes Aussehen in den Schrecknissen der Strafen. Denn gerade ist sie

in den Vorschriften, hoch in den Verheißungen und furchterregend in ihren Drohungen. Die Statur hat sie, da der Prophet spricht: *Lasset ab, Verkehrtes zu tun. Lernt Gutes tun, trachtet nach dem, was recht ist, helft dem Unterdrückten, verschafft der Waise ihr Recht, verteidigt die Witwe* (Is 1,16–17). Und: *Brich dem Hungrigen dein Brot, führe die Armen und Obdachlosen in dein Haus, und wenn du einen Nackten siehst, bekleide ihn und verachte nicht die Hausgenossen, die Menschen sind wie du* (Is 58,7). Die Höhe hat sie, da derselbe Prophet spricht: *Nicht wird dir fernerhin die Sonne zum Licht bei Tage sein noch der Glanz des Mondes dir leuchten, sondern der Herr wird dir zum ewigen Licht und dein Gott zu deiner Herrlichkeit* (Is 60,19). Sie hat ein schreckliches Aussehen, da sie die Unterwelt beschreibt: *Es ist der Tag der Rache des Herrn, das Jahr der Vergeltung, um Sion Recht zu verschaffen. Und seine Ströme verwandeln sich in Pech und sein Boden in Schwefel, und sein Land wird zu brennendem Pech, bei Tag und bei Nacht wird es nicht verlöschen in Ewigkeit* (Is 34,8–10). Auch der selige Job schildert es als *das finstere, von Todesschatten bedeckte Land, das Land des Elends und der Dunkelheit, wo Todesschatten und keine Ordnung ist und ewiger Schrecken wohnt* (Job 10,21–22). Sie hat ihre Statur, da der gütige Herr verheißt: *Wie die neuen Himmel und die neue Erde, die ich vor mir stehen mache, spricht der Herr, so wird eure Nachkommenschaft und euer Namen bestehen* (Is 66,22). Denn jene stehen wahrhaft vor dem Herrn, die ihr Leben nicht in Verkehrtheit vergeuden. Die Höhe hat sie, da es anschließend heißt: *Und es wird Monat um Monat und Sabbat um Sabbat sein, und alles Fleisch wird kommen, vor meinem Angesicht anzubeten, spricht der Herr* (Is 66,23). Was ist ein Monat anderes als die Vollzahl der Tage? Und ist der Sabbat nicht der Ruhetag, an dem keine knechtliche Arbeit verrichtet werden darf? Monat um Monat ist es also, wenn jene, die hier vollkommen leben, dort zur Vollendung der Herrlichkeit geführt werden. Und Sabbat um Sabbat ist es, wenn jene, die hier von verkehrtem Tun ablassen, dort in himmlischem Lohn ausruhen. Sie hat ein furchterregendes Aussehen, da anschließend gesagt wird: *Und sie wird hinausgehen und die Leichen der Männer sehen, die wider mich gefrevelt haben. Ihr Wurm wird nicht sterben und ihr Feuer nicht erlöschen* (Is 66,24). Was kann wohl Schrecklicheres gesagt, was gedacht werden, als die Wunden der Verdammnis zu erhalten, und daß die Qualen dieser Wunden niemals enden? Von diesem schrecklichen Aussehen redet Sophonias, wenn er schreibt, wie der Tag des Gerichts über die verhärteten Herzen kommt: *Nahe ist der große Tag des Herrn, nahe ist er und gar schnell. Jener Tag ist ein Tag des Zornes, ein Tag der Drangsal und der Angst, ein Tag des Verderbens und des Elends, ein Tag der Finsternis und des Dunkels, ein Tag des Gewölks und des Sturmes, ein Tag der Posaune und des Geschreis* (Soph 1,14–16).

Da wir nun vom äußeren Rad gesprochen haben, müssen wir 19
auch die Statur, die Höhe und das furchterregende Aussehen des inneren erörtern. Seine Statur hat das innere Rad insofern, als es uns durch das Evangelium daran hindert, uns zu den irdischen Begierden hinunterzubeugen, indem es mit den Worten unseres Erlösers spricht: *Achtet darauf, daß eure Herzen nicht beschwert werden durch Völlerei und Trunkenheit oder durch Sorgen dieses Lebens* (Lk 21,34). Die Höhe hat es, sofern es in Bezug auf den Erlöser verheißt: *Wie viele aber ihn aufnahmen, denen gab er die Macht, Kinder Gottes zu werden* (Joh 1,12). Kann etwas Höheres als diese Macht, etwas Erhabeneres als diese Höhe genannt werden, kraft welcher jeder Geschaffene zum Sohn des Schöpfers gemacht wird? Das schreckliche Aussehen hat es, sofern es von den Verworfenen heißt: *Diese werden in die ewige Pein gehen* (Mt 25,46). Die Statur hat es, da die WAHRHEIT die Jünger auffordert: *Verkauft, was ihr besitzt, und gebt Almosen. Macht euch Beutel, die nicht altern* (Lk 12,33). Die Höhe der Verheißung hat es, da es heißt: *Sie werden vom Anfang und vom Niedergang kommen und mit Abraham, Isaak und Jakob im Himmelreich zu Tische sitzen.* (Mt 8,11). Das furchterregende Aussehen hat es, da beigefügt wird: *Die Kinder des Reiches aber werden in die äußersten Finsternisse geworfen – dort wird Heulen und Zähneknirschen sein* (Mt 8,12). Zu ihnen spricht die Stimme der WAHRHEIT: *Ihr werdet in euren Sünden sterben* (Joh 8,21–24). Die Statur hat es, sofern es mit den Worten des ersten Hirten spricht: *Wirkt in eurem Glauben sittliche Tatkraft, in der sittlichen Tatkraft aber die Erkenntnis, in der Erkenntnis die Enthaltsamkeit, in der Enthaltsamkeit die Geduld, in der Geduld die Frömmigkeit, in der Frömmigkeit die brüderliche Liebe, in der brüderlichen Liebe aber die Liebe überhaupt*

(2 Petr 1,5–7). Die Höhe hat es, da es kurz danach heißt: *Denn so wird euch ein offener Zugang bereitet in das ewige Reich unseres Herrn und Heilandes Jesus Christus* (2 Petr 1,11). Dieser verspricht den guten Hirten: *Und wenn der erste der Hirten erscheinen wird, werdet ihr die unverwelkliche Krone der Herrlichkeit empfangen* (1 Petr 5,4). Es hat ein schreckliches Aussehen, wenn gesagt wird: *Es wird aber der Tag des Herrn kommen wie ein Dieb; alsdann werden die Himmel mit großem Getöse vergehen, die Elemente in der Gluthitze aufgelöst werden* (2 Petr 3,10). Wenn also das alles zugrunde gehen soll, wie sehr müßt ihr in Heiligkeit und Frömmigkeit wandeln, der Ankunft des Gottestages harren und entgegeneilen, an dem die brennenden Himmel aufgelöst werden, die Elemente aber in der Glut des Feuers dahinschwinden! Die Statur hat es, wenn es uns mit Pauli Worten aus irdischen Begierden aufrichtet: *Ertötet eure Glieder, die auf Erden sind, Unzucht, Unlauterkeit, Geilheit, böse Begehrlichkeit und Habsucht, die ein Götzendienst ist* (Kol 3,5). Es hat die Höhe, wenn verheißen wird: *Euer Leben ist verborgen mit Christus in Gott. Wenn aber euer Leben, Christus, erscheinen wird, dann werdet auch ihr mit ihm erscheinen in Herrlichkeit* (Kol 3,3–4). Es hat ein schreckliches Aussehen, da die Warnung ergeht: *Wenn sich unser Herr Jesus Christus vom Himmel her offenbaren wird mit den Engeln seiner Macht in Feuerflammen, wenn er Vergeltung üben wird an denen, die Gott nicht kennen und dem Evangelium unseres Herrn Jesus Christus nicht gehorchen, die die ewigen Strafen erdulden werden im Verderben, verbannt vom Angesicht des Herrn und von der Herrlichkeit seiner Macht* (2 Thess 1,7–9). Die Statur hat es, wenn wir ermahnt werden: *Seht zu, daß keiner dem anderen Böses mit Bösem vergelte, vielmehr befleißigt euch immerdar des Guten gegeneinander und gegen alle* (1 Thess 5,15). Die Höhe hat es, da verheißen wird: *Wenn wir mit ihm sterben, werden wir mit ihm leben, wenn wir ausharren, werden wir auch mitherrschen* (2 Tim 2,11–12). Und: *Die Leiden dieser Zeit sind nicht zu vergleichen mit der zukünftigen Herrlichkeit, die an uns offenbar werden wird* (Röm 8,18). Es hat ein schreckliches Aussehen, wenn gedroht wird: *Schrecklich ist die Erwartung des Gerichts und der Grimm des Feuers, das die Widersacher verzehren wird* (Hebr 10,27). Und *Schrecklich ist es, in die Hände des lebendigen Gottes zu fallen* (Hebr 10,31).

All das wird in dem kurzen Satz zusammengefaßt: *Damit ihr zu begreifen vermöget mit allen Heiligen, welches ist die Breite und die Länge und die Höhe und die Tiefe* (Eph 3,18). Breit ist die Liebe, die auch die Feindesliebe einschließt; und in der Liebe, mit welcher uns der allmächtige Gott weitherzig liebt, erträgt er uns auch in Langmut. Und wie wir unseren Schöpfer uns Unwürdigen gegenüber sich verhalten sehen, ebenso müssen auch wir uns gegenüber den Mitmenschen verhalten. Die Breite und die Länge betreffen somit die Statur, da die Liebe unser Verhalten sosehr ausweitet, daß die brüderliche Liebe auch das Böse langmütig erträgt. Die Höhe aber ist jene Vergeltung der ewigen Belohnungen, über deren Unermeßlichkeit gesagt wird: *Kein Auge hat es gesehen und kein Ohr hat es gehört und in keines Menschen Herz ist es gedrungen, was Gott jenen bereitet hat, die ihn lieben* (1 Kor 2,9). Diese Höhe ist so erhaben, daß in der Jetztzeit kein Gedanke ausreicht, die ewigen Freuden der Heiligen auszuloten. Und die Tiefe ist jene unvorstellbare Strafe der Verdammnis, welche jene, die sie ergreift, im Abgrund begräbt. Darin hat die Heilige Schrift ein schreckliches Aussehen, daß sie dort, wo sie von den Höllenstrafen redet, den Hörenden einen unvorstellbaren Schauder einjagt. So heißt es denn sehr wohl: *Auch hatten die Räder Statur, Höhe und ein schreckliches Aussehen*, denn die Heilige Schrift ist in beiden Testamenten in den Ermahnungen aufrechtstehend, in den Verheißungen hocherhaben und in den Drohungen schreckenerregend.
Geliebte Brüder, dies mit Gottes Beistand gesagt zu haben, mag für den heutigen Tag genügen, damit wir, entspannt und erholt, die weitere Erörterung des Folgenden wieder aufnehmen – im Vertrauen auf den Urheber von allem, unseren Gott und Herrn Jesus Christus, der lebt und herrscht mit dem Vater in der Einheit des Heiligen Geistes, Gott von Ewigkeit zu Ewigkeit. Amen.

7. HOMILIE: Ez 1,18–23

1 Wie ihr wißt, geliebteste Brüder, pflegt die prophetische Rede bald dieses, bald jenes ins Auge zu fassen und ihre Worte vom einen unversehens zum anderen zu lenken. So spricht der Psalmist vom Herrn: *Gott ist ein gerechter Richter, stark und langmütig; wird er wohl Tag um Tag zürnen? Wenn ihr euch nicht bekehrt, wird er sein Schwert zücken; schon hat er seinen Bogen gespannt und hält ihn bereit. Er hat tödliche Geschosse darauf gelegt und seine Pfeile zu Brandpfeilen gemacht* (Ps 7,12–14), und fügt sogleich bei: *Er hat Schmerz empfangen und Ungerechtigkeit geboren; er hat eine Wassergrube aufgetan und gräbt sie aus und stürzt in die Grube, die er gemacht hat* (Ps 7,15–16). Kaum hat der Psalmist von des Herrn Gerechtigkeit geredet, spricht er plötzlich, sozusagen im selben Atemzug von der Schuld des Sünders. Die Erwähnung dieses einen Beispiels soll genügen, denn jeder, der in der Lektüre der Propheten bewandert ist, weiß, wie häufig sie das tun.

DISKRETION UND ÄRGERNIS

So fährt der Prophet Ezechiel, nachdem er von den Rädern gesprochen hat, jetzt fort:

2 *(Ez 1,18) Und ihr ganzer Körper war voller Augen um und um bei allen vieren.* Daß das lateinische Pronomen nicht ipsarum, sondern ipsorum lautet, deutet jedenfalls darauf hin, daß seine Rede unvermutet von den Rädern zu den Lebewesen zurückgekehrt ist. Durch sie werden wie gesagt die Vollkommenen bezeichnet. Die Körper der Lebewesen werden deshalb als solche voller Augen beschrieben, weil das Tun der Heiligen nach jeder Richtung hin besonnen ist, das Gute mit Verlangen voraussehend, das Böse sorgsam meidend. Das ist dort um so mühsamer, wo der Geist der Heiligen scharf darüber wacht, daß sich das Böse nicht vor ihren Augen unter dem Schein des Guten verberge. Besonnen ist also die Lebensweise der Heiligen. Ihre Freiheit soll nicht in Übermut ausarten, denn oft verführt der Übermut zu unge-

ordneten Reden und möchte als Freiheit der reinen Absicht erscheinen. Ihre Bescheidenheit soll nicht in Ängstlichkeit ausarten, denn oft wird die Seele von Furcht bedrängt, so daß sie es nicht wagt, das Richtige auszusprechen, sondern ihre Ängstlichkeit mit Bescheidenheit verwechselt. Ihre Sparsamkeit soll nicht in Geiz ausarten, denn oft will sie als strenge Sparmeisterin gelten und gibt sich den Anschein, als ob sie zu Recht und aus Notwendigkeit zurückbehalte, was sie dem darbenden Nächsten unbarmherzig verweigert. Ihre Mildtätigkeit soll nicht in Verschwendung ausarten, und nicht selten hält sie Verschwendung für Mildtätigkeit. Denn etwas anderes ist es, den Nächsten in frommem Eifer das Nötige zu geben, etwas anderes, seinen Besitz zu verschleudern, ohne auf dessen Ertrag zu achten. Was immer man also tut, ist nach der wurzelhaften Absicht abzuwägen, welche Verdienstlichkeit es nach dem Urteil des Schöpfers hat. Daher spricht der Schöpfer: *Wenn dein Auge lauter ist, so wird dein ganzer Leib licht sein* (Lk 11,34), und meint mit dem Auge die Absicht, mit dem Leib die Tat. Denn wenn unsere Absicht vor Gott lauter ist, dann wird unser Tun nach seinem Urteil nicht finster sein. Weil daher die heiligen Männer eifrig darauf bedacht sind, sich nach allen Seiten zu beobachten, und überall darüber wachen, weder das Böse als solches zu wollen noch derartiges unter dem Vorwand des Guten zu tun, beziehungsweise sich ihre Laster als Tugenden vorzulügen, behalten sie den gesamten Leib im Auge, denn jede ihrer Handlungen ist von sorgfältiger Vorsicht erfüllt und umgeben.

So sagte der Apostel Paulus, als er sah, die Korinther wollten 3
einem reumütigen Büßer das begangene Unrecht verzeihen: *Wenn ihr etwas verziehen habt, dann habe auch ich verziehen. Denn auch was ich vergeben habe, geschah um euretwillen an Christi Statt, auf daß wir nicht vom Satan überlistet würden. Seine Anschläge sind uns ja nicht unbekannt* (2 Kor 2,10–11). Da es also um das Verzeihen ging, warum hat sich der vortreffliche Lehrer in so großer Demut dem Willen der Jünger gefügt, so daß weder er mit den Jüngern noch die Jünger mit ihm in dieser Frage uneins erschienen, wenn nicht deshalb, weil er mit dem aufmerksamen Blick der Voraussicht bemerkte, daß wenn einer zürnt, zumeist ein anderer Nachsicht übt? Was für ein Opfer

der Barmherzigkeit ist es denn, das auf Kosten der Zwietracht dargebracht wird? Darum sagt er zu Recht: *Auf daß wir nicht vom Satan überlistet werden. Seine Anschläge sind uns ja nicht unbekannt* (2 Kor 2,11). Pflegt er doch das Gift der Mißgunst dort ins Herz des einen einzuflößen, wo, wie er weiß, ein anderer eine Pflicht der Frömmigkeit erfüllt hat. Das Gute ist eben unvollkommen, wenn es getan wird, ohne darauf zu achten, ob sich nicht von einer anderen Seite her ein Übel miteinschleiche, ausgenommen den Fall, wo die Unterlassung dessen, was ohne Ärgernis nicht geschehen kann, schuldhaft wäre.

4 Wir sagen das deswegen, um eurer Liebe klarzumachen, daß in unseren guten Werken das Ärgernis des Nächsten das einemal vermieden werden soll, ein andermal jedoch außer Betracht gelassen werden darf. Wir können dies von unserem Schöpfer selbst lernen. Nachdem Petrus über die Steuerabgabe befragt wurde, brachte er zuerst ein Gleichnis vor, woraus die Antwort ersichtlich wurde, daß er zu nichts verpflichtet sei: *Von wem nehmen die Könige der Erde Zoll oder Steuern, von ihren Kindern oder von anderen?* Und als ihm erwidert wurde: *von anderen*, gab er zur Antwort: *Mithin sind die Kinder frei.* Da er nun nachgewiesen hatte, daß er frei sei, setzte er, um niemandem ein Ärgernis zu geben, hinzu: *Um ihnen aber kein Ärgernis zu geben, so geh ans Meer, wirf die Angel aus und ergreife den Fisch, der zuerst heraufkommt, und wenn du ihm das Maul öffnest, wirst du eine Vierdrachmenmünze finden, die nimm und gib sie ihnen für mich und für dich* (Mt 17,24–26). Doch als er erklärte: *alles, was zum Mund eingeht, verunreinigt den Menschen keineswegs,* da traten die Jünger hinzu und sagten: *Weißt du, daß die Pharisäer Anstoß daran nahmen, als sie diese Rede hörten?* Doch er erwiderte und sprach: *Jegliche Pflanzung, die nicht mein himmlischer Vater gepflanzt hat, wird ausgerottet werden. Laßt sie, sie sind Blinde und Führer von Blinden* (Mt 15,11–14). Seht die WAHRHEIT, unseren Lehrmeister: um in gewissen Herzen kein Ärgernis zu verursachen, hat er den Tribut, zu dem er nicht verpflichtet war, entrichtet, anderseits sah er wohl, daß in einigen Herzen, freilich zu Unrecht, ein Ärgernis entstünde, und ließ zu, daß sie an ihm Ärgernis nahmen.

5 Darum sollen wir daran denken, daß wir das Ärgernis des

Nächsten zu vermeiden haben, soweit wir es ohne Sünde können. Wenn aber an der Wahrheit Ärgernis genommen wird, ist es besser, das Ärgernis zuzulassen, als die Wahrheit aufzugeben. So sind also die Leiber der Lebewesen voller Augen, da sie sich nach jeder Seite hin sorgfältig beobachten.

Doch müssen wir wissen, daß wir, während wir die einen als 6
verworfen ansehen, nicht selten andere übersehen und gerade beim Übersehen zweifellos keine Augen haben. Erinnern wir uns, was jener Pharisäer, der zum Tempel hinaufstieg, um zu beten, nach dem Zeugnis des Evangeliums gesagt hat: *Gott, ich danke dir* (Lk 18,11). Freilich dankte er Gott zu Recht, von dem er das Gute, das er getan, empfangen hatte. Dann sagte er weiter: *Daß ich nicht bin wie die übrigen Menchen, wie Räuber, Ungerechte, Ehebrecher oder auch wie dieser Zöllner da. Ich faste zweimal in der Woche und gebe den Zehnten von allem, was ich besitze* (Lk 18,11–12). Seht, für sein Fasten, für seine Mildtätigkeit, für seine Dankbarkeit Gott gegenüber hatte der Pharisäer Augen, aber für die Beobachtung der Demut hatte er kein Auge. Oder: was nützt es, fast die ganze Stadt gegen die Nachstellungen der Feinde sorgfältig zu bewachen, wenn ein einziger Zugang, durch den die Feinde eindringen, offengelassen wird? Was nützt eine Wache, die fast überall aufgestellt ist, wenn den Feinden infole einer einzigen übersehenen Stelle die ganze Stadt offensteht? Der Pharisäer, der das Fasten einhielt, den Zehnten gab und Gott Dank sagte, hat gleichsam die Wachen nur beinahe um seine ganze Stadt aufgestellt. Weil er aber die eine Lücke des Hochmuts bei sich nicht beachtete, hat er dem Feind dort Vorschub geleistet, wo er aus Nachlässigkeit sein Auge schloß. Die Heiligen hingegen sind wachsam, beobachten sich überall und lassen in all ihrem Tun genaueste, ja ängstliche Sorgfalt walten, um weder unrecht zu handeln noch zu Recht bestehende Vorschriften zu mißachten noch auch, wenn sie Gutes getan haben, sich in Gedanken aufzublähen. Ihre Fehler sind um so schwerer, je mehr sie nach außen hin gerecht erscheinen, innerlich aber sündigen. Darum heißt es: *Ihr ganzer Körper war voller Augen um und um.*

Man muß ferner wissen, daß die alte Übertragung nicht lautet: 7

Ihr ganzer Körper war voller Augen um und um, sondern: *Ihre Rücken waren voller Augen.* Diese Formulierung gibt keinen weniger erbaulichen Sinn. Das, was vor Augen liegt, pflegen ja zumeist auch die Sünder zu beachten. Von den gerechten Männern, die sich auch in dem überwachen, was nicht unmittelbar vor Augen liegt, wird hingegen gesagt, sie hätten am Rücken Augen. Wer also auch das Geheime prüft und sich vor dem Verborgenen in acht nimmt, hat wahrlich Augen am Rücken. Das kann freilich auch noch anders verstanden werden: was vor unseren Augen liegt, sehen wir, was aber hinter unserem Rücken ist, sieht ein anderer an uns, während wir es nicht sehen können. Da sich nun die heiligen Männer auch in dem beobachten, worin sie von anderen beurteilt werden können, ja sich ebensogenau beobachten, wie sie von anderen oft beobachtet werden, und auch das in sich nicht übersehen, was ihnen verborgen sein könnte, tragen sie ein Licht am Rücken.

VOM VIERFACHEN SINN DER SCHRIFT

Es folgt:

8 *(Ez 1,19) Wenn die Lebewesen gingen, gingen gleicherweise auch die Räder neben ihnen; und wenn die Lebewesen sich vom Boden erhoben, erhoben sich zugleich die Räder.* Die Lebewesen gehen, wenn die heiligen Männer in der Heiligen Schrift erkennen, wie ihr sittlicher Lebenswandel sein soll. Die Lebewesen erheben sich vom Boden, wenn sich die heiligen Männer in Beschauung erheben. Und wieviel ein jeder der Heiligen aus der Heiligen Schrift gewinnt, ebenso gewinnt die Heilige Schrift bei ihm selbst. Daher heißt es: *Wenn die Lebewesen gingen, gingen gleicherweise auch die Räder; und wenn sich die Lebewesen vom Boden erhoben, erhoben sich zugleich auch die Räder.* Die göttlichen Worte wachsen mit den Lesenden, denn je tiefer einer sie begreift, um so tiefer dringt er in sie ein. So erheben sich die Räder nicht, wenn sich die Lebewesen nicht erheben, und wenn der Geist der Lesenden nicht in die Tiefe dringt, bleiben die göttlichen Worte gleichsam unverstanden am Boden liegen. Wenn nämlich die Sprache der

Heiligen Schrift den Geist eines Lesers nicht berührt – da ihm der Sinn der göttlichen Rede lau erscheint – und in dessen Gedanken kein Licht der Einsicht entzündet, dann bleibt das Rad träge am Boden, weil sich das Lebewesen nicht vom Boden erhebt. Doch wenn das Lebewesen geht, das heißt nach der Ordnung eines guten Lebenswandels sucht, und wenn es im Schreiten des Herzens entdeckt, wie es die Schritte des Tuns zu setzen hat, dann gehen gleicherweise auch die Räder. Und du wirst einen solchen Fortschritt in der Heiligen Schrift erfahren, als du selber in ihr vorangeschritten bist. Wenn sich nun das gefiederte Lebewesen in der Schau emporrichtet, erheben sich sogleich die Räder, und du erkennst die Nichtigkeit des Irdischen, von dem du zuvor geglaubt hast, es sei in der Heiligen Schrift in einem irdischen Sinn gesagt. Und du merkst, daß die Worte der Heiligen Schrift einen himmlischen Sinn haben, sobald du, von der Gnade der Beschauung entflammt, selbst zu Himmlischem emporstrebst. Die wunderbaren und unaussprechlichen Vorzüge der Schrift werden dann wahrgenommen, wenn die Seele des Lesenden von der Liebe von oben durchdrungen ist. Wenn sich daher das Lebewesen zur Höhe aufschwingt, schwebt das Rad. Dann folgt:
(Ez 1,20) Wohin immer der Geist ging, dahin erhoben 9
sich gleicherweise auch die Räder, dem Geist im Gehen nachfolgend. Wohin nämlich der Geist des Lesenden strebt, dorthin erheben sich auch die göttlichen Worte; denn wenn du in ihnen im Sehen oder Erspüren einen erhabenen Sinn suchst, wachsen die heiligen Worte mit dir und steigen mit dir zu Höherem empor. Heißt es doch von diesen Rädern: *ihm nachfolgend.* Wenn nämlich der Geist des Lesenden in ihnen einen moralischen oder historischen Sinn zu erkennen trachtet, wird ihm der moralische Sinn aus dem historischen hervorgehen. Handelt es sich um den typischen Sinn, wird die bildliche Redeweise bald durchschaut. Wenn es um den kontemplativen Sinn geht, wachsen den Rädern gleichsam Flügel, und sie schwingen sich in die Luft, da sich in den Worten der Heiligen Schrift eine himmlische Einsicht auftut. *Wohin also der Geist ging, dahin erhoben sich gleicherweise auch die Räder, dem Geist im Gehen nachfolgend.* Denn die Räder folgen dem Geist nach, weil die Worte der Heiligen Schrift, wie schon gesagt,

entsprechend der Gesinnung der Lesenden durch Einsicht wachsen.

10 In ein und derselben Aussage der Schrift findet der eine am historischen Sinn allein sein Genügen, ein anderer forscht nach dem typischen, wieder ein anderer durch den typischen Sinn hindurch nach dem kontemplativen Verständnis. Und meistens ist es wie gesagt so, daß in ein und demselben Schriftwort alle drei zugleich gefunden werden können. Als zum Beispiel Moses vom brennenden Dornbusch her aufgerufen wurde, trat er näher, um das Gesicht zu schauen, und siehe, der Dornbusch brannte, wurde aber nicht zerstört. Groß ist dieses Wunder! Wenn man lediglich nach dem historischen Sinn fragt, gibt es freilich Nahrung für den Geist des Lesenden, da er sieht, daß das Feuer im Holz brennt, ohne es zu verzehren. Wenn man hingegen nach dem typischen Sinn fragt: was bedeutet die Flamme anderes als das Gesetz, von dem geschrieben steht: *In seiner Rechten war das feurige Gesetz* (Dt 33,2)? Und was bezeichnet jener Dornbusch anderes als das von den Dornen seiner Sünden übersäte jüdische Volk? Doch der brennende Dornbusch konnte nicht zerstört werden, denn das jüdische Volk hat zwar das Feuer des Gesetzes erhalten und trotzdem die Dornen seiner Sünden nicht verloren, noch hat die Flamme des Gotteswortes seine Verfehlungen ausgebrannt. Vielleicht verlangt ein anderer danach, in diesem Ereignis durch den Typus hindurch noch Größeres zu schauen. Wenn sein Geist emporwächst, erheben sich gleicherweise die Räder. Der einzige Sohn Gottes ist vollkommener Mensch unter Menschen geworden; eigene Sünden hat er nicht gehabt, aber die Dornen unserer Nichtswürdigkeit angenommen und sich gewürdigt, bis zur Passion erniedrigt zu werden und das Feuer unserer Trübsal in sich aufzunehmen. Er brannte, aber verbrannte nicht, er starb aufgrund der Erniedrigung und blieb doch unsterblich aufgrund der Gottheit. Von uns hat er angenommen, womit er für uns zum Schlachtopfer werden konnte, und doch ist er in seinem Eigenen leidensunfähig und unwandelbar geblieben, um uns in dem Unsrigen zu verwandeln.

Vielleicht sucht noch ein anderer durch den historischen, moralischen und allegorischen Sinn hindurch nach dem kontemplativen Verständnis. Allen ist klar, was dem historischen Sinne nach im Gesetz geschrieben steht; daß der Taube, die um einer Verfehlung willen geopfert werden soll, der Kopf bis zum Gefieder umgedreht wird, so daß er am Hals hängen bleibt und nicht ganz abgetrennt ist (vgl. Lev 1,15; 5,8). Der historische Sinn dieser Worte ist nicht zweifelhaft. Wenn du sie nun im moralischen Sinn zu verstehen suchst, bewegt sich das Rad, so daß der Inhalt der heiligen Worte dem moralischen Verständnis angenähert wird. Wir selbst sollen ja im Opfer des allmächtigen Gottes die Taube sein und unser Haupt zum Gefieder zurückgebogen werden, das heißt, die Seele zu den Tugenden. Denn nicht zu Unrecht verstehen wir unter dem Haupt unseren Geist; und wie das Haupt den Leib, so regiert der Geist die Handlungen. Das Haupt soll zum Gefieder zurückgebogen werden, damit du auch tust, was du sagst, und das Reden mit dem Tun übereinstimmt. Und das Haupt ist nicht so abzuschneiden, daß es vom Leib getrennt wird, vielmehr soll es, nur teilweise abgeschnitten, mit seinem Leib verbunden bleiben, denn unser Geist soll zwar von der Fleischeslust abgeschnitten werden, nicht jedoch von der notwendigen Sorge um das «Fleisch». So steht geschrieben: *Tragt nicht in der Weise Sorge um euer Fleisch, daß die Begierden erwachen* (Röm 13,14). Verboten ist also, daß es in Begehrlichkeit geschehe, erlaubt zweifelsohne, soweit es die Notwendigkeit erheischt. Der Kopf der Taube soll daher zum Teil abgetrennt sein und zum Teil haften bleiben, so daß wie gesagt unser Geist vom Willen des Fleisches, nicht jedoch von der nötigen Obsorge dafür geschieden sei. Wie aber, wenn einer in dieser Art von Schlachtopfer dem Typos unseres Erlösers in kontemplativem Verständnis nachforscht? Der Geist steige auf zu Größerem, die Lebewesen erheben sich, auf daß sich gleicherweise die Räder erhöben. Ist unser Haupt nicht der Erlöser des Menschengeschlechtes, von dem geschrieben steht: *Ihn hat er zum Haupt über die gesamte Kirche gegeben, die sein Leib ist* (Eph 1,22–23)? Als ihm die Juden nachstellten, versuchten sie seinen Namen vom Erdboden zu vertilgen. Und als sie ihn gekreuzigt und begraben sahen, glaubten sie, er sei von der Liebe aller abgetrennt. Doch der Kopf der Taube war zwar abgeschnitten und dennoch nicht von ihrem Leib getrennt; denn indem er für uns den Tod erlitt, hat er in seinem Tod uns alle wahrhaftiger mit sich verbunden, und indem er sich unseren Augen sichtbar entzog, hat er sich unsichtbar in die Seelen eingewurzelt. Der abgeschnittene Kopf der Taube blieb also dem Leib verbunden, weil unser Erlöser für uns gelitten hat, aber in seinem Leiden nicht von uns getrennt wurde. Da somit die Worte der Heiligen Schrift zusammen mit dem Geist der Lesenden wachsen, heißt es hier zu Recht: *Wohin immer der Geist ging, dahin erhoben sich gleicherweise auch die Räder, dem Geist im Gehen folgend.*

DER GEIST ERSCHLIESST DIE SCHRIFT

Nun folgt:
11 *(Ez 1,20) Denn der Geist des Lebens war in den Rädern.* In den Rädern ist der Geist des Lebens, da wir durch die Gabe des Geistes aus der Heiligen Schrift das Leben empfangen, so daß wir die todbringenden Werke ablegen. Man kann verstehen, daß der Geist «geht», da Gott die Seele des Lesers auf mancherlei Arten und Weisen anrührt, wenn er sie durch die Worte der Heiligen Schrift bald zum Eifer ermuntert und zur Wiedergutmachung aufruft, bald zur Geduld besänftigt, bald zur Verkündigung anleitet, bald durch Gewissensbisse zum Wehklagen der Buße nötigt. Durcheilen wir in Kürze das soeben Gesagte und sehen wir zu, wie die Räder dem Geist nachfolgen, der der Geist des Lebens genannt wird, und von dem es heißt, er sei in den Rädern.

Wenn der Geist des Lebens die Seelen des Lesers zum glühenden Eifer anrührt, dann sieht er alsbald in den heiligen Schriften, wie Moses, da er zum Lager zurückkommt und erkennt, daß das Volk durch Götzendienst gesündigt hat, dieses im Grimm des Geistes mit Schwertern niedergestreckt hat (vgl. Ex 32,27). Wie Phinees im Kampf gegen die Ausschweifung den Zorn des Herrn mit dem Schwert besänftigt hat (vgl. Num 25,8). Wie Petrus die Lügner mit dem Wort zu Boden warf und tötete (vgl. Apg 5,5–10). Wie Paulus den unbotmäßigen Jüngern mit der Rute drohte (vgl. 1 Kor 4,21).

12 Wenn der Geist des Lebens die Seele des Lesers zur Bewah-

rung der Geduld anrührt, folgen die Räder sogleich nach. Er findet in den heiligen Schriften, wie Moses und Aaron, da sie wegen ihres rechten Redens feindselige Nachstellungen von seiten des Volkes über sich ergehen lassen mußten, zum Zelt eilten und für das Volk, vor dem sie flohen, beteten (vgl. Num 20,6). Ihre heiligen Seelen ertrugen die Wut der Anführer und empfanden dennoch keinen Haß gegen sie. Die wahre Geduld ist nämlich jene, die auch den liebt, den sie erträgt. Denn jemanden ertragen und zugleich hassen ist nicht die Tugend der Sanftmut, sondern verdeckte Zorneswut. Ebenso findet er in den heiligen Schriften, daß Samuel, seines Vorrangs beraubt, für die ihn Stürzenden gebetet habe (vgl. 1 Kön 8,20–22). Daß kein Heiliger ohne die Übung der Geduld zur himmlischen Glorie gelangt ist. Daß selbst der Schöpfer und Erlöser des Menschengeschlechtes Anspeiungen, Ohrfeigen, Dornenkrone, Kreuz und Lanze erduldet hat und trotzdem für die Verfolger betete.

Wenn der Geist des Lebens den Leser zum Eifer der Verkün- 13
digung anregt, folgen sogleich die Räder nach. Er findet in den heiligen Schriften, welche Freiheit sich Moses auf des Herrn Geheiß in seiner Widerrede gegen den König der Ägypter herausgenommen hat (vgl. Ex 5,10). Wie Stephanus zu den ungläubigen Juden sagte: *Ihr habt dem Heiligen Geist stets widerstanden* (Apg 7,51), und sich unter dem Steinhagel nicht gefürchtet hat. Wie Petrus, als man ihn mit Stöcken schlug, auf daß er nicht mehr im Namen Jesu rede, mit großer Freimütigkeit erwiderte: *Man muß Gott mehr gehorchen als den Menschen* (Apg 5,29). Wie Paulus in Ketten gelegt wird, und dennoch ist das Wort Gottes nicht gefesselt (vgl. Phil 1,13–14 und Tim 2,9).

Wenn der Geist des Lebens zu Wehklagen der Buße nötigt, 14
folgen sogleich auch die Räder nach. So geben die Worte der Heiligen Schrift Kunde von Davids Bekehrung: wie der König ob seines Ungehorsams gegenüber dem himmlischen König vom Propheten getadelt wurde und sich nicht schämte, dem ihm untergebenen Mahner zu bekennen, was er getan hatte (vgl. 2 Kön 12,13). Wie der Zöllner die Schuld seiner Verfehlung erkannte und, als Ungerechter in den Tempel gekommen, den Tempel als Gerechtfertigter verließ (vgl. Lk

18,13–14). Wie Petrus den Makel der Verleugnung mit Tränen abwusch (vgl. Mt 26,75). Wie der Schächer am Kreuz die Schuld erkannte und noch im Tod Verzeihung gefunden hat (vgl. Lk 23,42–43).

DIE SCHRIFT GIBT JEDEM, WAS IHM NOTTUT

Über die Räder fügt der Prophet wiederholend bei: *(Ez 1,21) Mit den Gehenden gingen sie, und mit den Stehenden standen sie, und mit den vom Erdboden Erhobenen erhoben sich gleicherweise auch die Räder, ihnen nachfolgend, denn der Geist des Lebens war in den Rädern.* Wie ihr wißt, geliebteste Brüder, ist dies größtenteils schon gesagt worden, wird aber noch einmal wiederholt. Es mag uns daher nicht verdrießen, dasselbe in Kürze abermals zu erörtern, was der Geist durch die Propheten zu wiederholen sich gewürdigt hat. Das einzige, was in diesem Vers neu hinzukommt, ist die Bemerkung: *Mit den Stehenden standen sie.* Nun gibt es einige, die soweit fortgeschritten sind, daß sie mit den erhaltenen irdischen Gütern gut umzugehen wissen, den Werken der Barmherzigkeit obliegen und den Unterdrückten zu Hilfe eilen. Das sind Gehende, weil sie sich um das Wohl des Nächsten kümmern. Mit ihnen gehen auch die Räder, da die «Wortschritte» der heiligen Schriften mit ihrem Voranschreiten übereinstimmen. Andere wiederum sind so stark im Festhalten des empfangenen Glaubens, daß sie allen möglichen Anfechtungen zu widerstehen vermögen, so daß sie nicht allein selbst nicht im geringsten zur Verkehrtheit des Unglaubens abgleiten, sondern auch die, welche Verkehrtes reden, zurechtweisen und wieder auf den geraden Weg bringen. Mit diesen Stehenden stehen auch die Räder, und die Worte der Heiligen Schrift bestätigen ihre Rechtschaffenheit, wenn sie dort hören: *Steht fest und bewahrt die Überlieferungen, die ihr glernt habt* (2 Tess 2,15). Und: *Euer Widersacher, der Teufel, geht umher wie ein brüllender Löwe und sucht, wen er verschlinge; ihm widersteht fest im Glauben* (1 Petr 5,8–9). Wieder andere verachten alles Irdische, erlauben sich nichts von dem, was vergänglich ist, zu besitzen und versenken sich, wie schon gesagt wurde, in der Betrachtung Gottes. Mit diesen Erhobenen erheben sich gleicherweise auch die Räder, denn in dem Maße, als einer zu Höherem fortschreitet, reden auch die Heiligen Schriften Höheres zu ihm. Es gehen also die Lebewesen zum Wohle des Nächsten, stehen zur Bewahrung seiner selbst und erheben sich zur Betrachtung Gottes.

Aber auch die Räder gehen, stehen und erheben sich gleicher- 16
weise, da die jeweilige heilige Lesung als eine solche erfunden wird, wie derjenige ist, der nach ihr verlangt. Bist du im tätigen Leben vorangeschritten? Sie geht mit dir. Bist du zur unverrückbaren Standhaftigkeit des Geistes fortgeschritten? Sie geht mit dir. Bist du mit Gottes Gnade zum beschaulichen Leben hingelangt? Sie schwebt mit dir. Und abermals wird beigefügt: *Denn der Geist des Lebens war in den Rädern.* Der Geist des Lebens sei in den Rädern, wird deshalb zum zweitenmal gesagt, weil es zwei Testamente der Heiligen Schrift gibt, welche beide der Geist Gottes schreiben wollte, um uns vom Tod der Seele zu befreien. Oder auch, weil es zwei Liebesgebote gibt, die Gottesliebe und die Nächstenliebe, durch welche beide uns die heiligen Schriften das Leben schenken. Zum zweitenmal wird also gesagt, der Geist des Lebens sei in den Rädern, weil wir in den göttlichen Worten die Gottes- und Nächstenliebe erfassen. Durch die Gebote der Heiligen Schrift erwachen wir, die wir in Sünden tot darniederlagen, zu neuem Leben. So sprach der Psalmist zum allmächtigen Gott: *Deine rechtfertigenden Satzungen werde ich in Ewigkeit nicht vergessen, denn durch sie hast du mir das Leben gegeben* (Ps 118,93). Rechtfertigend heißen die Satzungen des Herrn, weil er in ihnen uns zurechtweisend rechtfertigt. Der Psalmist redet noch klarer von ihnen: *Deine Satzungen will ich betrachten, nicht vergessen deine Worte* (Ps 118,16). In ihnen schenkt er uns Leben, da er uns durch sie das geistige Leben zeigt und es durch den Anhauch des Geistes unseren Seelen einflößt. Da er durch das Geschenk der Gnade täglich in den Seelen der Erwählten wirkt, heißt es zu Recht: *Der Geist des Lebens war in den Rädern.*

Die Schrift ist uns in den Dunkelheiten des gegenwärtigen 17

Lebens zu einer Leuchte auf dem Weg geworden. So spricht Petrus: *Ihr tut wohl, darauf zu achten als auf eine Leuchte an einem finsteren Ort* (2 Petr 1,19). Und der Psalmist: *Dein Wort ist eine Leuchte meinen Füßen und ein Licht auf meinen Pfaden* (Ps 118,105). Wir wissen nur zu gut, daß unsere eigene Leuchte für uns dunkel ist, wenn sie nicht von der WAHRHEIT für unseren Geist erhellt wird. Daher spricht wiederum der Psalmist: *Denn du, o Herr, gibst meiner Leuchte Licht; mein Gott, erhelle meine Finsternisse* (Ps 17,29). Was ist aber eine brennende Leuchte anderes als Licht? Doch das geschaffene Licht leuchtet uns nicht, wenn es nicht vom ungeschaffenen Licht erhellt wird. Sofern also der allmächtige Gott die Worte der heiligen Testamente zu unserem Heil selbst geschaffen und deren Sinn selbst geöffnet hat, war der Geist des Lebens in den Rädern.

DAS KRISTALLENE FIRMAMENT

Es folgt:

18 *(Ez 1,22) Und über den Häuptern der Lebewesen war ein Gebilde wie das Firmament, das aussah wie ein schreckenerregender Eiskristall, über ihren Häuptern ausgespannt.* Das werden wir mit Gottes Beistand nach zwei Arten auslegen, um es dem Urteil des Lesers zu überlassen, wofür er sich zu entscheiden gedenkt. Unter dem Firmament können einmal die himmlischen Mächte verstanden werden. Dieses Firmament wird mit Recht wie ein Eiskristall beschrieben. Ein Eiskristall ist zwar überaus hart, aber aus Wasser verfestigt. Und sofern die Natur der Engel als geschaffene die freie Wahl erhielt, ob sie in der Demut bleiben und vor dem Angesicht des allmächtigen Gottes verharren oder aber dem Hochmut nachgeben und aus der Gottseligkeit herausfallen wollte, ist sie dem Wasser ähnlich gewesen. Doch während die einen Engel abfielen, verblieben die heiligen in ihrer Gottseligkeit und erhielten dies zur Belohnung: nicht mehr abfallen zu können, und ihre nunmehr unveränderlich gewordene Natur ist in ihnen gleicham zur Festigkeit eines Eiskristalls gehärtet worden. Von diesem schreckenerregenden Eiskristall wird gesagt, er sei über den Häuptern der

Lebewesen ausgespannt, weil jene Engelmächte, die vor dem Angesicht des allmächtigen Gottes dienen, uns, die wir noch in dieser Vergänglichkeit weilen, schauder- und furchterregend erscheinen. Von ihren jetzigen Freuden, die die Vorstellungskraft unseres Verstandes übersteigen, heißt es, sie seien über den Häuptern der Lebewesen. Wer vermöchte, im vergänglichen Fleische wohnend, zu begreifen, welch unaussprechliche und endlose Freude jenen Engeln zuteil wird? Welche Seligkeit, unverwandt das Antlitz des Schöpfers zu schauen und unwandelbar im Entzücken über ihn zu verharren!

Anderseits kann unter dem Bild des Firmamentes unser Er- 19
löser verstanden werden, wahrer Gott über allem und inmitten von allem wahrhaft Mensch geworden, in dem unsere Natur beim Vater bekräftigt worden ist. Von ihm weissagt der Psalmist: *Deine Hand sei über dem Mann zu deiner Rechten und über dem Menschensohn, den du dir bekräftigt hast* (Ps 79,18). Denn Erde war die menschliche Natur, bevor sie vom Schöpfer aller angenommen wurde; noch gab es ja kein Firmament. Zum sündigen Menschen ist gesagt worden: *Erde bist du, und zur Erde sollst du zurückkehren* (Gen 3,19). Doch nachdem sie vom Urheber aller angenommen, zum Himmel erhoben und über die Engel hinaufgeführt worden war, ist, was Erde gewesen, zum Firmament geworden. Das sichtbare Firmament wird aufgrund seiner Ähnlichkeit zum Vergleich herangezogen, wenn es heißt: *Das aussah wie ein schreckenerregender Eiskristall.* Eiskristall gefriert, wie gesagt, aus Wasser und wird hart. Wir wissen, wie beweglich das Wasser ist. Der Leib unseres Erlösers, der dem Leiden unterworfen war, bis zum Tod, war irgendwie dem Wasser ähnlich und hat, als er geboren wurde, heranwuchs, ermüdete, hungerte, dürstete und starb, die einzelnen Zeitabschnitte bis zu seiner Passion beweglich durchlaufen. Diesen Lauf sah der Prophet voraus, als er sprach: *Gleich einem Helden jauchzte er auf, seine Bahn zu durchlaufen* (Ps 18,6). Doch als durch die Herrlichkeit seiner Auferstehung diese seine Vergänglichkeit zur Härte der Unvergänglichkeit verfestigt wurde, ist sie gleichsam wie Eiskristall aus Wasser hart geworden, so daß in ihm ein und dieselbe Natur erhalten blieb, nicht aber deren Beweglichkeit der

Vergänglichkeit, wie sie vordem war. Das Wasser ist zu Eiskristall geworden, als seine vergängliche Schwachheit durch seine Auferstehung in unvergängliche Kraft verwandelt wurde.

20 Indes ist zu beachten, daß dieser Eiskristall schrecklich, das heißt furchterregend genannt wird. Wer wüßte nicht um die Schönheit eines Eiskristalls und wie wundersam in diesem Gebilde Schönheit und Schrecknis sich vermählen. Allen Rechtdenkenden ist klar, daß der zum Gericht erscheinende Erlöser des Menchengeschlechtes für die Gerechten schön, für die Ungerechten schrecklich sein wird. Wen die Auserwählten als einen Sanftmütigen erblicken, den schauen die Verworfenen als einen Schrecklichen und Schaudererregenden. Die Auserwählten werden ihn dereinst nicht als einen Schrecklichen erblicken, weil sie jetzt nicht aufhören, seinen Schrecken zu erwägen. Eifrig betrachten sie, wie schrecklich er zum Gericht kommen wird, beweinen die begangenen Sünden und meiden die sie bedrohenden. Täglich behalten sie seinen Schrecken vor Augen und sind unablässig darauf gefaßt, wenn er etwa mit Schrecken erscheine, und halten täglich die Gottesfurcht in sich wach, damit sie dann, wenn er kommt, nicht vollends in Entsetzen geraten. Daher ist das Firmament über den Häuptern der Lebewesen wie der Anblick eines schrecklichen Eiskristalls. Und weil der Schauder davor, der in ihren Gedanken gegenwärtig ist, ihr Gewissen beschützt, heißt es zu Recht: *Ausgespannt über ihren Häuptern.* Dieses in Gestalt eines Eiskristalls über den Häuptern der Lebewesen erscheinende Firmament ist sowohl schreckenerregend wie auch ausgespannt, weil es die Seelen der Guten beschützt, indem es sie mit Schauder erfüllt. Wenn es nämlich in ihren Herzen keinen Schrecken hervorriefe, würde es sie weder jetzt vor Sünden noch dereinst vor Strafe beschützen. Da sie aber stets vor Augen haben, welcher Schrecken aus dem Gericht droht, werden sie von den Fittichen der Tugenden in dem, was recht ist, bewahrt.

DIE LIEBE DECKT DIE MENGE DER SÜNDEN ZU

Daher folgt ganz entsprechend:
(Ez 1,23) Unter dem Firmament aber waren ihre Flügel 21
ausgebreitet vom einen zum anderen. Die Fittiche der Tugenden unter dem Firmament sind dann ausgebreitet, wenn einer das Gute, das er hat, dem anderen zukommen läßt; wenn der, welcher irdische Güter erhalten hat, die Not des bedürftigen Nächsten lindert, wenn der, welcher von der Gnade der Gelehrsamkeit erfüllt wurde, die Dunkelheiten des unwissenden Nächsten durch das Wort seiner Belehrung erhellt; wenn der, welcher zeitliche Macht innehat, die Unterdrückten vor Gewalttätigkeiten schützt; wenn der, welcher vom Geist der Weissagung erfüllt wurde, durch gute Ratschläge drohende Übel vom Leben des Nächsten abwendet; wenn der, welcher die Gnade der Fürsorge erhalten hat, sich in seinem Einsatz fromm und demütig um das Wohl der Kranken bemüht; wenn der, welcher frei von irdischen Geschäften für Gott allein dazusein verdient hat, für die sündigen Mitmenschen betet. Oft kommt es vor, daß einer, der sich allzusehr um irdische Güter kümmert, dem Gebet nicht soviel Raum gibt, wie er sollte. Aber wenn der Reiche dem Armen Nahrung und Kleidung gibt und der Arme in seinem Gebet der Seele des Reichen gedenkt, dann sind die Flügel der Lebewesen vom einen zum anderen ausgebreitet. Oder wenn mir einer das Wort der Frohbotschaft kündet und mit dem Licht der Wahrheit die Dunkelheiten der Unwissenheit aus meinem Herzen vertreibt und ich ihn, der beispielsweise von einem Mächtigen dieser Welt unterdrückt wird, durch meine Verteidigung aufrichte und den Händen des Gewalttäters entreiße, dann breiten wir unsere Flügel gegeneinander aus, so daß wir uns mit dem Guten, das wir empfangen haben, in gegenseitiger Liebe und Hilfe berühren. Daher mahnt uns der erste Hirt: *Das Ende aller Dinge ist nahegekommen. Seid also klug und wachsam im Gebet; vor allem aber habet zueinander unablässig Liebe, denn die Liebe deckt die Menge der Sünden zu. Seid gastfrei zueinander ohne Murren. Wie jeder eine Gnadengabe erhalten hat, so dienet einander* (1 Petr 4,7–10). Was also bei Ezechiel der

Flügel, das wird beim Apostel Petrus die erhaltene Gnadengabe genannt. Und wo jener sagt: *Die Flügel waren ausgebreitet vom einen zum anderen,* spricht der Hirt der Kirche: *Wie jeder seine Gnadengabe erhalten hat, so dienet einander.* Unsere Flügel haben nicht die rechte Haltung, wenn sie lediglich unseren eigenen Nutzen bewirken. Die rechte Haltung haben sie, wenn wir das Unsrige zum Nutzen des Nächsten einsetzen. Unsere Güter stammen nicht von uns, wir haben sie von dem erhalten, der uns das Dasein gegeben hat; wir dürfen sie so wenig zu unserem privaten Gebrauch behalten, als wir erkennen, daß sie uns von unserem Schöpfer zum allgemeinen Wohl gegeben wurden. Darum sagt der Apostel Petrus uns diesbezüglich ermahnend mit Recht: *Wie gute Verwalter der vielfältigen Gnade Gottes* (1 Petr 4,10). Und anschließend: *Wenn einer redet, so rede er Worte Gottes; wenn einer dient, dann wie aus der Kraft, die Gott verleiht* (1 Petr 4,11). Als ob er offen spräche: Demütig sollt ihr dem Nächsten Gutes tun, da ihr wißt, daß euch das, was ihr habt, nicht aus euch zukommt. Denn jedem Fittich, obschon zum Wohle des Nächsten (ausgebreitet), fehlt die rechte Haltung, wenn ihm die Demut mangelt.

DIE SORGE UM DAS EIGENE SEELENHEIL

Es folgt:

22 *(Ez 1,23) Ein jedes verhüllte mit zwei Flügeln seinen Leib, und das andere war ebenso verhüllt.* Wir haben schon erwähnt, daß durch den Leib die Handlungen, durch die Flügel die Tugenden bezeichnet werden. Und wenn es zuvor hieß: *Unter dem Firmament aber waren die Flügel vom einen zum anderen ausgebreitet,* stellt sich die Frage, in welchem Sinn der Prophet weiter sagt: *Ein jedes verhüllte mit zwei Flügeln seinen Leib.* Damit ist offensichtlich gemeint, daß sie zwar die Flügel vom einen zum anderen ausbreiteten, aber dennoch mit zwei Flügeln den eigenen Leib verhüllten. Und das bedeutet nichts anderes, als daß wir die erhaltenen Fähigkeiten den anderen in der Weise zuwenden sollen, daß wir nicht aufhören, unsere eigenen Verfehlungen sorgfältig zu bedenken und unsere eigene Schuld in Furcht und Reue täglich zu beklagen. Wir

nannten früher die beiden Flügel, die den Leib bedecken, Gottesfurcht und Reue. Wir sollen demnach so in der Liebe wachsen, daß wir wohl die Flügel zum Nächsten hin ausbreiten, aber niemals aufhören, an uns selbst zu denken und uns zu beweinen. Die Flügel sollen seitwärts ausgebreitet werden, die Flügel sollen die Leiber bedecken, so daß wir einerseits das Beispiel guter Werke geben, anderseits in Furcht und Reue das Böse, das wir getan haben, vor dem Gericht verbergen. In der älteren Übersetzung heißt es von diesen Flügeln: *Bei jedem berührten sich zwei Flügel und bedeckten ihre Leiber* (Ez 1,11). Aus diesen Worten erhellt, daß es dieselben Flügel sind, die vom einen zum anderen ausgebreitet waren und auch ihre Leiber bedeckten. Was sinnbildlich sehr wohl gedeutet werden kann, sofern uns eben jene Tugenden beim allmächtigen Gott beschützen, die wir aus Liebe dem Nächsten zuwenden und miteinander verbinden, so daß wir einträchtig mit ihnen zusammenleben und so das Böse, das wir selber getan haben, zudecken. Es können somit unter diesen Flügeln auch die beiden Liebesgebote, die Gottes- und die Nächstenliebe, verstanden werden. Gott liebend bekämpfen wir das Böse in uns, beziehungsweise verhüllen wir den Leib. Den Nächsten liebend beeilen wir uns, ihm soweit möglich zu helfen, beziehungsweise breiten wir die Flügel zum anderen aus.

Der Zusatz: *Und das andere war ebenso verhüllt* ist in der älteren 23
Übersetzung nicht vorhanden. Man kann sich trotzdem fragen, weshalb nach den Worten: *Ein jedes verhüllte mit zwei Flügeln seinen Leib* beigefügt wird: *Und das andere war ebenso verhüllt.* Wir haben die Übersetzung der Septuaginta in der Fassung des Aquilas, des Theodotion und des Symmachos genau durchgesehen, aber nichts von diesem Zusatz gefunden. Als wir dann die Schriften des Hieronymus wieder lasen, sahen wir, daß er diesen Zusatz in der hebräischen Version vorgefunden hat, freilich nicht wörtlich, aber doch sinngemäß. Man kann sich daher fragen, warum es nach den Worten: *Ein jedes verhüllte seinen Leib* anschließend heißt: *Und das andere war ebenso verhüllt.* Wenn es nämlich hieße: «Das eine wie das andere», wäre der Sinn der Rede klar. Nachdem aber gesagt wurde: *Ein jedes*, weshalb wird beigefügt: *Das andere*, da doch

mit dem Ausdruck *ein jedes* schon alle gemeint sind? Aber wenn wir das Leben der Vollkommenen und die Verdienste der Vorausschreitenden unterscheiden, dann sehen wir, daß die Worte *ein jedes* und *das andere* nicht ohne Sinn verwendet werden. Diejenigen nämlich, die sowohl sich selbst beweinen als auch die Flügel der Tugenden zum guten Beispiel nach den Mitmenschen hin ausbreiten, sind zweifellos vollkommen. Doch gibt es manche von den Kleinen, die die Tränen jener wahrnehmen und dann nachahmen. Und die in ihren Verkehrtheiten nackt und bloß gewesen wären, blicken nunmehr auf die wachsamen und heiligen Männer, ergrimmen alsbald ob ihrer Verkehrtheiten, entbrennen zu Wehklagen und werden zur Reue entflammt. Und wie sie sehen, daß die Heiligen ihre Leiber verhüllen, so werden auch sie durch die Flügel ihrer Reuetränen verhüllt. Sie machen sich die heftigsten Vorwürfe, warum sie, die keine Tugenden haben, ihre Sünden so gar nicht beklagen, während doch jene, die die Flügel der Tugenden zum guten Beispiel nach den Mitmenschen hin ausbreiten, bis zur Stunde in ihren Reueklagen nicht nachlassen.

24 Das Gesagte läßt es notwendig erscheinen, daß auch wir, die wir noch zu den Kleinen zählen, die Tugenden und die Tränen der Vollkommenen stets vor den Augen unseres Geistes halten. Laßt uns nachahmen, was wir an ihnen beobachten, damit wir, die wir im Wachstum voranzuschreiten begonnen haben, unsere begangenen Sünden vor jener unerbittlichen Prüfung verhüllen können. In unablässigem Weinen, in unserer täglichen Buße haben wir im Himmel einen Priester, der für uns eintritt. Von ihm sagt Johannes: *Wenn einer gesündigt hat, so haben wir einen Fürsprecher beim Vater, Jesus Christus, den Gerechten, und er ist die Sühne für unsere Sünden* (1 Joh 2,1–2). Da jubelt die Seele, wenn wir von der Macht unseres Fürsprechers hören. Doch immer wieder nagt die Furcht an unserem Jubel, ist unser Fürsprecher doch auch gerecht! Wir haben ja ungerechte Anliegen, und der gerechte Fürsprecher nimmt sich ungerechter Anliegen keineswegs an, noch ist er geneigt, für eine ungerechte Sache gute Worte einzulegen. Was tun wir also, meine geliebten Brüder? Doch siehe, da zeigt sich, was wir tun sollen. Wir wollen von den begangenen Sünden ablassen und sie bekennen. Geschrieben steht: *Der Gerechte*

beschuldigt sich selbst zuerst (Spr 18,17). Jedweder Sünder, der sich weinend bekehrt, beginnt nämlich bereits ein Gerechter zu werden, indem er sich anschickt zu bekennen, was er getan hat. Wie sollte der nicht gerecht sein, der gegen seine Ungerechtigkeit mit Tränen angeht? Und so wird uns unser gerechter Fürsprecher im Gericht als Gerechte verteidigen, wenn wir uns selbst als Ungerechte anerkennen und anklagen. Nicht auf unser Weinen, nicht auf unsere Taten laßt uns also unser Vertrauen setzen, sondern auf die Machtbefugnis unseres Fürsprechers, der lebt und regiert mit dem Vater in der Einheit des Heiligen Geistes, Gott, von Ewigkeit zu Ewigkeit. Amen.

8. HOMILIE: Ez 1,24–2,1

WIE DAS RAUSCHEN VIELER WASSER

1 Auf welche Weise viele aus den Beispielen der Gerechten Nutzen ziehen, ist am Ende der letzten Homilie behandelt worden. Das verdeutlicht uns der Prophet, indem er dem Gesagten hinzufügt:

(Ez 1,24) Und ich vernahm das Rauschen ihrer Flügel wie das Rauschen vieler Wasser. Mit den Wassern werden in der Heiligen Schrift zumeist Völker bezeichnet. So heißt es bei Johannes: *Die Wasser sind die Völker* (Off 17,15). Mit dem Wasser wird das Volk bezeichnet, weil es im Leben durch den Aufruhr des Fleisches aufrauscht und durch den Fortgang der Sterblichkeit Tag für Tag abfließt. Wie schon mehrmals gesagt: die Lebewesen haben Flügel, die Heiligen Tugenden. Was bedeutet es nun, wenn der Prophet das Rauschen der Flügel wie das Rauschen vieler Wasser vernimmt, wenn nicht dieses: daß durch des allmächtigen Gottes Huld jene Flügel der Tugenden, die ehedem in wenigen Heiligen rauschten, jetzt infolge der weitverbreiteten Frohbotschaft im Leben vieler Völker widerhallen? Gab es doch wenige gefiederte Lebewesen zur Zeit der Geburt und des Leidens und der Auferstehung des Herrn, weil es nur vereinzelte waren, die sich nach Himmlischem sehnten und auf den Fittichen der Tugenden in die Höhe erhoben. Aber nachdem sich die Kunde seiner Gottheit in der Welt ausgebreitet hat: wer kann nun sagen oder auch nur ermessen, wie viele Kinder, Erwachsene, kräftige Jugendliche, Gebrechliche, bekehrte Sünderinnen und bejahrte Jungfrauen sich in Glaube, Hoffnung und Liebe zum Himmlischen aufschwingen? Das ist das Rauschen der Flügel, welches ehedem in wenigen Lebewesen war, jetzt aber in ganzen Völkern widerhallt, da die Fittiche der Tugenden einen Großteil der Welt zu himmlischer Sehnsucht emportragen. Darum wird gesagt: *Und ich vernahm das Rauschen vieler Wasser.* Denn wie gesagt ist jenes Rauschen, das ehedem von wenigen Heiligen in Gottes Ohr erklang, in der Folge durch

viele Wasser, das heißt durch unzählige Völker vervielfacht worden. Über dieses Rauschen wird treffend gesagt:
(Ez 1,24) Wie den Hall des höchsten Gottes. Dieses Flü- 2
gelrauschen der heiligen Lebewesen wird deshalb wie der Hall des höchsten Gottes beschrieben, weil der allmächtige Gott selbst die Seelen der Heiligen mit Sehnsucht erfüllt und die so Erfüllten erhört. Er erschafft in den Herzen der Heiligen die Liebe, und er erhört das Gebet der liebenden Herzen. Bitterlich beweint Petrus seine Verleugnung, doch wird an jener Stelle vorausgeschickt, Jesus habe Petrus angeblickt (vgl. Lk 22,61–62). In Tränen kommt Maria Magdalena mit den Makeln vieler Sünden zu den Füßen unseres Erlösers (vgl. Lk 7,37–38), aber wer hat ihr dies im Inneren eingegeben, wenn nicht der, der sie nach außen hin so gütig aufnahm? Wer hat sie durch den Geist der Zerknirschung bis zu Tränen gerührt, wenn nicht der, der sie vor den Augen der mit ihm zu Tische Liegenden empfangen hat? Unser Erlöser hat den Geist der sündigen Frau erweckt, als er sie zur Reue über ihre Schuld bewog, und hat sie aufgenommen, um sie von der Schuld zu befreien. Treffend wird daher dieses Flügelrauschen gleich dem Hall des höchsten Gottes geschildert, denn was immer die Tugenden der Heiligen vollbringen, stammt aus der Gnade dessen, der die Verdienste schenkt.
Gott wird vom Propheten zu Recht der Höchste genannt. In 3
der Heiligen Schrift wird das Wort «Gott» das einemal im uneigentlichen, ein andermal im eigentlichen Sinn gebraucht. Im uneigentlichen Sinn etwa, wenn geschrieben steht: *Siehe, ich habe dich zu einem Gott über Pharao gesetzt* (Ex 7,1), und Moses sagt: Wenn einer das oder das gemacht hat, *bringe ihn vor die Götter* (Ex 22,8), das heißt vor die Priester. Und wieder: *Den Göttern sollst du nichts Übles nachreden.* (Ez 22,28), das heißt den Priestern. Und der Psalmist spricht: *Gott steht inmitten der Götter, in ihrer Mitte hält er Gericht über die Götter* (Ps 81,1). Im eigentlichen Sinn dagegen ist von Gott die Rede, wenn er zu Moses spricht: *Ich bin der Gott deines Vaters, der Gott Abrahams, der Gott Isaaks und der Gott Jakobs* (Ex 3,6). Weswegen der Apostel Paulus dort, wo er den uneigentlichen vom eigentlichen Namen Gottes unterscheiden will, von unserem Erlöser sagt: *Denen die Väter gehören, und von denen Christus dem Fleische*

nach stammt, der da ist Gott über allem hochgelobt in Ewigkeit (Röm 9,5). Wenn Gott im uneigentlichen Sinn verstanden wird, dann inmitten von allem, und wenn im eigentlichen Sinn, dann über allem. Um also zu zeigen, daß Christus seinem Wesen nach Gott ist, nennt er ihn nicht bloß Gott, sondern *Gott über allem,* da sonst auch irgendein Auserwählter, wie wir vorausgeschickt haben, oder auch ein zum Vorbild der Gerechtigkeit Bestellter Gott genannt werden kann, aber inmitten von allem, weil eben im uneigentlichen Sinn. Wen somit Paulus als *Gott über allem* bezeichnet, den nennt Ezechiel den höchsten Gott. Da es aber nach den Worten: *Ich vernahm das Rauschen der Flügel wie das Rauschen vieler Wasser* weiter heißt: *Wie den Hall des höchsten Gottes,* können wir das auch von dem deuten, was, wie wir wissen, allen Erwählten dereinst bevorsteht. Das Rauschen der Flügel war wie gesagt in den heiligen Glaubensboten, das Rauschen der Wasser in den bekehrten und dem Rufe folgenden Völkern. Dieses selbe Rauschen wird einst der Hall des höchsten Gottes sein, wenn die große Schar, die jetzt von den heiligen Lehrern zum Glauben gebracht wird, einst im himmlischen Vaterland vereinigt sein wird, wo alle Erwählten ohne Ende lobsingen und ohne Ende den schauen, den sie loben. Weil dann die ganze Schar der Heiligen vollzählig zum Leib des Erlösers geworden sein wird nach dem Wort Pauli: *Da auch die Schöpfung selbst von der Knechtschaft des Verderbens zur Freiheit der Kinder Gottes befreit werden wird* (Röm 8,21); und weil sie ihm dann so anhängt, daß ihr von der durch die Auferstehung besiegten Verderbnis in ihrer heiligen Liebe keine Gefahr mehr droht, sie vielmehr der Glorie ihres Erlösers teilhaft sein wird, heißt es zu Recht: *Wie der Hall des höchsten Gottes.*

4 Zu beachten ist auch die Ordnung des Schreibenden, der zuerst das Rauschen der Flügel der Lebewesen, danach etwas wie das Rauschen vieler Wasser und zuletzt etwas wie den Hall des höchsten Gottes erwähnt. Was zuvor die Heiligen verkündet haben, haben daraufhin die zum Glauben bekehrten Völker geglaubt und festgehalten, die am Ende auch in den Himmel aufgenommen und den Befreier aller lobpreisen werden. So tönt das Rauschen der Wasser wie der Hall des höchsten Gottes, denn den Lobpreis des allmächtigen Gottes

haben in der Welt zuerst nur wenige, dann aber viele gesungen. Und den Lobpreis, den jetzt viele singen, obschon ihnen ihre eigene Verderbnis noch immer widersteht, werden im himmlischen Vaterland alle mit ihrem Haupt Geeinten erklingen lassen.

DIE KAMPFKRAFT DER GEISTLICHEN HEERLAGER

Die Werke und Tugenden der heiligen Lebewesen werden im folgenden weiter beschrieben:
(Ez 1,24) Wenn sie gingen, war es wie das Getöse einer großen Menge, wie das Getöse eines Heerlagers. Nachdem mit dem Hall des höchsten Gottes der Lobpreis unseres Schöpfers im himmlischen Vaterland bezeichnet wurde, ist es nicht verwunderlich, daß die prophetische Rede wieder zu den Werken der noch in dieser Zeitlichkeit lebenden Heiligen zurückkehrt, denn was der Heilige Geist im Inneren der Herzen der Propheten gleichzeitig zeigt, das dringt nicht auch gleichzeitig in der Sprache nach außen. Das Wasser der Weisheit, von dem die Seele des Propheten erfüllt ist, überbordet in der Schau gar mächtig. Und weil jeder menschliche Mund, eine fleischliche Öffnung, dem Geist zu eng ist, um jene geschaute Unermeßlichkeit auszudrücken, ist eine Vielfältigkeit im Reden erforderlich. Nachdem er daher das Rauschen der Flügel als Hall des höchsten Gottes im Himmel geschaut hat, wendet er sich wieder der Erde zu und redet von dem, was die gefiederten Lebewesen hier tun, um dort das Höchste zu verdienen, und spricht: *Wenn sie gingen, war es wie das Getöse einer großen Menge, wie das Getöse eines Heerlagers.* Wenn die heiligen Glaubensboten verkündigend und rufend die Welt durchziehen, gehen die Lebewesen. Indem sich die von ihnen Gewonnenen, sobald sie den Glauben gefunden haben, zum Lobpreis unseres Schöpfers erheben, gibt es ein Getöse *wie das Getöse einer großen Menge.* Indem sie in dieser Verkündigung den Kampf gegen die Mächte der Lüfte aufnehmen, ist es *wie das Getöse eines Heerlagers.* Denn wenn die gläubigen Völker mit den heiligen Glaubensboten verbunden sind, entstehen in

der Einhelligkeit des Glaubens zahlreiche Heerlager gegen die bösen Geister. Da nun nicht wenige Gläubige Tag für Tag mit himmlischem Verlangen erfüllt werden, das Irdische verachten, sich aus Liebe zum Vaterland droben beschwerliche Dinge vornehmen, entstehen Heerlager gegen die Mächte der Lüfte, die in der Waffenrüstung des Glaubens und in der Schutzwehr der guten Werke einhergehen. Manche Heerlager werden von Paulus als geistliche Schlachtreihe geschildert: *Zieht an die Waffenrüstung Gottes, damit ihr gegen die Nachstellungen des Teufels standzuhalten vermöget; denn wir haben nicht gegen Fleisch und Blut Krieg zu führen, sondern gegen die Mächte und Gewalten, gegen die Weltbeherrscher dieser Finsternisse, gegen die Geister der Bosheit in den Himmeln* (Eph 6,11–12).

6 Die zahlreichen Heiligen bilden also Heerlager, die den Kampf gegen die Mächte der Lüfte aufgenommen haben. Darum wird auch die gesamte Kirche unter dem Bild der Geliebten folgendermaßen beschrieben: *Du bist schön, o meine Freundin, liebreizend und anmutig wie Jerusalem, schreckenerregend wie ein geordnetes Heerlager* (Hl 6,3). Da nämlich Jerusalem soviel wie Schau des Friedens heißt, womit das himmlische Vaterland gemeint ist, wird die heilige Kirche liebreizend und anmutig genannt und ihr Leben und ihre Sehnsucht mit der innigsten Schau des Friedens verglichen. Und da sie ihren Schöpfer liebt und dessen Schönheit zu schauen begehrt, von dem geschrieben steht: *Den die Engel zu schauen sich sehnen* (1 Petr 1,12), wird sie aufgrund dieser ihrer Liebessehnsucht den Engeln ähnlich. Doch je mehr sie für Gott liebenswert wird, desto größeren Schrecken verursacht sie den bösen Geistern. In welcher Weise sie Schrecken erregt, wird in dem nachfolgenden Vergleich deutlich: *Wie ein geordnetes Heerlager.* Aber was hat es damit auf sich, daß die heilige Kirche von ihren Feinden wie ein Heerlager zu fürchten ist? Dieser Vergleich ist nicht ohne tiefe Bedeutung und muß daher sorgfältig bedacht werden. Wir wissen ja und es steht auch fest, daß sich ein Heerlager dann schreckenerregend darbietet, wenn es so kompakt und dicht besetzt ist, daß an keinem Ort eine Lücke sichtbar wird. Ist es hingegen so angelegt, daß eine Stelle leer gelassen wird, wo der Feind eindringen kann, macht es seinen Feinden wahrlich keine Angst. Wollen wir daher gegen die

bösen Geister eine Schlachtreihe zum geistlichen Kampf bilden, ist es sehr wichtig, daß wir stets durch die Liebe geeinigt und verbunden, niemals jedoch durch Zwietracht voneinander getrennt erfunden werden. Wie gut unsere Werke auch immer sein mögen, wenn die Liebe fehlt, bricht durch das Übel der Zwietracht eine Lücke in der Schlachtreihe auf, durch die der Feind einzudringen und uns zu töten vermag.

Der alte Widersacher fürchtet keineswegs die Keuschheit in 7
uns, wenn sie ohne Liebe ist, weil er selbst vom Fleisch nicht angefochten wird, daß er in dessen Lüsten umkäme. Er fürchtet die Enthaltsamkeit nicht, weil er, den kein leibliches Bedürfnis bedrängt, keine Speise braucht. Er fürchtet nicht das Weggeben irdischer Güter, wenn dabei die Liebe fehlt, weil er selbst der Unterstützung durch Reichtümer nicht bedarf. Gar sehr fürchtet er die wahre Liebe in uns, die demütige Liebe, die wir zueinander haben, und gar sehr beneidet er uns um unsere Eintracht, weil wir auf Erden festhalten, was er im Himmel nicht festhalten wollte und verloren hat. Treffend heißt es somit: *Schreckenerregend wie ein geordnetes Heerlager*. Die bösen Geister fürchten die Schar der Auserwählten deshalb so sehr, weil sie sehen, daß sie ihnen durch die Eintracht der Liebe in unverbrüchlicher Einmütigkeit entgegenstehen.

Wie groß die Kraft der Eintracht ist, ersieht man daraus, daß 8
sich ohne sie die übrigen Tugenden als gar keine Tugenden herausstellen. Groß ist die Tugend der Enthaltsamkeit, aber wer sich so der Speisen enthält, daß er die anderen beim Essen benörgelt und die Speisen, die Gott erschaffen hat, damit sie die Gläubigen mit Danksagung zu sich nehmen, verurteilt: ist einem solchen die Tugend der Enthaltsamkeit nicht zum Fallstrick der Sünde geworden? Auch der Psalmist weist darauf hin, es gäbe Enthaltsamkeit ohne Eintracht, wenn er sagt: *Lobt ihn mit Handpauken und Chören* (Ps 150,4). In der Handpauke widerhallt getrocknetes Leder, im Chor erklingen Menschenstimmen harmonisch zusammen. So wird mit der Handpauke auf die Enthaltsamkeit und mit dem Chor auf den Zusammenklang der Liebe hingewiesen. Wer also die Enthaltsamkeit übt und dabei die Eintracht aufgibt, lobt mit der Handpauke, nicht im Chor. Manche freilich, die mehr als notwendig zu wissen meinen, untergraben den Frieden mit

den Mitmenschen, indem sie sie als Blöde und Dumme verachten. Daher mahnt uns die WAHRHEIT: *Habt Salz in euch, und habt Frieden untereinander* (Mk 9,49). Wer also das Salz der Weisheit zu besitzen trachtet, der sehe zu, daß er den Frieden der Eintracht niemals aufgebe. Was wir nun von diesen beiden Tugenden gesagt haben, gilt auch von allen übrigen. Deshalb mahnt Paulus drohend: *Trachtet nach Frieden mit allen und nach Heiligung, ohne welche niemand Gott schauen wird* (Hebr 12,14).

9 Daß ohne die Eintracht Gott nichts gefällt, bezeugt die WAHRHEIT selbst: *Wenn du deine Gabe zum Altar bringst und dich dort daran erinnerst, daß dein Bruder etwas wider dich hat, so laß deine Gabe vor dem Altar und geh zuvor hin, um dich mit deinem Bruder zu versöhnen, und dann komm und opfere deine Gabe* (Mt 5,23–24). Siehe, von solchen, die in Zwietracht leben, will er keine Opfergabe, kein Brandopfer annehmen. Entnehmt also daraus, wie groß das Übel der Zwietracht ist, deretwegen sogar das abgelehnt wird, wodurch sonst die Schuld getilgt wird. Da nun die Auserwählten stets in Liebe miteinander verbunden sind und ihre Liebe den Lobgesang des Schöpfers erklingen läßt, der den bösen Geistern, das heißt ihren alten Widersachern, peinvolle Angst einjagt, heißt es von den gefiederten Lebewesen zu Recht: *Wenn sie gingen, war es wie das Getöse einer großen Menge, wie das Getöse eines Heerlagers.*

10 Man kann aber auch die Augen des Glaubens vom Ursprung der heiligen Kirche bis zum Ende der Welt richten und sehen, wie diese Heerlager wandern. Die zahlreichen Heere werden als Lager bezeichnet, weil sie kampfbereit vorrücken und auf ihrem Marsch an einem sicheren Ort haltmachen. Der Marschweg der Lager ist das Leben der gegenwärtigen Weltzeit, da alle Heiligen einträchtig miteinander leben. Es gibt die Lager der Seelsorger, die sich, um Seelen zu gewinnen, bald hier, bald dort in heiligem Tun tatkräftig abmühen. Es gibt andere Lager von solchen, die sich abtöten und diese Welt verlassen; sie rüsten sich täglich im Herzen zum Kampf gegen die Angriffe der bösen Geister. Es gibt ferner die Lager der guten Ehegatten, die in der Liebe zum allmächtigen Gott einträchtig zusammenleben und gegenseitig ihre ehelichen Pflichten erfüllen, dabei aber keineswegs vergessen, was sie

Gott für die guten Werke schuldig sind. Und falls sie sich, was menschlich ist, einmal verfehlen, machen sie es durch fromme Werke unablässig wieder gut. Indem so die verschiedenen Gruppen von Gläubigen vom Ursprung der heiligen Kirche bis ans Ende der Welt einträchtig zusammenleben und gegen die Mächte der Lüfte streiten, wandern die Lager, und es entsteht gleichsam ein Getöse der Heerlager, in denen die Schwerter der Tugenden und die Waffen der Wundertaten zum Lobpreis des allmächtigen Gottes erklingen.

DER JE GRÖSSERE GOTT

Von den heiligen Lebewesen heißt es weiter:
(Ez 1,24) Und wenn sie stillstanden, senkten sie ihre 11
Flügel. Die heiligen Lebewesen stehen still, wenn sie, was Gottes ist, aufmerksam betrachtend schauen. Doch ihre Flügel sinken herab, wenn in der Schau der hohen Gerichte Gottes ihre Kräfte nachlassen. Das wird im folgenden deutlicher ausgeführt:
(Ez 1,25) Denn wenn die Stimme oberhalb des Firmamen- 12
tes, das über ihnen war, erschallte, standen sie still und senkten ihre Flügel herab. Wir glaubten weiter oben das Firmament in einem zweifachen Sinn auslegen zu sollen. Wie gesagt können unter dem Firmament die himmlischen Mächte verstanden werden. Mit dem Firmament kann aber auch der menschgewordene Eingeborene bezeichnet werden, weil in ihm unsere Natur ins Ewige hinein verfestigt worden ist. Wir wollen nun zuerst unsere Gedanken über die Engel und dann die über den Herrn der Engel darlegen. Es heißt also: *Wenn die Stimme oberhalb des Firmamentes erschallte, standen sie still und senkten ihre Flügel herab.* Hier ist zunächst zu beachten, daß der Ausdruck «herabsenken» nicht bedeutet, die Flügel von unten nach oben, sondern von oben nach unten zu bewegen, wie ja auch gesagt wurde: *Und wenn sie stillstanden, senkten sie ihre Flügel.* Wir müssen uns daher fragen, was da für eine Stimme oberhalb des Firmamentes erschallte. Wir werden diese Stimme besser verstehen, wenn wir gleichsam Schritt für Schritt von unten nach oben vorgehen. Wie unser

leibliches Gehör durch einen Laut, so wird unser geistiges Wahrnehmungsvermögen durch das Erkennen aktiviert, das sich im Innern abspielt. Der Laut ist im Geist gleichsam wie der Klang der Erkenntnis. Nun wissen wir, daß zu unserem Wahrnehmungsvermögen einmal die Stimme des Fleisches redet, dann wieder die Stimme der Seele, ein andermal die Stimme des Firmamentes, schließlich die Stimme über dem Firmament.

13 Nehmen wir einmal den Fall, irgendeiner sei von einem anderen beleidigt worden, und denke nun nach menschlicher Gewohnheit daran, diese Beleidigung zurückzugeben, also Böses mit Bösem zu vergelten. Zu diesem redet die Stimme des Fleisches. Denn da die göttlichen Gebote uns vorschreiben, auch denen Gutes zu tun, die uns hassen, so redet in jedem, der dem ihn Hassenden Böses antun will, die Stimme des Fleisches. Oder: Täglich beschäftigen wir uns mit vielen irdischen Dingen, danach kehren wir zum Gebet zurück. Die Seele wird zur Zerknirschung entzündet, aber die Bilder all der Dinge, die wir getan haben, bleiben im Geist haften und lähmen den Willen zur Zerknirschung im Gebet. Was wir nach außen hin willentlich getan haben, das erleiden wir jetzt innerlich gegen unseren Willen, und bestimmte gedankliche Vorstellungen zerstreuen mit ihren körperlichen Bildern den Geist, daß er sich im Gebet nicht recht sammeln kann. Auch das ist die Stimme des Fleisches.

14 Wenn wir das jedoch überwinden, sämtliche körperliche Bilder aus den geistigen Augen vertreiben und in uns selbst nach der Natur der Seele forschen: wie beschaffen sie ist, die zwar dem Fleisch Leben geben kann, sich selbst aber in guten Gedanken nicht, wie sie es wünscht, zu halten vermag, dann stoßen wir auf einen gewissen der Erkenntnis fähigen Geist, der durch Gottes Macht lebt und dem Leib, den er erhält, Leben verleiht und dennoch dem Vergessen unterworfen und dem Wandel anheimgegeben ist, oft von Angst geplagt und von Freude erfüllt wird. Die Erkenntnis der Seele ist ihre Stimme, die das Seiende zum Erklingen bringt, ist aber noch immer eine Stimme unter dem Firmament.

15 Die Seele nunmehr hinter uns lassend suchen wir die Stimme, die vom Firmament kommt, indem wir erforschen, welcher

Art jene unzählbare Menge heiliger Engel vor dem Angesicht des allmächtigen Gottes ist, welcher Art die endlose Wonne der Schau Gottes in ihnen ist, welcher Art die Freude ohne jede Trübung, welcher Art die Glut der Liebe, die nicht schmerzt, sondern entzückt. Wie sehr das Verlangen nach der Gottesschau in ihnen Sättigung findet, wie sehr die Sättigung neues Verlangen hervorruft. Das Verlangen erzeugt in ihnen keine Pein und die Sättigung keinen Überdruß. Wie sie der Seligkeit anhängend selig sind. Wie sie in der unablässigen Schau der Ewigkeit ewig sind. Wie sie, mit dem Licht vereinigt, zu Licht geworden sind. Wie sie im steten Anblick der Unwandelbarkeit selbst in Unwandelbarkeit verwandelt worden sind. Und doch, wenn wir so von den Engeln denken, ist es immer noch die Stimme vom Firmament, nicht die oberhalb des Firmamentes.

Die Seele gehe daher noch weiter und übersteige von dort aus 16
alles Geschaffene. Sie richte ihre Blicke im reinen Licht des Glaubens einzig auf ihren Schöpfer. Ein Gott ist es, der alles erschaffen und zum Leben erweckt hat. Er ist überall und überall ganz. Seine Unumschränktheit und Unbegreiflichkeit kann gedacht, aber nicht gesehen werden. Er ist nirgends abwesend und dennoch fern den Gedanken der Bösen. Er ist auch dort nicht abwesend, wo er fern ist, denn wo er mit seiner Gnade nicht ist, ist er mit seiner Vergeltung. Alles berührt er und berührt doch nicht alles gleicherweise. Die einen rührt er an, daß sie seien, aber nicht leben und fühlen, wie sämtliche leblosen Dinge. Andere rührt er an, daß sie seien, leben und fühlen, aber nicht denkend unterscheiden, wie die wilden Tiere. Noch andere rührt er an, daß sie seien, leben und fühlen und denkend unterscheiden, wie es bei der Natur der Menschen und der Engel der Fall ist. Und während er niemals von sich selbst verschieden ist, rührt er dennoch die verschiedenen unterschiedlich an. Er ist überall gegenwärtig und kann doch kaum gefunden werden. Wir suchen nach dem Feststehenden und vermögen ihn nicht zu ergreifen. Halten wir uns doch vor die Augen des Geistes, was für ein Wesen das ist, welches alles hält, alles erfüllt, alles umfaßt, alles übersteigt, alles trägt. Nicht anders trägt er, als er übersteigt, nicht anders erfüllt er, als er umfaßt, vielmehr erfüllt

er im Umfassen, umfaßt im Erfüllen, übersteigt im Tragen und trägt im Übersteigen. Wenn die Seele die Macht dieses Wesens bei sich eingehend überdenkt, dann erschallt die Stimme oberhalb des Firmamentes, weil ihre Erkenntnis derjenige in Beschlag nimmt, der in seiner Unbegreiflichkeit auch die Erkenntnis der Engel übersteigt.

17 Erschallt also die Stimme oberhalb des Firmamentes, dann stehen die Lebewesen still und senken ihre Flügel herab, und wenn die Herzen der Heiligen die Macht ihres Schöpfers in gespannter Aufmerksamkeit betrachten, beginnen die Kräfte ihrer Seelen zu erlahmen, und sie kommen sich um so niedriger vor, je höher jener Schall für sie ist, der über die Engel hinaus erklingt. Da sind zum Beispiel die Glaubenslehrer: wenn sie im Stillen bedenken, wie unaussprechlich Gottes Weisheit ist, die ohne viele Worte die Herzen der Menschen belehrt, und wie sich die Rede der Lehrenden umsonst abmüht, wenn nicht die Weisheit selbst die Herzen der Hörenden unterrichtet, dann zerrinnt ihnen ihre Weisheit alsbald zwischen den Fingern, denn *weder ist der etwas, welcher pflanzt, noch der, welcher begießt, sondern der das Gedeihen gibt, Gott* (1 Kor 3,7). Oder etwa die Propheten: wenn sie im Stillen bedenken, daß sie mit ihrem Seherblick keineswegs alle Mysterien der Gottheit durchdringen können, wie ja auch der Apostel sagt: *Stückwerk ist unser Weissagen* (1 Kor 13,9); dann sehen sie in jener Unermeßlichkeit von Geheimnissen, wie wenig alles ist, was sie wahrnehmen, und beherzigen, wie winzig ist, was sie mit angespanntem Blick wie durch Ritzen hindurch gesehen haben. Sie sollen also ihre Flügel herabsenken, wenn die Stimme oberhalb des Firmamentes erschallt, das heißt sich demütigen in dem, was sie in der Schau so hoher Dinge wahrnehmen, zumal sie sie nicht zu begreifen vermögen.

18 Bisweilen fühlen sich auch Heilige ob ihrer Vorzüge geschmeichelt, was ihre Herzen zu einem gewissen Selbstvertrauen ermuntert, doch alsbald stoßen sie auf die verborgenen Gerichte Gottes, wonach die einen durch Selbstüberhebung aus einem tugendhaften Leben zur Hölle hinabstürzen, andere durch Demut von ihren Sünden gebessert zum Himmel aufsteigen. Darum ruft uns der Prophet in ernster Mahnung zur Demut: *Kommt und seht die Werke Gottes, wie furchtbar ist er in*

seinen Ratschlüssen über die Menschenkinder (Ps 65,5). Wer kann entsprechend ermessen, wie furchtbar die Ratschlüsse Gottes über uns sind, wenn einer aus Tugenden in Lastern endet, ein anderer aus Lastern sein Ende in Tugenden findet? Nach den Worten Salomons *gibt es Gerechte und Weise, und ihre Werke sind in Gottes Hand. Und doch weiß der Mensch nicht, ob er der Liebe oder des Hasses würdig ist, vielmehr wird alles als ungewiß für die Zukunft aufbewahrt* (Pred 9,1–2). Und: *Mancher Weg, welcher den Menschen der rechte scheint, führt doch am Ende zum Tod* (Spr 14,12). Was heißt also die Tiefe des verborgenen Gerichts bedenken anderes, als die Flügel herabsenken, auf keine Tugend vertrauen und in großer Furcht erzittern? Ob sie nun das Wesen des allmächtigen Gottes betrachten oder dessen Gerichte bedenken, sie sollen erzittern, sollen sich fürchten. Für sie bedeutet also das Herabsenken der Flügel soviel wie die Tugenden, die sie besitzen, gering anschlagen.

So hat zum Beispiel Abraham die Flügel gesenkt, als er mit 19
Gott zu sprechen anhob, sich als Staub und Asche erachtete und sagte: *Soll ich zu meinem Herrn reden, der ich Staub und Asche bin?* (Gen 18,27). So ließ Moses die Flügel sinken, der, obzwar in allen Wissenschaften Ägyptens bewandert, sobald er die Stimme des Herrn vernahm, nicht wußte, was er sagen sollte: *Ich bitte, Herr, ich bin seit jeher und auch jetzt kein beredter Mann. Seitdem du zu deinem Knecht redest, ist meine Zunge noch ungelenker und schwerfälliger geworden* (Ex 4,10). Das ist, als ob er sagte: seitdem ich von dir Worte des Lebens höre, sehe ich mich in dem beschämt, was ich früher gesagt habe. So auch Isaias, dessen Leben nach des Herrn Wohlgefallen der Verkündigung gewidmet war: als er den Herrn schaute, wurde er mit einer glühenden Kohle vom Altar berührt und sprach: *Weh mir, daß ich geschwiegen habe, denn ich bin ein Mann mit unreinen Lippen* (Is 6,5). Siehe, zu Höherem aufgerufen, mißfiel er sich selbst ob der Unreinheit seiner Lippen. Hätte er die Hoheit der himmlischen Reinheit nicht erblickt, hätte er sich nicht verurteilungswürdig gefunden. Ebenso ruft Jeremias, vom Herrn angeredet, aus: *A, a, a, Herr und Gott, siehe, ich weiß nicht zu reden, ich bin ja noch ein Knabe* (Jer 1,6). Angesichts der Worte, die er vernahm, merkte er, daß es ihm die Rede verschlug. Auch Daniel war, als er das erhabene Gesicht

schaute, mehrere Tage hindurch siech und krank, weil die in den Tugenden Erstarkten in ihrer Selbsteinschätzung schwach und kraftlos werden, wenn sie die hohen Geheimnisse Gottes schauen (vgl. Dan 8,27). Desgleichen der selige Job, über den der Herr zu dessen Freunden sprach: *Ihr habt nicht recht vor mir geredet wie mein Diener Job* (Job 42,7). Doch als dieser die Worte des redenden Gottes hörte, erwiderte er: *Unweise habe ich geredet und Dinge, die mein Wissen weit übersteigen* (Job 42,3). Und kurz danach: *Deshalb tadle ich mich selbst und tue Buße in Staub und Asche* (Job 42,6). Mochte er noch so weise zu den Menschen geredet haben: als er Gott zu sich sprechen hörte, hat er sich ob seiner unweisen Reden getadelt, weil ihm in der Schau der wahren Weisheit seine eigene Weisheit schal wurde. Angesichts der von oben kommenden Stimme senken daher die Lebewesen die Flügel. Mögen wir immerhin die Kraft Gottes in der Schau seines Wesens zu ergründen oder seine verborgenen Gerichte zu erforschen suchen, das Gute, das wir in uns zu haben glauben, wird schal, weil Gottes Hoheit für uns undurchdringlich wird. Und so oft wir, die wir dank einer noch so geringen Weisheit zu schweben glaubten, sein unsichtbares Wesen über uns und seine undurchdringlichen Gerichte erwägen, stehen wir mit herabgesenkten Flügeln still.

ERHÖHUNG UND ERNIEDRIGUNG DES MENSCHENSOHNES

Es folgt:

20 *(Ez 1,26) Und oberhalb des Firmaments, das über ihrem Haupt lag, erschien das Gebilde eines Throns gleich einem Saphirstein, und über diesem Throngebilde eine Gestalt, die aussah wie ein Mensch.* Durch den Thron werden jene Engelmächte bezeichnet, die aufgrund der Würde des hohen Ortes die anderen Engel überragen. Während Engel Boten genannt werden und Engel oft zu den Menschen kommen, um etwas anzukündigen, liest man nirgends, daß Throne als Überbringer eines Auftrags gesandt würden, da ihnen der Schöpfer aller in ungleich höherer Weise vorsteht.

So beschreibt der Apostel Paulus die Ordnungen der himmlischen Heerscharen, die er, in den dritten Himmel entrückt, gesehen hatte: *Seien es Throne oder Herrschaften oder Fürstentümer oder Gewalten, alles ist durch ihn und in ihm erschaffen worden* (Kol 1,16). Die Throne erwähnt er vor den Ordnungen der anderen Engel, weil er deren Vorrang vor ihnen erkannte. Der Thron wird treffend mit einem Saphirstein verglichen, weil der Saphirstein die Farbe des Erzes hat. Mit dem Saphirstein werden die himmlischen Mächte bezeichnet, weil diese Geister, denen der allmächtige Gott auf eine höhere Weise vorsteht, eines höheren Platzes im Himmel würdig sind. Über dem Thron war eine Gestalt wie ein Mensch, denn die Herrlichkeit unseres Erlösers geht noch über jene Engelmächte hinaus, die die anderen Engel überragen. Man beachte, welche Ordnung hier eingehalten ist. Über den Lebewesen wird das Firmament, über dem Firmament der Thron und über dem Thron ein Mensch beschrieben. Über den noch in diesem hinfälligen Leib lebenden Menschen stehen also die Engel, über den höheren Engeln die Gott nahestehenden Engelmächte und über den Gott zunächststehenden Gewalten der Mittler zwischen Gott und den Menschen, der Mensch Jesus Christus hocherhaben.

Versteht man jedoch, wie oben erwähnt, unter dem Fir- 21
mament den, welcher dank der angenommenen Menschenatur der Mittler zwischen Gott und den Menschen ist – pflegt doch vom Geist der Weissagung mit der Nennung eines Begriffes vielerlei bezeichnet zu werden –, so ist die Stimme, die oberhalb des Firmamentes erschallt, jene, die über den getauften Herrn vom Himmel ertönte: *Du bist mein geliebter Sohn, an dir habe ich Wohlgefallen gefunden* (Lk 3,22). Oder wie ein anderer Evangelist sagt: *Dies ist mein geliebter Sohn, an dem ich Wohlgefallen gefunden habe* (Mt 3,17). Fragen wir uns nun, wie die Lebewesen diese Stimme hören und die Flügel senken. Der angeredete Prophet Habakuk antwortet: *Herr, ich habe deine Stimme gehört und bin in Furcht geraten. Ich habe deine Werke betrachtet und bin in Schrecken geraten* (Hab 3,1–2 [LXX]). Was bedeutet es aber, wenn der Vater vom Sohn sagt: *An ihm habe ich Wohlgefallen gefunden?* Jeder, der, was er getan hat, in Reue wieder gutmacht, bereut eben dadurch, und wer, was er getan

hat, ausbessert, zeigt an, daß er sich selbst mißfallen hat. Auch der himmlische Vater hat auf menschliche Weise, wie sie eben von den Menschen verstanden werden konnte, über die Sünder gesagt: *Es reut mich, den Menschen auf Erden geschaffen zu haben* (Gen 6,6. 7), als ob er sich darüber gekränkt hätte, Sünder erschaffen zu haben. Allein am Eingeborenen, unserem Herrn Jesus Christus fand er Wohlgefallen, und es hat ihn nicht gereut, ihn als Mensch unter Menschen geschaffen zu haben, in welchem er keinerlei Sünde findet, wie der Psalmist von ihm sagt: *Der Herr hat geschworen, und es wird ihn nicht gereuen: du bist Priester in Ewigkeit nach der Ordnung des Melchisedech* (Ps 109,4). Allein an unserem Erlöser hat der Vater Wohlgefallen, da er allein an ihm keine Schuld findet, die ihn gleichsam zu Reue und Selbstvorwürfen bewegen könnte.

22 Die heiligen Lebewesen sollen daher die Stimme oberhalb des Firmamentes hören und fürchten, und da er allein ohne Sünde ist, können sie an seiner Unschuld ablesen, in wievielen Punkten sie sich täglich verfehlen, was sie unablässig beweinen sollen. Sie sehen ja, daß selbst der Urheber des Lebens nicht ohne die Qualen der Passion aus diesem Leben schied. Das ist die Stimme, die oberhalb des Firmamentes erklungen ist, da der Ratschluß des allmächtigen Vaters auch über Tod und Auferstehung des Eingeborenen ergangen ist. Wenn die Stimme über dem Firmament erschallt, stehen die Lebewesen still und senken ihre Flügel herab, und wenn die Heiligen sehen, daß auch der Eingeborene in dieser Welt «geschlagen» wurde, hören sie auf, sich auf ihre Verdienste etwas einzubilden. Wenn sogar der, der ohne Sünde gekommen war, nicht ohne Schläge von hinnen ging, wie sollten jene keine Schläge verdienen, die in Sünden hierher gekommen sind? So hat das Firmament, welches über dem Haupt der Lebewesen liegt, das heißt die Fassungskraft der Heiligen übersteigt, eine Stimme über sich, da unser Erlöser den Ratschluß, den er kraft seiner Gottheit mit dem Vater gefaßt hatte, im Fleisch ausgetragen hat. Wenn ihn die Gerechten vernehmen, geraten sie in Furcht und hören auf, sich irgend etwas auf ihre eigenen Kräfte zugute zu halten.

Was verdient das Leben von Sündern, selbst wenn es nicht

ohne Tugenden war, angesichts der Tatsache, daß selbst das Leben dessen, der keiner Sünde unterworfen war, um unseretwillen der Züchtigung ausgesetzt war?

Hier stellt sich uns eine schwierige Frage, sofern nämlich 23
gesagt wird, daß *oberhalb des Firmamentes, das über ihrem Haupt lag, das Gebilde eines Thrones erschien gleich einem Saphirstein.* Wenn mit dem Firmament der Herr und mit dem Saphirstein und dem Throngebilde jene höchsten Engelmächte versinnbildlicht werden, wie ist es dann zu erklären, daß diese oberhalb des Firmamentes beziehungsweise oberhalb des Herrn sein sollen, zumal es anschließend heißt: *Und über diesem Throngebilde eine Gestalt, die aussah wie ein Mensch?* Wenn wie gesagt durch das Firmament der Herr bezeichnet und der Herr doch wieder als Mensch aufgefaßt wird, wie kann derselbe als über dem Thron befindlich verstanden werden? Nun, den zusammengeschnürten Knoten dieser Frage hat der, von dem wir reden und der unter dem Anhauch des Heiligen Geistes das Verschlossene öffnet, selbst aufgelöst. Denn sofern der fleischgewordene Eingeborene des Vaters Mensch ward, ist er unterhalb der Engel gewesen, wie von ihm geschrieben steht: *Nur wenig hast du ihn unter die Engel gestellt* (Ps 8,6). Doch infolge seiner Auferstehung und Himmelfahrt steht er an der Spitze sämtlicher Engelmächte, wie von ihm ebendort wiederum geschrieben steht: *Alles hast du ihm zu Füßen gelegt* (Ps 8,8). Und er selbst spricht: *Mir ist alle Gewalt gegeben im Himmel und auf Erden* (Mt 28,18). Das Firmament ist also unterhalb des Thrones und der Mensch oberhalb des Thrones, denn nach der Annahme der menschlichen Natur ward er sowohl unterhalb der Engel geboren als auch über die Engel erhoben. Zwar ist er, schon bevor er durch die Herrlichkeit der Auferstehung erhoben ward, dank seiner Gottheit über den Engeln gestanden, dennoch ist er aufgrund seiner Menschheit wie gesagt unter die Engel erniedrigt worden, weshalb er auch dem Tod unterlag. Aber nachdem er in der Auferstehung den Tod mit Füßen getreten hatte, hat er auch seine Menschheit über die Majestät der Erzengel gestellt. Daher wird zuerst die Erscheinung des Thrones oberhalb des Firmamentes und danach der Mensch oberhalb des Thrones geschildert, denn der Erlöser des Menschengeschlechtes hat seine Menschheit,

die er absteigend unterhalb der Engel angenommen hatte, aufsteigend über die Engel erhoben. Wir sagen, daß er den Engeln unterworfen war, wie wir auch der Verkündigung des Apostels entnehmen, daß er dem Gesetz unterworfen war (vgl. Phil 2,7; Hebr 2,9). Wir begreifen somit: die von ihm angenommene Menschheit war unterhalb der Engel um jener Erniedrigung willen, in der er zu erscheinen sich gewürdigt hat.

24 Doch schon als das Wort Fleisch geworden war, stand der Gottmensch seiner Mächtigkeit nach über den Engeln. Schon vor der Passion steht ja von ihm geschrieben: *Siehe, Engel traten hinzu und dienten ihm* (Mt 4,11). Um dessen ungeachtet die Schwachheit seiner Niedrigkeit zu erweisen, steht wiederum von ihm geschrieben: *Es erschien ihm ein Engel vom Himmel und stärkte ihn* (Lk 22,43). Ganz entsprechend seinen beiden Naturen wird berichtet, daß ihm Engel dienten wie auch Engel ihn stärkten. Einer in zwei Naturen, da er, Gott vor aller Zeit, am Ende der Zeiten Mensch geworden ist. Ihm dienen vor seinem Leiden die Engel, ihn stärkt der Engel am Ölberg. Nach seinem Leiden und seiner Auferstehung können ihm die Engel dienen, ihn aber nicht mehr stärken, weil wie schon gesagt der Mensch oberhalb des Thrones ist, obschon das Firmament unterhalb des Thrones früher erschienen war.

DIE AUSSTRAHLUNG DES INWENDIGEN LICHTES

Um zu zeigen, wie der heilige Prophet die Einigung beider Naturen in der Person des Herrn gesehen hat, fügt er bei:
25 *(Ez 1,27) Und ich sah etwas schimmern wie Glanzgold.* Der Anblick des Menschen auf dem Thron erscheint wie schimmerndes Glanzgold, weil, wie wir viel weiter oben bemerkt haben, im Glanzgold Gold und Silber gemischt sind, so daß aus zwei Metallen eine einzige Legierung entsteht (vgl. zu Ez 1,4; Seite 59). In ihr wird der Glanz des Goldes durch das Silber gedämpft, durch den Goldglanz erhöht sich der Schimmer des Silbers. In unserem Erlöser sind die göttliche und die menschliche Natur aufs engste miteinander vereinigt

und verbunden, so daß der Glanz seiner Gottheit durch die Menschheit unseren Augen angepaßt werden konnte, die menschliche Natur in ihm die Gottheit durchschimmern ließ und, einmal erhöht, eine Ausstrahlung erhielt, die alles Geschaffene übertrifft. Wie dem Propheten in seiner Schau die Gestalt des Menschen auf dem Thron und der Schimmer des Glanzgoldes erschienen sind, beschreibt er folgendermaßen:

(Ez 1,27) Wie Feuer anzusehen inwendig desselben um 26
und um von seinen Lenden aufwärts, und von seinen Lenden abwärts sah ich etwas wie Feuerschein, der ringsumher leuchtete. Was hat es zu bedeuten, daß der Mittler zwischen Gott und den Menschen, der Mensch Christus Jesus, beschrieben wird als von den Lenden aufwärts wie Feuer anzusehen inwendig um und um, und von den Lenden abwärts wie Feuerschein, der ringsumher leuchtete? Und es ist näherhin zu fragen, weshalb er von den Lenden aufwärts ein inwendiges, aber kein ausstrahlendes Feuer hat, von den Lenden abwärts hingegen einen Feuerschein, diesen jedoch nicht inwendig, zumal gesagt wird, er leuchte ringsumher. Mit den Lenden ist doch wohl die sterbliche Nachkommenschaft gemeint. Deshalb wird ja auch von Levi gesagt, er sei noch in den Lenden seines Vaters gewesen, als Melchisedech dem Abraham begegnete (vgl. Hebr 7,10). Und aus den Lenden Abrahams ist Maria hervorgegangen, in deren Schoß der Eingeborene des Vaters durch den Heiligen Geist Mensch zu werden sich gewürdigt hat. In dieser Menschwerdung ist Gott der ganzen Welt offenbar geworden, wie der Psalmist sagt: *Gürte dein Schwert an die Hüfte, du Mächtigster* (Ps 44,4). Das Schwert hat der Mächtigste an die Hüfte genommen, sofern das Wort seiner Verkündigung aus der Menschwerdung Kraft gewonnen hat. Mit dem Feuer ist die Glut des Heiligen Geistes bezeichnet, der die von ihm erfüllten Herzen entzündet. Von ihm spricht die WAHRHEIT: *Ich bin gekommen, Feuer auf die Erde zu werfen* (Lk 12,49). Daß also der Mensch, der dem Propheten erschien, so anzusehen war, daß von seinen Lenden aufwärts inwendig um und um Feuer aufloderte, von den Lenden abwärts aber das Feuer nicht inwendig, sondern ringsumher ausstrahlte, bedeutet, daß vor

der Menschwerdung unseres eingeborenen Erlösers allein das Judentum innerhalb seiner selbst die Glut seiner Liebe erfuhr, nach seiner Menschwerdung aber das Feuer in dessen Umkreis ausstrahlte, indem er in der gesamten Heidenwelt das Licht des Heiligen Geistes ausgegossen hat. Zuerst war das Feuer also inwendig, doch ohne Ausstrahlung, weil der Heilige Geist zwar in vielen Vätern das Judentum erfüllte, sein Licht aber noch nicht zur Kenntnis der Heiden hinausgedrungen war. Von seinen Lenden abwärts erstrahlt das Feuer ringsumher, denn nachdem er von der Jungfrau Fleisch angenommen hatte, hat er die Gaben des Heiligen Geistes weit und breit im Menschengeschlecht ausgestreut. Und man beachte, daß dieses Feuer von den Lenden aufwärts als ein um und um, aber nicht nach außen leuchtendes, vielmehr inwendig brennendes beschrieben wird, weil die Flammen der Liebe das Judentum in den auserwählten und geistlichen Männern wie gesagt insgesamt nur innerhalb seiner Grenzen erfüllt haben. Sie drangen nicht nach außen und hatten sich unter den vielen Heiden nicht ausgebreitet. Erst später sah man diese lodernden Flammen auch im weiteren Umkreis aufleuchten, als die Liebe des allmächtigen Gottes bei allen Völkern über die vier Weltgegenden hin zu wachsen begann.

27 Es war also das Feuer zuerst inwendig. So sprach Jakob: *Auf dein Heil will ich harren, o Herr* (Gen 49,18). Das lateinische Wort für Heil, salutare, heißt auf Hebräisch Jesus. Daraus kann man ersehen, wie der selige Jakob in Sehnsucht nach Jesus entbrannte, dem er sterbend entgegenharrte. Es brannte das Feuer in Moses, da er sprach: *Wenn ich Gnade in deinen Augen gefunden habe, so zeige dich mir, damit ich dich erkenne* (Ex 33,13). Es brannte das Feuer im Herzen Davids, da er sprach: *Meine Seele dürstet nach dem lebendigen Gott; wann werde ich hingelangen und vor dem Angesicht Gottes erscheinen?* (Ps 41,3). Und in Sehnsucht nach der Menschwerdung des Wortes bat er: *Erzeige uns, Herr, dein Erbarmen und schenke uns dein Heil* (Ps 84,8). Es brannte das Feuer, da Simeon in Erwartung des Abschieds von der Vergänglichkeit des gegenwärtigen Lebens vernahm, er werde den Tod nicht schauen, bevor er den Gesalbten des Herrn gesehen habe (vgl. Lk 2,27). Doch siehe, dieses Feuer erstrahlt von den Lenden abwärts gleichsam schon nach au-

ßen, weil die gesamte Heidenwelt in Liebe zum menschgewordenen Gott entzündet wurde (vgl. Mt 2,2f).

Nun kann diese Stelle bei Ezechiel auch anders ausgelegt 28 werden: unser Erlöser, der Gott und Herr Jesus Christus, ist durch seine Menschheit den Menschen offenbar geworden, war es aber den Engeln durch seine Gottheit schon vor der Menschwerdung. Uns erstrahlt er von den Lenden abwärts ringsumher, im Himmel lodert sein Feuer von den Lenden aufwärts inwendig, da ihn jene himmlischen Geister in seiner Gottheit schauen und von den Flammen seiner Liebe entzündet werden. Wir, die wir ihn infolge der von ihm angenommenen Menschheit lieben, aber noch in diesem vergänglichen Leben weilen, erblicken den Glanz jenes Feuers von außen. Derselbe ist's also, der auf dem Thron sitzt und von den Lenden aufwärts das Feuer inwendig hat für die Engel, wie auch von den Lenden abwärts das Feuer ringsumher für die Menschen, denn in allem, was von den Engeln geliebt wird, und in allem, was von den Menschen ersehnt wird, ist es derselbe, der in den Herzen der Liebenden brennt. Darum werden ja jene großen Engelmächte Seraphim genannt, das heißt Feuerbrände. Darum auch steht vom Schöpfer aller geschrieben: *Unser Gott ist ein verzehrendes Feuer* (Dt 4,24; Hebr 12,29). Gott wird ein Feuer genannt, weil er die Seelen, die er erfüllt, mit den Flammen seiner Liebe entzündet. Und darum werden die Seraphim als Feuerbrände bezeichnet, weil die ihm zunächststehenden Mächte im Himmel vom Feuer seiner grenzenlosen Liebe entflammt sind. Von demselben Feuer entflammt, brennen auf Erden die Herzen der Gerechten. Von diesem Feuer erwärmt, bekehren sich die Herzen der Sünder zur Buße und wenden sich, so entflammt, immer mehr von der Furcht zur Liebe. Und die zuvor aus Furcht zu erlahmen begannen, lodern jetzt im Feuer der Liebe auf. Seine Glieder sind die auserwählten Engel im Himmel, seine Glieder sind die bekehrten Menschen auf Erden. Ein und derselbe Mensch ist's, der von den Lenden aufwärts inwendig brennt und von den Lenden abwärts den Glanz seines Feuers ringsumher ausstrahlt, der sowohl die Engel kraft der Gottheit in seiner Liebe hält, als auch die Menschen kraft seiner Menschheit zum Verlangen nach seiner heiligen Glut zurückruft.

GOTTES HERRLICHKEIT IM SPIEGEL DES REGENBOGENS

Es folgt:

29 *(Ez 1,28) Wie ein Regenbogen anzusehen, wenn er sich an einem Regentag in den Wolken zeigt.* Der allmächtige Gott hat den Regenbogen zwischen sich und die Menschen zum Zeichen dafür gesetzt, daß er die Welt fürderhin nicht mehr durch eine Sintflut zerstören werde, da er sprach: *Ich will meinen Regenbogen in die Wolken setzen, und er wird das Bundeszeichen sein zwischen mir und der Erde. Und wenn ich den Himmel mit Wolken überziehe, wird mein Regenbogen in den Wolken erscheinen; und ich will meines Bundes mit euch gedenken* (Gen 9, 13–15). Daher zeigt sich auch im Regenbogen zugleich die Farbe des Wassers und des Feuers, da er zum Teil blau und zum Teil rot ist, um so Zeuge beider Gerichte zu sein, eines bevorstehenden und eines vollzogenen, das nicht mehr abgehalten wird, denn die Erde wird zwar im Feuer des Gerichts verbrannt, aber nicht mehr durch das Wasser der Sintflut zerstört werden. Was soll es nun bedeuten, daß der Prophet das strahlende Feuer der Lenden des auf dem Thron sitzenden Menschen in Gestalt eines Regenbogens schaute, der an einem Regentag in den Wolken steht? Durch das Feuer wird wie gesagt die Glut des Heiligen Geistes bezeichnet. Doch welche Ähnlichkeit besteht zwischen dem Regenbogen und dem Geist, so daß das sichtbar gewordene Feuer in der Gestalt eines Regenbogens erschienen ist? Wenn wir die besagte Erscheinung des Regenbogens genauer betrachten, werden wir sehen, auf welche Weise der Regenbogen den Geist bezeichnet. Wie ich bereits gesagt habe, erscheinen Wasser und Feuer in dem Regenbogen. Und nach der Ankunft des Mittlers ist die Kraft des Heiligen Geistes im Menschengeschlecht in der Weise offenbar geworden, daß er die Erwählten Gottes durch das Wasser der Taufe gewaschen und durch das Feuer der göttlichen Liebe entflammt hat. So wird der Regenbogen, gleichsam in den Farben des Wassers und des Feuers gemischt, zur Versöhnung in die Wolken gesetzt, da die WAHRHEIT spricht: *Wer nicht wiedergeboren wird aus dem Wasser und dem Heiligen Geist, kann nicht ins Reich Gottes eintreten* (Joh 3, 5). Der Regenbogen

steht an einem Regentag in der Wolke, weil in der Menschwerdung des Herrn und in der Ausgießung der Frohbotschaft offenbar wird, daß die Herzen der Gläubigen durch Gottes Barmherzigkeit zur Verzeihung zurückgerufen werden. Unter der Wolke können wir durchaus das Fleisch des Erlösers verstehen, von dem der Psalmist sagt: *Der die Wolke zu seinem Aufstieg benützt* (Ps 103,3). Die Wolke benützt er zu seinem Aufstieg, da er, der in seiner Gottheit überall ist, im Fleisch zum Himmel aufgestiegen ist. Nachdem so die ganze mystische Erscheinung zu Ende ist, fügt der Prophet hinzu:
(Ez 1,28–2,1) So war der Glanz ringsumher anzusehen, 30
und dies war die Erscheinung des Abbildes der Herrlichkeit des Herrn. Im Hinblick darauf, was die Gnade des Heiligen Geistes in der gesamten Welt bewirkt, sagte er: *So war der Glanz ringsumher anzusehen.* Zwar hätte er gewünscht, die Herrlichkeit des Heiligen Geistes in ihrem inneren bleibenden Wesen zu schauen; da er sie aber nicht in ihrer Eigentlichkeit zu sehen vermochte, fügte er bei: *Dies war die Erscheinung des Abbildes der Herrlichkeit des Herrn.* Er redet nicht von der Erscheinung der Herrlichkeit, sondern von der des Abbildes der Herrlichkeit, damit deutlich werde, daß der menschliche Geist, auch wenn er sich in noch so großer Anspannung anstrengt, die Vorstellungen körperlicher Bilder aus seinem Denken verbannt sowie alle begrenzten Ideen von den Augen des Herzens fernhält, dennoch die Herrlichkeit Gottes, wie sie ist, nicht zu schauen vermag, solange er noch in diesem sterblichen Fleische weilt. Was immer diese im Geist aufleuchtende Ähnlichkeit sein mag, die Herrlichkeit selbst ist es nicht. Darum sagt auch jener Apostel, der bis zum dritten Himmel entrückt war: *Jetzt sehen wir durch einen Spiegel im Rätsel* (1 Kor 13,12).

Hier erhebt sich die ernst zu nehmende Frage, wie der Evan- 31
gelist Johannes, als er die Verstocktheit der Juden angesichts der Wunder des Erlösers mit den Worten des Propheten anprangerte, sagen konnte: *Dies sagt Isaias, als er seine Herrlichkeit sah, und von ihm hat er geredet* (Joh 12,41). Wenn Ezechiel nicht die Herrlichkeit, sondern das Abbild der Herrlichkeit gesehen hat, was hat es dann zu bedeuten, wenn es heißt, jener habe seine Herrlichkeit, dieser das Abbild der Herrlichkeit

gesehen? Da aber der Evangelist Johannes zuerst von den Wundern unseres Erlösers erzählt und dann erst auf die Verstocktheit der Juden zu sprechen kommt, macht er deutlich, daß Isaias jene Herrlichkeit unseres Erlösers gesehen habe, die in der Welt erschienen ist. Denn alles, was auf Erden durch göttliche Wunderkraft geschieht, ist die Herrlichkeit des allmächtigen Gottes, und seine Herrlichkeit scheint in allem Geschaffenen auf. Isaias sah also seine Herrlichkeit auf Erden, Ezechiel aber konnte seine Herrlichkeit im Himmel, wie sie ist, nicht sehen, denn anders ist seine Herrlichkeit in den geschaffenen Dingen, anders in sich selbst. Somit kann seine Herrlichkeit, die in den Dingen ist, gesehen werden, jene aber, die in ihm selbst ist, kann anders denn im Abbild nicht gesehen werden. Und doch erkennen wir, daß Ezechiel auch in der Entrückung dieses Abbild der Herrlichkeit nicht ertragen konnte. Es folgt:

32 *(Ez 2,1) Und da ich es erblickte, fiel ich auf mein Angesicht nieder.* Was wäre demnach diesem Manne geschehen, wenn er die Herrlichkeit des Herrn so, wie sie ist, gesehen hätte, da er doch den Anblick des Abbildes seiner Herrlichkeit nicht zu ertragen vermochte und zu Boden stürzte? Hier müssen wir in großer Wehmut erwägen und mit Tränen bedenken, in welche Armseligkeit und Schwachheit wir abgesunken sind, die wir jenes Gut nicht zu ertragen imstande sind, für dessen Anblick wir geschaffen wurden. Und noch etwas anderes sollen wir aus der Erfahrung des Propheten für uns entnehmen. Sobald nämlich der Prophet das Abbild der Herrlichkeit des Herrn erblickte, fiel er auf sein Angesicht nieder. Da wir das Abbild der Herrlichkeit im Geist der Weissagung nicht zu schauen vermögen, müssen wir es in der Heiligen Schrift, in himmlischen Ermahnungen und in geistlichen Weisungen unablässig wahrnehmen und eifrig betrachten. Und wenn wir etwas Göttliches erblicken, fallen wir auf unser Angesicht, weil wir in der Erinnerung an das Böse, das wir begangen haben, erröten müssen. Denn der Mensch fällt dort, wo er zuschanden wird. So sagte auch Paulus zu einigen, die gleichsam auf dem Boden lagen: *Welche Frucht hattet ihr also damals in den Dingen, derer ihr euch jetzt schämt?* (Röm 6,21). Damit haben wir dank himmlischer Gnadengaben den ge-

heimnisumwobenen Anfang des Buches des Propheten Ezechiel erörtert und den moralischen Sinn der mystischen Rede dargelegt. Wir haben die hochschwebende historische Wirklichkeit der Weissagung auf die Erde herabgezogen, so daß das, was dem Verständnis der Kleinen und der mir Ähnlichen enthoben war und sie daher auch nicht erhoben hat, nunmehr von ihnen gelesen und verstanden wird, und also schwebt und erhebt. Laßt uns daher unserem Erlöser Dank sagen, der uns stets mit geistlicher Nahrung erquickt, der als das lebendige *Brot vom Himmel herabkommt und der Welt das Leben gibt* (Joh 6,33). Der lebt und regiert mit dem Vater in der Einheit des Heiligen Geistes, Gott von Ewigkeit zu Ewigkeit. Amen.

9. HOMILIE: Ez 2,1–9

1 Mit der Hilfe unseres Herrn Jesus Christus haben wir den unter großen Dunkelheiten verschlossenen und mit mancherlei geheimnisvoll verschlungenen Knoten durchsetzten Anfang des Buches des Propheten Ezechiel in acht Homilien erörtert. Was nun folgt, ist gradliniger und nicht so schwierig. Wir sprechen daher zu Eurer Liebe, indem wir dem allmächtigen Gott Dank sagen, da wir aus einem so tiefen Waldesschatten endlich frohen Mutes aufs freie Feld getreten sind, wo wir den Gang unserer Rede mit ungehinderten, festen Schritten fortsetzen können.

VERDIENST UND GNADE

Siehe, nachdem der Prophet das Abbild der Herrlichkeit des Herrn geschaut hatte, fiel er auf sein Angesicht nieder und sprach:
(Ez 2,1) Und ich hörte die Stimme eines Redenden. Er sprach zu mir: Menschensohn, stell dich auf deine Füße, so will ich mit dir reden. Und fügt hinzu:
2 *(Ez 2,2) Und der Geist fuhr in mich, nachdem er zu mir gesprochen hatte, und stellte mich auf meine Füße.* Siehe, die göttliche Stimme befiehlt dem am Boden liegenden Propheten aufzustehen. Er vermöchte keineswegs aufzustehen, wenn nicht der Geist in ihn gefahren wäre. Denn wir können zwar mit des allmächtigen Gottes Gnade gute Werke in Angriff nehmen, aber nicht vollenden, wenn der nicht hilft, der da befiehlt. So ermahnt Paulus die Jünger: *In Furcht und Zittern sollt ihr euer Heil wirken* (Phil 2,12), und setzt auch hinzu, wer in ihnen dieses Gute bewirkt: *Denn Gott ist es, der in euch das Wollen und das Vollbringen wirkt nach seinem Wohlgefallen* (Phil 2,13). Und die WAHRHEIT spricht zu den Jüngern: *Ohne mich könnt ihr nichts tun* (Joh 15,5). Dabei ist folgendes zu überlegen: wenn all unser Gutes derart ein Geschenk des allmächtigen Gottes ist, daß in ihm nichts von dem Unsrigen ist, warum trachten wir nach dem ewigen Lohn, als ob wir ihn verdienten? Wenn es hingegen derart unser ist, daß es kein

Geschenk des allmächtigen Gottes ist, warum danken wir dem allmächtigen Gott dafür? Dazu ist zu sagen: lediglich unsere bösen Werke sind unser; unsere guten Werke sind sowohl des allmächtigen Gottes wie auch unser, da er uns mit seinem Anhauch zuvorkommt, damit wir wollen, und uns helfend begleitet, damit wir nicht vergeblich wollen, sondern vollbringen können, was wir wollen. So wird durch die zuvorkommende Gnade und den nachfolgenden guten Willen das Geschenk des allmächtigen Gottes zu unserem Verdienst. Was Paulus in der kurzen Formel treffend ausdrückt: *Ich habe mehr als sie alle gearbeitet.* Und damit es nicht den Anschein habe, als hätte er sein Tun seiner Tüchtigkeit zugeschrieben, fügt er bei: *Doch nicht ich, sondern die Gnade Gottes mit mir* (1 Kor 15,10). Da ihm die himmlische Gnadengabe zuvorgekommen war, bekannte er sich gleichsam unbeteiligt an seinen guten Werken: *Doch nicht ich.* Und da die zvorkommende Gnade den freien Willen in ihm zum Guten hinlenkte und er mit freiem Willen der Gnade gehorchend zur Tat schritt, setzte er hinzu: *Sondern die Gnade Gottes mit mir.* Als ob er sagen wollte: Ich habe mich in guten Werken abgemüht, nicht ich allein, aber ich auch. Nicht ich allein, denn des Herrn Gnade ist mir zuvorgekommen, aber ich auch, denn mein Wille gehorchte der Gnade. Nachdem nun dies in Kürze gegen Pelagius und Coelestius gesagt ist, kehren wir zu unserem Thema zurück: *Menschensohn, stell dich auf deine Füße, so will ich mit dir reden.*

Man achte auf die Reihenfolge des Berichtes und der Ereignisse. 3
Zuerst erscheint das Abbild der Herrlichkeit des Herrn, das den Propheten niederwirft, dann redet der Herr ihn an, daß er aufstehe, und schließlich sendet er den Geist überströmender Gnade, der ihn aufrichtet und auf die Beine stellt. Denn nähme unser Geist nichts von der Ewigkeit wahr, würden wir niemals in Reue auf unser Angesicht fallen. Aber die Darniederliegenden tröstet die Stimme des Herrn, so daß sie sich in guten Werken aufrichten, was wir freilich nicht aus eigener Kraft zu tun vermögen. Sein Geist also erfüllt uns, richtet uns auf und stellt uns auf unsere Füße, so daß wir, die wir aus Zerknirschung ob unserer Schuld hingestreckt darniederlagen, daraufhin in guten Werken aufrecht stehen.

AUTORITÄT UND KRISE APOSTOLISCHER SENDUNG

Nun steht der Prophet und sagt, was er vernommen hat:
4 *(Ez 2,2–3) Und ich hörte den, der zu mir redete, sagen: Menschensohn, ich sende dich zu den Söhnen Israels, zu den abtrünnigen Völkern, die von mir abgefallen sind.* Der Prophet beschreibt das Seinige so, daß er damit auf das Unsrige verweist. Denn was bedeutet es, wenn zu dem Darniederliegenden gesagt wird: *Stell dich auf deine Füße, so will ich mit dir reden?* Er redet doch mit dem Liegenden: weshalb stellt er in Aussicht, erst mit dem Stehenden reden zu wollen? Indes ist zu bedenken, daß wir als Darniederliegende etwas anderes zu hören haben denn als Stehende. Zum Liegenden wird gesagt, er solle aufstehen, dem Stehenden wird aufgetragen, er solle zur Verkündigung aufbrechen. Solange wir noch in der Verwirrung der Schwachheit darniederliegen, kann uns die Vollmacht der Verkündigung nicht verliehen werden. Erst wenn wir uns in guten Werken aufrichten und aufrecht zu stehen begonnen haben, ist es angebracht, uns zur Verkündigung zu senden, um andere zu gewinnen. Der Prophet stand, schaute das geistige Gesicht und fiel zu Boden; liegend erhielt er die Aufforderung aufzustehen; aufgerichtet hörte er den Auftrag zur Verkündigung. Für uns, die wir zwar stehen, aber immer noch aus stolzer Überheblichkeit, ist es durchaus angemessen, zerknirscht zu Boden zu sinken, sobald wir etwas von der Furcht vor der Ewigkeit zu verspüren begonnen haben. Und wenn wir in gründlicher Einsicht unserer Schwachheit demütig darniederliegen, wird uns durch die Tröstung des göttlichen Wortes geboten, uns zu tapferen Taten aufzuraffen. Und wenn wir in den guten Werken ohne Wanken feststehen, müssen wir auch andere in der Verkündigung aufrichten, so wie wir uns selbst zurechtgerückt haben. Dem Liegenden wird also nicht befohlen, zur Verkündigung aufzubrechen, damit der Schwache, was er mit dem Wort aufbauen konnte, durch sein Tun nicht wieder zerstöre. Richtig sagt daher der Psalmist: *Er zog mich aus der Grube des Elends und aus dem schlammigen Kot und stellte meine Füße auf Felsengrund und lenkte meine Schritte. Und er gab ein neues Lied in*

meinen Mund, einen Lobgesang auf unseren Gott (Ps 39,3–4). Zuerst wird er aus dem Schmutz der Verkehrtheit herausgeführt, daß seine Füße durch den Glauben auf dem Felsen festen Grund fänden. Da dem rechten Glauben das rechte Tun folgen soll, sind seine Schritte konsolidiert worden, damit er nach dieser Konsolidierung, das heißt nach der Vervollkommnung der guten Werke, in seinem Mund das neue Lied der Verkündigung empfange. So lag Paulus, da er selbstbewußt nach Damaskus zog, von der Stimme des Erlösers niedergeworfen am Boden; und obschon er ein Apostel werden sollte, hörte er nicht sogleich, daß er das Gesehene zu verkünden hätte, vielmehr ward dem am Boden Liegenden gesagt: *Geh hin in die Stadt, und dort wird dir gesagt werden, was du zu tun hast* (Apg 3,6). Als Darniederliegender durfte er lediglich hören, er solle aufstehen und lernen, was er zu hören bekommen werde; erst als er sich erhoben hatte, lernte er verkünden, was er erkannt hatte.

Doch müssen wir uns fragen, weshalb Ezechiel und Paulus 5
aufs Angesicht niederfallen, während von jenem Reiter, das heißt von dem, der sich in irdischem Ruhm brüstete, gesagt wird: *Daß sein Reiter rücklings stürzt* (Gen 49,17). Auch von den Verfolgern des Herrn steht geschrieben: *Sie wichen zurück und fielen zu Boden* (Joh 18,6). Warum fallen die Erwählten aufs Gesicht und die Verworfenen nach hinten, wenn nicht deshalb, weil jeder, der rücklings stürzt, dorthin fällt, wo er nicht sieht, während der, welcher vor sich hinfällt, dorthin fällt, wo er sieht? Von den Bösen heißt es, sie stürzen rücklings zu Boden, weil sie blind niederfallen, weil sie dorthin stürzen, wo sie nicht sehen können, was auf sie wartet. Die Gerechten jedoch werfen sich freiwillig und sehenden Auges zu Boden, um aus der Blindheit wieder aufgerichtet zu werden, und fallen gleichsam aufs Angesicht, indem sie sich – in Furcht und Reue – sehend erniedrigen.

Man beachte, daß gesagt wird: *Ich sende dich zu den Söhnen* 6
Israels, zu den abtrünnigen Völkern, die von mir abgefallen sind. Wie es zwei Arten, von Gott abzufallen gibt, so gibt es zweierlei Menschen, die Gott abtrünnig geworden sind. Es fällt nämlich einer von seinem Schöpfer ab entweder im Glauben oder im Werk. Wie ein vom Glauben Abgefallener ein Apostat ist,

so gilt der, welcher zu einer von ihm schon aufgegebenen bösen Tat zurückkehrt, zweifellos auch als eine vom allmächtigen Gott Abgefallener, selbst wenn er am Glauben festzuhalten scheint. Besitzt doch das eine ohne das andere keinerlei Wert. Denn sowohl der Glaube ohne die Werke als auch die Werke ohne den Glauben nützen nichts, letztere höchstens in dem Sinn, daß sie im Hinblick auf die Annahme des Glaubens getan werden. So hat Cornelius aufgrund seiner guten Werke im voraus zu hören verdient, daß er gläubig werde (vgl. Apg 10,1–40). Daraus ersieht man, daß er die guten Werke im Hinblick auf die Annahme des Glaubens getan hat. Ihm ward vom Engel gesagt: *Deine Gebete und deine Almosen sind emporgestiegen zum Andenken vor Gott* (Apg 10,4); dafür wurde ihm aufgetragen, daß er nach dem Simon sende, der zu ihm kommen und ihm die Heilbotschaft verkünden sollte. Daraus erhellt, daß er aufgrund seiner Bitten erhört zu werden verdient hat. Es folgt:

7 *(Ez 2,3–4) Ihre Väter haben meinen Bund gebrochen bis zu diesem Tag, und die Söhne, zu denen ich dich sende, sind verhärteten Angesichts und unbeugsamen Herzens.* Da ist einmal die Sünde des Hochmuts, weil sie den *Bund gebrochen haben.* Dann die der Halsstarrigkeit, weil *bis zu diesem Tag.* Dann in der Bosheit der Söhne die schwere Sünde der Unklugheit, weil *verhärteten Angesichts.* Auch schämen sie sich des Bösen nicht und kehren nach den Verfehlungen keineswegs zur Buße zurück, weil sie *unbeugsamen Herzens sind.* Da jene, zu denen der Prophet gesendet wird, in einer derartigen Verkehrtheit und Halsstarrigkeit befangen sind, begreift man wohl, daß die Person des Propheten bei so verdorbenen Menschen auf Verachtung stoßen muß. Doch siehe, seiner Person wird die Vollmacht verliehen, da es heißt:

(Ez 2,4) Und du wirst zu ihnen sagen: so spricht Gott der Herr. Als ob offen gesagt würde: da du «aus dir selbst» verachtet wirst, mußt du mit meiner Stimme reden. Damit du als Gesendeter nicht verachtet wirst, zeige, wer dich gesandt hat, indem du meine Worte vorbringst. Es folgt:

8 *(Ez 2,5) Ob sie nun vielleicht hören oder ob sie es auf sich beruhen lassen, denn es ist ein widerspenstiges Haus.* Da doch feststeht, daß der allmächtige Gott alles weiß, ist es

sehr verwunderlich, warum es heißt: *Ob sie nun vielleicht hören oder ob sie es auf sich beruhen lassen.* Hier müssen wir bedenken, daß diese zweifelnde Redeweise Gottes nicht einer Unwissenheit entspringt, sondern eine bestimmte Bedeutung hat. Wer wüßte nicht, daß der, welcher alles geschaffen hat und sieht, auch alles weiß? Sagt doch die WAHRHEIT im Evangelium von den Boten des Antichrist: *Sie werden große Zeichen und Wunder tun, so daß auch die Auserwählten, wenn es möglich wäre, in die Irre geführt würden* (Mt 24,24). Weshalb wird dies zweifelnd gesagt, während doch das Künftige vom Herrn vorausgewußt wird? Es gibt nur eines von beiden: sind sie auserwählt, kann es nicht geschehen; kann es aber geschehen, sind sie nicht auserwählt. Und doch heißt es: *So daß auch die Auserwählten, wenn es möglich wäre, in die Irre geführt würden.* Dieses zweifelnde Herrenwort weist darauf hin, daß die Auserwählten in ihren Herzen versucht werden, denn auch die zur Beharrlichkeit auserwählt wurden, werden durch die Boten des Antichrist zum Fehltritt versucht. Die Bemerkung *wenn es möglich wäre* will sagen, daß die Auserwählten im Herzen versucht werden; sie schwanken, fallen aber nicht. *Wenn es möglich wäre* besagt, daß sie erschüttert werden, und trotzdem heißen sie Auserwählte, denn sie fallen nicht. Die zweifelnde Rede des Herrn drückt daher die geistige Erschütterung in den Auserwählten aus. Er nennt sie Auserwählte, weil er sieht, daß sie im Glauben und in den guten Werken ausharren werden.

Und so heißt es auch hier: *Ob sie nun vielleicht hören oder ob sie es auf sich beruhen lassen.* Die Wendung *ob sie nun vielleicht* zeigt an, daß aus der großen Menge nur wenige hören werden. Durch die zweifelnde Rede Gottes wird also nichts anderes angedeutet als die geringe Zahl der Hörenden.

Man beachte indes, daß der Herr zuerst die Sünden der ver- 9
storbenen Eltern erwähnt und dann den Propheten zu den Söhnen sendet und spricht: *Ob sie nun vielleicht hören oder ob sie es auf sich beruhen lassen.* Bedeutet etwa dieses *Ob sie nun vielleicht*, daß ihre in Sünden verstorbenen Väter nicht haben hören wollen? Erwägen wir, bitte, welche Kraft in diesem Mangel an Genauigkeit des Herrenwortes liegt: *Ob sie nun vielleicht hören.* Das ist offensichtlich an uns gerichtet, die wir angefoch-

ten, belagert und eingeschlossen sind und sämtliche Güter, die wir in dieser Welt besaßen, verloren haben. Wir sehen zerstörte Städte, vernichtete Lager, entvölkerte Landstriche, vom Einsturz bedrohte Kirchen, und trotzdem folgen wir unseren Vorfahren immer noch im Bösen, lassen nicht ab von deren Überheblichkeit, die wir doch sehen! Jene sündigten in frohen Zeiten, wir aber, was schlimmer ist, sündigen unter Züchtigungen. Doch siehe, der allmächtige Gott richtet das Böse, schon hat er unsere Vorfahren hinweggenommen, schon zum Gericht gerufen. Noch immer wartet er auf unsere Buße, erträgt uns um der Umkehr willen. Und der in jenen das Urteil schon vollstreckt hat, kommt uns mit der Langmut seiner Geduld zuvor, damit er uns nicht mit unseren Vorfahren verderbe, da er sagt: *Ob sie nun vielleicht hören oder ob sie es auf sich beruhen lassen, denn es ist ein widerspenstiges Haus.*

10 Jede Seele, die nach der Annahme des Glaubens in ihrer Verkehrtheit entweder verharrt oder wieder zu ihr zurückkehrt, wird ein widerspenstiges Haus genannt, sofern sie Gott, der in ihr wohnte, den sie im Glauben aufgenommen hatte, durch verkehrte Sitten von sich weist. Denn das Haus ist die Wohnung des Herrn. Wenn also Haus, weshalb widerspenstig? Wenn aber widerspenstig, weshalb Haus, das doch nicht mehr bewohnt wird? Ein Haus nun, in welchem durch den Glauben Gott zu wohnen begonnen hat, ist widerspenstig, wenn Gott, durch verkehrte Sitten vertrieben, ausgezogen ist und es leer zurückläßt, nachdem es zuvor der himmlische Bewohner besetzt hatte. Und wie wir aus dem Mund der WAHRHEIT wissen, kehrt der böse Geist mit sieben anderen zurück, findet das Haus mit dem Besen gereinigt und besetzt die von Tugenden entleerte Seele (vgl. Mt 12,45).

11 *(Ez 2,5) Und sie sollen wissen, daß ein Prophet in ihrer Mitte gewesen ist.* Das Wissen um die Guten gereicht den Bösen entweder zu heilsamem Fortschritt oder zum Beweis der Verurteilung. Sie sollen wissen, daß in ihrer Mitte ein Prophet gewesen ist, auf daß sie aufgrund der vernommenen Botschaft entweder zum Wiederaufstehen bewogen oder, weil ohne Entschuldigung, verurteilt werden.

Es folgt:
(Ez 2,6) Du aber, Menschensohn, fürchte dich nicht vor 12
ihnen und erschrick nicht vor ihren Reden, denn Ungläubige und Aufwiegler sind bei dir, und du wohnst unter Skorpionen. Es ist offensichtlich, wie verdorben jene sind, zu denen er zur Verkündigung gesendet, die nicht zu fürchten er ermahnt wird. Und weil die verdorbenen Menschen denen, die ihnen Gutes sagen, das einemal Böses antun, ein andermal drohen, heißt es in bezug auf ihre bösen Anschläge: *Fürchte dich nicht vor ihnen* und in bezug auf ihre Drohungen: *Erschrick nicht vor ihren Reden.* Mit anderen Worten: weil die Verworfenen den Guten Böses antun und deren gute Taten immerfort vereiteln, wird der gesendete Prophet ermahnt, weder ihre Grausamkeit zu fürchten noch vor ihren Worten zu erschrecken. So wird der Prophet durch die Aufforderung *Fürchte dich nicht* mit der Vollmacht zur Verkündigung ausgestattet. Und da wir alle in Gott Lebenden Werkzeuge der Wahrheit sind, und da oft durch einen anderen zu mir, oft durch mich zu anderen geredet wird, müssen wir eine solche Autorität des guten Wortes besitzen, daß der Vorgesetzte frei das Rechte sagt und der Untergebene sich nicht scheut, das Gute demütig vorzubringen. Ist doch das Gute, das dem Größeren vom Geringeren gesagt wird, dann wahrhaft gut, wenn es demütig gesagt wird. Mag einer auch das Rechte denken: wenn ihm die Demut des Redens abhanden gekommen ist, ist beim Geäst der Rede die Wurzel der Gesinnung verdorben. Das Verderben stammt natürlich nicht aus dem Geäst, sondern aus der Wurzel, denn wäre das Herz nicht aufgeblasen, bliebe auch die Zunge bescheiden. Somit bedarf der Ranghöhere zum Reden der demütigen Autorität, der Rangniedrigere der freimütigen Demut. Doch wird unter den Menschen die Ordnung der Rede oft durcheinandergebracht, wie wir oben gezeigt haben. Da redet einer in stolzer Aufgeblasenheit und meint, er spreche in der Vollmacht der Freiheit, ein anderer schweigt in törichter Furcht und glaubt, er schweige aus Demut. Jener ist auf seine führende Stellung bedacht und hat das Augenmaß für seine Überheblichkeit

verloren, dieser weiß um seine untergeordnete Stellung und fürchtet sich davor, das Gute, das er spürt, auszusprechen; er weiß nicht, wie sehr er durch Schweigen an der Liebe schuldig wird.

13 So verbirgt sich hinter der Autorität die Überheblichkeit und hinter der Demut die Menschenfurcht, so daß oft jener nicht bedenkt, was er Gott, dieser, was er dem Nächsten schuldet. Denn während jener auf die ihm Untergebenen blickt und den, dem alle unterworfen sind, übersieht, wird er überheblich und brüstet sich unter dem Deckmantel der Autorität in Überheblichkeit. Und während dieser fürchtet, die Gunst des Vorgesetzten zu verlieren und dadurch zeitlichen Schaden zu erleiden, schweigt er nicht selten, verheimlicht, was er für richtig erkannt hat, und hält die Furcht, die ihn erfüllt, für Demut. Im Stillen aber verurteilt er den, dem er nichts sagen will, und so geschieht es, daß er sich gerade dort für demütig hält, wo er um so überheblicher ist. Freimut und Überheblichkeit, Demut und Furcht sind daher stets zu unterscheiden, damit sich die Furcht nicht als Demut, die Überheblichkeit nicht als Freimut tarne. Ezechiel wurde also ausgesandt, nicht nur zum Volk sondern auch zu den Ältesten zu reden; und damit er unbegründete Furcht nicht für Demut halte, sich überhaupt nicht zu fürchten brauche, wird ihm gesagt: *Fürchte dich nicht vor ihnen.* Und damit ihm von ihrem Widerspruch nicht bange werde, wird hinzugefügt: *Und erschrick nicht vor ihren Reden.*

14 Daß er die Zungen der Ehrabschneider nicht zu fürchten brauche, wird gleich anschließend begründet: *Denn Ungläubige und Aufwiegler sind bei dir, und du wohnst unter Skorpionen.* Diejenigen, zu denen er zum Reden gesendet wurde, wären nämlich nur dann zu fürchten, wenn sie in Glaube und Werken das Wohlgefallen des allmächtigen Gottes gefunden hätten. Da sie jedoch ungläubig und aufwieglerisch sind und nur abfällig kritisieren, braucht man sie nicht zu fürchten. Es wäre sehr töricht, wollten wir denen zu gefallen trachten, die, wie wir wissen, Gott mißfallen. Hingegen müssen die Urteile der Gerechten mit Ehrfurcht und Achtung aufgenommen werden; sind sie doch «Glieder» des allmächtigen Gottes und tadeln auf Erden, was der Herr vom Himmel her verurteilt.

Der Widerspruch der Bösen ist die Bestätigung unseres Lebenswandels, und es ist ein Zeichen unserer Rechtfertigung, wenn wir denen zu mißfallen beginnen, die Gott mißfallen. Niemand kann in ein und derselben Sache dem allmächtigen Gott und dessen Widersachern gefallen, und der erweist sich keineswegs als ein Freund Gottes, der das Wohlgefallen seines Feindes findet. Wer sich in seiner Gesinnung der Wahrheit unterwirft, widersteht auch ihren Feinden. Daher üben die heiligen Männer freimütige Zurechtweisung und scheuen sich nicht, den Haß jener auf sich zu lenken, von denen sie erkannt haben, daß sie Gott nicht lieben. Das versichert der Prophet in glühendem Eifer und bringt es dem Schöpfer aller gleichsam zum Opfer dar, wenn er spricht: *Wie sollte ich die nicht hassen, o Gott, die dich hassen, und mich nicht erbittern über deine Feinde? Mit größtem Haß hasse ich sie, und sie sind mir zu Feinden geworden* (Ps 138,21–22). Als ob er offen sagen wollte: Erwäge, wie sehr ich dich liebe, da ich mich nicht scheue, die Feindschaft deiner Widersacher gegen mich zu erregen. So spricht er auch: *Sie vergelten mir Gutes mit Bösem und reden mir Übles nach, weil ich der Gerechtigkeit nachjagte* (Ps 37,21). Wahrhaft gut ist das Verhalten des Gerechten, der den Übeltätern freimütig widerspricht. Sie aber vergelten Gutes mit Bösem, wenn sie den Gerechten widersprechen, die ihnen gegenüber die Gerechtigkeit verteidigen. Die Gerechten haben ja nicht Menschenurteile, sondern die Prüfung durch den ewigen Richter im Auge und verachten deshalb die Reden der Ehrabschneider. So sagte Paulus zu den abfällig kritisierenden Korinthern: *Mir aber ist es etwas sehr Geringes, daß ich von euch oder von einem menschlichen Gerichtstag gerichtet werde* (1 Kor 4,3). Auch in seinem Herzen fand er nichts, weswegen er sich hätte tadeln können, und fügte bei: *Ebenso urteile ich nicht über mich selbst* (1 Kor 4,3). Aber im Bewußtsein, daß ihm sein eigenes Urteil zur Vervollkommnung in der Heiligkeit nichts beitrage, bemerkte er: *So bin ich doch darum noch nicht gerechtfertigt* (1 Kor 4,4). Auch fügte er die Begründung hinzu, warum er sich über sich selbst kein Urteil erlaube: *Wer mich jedoch richtet, ist der Herr* (1 Kor 4,4). Als ob er sagen wollte: ich meine, meinem Urteil über mich selbst ist nicht zu trauen, weil mich der beurteilt, dessen Gericht ich nicht durchschaue. So hat der selige Job, als er infolge der abfälligen Kritik seiner Freunde von den Pfeilen ihrer Worte schmerzende Wunden erlitt, in Gedanken bei seinem Gewissen Zuflucht gesucht und dorthin geblickt, wo er eine verläßliche Beurteilung fände: *Denn siehe, im Himmel ist mein Zeuge, und der mich kennt, in der Höhe* (Job 16,20). Und: *Wortreich sind meine Freunde, zu Gott blickt mein Auge in Tränen auf* (Job 16,21).

15 In allem, was über uns geredet wird, sollen wir stets schweigend in uns gehen und den inneren Zeugen und Richter aufsuchen. Was nützt es, wenn alle voll des Lobes sind, während das Gewissen uns anklagt? Oder was könnte es schaden, wenn alle an uns Kritik üben und das Gewissen allein uns recht gibt? Der selige Job hat den kritischen Vorwürfen unbeugsamen Sinnes standgehalten, weil er sah, daß er auf Erden durch falsche Reden angefeindet wurde, und hat sich auf den Zeugen im Himmel berufen. So spricht Isaias: *Mein Volk, die dich glücklich preisen, täuschen dich und verunsichern den Weg, den du gehen sollst* (Is 3,12). Und damit das Volk diese Lobreden nicht beachte und noch tiefer in Schuld gerate, wird sogleich gesagt, auf wen es zu schauen, wessen Urteil es zu fürchten habe: *Der Herr steht da, um zu richten, steht bereit zum Gericht über die Völker* (Is 3,13). Als ob er sagen wollte: warum hältst du dich an menschliche Gerichte, da du doch weißt, daß der himmlische Richter über dir steht?

16 So sagt auch die WAHRHEIT von Johannes dem Täufer, er sei kein vom Wind hin und her bewegtes Schilfrohr: *Was seid ihr in die Wüste hinausgegangen zu sehen? Ein Schilfrohr, das vom Wind hin und her bewegt wird?* (Mt 11,7). Daß das im verneinenden, nicht im bejahenden Sinn gesagt ist, bezeugen die anschließenden Worte: *Oder was seid ihr hinausgegangen zu sehen? Einen Menschen mit weichlichen Kleidern angetan? Siehe, die da weichliche Kleider tragen, sind in den Häusern der Könige* (Mt 11,8). Ein vom Wind bewegtes Schilfrohr wird von Luftstößen bald aufgerichtet, bald niedergebeugt. Und jede schwache Seele, die durch Kritik niedergeschlagen oder durch Lob aufgerichtet wird, ist ein vom Wind bewegtes Schilfrohr. Was Johannes nicht war, da sein Sinn bei Lob wie bei Tadel unbeugsam und aufrecht geblieben ist.

Einer besonderen Überlegung bedarf indes die Frage, ob wir, die wir den Weg des Rechttuns einhalten, die Reden der Ehrabschneider stets in den Wind schlagen sollen, oder ob wir sie bisweilen in die Schranken weisen müssen. Hier ist nun folgendes zu erwägen: wie wir die Vorwürfe der Kritiker durch eigene Initiative nicht provozieren dürfen, damit sie nicht zugrunde gehen, so sollen wir die ihrer Arglist entspringenden Angriffe gleichmütig ertragen, damit unser Verdienst wachse. Doch manchmal müssen wir ihnen entgegentreten, damit sie die Herzen der Unschuldigen, die uns zu ihrem Nutzen hören konnten, nicht verderben, indem sie Böses über uns ausstreuen. So ist es zu verstehen, wenn Johannes gegen die böswilligen Reden seines Kritikers Stellung nimmt: *Der, welcher unter ihnen den Vorsitz zu führen liebt, Diotrephes, nimmt uns nicht an; darum werde ich ihm, wenn ich komme, seine Werke, die er tut, vorhalten, da er mit bösen Worten wider uns daherredet* (3 Joh 9–10). Desgleichen wendet sich Paulus gegen die verleumderischen Korinther: *Die Briefe, sagen sie, sind streng und energisch, die leibliche Gegenwart hingegen ist schwach und die Rede verächtlich; der Betreffende bedenke dies: wie wir mit dem Wort in den Briefen als Abwesende sind, so auch mit der Tat als Anwesende* (2 Kor 10, 10–11). 17

Diejenigen also, deren Leben zum nachahmenswerten Vorbild bestimmt ist, sollen, falls sie dazu imstande sind, ihre böswilligen Kritiker in die Schranken weisen, damit nicht etwa jene, die ihre Verkündigung hören konnten, sie jetzt nicht mehr annehmen und in verkehrten Sitten verharrend den guten Lebenswandel aufgeben. Freilich ist in diesem Punkt eine sorgfältige Unterscheidung unumgänglich: die Seele prüfe sich selbst, ob sie nicht vielleicht ihre eigene Ehre suche unter dem Vorwand, unser Sinnen und Trachten sei auf die Rettung der Seelen gerichtet. Weidet sich einer doch oft am Lob seines Namens und freut sich unter dem Deckmantel geistlichen Gewinnes, wenn er merkt, daß Gutes über ihn geredet wird. Manchmal indes gerät er bei der Verteidigung seiner Ehre gegen böswillige Kritiker in Wut und redet sich ein, er tue es aus Sorge um jene, deren Herzen in Verwirrung 18 gesetzt werden durch das Gerede derer, die sie vom rechten Weg abbringen. Wer daher bei einer genauen Gewissenserforschung feststellt, er finde nichts von persönlicher Eigenliebe in sich, muß energisch dafür sorgen, daß das abfällige Gerede die gute Meinung der anderen nicht beeinträchtige.

19 So kommt es auch, daß die Gerechten und Vollkommenen bisweilen ihre Vorzüge bekannt machen und von dem Guten reden, das sie von Gott erhalten haben; nicht um durch ihr Vorzeigen bei den Menschen Erfolge zu haben, sondern um jene, denen sie predigen, durch ihr Beispiel zum Leben zu führen. So erzählt der Apostel Paulus den Korinthern, wie oft er mit Knüppeln geschlagen, wie oft er gesteinigt wurde, wie oft er Schiffbruch erlitten, wieviel er für die Wahrheit ausgestanden hat, daß er in den dritten Himmel entrückt und ins Paradies versetzt wurde (vgl. 2 Kor 11, 25–30): alles, um ihre Aufmerksamkeit von den falschen Predigern abzulenken und ihnen aufgrund seiner Selbstdarstellung jene unbedeutend erscheinen zu lassen, die sie, wie er wußte, zu Unrecht hochschätzten. Indem die Vollkommenen das tun, das heißt von ihren eigenen Vorzügen reden, sind sie Nachahmer des allmächtigen Gottes, der vor den Menschen sein Lob verkündet, um von ihnen erkannt zu werden. Aber wenn er in seiner Schrift die Anweisung gibt: *Ein anderer mag dich loben, nicht dein eigener Mund* (Spr 27,2), weshalb tut er selbst, was er verbietet? Nun, wenn der allmächtige Gott seine Machttaten verschwiege, würde ihn niemand erkennen, und wenn ihn niemand erkännte, liebte ihn niemand, und wenn ihn niemand liebte, fände niemand zum Leben zurück. Daher sagt der Psalmist von ihm: *Er hat die Macht seines Waltens seinem Volk kundgetan, um ihnen das Erbe der Heiden zu geben* (Ps 110,6–7). Er tut also seine Machttaten kund, nicht um aus seinem Lob Gewinn zu ziehen, vielmehr damit die, welche ihn aus seinem Lob erkennen, zur ewigen Erbschaft gelangen. Wenn daher die Gerechten und Vollkommenen einerseits die Schmähungen ihrer Widersacher zurückweisen, anderseits die Vorzüge, die sie haben, den Schwachen mitteilen, sind sie nicht zu tadeln, weil sie durch den Hinweis auf ihr Leben die Seelen der anderen zum Leben zu führen trachten.

20 Was das betrifft, ist auch noch festzuhalten, daß sie ihre

Vorzüge niemals aufdecken, es sei denn, wie gesagt, das Wohl des Nächsten oder eine zwingende Notwendigkeit lasse ihnen keine andere Wahl. Deswegen fügte der Apostel nach der Aufzählung seiner Tugenden vor den Korinthern hinzu: *Ich bin ein Tor geworden, ihr habt mich dazu gezwungen* (2 Kor 12, 11). Freilich kommt es auch vor, daß sie, durch die Umstände verleitet, in dem Guten, das sie von sich berichten, nicht das Wohl anderer, sondern ihr eigenes im Auge haben, wie der selige Job, der seine Taten aufzählt: *Auge war ich dem Blinden und Fuß dem Lahmen, Vater war ich dem Armen, und den Rechtsstreit, den ich nicht kannte, erforschte ich aufs sorgfältigste* (Job 29, 15–16) und vieles andere mehr, das er oft getan zu haben behauptet. Da er jedoch an schmerzhaften Wunden litt und von den Freunden beschuldigt wurde, er habe gottlos gehandelt und sei dem Nächsten gegenüber gewalttätig und ein Unterdrücker der Armen gewesen, und da sich der heilige Mann unter den Züchtigungen Gottes und den Scheltreden der Menschen in die Enge getrieben sah, wurde ihm bewußt, wie schwer sein Geist niedergeschlagen war und in die Grube der Verzweiflung getrieben wurde. Er hätte tatsächlich zu Fall kommen können, wenn er sich nicht seine guten Taten ins Gedächtnis zurückgerufen hätte, um der Seele wieder neuen Mut zu geben, und, von Scheltworten und Wunden niedergedrückt, nicht zu verzweifeln und zugrunde zu gehen. Die Aufzählung seiner guten Werke bedeutet also nicht, daß er durch Eigenlob den anderen gleichsam zu imponieren wünschte, sondern daß er seiner Seele wieder Zuversicht verlieh. Wie daher die Gerechten zuweilen ohne Selbstgefälligkeit von dem Guten reden, das sie tun, so weisen sie ihre feindseligen Kritiker, die da Schädliches reden, ohne persönlichen Ehrgeiz in die Schranken. Sind die Ehrabschneidereien nicht zu verhindern, müssen sie in allem gleichmütig ertragen werden. Keineswegs soll man sich vor abfälligem Gerede fürchten, damit man nicht aus Angst vor dem Tadel der Bösen den Weg des Rechttuns verlasse.

UNGLÄUBIGE, AUFWIEGLER UND SKORPIONE

Deshalb wird jetzt dem Propheten Ezechiel gesagt: *Erschrick nicht vor ihren Reden, denn Ungläubige und Aufwiegler sind bei dir.*
21 Die Ungläubigen wären weniger gefährlich, wenn sie keine Aufwiegler wären. Da sie weder an den Lohn des Himmels noch an die Höllenstrafen glauben, bleiben sie in ihren Verkehrtheiten befangen und bringen auch andere vom Glauben und vom Rechttun ab: wie sie selber nicht nach dem Reich Gottes streben, so soll es auch kein anderer erlangen! Sobald sie nämlich merken, daß der eine oder der andere der Schwächeren mit dem Guten beginnt und das Böse bereits meidet, verspotten sie die himmlischen Verheißungen, verachten die von dem allmächtigen Gott angedrohten Höllenstrafen, preisen die irdischen Güter, versprechen in listiger Überredung die Ergötzlichkeiten der gegenwärtigen Zeit und verdrehen so die Köpfe Unschuldiger und verwirren deren Wege. Sie sind glücklich, wenn sie einige vom rechten Leben abbringen und zum Tod herabziehen können, sie freuen sich ihrer Verkehrtheiten und jubeln über die der anderen. Sie haben an ihrer eigenen Strafe nicht genug und setzen alles daran, den Tod nicht allein zu erleiden. Und sollten sie einmal auf einen Gerechten von solcher Tugendstärke stoßen, daß sie ihm nicht offen zu widersprechen wagen, werden sie, wo es nichts zum Aufwiegeln gibt, zu Skorpionen. Der Skorpion geht ja tastend vorwärts, sticht aber mit dem Schwanz, er beißt nicht vorne, sondern schadet von hinten. Alle Schmeichler und Hinterlistigen sind also Skorpione, die den Guten nicht ins Angesicht widerstehen, sondern sie, sobald sie nicht mehr da sind, heruntermachen, andere, denen sie gewachsen sind, aufstacheln, Schaden stiften, so viel sie nur können, und nicht aufhören, im Dunkeln ihr tödliches Gift zu verbreiten. Skorpione sind jene, die nach außen hin liebenswürdig und harmlos erscheinen, aber hinter ihrem Rücken das Gift tragen, das sie verspritzen. Wer nämlich im Dunkeln zuschlägt, zieht gleichsam den Tod im Verborgenen nach sich. So heißt es auch beim Psalmisten: *Sie umschwärmten mich wie die Bienen und loderten auf wie Feuer in den Dornen* (Ps 117,12). Alle, die mit

der Zunge schmeicheln, aber im Verborgenen aus Bosheit zuschlagen, sind Bienen, da sie im Reden Honigsüße vorsetzen, aber im Geheimen zuschlagend Wunden zufügen. Die solches tun, lodern auf wie Feuer in den Dornen, da durch die Flammen der Verleumder nicht das Leben der Gerechten, sondern die Dornen der Sünde, falls welche in ihnen sind, verbrannt werden. Darum wird ja betont: *Ungläubige und Aufwiegler sind bei dir, und du wohnst unter Skorpionen.* Ungläubige Gott gegenüber, Aufwiegler gegen die schwächeren Mitmenschen, Skorpione gegen die Starken und Kräftigen. Wenn sie den Letzteren auch nicht ins Angesicht zu widerstehen wagen, so schlagen sie doch im Geheimen Wunden der Verleumdung. Die Ungläubigen sind ja zugleich Aufwiegler und Skorpione, weil sie nicht glauben, was Gottes ist, und jene, denen sie überlegen sind, von den guten Sitten abbringen und schließlich die, die sie nicht beeinflussen können, durch geheime Machenschaften schädigen.

In diesem Zusammenhang darf auch darauf hingewiesen wer- 22
den, daß uns in den an den Propheten gerichteten Worten: *Ungläubige und Aufwiegler sind bei dir, und du wohnst unter Skorpionen* ein Heilmittel des Trostes dargeboten wird. Oft sind wir des Lebens überdrüssig, da wir mit den Bösen nicht mehr zusammenleben wollen. Wir beklagen es, daß nicht alle gut sind, die mit uns leben. Wir wollen das Böse der Mitmenschen nicht ertragen, wir meinen, alle müßten bereits heilig sein, und wollen selbst nicht sein, was wir von den Mitmenschen erwarten. Doch ist es in diesem Fall wohl sonnenklar, wieviel uns selbst an Gutem mangelt, da wir uns weigern, die Bösen zu ertragen. Denn wer auch zu den Bösen nicht gut ist, ist ja selbst keineswegs vollkommen gut. So versichert der selige Job von sich: *Ein Bruder von Drachen bin ich gewesen und ein Genosse der Strauße* (Job 30,29). Ebenso sagt der Apostel Paulus den Jüngern: *Inmitten eines verderbten und verkehrten Geschlechts, unter denen ihr leuchtet in der Welt wie die Sterne* (Phil 2,15). Desgleichen Petrus, der Hirt der Herde des Herrn: *Er hat den gerechten Lot errettet, der unter dem Unrecht der Frevler und deren ausschweifendem Lebenswandel litt. Denn mit Auge und Ohr mußte der Gerechte, der unter ihnen wohnte, seine gerechte Seele Tag für Tag durch ruchlose Taten peinigen lassen* (2 Petr 2,7–8). Oft

klagen wir über den Lebenswandel der Mitmenschen und sind versucht, an einen anderen Ort zu gehen und die Einsamkeit eines zurückgezogenen Lebens zu wählen, bedenken aber nicht, daß der Ort nichts hilft, wenn der Geist fehlt. Hat sich doch der eben genannte Lot in Sodoma als ein Heiliger erwiesen, auf dem Berg aber gesündigt (vgl. Gen 19,1–2.30–36). Daß die Orte den Geist nicht schützen, bezeugt der Stammvater des Menschengeschlechtes, der sogar im Paradies gefallen ist (vgl. Gen 3,6–7). Doch wenig Bedeutung hat alles, was wir von der Erde sagen. Hätte ein Ort retten können, dann wäre Satan nicht vom Himmel gestürzt. Auch der Psalmist sah wohl, daß es überall in der Welt Versuchungen gibt, und hat nach einer Stätte gesucht, wohin er fliehen möchte, konnte aber außer Gott selbst keine sichere finden. So bat er den, um dessentwillen er diesen Ort suchte, er möge ihm selbst zu dem Ort werden, da er sprach: *Sei du mir ein schützender Gott und eine Zufluchtstätte, auf daß du mich errettest* (Ps 30,3). Die Mitmenschen muß man wohl überall ertragen, denn ohne die Erprobung durch Kains Bosheit vermag niemand ein Abel zu werden (vgl. Gen 4,1f).

23 Einen Grund gibt es aber, weshalb man die Gesellschaft der Bösen meiden soll: daß sie nämlich, da sie selbst vielleicht nicht gebessert werden können, andere nicht zur Nachahmung verleiten und, da sie von ihrer Bosheit nicht ablassen, die mit ihnen in Verbindung Stehenden nicht auch noch verderben. Daher sagt Paulus: *Böse Reden verderben gute Sitten* (1 Kor 5,33). Und Salomon: *Schließe keine Freundschaft mit einem Zornmütigen, und mit einem Jähzornigen habe keinen Umgang, damit du nicht seine Wege kennenlernst und für deine Seele Ärgernis nehmest* (Spr 22,24–25). Die vollkommenen Männer brauchen also die verdorbenen Mitmenschen nicht zu fliehen, zumal sie diese nicht selten auf den rechten Weg bringen, während sie selbst niemals zum Unrecht verleitet werden. Die Schwachen hingegen sollen die Gesellschaft der Verdorbenen meiden, damit sie nicht zur Nachahmung des Bösen verlockt werden, wenn sie es häufig mitansehen und nicht zu hindern vermögen. Die Reden der Mitmenschen nehmen wir durch das tägliche Anhören so im Geiste auf, wie wir uns die Luft durch das Ein- und Ausatmen körperlich aneignen. Und wie

schlechte Luft durch ständiges Einatmen den Körper vergiftet, so vergiftet das ständige Anhören schamloser Reden die Seele der Schwachen, so daß sie durch das Vergnügen an verkehrtem Tun und durch andauerndes schlechtes Reden allmählich verkommt.

EIN WIDERSPENSTIGES HAUS

Es folgt:
(Ez 2,6) Fürchte dich nicht vor ihren Worten und er- 24
schrick nicht vor ihrem Angesicht, denn es ist ein widerspenstiges Haus. Man soll sich also davor in acht nehmen, die Guten zu kränken, damit nicht etwa der, der stets in ihrem Herzen wohnt, von ihnen zum Zorn gereizt werde. Wie gesagt, wenn wir den Bösen Ärgernis geben, brauchen wir uns keineswegs zu ängstigen, denn wem die Gerechtigkeit des Schöpfers mißfällt, dem mißfällt auch unser Tun. Was ist daran fürchtenswert, wenn uns jene unsere Gunst entziehen, die auch Gott nicht liebenswert erscheinen? Daher heißt es zu Recht: *Fürchte dich nicht vor ihren Worten und erschrick nicht vor ihrem Angesicht, denn es ist ein widerspenstiges Haus.* Als ob offen gesagt würde: sie wären fürchtenswert, wenn mich ihre Taten nicht erbitterten. Von ihnen heißt es dann weiter:
(Ez 2,7) Rede also meine Worte zu ihnen, ob sie etwa 25
hören oder es dabei bewenden lassen, denn es sind Menschen, die zum Zorn reizen. Tut doch jeder, der sündigt, nichts anderes als seinen Schöpfer gegen sich zum Zorn reizen. Und wir wissen: sooft wir uns in der Tat, sooft wir uns im Wort, sooft wir uns in Gedanken verfehlen, jedesmal erregen wir Gottes Zorn gegen uns. Und doch erträgt er uns, wartet sanftmütig und kommt uns mit seiner Geduld sowie mit den Mahnungen seiner Glaubensverkünder entgegen. Jeder, der das Rechte verkündet, besänftigt, wenn er angehört wird, den Grimm des über das pflichtvergessene Volk erzürnten Gottes. Vor allem darf er selbst nichts Böses tun, was zumeist den Zorn des Schöpfers gegen das Volk erregt. Weshalb auch hinzugefügt wird:
(Ez 2,8) Du aber, Menschensohn, höre auf das, was ich 26

dir sage, und sei nicht widerspenstig, wie das widerspenstige Haus es ist. Das heißt, du sollst das Böse, das du geschehen siehst, nicht auch tun und darfst nicht selbst verüben, zu dessen Verhinderung du gesendet bist. Jeder Seelsorger muß ständig und sorgfältig darauf achten, daß er als ein Gesendeter die Gefallenen aufzurichten hat, und daß er in verkehrtem Tun nicht selbst auch mit den Gefallenen zu Fall komme und so das Wort Pauli auf ihn zutreffe: *Indem du den anderen richtest, verdammst du dich selbst* (Röm 2,1). So wurde Balaam vom Geist Gottes erfüllt zum Reden und trotzdem von seinem eigenen Geist in seinem fleischlichen Leben zurückgehalten und sagte über sich selbst: *Es spricht, der die Rede Gottes hört, der die Lehre des Allerhöchsten kennt und die Gesichte des Allmächtigen schaut, der niederfällt und dessen Augen sich auftun* (Num 24,16). Niederfallend wurden seine Augen aufgetan, er sah das Rechte, das er zu sagen hatte, war aber nicht gewillt, auch recht zu leben. Niederfallend in verkehrtem Tun, mit offenen Augen in der heiligen Verkündigung.

27 Nun könnte man die Frage, weshalb der zur Verkündigung gesendete Ezechiel vor Widerspenstigkeit gewarnt wird, auch anders beantworten. Wenn nämlich der Prophet dem Auftrag zum Reden nicht nachkäme, würde er wie das Volk durch sein verkehrtes Tun den allmächtigen Herrn durch sein Schweigen erzürnen. Denn wie die Bösen durch ihr böses Reden oder Tun Gott erzürnen, so auch bisweilen die Guten, wenn sie das Gute verschweigen. Jene versündigen sich durch ihr verkehrtes Tun, diese durch das Verschweigen des Rechten. In diesem Fall erregen die Guten ebenso wie die Bösen Gottes Unwillen, denn wenn jene das Unrecht nicht anprangern, erlauben sie diesen durch ihr Schweigen, einfach weiterzumachen.

SCHRIFTVERSTÄNDNIS

Es folgt:

28 *(Ez 2,8) Öffne deinen Mund und iß, was immer ich dir darreiche.* Wir öffnen unseren Mund, indem wir das Rech-

te reden, und wir essen, was wir von Gott erhalten, denn wenn wir mit der Verkündigung begonnen haben, wird die Speise des Lebens in unserem Inneren dargeboten und vermehrt. So spricht ein anderer Prophet: *Ich habe meinen Mund geöffnet und den Geist herbeigezogen* (Ps 118,131). Er zöge ja den Geist nicht auf sich, wenn er den Mund nicht auftäte, denn wenn er sich nicht für die Verkündigung unter den Menschen einsetzte, wäre die Gnade der geistigen Lehre in ihm nicht gewachsen.

Es folgt:

(Ez 2,9) Und ich schaute, und siehe, eine Hand ward 29
gegen mich ausgestreckt, in der eine Buchrolle lag; und er breitete sie vor mir aus: sie war innen und außen beschrieben. Wie durch den Propheten die Ordnung der Glaubensboten, so werden durch das Buch, das er erhielt, die Seiten der Heiligen Schrift bezeichnet. Die Buchrolle ist die dunkle Rede der Heiligen Schrift, die wegen der Tiefgründigkeit der Aussagen eingerollt erscheint, so daß nicht alle leicht in sie eindringen. Vor dem Propheten wird das Buch entrollt, vor den Verkündern der Heiligen Schrift deren Dunkelheit aufgehellt. Die Hand Gottes hatte die Buchrolle dargereicht, als er zu den Aposteln sprach: *Das Himmelreich gleicht einem Menschen, der guten Samen auf seinen Acker säte. Doch während die Leute schliefen, kam sein Feind und säte Unkraut mitten unter den Weizen und ging davon. Als aber die Saat aufgegangen war und Frucht gebracht hatte, zeigte sich auch das Unkraut* (Mt 13,24–26) usf., woran sich Eure Liebe ohnedies erinnert. Dann breitet er das zusammengerollt dargebotene Buch aus, indem er spricht: *Der den guten Samen sät, ist der Menschensohn, das Unkraut sind die Söhne des Bösen. Der Feind, der es aussäte, ist der Teufel. Die Ernte ist das Ende der Welt, die Schnitter sind die Engel. Wie man nun das Unkraut zusammenliest und im Feuer verbrennt, so wird es am Ende der Welt sein* (Mt 13,37–40). Die Buchrolle wird also ausgebreitet, wenn das dunkel Vorgebrachte durch die Ausweitung der Einsicht geöffnet wird. Diese Buchrolle hat die WAHRHEIT ausgebreitet, als sie an den Jüngern tat, was geschrieben steht: Da öffnete er ihnen den Sinn, so daß sie die Schrift verstanden (vgl. Lk 24,25–27).

30 Über dieses Buch wird noch hinzugefügt: *Es war innen und außen beschrieben.* Das Buch der Heiligen Schrift ist nämlich innen allegorisch, außen historisch geschrieben. Innen zum geistigen Verständnis, außen im einfachen buchstäblichen Sinn, denen angepaßt, die noch die Schwächeren sind. Innen, sofern es Unsichtbares verheißt, außen, sofern es in der Richtigkeit seiner Vorschriften das Sichtbare ordnet. Innen, sofern es Himmliches ankündigt, außen, sofern es vorschreibt, die irdischen Dinge, verächtlich wie sie sind, entweder nur zum Gebrauch zu nützen oder um der Begehrlichkeit willen zu fliehen. Anderes redet es über die himmlischen Geheimnisse, anderes fordert es von den äußeren Handlungen. Was es außen vorschreibt, liegt ja auf der Hand, aber was es von den inneren Dingen erzählt, kann nicht völlig erfaßt werden. So steht geschrieben: *Du spannst den Himmel aus wie ein Zeltdach und bedeckst seine Höhe mit Wassern* (Ps 103,2–3). Was wird mit dem Begriff Himmel anderes bezeichnet als die Heilige Schrift? Aus ihr leuchten uns die Sonne der Weisheit und der Mond der Wissenschaft und von den alten Vätern die Sterne der Vorbilder und der Tugenden. Dieser Schrifthimmel wird wie ein Zeltdach ausgespannt, sofern er, von seinen Verfassern in menschlicher Sprache gebildet, durch die auslegenden Worte der Lehrmeister vor unseren Augen entfaltet wird. Was wird mit dem Wort Wasser anderes bezeichnet als die heiligsten Chöre der Engel? Von ihnen steht geschrieben: *Und die Wasser, die über dem Himmel sind, sollen den Namen des Herrn loben* (Ps 148,4–5). Der Herr hat die Höhe dieses Himmels mit Wassern bedeckt, weil wir von den Höhen der heiligen Schriften, das heißt von dem, was sie über die Natur der Gottheit und über die ewigen Freuden aussagen, noch nichts wissen, während sie nur den Engeln im Geheimen bekannt sind. Dieser Himmel wird also vor uns ausgespannt und dennoch dessen Höhe von den Wassern bedeckt, weil uns einiges von der Heiligen Schrift durch die Offenbarung des Geistes zugänglich ist, während einiges nur den Engeln offenbar sein kann, für uns aber noch im Dunkeln verwahrt wird. Indes haben wir durch geistige Einsicht ein Gespür für einen Teil dieser Dunkelheiten, haben das Unterpfand des Heiligen Geistes empfangen, da wir die Geheimnisse zwar noch nicht voll

erkennen und trotzdem im Innersten lieben. Soweit wir sie schon erkennen, werden wir durch die Speise der Wahrheit in mannigfaltiger Weise ernährt.

Es heißt somit: *Sie war innen und außen beschrieben,* weil die 31
Kräftigeren durch verborgenere und erhabenere Worte in der Heiligen Schrift gesättigt, wir Kleinen mit offenkundigeren Vorschriften ernährt werden. So steht geschrieben: *Die hohen Berge sind den Steinböcken, die Felsen dem Klippdachs eine Zuflucht* (Ps 103,18). Jenen, welche die Aufstiege der Beschauung schon kennen, sollen die Berge der Einsicht zuteil werden. Der Fels ist die Zuflucht des Klippdachses, denn auch wenn wir die hohen Geheimnisse nicht zu erfassen vermögen, finden wir unser Heil im Schlupfwinkel unseres Felsens, das heißt im Glauben an Christus. So wird zu einigen gesagt: *Ich habe beschlossen, nichts unter euch zu wissen als Jesus Christus, und zwar den Gekreuzigten* (1 Kor 2,2). Als ob er sagen wollte: da ich erwog, daß ihr die Geheimnisse seiner Gottheit nicht zu fassen vermöchtet, habe ich lediglich von der Niedrigkeit seiner Menschheit zu euch gesprochen.

KLAGEN, LIEDER UND WEHE

Es folgt:

(Ez 2,9) Und geschrieben waren darin Klagen, Lieder und 32
Wehe. Von Liedern spricht man im fröhlichen wie auch im traurigen Sinn, kennen wir doch nicht nur Jubellieder, sondern auch Klagelieder. Aber wenn wir dem Sprachgebrauch der Heiligen Schrift folgen, wonach die Lieder fast immer im freudigen Sinn abgefaßt sind, werden wir die in diesem Fall gemeinten Lieder ebenfalls im freudigen Sinn verstehen. So heißt es, als der allmächtige Gott sein Volk aus dem Roten Meer befreit hatte: *Da sangen Moses und die Söhne Israels dem Herrn ein Lied* (Ex 15,1). Und da David einen Sieg über die Feinde errungen hat, heißt es: *David sang dem Herrn die Worte dieses Liedes* (2 Kön 22,1). Und Salomon spricht: *Wie Essig auf Laugensalz, und wer einem bösen Herzen Lieder singt* (Spr 25,20). Wenn nämlich Essig auf Laugensalz gegossen wird, siedet und sprudelt das Laugensalz sogleich auf. Ein verkehrter Sinn

wird entweder mit Schelten zurechtgewiesen oder durch die Süßigkeit der Frohbotschaft zum Guten bewogen: durch Schelten wird er jedenfalls noch schlechter und braust auf in der Verstocktheit des Widerspruchs, während er doch vom Bösen abgehalten werden sollte. Auch Elihu spricht über den Undankbaren und Verzweifelnden: *Und keiner sagt: wo ist Gott, der mich geschaffen hat, der Lieder schenkte in der Nacht* (Job 35,10). Ist doch ein Lied in der Nacht wie Trost in der Trübsal. Wir vernehmen ein Lied in der Nacht, wenn wir uns in den gegenwärtigen Drangsalen mit den künftigen Freuden trösten. Ein Lied in der Nacht bot uns der Apostel, da er sprach: *Seid fröhlich in der Hoffnung, geduldig in der Trübsal* (Röm 12,12). Daß ihm ein Lied in der Nacht zuteil ward, bezeugt David: *Du bist meine Zuflucht in der Bedrängnis, die mich umgibt; du mein Frohlocken, rette mich vor denen, die mich umlagern* (Ps 31,7). Gerade indem er gesteht, von Bedrängnissen umgeben zu sein, und dennoch Gott sein Frohlocken nennt, singt er ein Lied in der Nacht. Da also von der Heiligen Schrift die Lieder fast immer im freudigen Sinn aufgefaßt werden, dürfen wir sie an dieser Stelle ebenso verstehen.

33 Das Wehe indes pflegt in der Heiligen Schrift öfter auf die ewige als auf die gegenwärtige Trauer bezogen zu werden. So steht geschrieben: *Wehe dem Gottlosen im Bösen; ihm wird Vergeltung zuteil nach seinen Taten* (Is 3,11). Und der selige Job spricht: *Bin ich gottlos, dann wehe mir; bin ich aber gerecht, werde ich dennoch mein Haupt nicht aufrichten, gesättigt von Anfechtung und Elend* (Job 10,15). Die Anfechtung des Gerechten ist zeitlich begrenzt. Als Job von dem Wehe sprach, hat er es von der zeitlichen Anfechtung unterschieden, indem er dem Gerechten die Anfechtung, dem Gottlosen aber das Wehe zusprach. Auch die WAHRHEIT spricht: *Wehe der Welt ob der Ärgernisse* (Mt 18,7). *Wehe euch, die ihr jetzt lacht, denn ihr werdet weinen* (Lk 6,25). Und *Wehe den Schwangeren und den Stillenden in jenen Tagen* (Lk 21,23). So müssen wir also erwägen, in welchem Sinn in dem heiligen Buch von diesen dreien geschrieben ist, von Klagen, Liedern und Wehe.

34 Von Klagen, sofern in ihnen die Buße der Sünder zur Sprache kommt. Von Liedern, sofern dort die Freuden der Gerechten vorausgesagt werden. Von Wehe, sofern damit die Verdamm-

nis der Verworfenen ausgedrückt wird. Um also die Sünden zu büßen, lese man die Klagen, die in diesem Buch aufgeschrieben sind: *Und zerreißet eure Herzen und nicht eure Kleider* (Joel 2,13). Und: *Fühlt euer Elend und trauert; euer Lachen verkehre sich in Trauer und die Freude in Betrübnis* (Jak 4,9). Um aber über die Verheißung der künftigen Freude froh zu werden, merke auf, welche Lieder ewigen Lobpreises in diesem Buch aufgeschrieben sind: *Selig, die in diesem Haus wohnen, o Herr, sie werden dich loben von Ewigkeit zu Ewigkeit* (Ps 83,5). Auch sagte ein Weiser über das himmlische Jerusalem: *Alle seine Straßen werden mit glänzenden und reinen Steinen gepflastert sein, und auf seinen Gassen wird man Alleluja singen* (Tob 13,22). Um uns das Lied des himmlischen Vaterlandes mitzuteilen, sind dessen Bürger gekommen und sangen einstimmig: *Ehre sei Gott in der Höhe und Friede auf Erden den Menschen guten Willens* (Lk 2,14). Wenn du aber im Geist noch immer an der gegenwärtigen Welt hängst, wenn du dich noch immer an irdischen Genüssen erfreust, kannst du die ewigen Freuden, von denen du hörst, nicht lieben. Erkenne also das Wehe, von dem in diesem Buch geschrieben ist, und verbanne durch Furcht aus deiner Seele, was du liebst, damit du im Hinblick auf das Gericht das Lied liebst, das du liest. Da wird in der Gestalt eines Verdammten die ganze Schar der Verworfenen beschrieben, wenn die Stimme der WAHRHEIT spricht: *Bindet ihm Hände und Füße und werft ihn in die Finsternis, die draußen ist: dort wird Heulen und Zähneknirschen sein* (Mt 22,13). Dereinst stürzen die Verworfenen in die äußeren Finsternisse, weil sie sich jetzt freiwillig in die inneren geworfen haben und dem Licht der Wahrheit weder im Glauben noch in guten Werken gefolgt sind. Auch wird befohlen, sie mit gebundenen Händen und Füßen hinauszuwerfen, weil sie jetzt, da die Zeit des Wirkens und Laufens ist, ihre freien Hände und Füße nicht zu guten Werken gebrauchen wollten. Dort steht auch das Wehe über die Verworfenen geschrieben: *Ihr Wurm wird nicht sterben und ihr Feuer nicht erlöschen* (Is 66,24). Dort wird zu den Verdammten gesagt: *Weichet von mir, ihr Verfluchten, ins ewige Feuer, welches dem Teufel und seinen Engeln bereitet ist* (Mt 25,41). So enthält dieses Buch alles Erbauliche, alles Belehrende aufgeschrieben. Hast du gesündigt und bereust du, Verbotenes getan zu haben, wirst du dort die Klagen finden, die dich zu tatkräftiger Buße anhalten. Wünschest du, den Geist in der Hoffnung auf himmlische Freuden aufzurichten, findest du dort das Lied zu deiner Tröstung. Wenn du aber Böses getan hast und dein Tun nicht bereust, vielmehr dein Haupt stolz erhebst, zu keinerlei Klagen der Buße geneigt bist, dich auch nicht durch die Erwartung himmlischer Freuden umstimmen läßt, wirst du wohl oder übel das dort geschriebene Wehe vernehmen, so daß der, den weder die Furcht zur Buße niederbeugt noch die Hoffnung auf jenseitige Belohnung aufrichtet, schon jetzt die Strafe seiner Verdammung voraussieht und ohne Entschuldigung in die ewige Pein stürzt.

35 Was also, Brüder, was sollen wir Elenden anderes tun als aufmerksam auf die Worte dieses Buches hören und uns um des Bösen willen, das getan zu haben wir uns erinnern, mit Tränen züchtigen, auf daß wir durch die Klagen der Buße zum Lied des Lebens gelangen. Damit wir dereinst nicht das endlose Wehe erdulden, wollen wir uns jetzt in Buße demütigen. Auch darf uns die Menge unserer Wunden nicht in Verzweiflung niederdrücken, ist doch die Macht des Arztes stärker als die Größe unserer Krankheit. Gibt es überhaupt etwas, das der nicht zum Heil wiederherstellen könnte, der imstande war, alles aus dem Nichts zu erschaffen? Der Eingeborene ist ja gleich ewig mit dem Vater, mit dem er lebt und regiert in der Einheit des Heiligen Geistes, Gott von Ewigkeit zu Ewigkeit. Amen.

10. HOMILIE: Ez 3,1–14

Manche Leser der Heiligen Schrift, die in deren geheimnisvol- 1
lere Aussagen eindringen, neigen dazu, die geringeren Anweisungen, die den Schwächeren gegeben werden, hochmütigen Sinnes zu verachten, und möchten ihnen eine andere Bedeutung unterlegen. Aber wenn sie die tiefsinnigen Stellen in der Schrift richtig verstünden, würden sie auch die kleinsten Anweisungen nicht geringschätzen. Denn die göttlichen Vorschriften reden an bestimmten Stellen so zu den Großen, daß sie auch für die Kleinen gelten, die dann durch wachsende Einsicht sozusagen mit geistigen Schritten vorankommen und zu einem tieferen Verständnis gelangen.

SCHRIFT UND LEBEN

So wird nun zu dem heiligen Propheten gesagt:
(Ez 3,1) Menschensohn, iß alles, was du vorfindest. Was 2
immer in der Heiligen Schrift gefunden wird, muß gegessen werden: die kleinen Dinge in ihr dienen dem einfachen Leben, und ihre großen fördern die tiefere Einsicht. Es folgt:
(Ez 3,1–2) Iß diese Buchrolle, und alsdann geh hin und 3
rede zu den Söhnen Israels. Da öffnete ich meinen Mund, und er gab mir jene Buchrolle zu essen. Die Heilige Schrift ist unsere Speise und unser Trank. Daher droht der Herr durch einen anderen Propheten: *Ich werde Hunger über das Land senden, nicht den Hunger nach Brot noch den Durst nach Wasser, sondern das Verlangen, das Wort des Herrn zu hören* (Am 8,11). Indem er also sagt, infolge des Entzuges seines Wortes würden wir durch Hunger und Durst erschöpft, zeigt er an, daß seine Worte unsere Speise und unser Trank sind. Man beachte indes, daß sie das einemal Speise, das anderemal Trank sind. In dunkleren Stellen, die ohne Erklärung nicht verstanden werden können, ist die Heilige Schrift eine Speise, denn was erklärt wird, um verstanden zu werden, wird sozusagen gekaut, um dann geschluckt zu werden. In offenkundigeren Stellen ist sie ein Trank. Denn den Trank schlucken

wir, ohne zu kauen. Die offenkundigeren Weisungen trinken wir, da wir sie auch ohne Erläuterungen verstehen. Angesichts der Tatsache, daß der Prophet Ezechiel viele dunkle und schwer deutbare Dinge vernehmen sollte, wird zu ihm in bezug auf die heilige Buchrolle nicht gesagt: trinke, sondern: iß! Mit anderen Worten: durchforsche und begreife, das heißt kaue zuerst und dann schlucke. Aber in bezug auf die Worte der Heiligen Schrift muß unser Bemühen folgende Ordnung einhalten: wir begreifen sie nur insofern, als wir, zerknirscht ob unserer Schlechtigkeit, das Böse, das wir getan haben, erkennen und es vermeiden, weiterhin Böses zu tun.

4 Da nun aus dem großen Tränenstrom die Zuversicht auf die Vergebung der Sünden aufgekeimt ist, laßt uns mit dem uns einsichtig gewordenen Wort Gottes auch andere zum Leben führen. Dessen Verständnis soll ja dazu dienen, daß es nicht nur uns hilft, sondern auch anderen zu geistigem Nutzen vermittelt wird. Darum heißt es jetzt treffend: *Iß diese Buchrolle, und alsdann geh hin und rede zu den Söhnen Israels.* Als ob von der heiligen Speise gesagt würde: Iß und füttere, sättige dich und gib, empfange und teile aus, erstarke und arbeite.

5 Man beachte, daß der Prophet hinzufügt: *Da öffnete ich meinen Mund, und er gab mir die Buchrolle zu essen.* Daß der Mund im Herzen ist, bezeugt ein anderer Prophet: *Trügerische Lippen im Herzen, und im Herzen redeten sie Böses* (Ps 11,3). Wir öffnen den Mund, indem wir unseren Geist bereit machen, das heilige Wort aufzunehmen. Und so öffnet der Prophet den Mund auf den Anruf des Herrn, denn das Verlangen unseres Herzens sehnt sich nach dem Anhauch der Weisungen des Herrn, um etwas von der Lebensspeise zu sich zu nehmen. Doch liegt dieses Nehmen nicht in unseren Kräften, es sei denn, daß uns der zu essen gibt, der uns zu essen befiehlt. Wer da gespeist wird, vermag von sich aus nicht zu essen. Und weil unsere Schwachheit zur Aufnahme der himmlischen Worte ungeeignet ist, reicht uns der die Speise, der uns unser Maß Weizen gibt zur rechten Zeit (vgl. Lk 12,42). Dank der gnadenreichen göttlichen Heilsordnung werden wir Tag für Tag mit dieser Speise ernährt, so daß wir heute begreifen, was wir am gestrigen Tag in dem heiligen Wort noch nicht verstanden haben, und morgen erkennen, was wir heute noch nicht wissen. Der

allmächtige Gott streckt gleichsam so oft die Hand zum Mund unseres Herzens, als er unsere Einsicht auftut und die Speise der Heiligen Schrift in unser Inneres gibt. Er speist uns also mit der Buchrolle, indem er uns den Sinn für die Heilige Schrift nach seiner Maßgabe öffnet und unser Denken mit deren Süßigkeit erfüllt. Nun folgt:

(Ez 3,3) Und er sprach zu mir: Menschensohn, dein 6
Bauch esse, und dein Inneres fülle sich mit dieser Buchrolle, die ich dir gebe. In der alten Übersetzung heißt es nicht: *Dein Bauch esse,* sondern: *Dein Mund esse, und dein Inneres fülle sich.* Unser Mund ißt, wenn wir das Wort Gottes lesen, unser Inneres füllt sich, wenn wir das lesend Erarbeitete verstehen und bewahren. In der jüngeren Übersetzung, die wir für die richtigere halten, ist geschrieben: *Dein Bauch esse und dein Inneres fülle sich.* In der Heiligen Schrift wird nicht selten der Bauch, das heißt das Leibinnere anstelle des Geistes genannt. So heißt es bei Jeremias: *In meinem Leibinneren, in meinem Leibinneren ergreift mich Weh* (Jer 4,19). Damit das nicht vom leiblichen, sondern vom geistigen Inneren verstanden werde, fügt er bei: *Meines Herzens Gefühle sind in mir verstört* (Jer 4,19). Hätte der Prophet gesagt, sein leibliches Innere täte ihm weh, würde es sich ja auch nicht auf das Heil des Volkes beziehen. Wer die Trübsal des Geistes erfährt, leidet in seinem Leibinneren. Doch wozu verweisen wir auf das Beispiel des Propheten, wo wir das offenkundigere Zeugnis des Herrn haben? Muß doch der Prophet verstummen, wenn die WAHRHEIT selber redet, denn die Lampe hat nicht die Leuchtkraft der Sonne. Nämlich: *Wer an mich glaubt, aus dessen Leib werden, wie die Schrift sagt, Ströme des lebendigen Wassers fließen* (Joh 7,38). Wenn aus dem Geist der Gläubigen heilige Reden strömen, fließen gleichsam Ströme lebendigen Wassers aus dem Leibinneren der Glaubenden. Das Leibinnere bedeutet ja nichts anderes als das Geistinnere, das heißt die rechte Absicht, das heilige Verlangen, der demütig auf Gott und gütig auf den Nächsten gerichtete Wille. Daher heißt es zu Recht: *Dein Bauch esse, und dein Inneres fülle sich,* und wenn unser Geist die Nahrung der Wahrheit aufnimmt, bleibt unser Inneres nicht leer, sondern gesättigt von der Speise des Lebens.

7 Laßt uns erwägen, meine geliebtesten Brüder, wie gnadenreich die Verheißung ist, die da lautet: *Dein Bauch esse, und dein Inneres fülle sich mit der Buchrolle, die ich dir gebe.* Viele lesen und haben nichts von ihrer Lesung. Viele hören das Wort der Verkündigung, aber dann gehen sie leer aus. Mag auch ihr Bauch essen, das Leibinnere wird nicht erfüllt, und mögen sie auch den Sinn des heiligen Wortes mit dem Verstand erfassen, sie vergessen das Gehörte und bewahren es nicht, so daß es nicht in das Herzensinnere dringt. Daher kommt es, daß der Herr durch einen anderen Propheten gewisse Leute zurechtweist: *Richtet euren Sinn auf eure Wege! Ihr habt reichlich gesät und wenig eingebracht; ihr habt gegessen und seid nicht satt geworden; ihr habt getrunken und seid nicht berauscht* (Agg 1,5–6). Wer beim Lesen oder Hören der himmlischen Weisungen vieles erkennt, aber durch nachlässiges Tun wenig Frucht bringt, sät vieles in seinem Herzen und bringt wenig ein. Er ißt und wird nicht satt, wenn er das Wort Gottes hört, aber nach irdischem Gewinn und Ruhm begehrt. Sehr richtig heißt es, daß er nicht satt wird, weil er das eine ißt und nach dem anderen hungert. Wer das Ohr dem Wort der Verkündigung zuwendet, aber die Gesinnung nicht ändert, trinkt, ohne berauscht zu werden. Wird doch für gewöhnlich durch die Berauschung das Bewußtsein des Trinkenden verändert. Wer sich daher dem Studium des Wortes Gottes widmet, aber nach den Dingen dieser Welt begehrt, der trinkt und wird nicht berauscht. Wäre er wirklich berauscht worden, hätte er sicherlich seine Gesinnung geändert, so daß er nicht mehr nach Irdischem trachtet und die vergänglichen Nichtigkeiten, denen seine Zuneigung gegolten hatte, nicht mehr liebt. Sagt doch der Psalmist von den Auserwählten: *Sie berauschen sich am Überfluß deines Hauses* (Ps 35,9). Sie sind von so großer Liebe zum allmächtigen Gott erfüllt, daß sie infolge der Sinnesänderung sich selbst entfremdet scheinen und das Wort der Schrift verwirklichen: *Wer mir nachfolgen will, der verleugne sich selbst* (Mt 16,24). Wer sich zum Besseren wandelt und zu sein beginnt, was er nicht war, und aufhört zu sein, was er gewesen ist, der verleugnet sich selbst.

Wir sehen oft, wie gewisse Leute gemäß dem Wortlaut der Verkündigung, als ob sie nach ihrer Bekehrung reumütig wären, wohl das äußere Gehaben, nicht jedoch die Gesinnung ändern in der Weise, daß sie ein frommes Gewand tragen, aber die früheren Fehler nicht ausrotten. Als da sind: von zornigen Erregungen maßlos umgetrieben werden, in boshaftem Grimm zur Beleidigung des Nächsten entbrennen, im Herzeigen von mancherlei Vorzügen vor den Augen der Menschen großtun, den Schätzen der gegenwärtigen Welt atemlos nachjagen und einzig aufgrund des von ihnen angenommenen äußeren Gehabens auf ihre Heiligung hoffen. Was ist solchen anderes zu erwidern, als was der vortreffliche Lehrmeister zu einigen gesagt hat, die das Gesetz nur äußerlich befolgten: *In Christus Jesus gilt weder die Beschneidung etwas noch das Unbeschnittensein, sondern eine neue Schöpfung* (Gal 6,15)? Denn es ist von geringem Wert, was uns äußerlich am Leib geschieht, wohl aber ist sehr zu erwägen, was im Geist vor sich geht. 8

Hingegen: die gegenwärtige Welt verachten, die vergänglichen Dinge nicht lieben, den Sinn in herzlicher Demut Gott und dem Nächsten zuwenden, angesichts erlittenen Unrechts die Geduld bewahren und in beharrlicher Sanftmut den Grimm böser Erinnerung aus dem Herzen verbannen, den Bedürftigen vom Eigenen mitteilen, nicht nach fremdem Gut schielen, den Freund in Gott lieben, um Gottes Willen auch die Feinde lieben, über das Leid des Nächsten trauern, über den Tod des Widersachers nicht frohlocken: das ist die neue Schöpfung, die derselbe Lehrer der Völker bei anderen Jüngern wachsamen Auges erwartet, da er sagt: *Wenn somit einer in Christus ist, ist er ein neues Geschöpf, das Alte ist vergangen, siehe, alles ist neu geworden* (1 Kor 5,17). 9

Zum alten Menschen gehört: nach den Dingen der gegenwärtigen Welt trachten, das Vergängliche begehrlich lieben, den Geist zum Stolz erheben, keine Geduld mehr haben, im Grimm böser Gesinnung der Schädigung des Nächsten nachsinnen, den Bedürftigen nichts von dem Seinigen geben und zur eigenen Bereicherung nach fremdem Gut schielen, keinen rein um Gottes willen lieben, Feindschaft mit Feindschaft 10 vergelten, sich am Leid des Nächsten erfreuen. All das charakterisiert den alten Menschen, was aus der Wurzel unserer Verderbtheit stammt. Wer jedoch diese Fehler überwindet und seinen Geist bereitwillig den Geboten des Herrn zuwendet, von dem heißt es mit Recht: *Das Alte ist vergangen, siehe, alles ist neu geworden.*

11 Weichen die Fehler des alten Menschen von uns, dann ereignet sich das Neue in unseren Herzen, und die Fehler des alten Menschen verschwinden, wenn der Bauch die Weisung des heiligen Wortes ißt und das Leibinnere zuinnerst erfüllt wird. Oft beobachten wir, wie sich manche mit ganzer Aufmerksamkeit dem Studium der heiligen Lesung widmen und aus den Worten des Herrn erkennen, in wie vielem sie gefehlt haben; wie sie sich mit Tränen zermartern, von unaufhörlichem Schmerz geplagt werden, sich an keiner Lustbarkeit dieser Welt ergötzen, so daß ihnen das gegenwärtige Leben zur Last und selbst das Tageslicht zum Ekel wird; wie sie an kaum einer alltäglichen Plauderei teilnehmen und ihrer Seele nur schwer eine Erholung von der strengen Zucht gönnen, wie sie aus Liebe zum Schöpfer einzig an Wehklagen und Stillschweigen Gefallen finden. Deren Bauch ißt die heilige Buchrolle, deren Leibinneres ist erfüllt worden, weil ihr Herz die Gebote des Lebens zu fassen vermochte und ihr Gedächtnis sie nicht verloren hat, vielmehr hat sie die in Gott gesammelte Seele in Wehklagen und wacher Erinnerung bewahrt.

12 Nicht selten geschieht es auch, daß jene, die das Wort der Lehre als Geschenk himmlischer Gnade annehmen, die süße Speise der Wahrheit innerlich verkosten und auch den Mitmenschen die wohlschmeckende Nahrung reichen. Die Verkündigung aus ihrem Mund klingt den Hörenden um so wohllautender, je weniger ihr Handeln ihrer Verkündigung widerspricht. Sie schöpfen aus dem eigenen Leben, was ihre Zunge den Mitmenschen weitergibt. Darum fügt der Prophet sehr richtig hinzu:

13 *(Ez 3,3) Und ich aß sie, und sie ward in meinem Mund süß wie Honig.* Die das Leibinnere erfüllende Buchrolle ist für jene im Mund süß wie Honig, die über den allmächtigen Gott wohllautend zu reden wissen, weil sie ihn in ihrem Herzensinnern wahrhaft zu lieben gelernt haben. Die Heilige

Schrift ist süß im Munde dessen, dessen lebendiges Innere von ihren Weisungen erfüllt ist. Für ihn ist es süß, darüber zu reden, da sie ihm innerlich lebendig eingeprägt worden sind. Denn diese Rede enthält keine Süßigkeit, wenn ein verworfener Lebenswandel Gewissensbisse verursacht. Daher ist es notwendig, daß einer, der das Wort Gottes verkündet, zuerst darauf achte, wie er lebe, und dann entnehme er dem Leben, was und wie er rede. Zur Predigt trägt das Bewußtsein heiliger Liebe mehr bei als alle Redekunst, und wenn der Prediger Himmlisches liebt, liest er aus seinem Inneren, wie er andere von der Verachtung des Irdischen überzeuge. Wer seinen Lebenswandel innerlich prüft und mit seinem Beispiel die anderen nach außen hin ermahnend auferbaut, tunkt gleichsam den Federkiel der Rede in sein Herz, womit er dann nach außen hin den Mitmenschen mit der Hand des Wortes schreibt. So ermahnte der bewundernswerte Lehrer die Jünger in vielem, da er in seinem Inneren keinerlei Widerspruch des Gewissens vernahm, und sagte frei heraus: *Wenn es irgendeine Tugend und wenn es irgendeine lobenswerte Zucht gibt, so bedenkt folgendes: was ihr von mir gelernt und angenommen und gehört und gesehen habt, das tut, und der Gott des Friedens wird mit euch sein* (Phil 4,8–9).

VON DER LAST DER VERKÜNDIGUNG

Es folgt:

(Ez 3,4) Hierauf sprach er zu mir: Menschensohn, geh hin zum Haus Israel und rede meine Worte zu ihnen. 14

Indem der Herr zum Propheten sagt: *Rede meine Worte zu ihnen*, legt er seinem Mund den Zügel des rechten Maßes an, damit er sich nicht herausnehme, nach außen hin zu sagen, was er nicht zuvor im Inneren vernommen hat. Denn die falschen Propheten reden ihre, nicht Gottes Worte; von ihnen steht geschrieben: *Hört nicht auf die Worte der Propheten, die euch weissagen und euch täuschen; sie verkünden Gesichte, die ihr eigenes Herz, nicht der Mund des Herrn eingegeben hat* (Jer 23,16). Und: *Ich habe nicht zu ihnen geredet, und doch weissagen sie* (Jer 23,21). Daraus läßt sich entnehmen: wenn ein Ausleger in der Erklärung des heiligen Wortes, etwa um den Hörern zu schmeicheln, Lügenhaftes zusammenbraut, dann redet er seine eigenen Worte, nicht die des Herrn, denn die Lüge erwächst aus der Absicht zu gefallen und zu verführen. Wenn aber einer in den Worten des Herrn Kraft finden will, selbst aber anders empfindet als der, der sie vorbringt, wird er Worte des Herrn reden, auch wenn er die Auferbauung der Liebe nach einer anderen Methode im Sinne hat. Denn dazu allein redet Gott in der ganzen Heiligen Schrift zu uns, daß er uns zu seiner und zu des Nächsten Liebe hinzieht.

Es folgt:

(Ez 3,5–7) Denn nicht zu einem Volk unverständlicher Zunge und unbekannter Sprache wirst du gesendet, sondern zum Haus Israel, und nicht zu den vielen Völkern unverständlicher Zunge und unbekannter Sprache, deren Rede du nicht verstehen könntest: ja, wenn du zu solchen gesendet würdest, die würden dich hören. Aber das Haus Israel will nicht auf dich hören, weil sie auch auf mich nicht hören wollen. Gleich zu Beginn der Sendung, durch die der Prophet zur Verkündigung beauftragt wird, wird deutlich auf die Berufung der Heiden und die Verwerfung der Israeliten hingewiesen. Denn wenn es heißt: *Nicht zu den vielen Völkern unbekannter Sprache und unverständlicher Zunge wirst du gesendet, deren Rede du nicht verstehen könntest,* und anschließend bemerkt wird: *Wenn du zu solchen gesendet würdest, die würden auf dich hören,* dann ist das ein deutlicher Hinweis auf den Gehorsam der Heiden, die zu gegebener Zeit den Worten der Glaubensboten ohne Zögern Folge leisten würden. Und indem beigefügt wird: *Aber das Haus Israel will nicht auf dich hören, weil sie auch auf mich nicht hören wollen,* wird die Halsstarrigkeit der Juden angeprangert, welche die Worte der Glaubensverkünder zwar begriffen haben, aber nicht befolgen wollten. Die unverständliche Zunge der Heiden hatte keine Verzögerung ihres Gehorsams zur Folge, obwohl ihre Sprache eine andere als die des Gesetzes war. Sehr richtig heißt es daher: *Sie wollen nicht auf dich hören, weil sie auch auf mich nicht hören wollen,* im Sinne dessen, was geschrieben steht: *Wer euch verachtet, verachtet mich* (Lk 10,16). Auch die Ursache ihres Nicht-hören-wollens wird angegeben, da es heißt:

(Ez 3,7) Hat doch das ganze Haus Israel eine trotzige Stirn und ein verstocktes Herz. Unter dem Hinweis auf die trotzige Stirne des Hauses Israel kann man sich wohl nichts anderes denken oder vorstellen, als daß die häufigen Sünden die Stirn des Herzens in Schamlosigkeit abstumpfen und sich die Seele daher der Sünden um so weniger schämt, je häufiger sie sie begeht. Dadurch gerät der Sünder zuweilen in eine derartige Herzenshärte, daß er keiner Zurechtweisung zugänglich ist. Wer in der sündhaften Gewohnheit verhärtet ist, hat keinerlei Empfinden mehr für zurechtweisende Worte beziehungsweise für die liebkosende Hand, wie ja auch zu dem so oft sündigenden Judäa gesagt wird: *Du zeigtest die Stirn einer Buhlerin und wolltest dich nicht schämen* (Jer 3,3). Gewiß ist auch die Stirn eines in die Geschäfte dieser Welt Verstrickten abgestumpft; zwar gibt es einige, die die Zurückgezogenheit allen weltlichen Erfolgen und Ehren vorziehen, aber doch auch manche, die, um in der Welt etwas zu gelten, sich im Schweiß ihres Angesichts für Irdisches abmühen, Rechtshändel ausfechten und sich in Streitigkeiten einmischen. Und obgleich sie ihre Körperkräfte unter den Anstrengungen schwinden fühlen, bereitet ihnen, von der Liebe zu irdischen Dingen besiegt, ihre Müdigkeit sogar noch Genugtuung. Ihnen wird durch den Propheten gesagt: *Ephraim gleicht einem angelernten Rind, das gerne drischt* (Os 10,11). Ein Rind, das auf der Tenne zu dreschen gewöhnt ist, kommt, wenn es sich von der Anstrengung erholt hat, von selbst wieder zurück. So ist gewissen irregeleiteten Leuten nichts unangenehmer, als wenn ihnen verweigert wird, sich in den Geschäften dieser Welt abzumühen. Manche, von weltlicher Geschäftigkeit ferngehalten, flehen darum, dorthin zurückkehren zu dürfen, bitten, ihnen diese Last wieder aufzubürden, und meinen, die Zurückgezogenheit bedeute eine ernste Gefahr für sie. Sie haben eine abgestumpfte Stirn, da sie nicht nur die Mühsale nicht fliehen, sondern sich nicht einmal schämen, in den Arbeiten, die ihnen verwehrt sind, fehl am Platz zu sein. Es folgt: 16

(Ez 3,8) Siehe, ich habe dein Angesicht stärker gemacht als ihr Angesicht und deine Stirne härter als ihre Stirn. Wie lobenswert schamhafte Zurückhaltung im Bö- 17

sen ist, so tadelnswert ist sie im Guten. Sich des Bösen schämen ist ein Zeichen von Weisheit, sich des Guten schämen ein Zeichen von Torheit. So steht geschrieben: *Es gibt eine Scham, die zur Sünde führt, und es gibt eine Scham, die zur Ehre gereicht* (Sir 4,25). Wer sich reuevoll des von ihm verübten Bösen schämt, gelangt zur Freiheit des Lebens. Wer sich schämt, Gutes zu tun, fällt aus dem Rahmen der Gerechtigkeit und nähert sich der Verdammnis gemäß dem Wort des Erlösers: *Wer sich meiner und meiner Worte schämt, dessen wird sich der Menschensohn schämen, wenn er kommen wird in seiner Herrlichkeit* (Lk 9,26). Es gibt Leute, die sich im Geist das Gute vornehmen, aber den Bösen nicht offen entgegentreten. Obwohl sie es im Geist gut meinen, aber im Reden keine Autorität zeigen, sind sie zur Verteidigung der Wahrheit nicht geeignet. Denn nur derjenige kann die Wahrheit verteidigen, der sich nicht scheut und sich nicht schämt, das von ihm als richtig Empfundene auch auszusprechen. Daher wird dem Propheten in der großen Sendung verheißen: *Siehe, ich habe dein Angesicht stärker gemacht und deine Stirne härter als ihre Stirn.* Was ist ein Sünder anderes als ein Verwundeter? Und ein Glaubensverkünder anderes als ein Arzt? Wenn sich also der verwundet darniederliegende Sünder nicht schämt, warum schämt sich der Arzt, der dank der Arzneimittel für die Heilung sorgt? Oft kommt es vor, daß ein Prediger ehrerbietig angehört wird; doch manchmal wird er von verkehrt Denkenden verachtet, als ob er ihnen nichts Brauchbares sage. Daher heißt es jetzt zu Recht:

18 *(Ez 3,9) Wie Diamant und wie Kieselstein habe ich dein Angesicht gemacht.* Der Diamant und der Kieselstein sind beide hart, aber der eine von ihnen ist kostbar, der andere wertlos. Der Diamant wird für Schmuck verwendet, der Kieselstein von den Wanderern zertreten. Oft ist es so, daß wir uns scheuen, denen etwas zu sagen, von denen wir sehen, daß sie ihre Zurechtweisung überaus demütig aufnehmen. Dann wieder kommt es vor, daß wir Angst haben, denen das Wort der Verkündigung zu sagen, von welchen wir bemerken, daß sie ihre Schelte verächtlich links liegenlassen. Aber wenn wir die rechte Gesinnung haben, machen wir von der Autorität zur Ermahnung wie auch zum Tadel Gebrauch

nicht nur denen gegenüber, von denen wir uns geehrt wissen, sondern auch denen gegenüber, von denen wir uns verachtet sehen. Weder soll uns die Demut der ersteren zur Zurückhaltung veranlassen noch die Überheblichkeit der letzteren Schrecken einjagen. Heißt es also: *Wie Diamant habe ich dein Angesicht gemacht,* gilt das dann, wenn du von den Zuhörern geehrt bist. *Wie Kieselstein habe ich dein Angesicht gemacht* gilt dann, wenn du von den Zuhörern zertreten und verachtet wirst. Weder soll die Zunge infolge der entgegengebrachten Ehrerbietung aus Scheu Zurückhaltung üben noch wegen der entgegengebrachten Verachtung aus Schwäche schweigen. Es folgt:

(Ez 3,9) Fürchte dich nicht vor ihnen und erschrick nicht 19
vor ihrem Angesicht, denn sie sind ein widerspenstiges Haus. Das ist zuvor schon einmal gesagt worden. Man beachte indes, für wie widerspenstig das Haus gehalten wird, auf dessen Widerspenstigkeit so häufig hingewiesen wird. Der Sünder ist also zu schelten, niemals zu fürchten, denn er ist ein widerspenstiges Haus. Vor dem Menschen müßte man sich fürchten, der als Mensch dem Schöpfer alle Ehrfurcht erweist. Wer den vernünftigen Sinn für Gottesfurcht nicht besitzt, ist um so weniger zu fürchten, je weniger er ist, was er sein sollte.

GOTTES WORT HÖREN UND TUN

Es folgt:

(Ez 3,10–11) Und er sprach zu mir: Menschensohn, alle 20
meine Worte, die ich zu dir rede, nimm dir zu Herzen und neige ihnen dein Ohr! Und geh hin und begib dich in die Verbannung zu den Söhnen deines Volkes. Man achte wachsam darauf, daß durch die Stimme des Herrn dem Propheten gesagt wird, er solle zuerst dessen Worte anhören und dann erst reden. Wir hören aber die Worte des Herrn, wenn wir sie tun. Daher sagen wir sie dann richtig zu den Mitmenschen, wenn wir sie zuvor selber getan haben. Das bestätigt der Evangelist Markus, da er von einem Wunder des Herrn berichtet: *Sie brachten einen Taubstummen zu ihm und baten ihn, er möge ihm die Hand auflegen.* Nun weist er auf die Ordnung

des Heilungsvorganges hin, indem er fortfährt: *Er legte ihm seine Finger in die Ohren und berührte ihm die Zunge mit Speichel, blickte zum Himmel auf, seufzte, und sprach zu ihm: Ephata, das heißt: tu dich auf! Und sogleich öffneten sich seine Ohren, und die Bindung seiner Zunge löste sich, und er redete richtig* (Mk 7,33–35). Was hat es zu bedeuten, daß Gott, der Schöpfer aller Dinge, dem Taubstummen, den er heilen wollte, seine Finger in die Ohren legte und die Zunge mit Speichel berührte? Was wird mit den Fingern des Erlösers anderes bezeichnet als die Gaben des Heiligen Geistes? So sagt er an anderer Stelle, da er einen Dämon austrieb: *Wenn ich durch den Finger Gottes die Dämonen austreibe, so ist ja das Reich Gottes zu euch gekommen* (Lk 11,20). Deshalb läßt ihn ein anderer Evangelist sagen: *Wenn ich durch den Geist Gottes die Dämonen austreibe, so ist ja das Reich Gottes zu euch gekommen* (Mt 12,28). Aus diesen beiden Stellen ergibt sich, daß der Geist Finger Gottes genannt wird. Somit bedeutet die Finger in die Ohren legen: den Geist des Tauben durch die Gaben des Heiligen Geistes zum Gehorsam öffnen. Was hat es aber zu bedeuten, daß er seine Zunge mit Speichel berührte? Der Speichel ist für uns die in der göttlichen Rede aus dem Mund des Erlösers empfangene Weisheit. Der Speichel fließt vom Kopf in den Mund: wenn er unsere Zunge berührt, wird die Weisheit, die er selber ist, zum Wort der Verkündigung geformt. *Er blickte zum Himmel auf und seufzte.* Nicht als ob er, der gab, was er forderte, das Seufzen notwendig gehabt hätte. Vielmehr lehrte er uns zu dem im Himmel Herrschenden aufseufzen, auf daß unsere Ohren durch die Gaben des Heiligen Geistes geöffnet und die Zunge durch den Speichel des Mundes, das heißt durch die Weisheit der göttlichen Rede gelöst werden könnten zu den Worten der Verkündigung. Zu ihm sodann: *Ephata, das heißt: tu dich auf! Und sogleich öffneten sich seine Ohren und die Bindung seiner Zunge löste sich.* Man beachte, daß wegen der verschlossenen Ohren gesagt ist: *tu dich auf!* Wem die Ohren des Herzens zum Gehorsam geöffnet wurden, dem wird infolgedessen gewiß auch die Bindung der Zunge gelöst, auf daß er das Gute, das er getan hat, anderen sage, damit auch sie es tun. Treffend heißt es dann: *Und er redete richtig.* Der redet richtig, der zuvor im Gehorsam getan hat, wozu er in seiner Rede auffordert.

Unter der Tatsache, daß der Prophet als Mahner zu dem Volk in die Verbannung gesendet wird, ist nicht allein die Verbannung zu verstehen, die dem Volk dem Leibe nach widerfuhr, sondern auch jene, die sich im Geiste ereignete. Ezechiel war ja von Jerusalem nach Babylon gekommen. Und Jerusalem heißt übersetzt Schau des Friedens, Babylon Verwirrung. Wer immer von rechten Werken in verkehrtes Tun verfällt, vom guten Eifer zu Lastern übergeht, kommt gleichsam von Jerusalem nach Babylon. Er hat den Gipfel der guten Beschauung verlassen und liegt nun in der Verbannung der Verwirrung darnieder. Was oftmals jenen widerfährt, die Gutes wirken und sich deshalb ihrer Tugend rühmen. Darum fleht der Psalmist zum Herrn, daß er von der Schau des Friedens, das heißt von den guten Taten nicht als Gefangener nach Babylon verschleppt werde: *Mein Helfer, ich werde nicht in die Fremde ziehen* (Ps 61,7) Würde er auf sich allein vertrauen, wäre er von den Werken der Gerechtigkeit abgekommen. 21

Doch auch die aus dem Stand der Gerechtigkeit Herausgefallenen sollen die Hoffnung nicht verlieren, denn siehe, der Prophet wird in die babylonische Gefangenschaft entsendet. Durch einen anderen Propheten spricht der Herr: *Und du wirst bis nach Babylon kommen, und dort wirst du Rettung finden* (Mich 4,10). Denn oft bereut einer, der der Verwirrung der Laster verfallen ist, das getane Böse, kehrt reuig um und richtet sich durch einen guten Lebenswandel von seinem Fall wieder auf. Ist das nicht so, wie wenn er nach Babylon gekommen und dort Rettung gefunden hätte? Nachdem er verwirrten Sinnes Verkehrtes getan hat, bereut er das begangene Böse, erhebt sich gegen sich selbst und kehrt durch einen guten Lebenswandel zum Stand der Gerechtigkeit zurück. Wer sich daher als ein durch göttliche Gnade aus der Verwirrung Geretteter erweist, ist in Babylon befreit worden. Der Prophet redet also zu den Verbannten, wenn er jene zurechtweist, die, aus dem Stand der Gerechtigkeit herausgefallen, in die Laster des Irrtums verbannt wurden. Es folgt: 22

(Ez 3,11) Und rede zu ihnen und sage: so spricht Gott der Herr, ob sie es nun hören oder ob sie es auf sich beruhen lassen. Die vom göttlichen Wort so oft wiederholte Schwerhörigkeit: *Ob sie es nun hören* weist auf die Herzens- 23

härte des verbannten Volkes hin. In diesen Worten liegt ein großer Trost für uns, denn wenn der den Prophet sendende Gott kundgibt, daß seine Worte vom verbannten Volk so schwer gehört werden, wie können wir Elenden uns dann noch betrüben, die wir bei unseren Ermahnungen von den Brüdern verachtet werden? Wir reden ja zu solchen, die sich häufig verfehlen, oft üben wir Zurechtweisung, oft wenden wir uns mit liebevollen Worten an sie, und doch: der eine hört, der andere weigert sich zu hören, der eine nimmt die Ermahnung teilweise an und weist sie teilweise von sich, so daß wir täglich erfüllt sehen, was der Herr in seinem Zorn durch einen anderen Propheten kundtut: *Auf die eine Stadt ließ ich Regen fallen, auf die andere ließ ich keinen Regen fallen. Ein Stück Feld ward beregnet, ein anderes, auf das ich nicht regnen ließ, verdorrte* (Am 4,7). Wenn der eine die Worte der Ermahnung annimmt, der andere die Annahme verweigert, dann läßt es der Herr auf die eine Stadt regnen, und auf die andere Stadt läßt er es nicht regnen. Und wenn einer zwar hinhört und sich in den einen Fehlern bessert, in anderen jedoch die Besserung verweigert, dann wird die Stadt teilweise beregnet und bleibt teilweise trocken, dort nämlich, wo sie den Regen der Verkündigung von sich weist. Ferner gibt es auch solche, die die Worte der Ermahnung überhaupt nicht anhören: Sie wollen gar keinen Regen haben. Wieder andere hören zwar die Ermahungen, befolgen sie aber nicht zur Gänze, indem sie die einen Laster in sich zurückschneiden, in anderen hartnäckig verharren. Wir sehen, wie manche aufgrund eines Predigtwortes die Glut der Habgier in sich niederschlagen und nicht nur kein fremdes Gut rauben, sondern auch vom Eigenen an Bedürftige spenden; doch zähmen sie weder die Stacheln des Zornes noch bewahren sie ruhigen Geistes maßvolle Geduld. Andere wieder besiegen aufgrund eines Predigtwortes ihre fleischliche Unlauterkeit und bewahren den Leib in Keuschheit, doch neigen sie ihr Herz nicht, wie sie sollten, den Mitmenschen zu, sondern erheben sich in Gedanken zu unnachgiebigem Stolz. In ihnen ist nur ein Teil beregnet, da er ja Frucht bringt, während der regenlose Teil verdorrt, weil er das Wort der Ermahnung nicht voll annimmt und unfruchtbar bleibt an guten Werken.

Es folgt:
(Ez 3,12) Da entrückte mich der Geist, und ich vernahm 24
hinter mir den Klang eines starken Getöses: Gepriesen sei die Herrlichkeit des Herrn von ihrer Stätte aus. Was hat es zu bedeuten, daß der Prophet, nachdem er in die Verbannung der Söhne des Volkes geschickt worden ist, hinter sich den Klang eines großen Getöses vernimmt, das da lautet: *Gepriesen sei die Herrlichkeit des Herrn von ihrer Stätte aus?* Er hatte sich den Sündern Babylons zugewendet und vernahm nun hinter seinem Rücken den Klang der Herrlichkeit des Herrn von ihrer Stätte aus. Die Stätte des Herrn ist Jerusalem, das bedeutet Schau des Friedens; und jene Herzen schauen, was Gottes ist, die nicht in die babylonische Verbannung, das heißt zu den Lastern der Verwirrung hinabgezogen sind. Wohnt doch der Herr dort, wo der wahre Friede gesucht, die Herrlichkeit der innerlichen Schau geliebt wird. Denn die in Verkehrtheit abgleiten, verachten es, die Stätte Gottes zu sein. Somit ist die Stätte der Herrlichkeit einerseits jede heilige Seele, anderseits jeder im Himmel wohnende engelgleiche Geist. Und die Herrlichkeit des Herrn wird von ihrer Stätte aus gepriesen, wann immer entweder von auserwählten Menschen oder von heiligen Engeln dem Schöpfer aller Dinge ewiger Lobgesang dargebracht wird. Sofern daher die Gerechten, an die Bekehrung der Sünder denkend, beim Anblick von deren Lastern die Augen auf die Werke des Fleisches richten, streben sie gleichsam nach Babylon. Da sie aber das Gute, das die Heiligen zum Lobe Gottes vollbringen, zu betrachten niemals aufhören und so im Stand der Gerechtigkeit bleiben, vernehmen sie, auch indem sie ihre Gedanken anderswohin lenken, den Klang der Herrlichkeit des Herrn gleichsam hinter sich von Jerusalem, das heißt eben von ihrer Stätte her.

Doch weshalb halten wir uns hierbei auf, die wir diese Worte 25
des Propheten mit Hilfe des Herrn in einem anderen Sinn begreifen und deutlicher erklären können? Es heißt nämlich: *Da entrückte mich der Geist.* Der Geist entrückt den Glaubenslehrer, wenn er dessen zur Liebe des allmächtigen Gottes

emporgehobenes Herz den irdischen Begierden entfremdet, so daß er nur das tun möchte, womit er geistigen Gewinn einsammelt und durch sein tägliches Tun dem Reich Gottes Frucht bringt. Daher werden wir Glaubenslehrer angewiesen: *Müht euch nicht um die Speise, die vergeht, sondern um die Speise, die ins ewige Leben bleibt* (Joh 6,27).

26 Darum heißt es treffend: *Ich vernahm hinter mir den Klang eines starken Getöses.* Der vom Heiligen Geist erfüllte Prophet berichtet gleichsam als bereits Geschehenes, was er als Künftiges voraussieht, denn was in Wirklichkeit erst nachfolgt, ist in der Vorherbestimmung bereits geschehen. So heißt es bei Isaias nach der älteren Übersetzung: *Er hat das Zukünftige vollbracht* (Is 45,11 [LXX]). Daß der Prophet hinter sich den Klang eines großen Getöses vernahm, bedeutet nunmehr, daß auf das Wort der Verkündigung, das den Sündern zu Herzen geht, die Wehklagen der Büßenden folgen.

27 Während die Bösen Verkehrtes tun und nicht auf die Zurechtweisungen der Gerechten hören, wissen sie nicht, wie schwerwiegend ihr Tun ist; gerade in ihrer Unwissenheit fühlen sie sich in ihrem Irrtum sicher und ruhen gleichsam bequem in ihren Sünden. So wird von einem Sünder beziehungsweise von einem selbstsicheren Volk gesagt: *Er ruhte in seinem Bodensatz, weil er sich in Sünden liegend sicher fühlte* (Jer 48,11).

28 Sobald jedoch die Bösen anfangen, das Wort der Verkündigung zu hören und zu erfassen, was es mit der ewigen Pein, mit dem Schrecken des Gerichtes auf sich hat, wie genau alle einzelnen Sünden geprüft werden, dann erzittern sie, werden von Wehklagen erfüllt, von unwillkürlichen Seufzern geängstigt und brechen, von großem Schauder erschüttert, in Wehklagen und Tränen aus. So folgt auf den Propheten der Klang eines großen Getöses, da nach dem Wort der Verkündigung die Wehklagen der Bekehrten und der Büßenden vernehmbar werden. Jene nämlich, die beruhigt in ihren Sünden lagen, kehren, nachdem sie von der Hand des Arztes berührt worden sind, in Schmerzen zum Heil zurück. Von dieser Erschütterung der Büßenden heißt es bei einem anderen Propheten: *Seine Füße standen, und die Erde bebte* (Zach 14,4), denn wenn sich die Fußspuren der Wahrheit im Geist der Hörenden eingegraben haben, erbebt der Geist, in der Betrachtung

seiner selbst erschüttert. Daher fleht der Psalmist für die Sünder: *Der du auf dem Cherubim thronst, es erbebe die Erde* (Ps 98,1). Ebenso bittet er für die Trauernden und Büßenden: *Du hast die Erde zum Beben gebracht und sie erschüttert, heile ihre Risse, denn sie wankt* (Ps 59,4). Die bebende und wankende Erde ist der Sünder, der sich im Gedanken an seine Schuld ängstigt und zum Wehklagen der Buße gelangt ist. Zum sündigen Menschen ist ja gesagt worden: *Erde bist du, und zur Erde mußt du zurückkehren* (Gen 3,19). Er fleht um die Heilung der gespaltenen Erde, denn sie bebt jedesmal, wenn ein ob seiner Schuld niedergebeugter Sünder durch die freudige Aussicht auf himmlische Barmherzigkeit getröstet wird. Das ist also der Klang des großen Getöses, wenn einer seine Taten verurteilt und in büßender Trauer erschüttert wird.

Hören wir nun, was dieser Klang besagt: *Gepriesen sei die Herrlichkeit des Herrn von ihrer Stätte aus.* Die Stätte des bösen Geistes waren die Herzen der Sünder; wenn sie jedoch, gegen sich selbst ergrimmt, in Buße zum Leben zurückkehren, werden sie zur Stätte der Herrlichkeit des Herrn. Sie erheben sich ja gegen sich selbst und gehen mit Tränen der Buße gegen das begangene Böse an. Somit wird der Lobpreis der Herrlichkeit des Herrn von dort her vernommen, von wo aus zuvor die Schmähung des Schöpfers aus Liebe zum gegenwärtigen Äon ertönte. Die Herzen der Büßenden werden zur Stätte des Herrn, die zuvor in Sünde befangen die Stätte der Verbannung waren. Denn die sich von ihren Sünden zum Herrn bekehren, vernichten nicht nur mit ihren Tränen das Böse, das sie getan haben, sondern erheben sich in wunderbaren Werken zu Höherem, so daß sie die heiligen Lebewesen des Herrn werden, in Zeichen und Tugenden sich zur Höhe aufschwingen, die Erde gänzlich verlassen und ihre Sehnsucht dank der empfangenen Gnadengaben auf die himmlischen Dinge richten. Von ihnen heißt es dann: 29

(Ez 3,13) Und das Rauschen der Flügel der Lebewesen, deren Flügel aneinanderschlagen. Es vernimmt der Prophet den Klang eines starken Getöses hinter sich, da wie gesagt auf das Wort der Glaubensverkünder die Wehklagen der Büßenden folgen. Er hört hinter sich das Rauschen der Flügel der Lebewesen, da aus den Wehklagen der Büßenden 30

die Tugenden der Heiligen entstehen, die um so mehr in heiligem Tun voranschreiten, je mehr sie sich daran erinnern, vor der Erkenntnis des wahren Lebens nichtswürdig gehandelt zu haben.

LEBENDIGER ZUSAMMENHANG DER TUGENDEN

Doch liegt in diesen Worten eine große Unsicherheit, zumal vom Prophet nicht klar gesagt wird, ob jedes Lebewesen seine Flügel zusammenschlägt, oder ob diese heiligen Lebewesen ihre Flügel wechselseitig gegeneinanderschlagen, so daß der Flügel des einen Lebewesens das andere berührt und umgekehrt.

31 Weil aber in der Heiligen Schrift etwas nicht selten deshalb dunkel gesagt wird, auf daß es nach der wunderbaren Fügung Gottes vielfältig ausgelegt werde, wollen wir Eurer Liebe mit des Herrn Hilfe beide Auffassungen vorlegen. Schon mehrfach haben wir gesagt: die Flügel der Lebewesen bedeuten die Tugenden der Heiligen. Daß jedes Lebewesen seine Flügel hin und her bewegt und der eine an den anderen schlägt, läßt offensichtlich den Schluß zu, daß, wenn wir zu heiligen Lebewesen werden, die eine Tugend in uns die andere hervorruft und die eine die andere zur Vervollkommnung treibt. Denn siehe, wer mit dem Wort Gottes vertraut ist, lernt auch, herzliches Erbarmen zu haben. Aus der Kenntnis des Gotteswortes lernt er: *Gebt Almosen, und siehe, alles ist euch rein* (Lk 11,41). Und wenn einer durch Almosengeben begonnen hat, barmherzig zu sein, liest er die Worte heiliger Autorität und begreift nun aufgrund eigener Erfahrung besser, was daselbst über die Barmherzigkeit gesagt ist. Denn dort steht geschrieben: *Vater war ich den Armen* (Job 29,16). Vielleicht hat er das schon früher einmal gelesen und ist darüber hinweggegangen. Wenn aber die Barmherzigkeit in seinem Herzen ihr Wesen zu entfalten begonnen hat, dann liest er und begreift, was es heißt, den Armen ein Vater zu sein, weil er in sein Innerstes einkehrend in sich selbst erkennt, was er außen vernimmt. Etwas anderes ist es ja, aufgrund eines Gebotes,

etwas anderes, aus Liebe Almosen zu geben. Aufgrund eines Gebotes Gutes zu tun ist Sache von Anfängern, aus Liebe Gutes zu tun Sache von Vollkommenen, die es nicht nur tun, weil es geboten ist, sondern im Tun das Gebotene lieben. Sagt doch der Psalmist mit großem Nachdruck: *Siehe, ich liebe deine Befehle, erhalte mein Leben in deiner Barmherzigkeit* (Ps 118,159). Die Gebote aufgrund ihres Befohlenseins halten ist Sache eines gehorsamen Dieners, sie in Liebe halten ist Sache eines Liebenden. Weil daher durch die Kenntnis der Liebe die Barmherzigkeit gelernt wird und durch die Liebe zur Barmherzigkeit die Einsicht im zerknirschten Herzen zunimmt, schlägt ein Flügel an den anderen, und eine Tugend ruft die andere hervor. Wer zum Beispiel seinen Leib in Keuschheit bewahrt, entbrennt im Eifer gegen die Wollüstigen, daß sie von den Makeln der Unlauterkeit gereinigt würden. Und findet er einmal solche, die gefallen sind, dann läßt er ihnen keine Ruhe und bedrängt sie und führt sie zur Reinheit der Keuschheit zurück. Und sollte er vielleicht selbst einmal von unreiner Wollust versucht worden sein, nimmt er mit dem gleichen Eifer, mit dem er andere zurechtgewiesen hat, sich selbst ins Gebet und bereut seine unlauteren Gedanken im Bewußtsein, sie bei anderen verurteilt zu haben. Auch hier also schlägt ein Flügel an den anderen, da die eine Tugend die andere hervorruft und vor Unreinheit bewahrt.

Wenn hingegen, wie wir gesagt haben, die Lebewesen sich 32
wechselseitig mit ihren Flügeln schlagen und ein Flügel eines jeden den des anderen trifft, ergibt auch diese Lesart mit des Herrn Hilfe einen Sinn. Daß die Flügel dieser gefiederten Lebewesen wechselseitig aneinanderschlagen, bedeutet nämlich, daß alle Heiligen sich gegenseitig mit ihren Tugenden berühren und sich in der Betrachtung der fremden Tugend zum Fortschritt anregen. Jedem werden ja nicht sämtliche Tugenden gegeben, damit er nicht in stolzer Überheblichkeit zu Fall komme, vielmehr wird dem einen gegeben, was dir nicht gegeben ist, und dir gegeben, was jenem verweigert ist, damit er das Gute, das du hast und er nicht hat, erkenne und dich in Gedanken sich vorziehe und umgekehrt du dich ihm hintansetzest, wenn du siehst, daß er hat, was du nicht hast, auf daß geschehe, was geschrieben steht: *Einer achte den anderen*

höher als sich selbst (Phil 2,3). Um aus vielem nur wenig anzuführen: jenem ist die Tugend ungewöhnlicher Enthaltsamkeit zuteil geworden, aber er besitzt die Sprache der Wissenschaft nicht. Jenem ist die Sprache der Wissenschaft gegeben, aber er ist trotz aller Bemühung nicht imstande, die Tugend der vollkommenen Enthaltsamkeit zu erlangen. Diesem ist die Freiheit der Rede zuteil geworden, so daß er, wenn er den Unterdrückten den Trost seines Schutzes zuwenden will, zur Verteidigung der gerechten Sache frei heraus zu reden vermag, aber er besitzt noch vieles in dieser Welt und ist trotz aller Bemühung nicht imstand, alles zu verlassen. Jenem ist es gegeben, alles Irdische zu verlassen, so daß er nichts in dieser Welt zu besitzen wünscht, aber er wagt es nicht, die Autorität des Wortes gegen gewisse Sünder einzusetzen. Obschon er um so freier reden könnte, da er ja nichts hat, was ihn in dieser Welt zurückhält, sträubt er sich, gegen andere frei heraus zu reden, um die Ruhe seines Lebens nicht zu verlieren. Diesem ist die Tugend der Weissagung gegeben und er sieht vieles Künftige voraus, aber er ist nicht imstand, die gegenwärtige Not des Nächsten zu lindern, obwohl er sie sieht und damit Mitleid hat. Jenem ist die Gnade der Heilung gegeben, er vertreibt mit Gebeten die Beschwerden, die den Leib des Nächsten jeweils befallen, aber er weiß nicht, was ihm selbst binnen kurzem zustößt. So teilt der allmächtige Gott seine Gaben in wunderbarer Vorsehung unter seinen Erwählten in der Weise aus, daß er diesem gibt, was er jenem versagt, dem einen mehr von dem gewährt, von dem er einem anderen weniger zukommen läßt. Sofern nun einer erkennt, daß ein anderer hat, was er nicht hat, oder sieht, daß jener mehr von dem erhalten hat, was er bei sich in geringerem Maße vorfindet, sollen alle die Gaben Gottes, der eine im anderen, das heißt gegenseitig anerkennen und in dieser Anerkennung sich einer vor dem anderen demütigen. Und sieht er einen haben, was er nicht hat, soll er ihn nach göttlichem Urteil gegenüber sich selbst als bevorzugt erachten. So schlagen also die Lebewesen wechselseitig mit ihren Flügeln aneinander, da die heiligen Seelen sich mit ihren Tugenden gegenseitig berühren, in der Berührung anspornen und so angespornt weiter emporfliegen.

Laßt uns auf Paulus blicken, der, von den Flügeln der Apostel berührt und zur Buße angespornt, das Böse seiner früheren Verfolgung und den unschuldigen Lebenswandel der Apostel erwogen hat: *Denn ich bin der geringste der Apostel und nicht wert, ein Apostel genannt zu werden, weil ich die Kirche Gottes verfolgt habe* (1 Kor 15,9). Bei der Erwägung der Unschuld der Apostel und seiner vorausgegangenen Bosheit ist ihm sein ganzer für die Kirche an den Tag gelegter Eifer in seinen Augen als wertlos erschienen. Er achtete nicht darauf, wie viele er durch die ihm zuteilgewordene Einsicht überragte, und bedauerte, die Unschuld jener erwägend, ehemals ein Verfolger gewesen zu sein. Und nun sehen wir zu, wie einer der Apostel die dem Paulus verliehene Einsicht bewundert. Der erste der Apostel ist hier zu Rate zu ziehen, der da die Jünger ermahnt: *Wie auch unser geliebter Bruder nach der ihm verliehenen Weisheit euch geschrieben hat, wie auch in allen Briefen, wenn er in ihnen davon redet, in denen sich einiges Schwerverständliche findet, was die Unwissenden und Ungefestigten verdrehen* (2 Petr 3,15–16). Paulus bewundert in allen Aposteln die Unschuld, der erste der Apostel bewundert in Paulus die Weisheit. Sie berühren sich also mit den Flügeln und spornen sich gegenseitig zum Fortschritt an, und so fliegen sie. 33

Was der allmächtige Gott in den Herzen der Menschen wirkt, das tut er auch in den verschiedenen Gegenden der Erde. So konnte er einer bestimmten Gegend jegliche Fruchtbarkeit schenken; aber wenn der einen Gegend die Früchte der anderen nicht fehlten, hätten sie keine Gemeinschaft miteinander. So geschah es, daß Gott der einen Gegend Überfluß an Wein, der anderen Überfluß an Öl gewährte; diese machte er reich an vielem Vieh, jene an Erträgnissen des Ackerbodens, auf daß die verschiedenen Länder in der Gemeinschaft des Wohlwollens miteinander verbunden seien, wenn jenes spendet, was dieses nicht hat, und dieses hergibt, was jenes nicht hervorbringt. Die Herzen der Heiligen sind wie die Landesgegenden: wenn sie sich von dem ihnen Zuteilgewordenen gegenseitig mitteilen, dann geben gleichsam die einen Landstriche von ihren Erträgnissen den anderen und sind so in der einen Liebe verbunden. 34

Doch ist hier an folgendes zu erinnern: während nämlich die 35

Auserwählten bei den anderen stets darauf achten, was jene Besseres als sie von Gott erhalten haben, sie somit in Gedanken sich selbst vorziehen und sich ihnen in Demut unterordnen, bedenken die Verworfenen niemals, was ein anderer an Gutem reichlicher als sie empfangen hat, wohl aber was sie selbst an Gutem reichlicher als der andere besitzen. Sie erwägen nicht, welche geistigen Güter, die ihnen fehlen, der andere erhalten hat, sondern was in ihnen Gutes und was in anderen Schlechtes ist. Indes teilt der allmächtige Gott die Tugenden auf die einzelnen in der Absicht auf, daß der eine sich vor dem anderen in Gedanken demütige. Die Verworfenen hingegen pochen auf das Gute, das sie erhalten haben, so daß sie in Überheblichkeit zugrunde gehen, da sie stets auf das Gute schauen, das sie selber haben, andere aber nicht, und sich niemals zu erwägen bemühen, wieviel Gutes andere haben, sie selbst aber nicht. Was also die göttliche Güte zur Mehrung der Demut vorgesehen hatte, das verfälschen die Verworfenen zur Mehrung der Überheblichkeit, und so mindert sich aufgrund der Verschiedenheit der Gnadengaben das Gute in ihnen, während sie gerade dadurch in der Demut wachsen sollten.

36 Daher ist es notwendig, geliebte Brüder, daß ihr in euch stets darauf schaut, was ihr weniger habt, bei den Mitmenschen jedoch darauf, was sie reichlicher als ihr erhalten haben. Denn wenn ihr sie um des Guten willen, das sie haben, ihr aber nicht, höher schätzt als euch selbst, dann werdet ihr im Willen, dieses Gute auch zu erlangen, in der Demut wachsen. Und wenn ihr das Geschenk des Guten in ihnen erwägt und sie hinwiederum die Gaben, die ihr erhalten habt, betrachten, dann berührt ihr euch gegenseitig mit den Flügeln und schwingt euch, so angespornt, immerfort zu Himmlischem empor.

DAS ZWEITE GETÖSE

Es folgt:

37 *(Ez 3,13) Und das Geräusch der den Lebewesen folgenden Räder, und den Klang eines großen Getöses.* Wir haben

weiter oben gesagt, daß mit den Rädern die Testamente der Heiligen Schrift bezeichnet werden, somit ist das Geräusch der Räder die Rede der Testamente. Nach dem Flügelrauschen der Lebewesen hört man das Geräusch der Räder, weil nach der Annahme der Worte der Glaubensverkünder, wenn die Tugenden der Heiligen zu höherem Tun emporstreben und sie sich gegenseitig zum Fortschritt antreiben, die Gestalt der heiligen Kirche aufgerichtet wird und die Buchseiten der heiligen Testamente auf dem ganzen Erdenrund gelesen werden. Schon ertönen überall das heilige Evangelium, die Worte der Apostel, überall das Gesetz und die Propheten. So folgt auf das Rauschen der Flügel das Geräusch der Räder, da nach den Wundertaten der Heiligen die Worte der Heiligen Schrift innerhalb der Kirche frei und ungehindert vernommen werden. Die Räder folgen den Lebewesen, denn, wie oben gesagt, nachdem das Leben der Heiligen zu Ehren gekommen ist, sind den Menschen auch die Worte der Testamente verehrungswürdig erschienen.

In einem anderen Sinn folgen die Räder den Lebewesen auch 38
deshalb, sofern wir dem Leben der heiligen Väter entnehmen, was wir in dem Buch der Heiligen Schrift erkennen sollen. Deren Lebenswandel öffnet uns die Augen dafür, was die Frohbotschaft auf den Buchseiten der Testamente sagen will. Doch müssen wir uns fragen, warum nach den Worten: *Ich vernahm den Klang eines starken Getöses* (Ez 3,12) und nach der Erwähnung des Geräusches der Flügel und der Räder abermals gesagt wird: *Und den Klang eines starken Getöses.* Wenn man das aufmerksam betrachtet, kann man herausfinden, daß es nicht umsonst wiederholt wird.

Zweierlei Getöse sind es ja, wodurch unsere Herzen bewegt 39
werden. Das eine stammt aus der Furcht, das andere aus der Liebe; das eine erfolgt aus den Wehklagen der Büßenden, das andere aus der heiligen Leidenschaft der Liebenden. Das erste entsteht nach den Worten der Verkündigung, wenn wir das von uns verübte Böse beklagen, das zweite nach dem Geräusch der Flügel und der Räder, wenn wir unter vielen Tränen die himmlischen Güter suchen, von denen wir vernommen haben. Denn siehe: da wir die Tugendbeispiele vieler Väter in der heiligen Kirche wahrnehmen, hören wir gleich-

sam täglich das Rauschen der Flügel; da überall die Worte der Heiligen Schrift ertönen, werden wir gleichsam vom Geräusch der Räder angespornt. Durch die Worte der Heiligen Schrift werden wir zur Liebe unseres Schöpfers entzündet, entbrennen im Feuer einer großen heiligen Leidenschaft und klagen darüber, daß wir noch so weit vom Angesicht des allmächtigen Gottes entfernt sind. So kommt es nach dem ersten Klang des starken Getöses schließlich abermals zum Klang eines starken Getöses, einmal wenn wir, Gott erkennend, die Sünden zu beklagen beginnen, und dann, wenn wir, den Erkannten liebend, nicht mehr aufhören, uns nach ihm mit Tränen zu sehnen. Auf das Geräusch der Räder folgt der Klang eines starken Getöses, wenn, nachdem die Testamente Gottes im Ohr des Herzens zu erklingen begonnen haben, der Geist der Hörenden in Liebe zerknirscht zu Wehklagen bewegt wird. So kommt es, daß die Worte der Heiligen Schrift im Herzen der Lesenden wohllautend werden, zumal sie von den Liebenden meist in der Stille gleichsam heimlich und schweigend gelesen werden. Darum heißt es auch bei einem anderen Propheten: *Du hast die Köpfe der Mächtigen in der Verbannung abgeschlagen, dort kommen die Heidenvölker in Bewegung, sie öffnen ihre Münder wie der Arme, der im Verborgenen ißt* (Hab 3,14 [LXX]). Der allmächtige Gott schlägt die Köpfe der Mächtigen in der Verbannung ab, da er den Stolz der Juden zerbrach, indem er sich von ihnen abwandte. Angesichts dieser Vertoßung geraten die Heidenvölker in Bewegung, da sich die Herzen der Heiden zur Erkenntnis des Glaubens zusammenfanden, während die Juden vom Glauben abfielen. Die Heiden öffnen den Mund zur Speise der heiligen Lesung, sie essen wie der Arme im Verborgenen und nehmen eilends und schweigend die Worte des Lebens lesend zu sich.

LEHRENDE UND HÖRENDE KIRCHE

40 Doch muß man wissen: je mehr die Hörenden in der Liebe voranschreiten, desto größer ist die Gnade, die der Geist den heiligen Glaubenslehren schenkt. Nachdem daher der Prophet gesagt hat: *Da entrückte mich der Geist, und ich vernahm hinter mir*

den Klang eines starken Getöses, fügt er nach der Erwähnung des Klanges eines lauten Geräusches der Flügel und Räder und eines abermaligen starken Getöses hinzu:
(Ez 3,14) Der Geist also hob mich empor und entrückte mich. Warum bezeichnet sich ein bereits vom Geist Entrückter (vgl. Ez 3,12) noch einmal als emporgehoben und entrückt? Der Geist der Glaubenslehrer schreitet zu Höherem empor, wenn durch sie das Herz der Hörenden zum Verlangen nach dem allmächtigen Gott bewegt wird. Die heiligen Glaubenslehrer schreiten in dem Sinne voran, daß durch ihren Dienst die Gnadengaben in der heiligen Kirche vervielfältigt werden, wie ja von der heiligen Kirche geschrieben steht: *Bewässerst du ihre Furchen, so mehrst du ihre Geschlechter; sie freut sich ihrer Rinnsale, wenn es aufsprießt* (Ps 64,11). Die Furchen der Kirche sind die heiligen Glaubenslehrer, durch die das Erdreich unseres Herzens bewässert wird. Werden nun die Furchen bewässert, so mehren sich die Geschlechter der Kirche, und wenn die Herzen der Glaubenslehrer reichlichere Gnaden empfangen, wächst die Zahl der Gläubigen. Und die heilige Kirche freut sich ihrer Rinnsale: denn das Wasser, das vom Himmel aufs Dach fällt, fließt in einem Rinnsal vom Dach auf die Erde. Das Dach der Kirche sind die heiligen Glaubenslehrer, sie beschützen und stärken uns durch Fürbitten und Ermahnungen. Indem ihr Herz bei der Verkündigung mit göttlichem Wasser getränkt wird, kommt gleichsam das Wasser vom Himmel auf das Dach. Und indem wir mit ihren Worten bewässert werden, fließt gleichsam das Wasser vom Dach auf die Erde. Wenn es dann aufsprießt, freut sich die heilige Kirche ihrer Rinnsale, und wenn sie im Glauben und in guten Werken geboren wird, sieht sie die empfangenen Gaben und jubelt auf in den Worten der Glaubenslehrer. Da nun durch den Aufstieg der Hörenden zum Besseren auch die Gnade ihrer Glaubenslehrer vervielfacht wird, spricht der Prophet: *Der Geist also hob mich empor und entrückte mich.* Denn er wird in dem Maße mehr und mehr erhoben, als sich der Hörende einem besseren Lebenswandel zuwendet.

42 Da indes der Geist den Propheten nicht entrückt, es sei denn, er habe ihn emporgehoben, stellt sich uns die Frage, warum zuerst gesagt wird: *Er hob empor* und danach erst: *er entrückte.*

Nun heißt an dieser Stelle *er entrückte* soviel wie: er hielt ihn beständig. Es gibt ja manche, die der Geist erhebt, aber nicht entrückt, wenn zwar ihre Einsicht sich zu geistigen Dingen aufschwingt, aber ihr Lebenswandel, in fleischlichen Werken verharrend, mit der Einsicht nicht übereinstimmt. So ward Balaam durch den Geist der Weissagung erhoben, aber nicht entrückt, da er zwar richtig vorauszusehen vermochte, was in ferner Zukunft geschehen werde, seinen Sinn jedoch von irdischen Gelüsten nicht losreißen wollte (vgl. Num 24,4–5).

SÜSSE BITTERKEIT

Doch der Prophet wird gleicherweise im Wissen erhoben und im Lebenswandel entrückt; hören wir, wie er in der Verkündigung fortfährt.

43 *(Ez 3,14) Und ich ging hinweg in Bitterkeit und im Unmut meines Geistes.* Erwägt, geliebteste Brüder, warum einer, in dem die Gaben des Heiligen Geistes an Wachstum gewonnen hatten, in Bitterkeit hinwegging. Ob der Geist jedes Herz, das er entrückt, in die Bitterkeit und den Unmut seines Gemütes versetzt? Hier ist zu bedenken, daß derjenige, dem das gegenwärtige Leben noch süß ist, kein erhobener und entrückter Glaubenslehrer ist, auch wenn er Gottes Worte zu reden scheint. Denn der Heilige Geist, der das Herz erfüllt, versetzt es durch das Wohlgefallen an ewigen Dingen in Bitterkeit gegenüber den zeitlichen. Süß sind dem Menschen die irdischen Dinge, doch nur dem, der die Freuden an den himmlischen noch nicht verkostet hat, denn je weniger einer die ewigen Dinge begreift, desto glücklicher und zufriedener ist er mit den zeitlichen. Wer jedoch die Süßigkeit der himmlischen Belohnungen, die lobsingenden Engelchöre, die unbegreifliche Schau der heiligen Dreifaltigkeit im Mund des Herzens verkostet hat: je süßer ihm all das innerlich Geschaute geworden ist, desto mehr wird ihm alles, was er äußerlich erduldet, in Bitterkeit verwandelt. Er hadert mit sich im Gedanken an das getane Böse und fühlt Abscheu vor sich selbst, indem er Wohlgefallen zu empfinden beginnt an dem, der alles geschaffen hat: er tadelt sich ob der Gedanken,

macht sich Vorwürfe ob der Worte und züchtigt sich in Tränen ob der Taten. Er seufzt nach dem, was droben ist, und tritt alles Irdische voll Verachtung mit Füßen. Solange er das Ersehnte noch nicht vor Augen hat, sind ihm Tränen und unablässige Selbstanklagen süß. Da er sich noch nicht in dem Vaterland weiß, zu dem hin er geschaffen ist, gefällt ihm im Exil dieses Lebens nichts anderes mehr als seine Bitterkeit. Er verschmäht es, sich den zeitlichen Dingen zu unterwerfen, und seufzt glühend nach den ewigen. So heißt es bei Salomon mit Recht: *Denn wo viel Weisheit ist, da ist viel Verdruß, und je mehr Wissen, desto mehr Mühsal* (Pred 1,18 [LXX]). Wenn wir die himmlischen Dinge kennen, verschmähen wir es, die Seele den irdischen zu unterwerfen. Und während wir immer mehr von dem zu begreifen beginnen, was wir Böses getan haben, zürnen wir uns selbst, und es entsteht in vielem Wissen viel Verdruß, und je mehr wir in der Erkenntnis voranschreiten, desto heftiger zürnen wir uns ob des verkehrten Tuns. Und mit dem Wissen wächst der Schmerz, denn je mehr wir das Ewige erkennen, desto mehr schmerzt uns das Leben im Elend dieses Exils. Oder wie es in einer anderen Übersetzung heißt: *Und wer das Wissen vermehrt, vermehrt die Mühsal* (Pred 1,18). Je mehr wir von den himmlischen Freuden zu wissen beginnen, um so mehr bemühen wir uns in Tränen, den Fallstricken unserer Irrtümer zu entgehen. So ist viel Verdruß, wo viel Wissen ist, weil wir die Begierde nach zeitlichen Dingen als unwürdig empfinden, wenn wir die ewigen bereits verkosten. Und wenn wir die ewigen Dinge verkosten, verachten wir uns selbst, etwas getan zu haben, was uns von der Liebe zur Ewigkeit trennen konnte. Das Gewissen tadelt sich selbst, klagt das Getane an, verurteilt in der Buße, was es anklagt, und es entbrennt ein Streit in der Seele, der den Frieden mit Gott gebiert.

So war es, als der ungerechte König Achab vom Propheten 44
zur Rechenschaft gezogen wurde und den göttlichen Wahrspruch gegen sich vernommen hatte. Er geriet in Furcht und verfiel in tiefe Betrübnis, so daß der Herr zu seinem Propheten sprach: *Hast du nicht gesehen, wie Achab sich vor mir verdemütigt hat? Weil er sich also um meinetwillen demütigte, will ich in seinen Tagen kein Unglück hereinbrechen lassen* (3 Kön 21,29). An die-

sen Worten des Herrn kann man ablesen, wie wohlgefällig ihm die Betrübnis der Bitterkeit in seinen Auserwählten ist, die den Herrn zu verlieren fürchten, da schon die Buße eines Verworfenen, der das gegenwärtige Leben zu verlieren fürchtet, sein Wohlgefallen gefunden hat. Wie willkommen ist ihm erst die freiwillige Betrübnis über die Sünden bei denen, die sein Wohlgefallen besitzen, wenn ihn damals diese Betrübnis bei einem, der sein Mißfallen hatte, wohlgefällig war. Man bedenke, daß keiner aus Liebe zum allmächtigen Gott von ganzem Herzen solches zu leisten vermag, wenn nicht der Heilige Geist seine Seele erhoben hat. Wann war ein Mensch aus eigener Kraft fähig, das Irdische zu verachten, das Himmlische zu lieben, den Frieden mit Gott zu suchen, sich selbst den Kampf anzusagen, sich in Gedanken zur Rechenschaft zu ziehen und wehklagend zu züchtigen? Keiner vermag solches, es sei denn, die göttliche Gnade habe ihn gestärkt. Daher wird jetzt beigefügt:

45 *(Ez 3,14) Denn die Hand des Herrn war mit mir und stärkte mich.* Können wir doch nicht vollkommen zum Guten aufsteigen, wenn uns nicht der Geist zuvorkommend aufrichtet und nachfolgend stärkt. Es erhebt sich aber die Frage: wenn oben von der Buchrolle, die er erhalten hatte, geschrieben steht: *Und sie ward in meinem Munde süß wie Honig* (Ez 3,3), weshalb wird dann später gesagt: *Ich ging hinweg in Bitterkeit und im Unmut meines Geistes* (Ez 3,14)? Es ist gewiß sehr wunderlich, wenn Süßigkeit und Bitterkeit zusammenkommen. Doch nach der oben gegebenen Deutung muß man wissen: wenn Gottes Wort im Mund des Herzens süß zu werden beginnt, dessen Seele wird zweifellos Bitterkeit gegen sich empfinden. Je genauer sie nämlich aus diesem Wort lernt, wie sie sich zur Rechenschaft zu ziehen hat, desto härter züchtigt sie sich in der Bitterkeit der Buße und hat um so weniger Gefallen an sich selbst, je mehr sie aus der heiligen Buchrolle ersieht, daß sie den allmächtigen Gott lieben sollte. Da jedoch der Mensch aus eigener Kraft nicht dorthin gelangen kann, heißt es jetzt mit Recht: *Die Hand des Herrn war mit mir und stärkte mich.* In der Heiligen Schrift wird zuweilen auch der eingeborene Sohn als die Hand Gottes bezeichnet, weil ja *alles durch ihn geschaffen wurde* (Joh 1,3). Von dessen Himmel-

fahrt redet der allmächtige Herr durch Moses: *Ich erhebe meine Hand zum Himmel* (Dt 32,40). Diese Hand, die die Herzen ihrer Erwählten stärkt, spricht zu den Jüngern: *Ohne mich könnt ihr nichts tun* (Joh 15,5). In allem, was wir denken, in allem, was wir tun, muß unsere Bitte dahin gehen, daß unser Denken unter seinem Anhauch und unser Tun mit seiner Hilfe geschehe, der da lebt und regiert mit dem Vater in der Einheit des Heiligen Geistes, Gott von Ewigkeit zu Ewigkeit. Amen.

11. HOMILIE: Ez 3,15–21

1 Unter den übrigen Wundern der Weissagung ist an den Büchern der Propheten auch dieses bemerkenswert, daß in ihnen wie die Ereignisse durch die Worte so auch zuweilen die Worte durch die Ereignisse ausgelegt werden, so daß nicht allein das Gesagte, sondern auch das Getane prophetischen Charakter hat.

SCHWEIGENDES MITLEIDEN

So heißt es jetzt:
(Ez 3,15) Ich kam in die Verbannung zu einem Haufen neuer Früchte, zu denen, die am Flusse Kebar wohnten. Da die Umstände die Mitteilung erforderten, er sei in die Verbannung gekommen, worin bestand dann die Notwendigkeit, außer der Erwähnung eines Haufens neuer Früchte auch noch den Ort anzugeben, wenn nicht darin, daß die Umstände durch Dinge und Orte oft genauer umschrieben werden? Zur Zeit des Propheten Ezechiel waren ja bereits viele Jahre der Gefangenschaft vorübergegangen, und von denen, die in die Gefangenschaft verschleppt worden waren, waren schon ziemlich viele den leiblichen Tod gestorben, als der Prophet kam, um zu den Söhnen zu reden. Daher ward ihm auch zuvor gesagt worden: *Menschensohn, ich sende dich zu den Söhnen Israels, zu den abtrünnigen Völkern, die von mir abgefallen sind. Ihre Väter haben meinen Bund gebrochen bis zu diesem Tag, und die Söhne, zu denen ich dich sende, sind verhärteten Angesichts und unbeugsamen Herzens* (Ez 2,3–4). Und weil viele von ihnen zum Glauben und im Gehorsam zur Fruchtbarkeit an guten Werken gelangen sollten, werden sie ein Haufen Früchte genannt. Daß die guten Seelen als Gottes Früchte bezeichnet werden, bezeugt ein anderer Prophet: *Jerusalem war dem Herrn geheiligt, der Erstlingsertrag seiner Früchte* (Jer 2,3). Auch die zum Glauben bekehrten Heidenvölker sind später Früchte des Herrn geworden. Da aber Israel früher an den Herrn glaubte, hat es der Prophet zu Recht dessen Erstlingsertrag genannt. Weil

indes der Prophet nicht zum ursprünglichen Volk gesendet ward, sondern zu den Söhnen dieses Volkes redete, kam er zu einem Haufen neuer Früchte. Was mit dem Fluß Kebar angedeutet wird, haben wir schon früher gesagt (vgl. zu Ez 1,1, Seite 53), wir wollen es nicht wiederholen, um damit keine Langeweile aufkommen zu lassen. Es folgt:

(Ez 3,15) Und ich setzte mich dorthin, wo sie saßen, und 2
blieb daselbst sieben Tage trauernd in ihrer Mitte. Man beachte, mit welchem Mitgefühl sich der heilige Prophet zu dem gefangenen Volk gesellt und sich dabeisitzend und mittrauernd mit ihrem Jammer vereinigt, denn die Kraft der Tat ist die Wurzel des Wortes. Von den Zuhörern wird jene Rede gern angenommen, die von dem Redenden in herzlichem Mitgefühl vorgebracht wird. So wird Eisen mit Eisen verbunden: erst wird es geschmolzen, damit nachher eines am anderen von selbst festhält. Würde es zuvor nicht weich, reichte es nicht aus, daß es nachher fest zusammenhält. So setzt sich der Prophet zum gefangenen Volk und weilt trauernd in seiner Mitte, um es, wenn er sich ihm in liebevoller Zuneigung weicher erzeigt hat, unverzüglich durch die Kraft des Wortes aufzurichten. Wenn indes das israelitische Volk, das ein widerspenstiges Haus genannt wird, da es selbst unter Schlägen die Schuld nicht erkennt, die Seele in Trauer keineswegs niederbeugt, dann wird der Prophet als ein Trauernder unter Fröhlichen sitzen, um durch Schweigen zu zeigen, zu welcher Belehrung er gekommen ist. Und bevor er noch zu reden anhob, nahmen die Worte die Form eines traurigen Schweigens an.

Es folgt:

(Ez 3,16) Als aber sieben Tage um waren, erging das 3
Wort des Herrn an mich also. Damit, daß er sieben Tage trauernd saß und nach dem siebten Tag vom Herrn den Auftrag zum Reden erhielt, ist offensichtlich gesagt, er habe sieben Tage lang trauernd geschwiegen. Er war zum Reden gesendet worden und hat doch sieben Tage lang trauernd geschwiegen. Was will uns der heilige Prophet mit diesem Schweigen anderes nahelegen, als daß nur der wahrhaft zu reden versteht, der zuvor gut zu schweigen gelernt hat. Die Zucht des Stillschweigens ist gleichsam eine Art Nahrung des

Wortes. Und wer zuvor in gehöriger Weise bescheiden zu schweigen weiß, erhält auch mit zunehmender Gnade die Gabe der Rede. So spricht Salomon: *Es gibt eine Zeit des Schweigens und eine Zeit des Redens* (Pred 3,7). Er sagt nicht: eine Zeit des Redens und eine Zeit des Schweigens, sondern setzt erst die Zeit des Schweigens voran und fügt dann die des Redens an, denn wir sollen nicht im Reden das Schweigen, sondern im Schweigen das Reden lernen. Wenn somit der zum Reden gesendete heilige Prophet zuvor lange geschwiegen hat, um danach recht zu reden, sollen wir erwägen, wie groß die Schuld dessen ist, der nicht schweigt, obgleich ihn keine Notwendigkeit zum Reden zwingt.

DAS WÄCHTERAMT

Es folgt:

4 *(Ez 3,17) Menschensohn, ich habe dich zum Wächter bestellt über das Haus Israel.* Man beachte, daß der Herr den zur Verkündigung Gesendeten einen Wächter nennt. Als Wächter wird bezeichnet, wem die Sorge um fremde Bereiche übertragen ist; er soll auf der Höhe des Geistes sein und den Namen aus der Kraft der Tätigkeit rechtfertigen. Wer unten ist, ist ja kein Wächter. Ein Wächter steht stets auf einer Anhöhe, damit er schon von weitem voraussieht, was immer kommen wird. Und wer zum Wächter des Volkes bestellt ist, soll in seinem Lebenswandel auf der Höhe feststehen, damit er durch seine Voraussicht zu nützen vermag. So ermahnt ein anderer Prophet den Wächter: *Steige auf einen hohen Berg hinauf, der du Sion die Freudenbotschaft bringst* (Is 40,9). Wer den Ort der Verkündigung eingenommen hat, steige zur Höhe der guten Werke empor; er erhebe sich in die Höhe und übertreffe die Werke der ihm Anvertrauten, und er wird den Lebenswandel der Untergebenen um so besser erkennen, je weniger er die Seele irdischen Dingen, die er verachtet, unterordnet.

5 Oh, wie bitter ist mir das, was ich da sage, weil ich mit diesen Worten mich selbst treffe, da weder mein Reden die Verkündigung geziemend vollzieht noch mein Leben meiner Rede so

entspricht, wie es sein müßte. Oft verliere ich mich in müßiges Geschwätz und vernachlässige, unachtsam und träge, die Ermahnung und die Erbauung der Mitmenschen. Vor Gottes Angesicht bin ich stumm und geschwätzig geworden: stumm im Notwendigen, geschwätzig im Überflüssigen. Doch siehe, was Gott über das Leben eines Wächters sagt, zwingt mich zum Reden. Ich kann nicht schweigen, und doch fürchte ich, daß ich mich im Reden selber treffe. Oh, daß ich doch so redete, daß das Schwert des Wortes Gottes, das das Herz des Nächsten treffen soll, auch mich durchbohrte. Daß ich doch so redete, daß das Wort Gottes aus mir auch gegen mich ertönte. Ich bekenne meine Schuld, ich sehe meine Trägheit und Nachlässigkeit. Vielleicht wird die Anerkennung der Schuld bei dem gnädigen Richter Verzeihung erwirken.

Ja, als ich noch im Kloster war, da konnte ich meine Zunge 6
vor unnützem Reden zurückhalten und den Geist fast ununterbrochen in der Gebetshaltung bewahren. Aber nachdem ich die Bürde der Seelsorge den Schultern des Herzens aufgeladen habe, vermag sich die Seele nicht immerfort in sich selbst zu sammeln, weil sie in so vielerlei geteilt ist. Ich sehe mich genötigt, bald Streitfragen von Kirchen, bald die von Klöstern zu schlichten, oft auch mich um die Lebensumstände und Tätigkeiten einzelner zu kümmern. Ein andermal ist es die Sorge um die Anliegen der Bürger, die Schrecken der hereinbrechenden Schwerter der Barbaren, die Angst vor den Wölfen, die der anvertrauten Herde nachstellen. Dann wieder habe ich darauf zu achten, daß denen, die die öffentliche Ordnung aufrechterhalten, die nötige Unterstützung nicht fehle, muß Plünderer gleichmütig ertragen beziehungsweise ihnen unter Einhaltung der gebotenen Liebe entgegentreten. Wenn nun der Geist nicht umhin kann, seine Aufmerksamkeit auf so viele und so wichtige Dinge zu richten, und daher zerrissen und zersplittert ist, wann soll er zu sich selbst kommen, um sich ganz auf die Verkündigung hin zu sammeln, um den Dienst des Predigtwortes nicht zu vernachlässigen? Weil ich aufgrund meines Amtes oft mit Weltleuten zu tun habe, lockere ich manchmal die Zügel meiner Zunge. Halte ich mich mit dem gebotenen Eifer an meine Amtsgeschäfte, bin ich mir bewußt, daß ich mich den Schwächeren entziehe und

sie nie zu dem bringe, was ich im Sinne habe. So kommt es, daß ich ihr müßiges Gerede oft geduldig anhöre. Und da ich selber auch schwach bin, werde ich unmerklich in nutzlose Gespräche hineingezogen und beginne selber gern zu sagen, was ich zunächst widerwillig angehört habe; und wo es mich vor dem Fall ekelte, da liege ich nun selber gar nicht so ungern. Welcher oder was für ein Wächter bin ich, der ich nicht auf dem Berg des rechten Tuns stehe, sondern noch im Graben der Schwachheit liege? Doch hat der Schöpfer und Erlöser des Menschengeschlechtes die Macht, mir Unwürdigem die Höhe des Lebenswandels und die Wirksamkeit des Redens zu schenken, zumal ich aus Liebe zu ihm auch mich selbst in der Verkündigung nicht schone.

7 Der Lebenswandel eines Wächters muß stets nicht nur auf der Höhe, sondern auch umsichtig sein. Auf der Höhe, damit er nicht der Liebe zu den irdischen Dingen unterliege; nach allen Seiten hin umsichtig, damit er nicht von den Wurfspießen versteckter Feinde getroffen werde. Indes genügt es für einen Wächter nicht, auf der Höhe zu leben, er muß auch seine Zuhörer mit seiner Rede unablässig emporziehen und deren Herzen mit seinen Worten zur Liebe des himmlischen Vaterlandes entzünden. Dann nämlich macht er das richtig, wenn sein Wort das Feuer aus seinem eigenen Leben erhält. Denn eine Leuchte, die nicht brennt, wird den Gegenstand, unter den sie gehalten wird, nicht anzünden. So spricht die WAHRHEIT von Johannes: *Jener war die brennende und hellscheinende Leuchte* (Joh 5,35). Brennend durch das himmlische Verlangen, hellscheinend durch das Wort. Damit also die Wahrhaftigkeit des Glaubensverkündigers bewahrt bleibe, muß die Höhe des Lebenswandels eingehalten werden. Mit Recht sagt daher im Hohenlied der Bräutigam zur heiligen Kirche: *Deine Nase ist wie der Turm des Libanon* (Hl 7,4). Was für ein Lob, meine Brüder, liegt darin, daß die Nase der Braut mit einem Turm verglichen wird? Nun, weil wir stets mit der Nase wohlriechende Düfte von übelriechenden unterscheiden, so wird mit der Nase auf die Unterscheidungsgabe der Wächter hingedeutet. Es wird gesagt, die Nase sei wie ein Turm, und zwar des Libanon, sofern nämlich die Unterscheidungsgabe der Vorgesetzten nicht nur stets mit Umsicht gepaart sein

muß, sondern auch auf der Höhe des Lebenswandels stehen und nicht im Graben schwächlicher Werke liegen soll. Wie ein Turm deswegen auf einen Berg zur Ausschau gestellt wird, daß die heranrückenden Feinde von weitem gesehen werden, so muß der Lebenswandel eines Seelsorgers stets auf der Höhe bleiben, damit er nach der Art einer Nase den Gestank der Laster und den Duft der Tugenden unterscheide. Er soll den Angriff der bösen Geister lange voraussehen und die ihm anvertrauten Seelen durch seine Voraussicht schützen. Es folgt:

(Ez 3,17) Und du wirst aus meinem Mund ein Wort 8
vernehmen und sollst es ihnen in meinem Namen verkünden. Siehe, abermals wird der Prophet ermahnt, sich nicht herauszunehmen, etwas zu sagen, was er nicht gehört hat, sondern zuerst das Ohr des Herzens dem Wort des Schöpfers zu öffnen und dann seinen leiblichen Mund für die Ohren des Volkes aufzutun. So spricht ein anderer Prophet: *Ich will mein Ohr der Gleichnisrede neigen, bei Harfenklang mein Vorhaben kundtun* (Ps 48,5). Wer richtig predigt, neigt, wie gesagt, zuerst das Ohr des Herzens der inneren Stimme, um dann erst den leiblichen Mund zur vorgehabten Mahnrede zu öffnen. Es folgt:

(Ez 3,18) Wenn ich zum Frevler spreche: du wirst des 9
Todes sterben! und du verkündest es ihm nicht und sagst es ihm nicht, auf daß er sich von seinem gottlosen Weg abwende und lebe, so soll der Frevler in seiner Bosheit sterben, sein Blut aber werde ich von deiner Hand fordern. An diesen Worten ist zu beachten und sorgfältig zu bedenken, daß weder der Untergebene infolge einer Schuld des Vorgesetzten stirbt noch der Vorgesetzte schuldlos ist, wenn der Untergebene nicht auf die Worte des Lebens hört und aus eigener Schuld stirbt. Dem Frevler gebührt allerdings der Tod, aber der Wächter muß ihm den Weg des Lebens zeigen und seine Gottlosigkeit vorhalten. Schweigt der Wächter, so stirbt der Frevler in seiner Bosheit, weil seine Gottlosigkeit daran schuld war und er es nicht verdient hat, daß das Wort des Wächters zu ihm gelange. Aber der Herr wird von der Hand des Wächters sein Blut fordern, weil er ihn tötet, indem er ihn durch sein Schweigen dem Tod

ausgeliefert hat. Aus diesen beiden Überlegungen kann man abwägen, wie sehr die Sünden der Untergebenen und der Vorgesetzten zusammenhängen. Denn obwohl der Untergebene aus eigener Schuld stirbt, wird der Vorgesetzte, falls er schweigt, für dessen Tod verantwortlich gemacht. Erwägt also, geliebte Brüder, und bedenkt: daß wir keine würdigen Hirten sind, ist auch eure Schuld, denen wir solche Vorgesetzte sind. Und wenn ihr zum Bösen abgleitet, ist das auch unsere Schuld, die wir den verkehrten Begierden nicht widerstehen und nicht widersprechen. Ihr entlastet also euch und uns, wenn ihr von dem verkehrten Tun ablaßt. Wir entlasten euch und uns, wenn wir zu dem, was nicht in Ordnung ist, nicht schweigen. O, wie frei vom Blut der ihm Anvertrauten ist der hervorragende Glaubenslehrer gewesen, da er sprach: *Ich bin rein am Blut aller, denn ich habe mich dem nicht entzogen, euch den ganzen Ratschluß Gottes zu verkünden* (Apg 20,26–27). Hätte er ihn nicht verkündet, wäre er nicht rein an ihrem Blute. Doch er war rein am Blute derer, denen er den ganzen Ratschluß mit solchem Eifer kundgetan hat. Dieses Wort trifft auch uns, nagelt uns fest, erweist uns als schuldig, die wir Priester genannt werden und der eigenen Schuld auch noch die Schuld am Tode anderer hinzufügen. Denn wir töten so viele, als wir untätig und stillschweigend Tag für Tag zum Tode gehen sehen.

10 Nun heißt es aber: *Ich werde sein Blut von deiner Hand fordern.* Wenn an dieser Stelle mit dem Blut der leibliche Tod gemeint ist, wird die Furcht ob unseres Stillschweigens noch viel größer; denn wenn sich die Wachsamkeit des Vorgesetzten auch auf den leiblichen Tod seiner Untergebenen erstreckt und er, wenn einer stirbt, so streng zur Rechenschaft gezogen wird, welche Schuld wird ihm dann am Tod der Seele des Untergebenen aufgebürdet, die ewig hätte leben können, wenn sie Worte der Zurechtweisung gehört hätte! Doch unter dem Blut kann man besser die Sünden verstehen. So sprach einer, der die Sünden des Fleisches beweinte: *Befreie mich von Blutschuld, Gott, du Gott meines Heils* (Ps 50,16). Das Blut des Sterbenden wird also von der Hand des Wächters gefordert, da die Sünde des Untergebenen dem Vorgesetzten, falls er dazu geschwiegen hat, zur Schuld angerechnet wird. Was soll

er also tun, um sich vom Tod des Untergebenen freizusprechen? Er mache sich auf, er sei wachsam, er widerspreche bösem Tun, wie geschrieben steht: *Lauf, eile, wecke deinen Freund auf, gönne deinen Augen keinen Schlaf noch laß deine Augenlider schlummern* (Spr 6,3–4). Darum wird auch hier beigefügt:

(Ez 3,19) Wenn du es aber dem Frevler verkündet hast und er sich von seiner Gottlosigkeit und seinem gottlosen Wege nicht bekehrt, so wird er zwar in seiner Gottlosigkeit sterben, du aber hast deine Seele gerettet. 11
Dann nämlich stirbt der Untergebene ohne deine Schuld, wenn er dich angesichts des Todes als Mahnenden hat stehenlassen. Denn an dem Tod, dem du dich nicht widersetzest, bist du mitbeteiligt. Und achte wohl darauf, wovon der Wächter zu reden hat: vor allem vom Glauben und vom Tun. Heißt es doch: *Wenn du es aber dem Frevler verkündet hast und er sich von seiner Gottlosigkeit und seinem gottlosen Wege nicht bekehrt.* Die Gottlosigkeit betrifft den Unglauben, der gottlose Weg das verkehrte Tun. Und jeder Wächter muß darauf achten, daß er zuerst zur Glaubensfrömmigkeit und dann zum frommen Weg, das heißt zum guten Tun bewege.

DIE KUNST DER RECHTEN REDE

Da wir nun auf das Predigen zu sprechen gekommen sind, 12
wollen wir in Kürze erläutern, welche Ordnung und welche rhetorischen Gesichtspunkte in der Predigt eines Hirten verwirklicht werden sollen. Der Prediger muß erwägen, was er redet, zu wem er redet, wie er redet und wieviel er redet. Fehlt eines davon, wird die Predigt ungeeignet sein. Steht doch geschrieben: *Wenn du richtig opferst, aber nicht richtig teilst, hast du gesündigt* (Gen 4,7 [LXX]). Wir opfern richtig, wenn wir ein gutes Werk in guter Absicht vollbringen: wir teilen nicht richtig, wenn wir im guten Werk die rechte Unterscheidung vermissen lassen. Wir müssen daher darauf achten, was wir sagen, damit nach Pauli Wort *unsere Rede allzeit wohlgefällig sei, mit Salz gewürzt* (Kol 4,6).

Auch müssen wir erwägen, zu wem wir reden, weil das 13

Mahnwort, das die eine Person annimmt, eine andere oft nicht annimmt. Und nicht selten ist dieselbe Person unter anderen Umständen nicht die gleiche. So hat der Prophet Nathan David nach dem Ehebruch mit scharfem Tadel zutiefst getroffen: als David von dem Schafräuber sagte: *Der Mann, der das getan hat, ist ein Kind des Todes,* erwiderte ihm Nathan: *Du bist dieser Mann* (2 Kön 12,5.7). Doch als Nathan später über das Königtum Salomons redete, warf er sich, da keine Schuld vorlag, in demütiger Verehrung vor ihm nieder (3 Kön 1,23). So waren die Reden des Propheten, weil die Umstände verschieden waren, gegenüber ein und derselben Person ebenfalls verschieden.

14 Außerdem ist zu erwägen, wann wir reden sollen, weil oft eine hinausgeschobene Ermahnung zu einem späteren Zeitpunkt willig angenommen wird. Manchmal erledigt sich die Sache auch von selbst, wenn der Zeitpunkt, da die Ermahnung hätte ausgesprochen werden müssen, vorübergegangen ist. Als zum Beispiel die kluge Frau den Nabal betrunken erblickte, wollte sie ihn wegen der Sünde des Geistes nicht zurechtweisen, sondern hat ihn erst, nachdem er den Rausch ausgeschlafen hatte, mit ihrem Tadel wirksam getroffen. Und der Prophet erklärt, die Reden der Schmeichler seien in keinem Fall weiterhin zuzulassen, wenn er sagt: *Sofort sollen zuschanden und beschämt werden, die mir zurufen: Bravo, bravo!* (Ps 69,4). Denn die Schmeichelei wird immer größer, wenn sie auch nur eine bestimmte Zeit geduldet wird, und verweichlicht unmerklich den Geist, so daß er in seiner kraftvollen Geradheit schwach zu werden beginnt aus Wohlgefallen an der Schmeichelei. Damit sie nicht zunehme, ist sie sogleich ohne Zögern in Schranken zu weisen.

15 Ferner müssen wir erwägen, wie wir reden. Denn oft rufen die Worte den einen zum Heil zurück, die einen anderen verletzen. So richtet der Apostel Paulus die Mahnung an Titus: *Weise zurecht mit allem Nachdruck* (Tit 2,15); den Timotheus fordert er auf: *Weise zurecht, rüge mit aller Langmut und Belehrung* (2 Tim 4,2). Der Grund, warum er dem einen zum Nachdruck und dem anderen zur Langmut rät, liegt in seinem Wissen, daß der eine von nachgiebiger, ein anderer wieder von lebhafter Art ist. Den Nachgiebigen mußte er die Strenge

des Wortes mit nachdrücklicher Autorität spüren lassen, den anderen, dessen Geist vor Eifer glühte, mit Langmut mäßigen, damit er, wenn sein Eifer über das rechte Maß hinausschösse, nicht nur das Verwundete nicht heile, sondern auch das Gesunde nicht verletze.

Schließlich haben wir darauf zu achten, wieviel wir reden, 16
damit wir unseren Zuhörer, der nur wenig verträgt, nicht ermüden, wenn wir das aufmunternde beziehungsweise zurechtweisende Wort allzu lange ausdehnen. So spricht derselbe hervorragende Glaubensverkünder zu den Hebräern: *Ich bitte euch, Brüder, dieses Wort des Zuspruchs anzunehmen, ich habe euch ja nur kurz geschrieben* (Hebr 13,22). Dennoch tut es den Schwachen sehr gut, wenn sie das Wenige hören, was sie zu fassen vermögen und was ihren Geist zu tatkräftiger Bußgesinnung anregt. Wird ihnen eine zu ausführliche Mahnrede auf einmal vorgetragen, können sie das Viele nicht behalten und vergessen alles wieder. Darum bestreichen die Ärzte die Leibtücher, die sie auf den kranken Magen legen, mit einer geeigneten Arznei, aber sparsam, sonst würden sie, mit zuviel Arznei angefüllt, die Magenbeschwerden nicht nur nicht lindern, sondern verschlimmern.

Immerhin muß man wissen, daß es für die Zuhörer nicht so 17
nachteilig ist, wenn die Predigt ihr Maß selbst um ein Erhebliches überschreitet. Sehr nachteilig ist es hingegen, nicht wachsam darauf zu achten, wie und zu wem geredet wird. Zarte Seelen sind, zumal sie die Fehler etwa schon abgelegt haben, sanft zu behandeln; würde man sie härter anfassen, zerbrächen sie eher daran, als daß sie gefördert würden. Faßt man dagegen trotzige und schamlose Seelen sanft an, werden sie gerade durch die Milde zu größeren Sünden ermutigt.

Das lernen wir wiederum sehr gut von dem hervorragenden 18
Glaubenslehrer: wohl wissend, daß sich die Korinther aufgrund ihrer Vorliebe für bestimmte Personen in Zwietracht befanden, nahm er Rücksicht auf ihre Verletzlichkeit und begann mit Dank und Lob zu ihnen zu reden: *Ich danke meinem Gott allezeit um euretwillen für die Gnade Gottes, die euch in Christus Jesus verliehen worden ist. Ihr seid ja in ihm reich geworden in allem, in aller Rede und aller Erkenntnis, wie denn auch das Zeugnis Christi in euch gefestigt worden ist.* Und er fügt hinzu: *So*

daß ihr nicht zurücksteht in irgendeiner Gnadengabe bei eurem Harren auf das Offenbarwerden unseres Herrn Jesus Christus (1 Kor 1,4–7). Ich frage dich, Paulus, warum du dir die Mühe machst, ihnen zu schreiben, wenn ohnehin nichts fehlt? Warum ergreifst du das Wort, während du fern weilst? Bedenken wir, geliebte Brüder, wie groß sein Lob ist. Siehe, er bestätigt, daß ihnen die Gnaden Gottes geschenkt sind, er sagt, sie seien in allen Stücken, in aller Ruhe und aller Erkenntnis reich geworden, er beteuert, das Zeugnis Christi, das heißt das Zeugnis, das er durch seinen Tod und die Auferstehung über sich selbst gegeben hat, sei in ihrem Leben gefestigt worden, und bezeugt, sie stünden in keiner Gnadengabe zurück. Wer, so frage ich, möchte glauben, daß er die, welche er derart lobt, kurz darauf zurechtweisen würde? Fügt er doch wenig später hinzu: *Ich ermahne euch aber, Brüder, bei dem Namen unseres Herrn Jesus Christus, daß ihr alle dasselbe sagt und keine Spaltungen unter euch seien* (1 Kor 1,10). Wie konnte er so Vollkommenen und angeblich Lobwürdigen eine Spaltung unterstellen? *Denn es ist mir über euch, meine Brüder, durch die Leute um Chloë kundgeworden, daß Streitigkeiten unter euch sind. Ich meine nämlich folgendes, daß jeder von euch sagt: ich gehöre Paulus an, ich aber Apollo, ich jedoch Kephas, ich aber Christus* (1 Kor 1,11–12). Siehe, denen, die er in aller Rede und aller Erkenntnis gelobt und denen er keinerlei Mangel an irgendeiner Gnadengabe bescheinigt hat, wirft er, nach wenigen Sätzen zu mildem Tadel übergehend, vor, sie seien in sich gespalten. Und wie er ihnen zuvor das Heil verkündet hatte, so deckte er hernach ihre Wunden auf. Wenn ein erfahrener Arzt eine Wunde sieht, die aufgeschnitten werden sollte, aber feststellt, daß der Kranke ängstlich ist, verharmlost er die Sache eine Weile und sticht dann plötzlich hinein. Zuerst legt er die schmeichlerische Hand des Lobes auf, und hernach bohrt er den Stahl des Tadels hinein. Wenn nämlich zarte Seelen durch sanftes Streicheln zurechtgewiesen werden, erfahren sie aus den Andeutungen, die sie dabei hören, eine Aufmunterung, wogegen sie durch eine heftige Schelte sogleich in Niedergeschlagenheit verfallen.

19 Aber hat Paulus etwa gelogen, als er zuvor sagte, es mangle ihnen an keiner Gnadengabe, während er dann sagte, daß die Einheit fehle? Das sei ferne! Wer wäre so töricht, solches von

ihm zu glauben? Weil manche unter den Korinthern von jeglicher Gnadengabe erfüllt waren, manche wiederum infolge der Bevorzugung bestimmter Personen abseits standen, hat er mit dem Lob der Vollkommenen begonnen, um dann mit vorsichtiger Kritik zur Zurechtweisung der Schwachen überzugehen. Auch hier hat er die Vorgangsweise der Heilkunst des Leibes auf die Heilkunst des Herzens übertragen. Denn wenn der Arzt eine Wunde sieht, die geöffnet werden muß, betastet er zuerst jene Körperteile, die rings um die Wunde herum gesund sind, um erst dann die verwundete Stelle vorsichtig zu berühren. Als Paulus die Vollkommenen in Korinth lobte, hat er die Glieder rings um die Wunde herum berührt, und als er die Schwachen ob der Spaltung tadelte, hat er die Wunde am Körper aufgeschnitten.

20 Doch sehen wir zu, wie derselbe Paulus, der mit soviel Taktgefühl und Milde zur Zurechtweisung der Korinther übergeht, gegen die Galater Stellung nimmt, die vom Glauben abgewichen waren. Ohne geduldige Zurückhaltung, ohne liebenswürdige Redewendungen vorauszuschicken, hat er sie, die, wie er erfahren hatte, vom Glauben abgewichen waren, gleich zu Beginn seines Briefes heftig angefahren und zur Rede gestellt. Nach der einleitenden Grußformel setzt er folgendermaßen fort: *Ich wundere mich, daß ihr euch von dem, der euch durch die Gnade Christi berufen hat, so bald abspenstig machen laßt* (Gal 1,6). Und wenig später setzte er in offener Schelte hinzu: *O, ihr unvernünftigen Galater, wer hat euch behext?* (Gal 3,1). Nun, wären die hartherzigen Gemüter nicht in offener Schelte angefahren worden, hätten sie wohl das getane Böse keineswegs eingesehen. Denn gewissenlose Leute erkennen ihre Sünden oft nur in dem Maß, als sie ob der begangenen Sünden gescholten werden; die Verfehlungen, die man nicht so scharf anprangert, halten sie für unbedeutend, aber die sie heftigen Vorwürfen ausgesetzt sehen, beurteilen sie als schwerwiegender. Darum ist es notwendig, daß der Seelsorger seine Sprache stets nach dem Zustand der Zuhörer richtet und zu den zarten Seelen nicht etwa zu hart, zu den gewissenlosen nicht zu milde rede. Was Wunder, daß der Ausspender des Wortes Gottes es so macht, da ja auch der Bauer, der den Samen in die Erde tut, zuvor die Beschaffenheit des Bodens

erkundet, für welche Art von Samen er geeignet ist, und dann erst, wenn er über die Beschaffenheit Bescheid weiß, den Samen aussät? Doch da wir schon zu lange über die Art und Weise des Redens gesprochen haben, wird es gut sein, den eingeschlagenen Weg unserer Schriftauslegung wieder aufzunehmen.

SÜNDE GEBIERT SÜNDE

21 *(Ez 3,20) Aber auch wenn sich der Gerechte von seiner Gerechtigkeit abwendet und Böses tut, will ich ihm einen Anstoß zum Straucheln bereiten; er soll sterben, weil du ihn nicht gewarnt hast. Er wird in seiner Sünde sterben, und seiner Gerechtigkeit, die er geübt hat, soll nicht mehr gedacht werden; aber sein Blut werde ich von deiner Hand fordern.* Schweigt der Seelsorger gegenüber einem in Sünde gefallenen Gerechten, wird er an dessen Blut für schuldig befunden. Und wer es bei der Verkündigung an der nötigen Sorgfalt hat fehlen lassen, wird in die Verurteilung miteinbezogen. Da nun gesagt ist: *Er wird in seiner Sünde sterben, und seiner Gerechtigkeit, die er geübt hat, soll nicht mehr gedacht werden,* müssen wir besonders achten: wenn wir Böses verüben, weisen wir vergeblich auf unsere früheren Werke hin, weil im Vollzug des Bösen keinerlei Vertrauen auf vorausgegangene gute Werke mehr möglich ist. Immerhin kann man sich fragen, wann man mit dem Gerechten sprechen soll: nachdem er gefallen ist, oder schon bevor er fällt. Der Seelsorger soll achtgeben, daß er selbst nicht zu Fall komme: darum zweifellos, schon bevor jener fällt! Denn es heißt anschließend:

22 *(Ez 3,21) Wenn du aber den Gerechten gewarnt hast, daß der Gerechte nicht sündige, und er sündigt nicht, so wird er am Leben bleiben, weil du ihn gewarnt hast, und du hast deine Seele gerettet.* Wenn also der Seelsorger seine Seele dadurch rettet, daß er den Gerechten vor der Sünde warnt, dann wird, wenn jener infolge seines Schweigens fällt, der Seelsorger schuldig, weil er geschwiegen hat. Doch wer von uns, frage ich, kann dieser Forderung genug-

tun, nicht nur die Sünder unablässig zurechtzuweisen, sondern auch die Gerechten vor dem Fall zu warnen? Wir sind uns unserer Schwächen wohl bewußt und denken nicht daran, die gerechten Männer zu ermahnen, den Weg der Gerechtigkeit einzuhalten, auf dem wir sie ja voranschreiten sehen. Und doch wäre es die Pflicht des Seelsorgers, auch die Gerechten zu ermahnen. So sagte auch der hervorragende Glaubenslehrer: *Ich bin für Weise wie für Unverständige verantwortlich* (Röm 1,14).

In all dem, was über den Gerechten, der sich zur Gottlosigkeit 23
wendet, gesagt wird, ist dieses Wort des Herrn schwierig zu erklären und gar sehr zu fürchten. *Ich will ihm einen Anstoß zum Straucheln bereiten.* Denn es heißt: *Wenn sich der Gerechte von seiner Gerechtigkeit abwendet und Böses tut, will ich ihm einen Anstoß zum Straucheln bereiten* (Ez 3,20). Wir sagen ja, wenn er Unrecht getan hat, ist er gestrauchelt, und es ist durchaus wahr, was wir da sagen. Weshalb bereitet ihm der allmächtige Gott darüber hinaus noch einen Anstoß zum Straucheln, zumal er doch sieht, daß er durch seine böse Tat bereits angestoßen und niedergefallen ist? Aber die Gerichte des allmächtigen Gottes sind gar vielgestaltig: lange wartet er auf einen Sünder, auf daß er zurückkehre; den, der im Trotz verharrt und nicht umkehrt, läßt er noch härter anstoßen.

Eine Sünde, die nicht sogleich durch Buße getilgt wird, ist 24
nicht nur eine Sünde, sondern auch die Ursache einer weiteren Sünde oder die Strafe für eine Sünde oder auch zugleich Ursache und Strafe für eine Sünde. Jeder erste Fehltritt ist zunächst einmal eine Sünde. Wird sie nicht sogleich durch die Buße abgewaschen, läßt es der allmächtige Gott in gerechtem Urteil zu, daß die schuldige Seele des Sünders, die ihre Missetat durch Weinen und Besserung nicht wiedergutmachen wollte, in eine weitere Sünde fällt und so Sünde auf Sünde zu häufen beginnt. Somit ist eine Sünde, die durch Reue nicht abgewaschen wird, nicht nur eine Sünde, sondern darüber hinaus die Ursache einer weiteren Sünde, weil sich aus ihr ergibt, daß die Seele des Sünders sich noch tiefer in Schuld verstrickt. Die Sünde, die auf eine erste Sünde folgt, ist nicht nur eine Sünde, sondern zugleich Sündenstrafe, weil sie infolge zunehmender Blindheit als Vergeltung für die frühere

Sünde entsteht, so daß gleichsam das Wachstum der Laster selbst eine Art Strafe für den Sünder ist. Nun geschieht es aber bisweilen, daß ein und dieselbe Sünde zugleich eine Strafe für die Sünde und die Ursache einer weiteren Sünde ist. Stellen wir uns einmal vor, einer habe des Nächsten Gut begehrt und, da er nicht imstande war, es ihm offen wegzunehmen, es heimlich getan; des Diebstahls angeklagt, beschwört er, es nicht gestohlen zu haben. So war also seine Begehrlichkeit zugleich eine Sünde und die Ursache einer weiteren Sünde, weil er durch jene zum Diebstahl gelangt war. Als er aber das begehrte Gut raubte, war der Diebstahl zugleich eine Sünde wie auch die Strafe der Sünde, weil er infolge der nicht unterdrückten Begehrlichkeit zum Diebstahl gelangt war und die im Herzen verborgene Schuld zur äußeren Tat wurde: als eine Folge der Blindheit. Indem er den Diebstahl durch einen Meineid zu verheimlichen trachtete, hat er aus der Sünde abermals eine Sünde hervorgebracht. So ist der Diebstahl, der aus der Begehrlichkeit entstanden ist und den Meineid hervorgebracht hat, als solcher zur Sündenstrafe für die vorausgegangene Schuld geworden und seinerseits zur Ursache der nachfolgenden Schuld, indem er aus jenem diesen hervorgebracht hat. Was der Apostel Paulus treffend erläutert an einigen, die Gott zwar erkannten, ihm aber nicht die Ehre gaben, indem er sagt: *Da sie Gott zwar kannten, ihm aber als Gott dennoch nicht Ehre und Dank erwiesen, sondern in ihren Gedanken in eitle Wahnideen verfielen* (Röm 1,21). Siehe da die Sünde und die Ursache der Sünde. Aus diesem Grund fährt er fort: *Und ihr unverständiges Herz ist verfinstert worden. Während sie vorgaben, weise zu sein, sind sie zu Toren geworden und vertauschten die Herrlichkeit des unvergänglichen Gottes mit Bild und Gestalt von vergänglichen Menschen und Vögeln und vierfüßigen und kriechenden Tieren* (Röm 1,21–23). Siehe da die Sünde und die Strafe der Sünde. Doch wäre das lediglich eine Sünde und eine Sündenstrafe, wenn aus dieser Sünde nicht noch eine andere folgte. Denn nach ihrem Unglauben bemerkt er: *Daher lieferte sie Gott den Gelüsten ihrer Herzen aus, der Unkeuschheit, so daß sie ihre Leiber miteinander schändeten* (Röm 1,24). Die also Gott erkannten, ihm aber als Gott nicht die Ehre gaben, sind aufgrund dieser Sünde und Sündenursache soweit gebracht worden, daß sie bis zur Verehrung von Schlangen und Vögeln herabsanken. Und weil sie infolge dieser Blindheit und Schändung des Fleisches heruntergekommen sind, ist ihr blinder Unglaube nicht nur angesichts ihrer ehemaligen Erkenntnis eine Sünde und eine Sündenstrafe, sondern auch angesichts der darauffolgenden Unkeuschheit eine Ursache neuer Sünde geworden. Doch da über diese Fragen in den Büchern der Moralia ausführlich gehandelt worden ist, brauchen wir jetzt nicht länger dabei zu verweilen.

Das aber müssen wir mit Zittern in Erwägung ziehen, wie es 25
der gerechte und allmächtige Gott im Zorn über vorausgegangene Sünden zuläßt, daß der blind gewordene Geist noch in andere Sünden fällt. So spricht Moses: *Bis zur Stunde haben die Sünden der Amorrhiter noch nicht ihr volles Maß erreicht* (Gen 15,16). Ebenso David: *Laß sie eine Bosheit über die andere begehen, auf daß sie nicht in deine Gerechtigkeit eingehen* (Ps 68,28). Und ein anderer Prophet: *Lästerung und Lüge und Mord und Raub und Ehebruch haben überhand genommen, und Blutschuld reiht sich an Blutschuld* (Os 4,2). Blutschuld reiht sich an Blutschuld, wenn eine Sünde der anderen hinzugefügt wird, so daß sich die Seele durch die aneinandergereihten Untaten vor den Augen Gottes mit Blut besudelt. Und der Apostel Paulus sagt: *Um das Maß ihrer Sünden jederzeit voll zu machen* (1 Thess 2,16). Auch zu Johannes spricht der Engel: *Wer Schaden zufügt, füge weiteren Schaden zu, und wer unrein ist, verunreinige sich weiter* (Offb 22,11). Und so spricht jetzt auch der Herr: *Wenn sich der Gerechte von seiner Gerechtigkeit abwendet und Böses tut, will ich ihm einen Anstoß zum Straucheln bereiten.* Als ob er sagen wollte: Weil er nicht umkehren und nicht erkennen wollte, wo er schon gestrauchelt ist, will ich ihn in gerechtem Urteil verlassen und ihm einen Anstoß zu neuerlichem Straucheln bereiten. Dennoch bedeutet diese Vorgangsweise des Herrn keineswegs, daß er ihn zum Sündigen drängt, vielmehr daß er ihn von der Sünde befreien will, wie vom Pharao gesagt wird: *Ich werde sein Herz verhärten* (Ex 7,3). Verhärten bedeutet nicht, daß der Herr das Herz des Sünders verhärtert, sondern es von seiner Verhärtung nicht befreit. Denn der barmherzige Herr dehnt die Zeit der Buße für uns aus. Aber wenn wir die Langmut seiner Gnade zur Vermehrung der Schuld verwenden, dann

verwendet er eben diese Zeit, die er in seiner Güte zur Schonung vorgesehen hat, dazu, die Betreffenden umso unnachsichtiger zu treffen. Wer daher auch nach der Gewährung dieser Frist nicht umkehren wollte, vermehrt seine Schuld gerade dadurch, wodurch er sie hätte abbüßen können, wenn er sich hätte bekehren wollen. So steht geschrieben: *Weißt du nicht, daß die Güte Gottes dich zur Buße hinführt? Aber wegen deiner Verstocktheit und deines unbußfertigen Herzens häufst du dir Zorn auf den Tag des Zornes und der Offenbarung des Gerichtes Gottes* (Röm 2,4–5). Angesichts der Güte des allmächtigen Gottes häuft sich der Verworfene Zorn auf den Tag des Zornes, und während er die zur Buße erhaltene Zeit zum Sündigen verwendet, nützt er gerade das Heilmittel der Gnade zur Vermehrung der Schuld. Sieht daher der allmächtige Gott, wie die angebotenen Heilmittel zut Vermehrung der Schuld mißbraucht werden, verwandelt er die gewährte Gnadenfrist zur Verschärfung des Gerichtes und schlägt nachher umso härter zu, je mehr Langmut er zuvor gezeigt hat. Und weil der Mensch nicht vom Bösen lassen will, damit er lebe, vergrößert er die Gefahr, sterben zu müssen. Aber ob nun der Gerechte in seiner Schuld oder der Sünder im Tod zugrunde geht, der Wächter muß fürchten, daß die Schuld der Sünder wegen seines Schweigens auch ihn gleicherweise trifft.

DAS DILEMMA DES SEELSORGERS

26 Doch während ich da rede, will ich die Augen von mir selbst abwenden, und siehe, abermals geht das göttliche Wort mich selber an, daß ich meine Nachlässigkeit erkenne und darüber erschrecke, daß das, was ich da höre, auch mir gesagt ist. Wie ich schon einmal betont habe: wie soll sich eines Menschen Herz, das in zahllose Sorgen zerstreut ist, in sich selbst sammeln? Wann kann ich mich um meine eigenen Anliegen mit der nötigen Sorgfalt kümmern und mich selbst ungestört ins Auge fassen? Wann kann ich den Verfehlungen der Schlechten entgegentreten und sie bessern, die Werke der Guten mit Lob und Aufmunterung fördern, den einen Strenge, den anderen Liebenswürdigkeit erweisen? Wann kann ich an das

denken, was den Brüdern nottut, wann mich um die Wachmannschaften der Stadt im Hinblick auf die feindlichen Schwerter annehmen, wann Vorsorge treffen, daß bei einem plötzlichen Einfall keine Bürger umkommen, und mich neben all dem zum Schutz der Seelen voll und wirksam dem Wort der Verkündigung widmen? Um über Gott zu sprechen, braucht es einen ganz ausgeglichenen und freien Geist. Denn in der Predigt wird die Sprache dann richtig gehandhabt, wenn sich der Geist in ruhiger Stille sicher fühlt, wie ja auch ein aufgewühltes Wasser das Bild des Betrachters nicht widergibt, vielmehr wird das Antlitz des Hineinschauenden dann erblickt, wenn es nicht bewegt wird. Was für eine Verkündigung bietet euch, geliebte Brüder, ein Wächter, den die Unordnung so vieler Dinge verwirrt? Der Prophet, über den wir sprechen, schaut in seiner letzten Vision den Tempel und erwähnt von dem, was er in dem Tempel gesehen hat, unter anderem: *Die Erde reichte bis zu den Fenstern hinauf, und die Fenster waren geschlossen* (Ez 41,16). Auch der Apostel Paulus sagt: *Denn der Tempel Gottes ist heilig, und der seid ihr* (1 Kor 3,17). In diesem Tempel bedeuten die Fenster die Priester und Wächter, die das Licht der heiligen Verkündigung über das Volk der Gläubigen ausgießen. Aber wenn die Erde bis zu den Fenstern hinaufreicht, sind die Fenster verschlossen, und wenn das irdische Denken in den Herzen der Priester überhandnimmt, spenden die Fenster kein Licht, weil die Priester in dem Amt der Verkündigung verstummen.

Aber es gibt noch ein anderes schwerwiegendes Problem im 27
Stand der Priester, sofern sie nicht wie jene, die ein ruhiges und zurückgezogenes Leben führen, unverwandt in ihrem Gedankenkreis verharren können. Denn wie gesagt die, welche kein Regierungsamt innehaben, können die Makel ihrer Sünden mit Tränen abwaschen und nach diesen Tränen in der Trauer des Geistes verharren, wie auch von der braven Frau geschrieben steht, die im Tempel gebetet hat und nach der Gnade der Reue den Sinn nicht von ihrem Vorhaben abwandte, da es heißt: *Und ihr Gemüt war auch weiterhin nicht der Zerstreuung hingegeben* (1 Kön 1,18). Dabei sollen wir folgendes bedenken: wenn die Frau, die sich einen Sohn wünschte, so sehr geklagt hat, wiesehr soll dann die Seele klagen, die Gott

sucht? Ein Priester hingegen wird nach der Reue und nach den Tränen gezwungen, sich um das Notwendige seiner Brüder zu kümmern und geduldig anzuhören, was ihm in der Seele fremd ist, und, nachdem er nach himmlischen Dingen geseufzt hat, die Last fleischlich gesinnter Menschen zu tragen und gar oft das Herz mit den Besuchern in die verschiedensten Angelegenheiten auszugießen. Einmal freut er sich über einen geistlichen Gewinn, aber wenn ein Bekümmerter daherkommt, hat er, wenn er dessen Trübsal nicht in sich aufgenommen hat, kein Mitgefühl mit dessen Kummer. Ein andermal trauert er über den Schaden der Seelen, und unvermutet kommen Leute daher, die sich über irgendwelche Erfolge freuen: wenn sich der Priester an ihrem Glück nicht erfreut, meint man, er liebe die Söhne weniger, an deren Freude er nicht teilnimmt, zumal Paulus sagt: *Sich freuen mit den Fröhlichen, weinen mit den Weinenden* (Röm 12,45).

28 Nach meiner Ansicht ist dem Priesterstand nichts so beschwerlich, als die gerade Linie des Geistes anteilnehmend umzubiegen und mit den andrängenden Personen jeweils die geistige Verfassung zu wechseln, trotzdem ist das überaus notwendig. Denn wie soll ein Sünder durch ein priesterliches Gespräch zur Freude an guten Werken zurückgeführt werden, wenn der Gesprächspartner unfreundlich erscheint? Daher wird auch von demselben Propheten im letzten Abschnitt gesagt: *Und wenn die Priester im Inneren ihren Dienst versehen, sollen sie keine wollenen Gewänder tragen* (Ez 44,17). Und kurz darauf: *Und wenn sie in den äußeren Vorhof zum Volk hinaustreten, sollen sie ihre Gewänder, in denen sie den Dienst verrichtet haben, ausziehen und in der Kammer des Heiligtums ablegen* (Ez 44,19). Die gröberen Gewänder sind ja aus Wolle. Aber wenn der Priester zum heiligen Dienst schreitet und mit innerer Zerknirschung hineingeht, ist es in einem tieferen Verständnis notwendig, daß er gleichsam mit einem linnenen Gewand bekleidet ist. Tritt er hingegen zum Volk hinaus, soll er die Gewänder, in denen er drinnen den Dienst versehen hat, ablegen und mit anderen Gewändern bekleidet vor dem Volk erscheinen. Denn wenn er in der Haltung der Zerknirschung bleibt und in der Traurigkeit, in der er zur Zeit des Betens war, verharrt, ist er nicht fähig, Nachrichten über äußere

Dinge aufzunehmen. Was soll die Herde in unaufschiebbaren Anliegen tun, wenn der Hirt sich weigert, das, was die Gegenwart erheischt, anzuhören und zu erwägen? Daher zieht der Priester gröbere Gewänder an, wenn er vor's Volk hinaustritt, um seine geistige Einstellung zum Nutzen der Söhne dem Ertragen irdischer Anliegen anzupassen. Erwägt, bitte, geliebte Brüder, wieviel Mühe es einem Wächter bereitet, das Herz auf Hohes zu richten und zugleich wieder herunterzurufen, den Geist in der Erhabenheit der innersten Erkenntnis sozusagen zu verfeinern, um ihn plötzlich in seinen Gedanken wieder zu vergröbern.

Was mir also jetzt nottut, ist nicht sosehr, die Worte des 29
Propheten auszulegen, als vielmehr vor euch meine Armseligkeit zu beweinen. Daher wünsche ich, euer Gebet möchte mich zu einem solchen werden lassen, der sowohl sich selbst als auch euch nützlich zu sein vermag. Der in seiner Herablassung sich um unseretwillen schwach zu werden gewürdigt hat, hat auch die Macht, mir Unwürdigem und Schwachem das aufgrund eurer Fürsprache zu gewähren. Gottes Kraft und Weisheit ist es, die sich unserer Schwachheit angenommen hat, um uns mit seiner Stärke zu kräftigen: Jesus Christus, unser Herr, der da lebt und herrscht mit Gott Vater in der Einheit des Heiligen Geistes, Gott von Ewigkeit zu Ewigkeit. Amen.

12. HOMILIE: Ez 3,22–4,3

1 Um die historische Wahrheit zu bewahren, bezeichnen die heiligen Schriften zuweilen mit dem Zeitpunkt, zuweilen mit dem Ort bestimmte Umstände, die aus dem Text nicht offen hervorgehen. Mit dem Zeitpunkt etwa, wenn der Evangelist anläßlich einer Predigt des Herrn an die Juden bemerkt: *Es war Winter* (Joh 10,22). Welchen Grund gab es, während die WAHRHEIT über heilige Geheimnisse redete, anzumerken, es sei Winter, wenn nicht den, daß er mit der Jahreszeit auf die Herzenskälte hinweisen wollte? Sind doch die Herzen der Juden kalt geblieben, als sie die Worte der WAHRHEIT vernahmen! Manchmal auch mit dem Ort: so hat der vom Berg herabsteigende Moses dem fleischlichen israelitischen Volk das Gesetz auf einem ebenen Feld gegeben, wogegen der Herr auf der Spitze des Berges sitzend zu den heiligen Aposteln von geistigen Vorschriften geredet hat. So wurde durch die Orte offenkundig angezeigt, daß jenen als den Fleischlichen im irdischen Tal geringfügige Gebote gegeben wurden, wogegen diese als die Geistigen und Heiligen auf dem Berg himmlische Gebote vernahmen, wodurch offenkundig werden sollte, daß die, welche im Herzen zu Himmlischem aufsteigen, die Niederungen der Welt verlassen und auf dem Berggipfel des Geistes stehen. Daher erwähnt Ezechiel den Umstand, an welchem Ort er den Auftrag des Herrn ausführt, um durch die Art des Ortes anzuzeigen, wie es mit den prophetischen Geheimnissen im folgenden weitergehen würde.

JUDEN UND HEIDEN

Denn, siehe, er sagt:
2 *(Ez 3,22) Es kam über mich die Hand des Herrn, und er sprach zu mir: Steh auf und geh in die Ebene hinaus, dort will ich mit dir reden.* Was bedeutet es, daß der Herr zuvor inmitten der Israeliten zum Propheten geredet hat, dann aber sagt: *Geh aufs Feld hinaus, dort will ich mit dir reden*? Doch wohl dies, daß er die Gnade seiner Weissagung

zuerst den Juden einzugießen und sie dann in die Weite der Heidenvölker hinein zu offenbaren sich gewürdigt hat. Wird ja nicht zu Unrecht mit der Ebene das Heidentum bezeichnet, das sich in die Länge und in die Breite, das heißt in die ganze Welt ausdehnt. So folgt denn auch:
(Ez 3,23) Da machte ich mich auf und ging hinaus in die 3
Ebene, und siehe, dort stand die Herrlichkeit des Herrn, gleich jener Herrlichkeit, die ich am Flusse Kebar gesehen hatte. In der Ebene hat der Prophet die Herrlichkeit des Herrn gesehen, die er beim Flusse Kebar inmitten der Israeliten gesehen hatte, denn seine Majestät, die sich zuvor durch die Offenbarung des Geistes dem jüdischen Volk kundgetan hat, ist den Heidenvölkern erschienen. Es folgt:
(Ez 3,23) Und ich fiel auf mein Angesicht nieder. In der 4
Schau der Herrlichkeit des Herrn fällt der Prophet auf sein Angesicht nieder, denn obschon der Mensch zur Einsicht hoher Dinge erhoben wird, erkennt er in der Schau der Majestät des Herrn die Schwachheit seines Wesens und hat gleichsam keinen festen Stand, da er sich vor den Augen Gottes als Staub und Asche sieht. Es folgt:
(Ez 3,24) Und der Geist fuhr in mich und stellte mich 5
auf meine Füße. Wenn wir uns vor Gott demütig niederwerfen, wenn wir einsehen, daß wir Staub und Asche sind, wenn wir die Schwachheit unseres eigenen Standes erwägen, keine Haltung unbeugsamen Stolzes einnehmen, dann richtet uns der allmächtige Gott durch seinen Geist auf und stellt uns auf unsere Füße, so daß wir, die wir uns eingedenk unserer Schwachheit demütig niedergeworfen haben und darniederliegen, dank jener Aufrichtung gleichsam im guten Werk auf den Füßen stehen. Dies widerfährt dem Propheten deshalb in der Ebene, damit ausdrücklich darauf hingewiesen werde, daß der Heilige Geist dereinst auch den Auserwählten aus den Heidenvölkern verliehen würde, um jene, die er jetzt aufnähme, zuerst vom Stand ihres Stolzes herabzustürzen und anschließend sicher auf die Füße, das sind die guten Werke, zu stellen. Wie Paulus sagt: *Richtet die erschlafften Hände und die wankenden Knie wieder auf und geht gerade Pfade mit euren Füßen* (Hebr 12,12–13). Es folgt:

6 *(Ez 3,24) Und er redete mit mir und sprach zu mir: Geh in dein Haus und schließe dich darin ein.* Was bedeutet es, daß der Prophet aus der Mitte des israelitischen Volkes auf die Ebene hinausgeführt und dann vom Feld nach Hause zurückgerufen wird, wenn nicht dies: daß die Gnade der Frohbotschaft dem jüdischen Volk genommen und in die Weite des Heidentums ausgegossen wird? Wenn dann am Weltende die Juden zum Glauben zurückkehren, wird der Prophet gleichsam ins Haus zurückgeführt, auf daß in seinem Volk wiederum die Frohbotschaft wohne, die vorerst nur in der Ebene, das heißt bei den verschiedenen Völkern aufstrahlt. Steht doch geschrieben: *Bis die Vollzahl der Heiden eingetreten sei und so ganz Israel gerettet würde* (Röm 11,25–26). Und durch einen anderen Propheten wird gesagt: *Auch wenn die Zahl der Söhne Israels wie der Sand am Meer wäre, wird ein Rest gerettet werden* (Is 10,22; vgl. Röm 9,27). So gehe denn der Prophet aus der Mitte des Volkes in die Ebene hinaus, von der Ebene kehre er nach Hause zurück, auf daß die Frohbotschaft, die den Juden zuteil geworden ist, zu den Heiden hinausgelange und, wenn die Völker vom Glauben erfüllt sein werden, Israel die Geschenke der geistigen Unterweisung annehme, die es verscherzt hat. Dem Propheten wird dann geboten, sich in der Mitte seines Hauses einzuschließen, weil zur Zeit des Antichrist das bekehrte Volk der Juden von den im Unglauben verbliebenen Heiden mit harten Verfolgungen bedrängt werden wird. Daher steht geschrieben: *Den außerhalb des Tempels gelegenen Vorhof aber wirf hinaus und miß ihn nicht, denn er ist den Heiden preisgegeben, und sie werden die Heilige Stadt zertreten zweiundvierzig Monate lang* (Offb 11,2).

7 *(Ez 3,25–26) Und du, Menschensohn, siehe, Fesseln sind für dich bestimmt, und sie werden dich mit ihnen binden, und du wirst nicht aus ihrer Mitte entkommen. Und ich mache deine Zunge an deinem Gaumen kleben, und du wirst stumm sein und nicht mehr wie ein Strafprediger, denn es ist ein widerspenstiges Haus.* Wenn wir bei diesen Worten der Ordnung der «typischen» Auslegung folgen, so wird der Prophet in seinem Haus mit Fesseln gebunden, weil der Glaubensbote am Ende, wenn Judäa glauben wird, zur Zeit des Antichrist den schwersten

Verfolgungen ausgesetzt ist, so daß die Diener der Gottlosigkeit seine Botschaft nicht annehmen, sondern ihr widerstehen und sie mit qualvollen Fesseln unterdrücken. Und er wird aus ihrer Mitte nicht entkommen, weil die Verkündigung nicht bis zu den Herzen der Verworfenen dringt, zumal die Zunge der Guten, in Trübsalen gebunden, verstummt. Es gibt ja dann auch viele ungläubige Juden, die die gläubigen Juden verfolgen werden. Man beachte daher, was hier auch gesagt ist, daß nämlich der Prophet in seinem Haus Fesseln trägt, womit angedeutet wird, daß Judäa, sofern es treu geblieben ist, von seinem eigenen Geschlecht die Drangsal der Verfolgung erträgt. Solange der Glaube nicht da ist, daß der Eingeborene des Vaters Mensch geworden, gestorben, auferstanden und zum Himmel aufgefahren ist, wird wahrlich die Weissagung bei ihnen gebunden sein. Wenn das, wie gesagt wurde, in ihre Einsicht eingedrungen wäre, hätte die Verkündigung des Propheten gleichsam freie Bahn gehabt.

Den Verworfenen wird also dann das Wissen der Glaubens- 8
boten vorenthalten werden. Darum heißt es hier: *Und ich mache deine Zunge an deinem Gaumen kleben, und du wirst stumm und nicht mehr wie ein Strafprediger sein, denn es ist ein widerspenstiges Haus.* Gemäß der Verkündigung des Henoch und des Elias werden viele von den Juden, die im Unglauben verharrten, zur Erkenntnis der Wahrheit zurückkehren, wie ja von Elias gesagt wird: *Elias wird kommen und alles wieder herstellen* (Mt 17,11; vgl Mk 9,12). Diese beiden werden von Sacharias als die zwei Ölbäume (vgl. Zach 4,3) und von Johannes als die zwei Leuchter (vgl. Offb 11,4) bezeichnet. Darum wird hier noch beigefügt:

(Ez 3,27) Wenn ich aber zu dir reden werde, will ich 9
deinen Mund öffnen, und du wirst zu ihnen reden: So spricht Gott, der Herr. Dann öffnet sich gleichsam in letzter Stunde der Mund des Propheten, wenn von den Juden, die durch die Predigt des Henoch und des Elias zum Glauben zurückkehren, geglaubt wird, daß sich die Weissagung der Heiligen Schrift auf Christus bezogen hat. Doch da wir dies im «typischen» Sinn gesagt haben, wollen wir dieselben Worte Eurer Liebe jetzt im «moralischen» Sinn erläutern.

10 Daß nämlich dem Propheten aufs Feld hinauszugehen befohlen wird, bedeutet nichts anderes, als daß jeder Seelsorger um derer willen, die er als Außenstehende zurechtweist und vom Bösen abbringt, zum Reden aufs Feld hinausgeht. Dort erblickt er die Herrlichkeit des Herrn, denn er erhält die Gnadengabe des Lehrens um so reichlicher, je mehr er sich bei der Glaubensverkündigung aus Liebe zum Nächsten anstrengt. So wird er beim Hinausgehen zu einer erhabenen Schau geführt, und wie er in den fremden Herzen durch seinen Predigtdienst die Blindheit der Unwissenheit aufhellt, so hebt ihn die Gnade von oben zu höherer Einsicht empor. Weil jedoch der Seelsorger stets auf sich selbst achten und im Inneren Demut und Reinheit bewahren muß, ist es notwendig, daß er nach dem Feld wieder ins Haus zurückkehre, ersieht er doch in seinem Gewissen aus den eigenen Worten, wer er selbst ist. Hält er sich nämlich nicht an das, was er sagt, oder sucht er in seiner Rede zeitlichen Ruhm, so geht er zwar in seinem Reden aufs Feld hinaus, weigert sich aber, nicht an sich selbst denkend, ins Haus zurückzugehen. Nachdem wir den Geist empfangen haben, werden wir mitten im Haus eingeschlossen, indem wir von seiner Gnade aufgefordert werden, das Verborgene unseres Geistes zu prüfen, damit die Seele bei sich selbst in Gott ruhe und nicht durch äußere Begierden, im Streben nach Lob, in unstetem Sinnen auf Ruhm und Ehre umherschweife.

11 Die WAHRHEIT spricht von einem von ihr in diesem «Haus des Herzens» Geheilten: *Nimm dein Bett und geh in dein Haus* (Mk 2,11). In dem Bett, in dem die Ruhe des Fleisches ist, wird das Fleisch selber bezeichnet, in dem Haus das Gewissen versinnbildlicht. Und da wir, geistig tot, in Lastern darniederliegen, in fleischlichen Genüssen untätig ausruhen, werden wir als Kranke auf der Bahre getragen. Wenn aber unser Geist geheilt sein wird, so daß wir den anpochenden Lastern des Fleisches widerstehen, ist es nötig, auch die Plage der Versuchungen von seiten unseres Fleisches zu ertragen. Daher wird dem gesund gewordenen Kranken geboten: *Nimm dein Bett,*

das heißt: nimm die Bahre, auf der du getragen wurdest, denn jeder Geheilte muß die Plage des Fleisches ertragen, worin er zuvor krank darniederlag. Was heißt also: *Nimm dein Bett und geh in dein Haus*? Soviel wie: ertrage die Versuchungen des Fleisches, in denen du bisher darniederlagst, und kehre in dein Gewissen ein, um zu sehen, was du getan hast. Daher wird dem Propheten geboten, sich nach dem Feld im Haus einzuschließen, beziehungsweise dem Seelsorger, nach dem Gnadengeschenk des Lehrens, worin er den Mitmenschen diente, stets in sein Gewissen einzukehren und sich selbst in sorgfältiger Prüfung zu erforschen, damit er in dem, was er nach außen hin predigt, nicht etwa in seinem Inneren für sich selbst nach vergänglichem Ruhm trachte.

So heißt es bei Salomon: *Trinke Wasser aus deiner Zisterne und* 12
was aus deinem Brunnen fließt! Laß deine Quellen sich nach außen ergießen und teile dein Wasser auf die Straßen hin; dir allein sollen sie gehören und Fremde nicht mit dir daran teilhaben (Spr 5, 15–16). Gar widersprüchlich scheint es zu sein, wenn er sagt: *Laß deine Quellen sich nach aussen ergießen und teile dein Wasser auf die Straßen hin*, und gleich hinzufügt: *Dir allein sollen sie gehören und Fremde nicht mit dir daran teilhaben.* Wie kann er das Wasser der Weisheit allein haben, wenn er es auf die Straßen hin teilt? Indes, wenn wir den Völkern predigen, teilen wir doch wohl die Wasser auf die Straßen hin, da wir die Worte der Weisheit über die Menge der Zuhörer ausstreuen. Wenn wir uns aber mit Hilfe der göttlichen Gnade innerlich bewachen und mit behutsamer Vorsicht darauf achten, daß die bösen Geister, die mit Recht fern von uns sind, da sie das Leben der Seligkeit verspielt haben, uns nicht zur Überheblichkeit verleiten, dann gehören die Wasser, die wir auf die Straßen hin teilen, uns allein, so daß keine Fremden mit uns daran teilhaben. Jene nämlich, von denen geschrieben steht: *Fremde haben sich wider mich erhoben, und Gewalttäter trachten mir nach dem Leben* (Ps 53,5). Wer sich daher trotz vieler Predigten nicht in Gedanken an zeitlichen Ruhm überhebt, teilt die Wasser auf die Straße hin und besitzt sie zugleich allein. Dann nämlich besitzt der Mensch, was er lehrt, wenn er sich nicht darüber freut, berühmt zu werden, sondern anderen helfen zu können. Somit wird der Prophet vom Feld ins Haus zurückgeführt, auf daß

der, welcher aus Gott redet, nachdem er, um zum Nutzen der Mitmenschen zu reden, hinausgegangen ist, in Demut stets zurückgerufen werde, um das Verborgene seines Herzens zu prüfen. So folgt nun:

13 *(Ez 3,25) Und du, Menschensohn, siehe, Fesseln sind für dich bestimmt, und sie werden dich mit ihnen binden, und du sollst nicht aus ihrer Mitte entkommen.* Wenn ein Seelsorger ins Haus seines Gewissens zurückgeführt wird, werden Bande über ihn gelegt, und er wird mit ihnen gebunden; und je mehr sich die Seele des Gerechten in Gedanken prüft, umso deutlicher erkennt sie, wie sehr sie durch die Schwachheiten ihrer Sterblichkeit gebunden ist. Wenn sich Paulus nicht gebunden gesehen hätte, hätte er keineswegs gesagt: *Ich habe das Verlangen, aufgelöst zu werden und mit Christus zu sein* (Phil 1,23). So auch der Psalmist: *Um das Seufzen der Gefangenen zu hören, um die Kinder der Erschlagenen zu befreien* (Ps 101,21). Und wiederum: *Laß das Seufzen der Gefangenen vor dein Angesicht kommen* (Ps 78,11). Wenn die Seele immer wieder zur Schau der Schönheit ihres Erlösers hinauszugehen wünscht, wenn sie sich nach der Teilnahme an den himmlischen Freuden sehnt, erblickt sie aufseufzend die Fesseln ihrer Sterblichkeit, mit denen gebunden sie noch in der gegenwärtigen Welt zurückgehalten wird. So spricht Jeremias im Hinblick auf das umfassende Gericht des allmächtigen Gottes: *Ringsum hat er mich ummauert, auf daß ich nicht entkäme; er hat meine Fußfesseln schwer gemacht* (Klgl 3,7). Haben wir doch Fußfesseln, nämlich die Schwachheit und Verderbtheit unserer Sterblichkeit, aber wenn uns Trübsal und Seufzen dazugegeben werden, werden unsere Fußfesseln schwer gemacht. Und solange der Gerechte die Fortdauer dieses Lebens aushält, beeilt er sich, durch gute Reden anderen zu nützen; wenn er hingegen halsstarrige Geister erblickt und sieht, wie sie sich mit Streitereien abgeben, hält er das Wort der Verkündigung zurück. Und er geht nicht in ihre Mitte hinaus und verschweigt das Gute, das er sagen könnte, wie Paulus bemerkt: *Nichts aus Streitsucht!* (Phil 2,3). Und: *Wenn aber einer meint, streitsüchtig sein zu dürfen – wir haben einen solchen Brauch nicht* (1Kor 11,16). So wird auch hier treffend angefügt:

14 *Und ich mache deine Zunge an deinem Gaumen kleben, und du wirst*

stumm sein und nicht mehr wie ein Strafprediger, denn es ist ein widerspenstiges Haus. Doch bisweilen entzündet der Herr die Herzen der Prediger mit dem Eifer für seine Sache auch gegen die Zungen der Widersacher, auf daß sie nicht schweigen, sondern die Reden der Betrüger mit den Worten der Wahrheit niederschlagen. Darum heißt es jetzt:
(Ez 3,27) Wenn ich aber zu dir reden werde, will ich deinen Mund öffnen, und du sollst zu ihnen sagen: So spricht Gott, der Herr. Ich denke, es wird gut sein, von dem, was wir in seiner doppelten Bedeutung kurz erläutert haben, nun auch noch den buchstäblichen Sinn mit ein paar Worten zu skizzieren. Was wird uns denn in diesem geschichtlichen Bericht dringender nahegelegt als die Tugend des Gehorsams? Da dem Propheten einmal geboten wird, sich in die Verbannung zum Flusse Kebar aufzumachen, ein andermal aufs Feld hinauszugehen, dann wieder vom Feld ins Haus zurückzukehren? Damit er immer wieder seinen Willensentschluß nach dem Gebot der göttlichen Weisung breche, wenn er gemäß dem Befehl zuerst aufbricht und bald danach hinausgeht und wieder ins Haus zurückkehrt und sich einschließt, um so, an der himmlischen Weisung hängend, nicht seinen, sondern seines Schöpfers Willen zu erfüllen. Zu ihm wird gesagt: *Und du, Menschensohn, siehe, Fesseln sind für dich bestimmt, und sie werden dich mit ihnen binden, und du sollst nicht aus ihrer Mitte entkommen.* Hierbei ist zu bedenken, daß der Prophet die Widrigkeiten vorausweiß, um gegen alle gewappnet zu sein. Denn die Übel, die nicht unvorhergesehen eintreffen, vermögen weniger gegen den Geist; und doch, wenn die Widrigkeiten im voraus gewußt werden, zeigt es sich, wie groß die Tugend des Gehorsams ist in dem, der erkennt, daß er Widerwärtigkeiten zu erdulden haben wird, und dennoch der Stimme des Herrn den Gehorsam nicht verweigert.

VERWEIGERUNG DER GLAUBENSVERKÜNDIGUNG

Die unmittelbar darauffolgenden Worte verdienen große Beachtung: *Und ich mache deine Zunge an deinem Gaumen kleben, und du wirst stumm sein und nicht mehr wie ein Strafprediger, denn es ist ein widerspenstiges Haus.* Wir wollen nun untersuchen, ob das Wort der Verkündigung einzig wegen der Bosheit der Zuhörer oder bisweilen auch um der Sünde des Predigers willen hintangehalten wird.

16 Bei der Betrachtung dieses Problems sind vier Gesichtspunkte zu unterscheiden. Zuweilen wird den guten Predigern wegen der bösen Zuhörer die Gelegenheit zum Reden entzogen. Oder umgekehrt wird zuweilen bösen Predigern die Gelegenheit zum Reden um der guten Zuhörer willen gewährt. Zuweilen wieder wird den guten Predigern um der Rechtfertigung der Lehrenden wie auch der Hörenden willen die Gelegenheit zum Reden gegeben, so daß sie infolge des Verdienstes wachsen und ihre Zuhörer für ihre Einsicht und für ihr Leben einen Nutzen haben. Zuweilen schließlich sind sowohl die, denen die Glaubenslehre vorzutragen ist, nicht würdig, sie aufzunehmen, als auch jene, die beauftragt sind, das Wort der Lehre zu künden: dann wird das Predigtwort nicht gewährt, um beide Teile insgesamt zu richten. Um der bösen Zuhörer willen wird guten Predigern das Wort verwehrt, wie jetzt zu Ezechiel gesagt ist: *Ich mache deine Zunge an deinem Gaumen kleben, und du wirst stumm sein und nicht mehr wie ein Strafprediger, denn es ist ein widerspenstiges Haus.* Und wie zu Paulus gesagt wird: *Eile und geh schleunig aus Jerusalem fort, denn sie werden von dir das Zeugnis über mich nicht annehmen* (Apg 22,18). Und von den Aposteln, die in Asien predigen wollten, heißt es: *Der Geist Jesu hinderte sie daran* (Apg 16,6). Um der guten Zuhörer willen wird auch bösen Predigern das Wort erteilt, wie der Herr über die Pharisäer spricht: *Alles, was sie euch sagen, das befolgt und tut, aber nach ihren Werken sollt ihr nicht tun, denn sie sagen es und tun es nicht* (Mt 23,3). Auch um des Verdienstes der Lehrenden und der Rechtfertigung der Hörenden willen wird das Wort der Lehre gewährt, wie zu den heiligen Aposteln gesagt ist: *Geht hin und lehret die Völker* (Mt 28,19). Wegen der bösen Zuhörer und wegen des unwürdigen Lebens der zum Lehren Beauftragten jedoch wird das Wort der Lehre verweigert. Dem Heli ward es verwehrt, die Söhne mit energischer Schelte zurechtzuweisen, weil sowohl sein Versagen wie auch der Lebenswandel der Söhne es erforder-

ten, daß mit ihnen auch das Volk untergehe und die geraubte Lade des Herrn auf fremde Stämme übergehe (vgl. 1 Kön 2,29; 3,13; 4,11–12). Groß ist nämlich die Güte des allmächtigen Gottes, wenn denen, die Böses tun, von den Predigern ein hartes Wort der Zurechtweisung gesagt wird. Im Gegensatz hierzu heißt es jetzt: *Du wirst stumm sein und nicht mehr wie ein Strafprediger*. Er hätte die Fehlenden gewiß scharf getadelt, wenn sie der Gnade des Tadels würdig gewesen wären.

Da nun aber im Reden wie im Schweigen eine derartige 17
Verschiedenheit festzustellen ist, daß man nicht leicht wissen kann, ob das Wort der Glaubenslehre wegen der Schuld des Hörers oder dessen, der das Amt des Lehrens innehat, zurückgehalten wird, so wird uns vor allem nahegelegt, in Zweifelsfällen stets die Demut zu bewahren. Daß wir nicht überheblich werden, wenn wir reden können, damit nicht etwa die Gnade unserer Worte unseren Hörern, nicht aber uns zugute komme. Und wiederum: wenn wir nicht reden können, sollen die uns Anbefohlenen uns nicht verurteilen, da wir vielleicht nicht aus unserer Schuld, sondern aus der der Zuhörer nicht reden können. In dieser Hinsicht ist bezüglich unserer Verdienste alles unsicher, so daß wir die Demut für die einzig sichere Gnade halten und, falls wir doch reden, dies als ein Geschenk des allmächtigen Gottes, als euer Verdienst ansehen. Und wenn wir einmal belehrende Worte verschweigen, sollt ihr das, obwohl es unsere Schuld sein könnte, vielmehr für eure Schuld halten. Wenn wir so das Böse jeweils uns zuschreiben und das Gute den anderen, mag es durch die Gnade der Demut geschehen, daß das Wort der Belehrung, das verweigert wurde, wieder zurückkehrt.

HÖREN UND NICHT HÖREN

Es folgt:

(Ez 3,27) Wenn ich aber zu dir reden werde, will ich 18
deinen Mund öffnen, und du sollst zu ihnen sagen: So spricht Gott, der Herr: wer hört, der höre, und wer es bleiben läßt, der lasse es bleiben, denn es ist ein widerspenstiges Haus. Oft sehnen sich manche danach, das

Wort Gottes zu hören, doch wenn sie andere die Ohren abwenden sehen, lassen auch sie davon ab, auf ihr Heil zu hören; und oft streben viele danach, von den Geschäften dieser Welt frei zu sein und in Ruhe zu leben, doch wenn sie sehen, wie andere in ruheloser Geschäftigkeit erfolgreich sind und durch Reichtum und Ehren in dieser Welt emporkommen, dann gleiten sie, zumal sie auf dem rechten Weg noch nicht feststehen, durch das Beispiel anderer zu verkehrtem Tun ab. So sprach der Psalmist unter dem Bild der Schwachen: *Meine Füße aber wären beinahe gestrauchelt, meine Schritte wären fast ausgeglitten, denn ich ereiferte mich über die Frevler, da ich den Frieden der Frevler sah* (Ps 72, 2–3). Und *Wenn sich der Gottlose brüstet, ist der Arme erbittert* (Ps 10, 2). So spricht auch die Stimme des Herrn zum Propheten Jeremias über Juda und Israel: *Hast du nicht gesehen, was Israel, die Abtrünnige, getan hat? Sie ging auf jeden hohen Berg und unter jeden grünen Baum und buhlte daselbst. Da sprach ich, nachdem sie all das getan hatte: Kehre zurück zu mir! Doch sie kam nicht zurück* (Jer 3,6–7). Und sogleich wird beigefügt, wie im Wettstreit mit ihr auch Juda, das zu stehen schien, gefallen ist: *Wohl sah ihre Schwester Juda, die Treulose, daß ich Israel, die Abtrünnige, um ihres Ehebruches willen verstoßen und ihr den Scheidebrief gegeben hatte; doch ihre Schwester Juda, die Treulose, scheute sich nicht, sondern ging hin und trieb selbst auch Buhlerei* (Jer 3, 7–8). Siehe, der barmherzige Gott verwirft und ruft zurück, er öffnet denen, die sich von ihm abwenden, den Schoß der Barmherzigkeit, da er zur Sünderin spricht: *Kehre zurück zu mir! Doch sie kam nicht zurück.* Aber weil das israelitische Volk den allmächtigen Gott verlassen hatte und nicht umkehren wollte, hat es den Scheidebrief erhalten. Verlassen hatte es ihn, da es sündigte, den Scheidebrief hatte es erhalten, da es ohne tätige Reue in seinen Freveln verharrte. Die Seele, die sündigt, geht in die Fremde. Und wenn ihr nach der Sünde glücklicher Wohlstand beschert ist, ruft sie keine Belehrung, keine noch so harte Schelte zu sich selbst zurück. In der Trennung, die sie zwischen sich und dem Herrn aufgerichtet hat, erhält sie den Scheidebrief, so daß sie, wie eine verlassene Fremde, Böses tut, wie sie will, die Schelte des eifernden Herrn überhört und um so tiefer in die ewigen Strafen hinuntergerät. Da nun ihre Schwester Juda das entlassene israelitische Volk in seinen Wollüsten sah, entbrannte auch sie in unreiner Hurerei. Da sie bemerkt hat, wie die Ehebrecherin in ihrer Verderbtheit aufblühte, hat sie sich nicht gescheut, noch schlimmer zu sündigen und die Verbindung mit dem Herrn gleich dem Ehebett des rechtmäßigen Gatten aufzugeben. So können wir nicht umhin, jene Sünder für um so elender zu halten, je mehr wir sie in ihrer Sünde jede Züchtigung entbehren sehen. Sagt doch Salomon: *Die Törichten bringt ihr eigener Abfall um, und das eigene Glück wird die Toren zugrunde richten* (Spr 1,32). Denn wer sich von Gott abwendet und dabei glücklich ist, ist dem Verderben um so näher, je entfernter von unnachsichtiger Züchtigung er erfunden wird. Darum heißt es: *Wer hört, der höre, und wer es bleiben läßt, der lasse es bleiben, denn es ist ein widerspenstiges Haus.* Als ob offen gesagt würde: Ihr, die ihr die Worte der Wahrheit zu hören und von verkehrtem Tun abzulassen begonnen habt, sollt jene nicht nachahmen, deren Sitten mich, wie ihr seht, anwidern.

Indes können wir das auch anders verstehen Manche Hörer 19
des Wortes hören nicht, weil sie das Ohr zwar der heiligen Rede zuwenden, aber das Herz nicht von weltlichen Begierden losreißen. Manche wiederum lassen es bleiben und lassen es nicht bleiben, weil sie zwar äußerlich zu bequem sind zu verkehrtem Tun, aber innerlich mit bösen Werken liebäugeln. So steht von dem in Gefangenschaft geratenen Judäa geschrieben: *Die Feinde sahen sie und spotteten ihrer Sabbate* (Klgl 1,7). Die Feinde spotteten der Sabbate, wenn die bösen Geister einer bequemen Seele verkehrte Gedanken eingeben, so daß sie zwar von der Ausführung der bösen Werke abläßt, nicht jedoch vom Wohlgefallen daran. Daher heißt es jetzt zu Recht: *Wer hört, der höre,* sofern die Rede so ins leibliche Ohr dringt, daß sie auch im Ohr des Herzens ertönt. *Und wer es bleiben läßt, der lasse es bleiben,* so daß die verkehrten Begierden auch aus den Gedanken vertrieben werden, wenn sie schon nicht in die Tat umgesetzt werden. Und damit wir den Beispielen des Bösen nicht folgen, heißt es noch: *Denn es ist ein widerspenstiges Haus.* Mögen die Bösen auch lange ertragen werden, sie gehen unversehens zugrunde, und die Schwachen sehen ihre Bestrafung, damit sie sie nicht nachahmen, indem

sie deren Vergehen für straflos halten. Darum ist jetzt anschließend von der Verlassenheit Judäas die Rede, das ein widerspenstiges Haus genannt wird, indem der Herr nun zu seinem Propheten spricht:

BUCHSTÄBLICHER UND GEISTIGER SCHRIFTSINN

20 *(Ez 4,1–3) Und du, Menschensohn, nimm dir einen Ziegelstein und lege ihn vor dich hin und zeichne darauf die Stadt Jerusalem. Und stelle eine Belagerung wider sie auf, und baue Bollwerke und schütte einen Damm auf und errichte Heerlager wider sie und stelle Sturmböcke auf ringsumher. Dann hole dir eine eiserne Pfanne und stelle sie als eiserne Mauer zwischen dich und die Stadt und richte dein Angesicht wider sie; und sie sei im Belagerungszustand, und du sollst sie belagern: das ist ein Zeichen für das Haus Israel.* In diesen Worten wird nach deren «historischem» Sinn offensichtlich auf nichts anderes als auf die Belagerung und Zerstörung der Stadt Jerusalem hingewiesen und die Heimsuchung des sündigen Volkes ausgedrückt. Es wird ein widerspenstiges Haus genannt, da gesagt wird: *Stelle eine Belagerung wider sie auf und baue Bollwerke und schütte einen Damm auf und errichte Heerlager wider sie und stelle Sturmböcke auf ringsumher.* Da nun die Worte der Weissagung historische Ereignisse zumeist so schildern, daß durch sie auch mystische Geheimnisse beschrieben werden, so müssen wir das soeben Gesagte auch geistig auslegen, zumal Dinge darin eingeschoben sind, die im buchstäblichen Sinn offenbar nicht zu halten sind, da gesagt wird: *Dann hole dir eine eiserne Pfanne und stelle sie als eiserne Mauer zwischen dich und die Stadt und richte dein Angesicht wider sie; und sie sei im Belagerungszustand.* Wenn den historischen Geschehnissen kein mystischer Sinn beigemischt wäre, wozu hatte dann der Prophet eine eiserne Pfanne notwendig, um sie zwischen sich und die Stadt zu stellen, damit er sich von ihrer Belagerung heraushalte? Denn aus den Worten: *Hole dir eine eiserne Pfanne und stelle sie als Mauer zwischen dich und die Stadt,* wird doch klar

ersichtlich, daß sich der Prophet durch diese eiserne Pfanne von der Belagerung der Stadt freihält. Daher wird ja an der betreffenden Stelle hinzugefügt: *Und richte dein Angesicht wider sie, und sie sei im Belagerungszustand.* Daraus geht hervor, daß der Prophet von dieser Belagerung nicht mitbetroffen ist, da er die eiserne Pfanne als eiserne Mauer zwischen sich und die Stadt stellt. Und sicherlich war niemand frei von der Gefahr dieser Gefangenschaft, ob es sich nun um die Gefangenschaft handelt, die dem israelischen Volk zum ersten oder zum zweiten Mal zugestoßen ist, da das gleiche Unheil alle zugleich umstrickte. Wie kann also buchstäblich verstanden werden, daß der Prophet zwischen sich und die zu belagernde Stadt eine eiserne Pfanne stellt? Obschon aber alles, was in der Beschreibung des Ziegelsteins als eines Symbols der Stadt Jerusalem zu lesen ist, buchstäblich so geschrieben ist, müssen wir dennoch wissen, daß durch die Pfanne etwas sinnbildlich ausgedrückt und die wirkliche Belagerung Jerusalems beschrieben wird.

Daraus ziehen wir die Lehre: In dem Wissen, daß das eine 21
gemäß dem Buchstaben so geschehen ist, und in der Erkenntnis, daß das andere gemäß dem Buchstaben keinen Sinn ergibt, halten wir in dem heiligen Wort an beidem fest: wir glauben, daß die Belagerung Jerusalems, die später buchstäblich so geschehen ist, in den Worten und Taten des Propheten bildlich dargestellt und daß dennoch durch dieselbe Belagerung jene andere innere Belagerung angedeutet ist. Dabei fragen wir zu Recht, was mit der eisernen Pfanne, die auch eiserne Mauer genannt wird, bezeichnet sein könnte. Wir wissen ja, daß die Belagerung, wodurch die Stadt Jerusalem zerstört worden ist, bereits geschehen ist, aber nun fragen wir nach jener anderen inneren Belagerung, die Tag für Tag stattfindet.

DIE ZEICHNUNG AUF DEM ZIEGELSTEIN

Von ihr wird im übertragenen Sinn gesagt: *Und du, Menschensohn, nimm dir einen Ziegelstein und lege ihn vor dich hin und zeichne darauf die Stadt Jerusalem.*

22 Zunächst müssen wir uns fragen, weshalb der Prophet Ezechiel, so oft er Erhabenes schaut beziehungsweise beauftragt wird, «mystische» Dinge zu tun, zuerst *Menschensohn* genannt wird. Denn oft wird er zu Himmlischem entrückt und sein Geist mit verborgenen und unsichtbaren Dingen erquickt. Nun ist es notwendig, daß er bei all dem Verborgenen, in welches er eindringt, Menschensohn genannt wird, damit er stets erkennt, was er ist, und sich niemals überhebt ob dem, wohin er geführt wird. Dadurch nämlich, daß der zu geistigen Dingen entrückte Prophet stets mit «Menschensohn» angeredet wird, soll er an seine eigene Schwachheit erinnert werden, daß er sich im Bewußtsein seiner Schwachheit trotz der Größe seiner Schau in Gedanken nicht überhebe.

23 Da nun der Prophet, wie wir bereits gesagt haben, ein Sinnbild der Prediger oder Lehrer ist, wird jetzt richtig zu ihm gesagt: *Nimm dir einen Ziegelstein und lege ihn vor dich hin.* Jeder Glaubenslehrer, der sich einen irdischen Hörer zur Unterweisung im himmlischen Wort vornimmt, nimmt einen Ziegelstein. Indem er ihm zu erklären beginnt, was die Belohnung im himmlischen Vaterland, was die Schau des erhabenen Friedens ist, zeichnet er die Stadt Jerusalem auf den Ziegelstein. Den legt er vor sich hin, indem er den Zustand des Hörers aufmerksamen Sinnes prüft, das heißt, Vorzüge beziehungsweise Mängel feststellt, um die Worte seiner Unterweisung dessen Einsicht anzupassen und so die Stadt Jerusalem, das ist die Schau des Friedens, im Geist des Hörers einzuzeichnen. So heißt es: *Nimm dir einen Ziegelstein,* nämlich das irdische Herz des Nächsten. *Und lege ihn vor dich hin,* um dessen Leben und Einsicht aufmerksamen Sinnes ins Auge zu fassen. *Und zeichne darauf die Stadt Jerusalem,* um ihm die erhabenen Freuden der Friedensschau nahezubringen. Denn wenn der irdische Geist jene wahren Freuden des inneren Friedens zu erkennen und sich nach dem Anblick der Herrlichkeit des himmlischen Vaterlandes zu sehnen beginnt, ist gleichsam Jerusalem in dem Ziegelstein eingezeichnet. Die Friedensschau wird sozusagen auf Erden eingezeichnet, wenn der Geist, der zuerst Irdisches verkostet hat, nun durch die Liebe zur Betrachtung der Herrlichkeit des himmlischen Königreiches emporgehoben wird.

Doch sobald die Seele die himmlischen Dinge zu lieben angefangen hat, sobald sie sich auf die Schau des inneren Friedens mit ganzer Aufmerksamkeit gesammelt hat, erwacht der Neid jenes alten Widersachers, der vom Himmel herabgestürzt ist, und er setzt mit heftigeren Nachstellungen ein. Er veranstaltet schärfere Anfechtungen, als er es bisher gewohnt war, so daß er die sich zur Wehr setzende Seele zumeist in der Weise versucht, wie er sie zuvor, da sie noch in seinem Besitz war, niemals versucht hatte. So steht geschrieben: *Mein Sohn, wenn du dich zum Dienst Gottes anschickst, so steh fest in Gerechtigkeit und Furcht und bereite deine Seele auf Anfechtung vor* (Sir 2,1). Ebenso wird der vom bösen Geist Besessene, der vom Herrn geheilt wird, vom ausfahrenden Dämon hin- und hergerissen, wie geschrieben steht: *Und nachdem er geschrien und ihn heftig hin- und hergerissen hatte, fuhr er von ihm aus* (Mt 9,26). Daß der alte Widersacher den besessenen Mann nicht hin- und hergerissen hat, solange er in seinem Besitz war, sondern erst als er ihn verließ, zeigt an, daß er zumeist dann, wenn er aus dem Herzen ausgetrieben wird, schärfere Anfechtungen gegen ihn veranstaltet, als es früher der Fall gewesen ist, da er unangefochten in seinem Besitz war. So sagen auch die Israeliten zu Moses und Aaron: *Der Herr sehe und richte, daß ihr uns beim Pharao und seinen Dienern in einen üblen Geruch gebracht und ihm ein Schwert gegeben habt, uns zu töten* (Ex 5,25). In Moses und Aaron sind das Gesetz und die Propheten vorgebildet. Und die schwache Seele murrt gleichsam oft bei sich gegen die heiligen Schriften, denn nachdem sie die himmlischen Worte zu vernehmen und zu befolgen begonnen hat, nimmt der Widerstand des Ägypterkönigs, das heißt, die Anfechtung durch den bösen Geist, zu. 24

So soll also der Seelsorger die voranschreitende Seele in aller Wachsamkeit darauf hinweisen, welche Versuchungen ihr bevorstehen, damit sie sich sorgfältig gegen die Nachstellungen des bösen Geistes zu wappnen imstande ist. Daher wird nach der Einzeichnung der Stadt Jerusalem auf dem Ziegelstein jetzt zum Propheten gesagt: *Und stelle eine Belagerung wider sie auf und baue Bollwerke und schütte einen Damm auf.* Es wird unerläßlich sein, der Seele, in welcher die Schau des Friedens eingezeichnet ist, die Kämpfe mit den Anfechtungen an- 25 zukündigen. Denn um zu jenen ewigen Freuden des Friedens zu gelangen, muß sie zweifellos viele Kriege und Drangsale bestehen. Darum heißt es von ihr: *Stelle eine Belagerung wider sie auf.* Der Seelsorger errichtet einen Belagerungsring um die zu unterweisende Seele, wenn er sie vorbauend aufmerksam macht, auf welche Weise sich die Laster den Tugenden widersetzen: wie das Wohlleben die Keuschheit gefährdet, wie der Zorn die Stille der Seele trübt, wie sehr unpassende Ergötzlichkeiten die Kraft des Geistes lähmen, wie Geschwätzigkeit den Schutzwall des Herzens zerstört, wie die Eifersucht die Liebe tötet, wie die Überheblichkeit den Berg der Demut untergräbt, wie die Ränkesucht, wenn sie die Wahrhaftigkeit im Reden verdorben hat, diese auch in Gedanken verdirbt, so daß, wer die erkannte Wahrheit nicht sagen will, auch nicht mehr erkennt, was er sagen sollte. So wird vom Seelsorger ein Schutzwall errichtet, wenn durch die Worte heiliger Ermahnung aufgezeichnet wird, welche Laster auf welche Weise den einzelnen Tugenden nachstellen. Und der Seelsorger erbaut Befestigungen um das auf dem Ziegel eingeschriebene Jerusalem, wenn er aufzeigt, welche Übel gegen den Geist heranziehen, so gut getarnt, daß sich die Laster unter dem Schein von Tugenden verbergen. Denn wie wir schon oft gesagt haben, der maßlose Zorn will als Gerechtigkeit erscheinen, das Nachlassen der Zucht als Milde, und der Geiz möchte für Sparsamkeit gehalten werden und die ungeordnete Freigebigkeit für Wohlwollen. So sind gleichsam Befestigungen um den Geist herum aufgestellt, wenn die Laster unter dem Schein der Tugend zunehmen und sich in der Einbildung als hocherhaben erweisen, während sie in Wirklichkeit das Unterste und Letzte sind.

26 Auch wird hinzugefügt: *Und schütte einen Damm auf.* In dem Maße nämlich als der Geist sich nach Himmlischem zu sehnen beginnt, türmen die bösen Geister in ihren Versuchungen mehr und mehr irdische Gedanken in ihm auf. Der Prophet schüttet also einen Damm auf, wenn ein heiliger Glaubenslehrer die guten Seelen darauf hinweist, wie die irdischen Begierden unmerklich entstehen. Und ferner heißt es: *Und errichte ein Heerlager wider sie und stelle Sturmböcke auf ringsumher.* Der Seelsorger errichtet gleichsam ein Heerlager um die Seele,

wenn er die gegen sie gerichteten gesammelten und vereinigten Angriffsmaßnahmen der bösen Geister entlarvt, die die Seele manchmal nicht nur mit einem, sondern mit einer ganzen Schar von Lastern in Versuchung führen.

Sind doch gewisse Laster durch eine Art Verwandtschaft 27
sozusagen einander benachbart, wie mangelnde Intelligenz, Gaumenlust und unreine Wollust, wie Geschwätzigkeit und Meineid. Aus mangelnder Intelligenz wird der Geist zur Völlerei verleitet, und während sich der Bauch durch die Speisen ausdehnt, wird das in Überheblichkeit gefangene Fleisch zur Wollust hingezogen. Und wiederum wird aus Geschwätzigkeit Ränkesucht geboren, weil es sehr schwierig ist, daß einer, der viel redet, nicht auch lügt, und oft wird die Lüge auch mit einem Meineid gedeckt, um sich vor menschlichen Urteilen zu verhüllen. Auch kann Überheblichkeit keineswegs ohne Eifersucht und eitle Ruhmsucht sein. Denn jeder Stolze beneidet die anderen um die Ehre, die er selbst anstrebt. Und sollte er sie gar errungen haben, brüstet er sich in der Höhe zeitlichen Ruhmes; und wenn er sieht, daß andere irgend etwas nicht erreichen konnten, freut er sich in eitler Ruhmsucht über das, was er vor anderen voraus hat.

Auch sollte man wissen, daß manche Laster den Geist oft 28
nicht auf einmal angehen, sondern nach und nach beschleichen, so daß in der Anfechtung eines dem anderen nachfolgt. Und das eine kommt von vorne, das andere rückt von der Seite zur Versuchung heran, so daß der Geist, während er dem einen widersteht, vom anderen überrascht und überwältigt wird. Gerade die oben erwähnten Laster geben sich heimlich eines für das andere aus. Wenn wir beispielsweise den Zorn in uns zu überwinden trachten, nimmt bisweilen die Gutmütigkeit mehr, als tunlich ist, den Geist in Besitz, so daß er den Sündern nicht mit der erforderlichen Festigkeit entgegentritt. Oder wenn uns unsere unbedachtsame Gutmütigkeit mißfällt, wandelt sich der Eifer oft in wütenden Zorn und reißt die gefangene Seele über die Grenzen der Geduld hinaus. Sofern also die Laster miteinander vermischt und vereinigt zugleich den Geist angehen, wird im Wort des Seelsorgers mit Recht ein Heerlager wider das beschriebene Jerusalem errichtet. Und sofern manchmal die einzelnen Laster von da und

von dort den Sinn in Beschlag nehmen, werden mit Recht ringsumher Sturmböcke aufgestellt. So stellt der Seelsorger ringsumher Sturmböcke auf, indem er vorsorglich darauf hinweist, wie liebkosend die Wollust Wunden schlägt, wie ungestüm die Ungeduld tötet, wie eifrig der Geiz aufreizt und zugrunde richtet, wie hochfahrend der Stolz in sich zusammenfällt. Der Seelsorger stellt daher ringsumher Sturmböcke auf, wenn er zeigt, wie die Laster von überall her mit scharfen Spitzen die Seele treffen.

DIE EISERNE PFANNE

Es folgt:

29 *(Ez 4,3) Dann hole dir eine eiserne Pfanne und stelle sie als eiserne Mauer zwischen dich und die Stadt.* Da Eisen ein festes Metall ist und in der Pfanne Speisen gebraten werden, wird mit der eisernen Pfanne wohl das starke «Rösten» des geistigen Eifers angezeigt. Jeder geistige Eifer «röstet» die Seele des Seelsorgers, wird er doch gar sehr gepeinigt, wenn er sieht, wie einige Schwache vom Ewigen ablassen und sich an irdischen Dingen ergötzen. So hat Paulus eine eiserne Pfanne genommen, als er, von Seeleneifer gepeinigt, ausrief: *Wer ist schwach, und ich bin nicht auch schwach? Wer nimmt Ärgernis, und ich empfinde nicht auch brennenden Schmerz?* (2 Kor 11,2). Sein eigenes im Seeleneifer erglühtes Herz hat er zur Opferpfanne gemacht, worin er in Liebe zu den Tugenden gegen die Laster entbrannte. Was nämlich glühte, war die Opferpfanne. Er glühte und kochte, von Bitterkeit entzündet, und aus seinen gemarterten Gedanken bereitete er die Nahrung der Tugenden zu.

30 Was bedeutet es nun, daß der Prophet eben diese Pfanne als eiserne Mauer zwischen sich und der Stadt aufstellt? Doch wohl dies, daß der starke Eifer, der den Geist des Glaubenslehrers jetzt erfüllt, am Tag des Jüngsten Gerichtes zwischen ihm und der Seele, deretwegen er sich ereiferte, zum Zeugen wird. Dann wird der Glaubenslehrer, weil der Unterrichtete nicht hören wollte, dank des von ihm an den Tag gelegten

Eifers am Versagen des Hörers keine Schuld tragen. Daher stellt er zwischen sich und der Stadt eine eiserne Mauer auf, da der Glaubenslehrer zur Zeit der Vergeltung gegen die Gefahr der Verdammnis gefeit sein wird, sofern sein Herz jetzt in eifernder Wachsamkeit «geröstet» wird. Gibt es doch kein größeres Opfer an den allmächtigen Gott als den Seeleneifer. So spricht auch der Psalmist: *Der Eifer für dein Haus hat mich verzehrt* (Ps 68, 10). Wie sehr die durch geistigen Eifer hervorgerufene Herzenspein dem allmächtigen Gott gefällt, wird dort ersichtlich, wo vom Gesetz ähnliche Opfer angeordnet werden: *In der Opferpfanne soll es, mit Öl angemacht, gebacken werden. Noch warm soll es der seinem Vater rechtmäßig nachgefolgte Priester dem Herrn zum süßen Wohlgeruch darbringen, und es soll zur Gänze auf dem Altar verbrannt werden* (Lev 6, 21–22). Dann nämlich wird ähnliches in der Pfanne geröstet, wenn der reine Geist des Gerechten in der Glut heiligen Eifers entbrennt. Nach der Vorschrift soll es mit Öl angemacht, das heißt mit barmherziger Liebe vermischt werden, die vor dem Angesicht des allmächtigen Gottes lodert und leuchtet. Mit Öl wird also der in der Opferpfanne röstende Geist angemacht, weil es zur Eigenart des heiligen Eifers gehört, in der Tugend der Barmherzigkeit zu brennen und zu leuchten. Denn der Eifernde liebt eben den, dem er nachzustellen scheint. Darum muß er vorschriftsgemäß dem Herrn zum süßen Wohlgeruch warm dargebracht werden, denn wenn der Eifer der Liebe entbehrt, verliert er wie das in einer Opferpfanne Dargebrachte die Wärme. Auch ist zu beachten, wem ein derartiges Opfer darzubringen befohlen wird: eben einem seinem Vater rechtmäßig Nachfolgenden. Jener Priester ist der rechtmäßige Nachfolger seines Vaters, der sich aufgrund seines Lebenswandels als Sohn des allmächtigen Herrn erweist und dessen innere Vornehmheit in all seinem Tun durch keinerlei Unvornehmheit getrübt ist. Das Opfer soll zur Gänze auf dem Altar verbrannt werden, so daß es ein Ganzbrandopfer sei. Ganzbrandopfer nennen wir ja, was vollständig verbrannt wird. Daher wird in einer anderen Übersetzung an dieser Stelle angeordnet, daß das in der Opferpfanne Gebratene ein Ganzbrandopfer sein soll. Ist doch ein gewöhnliches Opfer nicht das gleiche wie ein Ganzbrandopfer, denn jedes Ganzbrandopfer ist ein Opfer, aber nicht jedes Opfer ein Ganzbrandopfer. Viele gute Werke sind Opfer, aber keine Ganzbrandopfer, weil sie nicht den ganzen Geist in geistiger Liebe entzünden. Wer nämlich die Werke Gottes in der Weise tut, daß er einiges, was zur Welt gehört, doch nicht verläßt, bringt gewiß ein Opfer, aber kein Ganzbrandopfer dar. Wer dagegen alles darbringt, was zur Welt gehört, und wessen Geist zur Gänze im Feuer der göttlichen Liebe erglüht, wird für Gott zum Opfer und Ganzbrandopfer. Daher ist der reine Geist des Gerechten in der Bedrängnis des geistlichen Eifers in einer Opferpfanne, wo er im Seeleneifer geröstet und auf diese Weise nicht bloß als ein Opfer, sondern auch als ein Ganzbrandopfer für den Herrn hingegeben wird. Nehmen wir also die eiserne Pfanne und stellen sie als eiserne Mauer zwischen uns und die Stadt, das heißt: machen wir uns einen kraftvollen Eifer zu eigen, auf daß wir später zwischen uns und der Seele unseres Hörers dieses feste Bollwerk zur Verfügung haben. Dann nämlich wird uns diese eiserne Mauer zur Verfügung stehen, wenn wir sie jetzt energisch festhalten in der Unterweisung, in der Wachsamkeit, im Zureden und im Schelten, in Milde und in Härte, indem wir das einemal sanft, ein andermal wieder streng vorgehen. Von dieser Strenge wird zu Recht gesagt: *Und richte dein Angesicht wider sie; und sie sei im Belagerungszustand.*

31 Das Angesicht wider das auf dem Ziegelstein eingezeichnete Jerusalem richten bedeutet, daß der Seelsorger einer Seele, der er die Schau des Friedens verkündet und die er in ihren Werken weiterhin schwach werden sieht, keinerlei Nachsicht und Sanftmut entgegenbringen soll. So steht geschrieben: *Hast du Töchter, so behüte ihren Leib und zeige ihnen kein zu heiteres Gesicht* (Sir 7,26). Schwache und weltlichen Begierden nachgebende Seelen werden bisweilen durch Strenge besser behütet, so daß das wider sie gerichtete Antlitz, das durch seine strenge Wachsamkeit keine Hoffnung auf leichtfertige Nachsicht macht, die unbeständige Seele aufrüttelt und energisch und kraftvoll vom Wohlgefallen an den Lastern abhält. Während der Seelsorger so verfährt, soll er aber stets Freundlichkeit und Bescheidenheit und viel Liebe im Herzen bewahren und darf sich nie über seinen Schützling erheben, auch wenn

er ihm die Zuwendung seiner Liebe und Freundlichkeit zu dessen Nutzen verweigert. Es folgt:
(Ez 4,3) Und du sollst sie belagern. Der Seelsorger belagert 32
die Seele, wenn er ihr zeigt, daß in allem, was sie in diesem Leben tut, Fallstricke ausgelegt sein können, so daß der Geist, sofern er überall ängstliche Umsicht walten läßt, um so wachsamer lebt, je größer seine Furcht ist. Es folgt:
(Ez 4,3) Das ist ein Zeichen für das Haus Israel. Was 33
der Prophet getan hat, ist ein Zeichen für das Haus Israel im Hinblick auf die historische Belagerung, die im buchstäblichen Sinn stattgefunden hat, und was er getan hat und durch sein Tun ankündigte, ist ein Zeichen für das Haus Israel im Hinblick auf den geheimnisvollen Vorgang, den der Seelsorger täglich in der Seele eines jeden bewirkt. Denn wie das Haus Israel die Belagerung am eigenen Leib erfahren hat, so verspürt jede Seele, die dem allmächtigen Gott zu dienen begonnen hat, die feindseligen Belagerungen der bösen Geister. Wenn sie davon befreit zu werden sucht, muß sie wissen, daß sie nicht aus eigener Kraft befreit werden kann, und soll einzig auf die Hilfe dessen hoffen, der uns, die wir im vergänglichen Fleische leben, durch das Mysterium seiner Erlösung sogar mehr als die Geister, die nicht im Fleisch sind, zu stärken vermag: Jesus Christus, unser Herr, der lebt und herrscht mit dem Vater in der Einheit des Heiligen Geistes, Gott von Ewigkeit zu Ewigkeit. Amen.

ZWEITES BUCH

VORWORT

Da es mir wegen der vielen drückenden Sorgen nicht verstattet war, das ganze Buch des Propheten Ezechiel der Reihe nach vor Eurer Liebe auszulegen, haben Eure frommen Wünsche Euch zu der Bitte bewogen, daß wenigstens dessen letzte Vision, die ihm über das auf dem Berg liegende Bauwerk zuteilgeworden war und unter all seinen Visionen die dunkelste ist, erklärt werden sollte. So muß ich mich wohl Eurem Willen fügen, doch gibt es da zwei Dinge, die mein Gemüt beunruhigen. Einmal, daß gerade diese Vision von so finsteren Wolken bedeckt ist, daß bei allem Licht der Einsicht kaum etwas in ihr zu sehen ist. Und dann das Wissen darum, daß Agilulf, der König der Langobarden, in höchster Eile den Po überschritten hat, um uns zu belagern. Erwägt nun, geliebte Brüder, wie ein von den Wirrnissen seiner Furcht ergriffener Geist in den dunkeln und geheimnisvollen Sinn dieser Vision eindringen soll. Denn je mehr er sich um Irdisches kümmert, umso weniger sieht er von dem, was des Himmels ist. Weil er durch seine Sorgen aus sich herausgetrieben wird, ist er viel weniger bei sich selbst, steht doch geschrieben: *Die irdische Wohnstatt drückt den vielsinnenden Geist nieder* (Wh 9,15). Wenn er schon in der inneren Sammlung die höheren Dinge nicht zu durchdringen imstande ist, dann erwägt, was er in der Zerstreuung zu leisten vermag! Wir wissen ja alle, daß ein Fluß, der sich in viele Arme zerteilt, in seinem Bett austrocknet. Dennoch ist in all dem die Gnade von oben gegenwärtig. Während die Gewichte meiner sorgenvollen Gedanken meinen Geist niederdrücken, erheben ihn die Fittiche Eurer Wünsche. Überaus dunkel ist die Aufgabe, die wir angehen, und wir sind uns bewußt, daß unsere Wanderung durch die Nacht führt. So wollen wir uns denn tastend auf den Weg machen.

1. HOMILIE: Ez 40,1–4

GEIST UND GESCHICHTE

1 *(Ez 40,1) Im fünfundzwanzigsten Jahr unserer Verbannung, im Anfang des Jahres, am Zehnten des Monats, im vierzehnten Jahr nach der Zerstörung der Stadt: an eben diesem Tag kam die Hand des Herrn über mich und führte mich dorthin.* Den mystischen Aussagen stellt Ezechiel den historischen Bericht voraus, um den Zeitpunkt dessen festzuhalten, was in der Offenbarung zu glauben ist. Man erinnert sich, daß er zu Beginn dieses Buches das Jahr angegeben hat, in dem seine Weissagung einsetzte, am Ende aber den Zeitpunkt anfügte, da er das letzte Gesicht schaute. Den Zeitpunkt, da seine Weissagung einsetzte, hatte er zu Beginn seines Redens angegeben, indem er sprach: *Da öffnete sich der Himmel und ich sah die Gesichte des Herrn am fünften Tag des Monats, es war das fünfte Jahr nach der Wegführung des Königs Joachin* (Ez 1,1–2). Jetzt aber sagt er: *Im fünfundzwanzigsten Jahr unserer Verbannung.* Denn der Prophet war in der ersten Gefangennahme mit dem König Joachin nach Babylon verschleppt worden. Und über die zweite Gefangennahme der jerusalemitischen Bevölkerung bemerkt er: *Im vierzehnten Jahr nach der Zerstörung der Stadt.* Vierzehn Jahre lang hat somit Sedekias nach der ersten Gefangennahme, wobei der Prophet Ezechiel mit dem König nach Babylon gebracht worden war, in der Stadt Jerusalem regiert. Im vierzehnten Jahr nach der Gefangennahme durch Sedekias, als die Stadt zum zweitenmal eingenommen wurde, hatte der Prophet sein letztes Gesicht. Elf und vierzehn ergeben zusammengezählt fünfundzwanzig. Wenn er also das erste Gesicht im fünften Jahr der ersten Gefangenschaft verkündet hat und schreibt, dieses Gesicht habe sich im fünfundzwanzigsten Jahr ereignet, ist es klar, daß er in den zwanzig Jahren seines Redens bis zu den Worten seines letzten Gesichtes Pausen eingelegt hat. Auch braucht sich niemand zu wundern, daß er in der Mitte seines prophetischen Buches, da er vom babylonischen König redet, auf siebenundzwanzig Jahre zu sprechen kommt (vgl. Ez 29,17).

Indem er an dieser Stelle von der Zeit seiner Gefangenschaft keine Erwähnung tut, zeigt er klar, daß er die Regierungszeit dieses Königs meint, als er den Auftrag zur Weissagung empfing. Und wenn er nun sagt: *Im Anfang des Jahres, am Zehnten des Monats*, gibt er einfach den Zeitpunkt an, um gerade durch diese Zeitangabe im buchstäblichen Sinn die Wurzel des Wortes in die Herzen der Zuhörer einzugraben und dann daraus geistige Früchte hervorzubringen.
Man beachte ferner die Bemerkung: *Im vierzehnten Jahr nach der* 2
Zerstörung der Stadt, an eben diesem Tag. Daß der allmächtige Gott sich gewürdigt hat, in diesem letzten Gesicht seine Barmherzigkeit *an eben diesem Tag* walten zu lassen, an welchem er durch die Zerstörung der Stadt sein gerechtes Zorngericht vollzogen hat, weist darauf hin, daß die göttliche Kraft, die in all ihrer Verschiedenartigkeit weder Wechselhaftigkeit noch Veränderlichkeit kennt, die Bekümmerten und Büßenden durch dasselbe Licht der Gerechtigkeit, durch welches er die Stolzen und Hartherzigen niederschlägt, mit neuem Leben erfüllt. Nachdem der Prophet somit den Zeitpunkt seines Gesichtes genannt hat, fährt er fort:
(Ez 40,1–2) Da kam die Hand des Herrn über mich und 3
führte mich dorthin. In den Gesichten des Herrn führte sie mich in das Land Israel und ließ mich auf einem überaus hohen Berg nieder, auf welchem in Richtung des Südwinds so etwas wie eine Stadt erbaut war. Die Architektur dieser Stadt kann offensichtlich nicht im buchstäblichen Sinn verstanden werden. Denn kurz darauf erwähnt er, das Bauwerk habe das Maß einer Meßrute von sechs Ellen und einer Handbreite, das Tor des Bauwerkes jedoch das Maß von vierzehn Ellen und das der Stirnseiten einer Türe sechzig Ellen betragen. Das alles kann gemäß dem Buchstaben keinerlei Bestand haben. Wie sollen das Gebäude insgesamt eine Meßrute, also sechs Ellen und eine Handbreite, die Tore des Gebäudes vierzehn Ellen, die Stirnseiten der Tore aber sechzig Ellen zum Maß haben? Das Tor ist ja an der Stadt, die Stirnseiten sind aber an den Toren. Und kein Grund erlaubt die Annahme, daß das Umfassende kleiner sei als das von ihm Umfaßte. Kann doch in der Heiligen Schrift das im buchstäblichen Sinn Aufzufassende zumeist auch in

geistigem Sinn verstanden werden, so daß sowohl die historische Wahrheit glaubwürdig ist als auch aus den allegorischen Geheimnissen eine geistige Einsicht gewonnen wird. Was wir auch in jenem Wort des Psalmisten erkennen: *Wenn ich deine Himmel anschaue, das Werk deiner Finger: den Mond und die Sterne, die du gesetzt hast* (Ps 8,4). Denn siehe, nach der äußeren Beschreibung stimmt diese Rede mit der Vernunft überein, weil ja der Himmel Gottes Werk ist und Mond und Sterne von ihm geschaffen und auf ihre Bahn gesetzt wurden. Aber wenn der Psalmist dies einzig gemäß der äußeren Wirklichkeit und nicht auch gemäß mystischer Einsicht sagt, indem er die Himmel als Gottes Werk bekennt, warum hat er dann bei der Erwähnung von Mond und Sternen nicht auch zugleich die Sonne genannt, die ja, wie wir wissen, sein Werk ist? Würde er nur im buchstäblichen Sinn reden, dann müßte er doch bei der Nennung der kleineren Lichter zuvor das größere Licht erwähnen und zuerst die Erschaffung der Sonne und dann die des Mondes und der Sterne anführen. Da er jedoch gemäß mystischer Einsicht redete, wonach wir unter dem Mond die heilige Kirche und unter den Sternen alle Heiligen verstehen sollen, wollte er die Sonne nicht erwähnen, da er offensichtlich die ewige Sonne selbst anredete, von welcher geschrieben steht: *Euch aber, die ihr den Herrn fürchtet, wird die Sonne der Gerechtigkeit aufgehen* (Mal 4,2). Von ihr werden die Verworfenen am Ende sagen: *Die Sonne der Gerechtigkeit ist uns nicht aufgegangen* (Wh 5,6). Indem er *den Mond und die Sterne, die du gesetzt hast*, erwähnt, die ebenfalls geschaffene Sonne hingegen verschweigt, deutet er an, daß er jene Sonne anredet, die nicht nur Sonne, Mond und Sterne im materiellen Sinn erschaffen hat, sondern auch im geistigen Sinn den Mond der Kirche und alle Sterne der Heiligen. Da also nach dem historischen Verständnis etwas fehlt, werden wir folgerichtig zum allegorischen Verständnis geführt. Um wieviel mehr sollen wir das geistig verstehen, woraus sich nach dem buchstäblichen Sinn überhaupt keine historische Wirklichkeit ergibt. *Da kam die Hand des Herrn über mich und führte mich dorthin; in Gesichten des Herrn führte sie mich in das Land Israel.* Dieses *führte mich dorthin* wiederholt er nachdrücklich: *führte mich in das Land Israel.* Er spricht: *Da kam die Hand des Herrn über mich und führte mich dorthin; in Gesichten des Herrn.* Die Hand bedeutet die Stärke seiner Macht, die Gesichte bezeichnen die Offenbarung, die er erhalten hat. Die Hand bezieht sich auf das gezeigte Gesicht, die Stärke auf die Schaukraft. Mit diesen Worten zeigt er offenkundig an, daß er von der Stadt, die er gesehen hat, nicht im buchstäblichen Sinn redet. Er redet im geistigen Sinn von ihr, die er im Geiste schaut.

DER BERG AUF DEM GIPFEL DER BERGE

(Ez 40,2) Und er ließ mich auf einem überaus hohen Berg 4
nieder. Wen anderen bezeichnet der hohe Berg als den Mittler zwischen Gott und den Menschen, den Menschen Jesus Christus? Von der Erde zwar, dennoch über der Erde, weil das Fleisch unseres Erlösers den «Stoff» von unten hat, aber aufgrund seiner Macht aufs höchste emporragt. Es wäre zu wenig gewesen, den Berg bloß hoch zu nennen, wenn er nicht *überaus* hinzugefügt hätte. Ist er doch nicht bloßer Mensch, sondern durch den Empfang der Menschheit, die er angenommen hat, Gottmensch geworden, nicht nur Mensch über allen Menschen, sondern Mensch auch über den Engeln. So sagt Isaias von ihm: *An jenem Tag wird die Frucht der Erde hocherhaben sein* (Is 4,2). Da unser Schöpfer für uns Mensch geworden ist, ist er uns zur Frucht der Erde geworden. Aber die Frucht der Erde ist hocherhaben, da der auf Erden geborene Mensch über die Engel im Himmel herrscht gemäß dem Wort Davids und Pauli: *Alles hat er ihm unter die Füße gelegt* (Ps 8,7 und 1 Kor 15,26). Weil ihm alles unterworfen ist, gibt es nichts, was ihm nicht unterworfen wäre. Daher ist dieser Berg hoch und überaus hoch, denn obgleich er gemäß der menschlichen Substanz von der Erde ist, ist er dennoch unbegreiflich in der Höhe der Gottheit. So geschah es, daß der Prophet Isaias in der Voraussicht, der Herr werde im Fleische kommen, vom Geist der Weissagung entrückt sprach: *Und in den letzten Tagen wird der Berg des Hauses des Herrn festgegründet sein auf dem Gipfel der Berge* (Is 2,2). Das Haus des Herrn ist das israelitische Volk gewesen. Daher ist jener Berg Haus des Herrn genannt worden, der aus dem israelitischen Volk

Mensch zu werden sich gewürdigt hat. Es gab in diesem Volk heilige Männer, die mit Recht Berge genannt werden können, da sie durch ein verdienstvolles Leben dem Himmel nahegekommen sind. Indes ist der fleischgewordene Eingeborene jenen Bergen nicht gleich gewesen, da er aufgrund seiner Gottheit die Natur, das Leben, die Verdienste aller übertroffen hat. Somit wird er zu Recht Berg über dem Gipfel der Berge genannt, da er aufgrund seiner Gottheit hocherhaben erfunden ward, auch über die Bergspitzen der Heiligen hinaus, so daß selbst jene, die in Gott weit fortgeschritten waren, seine Spuren in ihren kühnsten Gedanken kaum zu berühren vermochten. Wer also dort als Berg über dem Gipfel der Berge bezeichnet wird, wird der überaus hohe Berg genannt.

DIE HEILIGE STADT

Es folgt:

5 *(Ez 40,2) Auf welchem in Richtung des Sündwinds so etwas wie eine Stadt erbaut war.* Man beachte, daß nicht von einem Bauwerk, sondern von *so etwas wie* einem Bauwerk die Rede ist, offenbar um anzuzeigen, daß sich alles Gesagte nicht auf eine materiell, sondern auf eine geistig erbaute Stadt bezieht. Indem er sagt, er habe nicht ein Bauwerk, sondern «so etwas wie» ein Bauwerk gesehen, lenkt er das Herz der Hörenden auf ein geistiges Gebilde, wie durch den Psalmist gesagt wird: *Jerusalem, die du gebaut bist wie eine Stadt* (Ps 121,3). Denn jene innerliche Schau des Friedens wird aus der Versammlung ihrer heiligen Bürger zusammengefügt und so das himmlische Jerusalem wie eine Stadt erbaut. Indem sie in dieser Welt der Pilgerschaft mit Geißeln geschlagen, von Trübsalen heimgesucht wird, werden ihre Bausteine täglich zubehauen. Die Stadt ist die heilige Kirche, die herrschen wird im Himmel, auf Erden aber noch immer Mühsale erduldet. Zu ihren Bürgern sagt Petrus: *Und ihr werdet wie lebendige Steine auferbaut werden* (1 Petr 2,5). Und Paulus: *Gottes Ackerfeld, Gottes Bau seid ihr* (1 Kor 3,9). Die große Architektur der Stadt beruht hier auf dem Lebenswandel der Heiligen. In einem Gebäude trägt ein Stein den anderen, da Stein auf Stein

gesetzt wird, und der den einen trägt, wird vom anderen getragen. Ebenso trägt in der heiligen Kirche ein jeder den anderen und wird vom anderen getragen. Und die Nächsten ertragen sich jeweils, so daß durch sie das Gebäude der Liebe emporwächst. Daher Pauli Ermahnung: *Traget einer des anderen Lasten, und so werdet ihr das Gesetz Christi erfüllen* (Gal 6,2). Die Vorzüglichkeit dieses Gesetzes hebt er hervor mit den Worten: *Die Erfüllung des Gesetzes ist die Liebe* (Röm 13,10). Wenn ich es unterlasse, Euch in Eurem Verhalten zu ertragen, wie sollte dann bei uns das Gebäude der Liebe emporwachsen, da uns keine stellvertretende Liebe in der Geduld verbindet? Wie wir gesagt haben, wird in einem Gebäude der Stein, der trägt, auch getragen; denn wie ich das Verhalten jener ertrage, die im Vollbringen guter Werke noch ungeübt sind, so werde ich von jenen getragen, die mir in der Furcht des Herrn vorausgegangen sind und mich getragen haben, auf daß ich im Getragenwerden das Tragen lerne. Auch sie sind von ihren Vorfahren getragen worden. Die Steine indes, die auf die äußerste Spitze des Bauwerkes gesetzt sind, werden zwar von andern getragen, tragen aber keine anderen mehr. Denn die, die am Ende der Kirche, das heißt am Ende der Welt geboren werden, werden zwar von den Vorfahren getragen und runden deren Verhalten zu guten Verdiensten auf; da ihnen aber niemand mehr nachfolgt, der von ihnen Nutzen zöge, tragen sie in dem festgefügten Gebäude keine Steine mehr über sich. Jetzt hingegen werden andere von uns und wir von anderen getragen. Das Gesamtgewicht des Gebäudes wird vom Fundament getragen, da einzig unser Erlöser das Verhalten von uns allen zugleich erträgt. Von ihm sagt Paulus: *Denn ein anderes Fundament kann niemand legen als das, welches gelegt ist, und das ist Jesus Christus* (1 Kor 3,11). Das Fundament trägt die Steine, wird aber von den Steinen nicht getragen, weil unser Erlöser alles Unsrige erträgt und in ihm nichts Böses gewesen ist, das hätte ertragen werden müssen. So heißt es jetzt: *Und er ließ mich auf einem hohen Berg nieder, auf dem so etwas wie eine Stadt erbaut war;* denn er allein nimmt unser schuldhaftes Verhalten auf sich, der das ganze Gebäude der heiligen Kirche trägt. Durch den Mund des Propheten spricht er von denen, die noch verkehrt leben: *Das Tragen der Last hat mir Mühe bereitet* (Is 6, 11). Doch nicht das Tragen der Last bereitet dem Herrn Mühe, dessen göttliche Macht keine Ermüdung kennt, sondern seine Langmut mit uns nennt er – menschlich gesprochen – eine Mühsal.

6 Man beachte, daß der Prophet die Stadt, die er schaute, in der Richtung des Südwinds erblickte. Im Südwind pflegt das Sinnbild des Heiligen Geistes gesehen zu werden – die in der Heiligen Schrift sich auskennen, wissen das – wie ja mit dem Nordwind oft der Teufel bezeichnet wird, denn jener entspannt durch Wärme, dieser verkrampft durch Kälte. Und die WAHRHEIT spricht: *Die Gottlosigkeit wird überhandnehmen, und die Liebe vieler erkalten* (Mt 24, 12). Auch der Prophet erklärt bezüglich Judäas: *Wie eine Zisterne das Wasser kalt hält, so hat es seine Bosheit kalt erhalten* (Jer 6, 7). Und nach einem anderen Propheten hat der Teufel gesagt: *Ich werde auf dem Berg des Zeugnisses auf der Seite des Nordwinds sitzen* (Is 14, 13). Diese Stadt hingegen liegt auf der Seite des Südwinds, weil die Gnade des Heiligen Geistes die Erstarrung löst. So spricht der Psalmist: *Wende, Herr, unsere Gefangenschaft gleich dem Sturzbach im Süden* (Ps 125,4) Unsere Gefangenschaft, durch deren starre Kälte wir im Gehorsam Gott gegenüber saumselig geblieben waren, wird durch die Wärme des Heiligen Geistes gelockert, so daß wir zur Liebe Gottes hineilen. Darum heißt es auch jetzt, die auf dem Berg errichtete Stadt liege in der Richtung des Südwinds, weil die Kirche der Erwählten unter dem Anhauch des Heiligen Geistes ihre Gedanken offenbart, von jeglichem Gipfel ihres Stolzes herabsteigt und in Gott, dem sie glaubt, die Wärme der Liebe empfängt, so daß ihr nichts anderes am Herzen liegt, als sich seiner Gnade zu unterwerfen, sich an seiner Liebe zu erwärmen und sich stets von der Gabe seines Anhauches erfüllen zu lassen. So sprach der von inniger Liebe entbrannte Betrachter: *Meine Seele wird im Herrn frohlocken, wird sich freuen ob seines Heils* (Ps 34,9). Das lateinsche Wort salutaris, heilbringend, heißt auf hebräisch Jesus. Weil also der Prophet dessen Weg und Wundertaten sowie auch das Geheimnis unserer Erlösung im Geist der Weissagung erschaute, frohlockte er im Herrn und freute sich über Jesus, zumal er um so mehr Freude in seinem Geist empfand, je stärker er in Liebe erglühte. Erwägen wir daher

folgendes: wenn sich die Herzen der geistigen Väter in dem erfreut haben, der noch nicht gekommen, sondern erst vorausgesehen war, welche Schuld trifft dann denjenigen, der nach seiner Ankunft und seinem Erlösungswerk seine Wege, Ermahnungen und Beispiele nicht liebt? Darum also heißt es, diese Stadt sei in Richtung des Südwinds gelegen, als ob damit offen gesagt würde, daß jene erste Stadt, die Synagoge, in ihren Ungläubigen gegen Norden stand und in kalter Untreue verharrte. Die heilige Kirche aber, die die Liebe des Glaubens angenommen hat, liegt in ihrer Wärme gegen Süden und stemmt sich gleichsam dem kalten Wind entgegen, da ihre Freude nicht in ihrem Selbstvertrauen, sondern im Geschenk geistiger Gnade gründet. Es folgt:

(Ez 40,3) Und er führte mich dort hinein. In das Bauwerk 7
der himmlischen Stadt tritt jener ein, der die Wege der Guten nachahmend betrachtet. In das Bauwerk auf dem Berg eintreten heißt ja liebend betrachten, wie die auf dem Gipfel der Tugenden befindlichen Auserwählten der heiligen Kirche im Herrn voranschreiten. Da ist einer, der ein durch die Ehe gebundenes Leben führt, zufrieden mit dem, was ihm gehört, sich kein fremdes Gut aneignet, den Bedürftigen, soviel er vermag, von dem Seinigen gibt und nicht nachläßt, die Sünden zu beweinen, ohne die das Leben von Eheleuten nicht geführt werden kann. Es treibt ihm die Tränen in die Augen, daß die Sorge um die Familie den Geist so sehr in Anspruch nimmt. Ein anderer hat schon alles verlassen, was der Welt gehört, wünscht nichts davon zu haben, findet seine Nahrung einzig in der Ausübung der Beschauung, erfreut sich mit Tränen in der Hoffnung auf die himmlische Vergeltung, geht noch über das hinaus, was zu haben erlaubt ist, sucht die tägliche Abgeschiedenheit mit dem Herrn zu finden, keine Sorge um das Vergängliche dieser Welt bringt seinen Geist in Verwirrung, und stets weitet er den Geist aus in Erwartung der himmlischen Freuden. Wieder ein anderer hat ebenfalls alle Güter dieser Welt verlassen und seinen Geist zur Betrachtung himmlischer Dinge erhoben: wenn ein solcher nun das Amt eines Vorgesetzten innehat, wird er, obwohl den vergänglichen Dingen nicht mehr aus Begierlichkeit unterworfen, zuweilen aus Mitgefühl mit dem Nächsten auf diese

Dinge zurückverwiesen und sie in Anspruch nehmen, um sich der Bedürftigen zu erbarmen, und den Hörenden das Wort des Lebens verkünden, um den Seelen und den Leibern mit dem Notwendigsten beizustehen. Und wie er um seiner selbst willen in der Beschauung zu himmlischem Verlangen entrückt ist, wird er sich um des Fortschritts und des Nutzens der Mitmenschen willen weiterhin in zeitlichen Geschäften abmühen. Wer immer also in der heiligen Kirche mit allem Eifer darauf achtet, daß er entweder im Lebenswandel guter Eheleute oder in der schützenden Gemeinschaft der Enthaltsamen und derer, die alles, was von dieser Welt ist, verlassen haben, oder auch in der Vollkommenheit der Seelsorger voranschreitet, der ist bereits in das Bauwerk der auf dem Berg gelegenen Stadt eingetreten. Wer aber nicht darauf achtet, sich den Lebenswandel der Besseren zu seinem eigenen Fortschritt vor Augen zu halten, steht noch außerhalb des Baues. Und wer die Hochachtung bewundert, die der heiligen Kirche in der Welt zuteil wird, betrachtet das Bauwerk gleichsam von außen und staunt darüber. Weil sein Sinn nur auf Äußerlichkeiten gerichtet ist, ist er innerlich noch nicht eingetreten.

DER MANN VON ERZ

Es folgt:

8 *(Ez 40,3) Und siehe, da war ein Mann, dessen Gestalt das Aussehen hatte wie von Erz.* Mit diesem Mann wird der bezeichnet, der in dem Berg versinnbildlicht ist. Von diesem Mann heißt es, er messe das Bauwerk (vgl. Ez 40,5). Und zu Recht wird der Herr in dem Mann und in dem Berg bezeichnet, weil er es ist, der in der heiligen Kirche alles richtet und ordnet, der die Kirche trägt und durch sein Tragen zu Himmlischem emporhebt. So spricht auch im heiligen Evangelium unser Erlöser: *Wer durch die Türe hineingeht, ist der Hirt der Schafe* (Joh 10,2). Und kurz darauf: *Ich bin die Tür* (Joh 10,7). Und wieder etwas später: *Ich bin der gute Hirt* (Joh 10,11). Wenn nun der Hirt und die Türe derselbe ist und der Hirt durch die Türe hineingeht, warum sollte an dieser Stelle

nicht der Berg und der Mann als derselbe aufgefaßt werden, der das Bauwerk auf dem Berg mißt?

Nun müssen wir uns fragen, weshalb von diesem Mann gesagt 9
wird: *Dessen Gestalt das Aussehen hatte wie von Erz*. Wir alle wissen, Brüder, daß das Erz ein sehr dauerhaftes und vielfältig klingendes Metall ist. Der Grund, weshalb der Anblick des Mittlers zwischen Gott und Menschen mit dem des Erzes verglichen wird, ist wohl der, daß der eingeborene Sohn, wie wir ja wissen, Knechtsgestalt angenommen und die Gebrechlichkeit des menschlichen Fleisches durch die Herrlichkeit seiner Auferstehung in Unvergänglichkeit verwandelt hat, da in ihm das Fleisch dauerhaft ohne Ende gemacht worden ist. Denn *auferweckt von den Toten, stirbt er nicht mehr, der Tod hat keine Herrschaft mehr über ihn* (Röm 6,9). Der Grund jedoch, warum seine Menschwerdung mit einem klingenden Metall verglichen wird, liegt wohl darin, daß er durch eben die Annahme unserer Menschheit alles mit der Herrlichkeit seiner Majestät durchtönte. Und sein Leib hat das Aussehen wie von Erz, weil Gott sich der Welt im Fleisch geoffenbart hat. So sagt Johannes: *Und es stand an seinem Kleid, und zwar an den Lenden, geschrieben: König der Könige und Herr der Herrschenden* (Offb 19,16). Was ist indes sein Kleid anderes als der Leib, den er von der Jungfrau angenommen hat? Und sein Kleid ist nichts anderes als er selbst. Denn auch das Fleisch wird als unser Kleid bezeichnet (vgl. Ps 101,27; Hebr 1,11), und doch sind wir selbst das Fleisch, womit wir bekleidet sind. Dieses sein Kleid, blutbespritzt durch das Kreuz des Leidens, hat Isaias lange zuvor geschaut, als er sprach: *Warum ist so rot dein Gewand und sind deine Kleider wie die der Keltertreter?* (Is 63,2). Ihm erwidert er selbst: *Ich habe die Kelter allein getreten, und von den Völkern war niemand bei mir* (Is 63,3). Die Kelter, in der er getreten wurde, hat er allein getreten, da er das Leiden, das er erduldete, in seiner Macht besiegt hat. Nachdem er am Kreuz bis zum Tod gelitten hatte, ist er in Herrlichkeit vom Tod erstanden. Darum heißt es ja: *Und von den Völkern war niemand bei mir*. Denn die, für welche zu leiden er gekommen war, mußten seines Leidens teilhaftig werden, und da sie zu jener Zeit noch nicht glaubten, wird im Leiden Klage erhoben über die, deren Leben in jenem Leiden errungen wurde. Aus

den Lenden stammt ja die Fortpflanzung des Fleisches. Weil er nun im Zuge der Fortpflanzung des Menschengeschlechtes – gemäß der Reihenfolge der Geschlechter, die von Matthäus und Lukas beschrieben werden – aus einer Jungfrau in diese Welt gekommen ist und durch das Geheimnis seiner Menschwerdung anzeigte, daß er überall König und Herr über sämtliche Völker sei, stand an seinem Kleid, und zwar an den Lenden, geschrieben: *König der Könige und Herr der Herrschenden.* Denn von wo aus er in der Welt offenbar wurde, dort hat er die Schrift, die ihn zu erkennen gab, angebracht. Somit ist die Verkündigung aus seinem Fleisch gleichsam wie ein Klang aus Erz. Und deshalb heißt es: *Seine Gestalt hatte das Aussehen wie von Erz.*

DIE RICHTIGEN MASSE

Es folgt:
(Ez 40,3) Und er hatte eine leinene Schnur in seiner Hand. In der Septuaginta ist nicht von einer leinenen Schnur die Rede, sondern von der «Schnur der Steinmetze». Wenn wir uns in der Auslegung dieses Verses an letztere Übersetzung halten, dann deuten wir die Steinmetze als die heiligen Glaubenslehrer, die in ihrem geisterfüllten Reden die lebendigen Steine, das sind die Seelen der Auserwählten, zu dem himmlischen Bauwerk zusammenfügen. Was immer nämlich die alten Väter, die Propheten, die Apostel und deren Nachfolger geredet haben, war nichts anderes als eine Zusammenfügung der Steine zu dem Bauwerk der Heiligen, das Tag für Tag aufgerichtet wird. Die Steinmetze pflegen die Schnur dazu zu benutzen, die gleichmäßige Geradheit der aufsteigenden Wand festzustellen, und wenn ein Stein zu weit innen ist, wird er nach außen gerückt, und wenn einer außen vorragt, wird er weiter nach innen versetzt. Und gerade dies bewirkt täglich die Verkündigung der Glaubenslehrer: daß jede Seele, der es nicht zuträglich ist, die Last des Regierens zu tragen, und die trotzdem nach außen hin in Erscheinung treten möchte, mehr nach innen versetzt wird; und umgekehrt jene, die im Verborgenen nur für sich selbst Sorge tragen will, aber

sich und vielen anderen nützlich sein kann, selbst wenn sie im Verborgenen zu bleiben wünscht, nach außen gerückt wird, um in Erscheinung zu treten. So geschieht es, daß unter den Steinen der Heiligen eine Ordnung eingehalten wird, indem oft einer, der zu Ehren kommen will, zurückgewiesen, und einer, der die Ehren flieht, an die Spitze der heiligen Ordnung erhoben wird. Da aber, wie wir von unserem Übersetzer gelernt haben, in dem Bericht über die Hebräer nicht von «Steinmetzen», sondern von einer *leinenen Schnur in seiner Hand* die Rede ist, müssen wir darlegen, was uns persönlich als das Richtigere erscheint. Wir wissen, daß eine leinene Schnur feiner ist als anders gefertigte Schnüre. Und so müssen wir wohl in der leinenen Schnur eine höhere, geistige Aussage erkennen. Die Strenge des Gesetzes war eine Schnur, aber keine leinene, weil sie das unwissende Volk nicht mit feingesponnenen Anweisungen in Zucht hielt, da sie mit ihren Strafsanktionen nicht den Gedankensünden, sondern nur den tatsächlich vollbrachten Sünden Einhalt gebot. Indem aber der Herr durch seine Verkündigung auch die Gedanken der Menschen zur Rechenschaft gezogen hat und zu erkennen gab, daß auch im Herzen eine vollständige Sünde zustande kommt, hielt er eine leinene Schnur in der Hand. So sprach er: *Ihr habt gehört, daß den Alten gesagt ward: Du sollst nicht ehebrechen! Ich aber sage euch: Jeder, der eine Ehefrau ansieht, um sie zu begehren, hat ihr gegenüber in seinem Herzen schon Ehebruch begangen* (Mt 5,27–28). Die leinene Schnur ist also eine feingesponnene Anweisung, die den Geist des Hörenden bindet, so daß sie auch bei nichtswürdigen Gedanken nicht zerreißt. Und man beachte, daß gesagt wird, die Schnur sei in seiner Hand: das bedeutet die Anweisung durch die Tat. Denn an sich selbst zeigt er, was er gelehrt hat, wie geschrieben steht: *Was Jesus zu tun und zu lehren begonnen hat* (Apg 1,1). Und weil er das, was er gesagt hat, auch in der Schrift festhalten ließ, auf daß es den Nachfolgenden überliefert werde, wird mit Recht hinzugefügt:

(Ez 40,3) Und ein Maß-gebendes Rohr in seiner Hand. 11
Der Herr verheißt der heiligen Kirche durch einen anderen Propheten: *In ihr sprießen Rohr und Schilf* (Is 35,7). Ich erinnere mich, an anderer Stelle (vgl. Moralia in Job 29,52 – Pl

76,506 B) dargelegt zu haben, daß unter dem Rohr die Schriftsteller, unter dem Schilf die Hörenden zu verstehen sind. Da nun in der Feuchtigkeit des Wassers sowohl grünes Rohr wie auch Schilf zu entstehen pflegt und beide aus ein und demselben Wasser hervorsprießen, und da ferner das Rohr zum Schreiben genommen wird, während man mit dem Schilf nicht schreiben kann, so müssen wir in Schilf und Rohr erkennen, daß es eine einzige Lehre der Wahrheit gibt, die viele Hörende bewässert. Die einen, die da bewässert werden, wachsen im Wort Gottes so sehr, daß sie ihrerseits zu Schreibenden werden, sozusagen zu Schreibrohren, andere jedoch hören das Wort des Lebens, bewahren das frische Grün der guten Hoffnung und des rechten Tuns, können aber doch nicht zum Schreiben gelangen. Was sind diese im Wasser Gottes anderes als gleichsam Schilf? Sie wachsen zwar und gedeihen, sind aber keineswegs imstand, sich schriftlich auszudrücken. Sofern nun unser Erlöser es gefügt hat, daß die von ihm gesprochenen Worte von eifrigen Glaubenslehrern aufgeschrieben wurden, hat er ein Rohr in der Hand gehalten. Das Rohr wird als ein Maß-gebendes bezeichnet, weil dieses Wissen der Glaubenslehrer gemäß der Anordnung eines geheimen Ratschlusses so verwahrt wird, daß es den einen Lesern Nutzen bringt, während es anderen Lesern nicht zu nützen vermag. Als daher die Apostel den Lehrmeister der Wahrheit, der offen zu ihnen redete, fragten, weshalb er zur Menge in Gleichnissen spräche, vernahmen sie: *Weil es euch gegeben ist, die Gleichnisse des Himmelreiches zu erkennen, jenen aber nicht* (Mt 13,11). Oder anders: ein Maß-gebendes Rohr ist es, sofern wir in seiner für uns aufgeschriebenen heiligen Rede seine verborgenen Anordnungen erkennen. Denn aufgrund seines unerforschlichen Ratschlusses wird der eine innerhalb des Umkreises der Auserwählten gestellt und ein anderer draußen gelassen, so daß er in keiner Weise zur Zahl der Auserwählten gerechnet zu werden verdient. So also hält er eine Schnur, hält er ein Maß-gebendes Rohr in der Hand. Denn wer mit der Schnur einen Ort ausmißt, spannt die Schnur dahin und zieht sie dort weg und führt den einen hierher, einen anderen anderswo hinweg. Gerade so verfährt unser Erlöser bei der Sammlung der Menschen, indem er die einen aus ihren Verderbtheiten herausführt, andere in ihrer Bosheit beläßt. Zu denen nämlich, die er zu sammeln sich gewürdigt hat, hat er die Schnur des verborgenen Maßes hingespannt, und von denen, die er zurückzulassen beschlossen hat, hat er die Schnur weggezogen, so daß die Guten innerhalb der Maße des himmlischen Bauwerkes gehalten werden und die Bösen außerhalb des Bauwerkes. In diesen ist das erforderliche Gute nicht vorhanden, und sie bleiben gleichsam ohne das richtige Maß.

Diese Schnur beziehungsweise dieses Maß-gebende Rohr hielt 12
unser Erlöser in seiner Hand, als er dem Apostel Paulus durch die Erscheinung des mazedonischen Mannes eine Anweisung zu geben sich würdigte, indem der Mazedonier sagte: *Komm herüber und hilf uns* (Apg 16,9). Und ferner: als die Apostel zur Verkündigung nach Asien gehen wollten, gestattete es der Geist Jesu nicht. Was bedeutet es nun, daß die heiligen Apostel dorthin zu gehen gerufen werden, wohin sie vielleicht gar nicht aufzubrechen dachten, und dorthin zu gehen gehindert werden, wohin sie abzureisen wünschten? Doch wohl dies, daß der Herr die Schnur und das Maß-gebende Rohr des verborgenen Ratschlusses in der Hand hält, so daß die einen die Worte des Lebens hören und andere sie nicht zu hören verdienen. Es ist also eine Meßschnur, die dorthin ausgespannt und von da weggezogen wird.

Auch aus dem Zeugnis des heiligen Evangeliums haben wir 13
gelernt, daß da einer kam und sprach: *Meister, ich will dir nachfolgen, wohin du auch gehst.* Ihm ward geantwortet: *Die Füchse haben Höhlen und die Vögel des Himmels Nester; der Menschensohn aber hat nichts, wo er sein Haupt hinlegen kann* (Mt 8,20; Lk 9,58). Da kam ein anderer und sprach: *Meister, laß mich zuerst hingehen und meinen Vater begraben.* Ihm wird gesagt: *Laß die Toten ihre Toten begraben, du aber folge mir und verkünde das Reich Gottes* (Mt 8,21; Lk 9,59). Was bedeutet es, daß jener mitzugehen verspricht und stehengelassen wird, dieser nach Hause zurückkehren will und ihm dennoch befohlen wird nachzufolgen? Jener wird nicht aufgenommen, dieser nicht einmal eine Stunde lang für eine Dienstleistung beurlaubt! Die Schnur und das Maß-gebende Rohr werden also nach der inneren Anordnung eines verborgenen Ratschlusses gehand-

habt, wonach dieser herangezogen und jener zurückgelassen wird, auf daß das himmlische Bauwerk nicht ohne fromme und gerechte Umsicht errichtet werde.

14 Schließlich kann die Heilige Schrift auch in dem Sinn als Maßgebendes Rohr aufgefaßt werden, daß, wer immer sie liest, in ihr sich selber mißt: wie weit er hinter dem gebotenen Guten zurückgeblieben ist, wie sehr er sich zu guten Werken aufraffen sollte, wie sehr er noch immer in verkehrtem Tun am Boden darniederliegt.

VOM SICHTBAREN ZUM UNSICHTBAREN

Es folgt:

15 *(Ez 40,3) Er stand aber unter dem Tor.* Wer unter dem Tor steht, ist zum einen Teil drinnen, zum anderen draußen, da eine Seite von ihm draußen zu sehen, die andere innen verborgen ist. So steht unser Erlöser, aus Barmherzigkeit für uns Mensch geworden, vor den Augen der Menschen gleichsam unter dem Tor, da er in seiner Menschheit sichtbar erschienen ist und sich in seiner Gottheit unsichtbar bewahrt hat. Die Juden, die aufgrund der Verheißung der Propheten auf ihn gesetzt hatten, sind in der Verwirrung ihres Unglaubens verstört worden, da sie den, den sie zu ihrer Befreiung gekommen glaubten, als Sterblichen erblickten. Wer so unter dem Tor steht, wird wie gesagt, zum Teil außen, zum Teil innen gesehen. Aber nicht einmal der Unglaube der Juden ist ohne Offenbarung der göttlichen Kraft geblieben. Denn als sie seine Wunder sahen, wurden sie zum Glauben hingezogen, doch als sie seine Leiden genauer erwogen, verschmähten sie es, an den als an Gott zu glauben, den sie im Fleisch als Sterblichen erblickten. So geschah es, daß sie seine Anerkennung in Zweifel zogen. Sie sahen ihn hungern und dürsten, essen und trinken, ermüden und schlafen und hielten ihn für einen bloßen Menschen. Sie sahen ihn Tote erwecken, Aussätzige heilen, Blinde sehend machen, Dämonen austreiben und merkten, daß er mehr als ein Mensch war. Aber gerade der Gedanke an die Menschheit stiftete in ihren Herzen in bezug auf seine Wunder Verwirrung. Daher spricht die

heilige Kirche, die sich nach seinem unverhüllten Anblick sehnt, mit den Worten der Braut: *Siehe, er steht hinter unserer Wand* (Hl 2,9). Er hat menschlichen Augen gezeigt, was er von der sterblichen Natur angenommen hat, und ist in sich selbst unsichtbar geblieben. So steht er für die, die ihn unverhüllt zu sehen suchen, gleichsam hinter einer Wand, weil er den Anblick seiner offenkundigen Majestät nicht gewährt hat. Er steht gleichsam hinter der Wand und hat die von ihm angenommene Natur gezeigt und die göttliche Natur vor menschlichen Augen verborgen. Weshalb auch daselbst beigefügt wird: *Er blickt durch die Fenster und schaut durch die Gitter* (Hl 2,9). Wer nämlich durch Fenster oder Gitter blickt, ist weder als Ganzer sichtbar noch als Ganzer unsichtbar. Gerade so ist unser Erlöser vor den Augen der Zweifler aufgetreten, denn wenn er, Wunderzeichen wirkend, nichts Menschliches getan hätte, wäre er ihnen nur als Gott erschienen; wenn er hingegen, Menschliches erduldend, nichts Göttliches getan hätte, wäre er für einen bloßen Menschen gehalten worden. Da er jedoch sowohl Göttliches vollbrachte als auch Menschliches erduldete, schaute er wie durch ein Fenster, beziehungsweise Gitter, auf die Menschen, auf daß er in den Wundertaten als Gott offenbar werde und im Leiden als solcher verborgen bliebe, in seinem Leiden als Mensch und dennoch in den Wundern als mehr denn als bloßer Mensch anerkannt werde. Da nun gesagt ist, dieser Mann stehe unter dem Tor, müssen wir uns fragen, ob mit dem Gesicht nach innen, mit dem Rücken nach außen? Wenn wir beachten, was hier verheißen und mitausgesagt ist, finden wir schneller heraus, wie er dort gestanden ist. Zuerst heißt es: *Da war in Richtung des Südwinds so etwas wie eine Stadt erbaut. Und er führte mich dort hinein.* Und kurz darauf wird über denselben Mann hinzugefügt: *Er stand aber unter dem Tor.* Und anschließend heißt es:

(Ez 40,4) Und der Mann sprach zu mir. Nun steht fest, 16
daß der unter dem Tor Stehende, der zu dem in das Gebäude hineingeführten Propheten geredet hat, mit dem Gesicht nach innen, mit dem Rücken nach außen stand. Der hereingeführte Prophet, zu dem der unter dem Tor stehende Mann redete, hatte zweifellos das Antlitz zum Tor gewendet, von wo er die Worte des Redenden vernahm. Was also besagt es, daß der

Mann nach innen, der Prophet nach außen blickt, daß das Antlitz des Mannes ins Gebäude und die Augen des Propheten auf das Tor gerichtet sind? Doch wohl dies, daß der Eingeborene des Vaters deshalb Fleisch geworden ist, um uns in das geistige Gebäude, das heißt in den Glauben der heiligen Kirche einzuführen. Seine Augen blicken unverwandt auf sein Bauwerk und achten unaufhörlich darauf, wieviel ein jeder in den Tugenden voranschreitet. Der Prophet indes blickt zum Tor zurück, denn wer Gottes Wort hört, soll die Augen des Herzens stets auf den Ausgang gerichtet haben und ohne Unterlaß daran denken, wann er aus dem gegenwärtigen Leben scheide und die ewigen Freuden erlange. Deswegen ist ja Gott Fleisch geworden, um uns in den Glauben einzuführen und zum Glanz seiner Schau zurückzuleiten. So spricht die WAHRHEIT im heiligen Evangelium: *Wenn jemand durch mich hineingeht, wird er gerettet werden, und er wird ein- und ausgehen und Weide finden* (Joh 10,9). Er wird eingehen zum Glauben, ausgehen in den Glanz, Weide finden in ewiger Sättigung. Und der Psalmist spricht: *Der Herr behüte deinen Eingang und deinen Ausgang* (Ps 120,8). Denn der Herr behütet den Eingang jeder einzelnen Seele, da sie eintritt in den Glauben, wie auch den Ausgang, da sie ausgeht zum Glanz, auf daß sie weder beim Eintritt in die Kirche von Irrtümern zu Fall gebracht noch beim Übertritt aus diesem zeitlichen ins ewige Leben vom alten Widersacher geraubt werde. Darum müssen wir über diesen unseren Ausgang täglich im Geist nachsinnen. Und auch Paulus sagt von unserem Erlöser: *Um durch sein eigenes Blut das Volk zu heiligen, hat er außerhalb des Tores gelitten. So laßt auch uns zu ihm vor das Lager hinausgehen und seine Schmach tragen. Denn wir haben hier keine bleibende Stätte, sondern wir suchen die künftige* (Hebr 13,12–14). Daher stand der Mann, der da erschien, unter dem Tor und hat solcher Art geredet, weil der Mittler zwischen Gott und den Menschen Jesus Christus gerade zur Zeit seines Leidens die Gebote des Lebens erlassen hat, so daß jene, die an ihn glauben, stets zum Tor hinblicken, sein Leiden in inniger Betrachtung erwägen und ihre Augen nimmermehr von seinem Tod abwenden. Auch wir, die wir schon begonnen haben, den Kerker des Fleisches zu verachten, im Verlangen nach Unsterblichkeit die Enge unserer

Sterblichkeit zu überwinden, nach der Freiheit des erhabenen Lichtes zu streben, den Wonnen des himmlischen Vaterlandes entgegenzuseufzen, halten die Blicke auf das Tor geheftet. Denn während wir von den zeitlichen Heilswerken zu den ewigen hinüberzugehen wünschen, wenden wir gleichsam dem gegenwärtigen Leben den Rücken zu und richten das Antlitz des Herzens voller Sehnsucht unserem Tod entgegen. Steht doch geschrieben: *Der vergängliche Körper beschwert die Seele, und die irdische Wohnstatt drückt den vielsinnenden Geist nieder* (Wh 9, 15). So streben wir in der Beschauung im Geist aus der Enge des Fleisches hinaus, aber noch werden wir in den Heilswerken, die wir erkannt haben, in eben dieser Enge des Fleisches innerhalb des Tores festgehalten.

Denn oft wird die Seele in der Schau des Göttlichen so 17
entrückt, daß sie sich freut, von jener ewigen Freiheit, die *kein Auge gesehen, wovon kein Ohr gehört hat* (1 Kor 2, 9), wie in einem Abbild etwas zu erschauen, und doch sinkt sie, durch das Gewicht ihrer Sterblichkeit zurückgeworfen, wieder abwärts und wird, von den Fesseln ihrer Strafwürdigkeit gebunden, festgehalten. Somit strebt dem Tore zu, wer die Freuden seiner wahren Freiheit erblickt und schon hinwegzuscheiden wünscht, es aber noch nicht vermag. So war's, als das aus der ägyptischen Knechtschaft befreite hebräische Volk die Wolkensäule erblickte, während Gott redete, und ein jeder unter dem Eingang seines Zeltes stand und anbetete (vgl. Ex 33, 10). Und wenig früher heißt es von ihnen: *So oft Moses zu dem Bundeszelt hinausging, stand das ganze Volk auf, und ein jeder trat unter den Eingang seines Zeltes* (Ex 33, 8). Auch wir stehen ja dort, wohin wir die Augen des Geistes richten. Sagt doch Elias: *So wahr der Herr lebt, vor dessen Angesicht ich stehe* (3 Kön 17, 1). Er stand eben dort, wo er sein Herz festgemacht hatte. Und daß das Volk die Wolkensäule anschaut und unter dem Eingang des Zeltes steht und anbetet, deutet doch wohl an, daß der menschliche Geist, so oft er jene erhabenen und himmlischen Dinge auf welche Weise auch immer im Gleichnis erschaut, in geistiger Entrückung aus dem Kerker der leiblichen Wohnstatt ausgeht und jenen demütig anbetet, dessen Macht er in der Erleuchtung des Geistes bewundert, obschon er dessen eigentliches Wesen nicht zu sehen vermag.

Und sooft Moses ins Bundeszelt hineingeht, sieht das Volk seinen Rücken und steht unter den Eingängen seiner Zelte. Denn sooft ein Prediger hohe Dinge über Gott redet, betritt er da nicht das Bundeszelt der erhabenen Wohnstatt? Mögen auch manche Schwache die Kraft seiner Predigt nicht voll ausloten, so sehen sie doch sozusagen den Rücken, weil sie wenigstens dem letzten Zipfel dessen, was wichtig ist, mit ihrer Einsicht folgen. Auch in diesem Geringen, was sie zu fassen vermögen, treten sie gleichsam aus ihren Zelten heraus und stehen unter den Eingängen: sie bemühen sich ja, die fleischlichen Wohnstätten zu verlassen und den Freuden des ewigen Lebens, von denen sie hören, entgegenzugehen. So wird auch erzählt, daß Elias, als er die Stimme des Herrn zu sich reden hörte, am Eingang seiner Höhle stand und das Antlitz verhüllte (vgl. 3 Kön 19,9–13). Denn, wenn in der Gnade der Beschauung die Stimme der erhabenen Einsicht im Geiste ertönt, ist nicht mehr der ganze Mensch in der Höhle, da keine Sorge um den Leib die Seele in Beschlag nimmt, sondern er steht unter dem Eingang in der Absicht, die Enge der Sterblichkeit hinter sich zu lassen.

18 Es ist aber nötig, daß der, welcher im Eingang der Höhle steht und mit dem Ohr des Herzens die Worte des Herrn vernimmt, sein Antlitz verhülle. Denn während wir durch die erhabene Gnade zu höherer Einsicht geführt werden, müssen wir, je höher wir entrückt werden, unser eigenes Verstehen-Wollen um so mehr in Demut zurückhalten, damit wir nicht etwa versuchen, *den Sinn auf Höheres zu richten, als sich geziemt, sondern nüchtern-besonnen sind* (Röm 12,3), nicht in die Irre gehen, indem wir die unsichtbaren Dinge übers Maß hinaus ergründen wollen und in jenem körperlosen Bereich nicht nach irgendeinem körperlichen Licht suchen. Im Geist die Stimme des innerlichen Wesens vernehmen erfordert ein aufmerksames Ohr und ein verhülltes Antlitz, aber auch die Abwendung der Augen des Herzens von jeglicher körperlichen Gestaltwahrnehmung, damit sich die Seele unter diesem Wesen nichts Körperliches einbildet, zumal es überall ganz und überall uneingeschränkt ist.

Geliebte Brüder, wir haben durch den Tod, die Auferstehung und die Himmelfahrt unseres Erlösers die ewigen Freuden kennengelernt, wir wissen, daß zur Bezeugung seiner Gottheit seine Engel, unsere Mitbürger, sichtbar erschienen sind: laßt uns also unsere Sehnsucht sich dem König und unser Verlangen den Mitbürgern, die wir kennen, zuwenden, und, in diesem Bauwerk der heiligen Kirche stehend, unverwandten Blickes auf das Tor schauen. Kehren wir dieser Vergänglichkeit des zeitlichen Lebens im Geist den Rücken und richten wir das Antlitz des Herzens auf die Freiheit des himmlischen Vaterlandes. Doch siehe, noch gibt es vieles, was uns in der Sorge um das vergängliche Leben bedrückt. Da wir also nicht vollständig ins Freie gelangen können, so laßt uns wenigstens unter dem Eingang unserer Höhle stehen in der Erwartung, dereinst glücklich hinauszugelangen durch die Gnade unseres Erlösers, der mit dem Vater lebt und herrscht in der Einheit des Heiligen Geistes, Gott von Ewigkeit zu Ewigkeit. Amen.

2. HOMILIE: Ez 40,4–5

1 Damit mich nicht etwa der eine oder andere in unausgesprochenen Gedanken tadle, daß ich mir herausnehme, die so tiefen Geheimnisse des Propheten Ezechiel zu erklären, zumal dies schon von großen Schriftauslegern unternommen worden ist, so soll er wissen, in welcher Gesinnung ich das tue. Ich gehe ja nicht einfach aufs Geratewohl ans Werk, sondern im Geist der Demut. Ich habe nämlich die Erfahrung gemacht, daß ich vieles in der Heiligen Schrift, das ich allein nicht zu begreifen vermochte, vor meinen Brüdern stehend nicht selten verstanden habe. Aufgrund dieser Einsicht habe ich darüber nachgedacht und erkannt, dank welcher Verdienste mir dieses Wissen geschenkt wurde. Offensichtlich wird es mir um jener willen geschenkt, die vor mir anwesend sind. Aus diesem Grund geschieht es mit Gottes Beistand, daß das Verständnis zu- und die Selbstüberschätzung abnimmt, da ich um euretwillen lerne, was ich vor euch lehre. Denn – ich rede die Wahrheit – oft höre ich mit euch zusammen, was ich dann sage. Was immer ich also in diesem Propheten weniger gut verstehe, kommt von meiner Blindheit her; was ich aber richtig zu verstehen vermag, stammt aus der göttlichen Gabe eurer Frömmigkeit. Trotzdem wird mit der Gnade des allmächtigen Gottes das eine oder andere in der Rede des Propheten oft besser begriffen, wenn man das Wort Gottes allein liest: die ihrer Sünden bewußte Seele, die erkennt, was sie da vernommen hat, wird von schmerzlichen Pfeilen getroffen und vom Schwert der Reue durchbohrt, so daß sie nur noch weinen und ihre Makel mit Tränenströmen abwaschen kann. Währenddessen wird sie bisweilen zur Schau erhabener Dinge entrückt und in der Sehnsucht von süßen Tränen gepeinigt. Es schmerzt die Seele, daß sie hier ist, wo sie in Schwachheit darniederliegt, und noch nicht dort, wo sie durch die Erleuchtung kräftig erstarkt und das Auge des Geistes nicht mehr zu den Finsternissen der Sterblichkeit zurückwendet. Hier, ja hier entspringt die Liebesglut im Geist, und dieser Glut entstammt jene Traurigkeit. Weil die Seele den himmlischen Dingen noch nicht anzuhängen vermag, kommt sie, von

ihrem Feuereifer in Tränen ermattet, zur Ruhe. Doch etwas anderes ist es, wenn es um den Fortschritt eines einzelnen, etwas anderes, wenn es um die Erbauung vieler geht. Daher soll in einer belehrenden Rede mit Gottes Hilfe das vorgetragen werden, was dem Leben der Zuhörer dienlich ist. Wir wollen also jetzt in der Darlegung dessen, was uns in den Worten des Propheten für den Eifer in guten Werken förderlich scheint, fortfahren, wie wir es bisher getan haben.

EMPFANGEN, UM ZU VERSCHENKEN

(Ez 40,4) Menschensohn, schaue mit deinen Augen und 2
höre mit deinen Ohren. Was soll es bedeuten, daß dem, der zur Bezeugung geistiger Dinge berufen ist, gesagt wird: *Schaue mit den Augen* und zwar *mit deinen,* und: *Höre mit den Ohren* und zwar *mit deinen?* Man weiß ja, daß auch die fleischlich Gesinnten leibliche Augen und Ohren haben und zwar in bezug auf die körperlich wahrnehmbaren Dinge. Dagegen haben nur die geistig Gesinnten Augen und Ohren des Herzens, die im Geist unsichtbare Dinge sehen und Gottes Lob ohne Schall vernehmen. Diese Ohren forderte der allmächtige Gott, als er sprach: *Wer Ohren hat zu hören, der höre* (Lk 8,8). Wen konnte es damals in jenem Volk gegeben haben, der keine leiblichen Ohren gehabt hätte? Aber wenn gesagt ist: *Wer Ohren hat zu hören, der höre,* wird offensichtlich angezeigt, daß jene Ohren gemeint waren, die nicht alle haben konnten. So heißt es also: *Menschensohn, schaue mit deinen Augen und höre mit deinen Ohren.* An einer früheren Stelle unserer Homilien (vgl. zu Ez 4, 1 Seite 249 f.) haben wir bereits gesagt, warum der Prophet Menschensohn genannt wird, so oft er zur Schau geistiger Dinge aufgefordert wird. Damit es nicht dem Gedächtnis entfalle, wiederhole ich kurz, daß er durch diese Benennung stets daran erinnert wird, was er aus eigener Schwachheit ist, damit er sich nicht ob der Größe seiner Schau überhebe. Man beachte auch die sprachliche Unterscheidung: obwohl es heißt: *Schaue mit deinen Augen und höre mit deinen Ohren,* wird er trotzdem mit Menschensohn angeredet. Damit wird ihm offensichtlich nichts anderes gesagt als dies: Schaue

im Geist auf geistige Dinge und gedenke trotzdem deiner fleischlichen Schwachheiten.

3 Daher geschieht es nicht selten, daß einer um so stärker unter Versuchungen leidet, je mehr er in der Schau entrückt wird; wie das oft manchen tüchtig Voranschreitenden zuzustoßen pflegt. Wenn deren Geist entweder von reuiger Zerknirschung ergriffen wird oder ihn die Schau über sich selbst hinaus entrückt, folgt sogleich die Versuchung, damit er sich nicht selbst überhebe ob der Dinge, zu denen er entrückt worden ist. Durch die Reue wie auch durch die Beschauung wird er zu Gott emporgehoben, durch das Gewicht seiner Versuchung hingegen auf sich selbst zurückgeworfen. Die Versuchung lastet auf ihm, damit ihn die Schau nicht überheblich mache; die Schau wiederum erhebt ihn, damit ihn die Versuchung nicht untergehen lasse. Denn wenn ihn die Schau sosehr erhöbe, daß die Versuchung gänzlich fehlte, verfiele die Seele in Selbstüberschätzung. Und wenn ihn die Versuchung sosehr niederdrückte, daß ihn die Beschauung nicht mehr erhöbe, würde er völlig in Schuld verstrickt werden. Aber dank einer wunderbaren Fügung wird die Seele in einer gewissen Mitte im Gleichgewicht gehalten, daß sie weder im Guten übermütig werde noch im Bösen zu Fall komme. So sagt der selige Job über den Herrn: *Er hat die Wasser nach dem Maß abgewogen* (Job 28,25). Für Gott bedeutet die Wasser nach dem Maß abwägen: die Gestimmtheit der Seelen zwischen Glück und Unglück, zwischen Gnadengaben und Prüfungen, zwischen dem Höchsten und dem Niedrigsten in der Demut bewahren. So hatte Elias Feuer vom Himmel herabgerufen und die Regenwasser am Himmel gebunden – und doch floh er ängstlich erschreckt vor einer Frau in die Wüste. Dem Fliehenden erscheint ein Engel, bietet ihm Speise, da er ihm noch einen langen Marsch voraussagt, und doch treibt er die Furcht nicht aus seinem Herzen, denn im Geist des Propheten war eben diese Schwachheit seiner Furcht die große Schutzwehr seiner Stärke (vgl. 3 Kön 17–19). Es folgt:

4 *(Ez 40,4) Wende dein Herz zu allem, was ich dir zeigen werde, denn damit es dir gezeigt werde, bist du hierher geführt worden, und verkünde alles, was du siehst, dem Haus Israel. Wende dein Herz*, das heißt: schau her! *Denn*

damit es dir gezeigt werde, bist du hierher geführt worden, und verkünde alles, was du siehst. Denn du bist hierher geführt worden, um zu sehen, und du siehst, um zu verkünden. Wer immer in der Schau geistiger Dinge voranschreitet, muß sie auch verkündend anderen zugute kommen lassen. Sieht er doch um der Verkündigung willen und trägt, indem er selbst voranschreitet, durch sein Verkünden auch die Sorge um den Fortschritt des Nächsten. An anderer Stelle steht geschrieben: *Wer hört, der sage: komm!* (Offb 22,17). Wem das Wort des redenden Gottes im Herzen vernehmbar wird, muß dieses Wort durch das Amt der Verkündigung den Mitmenschen weitergeben, und wie er selbst gerufen worden ist, ruft er wieder einen anderen. So spricht auch der Bräutigam im Hohenlied: *Die du in den Gärten wohnst – die Gefährten lauschen – laß mich deine Stimme hören* (Hl 8,13). In den Gärten wohnt die heilige Kirche, in den Gärten eine jede Seele, die im saftigen Grün der Hoffnung steht und voll der guten Werke ist. Dürr ist ja die Hoffnung dieser Weltzeit, schnell welkt alles dahin, was hier geliebt wird. Und der Apostel Petrus mahnt zur Eile, *zu einem unvergänglichen und unbefleckten und unverwelklichen Erbe* (1 Petr 1,4). Da sie also in den Gärten wohnt, soll sie ihren Bräutigam ihre Stimme hören, das heißt den Gesang der guten Verkündigung vernehmen lassen, an welchem sich der erfreut, nach dem sie sich sehnt. Denn die Gefährten lauschen, das sind alle Erwählten, die die Worte des Lebens zu hören verlangen, um im Hinblick auf das himmlische Vaterland neues Leben zu gewinnen.

MAUER UND VORMAUER

Schon eröffnet uns der Prophet, was er sieht. Es folgt:
(Ez 40,5) Und siehe, eine Mauer lief außen rings um das 5
Haus herum. Oft pflegt in der Heiligen Schrift der menschgewordene Herr, sofern er bergenden Schutz verleiht, als Mauer bezeichnet zu werden, wie es bei einem Propheten von der heiligen Kirche heißt: *In ihr sind eine Mauer und eine Vormauer aufgestellt* (Is 26,1). Ist er doch unsere Mauer, die uns ringsumher schützend umgibt. Die Vormauer unserer Mauer

sind alle Propheten gewesen, die, bevor der Herr im Fleisch erschien, weissagend zum Aufbau des Glaubens gesendet wurden. Es sind in der heiligen Kirche der Herr als Mauer und seine Propheten als Vormauer für uns aufgestellt worden, sofern die Worte der Propheten zum Aufbau des Glaubens auch bis auf uns, die der Herr vollkommen beschützt, gelangt sind. Sehr richtig wird daher zuerst die Mauer, dann die Vormauer errichtet, da wir aus den Heiden Berufene die Worte seiner Propheten keineswegs annähmen, wenn wir nicht zuvor den Herrn erkannt hätten. Man beachte ferner, daß gesagt wird, die Mauer des geistigen Gebäudes laufe außen herum. Eine Mauer, die zur Befestigung eines Gebäudes aufgeführt wird, pflegt ja nicht innen, sondern außen aufgestellt zu werden. Weshalb war es notwendig zu betonen *außen herum,* wenn eine solche Mauer üblicherweise niemals innen gebaut wird? Weil es notwendig ist, daß sie, außen herumgeführt, das, was drinnen ist, beschütze. Was wird also in diesen Worten offensichtlich anderes angezeigt als die Menschwerdung des Herrn? Gott ist für uns die innere Mauer, der Gottmensch die äußere Mauer. So spricht ein Prophet zu ihm: *Du bist ausgezogen zur Rettung deines Volkes, um deinen Gesalbten zu erlösen* (Hab 3,13 [LXX]). Diese fleischgewordene Mauer, nämlich der Herr, wäre keine Schutzmauer für uns, wenn sie nicht außen wäre; innen würde sie uns ja nicht schützen, wenn sie nicht außen aufschiene. Auch dies darf nicht unbeachtet übergangen werden, daß von dieser Mauer gesagt wird, sie führe rings um das Haus herum. Nicht allein die Engel bilden das Haus Gottes, von denen der Psalmist spricht: *Herr, ich liebe die Zierde deines Hauses und den Ort, wo deine Herrlichkeit wohnt* (Ps 25,8), sondern auch wir, in deren Innerem er sich zu wohnen würdigt. Und die Mauer steht rings um das Haus herum, denn derselbe, der droben die Stärke der Engel ist, ist drunten die Erlösung der Menschen geworden. Stärke für jene, damit sie nicht fallen, Hilfe für uns, damit wir uns nach dem Fall wieder aufrichten.

6 Sofern nun an dieser Stelle mit dem Haus Gottes nur die Vielzahl der erlösten Menschen bezeichnet wird, ist die im ganzen Umkreis aufgeführte Mauer für uns der Herr, da er, um uns vollkommen zu schützen, alles, was er sagte, auch

vorzeigte, wie geschrieben steht: *Was Jesus zu tun und zu lehren begonnen hat* (Apg 1,1). Denn als er kam, um uns zum himmlischen Vaterland zu berufen, lehrte er uns, die vergänglichen Güter zu verachten und die zeitlichen Übel nicht zu fürchten. So hat er Schmähungen nicht gescheut, Unrecht erduldet, den Tod nicht gefürchtet, das Kreuzesholz nicht zurückgewiesen und ist, als sie ihn mit Gewalt nehmen und zum König machen wollten, sogleich entflohen. Durch diese Beispiele wollte er uns auf nichts anderes hinweisen, als daß wir die Widrigkeiten dieser Welt nicht zu fürchten und deren Annehmlichkeiten zu meiden hätten; denn zumeist nehmen deren Güter die Seele mehr gefangen als deren Übel sie beunruhigen. Vor seinem Leiden mußte er Verleumdungen anhören, hat aber nicht mit Verleumdungen geantwortet, hat seinen Verräter lange ertragen und sich nicht geweigert, dem ihn heuchlerisch Begrüßenden einen Kuß zu geben, hat den Tod auf sich genommen, auf daß wir uns vor dem Tod nicht fürchteten, hat die Auferstehung kundgetan, auf daß wir glaubten, daß auch wir auferstehen könnten. Und auch nach seinem Leiden hat er von denen, die ihn gekreuzigt hatten, manche zum Glauben berufen und die Bosheit mit Gnadengaben vergolten. Indem er uns so durch sein Beispiel über alles belehrte, ist er für uns ringsumher und überall zu einer Mauer geworden.

MARTHA UND MARIA, LEA UND RACHEL

Es folgt:
(Ez 40,5) Und der Mann hatte ein Maß-gebendes Rohr in der Hand, das sechs Ellen und eine Handbreite lang war. In der vorigen Homilie sagten wir schon, mit dem 7
Rohr werde die Heilige Schrift bezeichnet (zu Ez 40,3; Seite 276). Sie wird ein Maß-gebendes Rohr genannt, weil wir in ihr für jegliche Tätigkeit unseres Lebens das Maß gewinnen und sehen, wie weit wir vorangeschritten und wie weit wir vom Fortschritt entfernt sind. Denn oft meinen wir bei irgendeinem Tun, es sei verdienstlich; aber wenn wir zum Wort Gottes zurückkehren, vernehmen wir erhabene Weisun-

gen und erkennen, wie wenig Vollkommenheit wir besitzen. Es ist ein Maß-gebendes Rohr, weil durch die Hand der Schreibenden das Leben der Hörenden sein Maß erhält. Es heißt, das Rohr sei in der Hand des Mannes, sei es, weil die heilige Rede in der Macht des Mittlers zwischen Gott und den Menschen, des Menschen Jesus Christus, steht, sei es, weil er das, was er schreiben wollte, im Werk vollbracht hat. Dieses Rohr wird sechs Ellen und eine Handbreite lang beschrieben. Sind es doch zwei Lebensweisen, in denen der allmächtige Gott die Menschen durch die heilige Rede erzieht, die aktive und die kontemplative. Mit den sechs Ellen wird wohl nichts anderes als das aktive Leben ausgedrückt, weil Gott alle seine Werke am sechsten Tag vollendet hat. Die Handbreite aber, die über die sechs Ellen hinausreicht, bezieht sich auf den siebenten Tag, beträgt aber doch keine Elle. So wird also das aktive Leben mit den sechs Ellen und das kontemplative mit der Handbreite bezeichnet, denn jenes vollbringen wir im Werk, von diesem aber vermögen wir, auch wenn wir danach streben, kaum einen kleinen Teil zu erreichen.

8 Aufgabe des aktiven Lebens ist: dem Hungernden Brot geben, den Unwissenden durch das Wort der Weisheit unterrichten, den Irrenden zurechtweisen, den überheblichen Nächsten zu demütigem Leben zurückrufen, um den Kranken Sorge tragen, jedem einzelnen das ihm Zuträgliche zukommen lassen und dafür Vorkehrung treffen, daß die uns Anvertrauten das zum Leben Notwendige haben. Aufgabe des kontemplativen Lebens ist: an der Liebe zu Gott und dem Nächsten mit ganzem Herzen festhalten, aber von jeglicher äußerer Tätigkeit absehen, einzig dem Verlangen nach dem Schöpfer anhangen, so daß die Seele keinen irdischen Geschäften nachgeht, sondern alle diese Sorgen mit Füßen tritt und sich glühend nach der Schau des Antlitzes ihres Schöpfers sehnt. Sie soll lernen, die Last des vergänglichen Fleisches in stiller Ergebung zu tragen, mit ganzer Sehnsucht nach der Teilnahme an den Hymnen singenden Engelchören zu streben, den Bürgern des Himmels beigesellt zu werden und sich im Anblick Gottes ewiger Unvergänglichkeit zu erfreuen. In der Handbreite wird Hand und Finger ausgestreckt. Doch umfaßt die Handbreite nur einen geringen Teil vom Ausmaß der Elle,

denn in welcher Liebe immer die Seele erglüht, mit welcher Anstrengung immer sie in Gedanken zu Gott strebt, sie sieht noch nicht vollständig, was sie lieben möchte, sondern beginnt erst zu sehen, was sie liebt. Wie der kraftvolle Glaubensverkünder sagt: *Wir sehen jetzt im Spiegel und Rätsel, dann aber von Angesicht zu Angesicht;* und: *Jetzt ist mein Erkennen Stückwerk, dann aber werde ich so erkennen, wie auch ich erkannt worden bin* (1 Kor 13,12). Von der siebten Elle erreichen wir also nur eine Handbreite, die wir in diesem Leben nur den Anfang der innerlichen Schau verkosten. Weil wir aber das aktive Leben vollständig einhalten können und der Mensch, der Gutes wirken soll, am sechsten Tag erschaffen worden ist, ist das Rohr sechs Ellen lang.

Diese beiden Lebensformen werden durch die zwei Frauen, 9
Martha und Maria, treffend dargestellt, deren eine sich um zahlreiche Dienstleistungen kümmerte, während die andere zu den Füßen des Herrn saß und den Worten aus seinem Mund lauschte. Als Martha die Schwester tadelte, weil sie ihr zu helfen versäumte, erwiderte der Herr: *Martha, du machst dir Sorge und Unruhe um vieles, eines nur ist notwendig. Maria aber hat den besten Teil erwählt, der soll ihr nicht genommen werden.* (Lk 10, 41–42). Siehe, Marthas Teil wird nicht getadelt, der Marias jedoch belobigt. Auch sagt der Herr nicht, Maria habe den guten Teil erwählt, sondern den besten, so daß auch Marthas Teil als gut erklärt wird. Warum Marias Teil der beste sei, wird anschließend gesagt: *Er soll ihr nicht genommen werden.* Das aktive Leben stirbt ja mit dem Leib. Denn wer sollte im ewigen Leben Hungernden Brot reichen, wo niemand Hunger leidet? Wer sollte einem Dürstenden zu trinken geben, wo niemand dürstet? Wer sollte einen Toten begraben, wo niemand stirbt? Mit der gegenwärtigen Weltzeit endet also das aktive Leben, während das kontemplative beginnt, um im himmlischen Vaterland vollendet zu werden, wo das Feuer der Liebe, das hier zu brennen anfängt, dann, wenn der Geliebte selbst sichtbar wird, in Liebe zu ihm mächtiger auflodert. So wird also das kontemplative Leben nimmermehr aufhören, da es, wenn das Licht der gegenwärtigen Weltzeit erloschen sein wird, seine Vollendung findet.

Diese beiden Lebensformen werden, wie schon vor uns gesagt 10 worden ist (vgl. Augustinus, Contra Faustum 22,52 f.–CSEL 25, Seite 645 f.), auch durch die zwei Frauen des seligen Jakob, Lea und Rachel, versinnbildlicht. Lea heißt soviel wie beschwerlich, Rachel soviel wie Mutterschaf oder Schau des Ursprungs. Das aktive Leben ist beschwerlich, da man im Schweiße seines Angesichtes arbeitet, das kontemplative einfach, da man einzig der Schau des Ursprungs entgegenseufzt, jenem, der da spricht: *Ich bin der Ursprung, weswegen ich auch zu euch rede* (Joh 8,25). Der selige Jakob begehrte zwar Rachel, nahm jedoch in der Nacht Lea zu sich, denn jeder, der sich zum Herrn bekehrt, der sich nach dem beschaulichen Leben sehnt, der nach der Ruhe des ewigen Vaterlandes strebt, muß zwar in der Nacht des gegenwärtigen Lebens wirken, soviel er vermag, im Schweiße seines Angesichts sich abmühen, das heißt Lea zu sich nehmen, um danach in der Schau des Ursprungs, das ist in Rachels Umarmungen Ruhe zu finden. Rachel hatte glänzende Augen und war unfruchtbar, Lea hatte matte Augen und war fruchtbar, denn das beschauliche Leben ist eine Liebkosung der Seele, aber da es in der Stille nach Ruhe strebt, zeugt es keine Söhne aus der Glaubensverkündigung. Es schaut, aber es gebärt nicht, weil es in seinem Drang nach Ruhe nicht sosehr dazu entbrennt, andere zu gewinnen, und in dem Maße, als es den Blick nach innen richtet, nicht fähig ist, sich verkündigend zu anderen hin zu öffnen. Lea hat matte Augen und ist fruchtbar, denn das aktive Leben «schaut» weniger, da es mit guten Werken beschäftigt ist; doch indem es bald durch das Wort, bald durch das Beispiel die Mitmenschen zur Nachahmung entzündet, zeugt es in den guten Werken viele Söhne. Obschon es nicht imstande ist, den Geist zur Beschauung zu erheben, vermag es doch durch seine Tätigkeit nach außen hin Nachahmer zu zeugen. Mit Recht werden daher beim Maß des Rohres zuerst die sechs Ellen und dann erst die Handbreite angegeben, da zuvor das aktive Leben geübt wird, um dann erst zum kontemplativen überzugehen.

11 Doch ist zu bedenken: wie es zur rechten Lebensordnung gehört, vom aktiven zum kontemplativen Leben zu streben, so wendet sich die Seele zumeist mit Nutzen vom kontemplativen zum aktiven zurück, auf daß das aktive Leben, wenn

der Geist durch die Beschauung entflammt worden ist, um so vollkommener geübt werde. Es soll uns also das aktive Leben zum kontemplativen hinführen, doch immer wieder das kontemplative aufgrund dessen, was wir im Geist inwendig geschaut haben, zum größeren Nutzen ins aktive Leben zurückrufen. Auch Jakob ist nach den Umarmungen Rachels zu Lea zurückgekehrt, denn auch nach der Schau des Ursprungs ist das beschwerliche Leben der guten Werke nicht vollständig aufzugeben.

JAKOBS KAMPF MIT DEM ENGEL

Nun erfordert das kontemplative Leben eine große Anstren- 12
gung des Geistes, wenn er sich in himmlische Bereiche aufschwingt, wenn er die Seele nach geistigen Dingen hinspannt, wenn er alles leibhaft Sichtbare zu übersteigen sich anschickt, wenn er sich sammelt, um sich auszuweiten. Und manchmal besiegt und überwindet er die widerstrebenden Dunkelheiten seiner Blindheit, so daß er von dem unumgrenzten Licht einen flüchtigen Schimmer erhascht. Doch kehrt er alsbald zurückgeschlagen zu sich selbst zurück und gerät von dem Licht, zu dem er aufatmend hingeht, aufseufzend wieder in die Dunkelheiten seiner Blindheit. Worauf die heilige Geschichte treffend hinweist, wo sie vom Kampf des seligen Jakob mit dem Engel berichtet (vgl. Gen 32,22–32). Als er nämlich zu seinen Eltern heimkehrte, begegnete er auf dem Weg einem Engel, mit dem er einen großen Kampf zu bestehen hatte. Wer nun in einer solchen Auseinandersetzung steht, findet seinen Gegner sich bald überlegen, bald unterlegen. Der Engel versinnbildlicht Gott, und der mit dem Engel kämpfende Jakob bezeichnet die in der Beschauung befindliche Seele jedes vollkommenen Mannes. Die Seele, die sich anschickt, Gott zu schauen, steht in einer Art Auseinandersetzung: bald ist sie gleichsam überlegen, wenn sie in ihrer Einsicht und in ihrem Fühlen etwas von dem unumgrenzten Licht verkostet, bald ist sie unterlegen, wenn sie im Verkosten wieder nachläßt. Somit wird der Engel sozusagen besiegt, wenn in der innersten Einsicht Gott ergriffen wird.

13 Man beachte indes, daß der besiegte Engel eine Sehne von Jakobs Hüfte berührte und ihn lahmen machte, und seit jener Zeit hinkte Jakob mit einem Fuß. Denn sobald der allmächtige Gott in sehnsüchtiger Einsicht erkannt wird, läßt er jegliche Fleischeslust in uns verdorren. In uns, die wir ehemals, gleichsam auf beiden Füßen stehend, Gott suchen und zugleich an der Welt festhalten zu können meinten, bleibt nach der Erkenntnis von Gottes Süßigkeit der eine Fuß gesund, während der andere hinkt. Denn wenn die Liebe zur Welt geschwächt ist, erstarkt in uns notwendig die Gottesliebe. Wenn wir also den Engel festhalten, hinken wir mit einem Fuß, und während die Kraft der innersten Liebe in uns wächst, wird die Kraft des Fleisches zweifellos geschwächt. Jeder, der mit einem Fuß hinkt, stützt sich allein auf seinen gesunden Fuß, und auch der, dessen irdisches Verlangen schon verdorrt ist, hält sich mit ganzer Kraft allein auf dem Fuß der Gottesliebe aufrecht. Auf ihm steht er, weil er den Fuß der Weltliebe, den auf die Erde zu setzen er gewohnt war, jetzt über den Boden hängend hält. So sollen auch wir, wenn wir zu unseren Eltern, das heißt zu unseren geistigen Vätern zurückkehren, auf dem Weg den Engel festhalten, um in innerer Süßigkeit Gott zu ergreifen. Ist doch die Süßigkeit des beschaulichen Lebens überaus liebenswert, das die Seele über sich selbst entrückt, das Himmelreich auftut, das Irdische als verachtenswert erweist und den Augen des Geistes geistige Dinge sichtbar macht, während es die körperlichen vor ihnen verbirgt. Treffend sagt daher die Kirche im Hohenlied: *Ich schlafe, doch mein Herz wacht* (Hl 5,2). Mit wachem Herzen schläft sie, denn indem sie in innerlicher Schau voranschreitet, ruht sie aus von der Unrast äußerer Geschäftigkeit.

14 Hierbei ist freilich zu bedenken, daß keiner, solange er in diesem sterblichen Fleische lebt, in der Ausübung der Beschauung so weit kommt, daß er die Augen des Geistes unverwandt auf den Strahl jenes unumgrenzten Lichtes gerichtet hält. Auch wird der allmächtige Gott nicht in seiner Klarheit geschaut, vielmehr sieht die Seele etwas, was unterhalb derselben ist, wodurch sie erwärmt wird und voranschreitet, um erst nachher zur Herrlichkeit seiner Schau zu gelangen. Auch Isaias hat bekannt, Gott gesehen zu haben:

Im Jahr, in dem der König Ozias starb, sah ich den Herrn auf einem hohen Thron sitzen, indem er sogleich beifügt: *Und das, was unter ihm war, erfüllte den Tempel* (Is 6, 1). Da König Ozias, der stolze Usurpator, stirbt, wird der Herr gesehen, weil dann, wenn die Hoffart dieser Welt von der Sehnsucht des Geistes abgetötet wird, der Geist die Herrlichkeit Gottes schaut. Und man beachte, daß der Herr auf einem hohen und erhabenen Thron sitzt. Was ist sein Thron anderes als die Geschöpfe, die Engel und die Menschen, die er durch die Gabe der Einsicht leitet? Und der Thron wird hoch und erhaben genannt, weil die menschliche Natur, zur himmlischen Herrlichkeit erhoben, voranschreitet und die anderen Geschöpfe, die Engel – während viele Geister hinabstürzten – im Himmel bereits festgegründet sind, so daß sie, unwandelbar erhoben, nicht mehr zu Fall kommen. Sein Tempel ist ja sein Thron, weil der ewige König dort wohnt, wo er thront. Wir also sind sein Tempel, in deren Seelen er sich zu wohnen würdigt. Aber das, was unter ihm war, erfüllte den Tempel, denn was von ihm gesehen wird, ist noch nicht er selbst, sondern unter ihm. So hat Jakob den Engel gesehen, aber beteuert, den Herrn gesehen zu haben, denn schon wenn wir seine Diener sehen, werden wir hoch über uns selbst erhoben. Man beachte auch, daß es heißt: *Erfüllte den Tempel:* mag auch nur ein Engel erscheinen, so stillt er dennoch das Verlangen des schwachen Geistes, der das Geringere, das er sieht, bewundert, zumal er zu Größerem noch nicht befähigt ist. Das, was unter ihm war, erfüllte den Tempel, denn, wie gesagt, auch wenn der Geist in der Beschauung vorangeschritten ist, schaut er den Herrn nicht, wie er ist, sondern das, was unter ihm ist. Schon in dieser Schau wird etwas vom Wohlgeschmack der inneren Ruhe verkostet. Da es gleichsam nur ein Teil dieser Ruhe ist und somit jetzt nicht vollkommen sein kann, steht in der Geheimen Offenbarung zu Recht geschrieben: *Es entstand eine Stille im Himmel, etwa eine halbe Stunde lang* (Offb. 8, 1). Der Himmel ist die Seele des Gerechten, wie der Herr durch den Propheten spricht: *Der Himmel ist mein Thron* (Is 66, 1), und: *Die Himmel erzählen Gottes Herrlichkeit* (Ps 18, 1). Wenn also im Geist die Ruhe des beschaulichen Lebens herrscht, entsteht eine Stille im Himmel, weil der Lärm irdischer Geschäftigkeit aus den Gedanken weicht und die Seele das Ohr dem innersten Geheimnis zuwendet. Weil jedoch diese Ruhe des Geistes in diesem Leben nicht vollkommen sein kann, ist nicht die Rede davon, daß eine volle Stunde lang Stille im Himmel eingetreten sei, sondern etwa eine halbe Stunde. Und auch diese halbe Stunde wird nicht als voll aufgefaßt, da *etwa* davor steht; denn wenn die Seele sich zu erheben begonnen hat, kehrt der Lärm der Gedanken alsbald zurück, sie selbst behindert somit das einströmende Licht der innersten Ruhe und erblindet infolge dieser Behinderung. Daher wird das Leben der Beschauung, das dort als etwa eine halbe Stunde lang beschrieben wird, vom Propheten Ezechiel nicht mit einer Elle, sondern nur mit einer Handbreite angegeben. Seht, geliebte Brüder, wir wünschten die Grundfragen einer jeden dieser beiden Lebensformen ausführlich zu erörtern, und nun haben wir etwas länger als tunlich darüber gesprochen. Indes sollte das Zuhören den Gutgesinnten, denen die Praxis beider Lebensformen liebenswert ist, nicht schwergefallen sein.

DIE DIMENSION DER LIEBE

Es folgt:

(Ez 40,5) Und er maß die Breite des Baues: eine Rohrlänge, und die Höhe: auch eine Rohrlänge. Der allmächtige Gott, der weder im Großen ausgeweitet noch im Kleinen eingeengt wird, redet so von der Gesamtkirche, als ob er von der Einzelseele spräche. Und oft gibt es keinen Grund, das von der Einzelseele Gesagte nicht auch auf die Gesamtkirche anzuwenden. So betrifft die Breite des Bauwerkes die Liebe, von welcher der Psalmist sagt: *Dein Gebot ist überaus weitreichend* (Ps 118,96). Denn nichts ist weitreichender, als alle in den Schoß der Liebe aufzunehmen und keine Engstellen des Hasses auszusparen. Ist doch die Liebe so weit, daß sie auch die Feinde in ihren Umkreis einzubeziehen vermag. Daher lautet das Gebot: *Liebet eure Feinde, tut Gutes denen, die euch hassen* (Lk 6,27). Auch müssen wir bedenken, daß sich die Breite in die Horizontale, die Höhe in die Vertikale erstreckt. Die Breite bezieht sich auf die Nächstenliebe, die Höhe auf die

Erkenntnis des Schöpfers. Die Breite und die Höhe des Baues werden mit dem einen Rohr gemessen, denn die Breite einer jeden Seele in der Nächstenliebe entspricht ihrer Höhe in der Gotteserkenntnis. Während sie sich durch die Liebe in die Breite ausdehnt, hebt sie sich durch die Gotteserkenntnis zur Höhe empor, und wie hoch sie sich über sich selbst erhebt, ebenso weit dehnt sie sich durch die Nächstenliebe in die Breite aus. Und da das Bauwerk, das Gott bewohnt, aus Engeln und Menschen gebildet wird, die Engel droben, die Menschen aber noch drunten sind, können durch die Höhe und die Breite des Baues die einen wie die anderen Geschöpfe bezeichnet werden, wovon die einen noch drunten weilen, die anderen in der Höhe verharren. Aber beide werden mit dem einen Rohr gemessen, da die Niedrigkeit der Menschen zuweilen bis zur Ebenbürtigkeit mit den Engeln heranreicht. So steht geschrieben: *Weder heiraten sie noch werden sie geheiratet, sondern sie sind wie die Engel Gottes im Himmel* (Mt 22,30). Auch Johannes sagt: *Das Maß des Menschen, welches auch das des Engels ist* (Offb. 21,17). Wird doch der Mensch bis zu jener Höhe der Glorie geführt, in welcher festzustehen sich die Engel freuen. Daher ist die Breite des Bauwerks ebenso groß wie dessen Höhe, denn die Auserwählten, die sich jetzt noch drunten abmühen, werden dereinst jenen seligen Geistern nicht unähnlich sein.

Bis dahin wollen wir uns wieder auf die Gegenwart besinnen und aus ganzem Herzensgrund Gott und den Nächsten lieben. Wir wollen uns in inniger Liebe ausweiten, um zur Herrlichkeit der Höhe emporgehoben zu werden. Laßt uns dem Nächsten liebendes Mitgefühl entgegenbringen, um in der Erkenntnis mit Gott vereinigt zu werden. Laßt uns auf Erden zu den geringsten Brüdern hinabsteigen und den Engeln im Himmel gleich werden, denn der Mann, der den Erlöser bildlich darstellt, hat die Breite des Baues mit dem einen Rohr, dessen Höhe ebenfalls mit dem einen Rohr gemessen. Er ist's, der jetzt den Lebenswandel mißt, die Taten wägt, die Gedanken prüft, um dereinst ohne Ende den gebührenden Lohn zu gewähren: Jesus Christus, der Eingeborene des Vaters, der mit ihm lebt und herrscht in der Einheit des Heiligen Geistes von Ewigkeit zu Ewigkeit. Amen.

3. HOMILIE: Ez 40,6–8

ICH BIN DIE TÜR

1 Siehe, der Mann mit dem Maß-gebenden Rohr in der Hand wird so beschrieben:
(Ez 40,6) Er kam zu einem Tor, das zum Weg gegen Sonnenaufgang führte. Wer anders ist mit diesem Tor bezeichnet als unser Herr und Erlöser, der für uns das Tor zum Himmelreich geworden ist. Sagt er doch selbst: *Niemand kommt zum Vater außer durch mich* (Joh 14,6). Aber da wir erklärt haben, dieser in Linnen gekleidete Mann sei das Sinnbild des Herrn, müssen wir uns die Frage stellen, auf welche Weise es übereinstimmt, daß derselbe Herr sowohl durch den Mann wie auch durch das Tor bezeichnet werden kann, zumal der Mann zu dem Tor kommt. Kommt er etwa selbst zu sich selbst? Daß dem so ist, bezeugt er im Evangelium: *Wer nicht durch die Tür in den Schafstall hineingeht, sondern anderswo einsteigt, ist ein Dieb und ein Räuber. Wer aber durch die Tür hineingeht, ist der Hirt der Schafe* (Joh 10,1–2). Und kurz danach sagt er: *Ich bin die Tür* (Joh 10,9) und fügt zweimal hinzu: *Ich bin der gute Hirt* (Joh 10,11 und 14). Wenn somit der Hirt durch die Tür hereintritt und er selbst Tür und Hirt ist, so tritt er ohne Zweifel durch sich selbst herein. Siehe, während wir den Sinn der Worte Ezechiels zu ergründen suchen, stoßen wir auch im Evangelium auf eine Frage. Wir müssen uns nämlich fragen, auf welche Weise er eintritt und durch sich selbst eintritt. Unser Herr und Erlöser bildet ja mit der Kirche, die er erlöst hat, ein Wesen dem Fleische nach, wie Paulus bezeugt: *Ich ergänze in meinem Fleische, was an den Leiden Christi noch mangelt, für seinen Leib, welcher die Kirche ist* (Kol 1,24). Die Kirche ist der Leib dieses Hauptes, und Christus ist das Haupt dieses Leibes, wie der Psalmist sagt: *Und nun hat er mein Haupt über meine Feinde erhoben* (Ps 26,6). Denn auch sie wird dereinst erhoben werden, deren Haupt schon jetzt über seine Feinde erhoben ist und die Freuden des Himmels genießt. Wenn daher die Auserwählten zum Leben eingehen, treten seine Glieder durch ihn herein, und so tritt er selbst durch sich zu

sich ein. Er ist es ja, der in seinen Gliedern eintritt, er ist das Haupt, zu dem die eintretenden Glieder gelangen. Darauf weist der Prophet Ezechiel mehrfach hin, wenn er zum Beispiel sagt, daß der Mann zum Tor gekommen sei; oder wenn er das Tor mit den Worten beschreibt: *Das zum Weg gegen Sonnenaufgang führte.* Er ist ja unser Weg, der da sprach: *Ich bin der Weg, die Wahrheit und das Leben* (Joh 14,16). Er ist der Weg gegen Sonnenaufgang, von dem geschrieben steht: *Siehe ein Mann, Sonnenaufgang ist sein Name* (Zach 6,12). Das Tor führt also zum Weg gegen Sonnenaufgang und weist auf den hin, der uns den Weg zum Aufgang des Lichtes bereitet hat.

Mit dem Bild des Tores kann aber auch jeder Glaubensbote 2
gemeint sein, denn wer immer uns die Türe zum Himmelreich durch seinen Mund auftut, bildet ein Tor. Werden doch zwölf Tore in der Geheimen Offenbarung (vgl. Offb 21,12) beziehungsweise in der letzten Vision unseres Propheten (vgl. Ez 48,31–34) erwähnt. Es ist auch nicht abwegig, unter dem Bild des Tores die Weisheit der Heiligen Schrift zu verstehen, die uns die Einsicht erschließt und so die Türe zum Himmelreich öffnet.

VON STUFE ZU STUFE

Doch können wir in dem Bild des Tores auch den Glauben erkennen, den wir als erstes annehmen, um in das Gebäude der Tugenden einzutreten. Darum wird hier bedeutsam hinzugefügt:

(Ez 40,6) Und er stieg über seine Stufen hinauf. Was sind 3
die Stufen dieses Tores anderes als die Verdienste der Tugenden? Denn in der Erkenntnis des Mittlers zwischen Gott und Menschen, des Menschen Jesus Christus, aber auch in der Wissenschaft des göttlichen Wortes sowie im Glauben, den wir von ihm empfangen haben, erreichen wir sozusagen stufenweise ein höheres Wachstum. Niemand gelangt plötzlich zur Spitze, jeder beginnt in seinem guten Lebenswandel beim Kleinsten, um zum Größten zu gelangen. Von diesen Stufen heißt es beim Psalmisten: *Gott wird sich auf seinen* (d.h. des Berges Sion) *Stufen kundtun, da er sich ihrer* (d.h. Sions) *anneh-*

men wird (Ps 47,4). Wenn sich der Herr seiner heiligen Kirche annimmt, gibt er sich auf ihren Stufen kund, da sich seine Herrlichkeit entsprechend dem Wachstum jener offenbart. Je mehr nämlich die heilige Kirche aufsteigend voranschreitet, desto mehr wird sich der Herr durch deren Machttaten den Menschen zu erkennen geben. Von diesen Stufen hat auch der selige Job geredet: *Schritt für Schritt will ich ihn verkünden* (Job 31,37). Der ist's, der den allmächtigen Gott Schritt für Schritt verkündet, der ihm durch das geschenkte Tugendwachstum den Lobpreis seiner Frömmigkeit abstattet. Gäbe es keine Stufen im Aufstieg des Herzens, würde der Psalmist nicht sprechen: *Sie schreiten von Tugend zu Tugend* (Ps 83,8).

4 Kein Wunder also, daß es von Tugend zu Tugend Stufen gibt, da doch jede einzelne Tugend schrittweise gemehrt und so durch das Wachstum der Verdienste zur Vollendung geführt wird. Denn anders ist der Anfang, anders der Fortschritt, anders die Vollkommenheit einer Tugend. Würde beispielsweise der Glaube nicht stufenweise zu seiner Vollkommenheit geführt, hätten die heiligen Apostel nicht gebeten: *Mehre uns den Glauben* (Lk 17,5). Oder da kommt einer, der seinen Sohn heilen lassen wollte, zum Herrn; auf die Frage, ob er glaube, erwidert er: *Herr, ich glaube, hilf meinem Unglauben* (Mk 9,23). Erwägt, was da gesagt ist. Wenn er glaubte, warum sprach er vom Unglauben? War er sich hingegen bewußt, keinen Glauben zu haben, inwiefern glaubte er dann? Nimmt jedoch der Glaube durch den unsichtbaren Einfluß seiner Verdienste schrittweise zu, so war der, welcher an einem bestimmten Zeitpunkt noch nicht vollkommen glaubte, zugleich gläubig und ungläubig.

5 Diese Stufen beschreibt der Herr auch unter dem Bild der Ernte: *Mit dem Reich Gottes ist es so, wie wenn ein Mensch Samen auf die Erde streut und schläft und aufsteht bei Nacht und bei Tag, und der Same sproßt und wächst, ohne daß er es merkt. Denn die Erde trägt von selbst Frucht, zuerst den Halm, dann die Ähre, dann den vollen Weizen in der Ähre. Und wenn sie die Früchte hervorgebracht hat, legt er alsbald die Sichel an, denn die Zeit der Ernte ist da* (Mk 4,26–29). Der Mensch streut Samen auf die Erde, wenn er den guten Vorsatz in sein Herz sät. Und nachdem er den Samen ausgesät hat, schläft er, da er in der Hoffnung auf gute Werke

ausruht. Bei Tag und bei Nacht steht er auf, denn er macht bei widrigen und günstigen Umständen Fortschritte. Und der Same sproßt und wächst, obwohl er nichts merkt. Denn der aufgenommene Same gedeiht immer besser, auch wenn er den Anwuchs noch nicht ernten kann. Und die Erde trägt von selbst Frucht, da sich der Geist des Menschen dank der zuvorkommenden Gnade freiwillig zur Frucht guter Werke aufrafft. Aber die Erde bringt zuerst den Halm, dann die Ähre, dann den vollen Weizen in der Ähre hervor. Das Aufsprießen des Halmes deutet auf eine noch jugendliche Zartheit des guten Anfangs. Der Halm wird zur Ähre, wenn die von der Seele aufgenommene Tugend diese zum Fortschreiten in guten Werrken veranlaßt. Den vollen Weizen bringt sie in der Ähre hervor, wenn die Tugend soweit gediehen ist, daß sie zu kraftvollem und vollkommenem Tun imstande ist. Sind Früchte vorhanden, wird die Sichel angelegt, weil die Zeit der Ernte gekommen ist. Sobald die Frucht da ist, legt der allmächtige Gott die Sichel an und mäht die Ernte ab, denn wenn er einen zur Vollendung des Werkes geführt hat, durchschneidet er gemäß einem erlassenen Urteilsspruch dessen zeitliches Leben, um sein Korn in die himmlischen Scheunen einzubringen. Wenn wir also gute Vorsätze fassen, streuen wir Samen auf die Erde. Wenn wir mit dem Rechttun beginnen, sind wir Halme. Wenn wir in guten Werken fortschreitend wachsen, gelangen wir zur Ähre. Und wenn wir in der Vollkommenheit dieses Tuns gefestigt sind, bringen wir den vollen Weizen in der Ähre hervor.

Petrus ist ein solcher Halm gewesen; er war in der Stunde der 6
Passion dem Herrn aus Liebe gefolgt, wagte aber nicht, sich angesichts der Vorhaltungen der Magd zu ihm zu bekennen (vgl. Lk 22,54–57). Frisches Grün war in seiner Seele, da er zwar an den Erlöser aller glaubte, jenes aber, noch allzu biegsam, vom Fuß der Angst zertreten wurde. Bald hatte er sich dann zur Ähre aufgerichtet, als er den, den er vor dessen Tod nicht zu bekennen gewagt hatte, gemäß der Weisung des Engels in Galiläa lebendig erblickte (vgl. Mt 28,7). Das volle Weizenkorn war in der Ähre dann zustandegekommen, als der Heilige Geist von oben herabkam, seinen Geist in der Liebe zum Herrn stützte und ihn so darin festigte, daß er

sogar in Todesgefahr die Gewalt der Verfolger verachtete und sich auch unter widrigsten Umständen zu seinem Erlöser bekannte (vgl. Apg 5,29). Daher soll keiner, von dem man sieht, daß die guten Vorsätze in seinem Geist noch jung und zart sind, geringgeschätzt werden, beginnt doch Gottes Weizen mit einem Halm, um Korn zu werden.

Der in Linnen gekleidete Mann kommt also zum Tor, das heißt, unser Herr und Erlöser gelangt zu sich selber, wenn seine Glieder hereintreten. Er steigt über dessen Stufen hinauf, da er im Voranschreiten um so erhabener vor uns aufragt, je mehr er in seiner Hoheit und Unbegreiflichkeit erkannt wird. Er selbst steigt auf der Stufenleiter unserer Tugenden empor und erweist sich uns als um so erhabener, je mehr sich unsere Seele von den Niedrigkeiten entfernt. Es folgt:

(Ez 40,6) Und er maß die Schwelle des Tores: eine Rohr-
länge in der Breite, das heißt: eine Schwelle hatte die
7 *Breite einer Rohrlänge.* Daß nach der *Schwelle des Tores*
noch einmal von *einer Schwelle* die Rede ist, soll offenbar andeuten, daß weiter unten noch eine andere Schwelle erwähnt werden wird. Ein Tor erhebt sich normalerweise über einer Schwelle. Ist der Herr das Tor, wer anders ist dann wohl mit der Schwelle des Tores gemeint als jene alten Väter, aus deren Geschlecht der Herr Mensch zu werden sich gewürdigt hat? So spricht Paulus von den Verheißungen, *denen die Väter angehören, von denen Christus dem Fleische nach stammt, Gott, der da über allem ist, hochgelobt in Ewigkeit* (Röm 9,5). Zu diesem Wort Pauli ist zu bemerken, daß auch andere Menschen Götter genannt werden, wie es von Moses heißt: *Ich setze dich zu einem Gott über Pharao* (Ex 7,1). Und durch den Psalmisten spricht der Herr: *Ich sprach: Ihr seid Götter* (Ps 81,6). Und wiederum heißt es: *Gott steht da inmitten der Versammlung der Götter* (Ps 81,1). Es ist aber nicht dasselbe, im uneigentlichen und im eigentlichen Sinn von Gott zu reden. Wenn Moses zum Gott über Pharao gesetzt worden ist, dann ist von einem Gott neben allem, nicht von dem Gott über allem die Rede. Der im Schoß der Jungfrau Mensch Gewordene wird der Gott über allem genannt. Die Schwelle sind daher die alten Väter, aus denen jener geboren ward, der uns den Zugang zum Himmelreich aufgetan hat. Nun wird aber die Schwelle

des Tores mit einer Rohrlänge gemessen, weil die Maße jener alten Väter, die unseren Erlöser durch Weissagung wie auch durch gute Lebensweise ankündigen konnten, gleichsam sechs Ellen in der Vollkommenheit der Werke und eine Handbreite im Anfangsstadium der Beschauung betragen. Und weil das vollkommene Tun und die beginnende Beschauung ihr Leben zur Glaubenseinheit heranwachsen ließ, ist das Maß der Schwelle eine Rohrlänge gewesen.

DIE HOCHZEITSKAMMERN

Es folgt:
(Ez 40,7) Und (er maß) *die Hochzeitskammern: eine Rohrlänge in der Länge und eine Rohrlänge in der*
Breite. Betrachten wir, was in der Hochzeitskammer zu 8
geschehen pflegt, und dann wollen wir bedenken, was in der Kirche geschieht. In der Hochzeitskammer verbinden sich Braut und Bräutigam und vereinigen sich in Liebe miteinander. Was also sind die Hochzeitskammern in der heiligen Kirche anderes als die Herzen jener, in denen sich die Seele mit dem unsichtbaren Bräutigam in Liebe vereinigt, so daß sie im Verlangen nach ihm erglüht, nach nichts mehr von dieser Welt sich sehnt, die Dauer des gegenwärtigen Lebens für eine Pein erachtet und hinwegzuscheiden sich drängt, um in der Schau und in der liebenden Umarmung des himmlischen Bräutigams Ruhe zu finden? Ein so gesinnter Geist empfängt keinerlei Trost aus dem gegenwärtigen Leben, sondern seufzt und glüht und atmet und ängstigt sich jenem entgegen, den er liebt. Vom Liebespfeil durchbohrt wird ihm sogar sein leibliches Wohl gleichgültig, so daß er mit den Worten des Hohenliedes ausruft: *Ich bin wund vor Liebe* (Hl 2,5). Schlecht steht es um die Gesundheit des Herzens, das den Schmerz dieser Wunde nicht kennt. Wenn jedoch die Seele in himmlischem Verlangen aufzuseufzen und die Liebeswunde zu fühlen beginnt, schöpft sie Gesundheit aus der Wunde, an welcher sie zuvor zu ihrem Heil erkrankt war.
Die Seele, die ihren Bräutigam innig liebt, pflegt über das 9

hinausgezögerte Ende des gegenwärtigen Lebens durch eines getröstet zu werden, nämlich daß die Seelen anderer, während ihre Schau des Bräutigams hinausgezögert wird, durch ihr Wort Fortschritte machen und in lodernde Liebe zum himmlischen Bräutigam entbrennen. Sie trauert, da sie sieht, wie sie hingehalten wird; was immer sie wahrnimmt, betrübt sie, da sie den noch nicht schaut, den zu sehen sie sich sehnt. Doch ist wie gesagt die Tröstung nicht gering, wenn durch die eifrige Seele, während sie hingehalten wird, viele andere hinzugewonnen werden. Sie wird ihn spät zusammen mit den vielen sehen, den sie früher allein zu sehen wünschte. So spricht die Braut im Hohenlied: *Erquickt mich mit Blüten und stärkt mich mit Äpfeln, denn ich bin krank vor Liebe* (Hl 2,5). Was sind die Blüten anderes als Seelen, die mit guten Werken beginnen und von himmlischem Verlangen duften? Was sind die aus den Blüten entstandenen Äpfel anderes als die bereits vollkommenen Seelen der Guten, die vom Beginn heiliger Vorsätze zur Frucht guter Werke herangereift sind? Die da krank vor Liebe ist, sucht durch Blüten erquickt und durch Äpfel gestärkt zu werden, weil ihr noch nicht gestattet ist, den zu sehen, nach dem sie verlangt. Doch ist ihr die Freude über den Fortschritt anderer ein großer Trost. Die an heiliger Liebe erkrankte Seele wird somit durch Blüten und Äpfel erquickt, so daß sie in den guten Werken anderer Ruhe findet, während sie das Antlitz Gottes noch nicht zu schauen vermag.

10 Laßt uns, bitte, erwägen, inwiefern Pauli Geist eine Hochzeitskammer war, da er sprach: *Für mich ist das Leben Christus und das Sterben ein Gewinn* (Phil 1,21), der sich dem allmächtigen Gott so sehr in Liebe verbunden hatte, daß er Christus als sein Leben und das Sterben als Gewinn erachtete. Deshalb sprach er weiter: *Der ich das Verlangen habe, abzuscheiden und bei Christus zu sein, denn das wäre um vieles besser* (Phil 1,23). Nun, wir sehen wohl, daß du, Paulus, im Verlangen nach Auflösung krank bist vor Liebe. Doch da du siehst, daß du immer noch hingehalten wirst, so frage ich dich: Suchst du nicht, durch Blüten erquickt zu werden? Freilich tust du das! Denn du fügst hinzu: *Aber im Fleische zu bleiben ist notwendig um euretwillen* (Phil 1,24). Und zu den fortgeschrittenen Jüngern sagst du: *Denn wer ist unsere Hoffnung oder unsere Freude oder*

unser Ruhmeskranz? Seid nicht ihr es vor unserem Herrn Jesus Christus? (1 Thess 2,19).

Nun heißt es, diese Hochzeitskammer habe eine Rohrlänge in 11
der Länge und eine Rohrlänge in der Breite. Die Länge betrifft die Langmut der Erwartung und die Breite den Umfang der Liebe. Jede Kammer hat somit eine ebenso große Länge, wie ihre Breite beträgt, denn ein in himmlischem Verlangen entbrannter Geist hat eine ebenso große Liebe, den Nächsten zu gewinnen, wie seine Langmut ist, auf Gott zu warten; und er wird die Länge der Zeit ebenso geduldig ertragen, wie sich der Umfang der Liebe auf den Fortschritt des Nächsten ausdehnt. Mit der Länge der Kammer kann auch die Langmut der Geduld bezeichnet werden, die er dem Nächsten gegenüber aufbringt. Und da die Breite die Liebe bezeichnet, die den Schoß des Geistes öffnet und zugleich Freunde und Feinde in Liebe aufnimmt, ist die Länge der Kammer so groß wie die Breite, denn wie weit der Geist durch die Liebe geworden ist, ebenso geduldig wird er durch seine Langmut sein. Jeder erträgt ja den Nächsten in dem Maß, wie er ihn liebt. Denn wenn du liebst, erträgst du auch; und wenn ihr aufhört zu lieben, hört ihr auf zu ertragen. Und wen wir weniger lieben, den ertragen wir auch weniger. Sobald nämlich ein Widerwillen aufkommt, erhält das Tun des Nächsten rasch ein lastendes Gewicht, dem die Fittiche unserer Liebe nicht mehr gewachsen sind.

DIE MASSE DER UNVOLLKOMMENEN

Es folgt:

(Ez 40,7) Und zwischen den Hochzeitskammern war ein 12
Abstand von fünf Ellen. Zuerst hat der Prophet nur von einer Kammer geredet, und dann erklärt er, der Abstand zwischen den Kammern betrage fünf Ellen: dies wohl deshalb, weil viele Kammern eine ausmachen, so wie die vielen Kirchen die eine Kirche heißen. Auch in der Geheimen Offenbarung des Johannes wird den sieben Kirchen geschrieben, mit welchen die eine Gesamtkirche gemeint ist. Wie schon gesagt, werden die, welche in der heiligen Kirche in glühen-

der Liebe nach der Schau Gottes dürsten und im Verlangen bereits mit ihm verbunden sind, als Hochzeitskammern bezeichnet. Doch gibt es manche in ihr, die nicht fähig sind, in höhere Sphären einzudringen, und, von den fünf leiblichen Sinnen niedergehalten, den Schöpfer von allem um so weniger lieben, je mehr sie noch in den geschaffenen Dingen verstrickt sind. Immerhin bemühen sie sich, sich in der Furcht des Herrn zu üben, sich der Nächstenliebe zuzuwenden, wenigstens nach außen hin gute Werke zu tun und durch Almosen ihre Sünden zu tilgen. Doch haben sie nicht gelernt, in inniger Liebe zu himmlischem Verlangen zu erglühen, und werden gleichsam von den Fesseln der körperlichen Sinne festgehalten. Sie sind daher keine Hochzeitskammern, befinden sich vielmehr zwischen den Kammern, zumal auch sie unter der Führung derer, welche die Schau Gottes vollkommen lieben, zum geistigen Fortschritt angeleitet werden. Der Abstand zwischen den Kammern beträgt also fünf Ellen, das heißt, sie haben sich von den fünf äußeren Sinnen noch nicht zu mystischer Einsicht aufgeschwungen. Aber da sie sich zwischen denen befinden, die in geistiger Liebe glühen, bleiben sie sozusagen zwischen den Kammern, schreiten in der Auferbauung des Glaubens voran und fallen daher nicht aus dem Rahmen des himmlischen Bauwerkes. Nach und nach lösen sie sich von der Begierlichkeit der leiblichen Sinne, erweitern ihre geistige Fassungskraft, ahmen die Liebe nach, derer sie ansichtig werden, und berühren so die Kammern. Sofern ihre Maße nicht mit sechs, sondern mit fünf Ellen angegeben werden, wird ihre noch bestehende Unvollkommenheit bezeichnet.

13 Dennoch werden sie wegen ihres guten Willens zum Bereich des geistigen Bauwerkes gerechnet, da ja auch die heilige Kirche durch den Mund des Psalmisten bekennt: *Deine Augen haben meine Unvollkommenheit gesehen, und in deinem Buch werden alle verzeichnet* (Ps 138,16). Und abermals sagt der Psalmist: *Der Herr hat alle gesegnet, die ihn fürchten, die Kleinen samt den Großen* (Ps 113,13). Sie sind also unvollkommen und klein; dennoch sind sie einsichtig, lieben Gott und den Nächsten und versäumen es auch nicht, soweit sie können, Gutes zu tun. Obgleich sie noch nicht zu den geistigen Gnadengaben

gelangt sind, wo sich die Seele zu vollkommenem Tun beziehungsweise zu glühender Beschauung aufschwingt, lassen sie doch von der Gottes- und Nächstenliebe nicht ab, soweit ihre geistige Fassungskraft ausreicht. So geschieht es, daß auch sie, obzwar an einer geringeren Stelle, ihren Platz in der Architektur der heiligen Kirche einnehmen. Mögen sie auch zur Lehre, zur Weissagung, zur Gabe der Wunder, zur vollständigen Weltverachtung nicht geeignet sein, so stehen sie doch festgefügt auf dem Fundament der Gottesfurcht und der Liebe. Auch wenn in ihnen das Feuer himmlischen Verlangens nicht auflodert, sind sie in dem äußeren Tun, wozu sie imstande sind, von der Wärme der Liebe beseelt und so in die Architektur der anderen, Hervorragenderen, eingegliedert. Mit Recht spricht die Braut im Hohenlied: *Ein Tragbett ließ sich König Salomon aus den Hölzern des Libanon anfertigen, dessen Säulen machte er aus Silber, die Lehne aus Gold, die Liegestatt aus Purpur, die Mitte belegte er mit Liebe um der Töchter Jerusalems willen* (Hl 3,9-10). Man möchte es nicht glauben, daß Salomon, ein so mächtiger König, der so unermeßliche Reichtümer besaß, daß man das Gewicht seines Goldes nicht einmal schätzen konnte und sein Silber in jenen Tagen unbezahlbar war, sich ein hölzernes Tragbett machen ließ. Aber es ist Salomon, es ist unser Friedensstifter, der sich aus den Hölzern des Libanon ein Tragbett machen ließ. Und die Zedernhölzer des Libanon sind durchaus unverweslich.

Das Tragbett unseres Königs ist die heilige Kirche, die von 14
den starken Vätern, das heißt, von «unverweslichen» Geistern auferbaut worden ist. Sie wird zu Recht als Tragbett bezeichnet, weil sie täglich Seelen zum ewigen Gastmahl ihres Schöpfers trägt. Zu diesem Tragbett sind silberne Säulen gemacht worden, da die Glaubensverkünder der heiligen Kirche das Licht des Wortes aufleuchten lassen. Außer den silbernen Säulen gibt es eine goldene Lehne, denn in dem von den heiligen Glaubensverkündern lichtvoll Gesagten finden die Seelen der Zuhörer den Glanz innerer Klarheit, woran sie sich erquicken. Was sie da immer wieder aufmerksam wahrnehmen, leuchtet im Herzen auf, worin sie zur Ruhe kommen. Die Säulen sind aus Silber und die Lehne aus Gold, weil die Seele aus dem Licht der Verkündigung Ruhe und Klarheit

gewinnt. Dieser innere Lichtstrahl durchdringt den Geist, so daß er seine Ruhe dort zu finden strebt, wo die Gnadengabe der äußeren Verkündigung nicht mehr benötigt wird. Steht doch von der heiligen Kirche geschrieben: *Flügel der Taube von Silber überzogen und ihre Schwanzfedern golden schimmernd* (Ps 67,14). Sie ist hier auf Erden vom Geist der Sanftmut erfüllt wie eine Taube, deren Flügel von Silber glänzen, während ihre Schwanzfedern golden schimmern, denn hier hat sie ihre Glaubensboten mit dem Licht der Redegabe umkleidet, in der künftigen Welt hingegen erstrahlt sie selbst im Glanz der Klarheit. Um jedoch zu zeigen, welcher Weg zu dieser inneren Klarheit emporführt, wird über dieses Tragbett sogleich hinzugefügt: *Die Liegestatt aus Purpur.* Der echte Purpur ist im Blut getränkt, daher erkennt man in ihm nicht zu Unrecht die Farbe des Blutes. Und weil im Anfang der im Entstehen begriffenen Kirche eine überaus große Zahl von Gläubigen durch das Blut des Martyriums in das Reich eingegangen ist, hat unser König die Liegestatt des Tragbettes purpurn gemacht, denn zur innerlich geschauten Klarheit gelangt man durch die Drangsal des Blutes.

15 Was sollen wir Armseligen also tun, die wir jeglicher Kraft entbehren? Siehe, wir können nicht auf diesem Tragbett der Taube sein, da in uns weder die Kraft der Tat noch das Licht der Verkündigung vorhanden ist. Wir haben keine goldene Lehne, weil wir noch nicht, wie es sein sollte, in geistiger Einsicht die Ruhe der inneren Klarheit schauen. Wir sind keine purpurne Liegestatt, weil wir für unseren Erlöser nicht unser Blut vergießen können. Was also sollen wir tun? Welche Hoffnung wird es geben, wenn niemand in das Reich eingeht, der nicht mit den höchsten Tugenden ausgestattet ist? Doch unser Trost ist nahe! Lieben wir Gott, soweit wir können, lieben wir den Nächsten, dann werden auch wir zu dem Tragbett Gottes gehören, denn dort steht geschrieben: *Die Mitte belegte er mit Liebe.* Wenn du also die Liebe hast, wirst du ohne Zweifel dorthin gelangen, wohin die silberne Taube emporgehoben wurde und wo die purpurne Liegestatt ist. Und daß das in Rücksicht auf unsere Schwachheit gesagt ist, darauf wird durch die dort beigefügten Worte offen hingewiesen: *Um der Töchter Jerusalems willen.* Denn das Wort Got-

tes, das nicht von Söhnen, sondern von Töchtern redet, hat mit dem weiblichen Geschlecht nichts anderes gemeint als die Schwäche des Geistes. Wenn also im Hohenlied außer den silbernen Säulen, der goldenen Lehne und der purpurnen Liegestatt auch erwähnt wird, daß die Mitte um der Töchter Jerusalems willen mit Liebe belegt ist, so wird dasselbe bei Ezechiel mit dem Abstand von fünf Ellen zwischen den Hochzeitskammern ausgedrückt. Denn wenn jene, die arm an Tugenden sind, nicht nachlassen, das Gute, das ihnen möglich ist, in Liebe zu tun, befinden auch sie sich nicht außerhalb von Gottes Bauwerk.

VOM ALTEN ZUM NEUEN BUND

Es folgt:
(Ez 40,8) Und die Schwelle des Tores auf der Innenseite der Vorhalle: eine Rohrlänge. Wenn von der in Frage 16
stehenden Schwelle gesagt wird, sie befinde sich auf der Innenseite der Vorhalle, heißt das offensichtlich, daß die zuvor erwähnte Schwelle an der Außenseite gewesen ist. Ist nun der Herr die Türe, dann müssen wir uns fragen, was es mit der inneren und der äußeren Schwelle auf sich hat. Ein jeder tritt über die Schwelle durch die Türe herein. Und was sind diese beiden Schwellen anderes als die Väter des Alten Testamentes und die Väter des Neuen Testamentes? Nicht allein jene, aus denen Mensch zu werden der Herr sich gewürdigt hat, sondern alle Väter des alten Testamentes sind die Schwelle dieses Tores gewesen, weil die, welche ihn verkünden und auf ihn hoffen durften, allen zu ihm Kommenden den Zugang zum Glauben eröffnet haben, so daß jeder, der an den Herrn geglaubt hat, durch das Tor dieser Schwelle hereintrat. Ist nicht deshalb zuerst von der äußeren und danach von der inneren Schwelle die Rede, weil die Väter des Alten Bundes vor den Lehren des Neuen Bundes gelebt haben? Zu Recht bezeichnet die äußere Schwelle die Väter des Alten Testamentes, denn durch ihre Verkündigung sind die äußeren verkehrten Taten unter Strafe gestellt worden. Durch die Lehre der jüngeren Väter hingegen wird jede Seele auch hinsichtlich der

unerlaubten Gedanken in die Schranken gewiesen, indem offenbar wird, daß schon in der Entscheidung des Herzens eine echte Schuld bestehen kann. Jene bemühten sich, die Seelen der Hörenden von äußeren Schandtaten, Grausamkeiten und Räubereien abzuhalten, diese schneiden nicht allein die verkehrten Taten zurück, sondern auch die unerlaubten Gedanken und sind so für uns zur inneren Schwelle geworden. Sagt doch die WAHRHEIT selbst: *Ihr habt gehört, daß zu den Alten gesagt wurde: Du sollst nicht töten! Wer aber tötet, soll dem Gericht verfallen sein. Ich aber sage euch: Jeder, der seinem Bruder ohne Ursache zürnt, soll dem Gericht verfallen sein* (Mt 5,21–22). Mit Recht auch bezeichnet die äußere Schwelle jene Väter, die von der Menschwerdung unseres Erlösers durch einen zeitlichen Abstand weit entfernt waren. Schon mit dem Blute Abels beginnt die Passion der Kirche, und es gibt nur eine Kirche der vorausgehenden und der nachfolgenden Auserwählten. Aus dem an die Jünger gerichteten Wort: *Viele Propheten und Könige haben zu sehen gewünscht, was ihr seht, und haben es nicht gesehen* (Lk 10,24), ersieht man, daß die alten Väter sozusagen draußen standen und die Gegenwart unseres Erlösers nicht leibhaftig gesehen haben. Sie sind außerhalb, aber nicht getrennt von der jetzigen heiligen Kirche gewesen, weil sie im Geist und in der Tat und in der Verkündigung dieselben Heilswerke des Glaubens umfaßt haben, die wir nicht mehr in der Erwartung, sondern im Vollbesitz erblikken. Denn wie wir durch die vergangene Passion unseres Heilandes erlöst worden sind, so jene im Glauben an die kommende. Jene sind außerhalb nicht in bezug auf das Mysterium, sondern in bezug auf die Zeit.

17 Daher ist auch beim Bau des Bundeszeltes angeordnet worden, daß, um die inneren silbernen Säulen zu festigen, im äußeren Umkreis Pflöcke eingerammt würden, an denen das Zelt festgebunden war und so einen Halt bekam (vgl. Ex 27,17-19). Die silbernen Säulen sind also innen, die ehernen Pflöcke im Umkreis angeordnet und beide mit Stricken verknüpft, so daß sich das Zelt nicht von der Stelle rührt. Damit die heiligen Apostel im Licht ihrer Verkündigung feststünden, damit das ganze Zelt, das ist die heilige Kirche, in der Unversehrtheit des Glaubens verharre, sind die Väter des

Alten Bundes und die Propheten wie eherne Pflöcke außen eingerammt, um mit den Stricken ihrer Worte die Überzeugung der Glaubensverkündiger zu festigen und die Wohnstatt Gottes im Bestand des Glaubens zu erhalten. Die Pflöcke sind außen, weil sie vor der Zeit der heiligen Kirche waren. Dennoch binden sie jene, die innerhalb ihrer sind, denn indem sie die künftigen himmlischen Geheimnisse ankündigten, haben sie sie, nachdem sie offenbar geworden sind, für alle glaubwürdig gemacht. Damit also die inneren Säulen unverrückbar stehen, halten sie die Pflöcke außen mit ihren Stricken fest, das heißt: damit die heiligen Apostel uneingeschränkt an das Mysterium der Menschwerdung des Herrn glaubten, ist es jenen gegeben worden, dieses Mysterium, bevor es Wirklichkeit wurde, schauen und ankündigen zu können. Mit Recht sagt der Erste der Apostel, diese große Säule des wahren Bundeszeltes: *Und so ist uns das prophetische Wort, das wir haben, fester geworden, und ihr tut gut daran, darauf zu achten als auf eine Lampe, die an einem dunkeln Ort scheint* (2 Petr 1,19). Mit diesen Worten spricht er aus, daß er, an dieser Lampe festhaltend, im Glauben verharrt, obwohl er zu höheren Gipfeln aufgestiegen ist. Diese Lampe der prophetischen Rede leuchtet zwar nur den Einsichtigen, den noch Uneinsichtigen bleibt sie durch die Dunkelheit der Allegorien verdeckt. So nennt der Psalmist diese prophetischen Reden *dunkle Wasser in den Wolken der Lüfte* (Ps 17,12), denn dunkel ist die Weisheit in den Propheten. Und nicht umsonst sind die Säulen aus Silber, die Pflöcke aber aus Erz gemacht, denn was die Apostel klar verkünden, haben die Propheten in mystischer Einsicht dunkel ausgesprochen. Zu Recht sind sie daher mit dem Metall des Erzes zu vergleichen, da sie in ihrer Verkündigung nicht bis zur letzten Klarheit vorgedrungen sind. Weil aber die heiligen Apostel die Geheimnisse unseres Erlösers lichtvoll verkündet haben, werden sie durch die silbernen Säulen dargestellt. Man beachte auch, daß das Silber klingt und leuchtet, während das Erz nur klingt und nicht leuchtet, haben doch die Verkünder des Neuen Testamentes offen von dem geredet, was sie auch tatsächlich vorzuzeigen vermochten. Da jedoch die Verkünder das Alten Testamentes durch die Schatten der Allegorien hindurch nur dunkle Andeutungen auf das himmlische Mysterium vorgebracht haben, haben sie gleichsam einen Klang ohne Licht von sich gegeben. Was also dort durch Pflöcke und Säulen, wird hier bei Ezechiel durch die äußere und die innere Schwelle bezeichnet.

LEHRMEISTERIN JEGLICHER TUGEND

18 Wenn wir indes an dieser Stelle unter dem Tor die Heilige Schrift verstehen, hat auch sie zwei Schwellen, eine äußere und eine innere, sofern in ihr Buchstabe und Allegorie unterschieden werden. Die äußere Schwelle der Heiligen Schrift ist der Buchstabe, ihre innere Schwelle die Allegorie. Durch den Buchstaben hindurch streben wir zum geistigen Sinn und gelangen so gleichsam von der äußeren Schwelle zur inneren. Freilich gibt es nichts in ihr, was schon gemäß dem Buchstaben den Geist so erbaut, daß durch das äußere Geschehen der Geist innerlich bewegt wird. Dort finden wir Anweisungen für unser Verhalten und Beispiele von Tugenden, dort werden wir dazu angehalten, was wir äußerlich zu tun haben, dort wird das vorgeschriebene Tun am Verhalten heiliger und starker Männer vorgestellt. Und nachdem wir durch immer deutlichere Vorschriften und Vorbilder der Gerechten in guten Werken geübt sind, lenken wir, soweit wir's vermögen, die Schritte des Geistes zur inneren Schwelle, das heißt zur mystischen Einsicht der inneren Beschauung. Ich bitte euch, geliebte Brüder, bemüht euch um die Betrachtung der Worte Gottes, verachtet nicht die Schriften unseres Schöpfers, die zu uns gesendet worden sind. Gar vieles ist in ihnen, was die Seele zur Liebesglut anregt, damit sie in der Kälte ihrer Sündhaftigkeit nicht erstarre.

19 Wenn wir erkennen, wie kraftvoll die vorausgegangenen Gerechten gewirkt haben, und wenn auch wir uns zu mannhaften guten Werken wappnen, dann entzündet sich der Geist des Lesers an den Flammen der heiligen Vorbilder. Er sieht, wieviel Kraftvolles sie vollbracht haben, und hadert mit sich selbst, weil er solches nicht nachahmt. Zu Recht spricht er mit dem Bräutigam zur Braut der Hohenliedes: *Dein Hals ist wie*

der Turm Davids, der mit seinen Schutzwehren gebaut ist. Tausend Schilde hängen an ihm, die ganze Waffenrüstung der Helden (Hl 4,4). Im Hals ist ja die Kehle, in der Kehle die Stimme.
Was wird mit dem Hals der heiligen Kirche anderes bezeich- 20
net als ihre heiligen Schriften? Und wenn es heißt, tausend Schilde hängen daran, wird durch diese vollkommene Zahl auf die Gesamtzahl hingewiesen, denn unsere gesamte Schutzwehr ist in der Heiligen Schrift enthalten. Dort sind ja die Vorschriften Gottes, dort die Vorbilder der Gerechten: Ermattet etwa der Geist im Verlangen nach seinem Schöpfer? Er höre auf das Wort: *Du sollst den Herrn, deinen Gott, lieben mit deinem ganzen Geist und mit deiner ganzen Kraft* (Dt 6,5).
Überkommen ihn Haßgefühle gegen den Nächsten? Er höre das Wort: *Du sollst deinen Nächsten lieben wie dich selbst* (Mt 22,37).
Trachtet er nach fremdem Besitz? Er höre, was dort geschrieben steht: *Du sollst nicht nach dem begehren, was deinem Nächsten gehört* (Ex 20,17).
Entbrennt der Geist im Zorn über das ihm vom Nächsten in Wort oder Tat angetane Unrecht? Er höre auf die Mahnung: *Du sollst nicht auf Rache sinnen noch des Unrechts deiner Mitbürger gedenken* (Lev 19,18).
Entbrennt der liebeskranke Geist in fleischlicher Begierde? Er höre, auf daß das Auge dem Trieb nicht willfahre, was schon einmal gesagt wurde: *Jeder, der eine Ehefrau ansieht, um sie zu begehren, hat ihr gegenüber in seinem Herzen schon Ehebruch begangen* (Mt 5,28).
Läßt einer sein Herz zum Haß gegen seinen Widersacher verleiten? Er höre, was dort geschrieben steht: *Liebet eure Feinde, tut Gutes denen, die euch hassen* (Mt 5,44; Lk 6,27).
Oder ist da einer, der zwar kein fremdes Gut stiehlt, aber seinen Besitz in ungeordneter Weise hortet? Er höre, was dort gesagt ist: *Verkauft, was ihr habt, und gebt es als Almosen* (Lk 12,33).
Das Herz eines Schwachen möchte zugleich die Wohltaten Gottes und die der Welt genießen? Er höre, was dort geschrieben steht: *Niemand kann zwei Herren dienen* (Mt 6,24).
Ein anderer behält seinen Besitz für sich nicht zum notwendigen Lebensunterhalt, vielmehr zur Befriedigung seiner Ge-

lüste? Er höre, was dort gesagt ist: *Wer nicht allem entsagt, was er besitzt, kann mein Jünger nicht sein* (Lk 14,33). Manche verlassen tatsächlich alles, doch viele behalten ihren Besitz, leben aber, als ob sie ihm entsagt hätten, indem sie ihn so verwenden, daß sie nicht aus Begierlichkeit dessen Sklave werden. Wieder einer neigt zur Bequemlichkeit und flieht die Arbeit, die er für den Herrn auf sich nehmen sollte, obschon er dazu imstande wäre? Er höre, was dort geschrieben steht: *Wer nicht mit mir sammelt, der zerstreut* (Lk 11,23).

Am Hals der Kirche, das heißt an der Verkündigung des Wortes Gottes, die aufgrund ihrer Wehrhaftigkeit und ihrer Höhe mit dem Turm Davids verglichen werden, hängen also tausend Schilde, da die vielen Vorschriften ebenso viele Schutzwehren sind für unser Herz.

21 Beeilen wir uns, wenn wir vom Nächsten beleidigt worden sind, demütig zu bleiben, um die Unbescholtenheit zu bewahren? Man halte sich Abel vor Augen, von dem geschrieben steht, er sei umgebracht worden, und doch liest man nichts von einer Gegenwehr (vgl. Gen 4,8).

Wählt man die Reinheit des Herzens auch in der ehelichen Vereinigung? Man ahme Henoch nach: er war verheiratet und *wandelte mit Gott* (Gen 5,22); und er ward nicht mehr gefunden, da ihn Gott hinweggenommen hatte.

Beeilen wir uns, Gottes Worte unserem augenblicklichen Nutzen vorzuziehen? Man halte sich Noe vor Augen: Auf Befehl des allmächtigen Herrn hat er die Sorge um sein Hauswesen hintangestellt und hundert Jahre seines Lebens für den Bau der Arche verwendet (vgl. Gen 6,14).

Bemühen wir uns, uns die Tugend des Gehorsams anzueignen? Da müssen wir auf Abraham schauen, der sein Haus, seine Verwandtschaft, seine Heimat verließ und im Gehorsam auszog an einen Ort, den er zum Erbe erhalten sollte. Er zog aus, ohne zu wissen, wohin er gehen werde, und war bereit, um der ewigen Erbschaft willen den geliebten Erben, den er bekommen hatte, zu schlachten. Und weil er nicht gezögert hatte, seinen Einzigen dem Herrn zu opfern, hat er die gesamte Menge der Völker zur Nachkommenschaft erhalten (vgl. Gen 12f.)

Findet einer Gefallen an einer einfachen Lebensweise? Er

denke an Isaak, der in den Augen des allmächtigen Gottes mit einem friedlichen Lebenswandel geschmückt war.
Steht er vor der Frage, ob er ein arbeitsreiches, tapferes Leben führen soll? Er rufe sich Jakob ins Gedächtnis: nachdem er es verstanden hatte, einem Manne unermüdlich zu dienen, hat er sich eine derart kraftvolle Tugend erworben, daß er selbst von einem Engel im Kampf nicht überwunden werden konnte (vgl. Gen 29f.)
Versuchen wir, die Verlockungen des Fleisches zu besiegen? Man rufe sich Joseph ins Gedächtnis: als ihn die Herrin in Versuchung führte, war er sogar unter Lebensgefahr entschlossen, die fleischliche Enthaltsamkeit zu bewahren (vgl. Gen 39,12–20). So kam es, daß der, welcher seine eigenen Glieder so gut zu regieren verstand, ganz Ägypten als Regent vorstand.
Trachten wir danach, Sanftmut und Geduld zu erlangen? Dann führen wir uns Moses vor Augen: er wird als ein Mann beschrieben, der, abgesehen von Kindern und Frauen, über sechshunderttausend Bewaffnete gebot und doch sanftmütiger war als alle Menschen, die den Erdkreis bewohnten (vgl. Num 12,3).
Entbrennen wir im Eifer für Rechtschaffenheit gegen die Laster? Man führe sich Phinees vor Augen, der die sich Begattenden mit dem Schwert durchbohrte, das Volk zur Keuschheit zurückführte und mit seinem Zorn den Zorn Gottes beschwichtigte (vgl. Num 25,6f.).
Versuchen wir, auch schwierige Situationen im Vertrauen auf den allmächtigen Gott zu bestehen? Rufen wir uns Josue ins Gedächtnis, der schwierige Kampfsituationen mit unerschrockenem Mut anging und einen sicheren Sieg errang (vgl. Jos 3,5–8).
Wünschen wir, feindselige Gesinnungen abzulegen und die Seele in Güte weit zu machen? Man denke an Samuel: er wurde vom Volk seiner leitenden Stellung enthoben, und als ihn dann eben dieses Volk bat, er möge für es Fürbitten beim Herrn einlegen, antwortete er: *Ferne sei von mir diese Sünde wider den Herrn, daß ich ablassen sollte, für euch zu beten* (1Kön 12,23). Der heilige Mann war der Überzeugung, eine Schuld auf sich zu laden, wenn er denen, die er als seine Widersacher bis zu

seiner eigenen Verwerfung ertragen hatte, die Gunst der Fürbitte verweigerte. Und ferner: als er auf Befehl des Herrn ausgesandt wurde, David zum König zu salben, erwiderte er: *Wie kann ich hingehen? Wird doch Saul mich finden und mich umbringen* (1 Kön 16,2). Und doch, als er erkannt hatte, daß Gott Saul zürnte, ward er von solcher Trauer erfüllt, daß der Herr zu ihm sprach: *Wie lange noch trauerst du um Saul, da ich ihn doch verworfen habe?* (1 Kön 16,1). Erwägen wir, welche Liebesglut seine Seele entflammt hatte, da er den beweinte, von dem er getötet zu werden gefürchtet hatte.

Wir wollen dem aus dem Wege gehen, den wir fürchten? Erwägen wir doch in sorgfältiger Überlegung, ob wir dem, den wir meiden, nicht doch Böses mit Bösem vergelten würden, wenn wir etwa seinen Aufenthaltsort ausfindig machten. Man erinnere sich Davids: er hat den ihn verfolgenden König aufgefunden, so daß er ihn hätte töten können; aber obwohl er es in der Hand hatte, ihn zu durchbohren, wählte er das Gute, das er tun mußte, nicht das Böse, das jener zu erdulden verdient hatte, und sagte: *Das sei ferne von mir, daß ich Hand legen sollte an den Gesalbten des Herrn* (1 Kön 24,7; vgl. 26,11). Und als Saul später von den Feinden getötet worden war, hat David den, der ihn zu seinen Lebzeiten verfolgt hatte, als Toten beweint (vgl. 2 Kön 1,17).

Haben wir den Mut, den Mächtigen dieser Erde, wenn sie irren, freimütig entgegenzutreten? Man rufe sich das maßgebende Vorbild des Johannes ins Bewußtsein, der die Nichtswürdigkeit des Herodes anprangerte und nicht davor zurückschreckte, für sein aufrechtes Wort in den Tod zu gehen. Und weil Christus die Wahrheit ist, hat er also für Christus, die Wahrheit, sein Leben eingesetzt (vgl. Mk 6,18–27).

Sind wir bereit, unseren Leib für Gott in den Tod zu geben? Man denke an Petrus, der unter Stockhieben frohlockt, der nach den Schlägen den Hohenpriestern widersteht, der sein irdisches Leben um des ewigen Lebens willen gering achtet (vgl. Apg 5,40–41). – Sind wir willens, auch um den Preis unseres Lebens allen Widerwärtigkeiten zu trotzen? Halten wir uns Paulus vor Augen, der für Christus nicht nur gefesselt zu werden, sondern auch zu sterben bereit war und seine Seele für kostbarer hielt als sein Leben.

Verlangt uns danach, daß unser Herz im Feuer der Liebe entbrenne? Dann erwägen wir die Worte des Johannes: allem, was er sagt, entströmt das Feuer der Liebe.

SCHILD UND SCHUTZWEHR

Weil wir also im Wort der Heiligen Schrift, wenn wir nur 22
suchen, eine Schutzwehr für jegliche Tugend finden, darum *hängen tausend Schilde an ihr, die ganze Waffenrüstung der Helden* (Hl 4,4). Denn wenn wir gegen die Geistmächte des Bösen ankämpfen wollen, laßt uns am Hals der Kirche, der uns wie der Turm Davids aufragt, das heißt im Wort Gottes, die Verteidigungswaffen suchen, damit wir aus den verschiedenen Vorschriften die helfende Kraft gegen die Laster gewinnen. Denn siehe: sind wir bereit, gegen die Gewalten in den Lüften tapfer zu bestehen? In diesem Turm finden wir die Waffenrüstung unseres Geistes, von dort entnehmen wir die Anweisungen des Schöpfers, von dort die Beispiele der uns Vorausgegangenen, wodurch wir gegen unsere Widersacher unbesiegbar bewaffnet werden. Denn wenn du welche Tugend auch immer zu erringen trachtest und diese daselbst von den Vätern bereits verwirklicht siehst, findest du dort deine Waffenrüstung, mit der du für die geistigen Kriege gewappnet bist. Tausend Schilde hängen ja an ihr; und wer kämpfen will, der nehme sie, der wappne mit ihrer Kraft sein Herz und sende aus die Wurfgeschoße der heiligen Worte.

Man beachte die Bemerkung, sie sei *mit ihren Schutzwehren* 23
gebaut. Schutzwehren haben die gleiche Aufgabe wie Schilde: sie beschützen den Kämpfenden. Aber zwischen beiden besteht der Unterschied, daß wir den Schild zu unserem Schutz überall hin, wie wir wollen, bewegen, während wir uns hinter einer Schutzwehr zwar verteidigen, sie jedoch nicht bewegen können. Den Schild hält man in der Hand, die Schutzwehr nicht. Besteht dennoch der Unterschied zwischen Schutzwehren und Schilden nicht gerade darin, daß wir in der Heiligen Schrift von den Wundertaten der vorausgegangenen Väter lesen und von der Macht der guten Werke hören? Da erfahren wir etwa, daß einer das Meer zerteilen (vgl. Ex 14,21), einer

die Sonne in ihrem Lauf anhalten (vgl. Jos 10,12–14), einer einen Toten erwecken (vgl. 3 Kön 17,17–24), einer einen Gelähmten durch sein Wort aufrichten (vgl. Apg 3,33–34), einer mit seinem Schatten Kranke heilen (vgl. Apg 5,15), einer mit seinem Gürtel dem Fieber Einhalt gebieten konnte (vgl. Apg 19,12). Sie alle waren sanft in langmütiger Geduld und dennoch glühend vor Eifer für das Rechte, reich in der Verkündigung des Wortes wie auch in großmütiger Barmherzigkeit. Wie wahr sie von Gott geredet haben, wird durch die Wunder bezeugt, denn niemals hätten sie solches durch ihn vollbracht, wenn sie nicht die Wahrheit über ihn berichtet hätten. Und wie fromm, wie demütig, wie gütig sie gewesen sind, davon zeugen ihre Taten. Wenn wir somit in dem Glauben, den wir aus ihrer Verkündigung gewonnen haben, angefochten werden, dann blicken wir auf die Wunder, die ihre Reden begleiten, und wir werden in dem Glauben bestärkt, den wir von ihnen empfangen haben. Was also sind ihre Wundertaten anderes als unsere Schutzwehren? Wir können uns durch sie zwar schützen, halten sie jedoch nicht in der Hand unseres freien Willens, da wir derartiges nicht zu tun vermögen. Der Schild aber ist in der Hand und schützt ebenfalls, denn die Tugend der Geduld, die Tugend der Barmherzigkeit stehen dank der zuvorkommenden Gnade in der Macht des Willens und retten uns aus Not und Gefahr. So ist unser Turm mit seinen Schutzwehren gebaut, an welchem tausend Schilde hängen, da wir uns in der Heiligen Schrift nicht nur hinter den Wundertaten der Väter vor feindlichen Geschoßen verbergen, sondern auch die Schutzwehr heiligen Lebenswandels zur tatkräftigen Nachahmung von ihr erhalten. Man beachte auch, daß die Schwelle des Tores mit einer Rohrlänge gemessen wird. Das Rohr erstreckt sich über sechs Ellen und eine Handbreite, da in der Heiligen Schrift sowohl die Anweisung zu vollkommenem Tun als auch der Anfang der erhabenen Beschauung zu finden ist. Wenn aber an dieser Stelle mit dem Tor jeder Glaubensverkünder gemeint ist, dann bedeutet die äußere Türschwelle das aktive Leben, die innere Schwelle das kontemplative Leben. In jenem nämlich wandelt man im Glauben, in diesem eilt man der Schau entgegen. Jenes leitet einen «außen», wie er richtig leben soll,

dieses leitet ihn «innen», wie er aus einem guten Lebenswandel zu den ewigen Freuden gelange.
Diese Ausführungen mögen uns für heute genügen. Denn da wir, zu anderen Dingen abschweifend, schon allzu lange geredet haben, soll, was noch zu sagen ist, der nächsten Homilie vorbehalten sein. Indes wollen wir uns in Stillschweigen erholen, auf das WORT vertrauend, das lebt und herrscht mit dem Vater in der Einheit des Heiligen Geistes, Gott von Ewigkeit zu Ewigkeit. Amen.

4. HOMILIE: Ez 40,9–12

DER ACHTE TAG

1 *(Ez 40,9)* Der Mann, dessen Gestalt ein Aussehen hatte wie Erz, *hat die Vorhalle des Tores gemessen: acht Rohrlängen, und dessen Mauervorsprung: zwei Ellen.* Und damit wir nicht glauben, die Vorhalle sei außerhalb des Tores, ist beigefügt: *Die Vorhalle aber war innen.* Durch die innere Vorhalle wird wohl nichts anderes bezeichnet als die Weite des ewigen Lebens, die schon in der Enge des gegenwärtigen Lebens durch die Hoffnung im Geist wahrgenommen wird. Davon spricht der Psalmist: *Ziehet ein durch seine Tore als Bekennende, in seine Vorhöfe mit Lobgesängen* (Ps 99,4). Wenn wir unsere Sünden mit Tränen bekennen, treten wir durch das Tor des engen Lebens. Und wenn wir danach zum ewigen Leben gelangen, betreten wir die Vorhöfe unseres Tores mit Lobgesängen, denn dort gibt es keine Enge mehr, da uns die Freude des ewigen Lebens aufgenommen hat. Die Enge unseres Sündenbekenntnisses hat die WAHRHEIT im Auge, indem sie spricht: *Gehet ein durch die enge Pforte* (Mt 7,13). Und der Psalmist nimmt seine Aufnahme in die Weite der ewigen Freude vorweg: *Du hast meine Füße auf einen weiten Plan gestellt* (Ps 30,9). Zum Vorhof kommt man also durch das Tor und gelangt aus der Enge des Sündenbekenntnisses in die Weite der Freudenfeier. Jene Freuden sind's, die von David als Vorhöfe, von Ezechiel als innere Vorhalle bezeichnet werden. Das Maß dieser Vorhalle wird mit acht Ellen angegeben. Denn dort sollen alle jene aufgenommen werden, die sich jetzt im tätigen Leben und in der Gnade der Beschauung nach den ewigen Freuden sehnen.

2 Nicht zu Unrecht wird das Maß der Vorhalle mit acht Ellen angesetzt. Die gesamte Weltzeit läuft in sieben Tagen ab, und der Tag, der auf den abgeschlossenen Umschwung der sieben Tage folgt, ist offenbar der achte. So hat auch der Psalmist, da er den Tag der Auferstehung schaute und sich anschickte, die Strenge des Jüngsten Gerichtes zu schildern, die Überschrift vorangestellt: *Zum Ende ein Psalm Davids für den achten*

Tag (Ps 6,1). Und um den furchterregenden Schrecken jenes Tages, den er den achten nannte, deutlich zu machen, beginnt der Psalm mit den Worten: *Herr, strafe mich nicht in deinem Grimm und züchtige mich nicht in deinem Zorn* (Ps 6,2). Gewiß wird einer durch Schläge gezüchtigt und durch Zurechtweisungen gebessert, aber die Züchtigung geschieht in Sanftmut, nicht im Zorn. Doch in jener strengen Prüfung ist alle Überführung und Zurechtweisung zu Grimm und Zorn geworden, weil es nach der Zurechtweisung keine Nachsicht mehr gibt. Der Grund für die Zahl acht ist der, daß der Herr nach dem Sabbat vom Tode auferstehen wollte. Der Sonntag, der dritte nach dem Todestag des Herrn, wird in der Reihe der Wochentage als der achte gezählt, da er ja auf den siebten folgt. Und die wahre Passion und die wahre Auferstehung unseres Erlösers haben eine sinnbildliche Bedeutung für seinen Leib in den Tagen seines Leidens. Denn am sechsten Wochentag hat er gelitten, am Sabbat im Grabe geruht, und am Sonntag ist er vom Tod erstanden. Für uns ist das gegenwärtige Leben noch der sechste Wochentag, da es in Schmerzen zugebracht wird und sich in Bedrängnissen abquält. Am Sabbat ruhen wir sozusagen im Grab, da wir nach dem leiblichen Tod Ruhe finden für die Seele. Am Sonntag aber, dem dritten nach der Passion und wie gesagt dem achten in der Reihenfolge, auferstehen wir dem Leibe nach vom Tod und werden in der Verherrlichung der Seele auch mit dem Leib in der Freude sein. Was also unser Erlöser an sich selbst vollbracht hat, ist ein wahrhaftiges Vorzeichen für uns, wonach das Leid am sechsten, die Ruhe am siebten und die Herrlichkeit am achten Tag auch uns beschieden sein soll. Daher heißt es bei Salomon: *Gib den Teil sieben oder auch acht, denn du weißt nicht, was für ein Unheil auf Erden kommen wird* (Pred 11,2). Wir geben den Teil sieben und zugleich auch acht, wenn wir das, was sich in den sieben Tagen ereignet, so bewältigen, daß wir zu den ewigen Gütern gelangen, wenn wir also jetzt achtsam handeln, um dem Zorn des künftigen schrecklichen Gerichtes zu entgehen. Daher wird die innere Vorhalle mit acht Ellen gemessen, und in dem Licht, das auf die sieben Tage folgt, wird uns die Weite der Ewigkeit aufgetan.

3 Indes gelangt niemand dorthin, der sich hienieden nicht mit frommem Sinn an die Gottes- und Nächstenliebe gehalten hat. Daher wird auch beigefügt: *Und dessen Mauervorsprung: zwei Ellen.* Ist doch der Mauervorsprung des Tores die gute Verdienstlichkeit des gegenwärtigen Lebens. Und wie unter der inneren Vorhalle die ewige Ruhe zu verstehen ist, so ist mit dem Mauervorsprung des Tores gewiß die Beschaffenheit dieses sichtbaren Lebens gemeint. Der Mauervorsprung des Tores wird mit zwei Ellen gemessen, denn wer sich bemüht, hienieden die Gottes- und Nächstenliebe zu bewahren, gelangt in den Vorhof der Ewigkeit. Damit also unser Leben das Maß von zwei Ellen erhalte, muß man täglich in liebendem Eifer nach der Liebe Gottes und des Nächsten streben. Denn das ist die wahre Liebe nicht, die weniger als zwei Ellen mißt. Moses hat die Tugenden der Erwählten mit Farben bezeichnet und angeordnet, der Zierat des Hohenpriesters sei mit zweimal eingefärbtem Scharlach zu versehen (vgl. Ex 28,5). Mit dem Scharlach wird ja nichts anderes als die Liebe ausgedrückt, die stets von rotglühenden Flammen entfacht wird. Aber der Scharlach wird zweimal eingefärbt, da unsere Liebe nicht nur in der Gottes-, sondern auch in der Nächstenliebe erglüht. Denn wer Gott so liebt, daß er die Sorge um den ihm anvertrauten Nächsten vernachlässigt, in dem ist der Scharlach nur einmal eingefärbt. Und wer den Nächsten so liebt, daß das Verlangen nach Gott, das in ihm brennen soll, gemindert wird, in dem ist der Scharlach noch nicht zweimal eingefärbt. Wir müssen also sowohl die lieben, mit denen wir leben, als uns auch mit ganzem Verlangen nach dem sehnen, in dem wir wahrhaft leben. Siehe, wir, die wir das Ordenskleid tragen, sind aus unterschiedlichen Bereichen der Welt zum Glauben und zum Hören des Wortes des allmächtigen Gottes zusammengekommen und aus verschiedenenartigsten Verhältnissen zur Eintracht der heiligen Kirche zusammengeführt worden, so daß offensichtlich bereits geschehen zu sein scheint, was Isaias von der Kirche prophezeit: *Dann wird der Wolf bei dem Lamm wohnen und der Panther neben dem Böcklein lagern* (Is 11,6). In der Innigkeit heiliger Liebe wohnt der Wolf

bei dem Lamm, da jene, die in der Welt Räuber gewesen sind, mit den Gutmütigen und Sanften im Frieden zusammen ruhen. Und der Panther lagert neben dem Böcklein, da jener, der durch die Makel seiner Sünden gefleckt war, bereit ist, sich mit dem zu demütigen, der sich verachtet und als Sünder bekennt. Dort heißt es auch: *Kalb, Löwe und Schaf werden beieinander weiden* (Is 11,6), denn wer sich durch ein zerknirschtes Herz für Gott zum täglichen Opfer darbot, und wer wie ein Löwe in schonungsloser Grausamkeit wütete, und wer wie ein Schaf in der Einfalt seiner Unschuld verharrte: alle sind in den Hürden der heiligen Kirche vereinigt. Siehe, was das für eine Liebe ist, die die Verschiedenartigkeit der Geister anzündet, verbrennt, einschmelzt und gleichsam zu einer einzigen Masse Goldes umformt. Damit aber die Auserwählten so lieben, müssen sie zu jenem hineilen, den sie im Himmel in ewiger Freude zu schauen verdienen wollen. Ist es doch der eine Herr, unser Erlöser, der die Herzen seiner Auserwählten sowohl zur Einmütigkeit zusammenbindet als auch durch inneres Verlangen immerdar zur höchsten Liebe anspornt. Deshalb wird ja dort hinzugefügt: *Und ein Knäblein wird sie leiten* (Is 11,6). Dieses Knäblein ist niemand anderer als der, von dem geschrieben steht: *Ein Kind ist uns geboren, ein Sohn ist uns gegeben* (Is 9,6). Er leitet die miteinander Wohnenden, indem er unsere Herzen durch inneres Verlangen täglich entflammt, so daß sie den irdischen Dingen nicht mehr anhängen. Seine Leitung besteht darin, uns unablässig zu seiner Liebe zu entzünden: dann werden wir, uns gegenseitig liebend, mit unserer Gesinnung nicht mehr in dieser Verbannung leben, wird uns die Behaglichkeit dieses Lebens nicht mehr so gefallen, daß sie uns zum Vergessen unseres Vaterlandes verführt und der Geist im Genuß der Annehmlichkeiten träge wird. Er mischt daher Züchtigungen unter seine Gaben, damit uns alles, was uns in dieser Welt gefallen hat, bitter wird und jener Feuerbrand in der Seele auflodert, der uns immer wieder aus unserer Ruhe aufscheucht und zu himmlischem Verlangen zieht und uns, wenn ich so sagen darf, wonnevoll quält, süß peinigt und mit freudiger Trauer erfüllt. So leitet uns das Knäblein: er, der in der uns entgegengebrachten Liebe nur wenig unter die Engel erniedrigt ward (vgl. Hebr 2,7; Ps

8,6) gestattet nicht, daß unser Geist in dieser Welt verwurzelt bleibe. So ist der Scharlach in uns zweimal eingefärbt, wenn wir unsere Mitmenschen lieben wie uns selbst und zugleich mit denen, die wir lieben, dem Urheber aller Dinge entgegeneilen. Dann wird unser Leben von der vollkommenen Liebe zweimal eingefärbt und hat der Mauervorsprung des Tores in uns das Maß von zwei Ellen. Mag also mit dem Tor der Seelsorger oder die Heilige Schrift oder der Glaube gemeint sein, so ist unter dem Maß der zwei Ellen jedenfalls die Liebe zu verstehen. Der verkündet sie wahrhaft, der die Gottes- und die Nächstenliebe lehrt: das ist die sichere Weisheit, die von der Liebe auferbaut wird, und der starke Glaube, der sich in der Gottes- und Nächstenliebe auswirkt.

DIE DREI HATTEN EINERLEI MASS

Es folgt:
(Ez 40,10) Sodann waren am Tor zum Weg gegen Son-
nenaufgang drei Kammern auf der einen und drei auf
4 *der anderen Seite: die drei hatten einerlei Maß.* Was
mit den Kammern, was mit dem Weg gegen Sonnenaufgang gemeint ist, haben wir schon gesagt (vgl. zu Ez 40,7; Seite 301f. und zu Ez 40,6; Seite 296f.) und halten es nicht für nötig, es noch einmal ausführlich zu entfalten. Doch müssen wir uns fragen, was es mit den Worten *drei auf der einen und drei auf der anderen Seite* auf sich hat. Die Kammern neben dem Weg gegen Sonnenaufgang sind die Herzen der in Liebe zu Gott Erglühenden. Und ob es sich nun um jene handelt, die im Alten Bund erwählt waren, oder um jene, die ihnen im Neuen Bund nachfolgten, sicher ist, daß alle in der Liebe zur Dreifaltigkeit entbrannt waren. Sie würden ja Gott nicht wahrhaft lieben, wenn sie nicht die Gnade eben dieser Dreifaltigkeit empfangen hätten, die Gott ist. Neben dem Weg gegen Sonnenaufgang sind also drei Kammern auf der einen Seite und drei auf der anderen. Denn der Herr hat sich gewürdigt, zwischen den alten und den neuen Vätern Mensch zu werden, er ist gleichsam in der Mitte der Kammern auf dem Weg gegen Sonnenaufgang erschienen, und die Kammern erhalten

ihre wahre Gestalt von dem Schmuck aus der Erkenntnis der Dreifaltigkeit.

Beziehen wir indes diese Zahl auf die Tugenden der Auserwählten, so sind es die drei Tugenden, ohne welche keiner, der noch zu wirken vermag, gerettet werden kann, nämlich Glaube, Hoffnung und Liebe. Und weil Glaube, Hoffnung und Liebe in den alten Vätern dieselben waren wie in den neuen Glaubenslehrern, werden hier je drei Kammern auf der einen wie auf der anderen Seite neben dem Weg gegen Sonnenaufgang genannt.

Oder anders: von den alten Vätern hat es drei Arten gegeben, 5
auf welche im Reich der Gnade drei von den neuen folgten. Das alte Volk hatte Väter vor dem Gesetz, unter dem Gesetz und danach die Propheten. Im neuen Volk haben zunächst die Erstlinge der Hebräer geglaubt, dann ist die Fülle der Heiden im Glauben nachgefolgt, und schließlich wird am Ende der Welt der Rest der Hebräer gerettet werden. Weil also die Menschwerdung des Herrn im Alten Bund vorauswirkend die Väter vor dem Gesetz, die Väter unter dem Gesetz und zuletzt die Propheten hervorbrachte, und weil der menschgewordene Herr im Neuen Bund Gläubige aus den Hebräern, Gläubige aus den Heiden und dann den gesamten Rest der Hebräer sammelt, darum heißt es, am Weg gegen Sonnenaufgang seien drei Kammern auf der einen und drei auf der anderen Seite.

Aber auch folgende Auslegung ist durchaus nicht unzutreffend, wenn wir die drei Stände der Gläubigen beachten. Sowohl im Alten als auch im Neuen Bund wird der Stand der Seelsorger von dem Stand der Enthaltsamen und vom Stand der guten Eheleute unterschieden. Darum erblickt im Alten Bund unser Prophet die drei geretteten Männer Noah, Daniel und Job (vgl.Ez 14,14). Diese drei deuten auf die Seelsorger, die Enthaltsamen und die Verheirateten voraus. Noah hat die Arche durch die Wellen gesteuert, darum ist er das Vorbild der Führenden (vgl. Gen 7,1–17). Daniel ist im Königspalast der Entsagung treu geblieben und versinnbildlicht so das Leben der Enthaltsamen (vgl.Dan 1,16). Job war verheiratet und hat sich um sein Hauswesen gekümmert: er war Gott wohlgefällig, so daß durch ihn der Stand der guten Eheleute würdig vorgebildet wird (vgl.Job 1,8). Weil es also schon vor der Ankunft des Mittlers Seelsorger, Enthaltsame und gute Eheleute gegeben hat, die seiner Ankunft harrten und mit großem Durst des Verlangens ihn zu sehen wünschten, und weil es auch nachher, wie wir ja deutlich erkennen, Seelsorger, Enthaltsame und gute Eheleute gibt, die sich nicht mehr nach der zeitlichen Menschwerdung unseres Erlösers, vielmehr nach der ewigen Schau der Herrlichkeit seiner Majestät sehnen, darum sind am Weg gegen Sonnenaufgang auf der einen wie auf der anderen Seite je drei Kammern, nach dem Wort des Psalmisten, der von diesem Weg, das heißt von unserem Erlöser sagt: *Rings um ihn her seine Zelte* (Ps 17,12).

6 Nun müssen wir mit aufmerksamer Sorgfalt die Worte erwägen: *Die drei hatten einerlei Maß*. Da nämlich der Rang der Seelsorger viel höher ist als der Enthaltsamen und Schweigenden und die Vorzüge der Enthaltsamen die der Eheleute weit überragen, weshalb wird dann den dreien einerlei Maß zugesprochen? Obwohl die Verheirateten gewiß Gutes tun und auch nach der Schau des allmächtigen Gottes verlangen, sind sie doch mit häuslichen Sorgen belastet und ist ihr Geist zwangsläufig in die beiden Bereiche geteilt. Die Enthaltsamen haben sich aus der Geschäftigkeit dieser Welt zurückgezogen und verzichten auch auf die Fleischeslust im erlaubten Ehebund: keine Sorge um die Gattin, keine Sorge um die Kinder, keine Unfälle und Schwierigkeiten in der Familie nehmen ihre Gedanken in Anspruch. Die Seelsorger hingegen meiden nicht nur selbst die Laster, sondern halten auch andere vom Sündigen ab, führen sie zum Glauben und fördern sie im Eifer eines guten Lebenswandels. Wie kann ihnen demnach einerlei Maß entsprechen, da ihr Leben ja keineswegs gleich ist? Nun, die drei haben einerlei Maß, denn obgleich in ihnen ein großer Unterschied der Verdienste besteht, so ist doch kein Unterschied in dem von ihnen dargelebten Glauben festzustellen. Es ist derselbe Glaube, der die einen im Größten stärkt und die Schwachheit der anderen im Kleinen stützt. Anders gesagt: die drei haben einerlei Maß, weil bei der endgültigen Vergeltung allen das eine Leben der Seligkeit zuteil werden wird, obgleich nicht alle die gleiche Ranghöhe erreicht haben. So spricht der Herr: *Im Haus meines Vaters sind viele Wohnungen* (Joh 14,2). Und die Arbeiter im Weinberg haben, obschon sie

zu verschiedenen Stunden gekommen sind, dennoch alle den einen Denar erhalten. Aus welchem Grund also stimmen die vielen Wohnungen mit dem einen Denar überein? Weil es unerachtet der unterschiedlichen Ranghöhe der seligen Bewohner ein und dieselbe Ruhe in der ewigen Vergeltung gibt. Mögen die Verdienste der einzelnen auch verschieden sein, es besteht keine Verschiedenheit der Freuden, und wenn der eine mehr, der andere weniger frohlockt, so beglückt doch alle die eine Freude in der Schau ihres Schöpfers.

Auch ist in bezug auf die älteren wie auf die jüngeren Väter 7
festzuhalten: die je drei Kammern auf beiden Seiten des Weges gegen Sonnenaufgang haben einerlei Maß, weil derselbe Glaube und dieselben Verdienste die Herzen der Vorausgehenden und die Herzen der im Neuen Bund Nachfolgenden erfüllen, wie Paulus sagt: *Wir haben denselben Geist des Glaubens, wie geschrieben steht: Ich habe geglaubt, darum habe ich geredet. Auch wir glauben, darum reden wir* (2 Kor 4,13). Jene geistigen Väter haben so an den allmächtigen dreifaltigen Gott geglaubt, wie die jüngeren Väter dann von derselben Dreifaltigkeit offen geredet haben. So vernimmt Isaias die Stimmen der Engelscharen im Himmel: *Heilig, heilig, heilig ist der Herr, der Gott Sabaoth* (Is 6,3). Um die Dreiheit der Personen zu zeigen, wird dreimal «heilig» gerufen, und um die eine Substanz der Dreifaltigkeit deutlich zu machen, ist nicht von mehreren Herren Sabaoth die Rede, sondern von dem einen Herrn Gott Sabaoth. Etwas Ähnliches hat David im Sinn, wenn er sagt: *Es segne uns Gott, unser Gott, es segne uns Gott* (Ps 66,7–8). Und da er dreimal Gott gesagt hat, fügt er zum Erweis seiner Einzigkeit bei: *Und alle Enden der Erde sollen ihn fürchten* (Ps 66,8). Desgleichen Paulus: *Denn aus ihm und durch ihn und in ihm sind alle Dinge* (Röm 11,36). Aus ihm: aus dem Vater; durch ihn: durch den Sohn; in ihm: im Heiligen Geist. Und nachdem er ihn dreimal genannt hat, fügt er bei: *Ihm sei die Herrlichkeit von Ewigkeit zu Ewigkeit. Amen* (Röm 11,36). Er sagt nämlich nicht «ihnen», sondern «ihm». Indem er ihn dreimal nennt, unterscheidet er die Personen, und anfügend: *Ihm sei die Herrlichkeit* zerteilt er nicht die Substanz. Weil also der Glaube der alten und der jüngeren Väter ein und derselbe war, wird den Kammern zu Recht einerlei Maß zugeschrieben.

Das wird mit anderen Worten bestätigt, wenn es anschließend heißt:
(Ez 40,10) Und die Mauervorsprünge auf beiden Seiten
8 *hatten einerlei Maß.* Das Maß der Mauervorsprünge ist also auf beiden Seiten gleich, denn unsere Väter, sei es ehedem im Alten oder jetzt im Neuen Bund, stimmen in dem einen Glauben an den Mittler überein. Da sie von Liebe erfüllt sind, das Fleisch durch Enthaltsamkeit zähmen, die Herzen der Zuhörer mit dem Licht des Wortes erleuchten, Wunderzeichen wirken, Machttaten vollbringen, da also ihre Vorzüge uns nach außen hin bekannt sind, werden sie nicht zu Unrecht als die Mauervorsprünge dieses himmlischen Bauwerkes bezeichnet. Denn alles, was jetzt nach außen hin sichtbar ist, ist Mauervorsprung, so daß das, was uns innerlich aufbewahrt wird, die Vorhalle des Bauwerkes ist. So wird der heiligen Kirche im Hohenlied gesagt: *Wie die Schale eines Granatapfels sind deine Wangen, abgesehen von dem, was an dir verborgen ist* (Hl 6,6). Die Wangen der heiligen Kirche sind die geistigen Väter, die jetzt in ihr von Wundern glänzen und gleichsam in ihrem Antlitz verehrungswürdig erscheinen. Denn wenn wir sehen, daß sie so viele Wundertaten vollbringen, Künftiges prophezeien, die Welt gänzlich verlassen, in himmlischem Verlangen erglühen, röten sich die Wangen der heiligen Kirche wie die Schale des Granatapfels. Aber was ist das alles, was wir da bewundern, im Vergleich zu dem, wovon geschrieben steht: *Was kein Auge gesehen und kein Ohr gehört hat und keinem Menschen ins Herz aufgestiegen ist, was Gott denen bereitet hat, die ihn lieben* (1 Kor 2,9)? Daher fügt er, da er die Wangen der Kirche bewundert hat, ganz richtig hinzu: *Abgesehen von dem, was an dir verborgen ist.* Als ob er sagen wollte: was an dir nicht verborgen ist, ist groß, was aber verborgen ist, ist vollends unaussprechlich. Es folgt:
(Ez 40,11) Und er maß die Breite der Schwelle des Tores: zehn Ellen, und die Länge des Tores: dreizehn Ellen.
9 Wir haben früher schon manches über den Sinngehalt des Tores gesagt, doch müssen wir an einer bestimmten Deutung festhalten, mit deren Hilfe die Klugheit des Lesers auch in

andere Bereiche eindringen kann. So ist gesagt worden, das Tor könne ein Sinnbild der Heiligen Schrift sein. Doch erscheint es uns ziemlich schwierig darzulegen, warum die Breite der Torschwelle zehn Ellen, die Länge des Tores dreizehn Ellen mißt. An dieser Stelle ist mit der Länge des Tores dessen Höhe gemeint, so wie wir einen hochgewachsenen Menschen lang nennen. Die Länge des Tores kann ja nicht im waagrechten Sinn verstanden werden, wenn sich dessen Breite als zehn Ellen erweist. Was kann also die Breite der Torschwelle anderes bedeuten als das Gesetz des Alten Bundes und die Länge des Tores die Gnade des Neuen Bundes? Indem die Heilige Schrift des Alten Testamentes die äußeren Vergehen in Schranken hielt und die Abgabe des Zehnten vorschrieb, bildete sie mit diesen einfachen Geboten gleichsam die Breite der Schwelle. Indem sie jedoch im Neuen Testament auch die Gedanken in Zucht nahm und die Weisung gab, alles zu verlassen und das weltliche Leben samt der gegenwärtigen Weltzeit um Gottes willen zu verachten, erhob sich gleichsam unser Tor zur ganzen Länge seiner Höhe. Die geringeren Vorschriften sind dem israelitischen Volk durch das Gesetz gegeben worden, weshalb Moses auf dem Feld zum Volk geredet hat (vgl. Ex 19,7–25). Der Herr hat den Aposteln Höheres gegeben, weshalb er sie auf einem Berg über die Gebote des Lebens belehrt hat (vgl. Mt 5,1). Sagt doch unser Erlöser im Evangelium: *Meint nicht, ich sei gekommen, das Gesetz oder die Propheten aufzulösen. Ich bin nicht gekommen, aufzulösen, sondern zu erfüllen* (Mt 5,17). Er war gekommen, das Gesetz zu erfüllen, da er der Gerechtigkeit des Gesetzes die Gnade hinzugab, so daß er, was jenes im Geringsten befahl, im Höchsten zu vollbringen half, und was jenes im äußeren Tun forderte, jetzt auch im Herzen lebendig machte. Die Einsicht in das Gesetz, welches sich in die Breite ausdehnte, ist jetzt zur Höhe erhoben worden. Die Erkenntnis Gottes, die unter dem Gesetz den geistigen Vätern gegeben war, war ja nicht dem ganzen Volk der Hebräer zuteil geworden. Denn das Volk hat die Propheten nicht verstanden, als sie den allmächtigen Gott als heilige Dreifaltigkeit verkündeten. Sie hielten sich lediglich an den Dekalog im Gesetz und wußten nichts vom Glauben an die Dreifaltigkeit. So wird also die Breite der Torschwelle mit zehn Ellen gemessen, weil jenes hartherzige Volk den Geboten des Dekalogs ohne tiefere Glaubenseinsicht diente. Und die Länge des Tores wird mit dreizehn Ellen gemessen, weil im Herzen des gläubigen Volkes durch das Neue Testament über die Gebote des Dekalogs hinaus die Erkenntnis der Dreifaltigkeit aufgegangen ist, so daß es jene Gebote nun wahrhaftiger beobachtet. Die Gebote des Gesetzes haben ihre Vollkommenheit erreicht durch den Glauben an die Dreifaltigkeit des allmächtigen Gottes.

10 Hier kann vernünftigerweise gefragt werden, weshalb Ezechiel das Maß dieser Breite, das er zuerst mit einer Rohrlänge bezeichnet hat (vgl. Ez 40,6), hernach mit zehn Ellen und schließlich die Länge des Tores mit dreizehn Ellen angibt. Eine Rohrlänge beträgt, wie schon oft gesagt, sechs Ellen und eine Handbreite; das Maß von zehn Ellen ist mehr als eine Rohrlänge, und dreizehn Ellen sind mehr als zehn. Was bedeutet es nun, daß die Schwelle des Tores zuerst mit einer Rohrlänge, deren Breite dann mit zehn Ellen und zum Schluß auch die Länge des Tores mit dreizehn Ellen gemessen wird? Doch wohl dies: die heiligen Väter, die, wie wir aus der Heiligen Schrift entnehmen, vor dem Gesetz gelebt haben, haben zwar gewußt, daß der eine allmächtige Gott die heilige Dreifaltigkeit ist, diese von ihnen erkannte Dreifaltigkeit aber nicht offen kundgemacht. Die ihren Weisungen Folge leisteten und die Reinheit des Lebens bewahrten, besaßen gleichsam in den sechs Ellen des Rohres die Vollkommenheit der Werke und, da sie nicht selten auch die Engel schauten, die Handbreite der Beschauung. Nachdem jedoch das Gesetz erlassen war, hat jenes rauhe Volk der Hebräer die Gebote des Dekalogs zu befolgen versucht, ist indes über die Erkenntnis der heiligen Dreifaltigkeit nicht unterrichtet worden. Obschon die geistigen Väter diese Erkenntnis vollkommen besaßen, vermochte die große Menge der Synagoge das Geheimnis der Dreifaltigkeit nicht zu begreifen, noch wußte sie danach zu suchen.

11 Doch als im Neuen Bund die Gnade hinzukam, hat das gesamte gläubige Volk erkannt, daß der eine Gott die Dreifaltigkeit ist, und diese Erkenntnis hat die Sinnerfüllung des Dekalogs mit sich gebracht. Zuerst wird also die Schwelle des Tores mit

einer Rohrlänge gemessen, dann ihre Breite mit zehn Ellen und zum Schluß die Länge des Tores mit dreizehn Ellen. Denn den heiligen Vätern war schon vor dem Gesetz das aktive und das kontemplative Leben nicht fremd gewesen, und unter dem Dekalog des Gesetzes hat das Volk zwar vom Mysterium des göttlichen Wesens nichts gewußt, aber in der Breite Gott gedient. Jetzt, unter der Gnade, da die Vorschriften des Dekalogs wahrhaftiger befolgt werden, weiß jeder, der zum Glauben gelangt ist, um die Geheimnisse der heiligen Dreifaltigkeit.

In diesem Zusammenhang müssen wir uns dessen bewußt 12
sein, daß mit dem Fortschritt der Zeit auch das Wissen der geistigen Väter gewachsen ist. Mehr als Abraham ist Moses, mehr als Moses sind die Propheten, mehr als die Propheten sind die Apostel in der Weisheit des allmächtigen Gottes unterrichtet gewesen. Ich müßte mich sehr irren, wenn nicht auch die Schrift davon spräche: *Viele werden das Buch durchforschen, und das Wissen wird sich vervielfachen* (Dan 12,4). So wollen wir das von Abraham, Moses, den Propheten und den Aposteln Gesagte, soweit wir können, aus den Worten der Schrift nachweisen. Wer wüßte nicht, daß Abraham mit Gott geredet hat? Und trotzdem sagt der Herr zu Moses: *Ich bin der Gott Abrahams, der Gott Isaaks und der Gott Jakobs, aber meinen Namen Adonai habe ich ihnen nicht kundgetan* (Ex 3,6; 6,3). Siehe, er offenbart dem Moses mehr als dem Abraham und sagt dem Moses, was er dem Abraham nach seinen eigenen Worten nicht gesagt hat. Doch sehen wir zu, ob sich die Propheten mehr an göttlichem Wissen aneignen konnten als Moses. Es spricht der Psalmist: *Wie liebe ich dein Gesetz, o Herr! Den ganzen Tag ist es Gegenstand meiner Betrachtung* (Ps 118,97). Und weiter: *Ich bin wissender geworden als alle meine Lehrer, denn deine Zeugnisse sind Gegenstand meiner Betrachtung* (Ps 118,99). Und: *Ich bin verständiger als die Alten* (Ps 118,100). Wer also bekennt, daß er das Gesetz betrachtet, und beteuert, er sei weiser geworden als alle seine Lehrer und auch als die Alten, der gibt zu erkennen, daß ihm mehr göttliches Wissen zuteil geworden ist als dem Moses. Doch wie sollen wir dartun, daß die Apostel wissender waren als die Propheten? Die WAHRHEIT spricht: *Viele Könige und Propheten wollten sehen, was ihr*

seht, und haben es nicht gesehen, und hören, was ihr hört, und haben es nicht gehört (Lk 10,24). Somit haben sie mehr göttliches Wissen besessen als die Propheten, denn was jene nur im Geist erblickten, das haben diese leibhaftig gesehen. So ist jener zuvor zitierte Ausspruch Daniels erfüllt worden: *Viele werden das Buch durchforschen, und das Wissen wird sich vervielfachen.* Das Maß des Rohres, welches sechs Ellen und eine Handbreite beträgt, wird auf zehn Ellen erweitert und das Maß von zehn Ellen schließlich auf dreizehn erhöht, denn je näher die Welt bis an die äußerste Grenze geführt wird, umso weiter wird uns der Zugang zur ewigen Weisheit aufgetan.

VOM ZEITLICHEN GLAUBEN ZUR EWIGEN GLORIE

Es folgt:
(Ez 40,12) Und die Schranke vor den Kammern: eine
13 *Elle.* Wie wir oft gesagt haben, sind die Kammern die in Liebe zum allmächtigen Gott erglühenden Herzen der Auserwählten. Und wird durch die Schranke vor den Kammern nicht der Glaube ausgedrückt? Wird dieser nicht als erstes festgehalten, gelangt man auf keine Weise zur geistigen Liebe. Denn nicht geht die Liebe dem Glauben voraus, sondern der Glaube der Liebe. Niemand vermag zu lieben, was er nicht geglaubt hat. Daher ist die Schranke vor den Kammern, der Glaube vor der Liebesglut, denn wie gesagt: Glaubst du nicht, was du hörst, so wirst du keinesfalls zur Liebe dessen, was du gehört hast, entflammt werden. Die Schranke vor den Kammern mißt eine Elle, weil der Glaube die Herzen der Hörenden nur dann in Liebe mit Gott vereint, wenn er weder durch Irrlehren noch durch Spaltungen geteilt ist, sondern in der Einheit verharrt. Die Schranke einer Elle also führt den Geist des Hörenden zur Kammer, und dieser eine Glaube ist's, der die Wohlgestalt des himmlischen Bräutigams hienieden ankündigt und dereinst in den Himmeln offenbart. Darum wird hier treffend beigefügt:
14 *(Ez 40,12) Und eine Elle am Ende zu beiden Seiten.* Zu beiden Seiten heißt: soviel auf der Seite der Schwelle wie auf

der des Tores. Wir sagten, durch die Breite der Schwelle und die Länge des Tores würden das Alte und das Neue Testament bezeichnet. Zum Schluß wird nun hinzugefügt, daß die eine Elle das Ende beider ist, da das Alte Testament uns den einen Mittler zwischen Gott und den Menschen prophezeit hat und uns das Neue Testament den, den wir als den für uns Menschgewordenen erkannt haben, als den in ewiger Klarheit Kommenden ankündigt. Somit ist die eine Elle das Ende beider, da der, den das Gesetz voraussagte, im Fleische erschienen ist, und derselbe, von dem das Neue Testament jetzt redet, in der Herrlichkeit seiner Majestät erscheinen wird. Er wird das Ende beider sein, wenn er, in der Macht seiner Gottheit sichtbar geworden, alles, was vorhergesagt worden ist, erfüllt haben wird. Steht doch geschrieben: *Das Ende des Gesetzes ist Christus zur Gerechtigkeit für jeden, der glaubt* (Röm 10,4). Ein Ende freilich, das nicht vernichtet, sondern erfüllt. Dann nämlich erfüllt er das Gesetz, wenn er, wie es das Gesetz vorhersagte, als Menschgewordener erschienen ist. Aber darüber hinaus spricht das Neue Testament viel von seinem Gericht, spricht viel von seinem Reich, das wir noch nicht erfüllt sehen. Siehe, täglich wird das Evangelium gelesen, über das künftige Leben gepredigt. Das Ende des Neuen Bundes wird also erst dann gekommen sein, wenn der Herr erfüllt haben wird, was er über sich verheißen hat.

Das Neue Testament wird enden, indem es vollbracht wird. 15
Denn wenn der, von dem es redet, sichtbar geworden sein wird, dann enden die Worte dieses Testamentes. Und zu der heiligen Kirche, die den Tag des wahren Lichtes wie einen Frühling erwartet, wird mit den Worten des Bräutigams gesagt: *Steh auf, eile, meine Freundin, meine Taube, meine Schöne, und komm! Denn schon ist der Winter vorüber, der Regen hat aufgehört und ist vergangen, Blumen sind am Boden erschienen* (Hl 2,10–12). Die heilige Kirche, beziehungsweise jede einzelne Seele, ist durch die Liebe die Freundin des himmlischen Bräutigams, durch den Geist die Taube, durch die Schönheit ihres Lebenswandels wohlgestaltet. Wird sie aus der Vergänglichkeit des Fleisches herausgeführt, dann ist gewiß für sie der Winter vorüber, weil die Erstarrung des gegenwärtigen Lebens gewichen ist. Auch der Regen hört auf und vergeht, denn wenn

sie herausgeführt wird, um den allmächtigen Gott in seinem Wesen zu schauen, werden die Tropfen der Worte nicht mehr notwendig sein, um sie durch den Regen der Verkündigung zu bewässern. Was sie weniger hören konnte, wird sie um so reichlicher schauen. Dann erscheinen Blumen, denn wenn die Seele begonnen hat, gewisse Vorboten der Süßigkeit des ewigen, glückseligen Lebens zu verkosten, geht sie gleichsam nach Blumen duftend hinweg und wird, nachdem sie hinweggegangen sein wird, um so reichere Frucht tragen. Weshalb dort auch beigefügt ist: *Die Zeit ist gekommen, den Weinstock zu beschneiden* (Hl 2,12). Beim Beschneiden des Weinstockes werden die unfruchtbaren Schößlinge zurückgeschnitten, damit die kräftigen um so reichere Frucht tragen. Die Zeit, unseren Weinstock zu beschneiden, ist dann gekommen, wenn wir uns von der fruchtlosen und schädlichen Vergänglichkeit des Fleisches abwenden, um zur Frucht der Seele gelangen zu können. Diese Frucht wird uns in der Schau des Einzigen überreichlich zuteil werden. Das ist die eine Elle am Ende zu beiden Seiten, da ja auch jener Eine spricht: *Ich bin allein, bis ich vorübergehe* (Ps 140,10). Er allein führt den Vorsitz im Himmel mit dem Vater und dem Heiligen Geist – gleich dem einzigen Sperling im Gebäude (vgl. Ps 84,4). Wie er in dem Mysterium seiner Geburt und seiner vollkommenen Menschheit das Gesetz erfüllt hat, ebenso wird er die Verheißungen des Neuen Testamentes erfüllen in der offenbar gewordenen Herrlichkeit seiner Glorie.

DIE ARCHE NOAH

16 Auch das Maß der Arche Noah redet zu uns von dieser einen Elle. Die Arche, deren Länge weisungsgemäß dreihundert Ellen, deren Breite sechzig und deren Höhe dreißig Ellen betrug, hat in der einen Elle ihren Abschluß gefunden (vgl. Gen 6,15). In der Arche wird nichts anderes als die heilige Kirche vorgebildet, die nach unten hin breit, nach oben hin eng ist. Sie verjüngt sich bis auf eine Elle, weil die heilige Kirche ausgehend von der Geräumigkeit, die sie in ihren noch schwachen Gliedern aufweist, sich allmählich verengt und in

die Höhe fortschreitend der einen Elle entgegenstrebt. Allein schon die Vernunft gebietet uns die Annahme, daß in jener Geräumigkeit der Arche alle wilden Tiere, sämtliche Vierfüßler und Reptilien weiter unten, der Mensch und die Vögel natürlich weiter oben untergebracht waren. Das Fenster befand sich im oberen Teil auf der Seite, von wo aus der Mensch einen Raben oder eine Taube ausschickte, um zu erfahren, ob das Wasser der Sintflut schon zurückgegangen sei. Und weil eben diese Arche in der einen Elle ihren Abschluß gefunden hat, sind die Menschen und die Vögel nächst dieser Elle gewesen. Daher wird die gesamte Kirche mit Recht durch die Arche bezeichnet: sie ist geräumig breit in ihren vielen fleischlich Gesinnten, eng in den wenigen geistlich Gesinnten. Und da sie sich bis zu dem einen Menschen verjüngt beziehungsweise verengt, findet sie ihren Abschluß gleichsam in der einen Elle.

Sehen wir doch, daß viele im Schoß der heiligen Kirche sich 17
in Stolz aufblähen, vor fleischlicher Wollust vergehen, dem Erwerb irdischer Dinge nachjagen, von Habgier getrieben die Meere überqueren, dem Jähzorn die Zügel schießen lassen, sich in Streitereien verwickeln und den Mitmenschen, die ihnen unterlegen sind, Schaden zufügen. Aber da sie die heilige Kirche noch erträgt, um sie zu bekehren, so weilen sie gleichsam als die wilden Tiere im unteren geräumigen Teil der Arche. Wir sehen, daß andere nicht nach fremdem Gut streben, ihnen angetanes Unrecht gleichmütig tragen, mit dem, was ihnen gehört, zufrieden sind und bescheiden leben. Da diese jedoch bereits wenige sind, verengt sich die Arche. Noch andere sehen wir auch das verlassen, was sie besitzen, der Sorge um irdische Dinge keinen Raum geben, die Feinde lieben, das Fleisch vor allen Wollüsten im Zaum halten, alle Triebregungen dem Urteil des Verstandes unterwerfen und in himmlischem Verlangen auf den Fittichen der Beschauung emporschweben. Weil solche Menschen freilich sehr selten sind, nähert sich die Arche jener Elle, wo sich die Menschen und die Vögel befinden. Sucht man unter diesen einen, der völlig sündelos ist, wird man keinen finden. Welcher Mensch ist denn ohne Sünde, wenn nicht jener, der nicht in Sünden empfangen ward? Somit findet die Arche in der einen Elle ihre

abschließende Vollendung, denn einer ist ohne Sünde, der Urheber und Erlöser der heiligen Kirche, zu dem hin und durch den alle voranschreiten, die sich als Sünder wissen. Deshalb heißt es von der Schwelle und dem Tor: *Und eine Elle am Ende zu beiden Seiten*. Denn wenn der eine Mittler zwischen Gott und den Menschen, der Mensch Jesus Christus, in seiner Majestät erscheinen wird, wird er alle Prophezeiungen und Verheißungen beider Testamente zur Erfüllung bringen.

18 Da nun aber Ezechiel an dieser Stelle beides, die Schranke und die Kammern, erwähnt, wird das auch der folgenden Überlegung nicht widersprechen: wenn uns die Majestät unseres Erlösers offenbar geworden sein wird, dann endet der Glaube, und der Mensch fängt an zu schauen, was er geglaubt hat. Und die Kammern gelangen zu ihrem Ende, da die Herzen der Gläubigen in der Liebe zu ihm unvergleichlich mehr, als es jetzt der Fall ist, ausgeweitet und vervollkommnet werden. Eine Elle also am Ende zu beiden Seiten, denn die Schau des einen Herrn und Erlösers beendet den Glauben und vollendet die Liebe in seinen Erwählten.

DANKSAGUNG

19 Man bedenke auch, wer wir sind, die wir solche Dinge erörtern. Wir kommen ja aus den Heidenvölkern, und unsere Vorfahren sind Anbeter von Hölzern und Steinen gewesen. Woher kommt uns dies zu, die tiefen Geheimnisse des Propheten Ezechiel zu durchforschen, von denen die Hebräer bis zum heutigen Tag nichts wissen? Laßt uns daher Dank sagen dem Einen, der alles, was in der Heiligen Schrift über ihn geschrieben steht, in der Tat erfüllt hat, damit, was beim bloßen Hören nicht verstanden werden konnte, beim Anschauen offenkundig würde. In ihr sind seine Menschwerdung, sein Leiden, sein Tod, seine Auferstehung, seine Himmelfahrt enthalten. Aber wer von uns würde daran glauben, wenn er es bloß gehört und nicht als geschehen erkannt hätte? Der Löwe vom Stamme Juda hat das versiegelte Buch, wie in der Apokalypse des Johannes geschrieben steht, das niemand aufzuschlagen und zu entziffern imstande war, geöffnet,

indem er uns in seiner Passion und Auferstehung alle seine Geheimnisse erschlossen hat. Und indem er die Übel unserer Schwachheit auf sich genommen hat, hat er uns die Güter seiner Macht und Herrlichkeit gezeigt.
Denn Fleisch ist er geworden, um uns zu Geisterfüllten zu machen, hat sich in Güte herabgeneigt, um aufzurichten, ist hinausgegangen, um hereinzuführen, ist sichtbar erschienen, um Unsichtbares zu zeigen, hat Schläge erduldet, um zu heilen, hat Schimpf und Spott ertragen, um von ewiger Schande zu befreien, ist gestorben, um lebendig zu machen. Laßt uns also Dank sagen dem Lebenspender und dem Gestorbenen, der um so reicheres Leben schenkt, als er gestorben ist. So sagt Isaias bei der Betrachtung unseres Heiles und seines Leidens: *Daß er sein Werk vollbringe – sein fremdes Werk; daß er sein Werk wirke, ungewöhnlich ist sein Werk vor ihm* (Is 28,21). Gottes Werk ist es, die von ihm geschaffenen Seelen wieder zu sammeln und zu den Freuden des ewigen Lichtes zurückzurufen. Aber die Geißelung und das Angespienwerden, die Kreuzigung, die Tötung und das Begrabenwerden sind ja in Tat und Wahrheit nicht das Werk Gottes, sondern das Werk des sündigen Menschen, der das alles aufgrund der Sünde verdient hat. *Aber er hat unsere Sünden an seinem Leibe selbst an das Holz hinaufgetragen* (1 Petr 2,24). Und der in seiner Natur stets unbegreiflich bleibt, hat sich gewürdigt, in unserer Natur verstanden zu werden und sich züchtigen zu lassen. Denn hätte er das, was an uns schwach war, nicht auf sich genommen, würde er uns niemals zur Macht seiner Stärke emporheben. Daß er also sein Werk vollbringe, ist sein Werk ein fremdes; daß er sein Werk wirke, ungewöhnlich ist sein Werk vor ihm. Denn der menschgewordene Gott hat sich gewürdigt, gleich einem sündhaften Menschen für uns gezüchtigt zu werden, um uns zu seiner Gerechtigkeit zusammenzuführen. Er hat ein fremdes Werk getan, um sein eigenes zu tun: indem er schwach wurde und unsere Übel auf sich nahm, hat er uns, die wir seine Geschöpfe sind, zur Herrlichkeit seiner Kraft geführt, in welcher er lebt und regiert mit Gott dem Vater in der Einheit des Heiligen Geistes, Gott von Ewigkeit zu Ewigkeit. Amen.

5. HOMILIE: Ez 40,12–16

VIELE GLÄUBIGE – EIN GLAUBE

1 Im Zusammenhang mit den oben erwähnten Hochzeitskammern fügt der Prophet hinzu:
(Ez 40,12) Die Kammern maßen je sechs Ellen auf der einen wie auf der anderen Seite. Daraus ergibt sich für uns eine große Frage, warum er zuvor das Maß einer Kammer mit einer Rohrlänge bezeichnet (vgl. Ez 40,7), wobei er die Rohrlänge mit sechs Ellen und einer Handbreite angibt, und danach sagt, die Maße der Kammern betrügen lediglich sechs Ellen. Messen sie nämlich nicht eine Rohrlänge, sondern sechs Ellen, fehlt die Handbreite, die dort dem Maß einer Rohrlänge hinzugerechnet war. Wenn nun die Kammern die Gefühle und Gedanken der Gläubigen darstellen, deren keusche Seelen mit ihrem Schöpfer vereinigt sind, und wenn durch die sechs Ellen das vollkommene Tun, durch die Handbreite der Beginn der Beschauung ausgedrückt ist, müssen wir die Glieder der gesamten heiligen Kirche berücksichtigen und werden sogleich finden, daß in ihr einige Kammern eine Rohrlänge und andere nur sechs Ellen messen. Manche Gläubige lieben den allmächtigen Gott so, daß sie in ihren Werken vollkommen sind und zugleich sich zur Beschauung aufschwingen. Ihr Maß ist sicherlich die Rohrlänge, da sie die sechs Ellen der Werke und die Handbreite der Beschauung haben. Manche wieder lieben den allmächtigen Gott und üben sich vollkommen in guten Werken, verstehen es aber nicht, sich zur höheren Erkenntnis der Schau seiner Größe zu erheben. Sie lieben, kennen indes nicht den Zugang zu den Freuden seiner Klarheit. Daher haben diese sechs Ellen, die Handbreite haben sie nicht, da sie zwar in Liebe mit Gott verbunden sind, nicht jedoch in der Beschauung. Und dennoch, gemäß dem zuvor Gesagten haben die Kammern auf beiden Seiten das Maß je einer Elle; sind doch die gläubigen Seelen aus dem jüdischen Volk und aus den Heiden in der Liebe zu unserem Schöpfer und Erlöser eines Sinnes geworden.

2 Als unser Erlöser sich auf einen Esel setzte und nach Jerusa-

lem zog, *breiteten viele,* wie der Evangelist erzählt, *die Kleider auf den Weg, andere schnitten Zweige von den Bäumen und streuten sie auf den Weg; und die Vorausgehenden wie die Nachfolgenden riefen: Hosanna! Hochgelobt sei, der da kommt im Namen des Herrn* (Mk 11,8–10). Unser Erlöser zieht auf einem Esel reitend nach Jerusalem, sofern jeder einzelne Gläubige seine Seele, das heißt sein Lasttier beherrscht und zur Schau des inneren Friedens leitet. Der Herr sitzt auf dem Lasttier, sofern er den allgemeinen Vorsitz über die heilige Kirche innehat und in ihr das Verlangen nach dem Frieden droben entzündet. Viele breiten ihre Kleider auf den Weg aus, sofern sie ihre Leiber durch Enthaltsamkeit in Zucht nehmen, um sich den Zugang zum Geistigen zu bahnen, beziehungsweise den Nachfolgenden ein gutes Beispiel zu geben. Wieder andere schneiden Zweige und Äste von den Bäumen und streuen sie auf den Weg, sofern sie bei der Unterweisung in der Wahrheit Worte und Aussprüche der Väter aus deren Reden herausgreifen, diese in demütiger Verkündigung niederlegen und so dem Geist des Zuhörers auf seinem Weg zu Gott entgegenkommen. Was auch wir Unwürdige gerade tun. Wenn wir Aussprüche der Väter in unsere Predigt aufnehmen, schneiden wir Zweige von den Bäumen, um sie auf den Weg des allmächtigen Gottes zu streuen. Und die Vorausgehenden wie die Nachfolgenden riefen: *Hosanna!* Vorausgegangen ist das Volk der Juden, nachgefolgt sind die Heiden, und da alle Erwählten, seien es jene, die in Judäa waren, seien es die, welche jetzt in der Kirche sind, an den Mittler zwischen Gott und den Menschen geglaubt haben und glauben, rufen die Vorausgehenden wie die Nachfolgenden: Hosanna! Hosanna heißt auf Lateinisch «salva nos», rette uns! Von ihm haben die Früheren das Heil erwartet und erwarten es die Gegenwärtigen und bekennen: *Hochgelobt ist, der da kommt im Namen des Herrn,* weil die vorausgegangenen wie die nachkommenden Völker die eine Hoffnung und den einen Glauben haben. Denn wie jene durch die Erwartung seines Leidens und seiner Auferstehung geheilt worden sind, so werden wir durch sein vergangenes Leiden und durch seine in Ewigkeit bleibende Auferstehung gerettet. An wen nämlich unsere Vorgänger aus dem jüdischen Volk als an den Kommenden in Liebe geglaubt haben, an den glauben wir als an den Gekommenen, lieben ihn und entbrennen in Sehnsucht, ihn von Angesicht zu Angesicht zu schauen. Seine Kammern sind also zu beiden Seiten, weil die Herzen der Liebenden an dem Glauben, der in ihm gründet, von der ersten bis zur letzten Stunde dieser Weltzeit festhalten.

VERBORGENE GEHEIMNISSE

Es folgt:
(Ez 40,13) Und er maß das Tor vom Dach der einen Kammer bis zum Dach der anderen: eine Breite von
3 *fünfundzwanzig Ellen.* Wir haben schon oft gesagt, daß mit dem Tor der Glaube bezeichnet werden könne und durch den Glauben Jesus Christus selbst, unser Schöpfer und Erlöser, der Mittler zwischen Gott und den Menschen. Durch den Glauben, der in ihm gründet, steht der Zugang zum Leben offen. Unter dem Tor verstehen wir nicht zu Unrecht auch die Heilige Schrift, die uns diesen Glauben zur Erkenntnis unseres Erlösers auftut, denn wenn wir sie so verstehen, wie es sich gehört, treten wir in die Erkenntnis der unsichtbaren Dinge ein. Wird daher, wie gesagt, an dieser Stelle unter dem Tor die Heilige Schrift verstanden, erhebt sich die Frage, was mit dem Dach der Kammer, was mit dem Dach des Tores gemeint ist. Die Kammer hat ein Dach, weil die Gesinnung der Liebenden und die Liebesglut noch im Verborgenen ist. Auch das Tor hat ein Dach, denn die Heilige Schrift ist zwar zur Gänze um unseretwillen geschrieben, wird indes von uns nicht zur Gänze verstanden.

4 Vieles in ihr ist so offenkundig geschrieben, daß es den Kleinen Nahrung bietet, vieles jedoch in dunkleren Formulierungen, um die Starken zu üben: ist einem doch das um so wertvoller, was er mit Anstrengung eingesehen hat. Einiges in ihr ist so verschlossen, daß wir es nicht verstehen, die Schwäche unserer Blindheit anerkennen und mehr in der Demut als in der Erkenntnis voranschreiten. Manche Stellen reden nun aber so von den himmlischen Dingen, daß sie allein jenen Bürgern, die schon droben in ihrem Vaterland weilen,

zugänglich und uns Pilgernden noch nicht erschlossen sind. Wenn einer nach einer unbekannten Stadt reist und auf dem Weg vieles über sie hört, wird er sich einiges in seinem Verstand zusammenreimen, einiges aber, da er es noch nicht sieht, gar nicht verstehen. Die Bürger hingegen, die in ihr wohnen, sehen auch, was über sie verschwiegen, und verstehen, was über sie gesagt wird. Wir befinden uns also noch immer auf dem Weg und hören viel über jenes himmlische Vaterland, manches verstehen wir schon im Geist und in der Einsicht, manches, was wir nicht verstehen, verehren wir. So steht über die Heilige Schrift geschrieben: *Du spannst den Himmel aus wie ein Fell, der du seine höchste Höhe mit Wassern bedeckst* (Ps 103,2–3). Der Himmel ist wie ein Fell ausgespannt, sofern uns durch den Mund von Sterblichen die Heilige Schrift in ihren Auslegungen faßlich ausgebreitet wird. Doch es sind die Wasser im Himmel, die Vielzahl dort oben, das sind die Heerscharen der Engel, mit welchen die höchsten Höhen des Himmels bedeckt sind, und die hohen und dunklen Stellen in der Heiligen Schrift sind allein den Engelchören zugänglich und bleiben für uns noch unbegreiflich. Somit hat die Kammer ein Dach, denn der Nächste weiß noch nicht, wie sehr er vom Nächsten geliebt wird. Und das Tor, das ist die Heilige Schrift, hat ein Dach, weil wir noch nicht alles, was wir von den himmlischen Dingen vernehmen, mit dem Verstand zu durchdringen vermögen.

DIE FÜNF SINNE

Was uns also bleibt, ist, daß wir in dem, was wir erkennen, 5
in täglich wachsender Liebe wandeln. Obschon unsere Nächsten nicht in uns hineinsehen, wieviel sie von uns geliebt werden, und obschon wir jene Stellen in der Heiligen Schrift, die wir nicht verstehen, demütig verehren, müssen wir trotzdem in den Bereichen, die unserer Einsicht faßbar sind, durch gute Werke ausgeweitet werden. So heißt es: *Und er maß das Tor vom Dach der einen Kammer bis zum Dach der anderen: eine Breite von fünfundzwanzig Ellen.* Wir sind mit fünf körperlichen Sinnesorganen ausgestattet, dem Gesicht, dem Geschmack,

dem Geruch, dem Gehör und dem Getast. Nun steigt die Fünfzahl mit sich selbst multipliziert zur Zahl fünfundzwanzig an. Ohne diese fünf körperlichen Sinne können wir von den himmlischen Geboten nach außen hin gar nichts verwirklichen. Diesen ihren Dienstboten steht die Seele innerlich als Richterin vor, und was sie nach außen hin Gerechtes oder Barmherziges tun könnte, das erfährt sie, indem gleichsam die Dienstboten Rückmeldung erstatten und ihre Dienste anbieten. Ist die Seele von der Furcht des allmächtigen Herrn erfüllt, müssen uns unsere fünf Sinne wie unterwürfige Dienstboten bei der Verrichtung guter Werke dienen. Haben wir mit ihrer Hilfe ein Werk der Barmherzigkeit begonnen, wird sich die Barmherzigkeit selbst von Tag zu Tag mehr auftun und sich gleichsam der Umfang der guten Werke ausdehnen. Die fünf Sinne werden daher in sich selbst vervielfältigt, wenn das zunimmt, was durch sie an guten Werken täglich geschieht. Die Breite wird mit fünfundzwanzig Ellen angegeben, weil Ängstlichkeit, Habgier und Trägheit Enge bedeuten. Denn wer Angst davor hat, einem Bedürftigen ein Brot zu geben, damit es ihm selbst nicht mangelt, der befindet sich noch in der Enge der Angst. Und wer einem Frierenden ein Kleid vorenthält, weil er es für sich allein haben will, wird noch immer von der Enge seiner Habgier bedrängt. Und wer das Gute nicht tut, weil seine laue Seele träge ist, wird durch seine eigene Lähmung eingeengt. Hingegen sich dem Armen zuwenden, einer Bitte willfahren, Almosen spenden, Schutz gewähren und um der Verteidigung eines Armen willen sogar vor der Feindschaft eines Widersachers nicht zurückschrekken, das zeugt von einer großen Weite des Geistes. So wird die Breite zwischen Kammer und Tor mit fünfundzwanzig Ellen gemessen, weil es an der äußeren Tätigkeit der Sinne abgelesen und erkannt wird, was es innen mit der Weite der guten Gesinnung auf sich hat. Denn was du von der Heiligen Schrift bereits gelernt hast und wieviel du deinen Nächsten im Stillen liebst, das zeigst du am Ausmaß der guten Werke.

6 Daher erstreckt sich der Abstand zwischen Kammer und Tor über fünfundzwanzig Ellen, weil die guten Werke für die Liebe und die Erkenntnis Zeugnis ablegen. Fehlen diese, so ist es gewiß, daß du weder Gott erkennst noch den Nächsten

liebst, das heißt, daß du weder das Tor der Heiligen Schrift noch die Kammer der Liebe hast. Und man beachte, daß das Maß vom Dach der Kammer bis zum Dach des Tores genommen wird. Denn an dem, was uns in der Heiligen Schrift verborgen bleibt, wird unsere Demut erprobt, sofern wir alles, was uns an ihr unverständlich bleibt, nicht hochmütig zurückweisen, sondern demütig verehren sollen. So steht vom Herrn geschrieben: *Seine Wimpern prüfen die Menschenkinder* (Ps 10,5). Die Wimpern sind seine Gerichte, die uns das eine verschließen, das andere öffnen. Öffnend prüfen sie uns, ob uns die Erkenntnis nicht überheblich macht. Verschließend prüfen sie uns, ob wir nicht verachten, was wir nicht zu begreifen vermögen. Und wenn wir über unsere Liebe zu unseren Mitmenschen nicht viel reden, werden wir vor dem Angesicht Gottes um so wahrhaftiger erfunden. Oft wird ja Liebe als das ausgegeben, was sie nicht ist, beziehungsweise zeigt sie sich als das, was sie nicht ist. Mehr als die Zunge spricht das gute Werk von unserer Liebe zum Nächsten, so daß sich unser Nächster in dem guten Werk geliebt sieht. Und da wir nicht soviel wirken können, wie wir wollen, mögen dem allmächtigen Gott die Verborgenheiten unserer Liebe genügen. Es soll also ein großer Abstand vom Dach der Kammer bis zum Dach des Tores sein, das heißt, wir sollen angefangen von den Verborgenheiten unserer Liebe – um des Nächsten willen – bis zur Armseligkeit unserer Erkenntnis – um Gottes willen – stets Gutes tun, soweit wir's verstehen und dazu imstande sind.

IM ANGESICHT DES TODES

Nun kann das Tor auch als Zugang zum Himmelreich aufgefaßt werden. Und jetzt hat die Kammer ein Dach, hat das Tor ein Dach, weil man nicht erkennt, wie groß unsere Liebe zu Gott und zum Nächsten ist, und nicht weiß, wann wir aus dieser Welt in die Ruhe des ewigen Lebens eingehen. Unser Schöpfer hat gewollt, daß uns der Tag unseres Todes unbekannt sei, damit er stets im Ungewissen bleibend stets für unmittelbar bevorstehend gehalten werde und jeder um so 7 eifriger sei im Handeln, je unsicherer er über seine Abberufung ist. Die Entfernung von der Kammer bis zum Tor beträgt also fünfundzwanzig Ellen, das heißt jetzt: ausgehend von der Liebe zu Gott und zum Nächsten, mit der wir einmal begonnen haben, bis zum Eintritt in das Reich müssen wir in allem, was uns möglich ist, unablässig mit verdoppelter Anstrengung wirken. Und der Abstand vom Dach der Kammer bis zum Dach des Tores ist groß, denn von jener Gnade, mit der wir angefangen haben, Gott zu lieben, bis zu der Liebe, die uns den Zugang zum Himmelreich öffnet, müssen wir unser Ich in vielen guten Werken ausweiten, müssen Widerwärtigkeiten geduldig ertragen, gerne Gutes tun, die lieben, unter denen wir leiden, austeilen, was wir haben, nicht haben wollen, was wir nicht haben, die Mitmenschen lieben wie uns selbst, unsere Güter für die ihrigen halten, ihre Übel wie die eigenen beweinen. In einem solchen Geist ist eine große Weite, in welchem es keine Enge des Hasses gibt. Diese Weite eignen wir uns durch die Gottes- und Nächstenliebe an und erkennen sie in den heiligen Geboten. Diese fünfundzwanzig Ellen der Entfernung verstehen wir dann richtig, wenn wir sie im Sinn der Heiligen Schrift deuten. Der Prophet hat das Maß der Kammern mit sechs Ellen ausgegeben, und am sechsten Tag ist der Mensch erschaffen worden, an eben diesem Tag, heißt es, habe der Herr seine Werke vollendet. Auch pflegt mit der Zahl sechs die Vollkommenheit angezeigt zu werden. Durch die vier Bücher des heiligen Evangeliums werden wir über jegliches gute Werk belehrt. Wenn wir nun viermal sechs nehmen, kommen wir auf vierundzwanzig. Dem wird eins hinzugefügt, denn Einer ist's, durch den alle Gutes wirken. So muß diese Breite von fünfundzwanzig Ellen gedeutet werden, weil jedes gute Werk, wie wir sagten, in den vier Büchern des heiligen Evangeliums gekennzeichnet ist und in der Erkenntnis und im Bekenntnis des einen Gottes seine Erfüllung findet.

DIE GEISTSEELE: BILD UND GLEICHNIS GOTTES

Es folgt:
(Ez 40,13) Und Eingang steht gegen Eingang. An dieser Stelle ist das Wort *gegen* nicht im Sinn von Feindschaft, sondern im Sinn von gerader Richtung gebraucht. Eingang steht nämlich gegen Eingang, wenn man geraden Weges vom äußeren zum inneren Eingang gelangt. In der Erkenntnis des allmächtigen Gottes ist unser erster Eingang der Glaube, der zweite seine Schau, zu welcher wir im Glauben wandelnd gelangen. In diesem Leben treten wir in den ersteren ein, um dereinst zu letzterer geführt zu werden. Eingang steht somit gegen Eingang, weil durch den Eintritt in den Glauben der Eintritt in die Schau Gottes eröffnet wird. Es widerspricht keineswegs einer gesunden Ansicht, daß einer in diesem Leben diese beiden Eingänge erreichen möchte. Oft wollen wir die unsichtbare Natur des allmächtigen Gottes betrachten, sind aber durchaus nicht dazu imstande, und die von diesen Hindernissen ermattete Seele sieht sich auf sich selbst zurückverwiesen. Sie errichtet sich aus Eigenem die Stufen des Aufstieges, um zuerst, wenn sie's vermag, sich selbst zu betrachten und von da aus jene Natur, die über ihr ist, soweit möglich zu erspähen. Doch gelingt es unserem Geist, solang er in fleischliche Bilder zerstreut ist, nicht einmal sich selbst, beziehungsweise die Natur der Seele zu betrachten, denn wieviele Gedanken er auch durcheilt, es sind gleichsam ebenso viele Widerstände, die seine Sehkraft mindern. 8

Der erste Schritt besteht daher darin, daß die Seele sich in sich selbst sammelt, der zweite, da sie sich in dieser Sammlung wahrnimmt, der dritte, daß sie sich über sich selbst hinausschwingt und sich unverwandten Blickes der Schau des unsichtbaren Schöpfers hingibt. Doch kann sie sich auf keine Weise in sich selbst sammeln, wenn sie nicht zuvor gelernt hat, die Vorstellungen irdischer und himmlischer Bilder vom Auge des Geistes zu entfernen und all das abzuweisen und mit Füßen zu treten, was immer ihr aus dem körperlichen Gehör, Gesicht, Geruch, Getast und Geschmack in den Sinn kommt. Sie soll sich innerlich so zu sehen trachten, wie sie sich ohne 9 all dies vorfindet. Solange sie an derartiges denkt, wälzt sie gleichsam die Schattenbilder der Körperwelt in ihrem Inneren herum. All das ist also mit trennender Hand aus den Augen des Geistes zu entfernen, indem sich die Seele so betrachtet, wie sie unterhalb Gottes, aber oberhalb der Körperwelt geschaffen wurde. Sie, die von oben her mit Leben erfüllt wird, erfüllt ihrerseits nach unten hin das ihr Anvertraute mit Leben. Sie ist dem Leib so eingegossen, daß sie durch die Teile der leiblichen Glieder selbst nicht in Teile auseinanderfällt. Denn an welcher Stelle auch immer ein Teil des Leibes verletzt wird, sie leidet als ganze. Auf wundersame Art lenkt sie mit ein und derselben Lebenskraft die Glieder, ist selbst von Natur aus nicht geteilt und wirkt dennoch durch den Leib in geteilter Weise. Sie ist es, die mit den Augen sieht, mit den Ohren hört, mit der Nase riecht, mit dem Mund schmeckt, mit den Gliedern alles betastet und im Betasten das Rauhe vom Glatten unterscheidet. Und indem sie durch die Sinne so Verschiedenartiges wirkt, tut sie es nicht in einer geteilten, sondern in jener einheitlichen Weise, in der sie erschaffen wurde. Wenn daher die Seele sich selbst ohne die körperlichen Bilder denkt, tritt sie bereits durch den ersten Eingang. Von diesem Eingang strebt sie zu dem anderen, um etwas von der Natur des allmächtigen Gottes zu erschauen. Die Seele im Leib ist das Leben des Fleisches, Gott aber, der allem Leben gibt, ist das Leben der Seelen. Wenn nun schon das zum Leben erweckte Leben von solcher Größe ist, die nicht ergründet werden kann, wer wollte dann die Majestät des lebenerweckenden Lebens mit dem Verstand zu begreifen imstande sein? Eben dies erwägen und erkennen heißt ja schon in etwa eintreten, da die Seele aus ihrer Selbsterkenntnis abliest, was sie von dem unumgrenzten Geist zu halten hat, der das, was er auf unbegreifliche Weise geschaffen hat, auf unbegreifliche Weise durchwaltet.

10 Unser Schöpfer lenkt und leitet seine Kreatur auf sehr verschiedenen Wegen. Er bewirkt, daß die einen das Sein, aber kein Leben haben, daß andere wohl Sein und Leben haben, jedoch nichts vom Leben zu verstehen vermögen, und daß wiederum andere Sein, Leben und Erkenntnis besitzen. Und Einer ist's, der alles wirkt und doch in all dem nicht zerteilt

ist. Ist er doch der wahrhaft Höchste und sich selbst niemals unähnlich. Die Seele indes ist, obzwar von Natur aus in sich unzerteilt, trotzdem im Denken geteilt. In dem Augenblick nämlich, da sie sich des Gesehenen bewußt wird, vergißt sie, sich des Gehörten zu erinnern, und in dem Augenblick, da sie sich des Gehörten oder des Geschmeckten bewußt wird, kann sie sich nicht mehr an den Geruch oder an das Getast erinnern. Denn aufgrund der Aufmerksamkeit beziehungsweise Unaufmerksamkeit wird sie sich selbst unähnlich, so daß bald dies, bald jenes in ihrem Bewußtsein haftet. Der allmächtige Gott hingegen, der sich selbst nie unähnlich ist, sieht alles mit demselben Vermögen, mittels dessen er alles hört; und er erschafft und richtet das Geschaffene mit ein und demselben Vermögen. Sein Alles-Sehen ist zugleich sein Alles-Verwalten, sein Verwalten ist zugleich Durchschauen. Er denkt nicht anders, wenn er den Gerechten hilft, als wenn er die Ungerechten verurteilt, sondern mit ein und derselben Kraft, mit seiner einzigartigen und sich stets gleichbleibenden Natur ordnet er das Ungleiche. Doch warum bewundern wir das alles an der Macht des Schöpfers, die wir Spuren seiner Kraft in den Geschöpfen feststellen? Die Natur des Lehmes und die des Wachses sind verschieden; ein Sonnenstrahl ist vom anderen nicht verschieden. Und doch: obwohl kein Unterschied besteht, ist seine Wirkung im Lehm und im Wachs verschieden, da durch ein und dieselbe Feuersglut der Lehm hart und das Wachs weich werden. Aber vielleicht liegt das an der Natur des Lehmes und des Wachses, nicht an der Beschaffenheit der Sonne, die in verschiedenen Naturen unterschiedlich zu wirken scheint. Dem allmächtigen Gott ist es eigentümlich, ohne Veränderung Veränderliches zu ordnen, ohne Verschiedenheit seiner selbst Verschiedenes zu tun, ohne Vielfalt von Gedanken Ungleichartigem Gestalt zu geben. So wirkt der von sich selbst niemals verschiedene Gott auf überaus verschiedene Weise die verschiedensten Dinge, er, der überall ist und überall ganz ist. Es heißt nämlich: *Der Himmel ist mein Thron, die Erde aber der Schemel meiner Füße* (Is 66,1). Und von ihm steht geschrieben: *Den Himmel mißt er mit einer Hand, und die Erde umschließt er mit der Faust* (Is 40,12).

Hier muß man auch bedenken, daß der, welcher den Himmel 11

wie von einem Thron aus beherrscht, oberhalb und innerhalb ist. Und der den Himmel mit der Hand und die Erde mit der Faust umschließt, ist außerhalb, oberhalb und unterhalb. Um also darauf hinzuweisen, daß der allmächtige Gott ihm innerlicher ist als er selbst und zugleich über allen Dingen, hat der Prophet den Himmel seinen Thron genannt. Um darauf hinzuweisen, daß er alle Dinge umfasse, sagte er, er messe den Himmel mit einer Hand und umschließe die Erde mit der Faust. Gott ist somit innerhalb und außerhalb, unterhalb und oberhalb. Oberhalb, da er über alles herrscht, unterhalb, da er alles trägt, innerhalb, da er alles erfüllt, außerhalb, da er alles umfaßt. Er ist inwendig, indem er auch außen ist, er umgibt, indem er auch durchdringt, er herrscht, indem er auch trägt, und er trägt, indem er auch beherrscht. Wenn also die zu sich selbst gekommene Seele ihre Grenzen einsieht und erkennt, daß sie alles Körperliche überragt, und wenn sie sich dann von der Selbsterkenntnis zur Erkenntnis des Urhebers ausstreckt, was erblickt sie dann anderes, als daß Eingang gegen Eingang steht? Sagt doch der Prophet zum Urheber aller Dinge: *Allzu wunderbar ist dein Wissen für mich geworden* (Ps 138,6), denn wie sehr auch immer die Seele sich anstrengt, sie ist nicht fähig, sich selbst völlig zu durchdringen, um wieviel weniger die Größe dessen, der die Seele erschaffen konnte. Und da der Psalmist seinen Verstand in der göttlichen Wissenschaft abmüht, gesteht er, matt und müde geworden: *Allzu hoch ist sie, als daß ich sie zu erfassen vermöchte* (Ps 138,6). Auch wir ermatten, wenn wir in angestrengten Versuchen etwas von dem unsichtbaren Wesen zu erschauen wünschen, werden zurückgetrieben und abgeschlagen. Und wenn wir nicht tatsächlich ins Innere einzudringen vermögen, blicken wir wenigstens vom äußeren Eingang zum inneren. Denn schon die Anstrengung der Betrachtung ist ein Eingang, weil sie etwas von dem zeigt, was drinnen ist, auch wenn noch keine Möglichkeit des Hineingehens besteht.

Es folgt:
(Ez 40,14) Und er machte die Mauervorsprünge zu sechzig Ellen; rings um den Mauervorsprung des Tores war eine Halle nach allen Seiten hin. Wir haben schon oft 12
betont, daß mit der Zahl sechs die Vollkommenheit eines guten Werkes bezeichnet wird. Wir folgen dabei nicht den von den Weisen dieser Welt vorgebrachten Gedankengängen, die da sagen, die Zahl sechs sei deswegen vollkommen, weil sie, nach ihrer Ordnung gezählt, vollendet sei. Denn eins und zwei und drei machen die Zahl sechs voll, oder sie könne auf drei Arten geteilt werden: in Sechstel, in Drittel und in Hälften, oder eben in eins und zwei und drei. Wir nennen die Zahl sechs deswegen vollkommen, weil, wie soeben gesagt wurde, Gott alle seine Werke am sechsten Tag vollendet hat. Weil er nun aber dem sündigen Menschen das Gesetz gegeben hat, welches in den zehn Geboten aufgeschrieben ist, und zehnmal sechs die Zahl sechzig ergibt, wird die Vollkommenheit der guten Werke zu Recht mit sechzig Ellen bezeichnet. Worauf auch der Herr im Evangelium hinweist, wenn er bei der Auslegung der Parabel vom Sämann sagt: *Anderes fiel auf guten Boden und brachte Frucht, indem es aufging und wuchs, und eines trug dreißigfältig und eines sechzigfältig und eines hundertfältig* (Mk 4,8). Die Frucht des guten Bodens beträgt das Dreißigfache, wenn der Geist die Vollkommenheit des Glaubens, die in der Dreifaltigkeit besteht, erfaßt hat. Sie beträgt das Sechzigfache, wenn sie die vollkommenen Werke eines guten Lebens hervorgebracht hat. Sie beträgt das Hundertfache, wenn der Mensch zur Schau des ewigen Lebens gelangt sein wird. Unsere linke Seite ist das gegenwärtige Leben, unsere rechte das künftige Leben. Durch die Zahl hundert wird zu Recht die Schau des ewigen Lebens bezeichnet, da, wenn wir von dreißig über sechzig weiterzählend zur Zahl hundert gelangen, eben diese Zahl hundert auf die rechte Seite hinüberwechselt. Glaube und Werke sind auf der linken, da wir, solange wir noch hienieden sind, glauben, was wir nicht sehen, und wirken, um dereinst zu sehen. Wenn sich nun die Seele zur Schau des ewigen Lebens aufschwingt, kommt man

mit der Rechnung gleichsam auf die rechte Seite. Der Mann machte daher die Mauervorsprünge zu sechzig Ellen. Wenn nun die Zahl sechzig die Vollkommenheit bedeutet, was soll dann mit den Mauervorsprüngen anderes bezeichnet werden als die Werke, die man nach außen hin sieht? Das Wort der Verkündigung darbieten, den Hungernden Nahrung, den Frierenden Kleidung geben und für eine gute Tat Anfeindungen geduldig ertragen: sind das nicht die Mauervorsprünge des himmlischen Bauwerkes? Die Schönheit der äußeren Werke schmückt die Wohnstatt Gottes, deren Inneres noch verborgen ist. Aber diese Mauervorsprünge sind ringsumher von einer Halle umgeben, da sich große Werke in ihr befinden, die im Geist einer weitgespannten Liebe vollbracht wurden. Von der Liebe steht ja geschrieben: *Dein Gebot ist unendlich weit* (Ps 118,96). Und wiederum sagt der Psalmist von ihr: *Du hast meine Füße auf einen weiten Plan gestellt* (Ps 30,9).

13 Doch siehe, während ich so rede, kommt mir die Frage in den Sinn: Inwiefern die Liebe weit ist. Wenn man durch die Liebe zu Gott gelangt und die WAHRHEIT spricht: *Tretet ein durch die enge Pforte* (Mt 7,13), und ich wiederum den Psalmisten höre: *Um die Worte deiner Lippen willen hüte ich mich vor den rauhen Pfaden* (Ps 16,4), und im Evangelium der Herr sagt: *Denn mein Joch ist sanft und meine Last ist leicht* (Mt 11,30): inwiefern ist also die Liebe weit, da doch die Pforte eng ist? Inwiefern ist das Joch sanft und die Last leicht, wenn es in den Geboten rauhe Pfade gibt, vor welchen man sich hütet? Diese Frage beantwortet uns die Liebe selbst, sofern der Weg Gottes für die Anfänger eng und für die bereits vollkommen Lebenden weit ist. Rauh sind die geistigen Übungen, die wir einer noch nicht daran gewöhnten Seele vorschlagen. Und doch ist die Last Gottes leicht, nachdem wir sie zu tragen begonnen haben, so daß uns aus Liebe zu ihm sogar die Verfolgung Freude bereitet und jegliche Bedrängnis um seinetwillen dem Geist zur Süßigkeit gerät, wie ja auch die heiligen Apostel Freude empfanden, als sie um des Herrn willen Schläge erduldeten (vgl. Apg 5,41). So wird also die enge Pforte für die Liebenden weit, werden die rauhen Pfade für jene weich und eben, die im geistigen Leben voraneilen, zumal die Seele weiß, daß sie für die zeitlichen Schmerzen

ewige Freuden empfangen wird, und das zu lieben beginnt, was ihr weh tut. Die Halle ist also vor den Mauervorsprüngen, das heißt, die Weite der Liebe besteht in der Vollkommenheit des Werkes.

Man beachte auch, daß gesagt ist: *Nach allen Seiten hin.* Der 14
Mensch soll sich bei all seinem Tun in der Weite der Liebe ausbreiten, so daß diese weder durch Furcht noch durch Haß beeinträchtigt wird. Wenn nämlich einer über das Wort Gottes redet und die Liebe, die er verkündet, nicht in seiner Gesinnung bewahrt, hat er zwar den Mauervorsprung des Bauwerkes, nicht jedoch die Halle gegenüber dem Mauervorsprung. Spendet jemand den Bedürftigen Almosen und wird darob in seinem Herzen überheblich, kommt er der Not des Nächsten nicht aus Liebe zu Hilfe und bildet sich in unausgesprochenem Stolz noch etwas darauf ein, dann weist er zwar den Mauervorsprung am Bauwerk auf, hat aber keine Halle neben dem Mauervorsprung gebaut. Wer die ihm von Mitmenschen angetanen Schmähungen erträgt und die Widerwärtigkeiten schweigend erduldet, legt große Sanftmut an den Tag, zumal wenn er keinen Groll im Herzen hegt und den, der sich zum Bösen hat hinreißen lassen, sogar noch für die Ruhe der Güte zu gewinnen trachtet. Wer nach außen hin Geduld zur Schau trägt, innerlich aber Groll empfindet, liebt ja nicht, den er erträgt, und hat zwar den Mauervorsprung am Bauwerk, nicht jedoch die Halle gegenüber dem Mauervorsprung. Wer sich in die Enge des Hasses begibt, verliert gewiß die Weite der Liebe. Denn wie wir früher schon gesagt haben, besteht die wahre Geduld darin, zu lieben, den man erträgt. Ertragen und doch hassen ist nicht die Tugend der Sanftmut, sondern verhüllte Mißgunst. Man beachte ferner, daß von der Halle bei dem Tor die Rede ist. Unser Tor ist der Zugang zum Reich. Gott und den Nächsten lieben heißt bereits auf den Eingang des Reiches zugehen. In dem Maße nämlich einer liebt, eilt er auf den Eingang zu. In dem Maße er die Liebe vernachlässigt, weigert er sich einzutreten, weil er sich nicht zu sehen bemüht, wonach er strebt. Dann also haben wir die Halle bei dem Tor, wenn wir aus der Welt der Liebe zu dem Leben da droben, das wir noch nicht zu erreichen vermögen, wenigstens mit unserem Verlangen eingehen. Wird daher am

Nächsten ein gutes Werk getan, soll bei diesem guten Werk die innere Absicht wohl unterschieden werden: ob die Seele nicht etwa auf eine Belohnung durch gegenwärtige Gunst bedacht sei, statt ihre Hoffnung auf die künftige Verheißung zu richten, aus Zeitlichem Ewiges zu erhoffen und aus Irdischem Himmlisches. Die Hoffnung auf irdische Güter stärkt den Geist, daß er in den Wogen der irdischen Tumulte nicht zerschlagen werde. Von der Hoffnung sagt Paulus: *Wir besitzen sie wie einen Anker der Seele, der sicher und fest ist und ins Innere hinter dem Vorhang hineinreicht* (Hebr 6,19). Über dieses Innere wird auch hier angemerkt:

(Ez 40,15) Und von der Stirnseite des Tores sich erstrek-
kend bis zur Stirnseite der Halle beim inneren Tor:
15 *fünfzig Ellen.* Mit den Worten *von der Stirnseite des Tores*
usw. wird nicht der äußere, sondern der innere Platz vor dem Tor beschrieben, von dem es heißt, er erstrecke sich bis zur Stirnseite der Halle beim inneren Tor. Und dieser Platz wird mit fünfzig Ellen gemessen. Durch die Zahl fünfzig wird die ewige Ruhe bezeichnet. Denn die Siebenzahl hat ihre Vollkommenheit, da an diesem Tag die Zahl der Tage vollständig wurde. Die Siebenzahl mit sich selbst multipliziert ergibt neunundvierzig, und wenn eins dazugezählt wird, kommt man auf die Zahl fünfzig. Alle unsere Vollkommenheit besteht in der Schau des Einen, und außerhalb dieser Schau gibt es für uns weder irgendein Heil noch irgendeine Freude. Ist doch auch das Jubeljahr, eben das fünfzigste, dazu gegeben worden, daß alle Angelegenheiten ruhen (vgl. Ex 20,8–11), da jeder, der zu den ewigen Freuden des allmächtigen Gottes gelangt ist, keine Mühsal und keine Klagen mehr kennen wird.

16 Man beachte auch, daß dieser Platz, der sich nach der Beschreibung fünfzig Ellen weit ausdehnt, bis zur Stirnseite der Halle beim inneren Tor reicht. Demnach meint der Prophet an dieser Stelle nicht die Halle beim inneren Tor, sondern den inneren Platz, der sich bis zur Halle beim inneren Tor erstreckt. Mit diesem Platz wird, wie gesagt, unsere Hoffnung bezeichnet, die, während sie die ewige Ruhe sucht, den Geist zur Halle beim inneren Tor führt. Gerade dadurch, daß wir uns nach Himmlischem sehnen, nach den verheißenen Freu-

den verlangen, die Ruhe des ewigen Lebens suchen, eilen wir schon der Stirnseite der inneren Halle entgegen. So wird denn durch das Tor der Glaube versinnbildlicht, durch den Vorhof die Liebe und durch den Platz, welcher bis zur Stirnseite der Halle beim inneren Tor reicht, die Hoffnung. Ohne diese drei Tugenden bleibt zwar ein jeder im Besitz seiner geistigen Fähigkeiten, in das himmlische Bauwerk kann er jedoch nicht eintreten. Unter dem Tor wird also der Glaube verstanden, der in die Erkenntnis einführt, unter dem Vorhof die Liebe, die den Geist durch ihre Kraft ausweitet, und unter dem Platz, der mit fünfzig Ellen angegeben wird, die Hoffnung, weil sie durch Verlangen und Sehnsucht die Seele in die verborgenen Freuden der Ruhe einführt.

DIE SCHRÄGEN FENSTER

Obgleich wir diese Ruhe im Licht der Wahrheit noch nicht sehen, wie sie wirklich ist, nehmen wir doch wenigstens etwas davon durch die Ritzen der Einsicht wahr. So wird denn auch anschließend gesagt:

(Ez 40,16) Und schräge Fenster in den Kammern. Bei den 17
schrägen Fenstern ist jener Teil, durch den das Licht einfällt, eine enge Öffnung, der innere Teil jedoch, der das Licht aufnimmt, ist weit. Denn obwohl der Geist der Schauenden nur ein Weniges von dem wahren Licht sieht, dehnt er sich selbst in einer großen Ausweitung. Und selbst das Wenige, das er sieht, kann er kaum fassen. Was der Schauende von der Ewigkeit zu sehen bekommt, ist überaus geringfügig, doch dank dieses Geringfügigen wird das Innere des Geistes durch eine Vermehrung des Eifers und der Liebe ausgeweitet. Obgleich das Licht der Wahrheit gleichsam durch eine enge Öffnung hereinscheint, weitet es den Geist innerlich aus. Die Größe der Beschauung, die ja nur den Liebenden zugestanden werden kann, hängt offenbar von den schrägen Fenstern in den Kammern ab oder auch von jenen Fenstern, die neben den Kammern nicht außen, sondern innen sind.

(Ez 40,16) Und in deren Mauervorsprüngen, die innerhalb

18 *des Tores ringsum nach allen Seiten hin waren.* Sie waren demnach in den Kammern und in deren Mauervorsprüngen, welche innerhalb des Tores nach allen Seiten hin erbaut waren. Denn wer sein Herz innerlich gesammelt hält, empfängt auch das Licht der Beschauung. Wer noch immer ohne Einschränkung an äußere Dinge denkt, weiß nichts von den Ritzen der Beschauung, durch die das ewige Licht einfällt. Auch wird die Eingießung des körperlosen Lichtes nicht zusammen mit den Vorstellungen körperlicher Dinge aufgenommen, und wenn man nur an Sichtbares denkt, findet das unsichtbare Licht keinen Zugang zum Geist. Wer sich dem Licht der Beschauung zuwendet, muß mit großer Sorgfalt darauf achten, den Geist stets in Demut zu bewahren und sich nie ob der eingegossenen Gnaden zu überheben. Er erwäge, welcher Art die schrägen Fenster sind, die den Geist des Schauenden prägen. Durch die schrägen Fenster fällt das Licht ein, kein Dieb steigt dort ein, weil die wahren Betrachter ihren Sinn stets in Demut erniedrigen; ihr Geist ist empfänglich für die Erkenntnis der Beschauung, nicht für prahlerische Selbstüberschätzung. Daher sind die Fenster sowohl offen wie auch geschützt, offen sind sie für die Gnade, die die Seelen erfüllt, trotzdem verwehren sie dem Widersacher, mit seinem Stolz in ihr Inneres einzudringen.

19 Man beachte ferner, daß auch innerhalb des Tores schräge Fenster ringsum nach allen Seiten hin erwähnt werden. Es ist ja nicht so, daß die Gnade der Beschauung nur den Größten gegeben wird, den Kleinsten nicht, sondern daß sie gewiß oft die Größten erhalten, aber oft auch die Kleinsten, öfter die Ordensleute, manchmal auch Verheiratete. Wenn es also keinen Stand der Gläubigen gibt, der von der Gnade der Beschauung ausgeschlossen werden könnte, so kann jeder, der sein Herz in innerer Sammlung bewahrt, vom Licht der Beschauung erleuchtet werden, weil innerhalb des Tores ringsum die schrägen Fenster nach allen Seiten hin gebaut sind, damit sich niemand dieser Gnade als einer besonderen Ausnahme rühme. Niemand soll meinen, daß er die Gabe des wahren Lichtes für sich allein besitze, denn oft ist gerade in dem Punkt, wo er sich für besonders begünstigt hält, ein anderer reicher beschenkt, von dem er glaubt, er habe über-

haupt nichts Gutes bei sich. So wird denn auch treffend hinzugefügt:

(Ez 40,16) Auf ähnliche Weise waren in den Hallen im
Kreis herum Fenster nach innen hin. Nachdem der Pro- 20
phet die Fenster in den Mauervorsprüngen erwähnt hat, kommt er jetzt zu den Fenstern, die sich in den Hallen im Kreis herum nach innen hin befinden. Denn nicht nur erhabene, hervorragende Glieder der Kirche besitzen die Gnade der Beschauung, nicht selten erhalten diese Gabe auch jene Glieder, die zwar in ihrem Verlangen nach oben streben, aber infolge ihres Standes noch immer zuunterst liegen. Wenn nämlich der allmächtige Gott nicht auch den verächtlich Erscheinenden das Licht der Beschauung eingösse, gäbe es keine Fenster in den Hallen. Daher sehen wir die einen, die auf die höchsten Stellen der heiligen Kirche berufen wurden, tiefsinnig über himmlische Dinge reden, mit staunenswertem Eifer, soviel nur ein erleuchteter Geist vermag, die Geheimnisse des Vaterlandes da droben durchforschen: das sind die Fenster in den Mauervorsprüngen. Aber auch andere sind im Schoß der heiligen Kirche aufgenommen, die in den Augen der Menschen verächtlich erscheinen und sich ebenfalls dem Studium der Weisheit hingeben, nach himmlischen Dingen aufseufzen und, soweit es ihnen möglich ist, die ewigen Freuden betrachtend erwägen: auch das sind schiefe Fenster, aber in den Hallen.

Treffend ist auch der Ausdruck *im Kreis herum.* Jede Erfor- 21
schung verborgener Dinge ist kreisförmig, sofern die Seele in ihrem Nachdenken fragt: Glaubst du, ist es dieses? Glaubst du, ist es jenes? Sie geht gleichsam im Kreis herum, um zu finden, was sie sucht. Wenn ihr dann das unumschränkte Licht in ihren Gedanken aufzublitzen beginnt, fällt ein Strahl der Wahrheit gleichsam durch ein schräges Fenster ein. So machen wir in Gedanken herumgehend große Fortschritte in unserer Beschauung, wie wir auch oft nach den Vorbildern der Guten suchen, um im sittlichen Leben voranzukommen. Wenn eine Seele die Absicht hat, zum Besseren überzugehen, forscht sie nach, wo sie jeweils Besseres über andere hören könnte, und schaut auf das Leben bald dieses, bald jenes Heiligen. So hat ein Auserwählter, der im weiten Umkreis der

heiligen Kirche die geistigen Augen durch die ganze Welt wandern ließ, um das Leben der Guten zu erforschen in der Absicht, es nachzuahmen, gesagt: *Ich werde ringsumher gehen und in seinem Zelt ein Jubelopfer darbringen* (Ps 26,6). Siehe, er ging ringsumher, um das Jubelopfer darzubringen; denn würde er die Seele nicht hierhin und dorthin senden, um das Leben der Guten zu erforschen, käme er nicht bis zur Darbringung des Jubelopfers. Werden heilige Männer in der Kirche zu den höchsten Stellen geführt, wird ihr Leben gleichsam im Spiegel dargeboten, damit alle das Gute sehen, um es nachzuahmen.

GEMALTE PALMZWEIGE

So heißt es treffend:
(Ez 40,16) Und an den Mauervorsprüngen waren gemalte
22 *Palmen.* Was wird durch Palmzweige anderes bezeichnet als der Preis des Sieges? Man überreicht sie ja für gewöhnlich den Siegern. Auch jene, die im Wettkampf des Martyriums den alten Feind überwunden haben, genießen im ewigen Vaterland die Freuden des Siegers. Geschrieben steht: *Und Palmzweige in ihren Händen; und sie riefen mit lauter Stimme: Heil unserem Gott, der auf dem Thron sitzt, und dem Lamm* (Offb 7,9–10). Palmzweige in den Händen halten bedeutet: im Kampf Siege errungen haben. Die Siegespalme des Kampfes wird dort verliehen, wo ohne jeden Kampf nur noch Freude herrscht. Daher heißt es auch nicht «Palmen an den Mauervorsprüngen», sondern *an den Mauervorsprüngen waren gemalte Palmen.* Die wirkliche Siegespalme wird nämlich dort zu sehen sein, wo es die Freude ohne Ende gibt. Freilich sehen wir schon jetzt manchmal heilige Männer Wunderbares tun und viele Machttaten vollbringen: Aussätzige rein machen, Dämonen austreiben, durch bloße Berührung Krankheiten des Leibes heilen, im Geist der Weissagung Künftiges voraussagen. Alle diese Dinge sind indes noch keine wirklichen, sondern erst gemalte Palmen, werden diese doch zuweilen auch den Verworfenen zuteil. So spricht die WAHRHEIT im Evangelium: *Viele werden an jenem Tag zu mir sagen: Herr, Herr, haben wir nicht in deinem Namen geweissagt und in deinem Namen*

Dämonen ausgetrieben und in deinem Namen viele Machttaten vollbracht? Und dann werde ich ihnen bekennen: Ich habe euch nie gekannt, weichet von mir, ihr Übeltäter (Mt 7,22–23). Das eine Zeichen der Erwählung ist die Festigkeit in der Liebe, wie geschrieben steht: *Daran wird man erkennen, daß ihr meine Jünger seid, wenn ihr die Liebe habt untereinander* (Joh 13,35). Wenn die Erwählten solche Wundertaten vollbringen, tun sie es auf völlig andere Weise als die Verworfenen. Was die Erwählten aus Liebe tun, darum bemühen sich die Verworfenen aus Eitelkeit. Aber auch die Wundertaten, die die Erwählten aus Liebe vollbringen, sind für sie noch nicht die wirklichen, sondern erst gemalte Siegespalmen. An ihnen wird nach außen hin sichtbar, wofür sie vom allmächtigen Gott innerlich gehalten werden. Die wirkliche Palme wird für sie dort sein, wo sie den mühevollen Aufstieg auf den Berg hinter sich haben. Nach der Auffassung des vorzüglichen Glaubenslehrers wird die wahre Palme den Siegern dann überreicht, wenn die verheißene Auferstehung der Toten geschehen wird. Sagt er doch: *Denn dieses Verwesliche muß Unverweslichkeit anziehen und dieses Sterbliche Unsterblichkeit anziehen. Wenn aber dieses Sterbliche Unsterblichkeit angezogen hat, dann wird das Wort eintreffen, das da geschrieben steht: Verschlungen ist der Tod im Sieg, Tod, wo ist dein Sieg? Tod, wo ist dein Stachel* (1 Kor 15,53–55)? Der Sieg wird also dann vollständig sein, wenn der Tod gänzlich verschlungen ist. Doch in all dem, was wir jetzt in Zeichen wunderbar sich ereignen sehen, erblicken wir nicht den Sieg selbst, vielmehr noch immer Bilder des Sieges. Die Gabe der Machttaten und Zeichen werden zumeist den Heiligen und auch den höhergestellten Menschen verliehen, damit sie andere zu guten Werken aufrufen. Daher sind an den Mauervorsprüngen des inneren Bauwerkes Gemälde von Palmen angebracht.

Dies am heutigen Tag erörtert zu haben, mag genügen, damit wir neu gekräftigt zu den folgenden Prophetenworten übergehen mit der Hilfe unseres Herrn Jesus Christus, der lebt und regiert mit Gott Vater in der Einheit des Heiligen Geistes, Gott von Ewigkeit zu Ewigkeit. Amen.

6. HOMILIE: Ez 40,17–19

DIE LEHRMEISTER UND IHRE ZUHÖRER

1 Nachdem Ezechiel unter dem Hinweis auf die schrägen Fenster vieles über die Gnade der Beschauung gesagt hat, berichtet er, er sei hinausgeführt worden, und bemerkt, er habe dort Schatzkammern gesehen. Wird mit diesen Schatzkammern nicht die Wissenschaft der Lehrmeister bezeichnet? Indes kann hier mit Recht gesagt werden: da die heiligen Lehrmeister geistige und innerliche Dinge lehren, warum sagt der Prophet, er sei hinausgeführt worden und habe draußen die Schatzkammern gesehen? Nun muß man wissen, daß die Beschauung, die sieht, was nicht ausgesprochen zu werden vermag, etwas anderes ist als die Wissenschaft beziehungsweise die Lehre, die sieht, was in Worten ausgedrückt werden kann. Im Vergleich zu jener Erleuchtung, die nicht in Worte gefaßt werden kann, ist all das, was mit Worten wiederzugeben ist, gleichsam draußen. Daher heißt es: *(Ez 40,17) Und er führte mich zum äußeren Vorhof; siehe, da waren «Gazophylacien», und der Boden in dem Vorhof war ringsum mit Steinen gepflastert.*

2 Da das griechische Wort «phylattein» bewachen bedeutet und die Reichtümer in persischer Sprache «gazae» heißen, pflegt der Ort, an dem Reichtümer aufbewahrt werden, «Gazophylacien» genannt zu werden. Daher werden mit den Gazophylacien, beziehungsweise Schatzkammern, wie gesagt die von den Schätzen der Weisheit und der Wissenschaft erfüllten Herzen der Lehrmeister bezeichnet. Nach den Worten Pauli *wird dem einen durch den Geist das Wort der Weisheit verliehen, dem anderen aber die Rede der Wissenschaft in demselben Geist* (1 Kor 12,8). Es gibt Menschen, die aufgrund eines Gnadengeschenkes auch das verstehen, dessen Erklärung sie von keinem Lehrmeister gehört haben: diese haben offenbar das Wort der Weisheit empfangen. Und dann gibt es andere, die das, was sie gehört haben, nicht verstehen, wohl aber das behalten, was sie bei den Theologen gelesen haben, und die das beim Lesen Gelernte gescheit wiedergeben. Sind diese nicht von der Rede

der Wissenschaft erfüllt? Freilich läßt sich das auch anders auffassen, wonach die Weisheit das Leben, die Wissenschaft die Lehre betrifft. Wer also recht lebt und klug redet, wird zu Recht als eine Schatzkammer des geistigen Bauwerkes bezeichnet, weil von seinem Mund himmlische Reichtümer ausgehen. Der Lehrer der Völker sah die Jünger von diesen Reichtümern überfließen, als er sagte: *In ihm seid ihr reich geworden in aller Rede und in aller Erkenntnis* (1 Kor 1,5). Sie sind die im Bauwerk der heiligen Kirche errichteten Schatzkammern, weil die Sprache der Lehrmeister von den Reichtümern der Wissenschaft überfließt. Die WAHRHEIT bezeugt, daß dies die wahren Reichtümer sind, da sie von den vergänglichen Schätzen sagt: *Der Trug des Reichtums erstickt das Wort* (Mt 13,22). Die Weisheit und die Wissenschaft der geistigen Lehre hingegen sind die echten Reichtümer, denen gegenüber die vergänglichen als die unechten zu bezeichnen sind. Von diesen Reichtümern sagt Salomon: *Ein begehrenswerter Schatz ruht im Mund des Weisen* (Spr 21,20 [LXX]). Auch abgesehen davon, daß die geistigen Reichtümer zum ewigen Vaterland führen, ist der Unterschied zwischen ihnen und den irdischen Reichtümern groß. Denn wenn man die geistigen Reichtümer ausgibt, bringen sie Gewinn; die irdischen Reichtümer werden entweder ausgegeben und nehmen dadurch ab, oder sie werden gehortet und bringen dann keinen Nutzen. Die in sich die wahren Schätze haben, werden also mit Recht Schatzkammern genannt.

Nun sind die Schatzkammern rings von einem Steinboden 3
umgeben, sofern ihnen die Zuhörer in demütiger Unterordnung anhängen. Von diesem Boden in dem Vorhof wird mit Recht gesagt, er sei *mit Steinen gepflastert,* sofern die gläubigen Seelen in der Ausdehnung der Liebe miteinander verbunden sind. Sie werden Steine genannt aufgrund der Glaubensstärke, und ein gepflasterter Boden aufgrund des Gefüges der Demut. Diese Seelen der Gläubigen sah der Apostel Paulus stark im Glauben, da er sagte: *Und ihr seid als lebendige Steine auf ihn gebaut als ein geistiger Tempel* (1 Petr 2,5). Von diesen Steinen der heiligen Kirche spricht der Herr durch Isaias: *Ich will deine Vorwerke aus Jaspis machen und deine Tore aus behauenen Steinen und deine gesamten Grenzwälle aus kostbarem Gestein; und*

alle deine Söhne werden vom Herrn belehrt (Is 54,12–13). Der allmächtige Gott hat die Vorwerke der heiligen Kirche aus Jaspis, einem Stein von grüner Farbe, gemacht, indem er die Herzen ihrer Glaubenslehrer mit der Liebe zu innerlicher grüner Jugendfrische stärkte, so daß sie alles Vorübergehende gering achten, nach nichts von dem trachten, was in dieser Welt durch ein Ende abgeschlossen wird, und all deren Freuden gleich dürrem Zeug verachten. Der Hirt der Kirche ruft seine Zuhörer zur Weide ewig grüner Jugendfrische, da er von Gott sagt: *Nach seiner großen Barmherzigkeit hat er uns wiedergeboren zu einer lebendigen Hoffnung durch die Auferstehung Jesu Christi von den Toten, zu einem unvergänglichen und unbefleckten und unverwelklichen Erbe, das in den Himmeln aufbewahrt wird* (1 Petr 1,3–4).

4 Die Tore dieser heiligen Kirche sind aus behauenen Steinen errichtet, denn jene, dank deren Wort wir zum ewigen Leben eingehen, weisen in sich selbst die von Gott gebotenen heiligen Werke vor und tragen sie so gleichsam zubehauen in sich. Die Tore wären nicht zubehauen, vielmehr unbearbeitet, wenn jene nur Worte vorbrächten, aber keine heiligen Werke in sich vorzuweisen hätten. Zeigt es sich aber, daß sie so leben, wie sie reden, dann sind sie Tore, die nach innen weisen, und zubehauen, sofern sie in ihrem Leben das einhalten, was sie anderen predigen. Wir sehen, daß die gesamten Grenzwälle dieser heiligen Kirche aus kostbarem Gestein errichtet sind, wenn wir in ihr Gläubige erblicken, die stark sind im Glauben und in der Liebe. Um zu zeigen, was er mit den Steinen sagen wolle, hat Isaias beigefügt: *Alle deine Söhne werden vom Herrn belehrt.* Wenn somit Isaias die gesamten Grenzwälle der Kirche aus kostbarem Gestein gesehen hat, dann hat Ezechiel mit dem ringsumher mit Steinen gepflasterten Boden dasselbe gemeint, zumal er über die Schatzkammern hinzufügt:
(Ez 40,17) Im Umkreis des Steinpflasters waren dreißig
5 *Schatzkammern.* Die Zahl zehn steht immer für die Vollkommenheit, weil in den zehn Geboten die ganze Befolgung des Gesetzes enthalten ist. In den Weisungen des Dekalogs ist das aktive Leben zugleich mit dem kontemplativen vereinigt, da die Einhaltung der Gottes- wie der Nächstenliebe daselbst vorgeschrieben wird. Die Gottesliebe betrifft das kontem-

plative, die Nächstenliebe das aktive Leben. Doch muß jeder Lehrmeister in dem Glauben an die heilige Dreifaltigkeit vollkommen sein, um sich im tätigen Leben ganz zu entfalten und sich unermüdlich zur Beschauung zu erheben. Darum werden die Schatzkammern mit dreißig beziffert, auf daß, die Zehn dreimal genommen, das Leben wie das Wort des Lehrenden in der Dreifaltigkeit begründet seien.

Hier müssen wir nun sorgfältig betrachten, daß der Prophet 6
bei der Beschreibung der Schatzkammern *das Steinpflaster ringsumher* erwähnt und dann weiter unten *die Schatzkammern im Umkreis des Steinpflasters* anfügt. Es scheinen also die Schatzkammern im Umkreis des Steinpflasters und das Steinpflaster rings um die Schatzkammer zu liegen. Und zwar sind das Steinpflaster und die Schatzkammern in einer solchen Ordnung angelegt, daß sich die Schatzkammern mit dem Steinpflaster abwechseln und das Steinpflaster mit den Schatzkammern. Dieser Umstand, Brüder, ist nicht ohne tiefere Bedeutung, daß nämlich vom Steinpflaster rings um die Schatzkammern wie auch von den Schatzkammern im Umkreis des Steinpflasters die Rede ist. So ist das Steinpflaster von Schatzkammern umgeben, denn die Worte der Lehrenden erziehen und bewachen Tag für Tag den Lebenswandel der Hörenden. In den Worten der heiligen Unterweisung sind die guten Lehrmeister bald auf lindernde Liebenswürdigkeit, bald auf bittere Schelte bedacht, um den Lebenswandel ihrer Jünger von Laster fernzuhalten. Umgekehrt sind auch die Schatzkammern im Umkreis vom Steinpflaster umgeben, denn nicht selten wird auch das Herz der Lehrmeister von Versuchungen angefochten, so daß es sich bald in stolzer Überheblichkeit aufbläht, bald von Fackeln des Zornes in Brand gesteckt wird. Wenn sie nun das Leben der guten Jünger betrachten und erwägen, welche Fortschritte diese dank ihrer Ermahnungen gemacht haben, erröten sie, wenn sie wahrnehmen, daß sie selbst nicht so sind, wie diese mit Gottes Hilfe geworden sind, und es festigt sich in ihrem Geist die Überzeugung, wie sehr sie in Schuld geraten sind. So oft sich die Lehrmeister an ihre eigenen Worte erinnern, schämen sie sich darüber, daß sie nicht einhalten, was sie sagen. So spricht Salomon: *Die Seele des Arbeiters tut sich schwer, denn sein Mund treibt ihn in die Enge*

(Spr 16,26). Unser Mund treibt uns zu vermehrter Anstrengung, wenn wir durch unsere eigenen Worte von den Lastern abgehalten werden, denn es ist eine überaus große Schande, durch Nachlässigkeit zu Fall zu kommen, während wir anderen durch unser Zureden aufzuhelfen versucht haben. So sind also die Schatzkammern rings vom Steinboden umgeben, denn der ehrbare Lebenswandel der Jünger ist eine große Stütze für die Lehrmeister. Und das eigene Wort wird für sie zur Hilfe, wenn sie sich schämen, daß sie den andringenden Lastern nicht widerstehen, zumal sie andere gegen die Laster kampftüchtig gemacht haben.

7 Werden wir uns denn, solange wir in diesem Leben weilen, gegen die bösen Geister jemals anders als im Kampf befinden? Wie gesagt mag das Herz des Lehrmeisters unter Umständen in eine gewisse Überheblichkeit geraten: Aber um weder selbst zugrunde zu gehen noch andere durch sein Beispiel ins Verderben zu ziehen, wird er sich rasch und wachsam in acht nehmen und sich in Gedanken peinlich prüfen. Er wird sich den Lebenswandel seiner Jünger ins Gedächtnis rufen, sich selbst demütigen und auf alle nur mögliche Art und Weise darauf hinarbeiten, daß die Überheblichkeit weder im Geist überhandnehme noch sich in Taten auswirke. Steht doch geschrieben: *Der Anfang jeglicher Sünde ist der Stolz* (Sir 10,15). Wie soll die Frucht guter Werke vor den Augen Gottes Bestand haben, wenn sie an der Wurzel vom Stolz angefault ist? Wie gesagt, wird seine Seele oft vom Zorn versucht; um so rascher soll er sich dessen bewußt werden und sich zu sich selbst zurückrufen, sich mit dem Gewicht der Zucht niederdrücken und alles tun, daß diese Seelenregung nicht in sein Reden einfließe, sich nicht in Worten äußere. Dann geschieht es, daß der Zorn der erregten Seele, wie er durch Unachtsamkeit entstanden ist, ebenso durch klare Überlegung erstickt wird und abstirbt. Die Folge davon ist, daß die Seele aus der Schuld, in die sie geraten ist, die Tugend hervorbringt, denn auch wenn sie sich zunächst gegen die sich erhebende böse Regung nicht energisch hatte zur Wehr setzen wollen, hat sie doch schließlich die Erregung tapfer besiegt. Treffend heißt es bei Salomon: *Besser ist ein ausdauernder Mann als ein starker; und wer sich selbst beherrscht, ist besser als ein Städteeroberer* (Spr

16,32). Ja, mit Recht ist ein ausdauernder Mann einem Städteeroberer vorzuziehen, weil in dieser siegreichen Aktion der Mensch andere Menschen besiegt, in der gebändigten Ausdauer hingegen hat die Seele den Sieg über sich selbst davongetragen. Es folgt:

(Ez 40,18) Und das Steinpflaster an der Stirnseite der Tore stimmte mit der Länge der Tore überein, war aber niedriger. Wenn wir die Länge der Tore mit der des 8
Platzes vergleichen, wo die Tore errichtet waren, dann stimmte das Steinpflaster mit der Länge der Tore überein, war aber niedriger. Wie groß der Raum war, den die Tore einnahmen, so weit dehnte sich das Steinpflaster aus, war aber niedriger. Die Länge des Steinpflasters war also nicht verschieden von der der Tore, die Gleichheit des Steinpflasters und der Tore war dennoch nicht gegeben. Was bedeutet es nun, daß das Steinpflaster in der Länge mit den Toren übereinstimmte, aber nicht gleich war, wenn nicht dies: daß das Leben der Menge sehr verschieden ist von dem der Lehrmeister? Wenn sie auch im Streben nach dem Himmelreich dieselbe Ausdauer der Hoffnung an den Tag legen, so haben sie doch nicht den gleichen Eifer im Lebenswandel. Mag immerhin das Steinpflaster die gleiche Länge haben, sofern die Hörenden den gleichen Glauben und die gleiche Hoffnung in sich bewahren, den die Lehrmeister zweifellos haben. Aber das Steinpflaster wird tiefer liegen, so daß alle Hörenden erkennen, wie weit die Lehrmeister ihre Verdienste übertreffen. Wenn wir unter der Länge der Tore, wie wir zuvor gesagt haben (vgl. zu Ez 40,11; Seite 326f.), deren Höhe verstehen sollen, zumal, wie kurz danach geschrieben steht, Stufen zu den Toren hinaufführten (vgl Ez 40,22), dann liegt das Steinpflaster um so tiefer, als jedes einzelne Tor in die Höhe aufragt. Je heiliger das Leben des Lehrmeisters ist, desto demütiger die Gesinnung des Hörenden. Er verachtet sich selbst, wenn er erwägt, zu welcher Höhe sich das Leben des Lehrenden emporschwingt. Er wird vielleicht einige seiner Vorzüge nachahmen können, andere nicht. Wo er dazu imstande ist, dient es ihm zum Fortschritt, wo nicht, wächst er in der Demut. Und so gereicht ihm gerade auch dies zum Fortschritt, worin er ihn nicht zum Fortschritt nachahmen kann.

9 Denn siehe, wenn wir die Taten und Worte unserer Glaubensboten, von denen wir lesen, erwägen, erkennen wir, zu welcher Höhe die Tore aufragen. Schweigen wir von den offenkundigen Wunderzeichen und reden wir von den Herzenstugenden. So hat Paulus, der von sich sagte, er sei durch das Gesetz dem Gesetz gestorben (vgl. Gal 2,19), durch eben dieses Gesetz geboten, an Christus zu glauben. Von großem Glaubensfeuer entflammt, hat er sich geweigert, die Vorschriften des Gesetzes «fleischlich» zu befolgen, und verboten, daß bei den Heiden die Beschneidung durchgeführt werde. Und als der Apostel Petrus die Gewohnheit der gesetzlichen Beschneidung beibehalten wollte, hat er ihm ins Angesicht widerstanden und gesagt, in dieser Sache sei er tadelnswert gewesen. Zu den Jüngern redend bezeichnet er dessen Vorhaben nicht nur als schuldhaft, sondern, was schlimmer ist, als Hypokrisie, das heißt als Heuchelei; da er spricht: *Als Petrus nach Antiochien kam, habe ich ihm ins Angesicht widerstanden, weil er tadelnswert war* (Gal 2,11). Und kurz darauf: *Seiner Heuchelei hatten die übrigen Juden zugestimmt* (Gal 2,13). Als aber anderseits der erste unter den Aposteln die Jünger in vielem ermahnte und merkte, einige wollten sie gegen die Schriften Pauli aufhetzen, sagte er: *Wie unser geliebter Bruder Paulus nach der ihm verliehenen Weisheit euch geschrieben hat; so wie in all seinen Briefen, wenn er von diesen Dingen redet, in welchen manches schwer verständlich ist, was die Unwissenden und Schwankenden verdrehen, ebenso wie auch die übrigen Schriften zu ihrem eigenen Verderben* (2 Petr 3,15-16). Siehe, Paulus nennt Petrus in seinen Briefen tadelnswert; siehe, Petrus erklärt Paulus in dem, was er geschrieben hat, als bewundernswert. Gewiß hätte Petrus den Paulus nicht gelobt, wenn er dessen Briefe nicht gelesen hätte. Doch wenn er sie liest, stößt er darin auf die Stelle, wo er ihn zurechtweist. Als Freund der Wahrheit lobt er die Tatsache, daß er zurechtgewiesen wurde, und pflichtet dem Umstand bei, daß er dort keine Zustimmung gefunden hat, wo er anderer Meinung hätte sein sollen. Er hat dem geringeren Bruder sein Einverständnis kundgetan und ist in diesem Punkt einem Geringeren als ihm gehorsam geworden, damit

er auch darin vorausgehe, als Erster an der Spitze der Apostel auch der Erste in der Demut zu sein. Erwägt, bitte, geliebte Brüder, auf welcher geistiger Höhe sich der befindet, der die Briefe lobt, in denen er seinen Tadel geschrieben findet. Wie groß muß seine Sanftmut und Seelenruhe, seine Charakterstärke, wie unerschütterlich seine Überzeugung gewesen sein! Siehe, von einem Geringeren als ihm wird er zurechtgewiesen, ohne dem Tadel auszuweichen! Er erinnert nicht etwa daran, daß er zum Ersten der Apostel berufen sei (vgl. Mt 4,18–19), daß er es sei, dem die Schlüssel des Himmelreiches anvertraut wurden, daß sämtliche Sünden, die er auf Erden lösen würde, auch im Himmel gelöst seien (vgl. Mt 16,19), daß er zu Fuß über das Meer wandelte (vgl. Mt 14,29), daß er Lahme durch sein Geheiß im Namen Jesu aufgerichtet hat (vgl. Apg 9,33–34), daß er Kranke durch den Schatten seines Körpers geheilt hat (vgl. Apg 5,15), daß er Lügner mit einem Wort getötet hat (vgl. Apg 5,10), daß er durch sein Gebet Tote zum Leben erweckt hat (vgl. Apg 9,40). Um also dem Anhören der Scheltworte nicht auszuweichen, hat er alle empfangenen Gnadengaben gleichsam aus dem Bewußtsein verbannt, um die eine Gabe der Demut festzuhalten. Ich frage: Wer von uns würde, wenn er eine außerordentliche Wundertat vollbracht hätte und von einem geringeren Bruder zurechtgewiesen würde, die Zurechtweisung geduldig anhören? Wir haben keine Wunder gewirkt, und wenn uns einmal einer wegen unseres Tuns zur Rede stellt, werden wir sofort zornig, halten uns im Stillen für große Leute, denken an unsere Vorzüge, auch an solche, die wir gar nicht haben. Petrus dagegen ist mit all seinen Tugenden bei der Zurechtweisung demütig geblieben, und das Tor ragte zur Höhe empor. Eine derartige Sanftmut können wir freilich nicht nachahmen, denn wir bilden das Steinpflaster und liegen viel tiefer.

Nun gibt es einige, die annehmen, nicht der Apostelfürst 10
Petrus, sondern irgendein anderer dieses Namens sei von Paulus zurechtgewiesen worden. Doch wenn sie die Ausführungen des Apostels Paulus aufmerksam gelesen hätten, würden sie nicht so reden. Um bei den Worten: *Als Petrus nach Antiochien gekommen war, habe ich ihm ins Angesicht widerstanden,*

zu zeigen, von welchem Petrus er rede, hat Paulus am Anfang seinen Berichtes die Bemerkung vorausgeschickt: *Mir ist das Evangelium für die Unbeschnittenen anvertraut worden wie dem Petrus das für die Beschnittenen. Denn der, welcher bei Petrus wirksam war zum Apostelamt für die Beschnittenen, war auch bei mir wirksam für die Heiden* (Gal 2,7–8). Es ist also offenkundig, von welchem Petrus Paulus redet: er nennt ihn einen Apostel und erklärt, er stehe der evangelischen Verkündigung bei den Beschnittenen vor.

11 Auf der anderen Seite gibt es Leute, die behaupten, der zweite Brief von Petrus, in dem die Briefe Pauli gelobt werden, stamme gar nicht von ihm. Doch wenn sie den Wortlaut in seinen Briefen hätten erwägen wollen, müßten sie zu ganz anderen Ansichten kommen. Dort steht geschrieben: *Als an ihn eine solche Stimme von der hocherhabenen Herrlichkeit erging: Dies ist mein geliebter Sohn, an dem ich Wohlgefallen gefunden habe,* und wird hinzugefügt: *Und diese Stimme haben wir gehört, als wir mit ihm auf dem heiligen Berg waren* (2 Petr 1,17–18). Man lese daher das Evangelium und man wird sogleich erkennen, daß der Apostel Petrus mit dem Herrn auf dem Berg stand, als diese Stimme vom Himmel ertönte (vgl. Mt 17,1–9 par). Folglich hat der diesen Brief geschrieben, der diese Stimme über den Herrn auf dem Berg gehört hat.

DAS VORBILD DES HL. PAULUS

12 Da wir nun ein weniges über Petrus gesagt haben, wollen wir uns jetzt, wenn es euch recht ist, der Sanftmut des Paulus zuwenden. Erwägen wir, soweit wir's vermögen, wie groß seine Sanftmut im Streben nach Ausdauer gewesen ist, er, der im Eifer der Verkündigung sosehr erglühte, daß er nicht einmal des Ersten unter den Aposteln schonte! Wir übergehen indes, daß er dreimal mit Ruten geschlagen und einmal gesteinigt worden ist, dreimal einen Schiffbruch miterlebt hat, daß er eine Nacht und einen Tag auf hoher See umhergetrieben ward und von den Juden fünfmal vierzig weniger einen Geißelhieb erhalten hat (vgl 2 Kor 11,24–27). Man wird ja nicht so sehr zum Zorn gereizt durch das Böse, das einem

von offenen Widersachern angetan wird: mehr schmerzt zumeist das, was wir von den eigenen Leuten erdulden. So spricht die WAHRHEIT durch den Psalmisten gegen ihren Verräter redend: *Denn wenn mein Feind mich gelästert hätte, so hätte ich es wohl ertragen. Aber du, sonst ein Herz mit mir, mein Führer und mein Vertrauter, der du mit mir zusammen süße Speisen genossest* (Ps 54,13–15). Erwägen wir, soweit wir's vermögen, wie geduldig der Apostel Paulus gegenüber den Verfolgern, wie sanftmütig er gegenüber den Jüngern gewesen ist. Gewiß, als er nach Korinth kam, hat er die Korinther vom Götzendienst abgebracht, ihnen den wahren Gott verkündet und die Freuden des ewigen Lebens vor Augen gestellt. Und als er eine große Menge Volk im Glauben gesammelt hatte, hat er dort eine solche Armut ausgestanden, daß er um seinen Lebensunterhalt schwere Not litt. Er hat den Jüngern das Brot des Himmels gepredigt, das Brot der Erde hat er von ihnen nicht erhalten. Er kümmerte sich mit dem Wort um das ewige Leben seiner Hörer, er kümmerte sich mit seiner Hände Arbeit um das Leben seines Leibes. Sogar von den Jüngern aus den anderen Ländern wurde ihm Unterstützung zuteil, damit es ihm möglich war, den Korinthern zu predigen. Er hat dann später die Korinther in einem Brief wissen lassen: *Als ich bei euch war und Mangel litt, bin ich niemandem zur Last gefallen; denn was mir mangelte, dem halfen die Brüder ab, die aus Mazedonien kamen* (2 Kor 11,9). Zu ihrer großen Schande hatte er ihnen zuvor gestanden: *Andere Kirchen habe ich ‹beraubt›, indem ich Unterstützung annahm für den Dienst an euch* (2 Kor 11,8). Erwägen wir nunmehr, soweit wir's vermögen, welche Sanftmut darin lag, das Brot des Geistes zu predigen und auf das Brot des Leibes zu verzichten, die Herzen der Zuhörer über die ewigen Reichtümer zu unterrichten und mitten unter den gläubigen, im Überfluß lebenden Jüngern Hunger zu leiden, unter Satten zu darben, nicht davon zu reden, daß man leidet noch woran man leidet, sich nicht zu kränken, wenn man die gegen sich verhärteten Herzen der halsstarrigen Zuhörer sieht, und trotzdem die Verkündigung nicht abzubrechen. Denn nach dem Zeugnis der Apostelgeschichte hat Paulus ein Jahr und sechs Monate ununterbrochen in dieser Stadt gepredigt (vgl. Apg 18,11). Nachdem er von den Korinthern fortgegangen war, hat er ihnen dann später geschrieben, was er bei ihnen erduldet hatte. Warum hat er nie davon gesprochen, solange er unter ihnen lebte? Damit nicht aufgrund eines Befehles getan würde, was ihm freiwillig nicht getan wurde, und ihre Mildtätigkeit nach außen hin aufschiene, während ihr guter Wille unerkennbar bliebe. Weshalb hat er es ihnen so viel später doch geschrieben? Damit die Jünger auf keinen Fall ohne Zurechtweisung blieben und sich gegenüber anderen Brüdern nicht ebenso verhielten, wie sie es dem Meister gegenüber getan hatten. Indem Paulus die eigenen Belange hintanstellte und sich um die der anderen annahm, hat er wahrhaft erfüllt, was er gepredigt hat: *Niemand trachte nach dem Seinigen, vielmehr nach dem, was des anderen ist. Und jeder einzelne denke nicht an seine eigenen Angelegenheiten, sondern an die der andern* (Phil 2,4). Wie groß ist also seine Tugend der Sanftmut! Wie groß seine geistige Ausgeglichenheit! Wer von uns, der einen nach Ansicht dieser Welt reichen Mann zum Dienst des allmächtigen Gottes bekehrt hätte und feststellte, daß er selber Mangel leidet und jener ihm keine Unterstützung zum Lebensunterhalt gewährt, wer von uns wäre nicht sogleich an dessen Gnadenleben verzweifelt? Wer würde dessen seelsorgliche Betreuung nicht einstellen, wenn er sähe, daß die erste Frucht des guten Werkes nicht ihm selbst zugute käme?

13 Paulus hingegen, dank seiner Sanftmut auf dem Gipfel der Tugend festgegründet, harrte aus, predigte, übte die Liebe, vollendete das begonnene Gute und lenkte mit Geduld und Ausdauer die Herzen der Jünger zur Mildtätigkeit. Später gesteht er ja, um ihren Fortschritt Bescheid zu wissen und schreibt in demselben Brief: *Über den Dienst, der den Heiligen geleistet wird, euch zu schreiben, ist überflüßig für mich. Kenne ich doch eure Bereitwilligkeit, die ich euretwegen bei den Mazedoniern rühme: daß nämlich Achaja seit dem vorigen Jahr gerüstet ist, und euer Eifer hat sehr viele angespornt* (2 Kor 9,1–2). Und wiederum sagt er von ihnen: *Ihr habt nicht nur mit dem Tun, sondern auch mit dem Wollen angefangen seit dem vorigen Jahr* (2 Kor 8,10). Er hatte bei ihnen nicht sosehr die Werke als die guten Vorsätze vermißt und lobt zweifellos mehr ihre guten Vorsätze als die Werke. Doch bemerkt man, daß seine Erleichterung nicht

ohne Vorbehalte ist, da es heißt: *Seit dem vorigen Jahr*. Sie haben zwar Gutes getan, aber spät, und deshalb lobt es der Lehrmeister nicht ohne Einschränkung. Er ist ja ein Arzt, er verordnet der Wunde eine Arznei, welche die gereinigten Teile neu belebt und die, welche verfault erfunden wurden, ausschneidet. Indem er dies alles erträgt und lehrt, vollendet er das Begonnene. Die Kraft seiner wundersamen Ausdauer hat die Hartherzigkeit der Jünger zu inniger Mildtätigkeit aufgeweicht, da sich die Länge des Tores zur Höhe aufrichtete. Wir Schwache sind ja zur Nachahmung der Ausdauer einer solchen Sanftmut nicht fähig, denn wir gehören offensichtlich zum Steinpflaster und liegen darnieder, verächtlich ob unserer Lebensweise.

DAS VORBILD DES HL. STEPHANUS

Doch siehe, während ich über die beiden Anführer des himm- 14
lischen Heeres spreche, kommt mir der Martyrer Stephanus in den Sinn. Im Namen seines Schöpfers festgenommen und in die Mitte der Verfolger geführt, blieb er unerschüttert standhaft, lehrte voller Zuversicht und beschuldigte seine Verfolger hart aus Liebe zur Wahrheit: *Ihr habt allezeit dem heiligen Geist widerstanden* (Apg 7,51). Als jene dann nach den Steinen liefen und ihn steinigen wollten, betete er kniend für die Verfolger: *Herr, rechne ihnen das nicht zur Sünde an* (Apg 7,60). Welche Tugend: im Eifer sosehr erglühen, daß er denen, die ihn festgenommen hatten, unerschrocken die Schuld ihrer Unredlichkeit vorwarf, und sosehr lieben, daß er noch im Tod für die betete, die ihn umbrachten! Er glühte in seinem Eifer, als ob er nichts von Sanftmut wüßte, und er verharrte so sanftmütig in der Liebe zu ihnen, als ob nichts von jenem glühenden Eifer wider sie gewesen wäre. Erwägen wir bei all dem, wo die Schuld unseres Gewissens liegt. Denn wer von uns, und wäre er von einem anderen auch nur mit Worten beleidigt worden, antwortet nicht umgehend mit einer Gegenbeleidigung, gerät nicht in wilde Erregung, bricht nicht in Haßgefühle aus und vergißt nicht auf das Gebot der Liebe? Doch Stephanus war dank der Gnade des allmächtigen

Gottes dazu imstande, war er doch ein zur Höhe aufragendes Tor. Wir können das mit unserer armseligen Tugend nicht nachahmen, denn wir liegen wie das Steinpflaster viel weiter unten.

15 Was aber sollen wir von unserer Bewunderung des Lebens der Heiligen sagen, wenn sogar die alten Väter bei der Betrachtung des Lebens der Glaubensboten der heiligen Kirche in so großes Staunen geraten sind? Hat nicht etwa der Psalmist ihr Leben bewundert, da er sagt: *Bei mir aber sind deine Freunde, o Gott, überaus geehrt, überaus mächtig ist ihr Vorrang* (Ps 138,17). Frage das Evangelium, was es von diesen Freunden hält, da die WAHRHEIT zu den Glaubensboten spricht: *Ihr seid meine Freunde* (Joh 15,14). Ebenso sagt Isaias im Blick auf ihr Leben: *Wer sind diese, die daherfliegen wie Wolken und gleich den Tauben zu ihren Schlägen?* (Is 60,8). Zu Recht wurden die heiligen Glaubensboten als Wolken bezeichnet, weil sie die Worte regnen lassen und in Wundern aufblitzen. Es heißt, daß sie wie Wolken fliegen, da sie, wiewohl auf Erden lebend, in all ihrem Tun nicht von dieser Erde waren. Wie von einer Wolke wird gesagt: *Denn im Fleische wandelnd kämpfen wir nicht nach dem Gesetz des Fleisches* (2 Kor 10,3). Die früheren Väter waren verheiratet, zeugten Söhne, hatten Besitz und trugen Sorge für ihr Hauswesen. Von denen aber, die im Geist der Weissagung vorausblicken, heißt es, daß sie den Besitz aufgeben, keine Ehen schließen, keine Söhne zeugen, nach nichts Irdischem trachten, nichts zu eigen haben, nicht wie gewöhnliche Menschen auf Erden wandeln, vielmehr wie Wolken schweben. Sie schweben, da sie im Geist betrachten, was des Himmels ist. Sie berühren gleichsam die Erde nicht, weil sie in ihr nach nichts streben. Sie sind auch gleichsam wie Tauben, die zu ihren Schlägen fliegen, weil sie im Geist der Sanftmut die Augenlust dieser Welt in sich abtöten. Bedenken wir also, welche Höhe die Tore dieses geistigen Bauwerkes haben, die von den geistigen Vätern bewundert werden. Wie sehr müssen wir uns daher in ihrer Bewunderung demütigen, da wir nur zum Steinpflaster gehören.

HUNDERT ELLEN NACH OSTEN UND NACH NORDEN

Da wir nun unter dem Begriff der Länge einiges von der Höhe
der Tore gehört haben, so laßt uns jetzt etwas von ihrer Breite
kennenlernen. Es folgt:
*(Ez 40,19) Und er maß die Breite von der Stirnseite des
unteren Tores bis zum äußeren Mauervorsprung des in-
neren Vorhofes: hundert Ellen nach Osten und nach
Norden.* Wenn wir in diesen Worten unter dem Tor einen 16
Zugang verstehen, durch den wir zur Erkenntnis des Herrn
eingehen, so ist das untere Tor der Glaube, der innere Vorhof
die Beschauung. Das untere Tor hat an der Stirnseite eine
gewisse Breite, weil ja der Glaube durch die Weite seiner
Liebe eine Wirksamkeit hat, die von den Mitmenschen wahr-
genommen wird. Wenn wir die kraftvolle Entfaltung dieser
Wirksamkeit durch die Vollkommenen erblicken, dann erhal-
ten wir, die wir klein sind an guten Werken, durch sie die
Vorbilder großer Taten. Und jede heilige Tat wird für uns zu
einer Verbreiterung des Weges, der wegen mancherlei
Schwierigkeiten zuvor eng gewesen ist. Auch hat der innere
Vorhof einen Mauervorsprung, weil das Leben der Beschau-
ung durch gewisse Äußerungen von Sehnsucht und Seufzern
anzeigt, wieviel die Seele in ihrer so großen Liebe im Inneren
schaut. Die Zahl zehn indes, mit sich selbst multipliziert,
ergibt hundert. Mit Recht wird daher durch die Zahl hundert
eine große Vollkommenheit bezeichnet, wie von den Auser-
wählten gesagt wird: *Jeder, der Haus oder Brüder oder Schwestern
oder Vater oder Mutter oder Gattin oder Kinder oder Äcker verläßt
um meines Namens willen, wird Hundertfältiges empfangen und das
ewige Leben erben* (Mt 19,29). Freilich wird kein Heiliger das
Irdische deshalb aufgeben, um es in dieser Welt um ein Vielfa-
ches vermehrt zu besitzen, denn wer immer Irdisches um
irdischer Interessen willen verläßt, verläßt es nicht, sondern
strebt ja gerade nach ihm. Und wer die eine Gattin verläßt,
wird nicht hundert erhalten, vielmehr wird durch die Zahl
hundert jene Vollkommenheit bezeichnet, nach welcher das
ewige Leben verheißen ist. Denn wer immer um des Namens
Gottes willen das Zeitliche und das Irdische verachtet, emp-

fängt von daher die Vollkommenheit der Gesinnung, so daß er nicht mehr nach dem trachtet, was er verachtet, und im künftigen Leben zur Herrlichkeit des ewigen Lebens gelangt. Hundertfach erhält er also, was er gegeben hat, erhält den Geist der Vollkommenheit und hat kein Bedürfnis mehr nach irdischen Dingen, auch wenn sie ihm fehlen. Denn arm ist, wer Verlangen hat nach dem, was ihm fehlt. Und reich ist, wer das, was ihm fehlt, nicht zu erwerben wünscht. Die Armut besteht ja in einem geistigen Mangelbewußtsein, nicht in einem Mehr oder Weniger an Besitz. Wem die Armut willkommen ist, der ist nicht arm. Somit hat der Mann die Breite von der Stirnseite des unteren Tores bis zum äußeren Mauervorsprung des inneren Vorhofes gemessen: hundert Ellen. Mißt doch unser Erlöser durch die Vorsteher und Glaubenslehrer täglich das Leben der Gläubigen nach dem Maß der Vollkommenheit, sei es an der Beschaffenheit der guten Werke im Glauben, sei es an dem heiligen Verlangen in der Beschauung.

17 Viele scheinen im Glauben lebend Großes zu wirken, werden aber doch nicht mit hundert Ellen gemessen, weil sie in ihrem Tun irdischem Ruhm nachjagen. Andere scheinen sich in Enthaltsamkeit zu kasteien und in Reueseufzern aufzugehen, aber ihr Maß reicht keineswegs bis zu hundert Ellen, weil sie in ihrem Tun nach Menschenbeifall trachten. Nur der wird mit hundert Ellen gemessen, dessen gute Werke der richtigen Absicht entspringen, der in all seinem Tun weder auf den Erwerb irdischen Gewinns noch auf vergängliches Lob abzielt.

18 Siehe, den Nächsten Barmherzigkeit entgegenbringen, vom Besitz herschenken, dem Darbenden rasch geben: das ist die Breite an der Stirnseite des unteren Tores. Wenn du also von dem Deinigen gibst, ohne nach fremdem Gut zu schielen, in deinen guten Werken keinem irdischen Ruhm nachjagst, dann hast du mit Recht das Maß der Zahl hundert, das heißt das Maß der Vollkommenheit. Wer zum Beispiel von seinem Eigentum barmherzige Spenden gibt und dann fremdes Gut gewaltsam an sich bringt, weiß noch nichts vom Weg der Vollkommenheit, hat nicht erkannt, von wo aus er zur Vollkommenheit strebt, weil er dessen Ausgangspunkt nicht ge-

funden hat. Zuerst müßte er die Begehrlichkeit aus seinem Herzen ausrotten und dann von dem herschenken, was er rechtens besitzt. So steht geschrieben: *Meide das Böse und tue das Gute* (Ps 36,27). Wie kann etwas, das er tut, von Gutem sein, solang er vom Bösen noch nicht abgelassen hat? Es gibt, wie gesagt, solche, die sich der Speisen enthalten, den Leib kasteien, und dennoch: wenn man ihnen auf den Zahn fühlt, merkt man, daß sie dem Ruhm dieser Welt nachjagen. Diese weisen zwar den Mauervorsprung des inneren Vorhofes auf, werden aber nicht mit hundert Ellen gemessen.

Somit befinden sich jene in der Zahl der Vollkommenheit, 19
von denen Paulus sagt: *Die ihr Fleisch samt seinen Lastern und Leidenschaften gekreuzigt haben* (Gal 5,24). Man beachte auch den Hinweis, daß diese Dinge nicht innen, sondern außen gemessen werden. Wenn nämlich unser Erlöser das von uns Menschen Getane gutheißt oder verurteilt, mißt er nicht innen, sondern außen. So sagt er im Evangelium: *An ihren Früchten werdet ihr sie erkennen* (Mt 7,16). Da wir die Gesinnung des Handelnden, die wir nicht sehen, an dem erkennen, was wir sehen, messen wir die Breite der Stirnseite des unteren Tores, beziehungsweise den äußeren Mauervorsprung des inneren Vorhofes. Wenn wir sehen, wie die einen Almosen spenden, den Bedrängten zu Hilfe eilen, den Unterdrückten beistehen, daß sie aber dabei nicht nach dem Ruhm dieser Welt trachten, keinem Vorteil in dieser Welt nachjagen – und wenn wir sehen, wie andere die fleischlichen Gelüste bezwingen, in Reuetränen verharren, sich der Betrachtung himmlischer Worte widmen, keinerlei vergängliche Ehre anstreben, müssen wir sie dann nicht für vollkommen halten, als Heilige einschätzen? Indem wir sie also aufgrund dessen, was wir sehen, als Vollkommene betrachten, messen wir ihr Leben außen mit hundert Ellen.

Und da viele in Judäa, die meisten aber im Heidentum diesen 20
Gipfel der Vollkommenheit erklommen haben, wird zu Recht beigefügt: *Nach Osten und nach Norden.* Das jüdische Volk wird nicht zu Unrecht nach dem Sonnenaufgang benannt, aus dessen Fleisch jener geboren ward, der die Sonne der Gerechtigkeit heißt. Von ihm wird durch den Propheten gesagt: *Euch, die ihr den Herrn fürchtet, wird die Sonne der Gerechtigkeit*

aufgehen (Mal 4,2). Durch den Norden wird aber das Heidentum versinnbildlicht, das lange in der Kälte seines Unglaubens erstarrt gewesen ist und in dessen Herzen jener regierte, der nach dem Zeugnis des Propheten über sich selber sagt: *Ich will meinen Thron aufrichten gegen Norden* (Is 14,13). Weil der fleischgewordene allmächtige Herr die einen aus Judäa, die anderen aus dem Heidentum in der heiligen Kirche zu Vollkommenen gemacht hat, reicht das Maß der hundert Ellen nicht nur nach Osten, sondern auch nach Norden.

21 Da mit dem Begriff des Nordens die Rede auf das Heidentum gekommen ist, mag es angemessen sein zu bedenken, wie sehr die Herzensliebe unseres Erlösers über uns ausgegossen ward. Wir alle kommen ja aus dem Heidentum. Unsere Vorfahren haben Hölzern und Steinen gedient und haben, den Gott, der sie erschaffen hat, verlassend, Götzen verehrt, die sie selber gemacht hatten. Wir aber sind durch die Gnade des allmächtigen Gottes aus den Finsternissen zum Licht zurückgeführt worden. Rufen wir uns also ins Gedächtnis, aus welchen Dunkelheiten wir kommen, um für das empfangene Licht Dank zu sagen. Wer seiner Armseligkeit nicht bewußt ist, begreift die göttliche Barmherzigkeit nicht. So fleht der Psalmist zu Gott: *Beweise deine wunderbaren Erbarmungen, o Herr, der du die rettest, die auf dich hoffen* (Ps 16,7). Die wunderbaren Erbarmungen Gottes werden uns dann zuteil, wenn wir uns unsere Armseligkeiten ins Gedächtnis rufen, denn in der Erinnerung an das, was wir waren, begreifen wir, wem wir verdanken, was wir sind. Lobsingen wir voller Freude unserem Schöpfer, weil wir unseren Hals aus der Schlinge der Knechtschaft durch die Geschöpfe gezogen haben. Freuen wir uns, daß an uns in Erfüllung gegangen ist, was Isaias gesagt hat: *Und der in den Irrtum führende Zaum im Gebiß der Völker wird für euch zum Loblied werden gleich dem Gesang einer geheiligten Feierstunde* (Is 30,28–29). Der Zaum des Irrtums hatte die Kinnbacken der Völker gefesselt, da das Heidentum, in der Verblendung des Götzendienstes gebunden, es nicht verstand, dem wahren Gott Lob und Anerkennung zu zollen. Für uns hat sich dieser Zaum des Irrtums in einen Lobgesang verwandelt, da wir frohlockend Zither spielen und singen: *Alle Götter der Heiden sind Dämonen, der Herr aber hat die*

Himmel erschaffen (Ps 95,5). Und: *Die Götzenbilder der Heiden sind Silber und Gold, Werke von Menschenhand; sie haben einen Mund und reden nicht, sie haben Augen und sehen nicht, sie haben Ohren und hören nicht, sie haben Nasen und riechen nicht, sie haben Hände und tasten nicht, sie haben Füße und gehen nicht* (Ps 113,4–7). Wenn wir dem Herrn solche Lieder singen, haben wir aus dem Zaum, der unseren Mund am Lob Gottes gehindert hat, dem Herrn wahrlich ein Lied gemacht. Treffend heißt es: *Gleich dem Gesang einer geheiligten Feierstunde.* Denn da wir Gott ein preisendes Bekenntnis ablegen, freuen wir uns in einer geheiligten Feierstunde. Laßt uns auf eine so große Barmherzigkeit durch unser Leben antworten und meiden wir, die wir das Licht erkannt haben, die Finsternisse böser Werke.

DER UNTERGANG ROMS

Was ist es schon, frage ich, was einem in dieser Welt gefallen 22
mag? Überall nehmen wir Trauer wahr, von überall her hören wir Wehklagen. Städte sind zerstört, Heerlager verwüstet, ganze Landstriche entvölkert, und das Land ist zur Einöde geworden. Kein Einheimischer ist auf den Äckern geblieben, kaum ein Bewohner in den Städten, und diese kleinen Überreste des Menschengeschlechtes werden noch immer Tag für Tag ohne Unterlaß gepeinigt. Die Geißeln der himmlischen Gerechtigkeit nehmen kein Ende, denn die Schuld unserer Missetaten wird auch mit Geißelhieben nicht wiedergutgemacht. Wir sehen die einen in Gefangenschaft geführt, andere enthauptet, wieder andere sonst getötet werden. Was also ist es, meine Brüder, das einem in diesem Leben gefallen mag? Wenn wir eine solche Welt noch immer lieben, so lieben wir keine Freuden, sondern Wunden. Ihr seht ja, was aus der Stadt Rom geworden ist, die einst die Herrin der Welt gewesen sein soll. Vielfältig wundgerieben durch unermeßliche Leiden, durch die Verzweiflung der Bürger, den Ansturm der Feinde und zahllose Ruinen, so daß wir an ihr erfüllt sehen, was Ezechiel viel weiter oben einmal gegen Samaria spricht: *Stelle einen Kessel auf, sage ich, stelle ihn auf und gieße Wasser hinein, wirf Fleischbrocken hinein* (Ez 24,3–4). Und wenig später: *Seine Brühe*

wallt auf, und ihre Knochen sind zerkocht in seiner Mitte (Ez 24,5). Und: *Wirf die Knochen hinein, damit ich sie im Feuer anbrenne: das Fleisch soll aufgezehrt, die ganze Mischung zerkocht werden, und die Knochen sollen zergehen. Stelle den Kessel auch leer auf die glühenden Kohlen, damit er erhitzt werde und sein Erz zerfließe* (Ez 24,10–11). Der Kessel ist uns aufgestellt worden, als diese Stadt gegründet wurde. Dann ist Wasser hineingeschüttet und sind seine Fleischbrocken hineingeworfen worden, als die Völker von überall her zu ihr strömten, um wie heiße Wasser in weltlichen Geschäftigkeiten aufzusieden und sich gleich Fleischbrocken in ihrer Glut aufzulösen. Deshalb heißt es: *Seine Brühe wallt auf, und ihre Knochen sind zerkocht in seiner Mitte* (Ez 24,5). Denn zuerst sind die Taten weltlichen Ruhmes heftig in ihr aufgeglüht, und dann ist der ganze Ruhm samt seinen Anhängern zugrunde gegangen. Mit den Knochen sind die Mächtigen dieser Welt, mit den Fleischbrocken die Völker bezeichnet, denn wie das Fleisch durch die Knochen gestützt wird, so wird von den Mächtigen der Welt die Schwäche der Völker beherrscht. Doch siehe, alle Mächtigen dieser Welt sind aus dieser Stadt hinweggerafft, die Knochen sind zerkocht. Siehe, die Völker sind untergegangen, die Fleischbrokken haben sich aufgelöst. Daher heißt es: *Wirf die Knochen hinein, damit ich sie im Feuer anbrenne: das Fleisch soll aufgezehrt und die ganze Mischung zerkocht werden, und die Knochen sollen zergehen.* Wo ist der Senat? Wo das Volk? Die Knochen sind dahingeschwunden, die Fleischbrocken sind aufgezehrt, die gesamte Ordnung der weltlichen Würdenträger ist ausgelöscht. Seine gesamte Mischung ist zerkocht. Und wir, die wir dageblieben sind,– wir sind gar nicht so wenige –, werden noch immer täglich von Schwertern, noch immer täglich durch zahllose Drangsale niedergedrückt. Daher heißt es: *Stelle ihn auch leer auf die glühenden Kohlen.* Es fehlt der Senat, und das Volk ging zugrunde, und in den wenigen, die da sind, nehmen die Schmerzen und Seufzer täglich um ein vielfaches zu, und so brennt gleichsam das leere Rom! Aber was reden wir da von den Menschen, wo doch die Ruinen überhandnehmen und wir sehen, wie die Häuser der Stadt zerfallen. Daher heißt es von der bereits leeren Stadt nicht zu Unrecht: *Er werde erhitzt und sein Erz zerfließe.* Schon geht nämlich der Kessel selbst zugrunde, in dem zuvor die Knochen und die Fleischbrocken zugrundegegangen waren. Denn nachdem die Menschen verschwunden sind, fallen auch die Wände zusammen. Wo sind die, welche sich einst in ihrem Ruhme sonnten? Wo ist ihr Gepränge? Wo der Hochmut? Wo die häufigen und maßlosen Lustbarkeiten?

An ihr ist das Wort des Propheten gegen das zerstörte Ninive 23
in Erfüllung gegangen: *Wo ist das Lager der Löwen und der Futterplatz der Junglöwen?* (Nah 2,11). Oder waren etwa ihre Anführer und Machthaber keine Löwen, welche die verschiedenen Provinzen der Welt durcheilten und grausam wütend und mordend Beutestücke raubten? Hier fanden die Junglöwen ihr Futter, strömten doch die heidnischen Knaben, die Heranwachsenden und Jünglinge und die Söhne des Heidentums von überall hierher zusammen, wenn sie es in dieser Welt zu etwas bringen wollten. Doch siehe, verlassen ist die Stadt, siehe, in den Staub getreten, siehe, von Seufzern niedergebeugt. Niemand eilt mehr zu ihr, um es in dieser Welt zu etwas zu bringen. Kein Mächtiger und Gewalthaber ist dageblieben, um durch Unterdrückung Beute an sich zu reißen. Darum wiederholen wir: *Wo ist das Lager der Löwen und der Futterplatz der Junglöwen?* Auf sie trifft zu, was, wie wir wissen, der Prophet zu Judäa sagte: *Verbreitere deine Glatze wie die eines Geiers* (Mich 1,16). Der Mann hat nur am Kopf eine Glatze, die Glatze des Geiers jedoch überzieht den ganzen Körper, denn wenn er sehr alt geworden ist, fallen sein Flaum und seine Federn von allen seinen Gliedern ab. Die Stadt verbreitert also ihre Glatze wie die eines Geiers: entvölkert, hat sie den Flaum verloren, auch die Federn der Flügel sind abgefallen, womit sie so oft auf Beute ausflog, denn all ihre Machthaber sind vertilgt worden, durch die sie fremde Güter raubten.

Was wir da vom Jammer der Stadt Rom sagen, das geschieht, 24
wie wir wissen, in allen Staatswesen der Welt. Die einen Gegenden sind infolge von Naturkatastrophen verödet, andere durch das Schwert verwüstet, andere von Hungersnöten heimgesucht, wieder andere durch Erdbeben verschlungen. Verachten wir also aus ganzer Seele dieses gegenwärtige Säkulum, das doch so im Argen liegt! Machen wir Schluß mit

weltlichen Gelüsten – wenigstens am Weltende! Eifern wir den Taten der Guten nach, soweit wir können! Denn im Osten und im Norden gibt es viele, deren Maß dank der Vollkommenheit ihres Lebens hundert Ellen beträgt. Aus Judäa wie auch aus dem Heidentum sind sie, wie gesagt, zum Gipfel der Heiligkeit herangewachsen. Zwar könnte man unter dem Osten und dem Norden auch die Gerechten und die Sünder verstehen. Der Osten bezeichnet nicht zu Unrecht die Gerechten, die im Licht des Glaubens geboren wurden und in der Unschuld verharrten. Mit Recht auch verstehen wir unter dem Norden die Sünder, die, der Kälte des Geistes verfallen, unter dem Schatten ihrer Sünde erstarrt sind. Aber weil die Barmherzigkeit des allmächtigen Gottes auch diese zur Buße zurückruft, in Zerknirschung und mit Tränen rein wäscht, mit Tugenden beschenkt und bis zur Herrlichkeit der Vollkommenheit emporhebt, reichen die hundert Ellen nicht nur nach Osten, sondern auch nach Norden, dann nämlich, wenn mit den Gerechten auch die Sünder durch Gnadengaben und Buße zur Vollkommenheit gelangen. Das gewähre unser Herr Jesus Christus, der mit dem Vater und dem Heiligen Geist lebt und regiert, Gott von Ewigkeit zu Ewigkeit. Amen.

7. HOMILIE: Ez 40,20–26

Die Leser der Heiligen Schrift müssen sorgfältig beachten, 1
daß dasselbe Wort durchaus nicht immer dieselbe Sache zu bezeichnen braucht, wie beispielsweise die Sonne bald im guten, bald im bösen Sinn aufzufassen ist. So ist mit der Sonne einmal unser Erlöser, ein andermal eine Verfolgung gemeint. Nach den Worten des Weisheitsbuches werden die Gottlosen dereinst sagen: *Wir sind vom Weg der Wahrheit abgeirrt, und die Sonne der Gerechtigkeit hat uns nicht erleuchtet* (Wh 5,6). Und von den ausgesäten Samenkörnern sagt der Herr: *Als die Sonne aufgegangen war, verdorrten sie* (Mt 13,6), weil die Worte der Frohbotschaft bei einer Verfolgung in den Herzen der Verworfenen vertrocknen. Oder es bezeichnet der Löwe den Herrn. So steht geschrieben: *Es siegt der Löwe vom Stamme Juda* (Offb 5,5). Dann wieder wird der Teufel mit dem Löwen verglichen, wie der Erste der Hirten spricht: *Euer Widersacher, der Teufel, geht umher wie ein brüllender Löwe und sucht, wen er verschlinge* (1 Petr 5,8). Oder es wird mit dem Rind der Weise bezeichnet. So steht geschrieben: *Du sollst nicht Rind und Esel zusammen an den Pflug spannen* (Dt 22,10), das heißt: du sollst bei der Verkündigung nicht einen Gescheiten mit einem Dummen zusammentun. Dann wieder versinnbildlicht das Rind einen Narren, wie es von einem, der in schimpflicher Leidenschaft gefangen ist, heißt: *Und alsbald folgt er ihr wie ein Rind, das zur Schlachtbank geführt wird* (Spr 7,22), das heißt wie ein Narr, der zur Hinrichtung geschleppt wird. Ich habe das aus folgendem Grund gesagt: obschon ich dargelegt habe, daß das Tor den Herrn oder die Heilsboten oder die Heilige Schrift oder den Glauben bezeichnet, soll man nicht meinen, daß überall, wo bei Ezechiel von einem Tor zu lesen ist, stets dasselbe bezeichnet werde. Wenn etwa der Prophet ausführlicher von einem einzigen Tor redet, wird zu Recht der Glaube darunter verstanden, denn der Glaube aller Auserwählten ist einer. Wenn aber mehrere Tore erwähnt werden, kann man darunter die Rede der Glaubenslehrer verstehen, dank welcher das wahre Leben erkannt wird und man zur Einsicht in die geistigen Geheimnisse aufsteigt. Man beachte wohl: das

Tor, von dem wir sagten, es bezeichne den Glauben, wird als das untere angegeben. Solange wir nämlich in diesem Leben weilen, sind wir gleichsam unten und werden unten festgehalten. Mit Recht ist das untere Tor der Glaube, der uns auf Erden die Erkenntnis Gottes eröffnet.

ÜBERIRDISCHE ARCHITEKTUR

Nun heißt es: *(Ez 40,20–22) Auch das Tor, das im äußeren Vorhof auf die Straße nach Norden führte, maß er in der Länge und in der Breite. Und auch die Kammern desselben, drei hüben und drei drüben; und sein Vorbau und seine Halle hatten dasselbe Maß wie das erste Tor: fünfzig Ellen seine Länge und fünfundzwanzig Ellen die Breite. Seine Fenster aber und die Halle und die Skulpturen waren nach dem Maß des Tores, das nach Osten führte, und man stieg über sieben Stufen zu ihm hinauf, und vor ihm war eine Halle.*

2 Über das Tor, das im äußeren Vorhof auf die Straße nach Norden führte, wird das Gleiche wiederholt, was schon weiter oben (vgl. zu Ez 40,6; Seite 296f.) über das andere Tor gesagt worden ist, aber anderes hinzugefügt, was der Prophet von dem genannten Tor verschwiegen hat. Um ausführlicher darüber zu reden, was noch nicht besprochen wurde, müssen wir das früher Gesagte in Kürze wiederholen. Das Tor führt ja zur Straße nach Norden, sofern der Glaubenslehrer das Leben eines Sünders erkennt und ihm durch das Wort der Unterweisung den inneren Sinn des Lebens eröffnet. Dieses Tor wird das Tor des äußeren Vorhofes genannt. Der äußere Vorhof ist das gegenwärtige Leben, wo alles, was körperlich geschieht, auch körperlich sichtbar ist. Dieses Tor wird in der Länge und Breite gemessen, da, wenn ein Sünder zum Glauben geführt wird, sein Lehrmeister darauf sehen muß, wieviel er aufgrund seiner Ermahnung in der Länge der Hoffnung beziehungsweise in der Breite der Liebe voranschreitet. Wenn nämlich der zu Gott Bekehrte noch auf die Güter des gegenwärtigen Lebens vertraut, fehlt ihm die Länge, weil das Leben, worauf er seine Hoffnung setzt, kurz ist. Wenn er durch

die Begehrlichkeit nach irdischen Dingen und die Feindschaft gegen den Nächsten behindert wird, fehlt ihm die Breite, denn er weiß nichts von der Verachtung des Vergänglichen, noch wie er sich in der Liebe zum Nächsten ausweite. Wenn jedoch ein Bekehrter beharrlich auf die Freuden des ewigen Lebens hofft, die Mißhelligkeiten der Mitmenschen in Liebe erträgt und es verachtet zu begehren, was er nicht hat, dann hat das Tor die erforderliche Länge und Breite, denn der Ruhm des Lehrmeisters ist der Fortschritt des Jüngers. So nennt der große Verkünder der Frohbotschaft einige *meine Freude und meine Krone* (Phil 4,1). Und *Siehe, jetzt lebe ich, wenn ihr feststeht im Herrn* (1 Thess 3,8). Und wiederum: *Denn wer ist unsere Hoffnung oder Freude? Seid es nicht ihr vor dem Herrn?* (1 Thess 2,19). Das also ist die Länge und Breite des Tores, das nach Norden führt, denn wenn ein Glaubenslehrer irgendeinen in der Kälte seiner Sünde erstarrten Ungläubigen zum Glauben bekehrt, indem er ihn zur Länge der Hoffnung ausspannt und zur Weite der Liebe ausdehnt, macht er dessen Ruhm zu seinem eigenen. Und weil in der Erkenntnis der heiligen Dreifaltigkeit manche Jünger durch das Wort des Lehrmeisters auch in der Liebe zur Dreifaltigkeit zunehmen, hat dieses Tor je drei Kammern hüben und drüben. Denn auf alles, was der Schöpfer im Neuen Testament von der Dreifaltigkeit sagt, weist er auch im Alten Testament voraus. Und im Herzen der Jünger wächst die Liebe zum himmlischen Vaterland, so daß die Gott anhangende Seele gleichsam wie die Braut mit dem Bräutigam schon im Hochzeitsgemach ruht und sich von den irdischen Gelüsten von Grund auf abwendet.

Da es nun, wie wir viel weiter oben gesagt haben (vgl. zu Ez 3
40,10; Seite 322ff.), drei Ordnungen der rechten Lebensweise gibt, nämlich die der guten Ehegatten, die der Enthaltsamen und die der Glaubenslehrer, und da auch die in der Ehe Lebenden sich nach dem himmlischen Vaterland sehnen, andere in der Hoffnung auf die ewige Freude das Fleisch in Zucht halten, jede irdische Tätigkeit fliehen und sich davor hüten, sich in die Sorgen dieses Säkulums hineinziehen zu lassen, wieder andere die irdischen Güter verachten und die von ihnen erkannten himmlischen Freuden predigen: was sind sie anderes als die Hochzeitskammern in dem geistigen Bau-

werk, wo sich die Seele in Gedanken und Beschauung zu dem himmlischen Bräutigam gesellt. Nicht nur die Kirche aus den Heiden hat diese drei Ordnungen der Guten, es hat sie auch einst die Synagoge gehabt, in der eine große Menge vom Geist Erfüllter die Gnade des Erlösers glühend erwartete. Darum befinden sich beim Tor des himmlischen Bauwerkes je drei Hochzeitskammern hüben und drüben. Wann immer ein Glaubenslehrer einen Jünger zum Vaterland droben aufruft, weist er darauf hin, daß sowohl die jüngeren wie die älteren Väter von himmlischer Sehnsucht erfüllt waren. Zumeist sind es mehr die guten Beispiele als scharfsinnige Worte, die zur Umkehr bewegen. Und sooft der Glaubenslehrer darauf zu sprechen kommt, auf welche Weise so manche nicht nur im Alten, sondern auch im Neuen Bund in der Ehe oder in der Enthaltsamkeit oder in der Seelsorge die Liebe zum allmächtigen Gott dargelebt haben, zeigt er damit an, daß auf jeder Seite des «redenden» Tores je drei Kammern waren. Das Tor hat auch einen Vorbau: das sind die offenkundigen guten Werke im Leben des Seelsorgers, die man sehen kann. Und vor dem Vorbau ist eine Halle, denn bevor er zu guten Werken anregt, verkündet er den Glauben, durch den sich die Seele demütig voranschreitend zur Höhe guter Taten aufschwingt. Das alles verhält sich nach dem Maß des ersteren Tores entsprechend der Bemerkung: *Er maß seine Länge mit fünfzig Ellen und die Breite mit fünfundzwanzig Ellen.*

4 Ihr erinnert euch, daß ich das ja schon früher erklärt habe (vgl. zu Ez 40,15; Seite 350f.).

Wir sagten, durch die Zahl fünfzig werde die ewige Ruhe versinnbildlicht, wie ja dem alten Volk jedes fünfzigste Jahr zur Versöhnung gegeben wurde, weshalb es das Jubeljahr genannt war. Und die Zahl sieben, nach welcher sich die ganze Zeitlichkeit entrollt, ergibt mit sieben multipliziert die Zahl neunundvierzig. Ihr wird eins angefügt, weil in der Schau des Einen die ewige Ruhe ihre Vollendung findet. Die Zahl fünfzig gibt uns die Länge an, weil niemand zu jener Ruhe gelangen kann, der seine Hoffnung nicht langdauernd auf sie hin auszurichten vermag. Durch die Zahl fünfzig werden wir also zur ewigen Ruhe berufen. Darauf weist durchaus auch folgendes hin: daß die Anweisung ergangen war, im Bundeszelt zehn Teppiche anzubringen, die fünfzig Schlingen haben sollten sowie fünfzig Ringe an der Seite und oben (vgl. Ex 26,1f). Die Teppiche des Zeltes sind alle Heiligen, die in den verschiedenen Farben der Tugenden zu einem Ornament der heiligen Kirche werden. Sie verhüllen das Innere und schmükken das Äußere auf jegliche Weise, denn soweit ihr Leben sichtbar ist, ist es ein Ornament, und ihre Gesinnung ist innen verborgen, da die himmlischen Dinge, die sie in ihrem Geist bewahren und nicht aussprechen können, auf eine gewisse Weise in ihnen verhüllt bleiben. Sehr richtig sind es zehn Teppiche, weil die Herzen der Heiligen durch die Einhaltung des Dekalogs ihre Fortschritte gemacht haben. Weiters war vorgeschrieben, fünfzig himmelblaue Schleifen an den Teppichen anzubringen. Die Hyazinthe hat die Farbe des Himmels. Die Schleifen sind daher die himmlischen Vorschriften, mit denen die Seelen angebunden werden, so daß sie, von unten hinaufgezogen, höher hängen. Diese Schleifen haben auch goldene Ringe, das heißt einen Verstand, der in wahrer Weisheit aufleuchtet. Da dieser Verstand in allem große Umsicht an den Tag legen und mit vorsichtiger, unermüdlicher Wachsamkeit ausgestattet sein muß, wird er zu Recht durch die Ringe dargestellt.

Man beachte ferner, daß gemäß dem ergangenen Auftrag die 5
Schleifen beziehungsweise Ringe an der Seite wie auch oben an den Teppichen befestigt sind, denn die himmlischen Vorschriften und die geistige Einsicht sollen uns nicht nur zur Höhe der Gottesliebe emporheben, sondern auch in der Liebe mit dem Nächsten verbinden. Indem wir nämlich unseren Schöpfer lieben, hängen wir gleichsam an den oberen Schleifen in der Luft. Indem wir die Nächsten lieben wie uns selbst, haben wir Schleifen und Ringe an der Seite, so daß die Teppiche des Zeltes, das sind die Seelen der Gläubigen, durch die Liebe verbunden und nicht durch Zwietracht getrennt sind. So wird hier nach der Länge der fünfzig Ellen gleich anschließend die Breite von fünfundzwanzig Ellen angefügt, welche Breite natürlich die Nächstenliebe betrifft. Sie weitet sich in der Liebe zu den Brüdern aus und vollbringt ihnen gegenüber jedes nur mögliche gute Werk. Sämtliche guten Werke, die nach außen hin getan werden, geschehen mittels

der fünf körperlichen Sinne, nämlich durch das Gesicht, das Gehör, das Getast, den Geschmack und den Geruch. Die Zahl fünf ergibt, mit sich selbst multipliziert, fünfundzwanzig, weil die guten Werke, wenn einer einmal damit begonnen hat, durch den Eifer des Betreffenden zur Vermehrung anregen und so mit sich selbst multipliziert werden. Sie bewirken die Weite des Geistes, da er durch keinerlei Ermattung eingeengt, vielmehr dadurch, daß er in Liebe Gutes tut, ausgedehnt wird. Denn jede laue Erschlaffung bedeutet eine Einengung, jedes liebende Wohlwollen eine große Ausweitung. Selbst wenn vielleicht die Dinge fehlen, die dem bedürftigen Nächsten gegeben werden sollten, ist der Vorrat an gutem Willen so ansehnlich, daß er zur Belohnung im Reiche ausreicht, wie geschrieben steht: *Auf Erden Friede den Menschen, die guten Willens sind* (Lk 2,14).

Es folgt:

(Ez 40,22) Seine Fenster aber und die Halle sowie die Skulpturen waren nach dem Maß des Tores, das nach
6 *Osten führte.* Auch das ist schon früher alles ausführlich besprochen worden (vgl. zu Ez 40,16; Seite 351ff.), und deswegen soll diese Homilie nicht durch pedantische Wiederholungen in die Länge gezogen werden. Indes ist nachdrücklich festzuhalten, daß das Tor nach Norden alles auch besitzt, was das Tor nach Osten hat, nämlich die Fenster der Beschauung, die Halle der Demut und die Skulpturen der guten Werke. Denn alle, die für ein Leben in Gott geboren wurden und in der Unschuld verharrten, gehören zum Tor, das nach Osten führt, weil ihnen dank des erhaltenen Lichtes der Zugang zum himmlischen Reich offensteht. Alle anderen hingegen, die nachher in Sünden gefallen und durch die Kälte ihrer Erstarrung niedergedrückt waren, aber durch die Buße zurückkehren, so daß in ihnen die Liebe zum himmlischen Vaterland von neuem aufglüht, gehören zum Tor, das nach Norden führt, weil ihnen nach dem Kälteeinbruch ihrer Sünden der Zugang zum Reich aus Barmherzigkeit wieder offensteht. Somit hat das Tor zum Norden dieselbe Ausstattung wie das Tor nach Osten, weil auch die bekehrten Sünder so mit Tugenden beschenkt werden, daß sie ebenso reich sind wie jene, die es vermieden haben, in Sünde zu fallen. So

spricht der Herr durch die Stimme des Psalmisten: *Ich aß Asche wie Brot* (Ps 101,10), weil er die Büßenden ebenso aufnimmt wie die Gerechten. Steht doch von den Sündern geschrieben: *Sie hatten längst in Sack und Asche Buße getan* (Mt 11,21). Es wird also Asche wie Brot gegessen, wenn ein Sünder wie ein Unschuldiger zur Gnade des Schöpfers zurückgerufen wird. Ferner hat das Tor nach Norden Fenster, eine Halle und Skulpturen, denn wenn ein Sünder nach seiner Verfehlung zum Leben zurückgeführt wird, empfängt er oft das Licht der Beschauung und erwirbt aus der Erinnerung an seine Sündhaftigkeit die Gnade großer Demut und eine gesteigerte Wirksamkeit seiner guten Werke, so daß alles, was in seinem Leben gemäß Gottes Anordnung geschieht, gleichsam kunstvoll gemeißelt erscheint.

DIE GABEN DES HEILIGEN GEISTES

*(Ez 40,22) Man stieg sieben Stufen zu ihm hinauf, und
vor ihm war eine Halle.* Über sieben Stufen steigt man 7
zum Tor hinauf, weil uns durch die siebenfältige Gnade des Heiligen Geistes der Zugang zum himmlischen Leben aufgetan wird. Diese siebenförmige Gnade erblickt Isaias in unserem Haupt, Christus, oder in dessen Leib, der Kirche, die wir sind, da er spricht: *Auf ihm wird ruhen der Geist der Weisheit und der Einsicht, der Geist des Rates und der Stärke, der Geist der Wissenschaft und der Frömmigkeit, und der Geist der Furcht des Herrn wird ihn erfüllen* (Is 11,2–3). Diese Stufen hat er, von himmlischen Dingen redend, mehr in absteigender als in aufsteigender Reihenfolge aufgezählt, nämlich Weisheit, Einsicht, Rat, Stärke, Wissenschaft, Frömmigkeit und Gottesfurcht. Und da geschrieben steht: *Der Anfang der Weisheit ist die Furcht des Herrn* (Ps 110,10), steht zweifelsfrei fest, daß man von der Gottesfurcht zur Weisheit aufsteigt, nicht von der Weisheit zur Gottesfurcht zurückgeht, weil ja doch die Weisheit die vollkommene Liebe hat. Und geschrieben steht: *Die vollkommene Liebe treibt die Furcht aus* (1 Joh 4,18). Da also der Prophet vom Himmlischen zum Unteren hin redet, beginnt er bei der Weisheit und steigt zur Gottesfurcht herunter.

Da wir aber vom Irdischen zum Himmlischen streben, zählen wir dieselben Stufen aufsteigend, um von der Gottesfurcht zur Weisheit gelangen zu können. In unserem Geist ist die erste Stufe des Aufstiegs die Furcht des Herrn, die zweite die Frömmigkeit, die dritte die Wissenschaft, die vierte die Stärke, die fünfte der Rat, die sechste die Einsicht, die siebte die Weisheit. Die Furcht des Herrn ist in der Seele. Aber was ist das für eine Furcht, wenn die Frömmigkeit nicht mit ihr ist? Denn wer den armseligen Mitmenschen nicht beachtet, wer das Mitleid mit seiner Trübsal vermissen läßt, dessen Furcht ist vor den Augen des allmächtigen Gottes nichtig, da er nicht zur Frömmigkeit aufsteigt. Doch irrt die Frömmigkeit oft in ungeordnetem Mitleid, wenn sie zum Beispiel Nachsicht übt, wo keine Nachsicht am Platz ist. Die Sünden nämlich, die mit dem Feuer der Hölle geahndet werden können, sind mit Geißelhieben der Zucht wieder gut zu machen. Übt daher die ungeordnete Frömmigkeit Nachsicht in der Zeit, führt es zur ewigen Pein. Soll demnach die Frömmigkeit wahrhaftig und wohlgeordnet sein, muß sie zur nächsten Stufe aufsteigen, zur Wissenschaft, damit sie weiß, was sie aus Erbarmen bestrafen beziehungsweise aus Erbarmen verzeihen soll. Doch was dann, wenn sie weiß, was jeder zu tun hat, ihr aber die Kraft zum Handeln fehlt? Unsere Wissenschaft muß daher zur Stärke heranwachsen, damit sie, sehend, was zu tun ist, dies in der Stärke des Geistes auch durchzuführen vermag, damit sie nicht in Angst erzittert und, vor Schrecken vernichtet, unfähig ist, das wahrgenommene Gute zu verteidigen. Aber wenn nicht selten die Stärke unvorsichtig ist und zu wenig auf Fehler achtgibt, kommt sie durch Selbstüberschätzung zu Fall. Sie soll somit zum Rat aufsteigen, so daß sie vorausblikkend für alles, was sie starkmütig tun kann, Vorsorge trifft. Doch kann es keinen Rat geben, wo die Einsicht fehlt, denn wer das Übel nicht erkennt, das den Handelnden bedroht, wie kann der das Gute, das er fördern will, absichern? So laßt uns also vom Rat zur Einsicht aufsteigen. Doch wie, wenn die Einsicht mit großem Scharfsinn wachsam ist, sich aber nicht in Ausgewogenheit zu mäßigen weiß? Von der Einsicht steige man also zur Weisheit empor, damit die Weisheit ausgewogen abkläre, was die Einsicht scharfsinnig gefunden hat. Indem wir somit von der Gottesfurcht zur Frömmigkeit aufsteigen, von der Frömmigkeit zur Wissenschaft gelangen, von der Wissenschaft zur Stärke gekräftigt werden, von der Stärke zum Rat hinstreben, vom Rat zur Einsicht fortschreiten und von der Einsicht zur reifen Ausgewogenheit der Weisheit kommen, steigen wir sieben Stufen zum Tor hinauf, durch welches uns der Zugang zum geistigen Leben offensteht.

Treffend wird gesagt, daß vor dem Tor eine Halle war, denn 8
wem vor allem die Demut abgeht, der steigt nicht über diese Stufen der geistigen Gaben hinauf, wie geschrieben steht: *Auf wem ruht mein Geist, wenn nicht auf einem Demütigen und still Gewordenen, der erbebt bei meinen Worten?* (Is 66,2). Von ihm sagt der Psalmist: *Im Tal der Tränen hat er seinem Herzen Aufschwünge bereitet* (Ps 83,6–7). Das Tal ist ein niedrig gelegener Ort, und wenn sich ein Sünder in Tränen erniedrigt und im Herzen demütigt, schreitet er im Aufschwung der Tugenden voran. Und wiederum heißt es: *Er läßt Quellen entspringen in den Tälern* (Ps 103,10), weil der allmächtige Gott den Demütigen die Gaben der geistigen Gnaden gewährt.

Unter der Halle kann auch der Glaube verstanden werden. Sie 9
befindet sich ja vor den Stufen und vor dem Tor, weil wir zuerst zum Glauben kommen und dann erst über die Stufen der geistigen Gaben den Eingang zum himmlischen Leben betreten. Denn nicht durch Tugenden kommt man zum Glauben, sondern durch den Glauben werden die Tugenden erreicht. Ist doch der Centurio Cornelius, dessen Almosen vor der Taufe nach dem Zeugnis des Engels gelobt worden sind, nicht durch die Werke zum Glauben, vielmehr durch den Glauben zu den Werken gekommen. Ihm wird durch den Engel mitgeteilt: *Deine Gebete und deine Almosen sind aufgestiegen vor Gottes Angesicht* (Apg 10,4). Wenn er nämlich nicht schon vor der Taufe an Gott geglaubt hätte, zu wem hätte er gebetet? Oder wie hätte ihn der allmächtige Gott erhört, wenn er ihn nicht darum gebeten hätte, ihn im Guten zu vollenden? Er kannte also Gott als den Schöpfer aller Dinge, wußte aber nicht um die Fleischwerdung seines allmächtigen Sohnes. Auch hätte er nichts Gutes tun können, hätte er nicht zuvor geglaubt. Denn es steht geschrieben: *Ohne Glauben ist es unmöglich, Gott zu gefallen* (Hebr 11,6). Somit besaß er den Glauben,

da seine Gebete und Almosen Gottes Wohlgefallen zu finden vermochten. Durch sein Gutestun hat er es verdient, Gott vollkommen zu erkennen und an das Geheimnis seiner Menschwerdung zu glauben, um so zum Sakrament der Taufe zu gelangen. Durch den Glauben kommt man zu den Werken, und durch die Werke wird man im Glauben gefestigt. Daher liegt die Halle vor den Stufen, denn nur wer zuerst geglaubt hat, steigt dann über die Stufen der Tugenden zum Eingang des Tores hinauf.

AUF DEM WEG ZUR VOLLKOMMENHEIT

Es folgt:
(Ez 40,23) Und ein Tor des inneren Vorhofes stand gegen das Tor nach Norden sowie gegen das Tor nach Osten. An dieser Stelle ist das Wort *gegen* nicht im feindlichen Sinn gebraucht, sondern drückt eine Richtung aus; die Lage des Tores des inneren Vorhofes wird so angegeben, daß das Tor nach Norden wie auch das Tor nach Osten geraden Weges auf dieses zuführt. Was bedeutet es, daß das innere Tor geraden Weges gegen das Tor nach Norden wie auch gegen das nach Osten blickt, wenn nicht offensichtlich folgendes: daß sowohl dem jüdischen Volk als auch den Heiden beziehungsweise den Gerechten und den Sündern, letzteren freilich nach der Bekehrung von den Sünden, der gleiche Zugang zum Himmelreich offensteht? Denn freigebig ist die Barmherzigkeit unseres Schöpfers. Das innere Tor blickt nicht nur auf das Tor nach Osten, sondern auch auf das Tor nach Norden, weil nicht nur denen, die in der Unschuld verharrten, sondern auch den Sündern, die ihre Sünden büßend verurteilen, die Freuden der inneren Halle aufgetan werden, so daß sie die unaussprechlichen Geheimnisse des himmlischen Vaterlandes wahrnehmen, wahrnehmend nach ihnen dürsten, dürstend auf sie zueilen und eilend zu ihnen gelangen. Die Verborgenheiten der inneren Freude hatte der erkannt, der da sprach: *Meine Seele dürstet nach dem lebendigen Gott; wann werde ich hingelangen und vor dem Antlitz Gottes erscheinen* (Ps 41,3)? Der Glaubenslehrer der Heiden sehnte sich nach diesem Zugang zum Him-

melreich, da er sprach: *Ich habe den Wunsch, abzuscheiden und mit Christus zu sein* (Phil 1,23). Diese Verborgenheiten des heimlichen Frohlockens hatte die Braut erkannt, da sie sprach: *Mein Geliebter streckte seine Hand durch die Öffnung, und mein Leib erbebte unter seiner Berührung* (Hl 5,4). Der Geliebte streckt die Hand durch die Öffnung, wenn der Herr in seiner Kraft unsere Seele durch zarte Eingebung anregt. Und der Leib erbebt unter seiner Berührung, weil unsere Schwachheit infolge dieser berührenden Erkenntnis himmlischer Seligkeit ob ihres Frohlockens in Verwirrung gerät: ein freudiges Erschrecken erfüllt den Geist, der bereits fühlt, was er an der himmlischen Wonne liebt, aber immer noch fürchtet, er könnte doch nicht erlangen, was er kaum wahrnehmbar erspürt. Was bleibt also anderes übrig, als daß sich alle, die um jene Seligkeiten des himmlischen Vaterlandes wissen, auf den Weg des vollkommenen Lebens begeben. So wird jetzt passend hinzugefügt:

(Ez 40,23) Und er maß von Tor zu Tor: hundert Ellen.
Die Zahl hundert, aus zehn mal zehn hervorgehend, nannten 11
wir schon früher vollkommen (vgl. zu Ez 40,19; Seite 369ff.). Wer daher den Zugang zum inneren Vorhof erblickt, muß, um den Lebensweg der Vollkommenheit zu durchlaufen, notwendigerweise vom Tor des Anfangs bis zum Eingang der Vollendung gelangen. Das Maß des inneren Vorhofes, der sich von den äußeren Toren bis zum inneren Tor erstreckt, beträgt also hundert Ellen, so daß der Geist dessen, der liebend einzutreten begonnen hat, die Weite der Vollkommenheit besitzt und ihn weder Glücksfälle übermütig noch Unglücksfälle mutlos machen. So durchlaufe er, alles Vergängliche verachtend, die Vorhalle der Vollkommenheit, bis er zu den verborgenen Seligkeiten kommt. Es gibt ja viele, die über die sieben Stufen die Schwelle des äußeren Tores betreten haben. Gemäß einer Fügung der höheren Vorsehung sind sie dank ihrer Gottesfurcht demütig, dank ihrer eifrigen Frömmigkeit barmherzig, dank ihrer Wissenschaft klug im Urteil, dank ihrer Geistesstärke frei, dank ihres Rates vorsichtig, dank ihrer Einsicht vorausblickend, dank ihrer Weisheit ausgewogen. Und trotzdem sind sie, durch gewisse Zwänge genötigt, noch immer in die Sorgen dieser Welt verstrickt,

und woraus sie sich zum großen Teil herausgearbeitet haben, dort werden sie noch immer gegen ihren Willen festgehalten. Und während sie die ihnen auferlegte Last irdischer Geschäfte tragen, üben sie sich weniger in den himmlischen Vorschriften. Es ist keine Muße da für ein inniges Verlangen nach dem ewigen Vaterland, weil es der von zeitlichen Sorgen behinderten Seele nicht möglich ist, die wahren Freuden so zu erkennen und zu lieben, wie sie es möchte. Diese Menschen reißen zumeist den Nacken des Geistes aus dem Joch der Welt, verlassen alles, werfen die Gewichte der Sorgen von sich, dehnen das Innere der Seele weit aus in himmlischem Verlangen und streben nach einem zurückgezogenen Leben. Da obliegen sie dann heiligen Gebeten, widmen sich heiligen Betrachtungen, vergießen täglich Reuetränen, verbrennen die Vergreisung des Herzens im Brand der Liebe und verjüngen sich in dieser Feuersglut zur himmlischen Freude. In ihrem eigenen Verlangen erglühend, wünschen sie nicht selten, aus diesem Leben zu scheiden, und wollen nach so vielen Tränen nicht zum gegenwärtigen Leben zurückkehren. Und doch müssen sie ausharren, damit die weit gewordene Liebe in ihrer Ausdehnung zunehme und in brennender Sehnsucht gleichsam gegen ihren eigenen Willen wachse. So wollte im Land der Gerasener der von einer Legion Dämonen Befreite mit dem Herrn gehen, doch ward ihm gesagt: *Kehre zurück in dein Haus und erzähle, was Gott Großes an dir getan hat* (Lk 8,39). So redet die Braut von heiligen Wünschen bedrängt im Hohenlied: *Auf meinem Lager suchte ich in den Nächten ihn, den meine Seele liebt; ich suchte ihn und fand ihn nicht* (Hl 3,1). Auf dem Lager sucht die Braut den Geliebten, wenn die Seele in ihrer Mußezeit und in dem von ihr erstrebten Freisein den Herrn zu suchen begehrt, zu ihm abzuscheiden sich sehnt, den Dunkelheiten des gegenwärtigen Lebens zu entfliehen wünscht. Sie sucht ihn, doch sie findet ihn nicht, denn mag ihre Sehnsucht von noch so großer Liebe getragen sein, noch wird ihr nicht gestattet, ihn zu sehen, den sie liebt.

12 Was also tun solche Heilige in ihrem Verlangen anderes, als daß sie von den äußeren Toren durch den inneren Vorhof zu dem Tor eilen? Ihnen widerfährt es freilich nicht selten, daß sie sich für vollkommen halten, wenn sie die ihnen zuteilge-

wordene große Gabe himmlischer Gnade wahrnehmen, daß sie Gehorsam zu üben meinen, weil aber keiner da ist, ihnen harte Dinge vorzuschreiben, wähnen sie sich geduldig, wo sich doch niemand mit Beschimpfungen und Anfeindungen belästigt! Oft kommt es vor, daß sie ein geistliches Amt übernehmen, sogar gegen ihren Willen, und mit der Leitung der Gläubigen betraut werden. Wenn sie aber dann von allen Seiten durch große Anfechtungen bedrängt werden, werden sie unsicher und entdecken ihre Unvollkommenheit, sie, die sich ohne Bedrängnis vollkommen wähnten. Da geschieht es dann, daß sie in sich gehen und bei sich selber über ihre beschämende Schwäche schweigend erröten. Doch durch diese Bestürzung neu gestärkt, setzen sie den Widerwärtigkeiten Geduld entgegen und ziehen Nutzen aus der Trübsal, sie, die zuvor aufgrund ihrer Selbstsicherheit in Sorglosigkeit erlahmt waren. Sie fangen ernsthaft an, solche zu werden, für welche sie sich zuvor fälschlich gehalten haben. Wenn aber die Vorhalle ihres guten Eifers die ganze Distanz von den äußeren Toren bis zum inneren Tor erreicht hat, wird die Vorhalle in ihnen mit hundert Ellen gemessen, und sie nehmen durch Ausweitung und heilige Übung Tag für Tag an Vollkommenheit zu. Durch tägliches Verlangen im Geiste voranschreiten bedeutet gleichsam, daß das Maß des inneren Vorhofes hundert Ellen beträgt. So sind es also hundert Ellen von den Toren bis zu dem Tor, und was wie eine Verzögerung im Gehen aussieht, ist eine Ausweitung jenes Lebens, durch welches man täglich in den Tugenden voranschreitet, um umso vollkommener zum inneren Eingang zu gelangen.

DIE DREI TORE

Es folgt:
(Ez 40,24–26) Und er führte mich auf die Straße nach Süden, und siehe, da war ein Tor, das nach Süden führte; und er maß dessen Stirnseite und dessen Halle, sie entsprachen den vorigen Maßen; und dessen Fenster und dessen Hallen ringsumher wie die übrigen Fenster: eine Länge von fünfzig Ellen und eine Breite von fünf-

undzwanzig Ellen. Und man stieg sieben Stufen zu ihm hinauf, und eine Halle war vor dessen Flügeltüren.

13 All das ist zum Tor nach Osten und zu dem nach Norden bereits gesagt worden, und es ist nicht angebracht, was wir einmal und zweimal ausgelegt haben, öfter zu wiederholen. Trotzdem müssen wir beachten, daß in dem geistigen Bauwerk nicht nur ein Zugang nach Osten und ein anderer nach Norden, sondern auch einer nach Süden offensteht. Wie durch die Kälte des Nordens die Sünder, so werden durch die Straße nach Süden die im Geiste Erglühenden bezeichnet, deren Tugenden, von dem Feuer des Heiligen Geistes erwärmt, sozusagen im Mittagslicht heranwachsen. Es steht das Tor nach Osten offen, so daß jene, die in den Heilswerken des Glaubens gut begonnen haben und nachher in keinen Abgrund von Lastern versunken sind, zu den verborgenen Freuden kommen. Es steht das Tor nach Norden offen, so daß jene, die nach der ersten Erwärmung und Erleuchtung in die Kälte und Dunkelheit ihrer Sünden abgeglitten sind, durch reuige Buße zur Verzeihung zurückfinden und erkennen, welches die wahren Freuden der inneren Belohnung sind. Es steht das Tor nach Süden offen, so daß jene, die in heiligem Verlangen und Tugendstreben erglühen, in geistiger Einsicht täglich in die Geheimnisse der inneren Freude eindringen. Hier kann indes gefragt werden, weshalb in diesem Bauwerk nicht von vier, sondern nur von drei Toren die Rede ist, da es doch vier Weltgegenden gibt. Die Frage wäre berechtigt, wenn der Prophet nicht ein geistiges, sondern ein materielles Bauwerk gesehen hätte. Denn die heilige Kirche, das ist das geistige Bauwerk, hat, um zu den verborgenen Freuden zu gelangen, lediglich drei Tore, nämlich den Glauben, die Hoffnung und die Liebe, das erste nach Osten, das zweite nach Norden und das dritte nach Süden. Das Tor nach Osten ist der Glaube, denn durch dieses leuchtet das wahre Licht im Geist erstmals auf. Das Tor nach Norden ist die Hoffnung, denn jeder, der im Zustand der Sünde ist, geht, wenn er an der Verzeihung verzweifelt, jeglicher Barmherzigkeit verlustig. Darum ist es notwendig, daß, wer in seiner Sünde dem Tod verfallen ist, durch die Hoffnung auf Barmherzigkeit wieder auflebe. Das Tor nach Süden ist die Liebe, weil es in

deren Feuer brennt. Im Süden steigt die Sonne in die Höhe, sofern das Glaubenslicht durch die Liebe zur Gottes- und Nächstenliebe erhoben wird. So strebt man durch die drei Tore zum inneren Vorhof, weil man durch Glaube, Hoffnung und Liebe zu den verborgenen Freuden kommt. Eine andere Frage geht dahin, warum gesagt wird, das Tor des inneren Vorhofes stehe gegenüber dem Tor nach Osten sowie gegenüber dem Tor nach Norden, während nichts darüber verlautet, ob es auch zum Tor nach Süden hin offen sei. Da aber wie gesagt durch den Osten die Anfänger und durch den Norden die Gefallenen bezeichnet werden, war es wohl angebracht, deutlich zu erklären, daß den Anfängern, denen die Sonne noch nicht so warm scheint, und auch den Gefallenen, die nach ihrer Bekehrung zurückkommen, das Tor des inneren Vorhofes offenstehe, damit wir über jene Gewißheit erhielten, über die ein Zweifel möglich war. Von dem Tor nach Süden war solches nicht eigens zu sagen, denn jeder weiß, daß die zu den inneren Freuden gelangen, die glühenden Geistes in der Tugend verharren. Es ist üblich, daß die Heilige Schrift dort, wo ein Zweifel möglich ist, deutlich redet, und darüber schweigt, was ohnedies klar ist. So spricht der Psalmist: *Sie reizten im Lager Moses zum Zorn sowie Aaron, den Heiligen des Herrn* (Ps 105, 16). Aaron hatte ja auf Betreiben des Volkes ein Götzenbild errichtet, und man konnte mit Recht an seinem Gnadenleben zweifeln. Moses wird also nicht heilig genannt, weil jeder um seine Heiligkeit weiß; doch Aaron nennt der Psalmist den Heiligen des Herrn, um in uns jeden Zweifel an seinem Gnadenleben zu nehmen.
Es folgt:
(Ez 40,26) Und an seinem Mauervorsprung waren ge-
meißelte Palmen, eine hüben und eine drüben. Was be- 14
deutet es, daß früher von den auf die Mauervorsprünge gemalten Palmen (vgl. Ez 40, 16), jetzt aber von den auf dem Mauervorsprung gemeißelten Palmen die Rede ist? An dem steinernen Relief werden die Werke nach außen hin sichtbar. Die gemalten Palmen hingegen sind, wie wir ausgeführt haben, Hinweise auf Wunderzeichen. Jetzt ist von einem Palmenrelief die Rede, wodurch auf die guten Werke hingedeutet wird. So wird zu den allerhöchsten Glaubenslehren gesagt: *Sie*

sollen eure guten Werke sehen und euren Vater preisen, der im Himmel ist (Mt 5,16). Wer daher in sein Leben eingeprägte heilige Werke vorweist, hat ein Palmenrelief an dem Mauervorsprung, weil er schon jetzt durch seine heiligen Werke anzeigt, welch großer Sieg ihm dereinst beschieden sein wird. Wir haben ferner gesagt, daß der Glaube durch das Tor nach Osten, die Hoffnung durch das Tor nach Norden und die Liebe durch das Tor nach Süden versinnbildlicht werden. Dabei müssen wir beachten, daß am Osttor die gemalten Palmen, am Nordtor und am Südtor je ein Relief erwähnt werden. Denn oft geschieht es, daß die, welche noch Anfänger sind, sich noch nicht in gediegenen großen Werken auszeichnen, jene hingegen, die nach ihren Fehltritten zur Tugend zurückkehren, sich nicht selten in großen Werken hervortun, um ihre Schuld vor den Blicken des allmächtigen Gottes zu verbergen. Und die, welche glühenden Geistes in den Tugenden groß werden, lodern gleich der Mittagssonne in heiligen Taten. Am Osttor befinden sich also die Malerei, am Nord- und am Südtor je ein Relief, weil das Siegeszeichen, das in den Anfängern bereits sichtbar wird, in den Bekehrten und in den Eifrigen deutlicher und kräftiger hervortritt.

INDIFFERENZ UND ASKESE

15 Auch die Worte *hüben und drüben* sind sehr wohl zu bedenken. Denn wir alle, die wir dem Eingang zum Leben zustreben, müssen auf der rechten wie auf der linken Seite eine Palme haben. Dieses *hüben und drüben* bezeichnet ja diese beiden Seiten. Zur Rechten hat der eine Palme, den der Erfolg nicht überheblich macht, zur Linken hat der eine Palme, den Widerstände nicht niederschlagen. Paulus trug gleichsam auf beiden Seiten eine Palme, da er sprach: *Durch Waffen der Gerechtigkeit zur Rechten wie zur Linken, unter Ehre wie unter Schmach, bei bösem wie bei gutem Ruf, für einen Verführer gehalten und doch wahrhaftig* (2 Kor 6,7–8). Keine Widrigkeiten haben ihn gebrochen, keine Erfolge zu geistigem Hochmut aufgebläht. Hüben und drüben trug er eine Palme, da er in Widerwärtigkeiten stark und bei Erfolgen demütig blieb. Denn jeder, der durch Erfol-

ge überheblich wird, hat keine Palme zur rechten Seite. Und wer von Widerständen gebrochen wird, kann zur Linken keine Palme tragen. Damit also an dem Mauervorsprung hüben und drüben eine Palme vorhanden sei, muß sowohl Zuversicht in Widerwärtigkeiten als auch Vorsicht bei Erfolgen stets in unseren Herzen wirksam sein, damit uns weder Widerwärtigkeiten in Verzweiflung stürzen noch Erfolge die Seele in ihrer Zuversicht übermütig werden lassen. In diesem Zusammenhang sagt derselbe hervorragende Glaubenslehrer: *Ich weiß in Niedrigkeit, ich weiß auch im Überfluß zu leben, ich bin sämtlichen Lebenslagen überall gewachsen: sowohl satt zu sein als auch hungrig, sowohl Überfluß zu haben als auch Mangel zu leiden. Ich vermag alles in dem, der mich stärkt* (Phil 4, 12–13).

Indes, Brüder, ist es denn eine Kunst, in Niedrigkeit und im 16
Überfluß zu leben, satt zu sein und hungrig, Überfluß zu haben und Mangel zu leiden, so daß ein so bedeutender Glaubenslehrer dies zu können für etwas Großes hält? Es ist sehr wohl eine Kunst und eine wundersame Wissenschaft der Selbstbeherrschung, die wir mit unserer ganzen Herzenskraft erlernen sollten. Wen seine Notlage nicht zerbricht, nicht von der Danksagung abhält, nicht zum Verlangen nach zeitlichen Dingen entzündet, der weiß in Niedrigkeit zu leben. An dieser Stelle sagt also der Apostel, daß Mangel leiden gleichbedeutend sei mit einem Leben in Niedrigkeit. Doch auf der andern Seite versichert er: *Ich weiß auch im Überfluß zu leben.* Denn wer wegen der erhaltenen Güter nicht überheblich wird, wer sie nicht zu eitler Angeberei mißbraucht, wer das ihm Zuteilgewordene nicht nur einfach behält, sondern mit Bedürftigen barmherzig teilt, der weiß im Überfluß zu leben. Wer mit den ihm angebotenen Speisen nicht nur seinen Bauch vollschlägt, sondern lediglich seine Kräfte erneuert und dem Leib nicht mehr gönnt, als was die Notwendigkeit erheischt, der weiß satt zu sein. Wer den Mangel an Lebensmitteln ohne Murren erträgt und um des unentbehrlichen Lebensunterhaltes willen nichts tut, wodurch sich die Seele in der Schlinge der Sünde verfängt, der weiß hungrig zu sein. Wen daher weder im Überfluß der Stolz aufbläht noch in der Not die Gier umnebelt, der weiß im Überfluß zu leben, weiß Mangel zu ertragen. Und damit wir die unmittelbar anschließenden Wor-

te: *ich vermag alles* nicht als Ausdruck von Überheblichkeit deuten, fügt er die Begründung bei: *in dem, der mich stärkt.* Siehe, der Ast stieg in die Höhe, aber weil er sich an der Wurzel festhielt, blieb er im Saft. Zur Höhe aufsteigend würde er ja verdorren, wenn er sich von der Wurzel abgetrennt hätte. Sich selbst schreibt er ja nichts zu, da er bekennt, alles zu vermögen nicht aus Eigenem, sondern in dem, der ihn stärkt. Hüben und drüben also hat der hervorragende Glaubenslehrer eine Palme, da ihn weder Überfluß zum Stolz noch Mangel zur Habgier verleitet.

17 Laßt uns also lernen, Brüder, nicht nur im Erfolg, sondern auch in Widerwärtigkeiten Dank zu sagen. In seiner Güte ist unser Schöpfer unser Vater geworden und gibt uns Adoptivsöhnen die Wegzehrung bis zum Erbe des Himmelreiches. Er stärkt uns nicht allein durch seine Gaben, er erzieht uns auch durch Züchtigungen. Lernen wir also im Überfluß leben, so daß wir alles, was wir von ihm erhalten haben, mit den Bedürftigen teilen. Und der Überfluß soll den Geist nicht überheblich werden lassen, so daß er sich womöglich darüber freut, etwas zu haben, was dem anderen abgeht, und sich nicht so sehr am gemeinsamen, sondern an seinem eigenen Gut ergötzt. Die WAHRHEIT ruft die Jünger von der privaten Freude zurück, indem sie die von der Verkündigung Zurückkehrenden, die sich über die Unterwerfung der Dämonen freuen, mit den Worten ermahnt: *Nicht darüber freut euch, freut euch und frohlockt vielmehr darüber, daß eure Namen aufgeschrieben sind in den Himmeln* (Lk 10,20). Denn nicht alle Auserwählten treiben Dämonen aus, wohl aber werden die Namen aller Auserwählten im Himmel geschrieben aufbewahrt. So werden die Jünger ermahnt, die private Freude abzulegen, sich jedoch an der gemeinsamen und ewigen Seligkeit zu erfreuen. Wer sich darüber freut, was der andere nicht hat, ist durch seinen eigenen Überfluß verdorben worden und hat eine private Freude. Vor dem Streben nach diesem Überfluß warnt uns Johannes, wenn er sagt: *Liebt nicht die Welt noch was in der Welt ist* (1 Joh 2,15). Und gleich darauf gibt er die Begründung dazu: *Wenn jemand die Welt liebt, ist die Liebe des Vaters nicht in ihm* (1 Joh 2,15). Denn *niemand kann zwei Herren dienen* (Mt 6,24; Lk 16,13), weil man nicht zugleich Vergängliches und

Unvergängliches lieben kann. Lieben wir die Ewigkeit, dann besitzen wir alles Zeitliche nur zum Gebrauch, nicht aus Leidenschaft. Johannes setzt dieselbe Begründung anschließend hinzu: *Denn alles, was in der Welt ist, ist Fleischeslust und Augenlust und Hoffart des Lebens* (1 Joh 2,16).

Trachten doch die Menschen danach, mehr zu besitzen, als 18
notwendig ist, so daß sie aufgrund ihres Besitzes hochfahrend werden und sich in Gedanken aufblähen, weil andere weniger haben. Hat einer diese Gesinnung, ist er noch nicht imstande, Überfluß zu ertragen. Oft hält er das, wozu die Habsucht gierig rät, für unentbehrlich und ist, obschon weniger genügen würde, traurig über das fehlende Mehr, und die unbedachte Seele leidet gleichsam an einer Not, die sie selbst hervorbringt. Und da es zu viel ist, wonach sie begehrt, entschuldigt sie auf irgendeine Weise ihre Habsucht. So ist das Leben im Überfluß der Nachbar des Stolzes. Kommt dann eines Tages die Begierlichkeit dazu, dann gerät sie, wenn ich so sagen darf, in eine fremde Gefangenschaft. Wollen wir dagegen die Kunst des Lebens im Überfluß beherrschen, ist es notwendig, nicht nur die benachbarten Laster, sondern auch die aus der Ferne dazustoßenden zu fliehen. Lernen wir Mangel erdulden, damit wir das, was uns fehlt, nicht auf sündhafte Weise zu erwerben trachten und jene nicht für glücklich halten, die wir mit Gütern überladen sehen. Viel zu viel ist es, was sie sich angeblich für den Unterhalt des gegenwärtigen Lebens bereitstellen. Gar vieles haben sie zu tragen, uns aber ist für die kurze Wegstrecke die Armut eine kostbare Gefährtin unserer Pilgerschaft. Das Fehlen irdischer Habe, über die wir dem ewigen Richter Rechenschaft ablegen müßten, beengt den Geist in keiner Weise. Unbeschwerter ziehen wir dem Vaterland entgegen, wenn wir auf dem Weg der Bürde ledig sind.

Lernen wir uns zu sättigen, ohne beim Essen der Gaumenlust 19
zu frönen, vielmehr dem leiblichen Bedürfnis zu genügen. Die Begierlichkeit trachtet ja nach mehr als dem Notwendigen. Und während wir dem leiblichen Bedürfnis zu genügen trachten, mischt sich unversehens die Wollust drein, die das Maß der Sättigung überschreitet. So kommt es, daß man von einer Schuld in die andere gerät, denn nicht selten entsteht eine neue

fleischliche Versuchung von daher, daß man beim Essen den fleischlichen Gelüsten unmäßig nachgibt. Durch die Sünde des ersten Menschen ist ja unsere Natur geschwächt worden, und wir werden mit unseren Versuchungen in diese Welt hineingeboren. Einmal ist uns der Leib eine Hilfe zu gutem Werk, ein andermal ein Verführer zum Bösen. Wenn wir ihm mehr zugestehen, als wir sollten, ernähren wir einen Feind. Wenn wir seinem Bedürfnis nicht, wie wir sollten, Genüge tun, töten wir einen Verbündeten. Der Leib soll also satt werden, aber nur so weit, als er uns in guten Werken behilflich zu sein vermag. Wer ihm soviel zugesteht, daß er die Oberhand gewinnt, weiß durchaus nicht, wie man sich richtig zu ernähren hat. Das Sattwerden ist also eine große Kunst, daß keiner durch Übersättigung in weitere böse Schändlichkeiten verfalle. Lernen wir, hungrig zu sein und an unseren jetzigen Entbehrungen im Hinblick auf den künftigen Überfluß Gefallen zu finden, so daß kein Bedürfnis des Bauches uns ins Verderben zieht, keine Bedürftigkeit den Geist zur Sünde verführt. Der Hunger des Leibes darf den Geist nicht derart zur Begehrlichkeit aufstacheln, daß er der Not des Leibes auf sündhafte Weise Abhilfe zu schaffen sucht. Weder darf sich das Herz zu grimmigem Unmut noch die Zunge zu bitterem Murren verleiten lassen. Wer daher in bezug auf die Bedürfnisse seines Leibes in jeder Richtung Umsicht an den Tag legt und sich vor dem Fallstrick der Sünde hütet, der hat gelernt, hungrig zu sein.

DAS VORBILD DES SELIGEN JOB

20 Wenn wir somit, geliebte Brüder, in Widerwärtigkeiten Verbitterung und Habsucht fliehen und im Wohlergehen Überheblichkeit und maßlose Freudensäußerungen meiden, dann tragen wir das Verlangen in uns, durch die drei Tore des Glaubens, der Hoffnung und der Liebe den Vorhof des inneren Lebens zu betreten und halten Palmen hüben und drüben. Es sei noch erlaubt, einen anderen Bürger des himmlischen Vaterlandes zu erwähnen und zu zeigen, wie er hüben und drüben eine Palme hält.

Der selige Job war reicher als viele orientalischen Männer, es ward ihm jeglicher Wohlstand zuteil, seine Söhne gediehen, seine Familie wuchs, die Herden wurden überzahlreich. Dabei verharrte er in so großer Ehrfurcht vor dem allmächtigen Gott, daß er einen zuchtvollen Lebenswandel führte, Werke der Gerechtigkeit vollbrachte, viele Beweise der Demut gab, auf Werke der Barmherzigkeit bedacht war, sich um den Vollzug der Opfer kümmerte und für jeden einzelnen Sohn Brandopfer darbrachte, auf daß keiner von ihnen auch nur im Herzen eine Sünde begehe (vgl. Job 1,2–5). Erwägen wir, wie groß seine Wachsamkeit im Gutestun sein mußte, da er die Sünden des Herzens seiner Söhne durch Opfer sühnte. Es ist ja bekannt, wie gerecht er während seiner glücklichen Zeit gewesen ist, aber es war keineswegs ausgemacht, ob er auch unter Schicksalsschlägen in der Gerechtigkeit verharren könnte. Der Mann, der im Glück heilig war, mußte daher Hiebe bekommen, um durch Unglück auf die Probe gestellt zu werden. Der allmächtige Herr kannte ihn ja wohl, durch die Schläge sollte seine Weisheit uns und auch ihm selbst bekannt werden. Auf Anordnung des Herrn wurden daher die Herden vernichtet, die Hirten ermordet, die Häuser zerstört, die Söhne starben, und sein Leib ward vom Scheitel bis zur Sohle von Wunden bedeckt. Die Gattin ist verschont geblieben, um durch die Pfeile ihrer Worte die Wunden zu vermehren. Aber Job blieb heilig in der Versuchung und gesund in seinen Wunden und gab ihr zur lehrreichen Antwort: *Wenn wir Gutes aus der Hand des Herrn empfangen haben, warum sollten wir das Schlechte nicht annehmen?* (Job 2,10). Auch Freunde eilen zur Tröstung herbei, versteigen sich aber bis zu Schmähungen und fügen zu den Schmerzen der körperlichen Wunden noch die Wunden der Worte. Sie werfen ihm Unbarmherzigkeit vor, heißen ihn einen Räuber, nennen ihn einen Gewalttäter und sagen, er unterdrücke die Armen. Was hätte der Kriegsmann Gottes tun sollen, von schmerzenden Wunden und ätzenden Vorwürfen gequält? Siehe, die Schläge Gottes und die Worte der Menschen bedrücken die Seele des Angegriffenen bis zur Verzweiflung. Da ruft er sich, von der Kraft des Geistes erfüllt, in Wunden des Leibes darniederliegend, in kraftvollem Mut aufrechtstehend, gegen den Andrang der Verzweiflung das Gute, das er getan hatte, ins Gedächtnis zurück. Er war barmherzig gewesen: *Dem Blinden war ich Auge und Fuß dem Lahmen* (Job 29,15), und: *Ein Vater war ich für die Armen* (Job 29,16). Er hatte die Zucht bewahrt und war gütig gewesen: *Und obschon ich wie ein König thronte, von der Kriegerschar umgeben, so war ich dennoch ein Tröster der Betrübten* (Job 29,25). Er war demütig gewesen: *Fürwahr, ich habe mich nicht geweigert, mich mit meinem Knecht und mit meiner Magd dem Gericht zu stellen, wenn sie Klage wider mich führten* (Job 31,13). Er war gastfreundlich gewesen: *Wahrlich, ich habe keinen verachtet, der des Weges kam, weil er kein Gewand hatte* (Job 31,19). Er war großzügig im Schenken gewesen: *Fürwahr, seine Lenden segneten mich und er ward erwärmt von der Wolle meiner Schafe* (Job 31,20). Er war nicht gewalttätig gewesen: *Wahrlich, ich habe nicht die Hand erhoben wider einen Wehrlosen, auch wenn ich unterm Tor überlegen war* (d.h. bei der Gerichtsverhandlung, Job 31,21). Er hatte ob der Gefährdung eines Widersachers niemals Schadenfreude empfunden: *Ich habe mich nicht gefreut am Untergang eines, der mich haßte* (Job 31,29). Er war geduldig gewesen und hatte auch die Bosheit der Seinigen gleichmütig ertragen: *Wahrlich, die Männer meines Zeltes sprachen: Wer will uns von seinen Fleischvorräten geben, daß wir satt würden?* (Job 31,31). Was bedeutet es also, daß der heilige Mann, der da geschlagen ist, so viele seiner Tugenden aufzählt? Kann die Tatsache, daß er die von ihm vollbrachten Werke mit eigenen Worten lobt, etwas anderes bedeuten, als daß er seinen Geist zur Hoffnung aufrichtet, während Wunden und Schmähreden ihn hätten in Verzweiflung stürzen können? Er, der im Wohlstand demütig war, ist im Unglück ungebrochen geblieben, indem er sich all sein Gutes in Erinnerung rief. Würden denn jene Beschimpfungen den unter solchen Schicksalsschlägen Leidenden etwa nicht zur Verzweiflung treiben, wenn er sich das Gute, das er getan hatte, nicht ins Gedächtnis gerufen hätte? So sieht der heilige Mann, wie sein Geist beim Anhören so vieler Verleumdungen in Verzweiflung zusammenzubrechen droht, und hat sich auf bewundernswerte Weise bemüht, in sicherem Vertrauen auf seine guten Werke neue Kraft zu schöpfen. Und es erfüllt sich, was geschrieben steht: *Am Tag des Glücks vergiß des Unglücks nicht, und am Tag des Unglücks vergiß des Glückes nicht* (Sir 11,27). Wenn wir uns nämlich, solang es uns gut geht, der Übel erinnern, unter denen wir gelitten haben oder unter denen wir noch leiden können, dann macht das erhaltene Gute den Geist nicht überheblich, weil die Freude daran in Grenzen gehalten wird durch die Furcht, die aus der Erinnerung an die Übel wächst. Und wenn wir uns, da es uns schlecht geht, an das Gute erinnern, das wir entweder schon empfangen haben oder noch zu empfangen hoffen können, dann wird die Last des Übels die Seele des Betreffenden nicht in Verzweiflung stürzen, weil ihn der Gedanke an das Gute zur Hoffnung aufrichtet. Wenn wir daher, geliebte Brüder, gemäß den Geboten des Herrn und nach dem Vorbild der Heiligen so voranschreiten, daß uns weder das Glück überheblich macht noch das Unglück zerbricht, so zeigen wir damit, daß wir vor dem Angesicht Gottes hüben und drüben eine Palme haben. Ihm ist die Ehre und der Ruhm von Ewigkeit zu Ewigkeit. Amen.

8. HOMILIE: Ez 40,27–38

1 Die Worte des Propheten, die nach des Herrn Willen Eurer Liebe heute vorzulegen sind, bedürfen mehr der Lektüre als der Erklärung. Denn in bezug auf die drei Tore wiederholt sich das, was von den äußeren schon zwei- oder dreimal gesagt worden ist. Nur wenig ist in deren Beschreibung verändert. Daher wollen wir das bereits Gesagte lesend durchgehen, so daß wir das, was noch nicht gesagt wurde, leichter erklären können. Es heißt da:
(Ez 40,27–30) Im inneren Vorhof war ein Tor auf der Straße nach Süden, und er maß von einem Tor zum anderen auf der Straße nach Süden hundert Ellen. Und er führte mich in den inneren Vorhof zum Tor nach Süden, und er maß das Tor gleich den Maßen der früheren, seine Kammer, seinen Mauervorsprung und seine Halle nach dem gleichen Maß, und seine Fenster, und seine Halle ringsumher hatte eine Länge von fünfzig Ellen und eine Breite von fünfundzwanzig Ellen. Und die Halle ringsumher . . . Ihr erinnert euch, daß all das früher schon gesagt und erklärt worden ist. Noch nicht indes ist gesagt worden, was über diese letzte Halle beigefügt ist: *(Ez 40,30–31) . . sie hatte eine Länge von fünfundzwanzig Ellen und eine Breite von fünf Ellen, und die Halle führte auf den äußeren Vorhof.* Und abermals wird etwas bereits Gesagtes wiederholt, da es heißt: *Und an seinen Mauervorsprüngen waren Palmen.*
Und anschließend wird erwähnt, wovon noch nicht die Rede war:
(Ez 40,31) Und es waren acht Stufen, über die man zu ihm hinaufstieg. Auch das, was über das südliche Tor geschrieben steht, wird in der gleichen Ordnung ebenfalls von dem östlichen Tor berichtet. Denn sogleich fährt der Prophet fort:
(Ez 40,32–34) Und er führte mich in den inneren Vorhof auf der Straße nach Osten, und er maß das Tor gleich den früheren Maßen, seine Kammer und seinen Mauervorsprung und seine Hallen wie zuvor, und seine Fen-

ster und seine Hallen ringsumher hatten eine Länge von fünfzig Ellen und eine Breite von fünfundzwanzig Ellen, und auch seine Halle, nämlich die des äußeren Vorhofes, und es gab Palmenreliefs auf seinem Mauervorsprung hüben und drüben, und der Aufstieg zu ihm führte über acht Stufen. Auch das, was über die Tore nach Süden und nach Osten gesagt worden ist, wird von dem Tor, welches nach Norden blickt, mit den gleichen Worten wiederholt. Denn es folgt:
(Ez 40,35–37) Und er führte mich in das Tor, das nach Norden blickt, und er maß es gleich den früheren Maßen, und seine Kammer und seinen Mauervorsprung und seine Halle und seine Fenster ringsumher: fünfzig Ellen in der Länge und fünfundzwanzig in der Breite. Und seine Halle blickte zum äußeren Vorhof, und an seinem Mauervorsprung waren Palmenreliefs hüben und drüben; und der Aufstieg zu ihm führte über acht Stufen.

DIE ACHTE STUFE ZU DEN TOREN

Was mit dem inneren Vorhof, mit der Kammer, mit den 2
Mauervorsprüngen, mit dem Palmenrelief bezeichnet wird, haben wir schon früher ausführlich dargelegt (vgl. zu Ez 40,22; Seite 378 ff.), und es ist nicht nötig, uns abermals mit dem Gleichen zu beschäftigen, sondern nur mit dem, was noch nicht gesagt wurde. Somit erhebt sich jetzt die Frage, was es mit diesen drei inneren Toren auf sich hat, oder welche Bedeutung darin liegt, daß die Hallen dieser Tore fünfundzwanzig Ellen in der Länge und fünf Ellen in der Breite messen, oder weshalb nicht sieben Stufen zu ihnen hinaufführen, wie es von den äußeren Toren berichtet wird, sondern acht. Was nämlich zuvor vom Tor des inneren Vorhofes gesagt worden ist, gilt nicht von diesen drei inneren Toren, denn jenes Tor blickt, so wurde gesagt, zu dem Tor gegen Osten und dem gegen Norden, diese hingegen sind, so heißt es, jedes einzelne im Inneren nach Süden oder nach Osten und nach Norden gerichtet. Daher wird jenes Tor mit Recht als

der innere Zugang bezeichnet, weil es, wie schon in der vorigen Homilie erläutert wurde, entweder für Judäa und das Heidentum oder für die Anfangenden und die in guten Werken Verharrenden oder auch für die, welche vom Guten abgefallen sind, sich aber nach ihrer Schuld durch Buße wieder aufgerichtet haben, offensteht. Nachdem aber jedes einzelne Tor gegen Osten und Norden und Süden bereits geschildert wurde, warum werden die einzelnen Tore gegen Süden und Osten und Norden im inneren Vorhof abermals genannt? Mit Gottes Hilfe wird es großer Anstrengung bedürfen, einen Abgrund von solcher Tiefe auszuloten. Wenn wir nämlich unter den Toren die heiligen Glaubenslehrer verstehen, müssen wir bedenken, daß es die eine Kirche ist in den Glaubenslehrern des Alten wie des Neuen Bundes. Zu den Toren führen sieben beziehungsweise acht Stufen, weil sie übereinstimmend die siebenfache Gnade des Heiligen Geistes predigen und in der achten Stufe den Preis des ewigen Lohnes ankündigen. So steht geschrieben: *Zerlege den Teil in sieben, und auch in acht* (Sir 11,2). Was können wir daher von den äußeren Toren anderes sagen, als daß sie die alten Väter gewesen sind, die in den Gesetzesvorschriften mehr die Taten als die Herzen des Volkes zu behüten wußten, während wir unter den inneren Toren die Glaubenslehrer der heiligen Kirche zu verstehen haben, die in geistigen Ermahnungen die Herzen ihrer Jünger behüten, damit sich diese an dem Bösen, das sie nicht tun, nicht etwa in Gedanken erfreuen. Zu jenen Toren steigt man über sieben Stufen hinauf, zu diesen beträgt der Aufstieg acht Stufen, weil es zu der Zeit, da das Gesetz galt, den siebten Tag gegeben hat und im Neuen Bund der achte Tag in dem Heilsmysterium beschlossen liegt, jener Tag nämlich, der der Tag des Herrn genannt wird, der dritte von der Passion, der achte von der Schöpfung an, da er auf den siebten folgt.

3 Wenn wir jedoch der Auffassung sind, daß mit den Toren einzig die Apostel gemeint sind, die ja die ersten Glaubenslehrer der heiligen Kirche sind und uns lehrten, am Glauben, an der Hoffnung und an der Liebe festzuhalten, dann sind sie also in diesen drei Tugenden zu den Toren geworden, die uns durch diese Tugenden zur inneren Erkenntnis der ewigen Weisheit führen. Aber wenn sie die äußeren Tore sind, was

sollen wir dann unter den inneren verstehen? Und wenn sie die inneren sind, was unter den äußeren? In dieser Frage wird man sich nützlicherweise dafür halten, daß sie für uns zugleich die äußeren wie auch die inneren Tore sind. Sofern nämlich die Apostel den noch am Beginn Stehenden keine hohen und mystischen Dinge, vielmehr solche, die sie fassen können, vortragen, sind sie äußere Tore; sofern sie zu den Vollkommenen über tiefe und mystische Dinge reden, sind sie innere Tore. Sehen wir zu, inwiefern das äußere Tor offensteht: *Ich konnte mit euch nicht reden als mit Begeisteten, sondern als mit Fleischlichen, gleich wie Unmündigen in Christus habe ich euch Milch zu trinken gegeben, nicht feste Speise* (1 Kor 3,1–2). Sehen wir zu, inwiefern das innere Tor offensteht: *Weisheit reden wir unter Vollkommenen* (1 Kor 2,6). Sehen wir zu, ob das eine Tor zugleich das innere wie auch das äußere ist: *Ich bin Schuldner der Weisen und der Unverständigen* (Röm 1,14). Und: *Mögen wir von Sinnen sein, so geschieht es für euch* (2 Kor 5,13). Sofern nämlich Paulus in der Beschauung und im Gespräch mit den Weisen von Sinnen ist, ist er das innere Tor; sofern er sich den Unmündigen gegenüber in der Unterweisung besonnen zurückhält und nicht zu erkennen gibt, welch geistige Trunkenheit bei der Unterweisung seine Seele überströmt, erweist er sich als äußeres Tor. Daher sind für uns jene sowohl äußere wie auch innere Tore, die uns nicht allein den ersten Zugang zu Glaube, Hoffnung und Liebe zeigen, vielmehr den Fortgeschrittenen die Geheimnisse des Himmelreiches kundtun und uns durch tiefere Einsicht den Weg nach innen führen.

Nun wird der Aufstieg zu den Toren zuerst mit sieben Stufen, 4
danach mit acht angegeben. Mit der achten Stufe werden die Mysterien jenes Lebens bezeichnet, welches die Vollkommenen in ihren Abgeschiedenheiten wahrnehmen; da sie alles Zeitliche im Geist zu übersteigen wußten, das gegenwärtige Leben, das im Lauf von sieben Tagen abrollt, gänzlich verachten und in innerer Beschauung ihre Nahrung finden. Zu den Toren des geistigen Bauwerkes führen sieben Stufen, sofern die Lehrmeister ihren Jüngern die Furcht des Herrn, Frömmigkeit und Wissenschaft, Stärke und Rat, Einsicht und Weisheit predigen. Wenn sie aber vorschreiben, daß man alles verlassen, nichts in dieser Welt lieben, an nichts in Leiden-

schaft festhalten, sich der Betrachtung des himmlischen Vaterlandes widmen solle, und dazu raten, in dessen Mysterien seine Seligkeit zu finden, dann fügen sie die achte Stufe hinzu und weisen auf den Weg nach innen. Nach der Lehre der WAHRHEIT ist diese Stufe einmal einem Jüngling gezeigt worden; und als ihm die Gesetzesvorschriften genannt wurden, erwiderte er: *Dies alles habe ich gehalten von meiner Jugend an* (Mt 19,20). Er stand gleichsam auf der siebten Stufe, da er beteuerte, er habe alles von Jugend an gehalten. Doch alsbald wird ihm gesagt: *Eines fehlt dir noch: willst du vollkommen sein, so geh hin, verkaufe alles, was du hast, und gib es den Armen, und du wirst einen Schatz im Himmel haben; und komm, folge mir nach* (Mt 19,21). In diesen Worten erblickte er die achte Stufe, wollte aber nicht hinaufsteigen, denn er ging traurig davon. Wer immer also die zeitlichen Güter verachtet, in der Betrachtung der Ewigkeit seine Nahrung findet und die Wonnen des Himmelreiches verkostet, der hat, nachdem er die sieben Stufen in Gottesfurcht und Tatkraft und zunehmender Einsicht in die Weisheit erstiegen hat, auf der achten Stufe den Eingang des inneren Tores durchschritten.

AUFERSTEHUNG DES FLEISCHES

5 Durch die Zahl acht wird auch der Tag des ewigen Gerichtes und der Auferstehung des Fleisches angezeigt. So beginnt der Psalm, der «für die Oktav» geschrieben ist, mit dem Schauder vor dem Gericht: *Herr, strafe mich nicht, und züchtige mich nicht in deinem Grimm* (Ps 6,2). Jetzt ist die Zeit des Erbarmens, in jenem Gericht aber der Tag des Zornes. An jenem Tag endet all diese Zeit, die in sieben Tagen abläuft, und weil er auf die sieben folgt, wird er mit Recht der achte genannt. Dann aufersteht unser Leib aus dem Staub, um von der WAHRHEIT den Lohn zu empfangen für das Gute beziehungsweise Böse, das er getan hat. Wird doch auch vom Gesetz angeordnet, daß die Beschneidung am achten Tag zu geschehen habe. Denn durch das Glied, das beschnitten wird, wird das sterbliche Geschlecht gezeugt, die Zahl der Hinscheidenden und der Nachfolgenden vermehrt. Aber weil es in der Auferstehung

der Toten keine leibliche Fortpflanzung mehr gibt, wird es auch kein Sterben und kein Nachfolgen mehr geben. Weil *sie weder heiraten noch geheiratet werden, sondern wie die Engel Gottes im Himmel sein werden* (Mt 22,30), ist die Beschneidung der Vorhaut am achten Tag vorgeschrieben. Denn die leibliche Fortpflanzung wird dort nicht mehr stattfinden, wo der auferstandene Leib eine ewige Lebensdauer hat. Durch dieses Glied ist jene Jungfrau-Mutter zur Welt gekommen, die ohne Beimischung männlicher Substanz im Schoße Gott empfangen hat, ihn, der uns in seiner Auferstehung als erster die Herrlichkeit des ewigen Vaterlandes gezeigt hat. *Der, von den Toten auferweckt, nicht mehr stirbt, und der Tod hat keine Herrschaft mehr über ihn* (Röm 6,9). Er hat uns ein Beispiel gegeben, damit wir glauben, daß am Jüngsten Tag mit unserem Leib das geschehen werde, was wir am Tag der Auferstehung als an seinem Leib geschehen erkannt haben.

Doch da wir nun schon auf die Auferstehung des Fleisches zu 6
sprechen gekommen sind: es ist traurig und überaus beklagenswert, feststellen zu müssen, daß manche in der Kirche leben, die an der Auferstehung des Fleisches zweifeln. Daß diese kommen werde, haben die alten Väter aufs gewisseste geglaubt, obwohl sie noch kein Beispiel dieser Auferstehung hatten. Welche Verurteilung verdienen daher jene, denen das Beispiel der Auferstehung gegeben wurde und die trotzdem an ihrer Auferstehung Zweifel hegen! Sie haben das Unterpfand, den Glauben haben sie nicht. Sie füllen die Kirche, doch da sie an ihrer Auferstehung zweifeln, stehen sie leeren Sinnes da. Von dieser Auferstehung redet der selige Job: *Ich weiß, daß mein Erlöser lebt und ich am jüngsten Tag von der Erde auferstehen werde, und ich werde wieder von meiner Haut umhüllt werden und in meinem Fleische Gott schauen. Ich selbst werde ihn schauen, und meine Augen werden ihn sehen und kein anderer* (Job 19,25–27). Und in einem Psalm heißt es: *Vor seinem Angesicht fallen alle nieder, die in den Staub sinken* (Ps 21,30). In die Erde steigen nämlich die Toten nicht dem Geist, sondern dem Leib nach. Und die jetzt im Staub verwesen, werden auferstehend zum Gericht erscheinen, und somit fallen die, die in die Erde hinabstiegen, vor dem Angesicht des Herrn nieder. Und wieder heißt es: *Nach dir dürstet meine Seele, wie sehr schmachtet nach*

dir mein Fleisch (Ps 62,2). Es dürstet die Seele danach, Gott zu sehen; wonach schmachtet das Fleisch, wenn nicht nach der Auferstehung? Und ein andermal heißt es: *Nimm ihren Odem weg, und sie gehen zugrunde und kehren zu ihrem Staub zurück* (Ps 103,29). Und alsbald wird über die Auferstehung des Fleisches beigefügt: *Sende aus deinen Geist, und sie werden erschaffen, und du wirst das Angesicht der Erde erneuern* (Ps 103,30). Und ferner: *Erhebe dich, Herr, zu deiner Ruhe, du und die Lade deiner Heiligkeit* (Ps 131,8). Es erhob sich nämlich der Herr zu seiner Ruhe, als er seinen Leib aus dem Grab erweckte. Nach ihm erhebt sich auch die Lade, da die Kirche aufersteht. So steht bei dem Propheten, über den wir predigen, geschrieben: *Ihr verdorrten Gebeine, vernehmet das Wort des Herrn! So spricht der Herr, Gott, zu diesen Gebeinen: Seht, ich will den Odem in euch hineinsenden, und ihr werdet lebendig werden. Und ich will euch Sehnen geben und Fleisch über euch wachsen lassen und euch mit Haut überziehen, und ich werde euch den Geist verleihen, und ihr werdet leben* (Ez 37,4–6). Ebenso sagt ein anderer Prophet, der aufgrund der Auferstehung des Herrn das Menschengeschlecht auferstehen sieht: *Er wird uns nach zwei Tagen lebendig machen und am dritten Tag auferwecken, und wir werden leben vor seinem Angesicht* (Os 6,3). Und über sich selbst redend sprach der Herr: *Wundert euch nicht darüber, denn es kommt die Stunde, in welcher alle, die in den Gräbern sind, seine Stimme hören. Und es werden herausgehen, die Gutes getan haben, zur Auferstehung des Lebens, die aber Böses verübt haben, zur Auferstehung des Gerichtes* (Joh 5,28-29). Und Paulus sagt: *Und so erwarten auch wir als Heiland unseren Herrn Jesus Christus, der unseren Leib der Niedrigkeit verwandeln wird, gleichgestaltet dem Leib seiner Herrlichkeit* (Phil 3,20–21). Und wiederum: *Denn wenn wir glauben, daß Jesus gestorben und auferstanden ist, so wird Gott auch die Entschlafenen durch Jesus mit ihm zusammenführen* (1 Thess 4,14). Und schließlich: *Christus der Erstling der Entschlafenen* (1 Kor 15,20). Denn wenn wir uns nicht vom Todesschlaf erheben, wie haben wir dann den auferstandenen Herrn zum Erstling?

7 Siehe, die älteren und die jüngeren Väter stimmen einhellig in der Auferstehung des Fleisches überein. Siehe, die WAHRHEIT selbst hat über die Auferstehung des Fleisches zuerst in Worten gelehrt, was sie nachher in der Tat bewiesen hat,

und trotzdem hat die Schwachheit mancher, die im Haus des Glaubens leben, keinen Glauben. Aber sie wundern sich darüber, wie der Leib aus dem Staub wieder lebendig werden kann. Sie mögen immerhin staunen über die Weite des Himmels, die Masse der Erde, die Abgründe der Wasser, über alles, was in der Welt ist und selbst über die aus dem Nichts erschaffenen Engel. Etwas aus etwas anderem schaffen bedeutet freilich viel weniger, als alles aus nichts erschaffen zu haben. Die Elemente und die Gestalten der Dinge selbst geben uns ja ein Bild der Auferstehung. Geht doch die Sonne täglich vor unseren Augen unter und geht täglich wieder auf. Die Sterne entschwinden uns in den Morgenstunden und erscheinen am Abend wieder. Wir sehen die Sträucher zur Sommerszeit in Blättern, Blüten und Früchten prangen, zur Winterszeit von Blättern, Blüten und Früchten entblößt und wie verdorrt bleiben, sich jedoch, wenn die Frühlingssonne zurückkehrt und die Säfte aus den Wurzeln aufsteigen, wieder mit ihrem Schmuck umkleiden. Warum zweifelt man also, daß am Menschen geschehe, was man am Holz geschehen sieht? Dann wieder erblicken sie den Staub des verwesenden Fleisches und fragen sich: Wie können die Knochen und das Mark, wie das Fleisch und die Haare in der Auferstehung wieder hergestellt werden? Wenn sie so fragen, sollen sie die kleinen Samen der riesigen Bäume anschauen und, wenn sie können, fragen: Wo ist in ihnen so viel Masse von Kraft, soviel Vielfalt der Zweige, eine solche Menge jugendgrüner Blätter, eine solche Pracht der Blumen, soviel Reichtum, Wohlgeschmack und Duft der Früchte? Haben etwa die Samen der Bäume den Duft oder Wohlgeschmack, den die Bäume später in ihren Früchten hervorbringen? Wenn daher aus dem Samen der Bäume hervorgebracht werden kann, was nicht zu sehen ist, warum zweifelt man daran, daß aus dem Staub menschlichen Fleisches eine Gestalt wiederhergestellt werden kann, die man jetzt noch nicht sieht?

Manchmal halten sie einem den oberflächlichen Einwand 8
entgegen: der Wolf frißt das Fleisch des Menschen, der Löwe hat den Wolf verschlungen, der verendete Löwe ist zum Staub zurückgekehrt: wenn nun dieser Staub auferweckt wird, wie wird das Fleisch des Menschen vom Fleisch des Wolfs und des

Löwen geschieden? Ihnen ist nichts anderes zu erwidern, als daß sie zuerst nachdenken sollen, wie sie es in dieser Welt vorfinden, dann werden sie draufkommen, wie sie auferstehen! Sicher bist du, o Mensch, der du so redest, einst im Mutterschoß ein blutiger Schaum gewesen, und dort warst du ein kleiner flüssiger Klumpen aus dem Samen des Vaters und dem Blut der Mutter. Sag mir, so frage ich dich, wenn du's weißt, wie sich jene Samenflüssigkeit zu Knochen gehärtet hat, wie sie im Mark weich geblieben ist, wie sie zu festen Sehnen wurde, wie sie zum Fleisch gewachsen ist, wie sie zur Haut ausgespannt wurde, wie sie in Haare und Nägel aufgeteilt wurde, und zwar so, daß die Haare weicher als das Fleisch und die Nägel zarter als die Knochen, doch härter als das Fleisch wurden? Wenn also aus einem Samen so viele und so große Gestaltunterschiede entstanden sind, und in ihren Formen zusammenhängend bleiben: was Wunder, daß der allmächtige Gott imstande ist, bei der Auferstehung der Toten das Fleisch des Menschen von dem der wilden Tiere zu scheiden, so daß ein und derselbe Staub nicht aufersteht, sofern er Staub des Wolfs oder des Löwen, aber aufersteht, sofern er Staub des Menschen ist. Siehe daher, o Mensch, wie du zum Leben gekommen bist, und zweifle nimmermehr daran, wie du dereinst wieder zum Leben zurückkehrst. Warum willst du mit dem Verstand ergründen, wie du zum Leben zurückkehrst, der du nicht weißt, wie du hergekommen bist? Trau der Macht deines Schöpfers zu, was du aus Eigenem nicht zu begreifen vermagst! Denn weil du aus Erde gemacht worden bist, die Erde aber aus dem Nichts, bist auch du sicherlich aus dem Nichts erschaffen. Zweifle also nicht an der Auferstehung deines Leibes, bedenke weise, daß es für Gott ein Geringeres ist, wiederherzustellen, was war, als zu erschaffen, was nicht war.

9 Aber wenn du den Vorgang der Auferstehung mit dem Verstand nicht begreifen kannst, erwäge, wieviele Dinge es gibt, von denen du nicht weißt, wie sie sind, an deren Existenz du dennoch nicht zweifelst. Sag' mir, bitte, ob du weißt, wo die Kreise des Himmels, die Umschwünge der Erde, die Abgründe des Wassers enden, wo sie befestigt sind? Wir wissen indes, daß das aus dem Nichts Erschaffene im Nichts hängt. Aber

wenn von dem Nichts gesagt wird, es sei etwas, dann ist es nicht nichts. Wäre das Nichts nichts, so wäre die Masse der Welt nirgendwo befestigt, und es gäbe auch keinen Ort, wo sie, die geschaffen wurde, um zu sein, sein könnte. Wie soll also nirgendwo sein, was, wie wir wissen, ist? Doch ist das vielleicht zuviel für dich: Kehre, o Mensch, zu dir selbst zurück! Zweifellos bist du aus Geist und Lehm geschaffen worden, einem Unsichtbaren und einem Sichtbaren, einem Sinnenhaften und einem Unsinnlichen. Wie konnte nun Geist und Lehm in dir vermischt, aus Verschiedenem ein einheitliches Wesen und Geist und Lehm in solcher Übereinstimmung gemischt werden, daß, wenn der Leib geschwächt wird, auch der Geist ermattet, und wenn der Geist niedergedrückt wird, auch der Leib kränkelt? Aber vielleicht bist du noch nicht imstande, dich selbst zu durchschauen: Überlege, bitte, einmal, wenn du kannst, wie das Rote Meer mit einem Stab zerteilt wurde (vgl. Ex 14,21), wie der harte Felsen durch das Anschlagen mit einem Stab Wasser hervorsprudeln ließ (vgl. Num 20,11), wie der dürre Stab Aarons zu blühen anfing (vgl. Num 17,8), wie die aus seinem Geschlecht stammende Jungfrau empfangen hat und in der Geburt Jungfrau geblieben ist (vgl. Lk 1,27–35; 3,23–28), wie der vor vier Tagen Verstorbene auf einen bloßen Befehl hin auferweckt wurde und mit umwundenen Händen und Füßen aus dem Grab heraus ging, bevor der Herr den Jüngern die Weisung gab, ihn loszubinden (vgl. Joh 11,17–44), wie unser Erlöser selbst, in wahrem Fleisch und Bein auferstanden, bei geschlossenen Türen zu den Jüngern eintrat (vgl. Joh 20,26).

Siehe, du vermagst dies alles nicht zu ergründen und glaubst 10
es trotzdem. Warum zweifelst du also mit Wenn und Aber an der Herrlichkeit der Auferstehung, der du so viele Geheimnisse ohne Diskussion geglaubt hast? Wenn du an die Auferstehung des Fleisches nicht glaubst, dann hast du an alles umsonst geglaubt. Du scheinst in diesem Schauspiel für die Engel rasch zu laufen, aber nach Beendigung des Laufes weigerst du dich, den Siegespreis entgegen zu nehmen. Daher sagt Paulus: *Lauft so, daß ihr ihn ergreift* (Kor 9,24), und: *Wenn wir in diesem Leben auf Christus lediglich hoffen, so sind wir bejammernswerter als alle übrigen Menschen* (1 Kor 15,19). Die Geheim-

nisse göttlicher Kraft, die nicht verstanden werden können, soll man nicht mit dem Verstand erforschen, sondern im Glauben verehren. Wir müssen daher wissen: was immer mit menschlicher Vernunft begreifbar ist, kann nicht wunderbar sein, einzig die Macht des Schöpfers in ihren Wundern ist das Vernünftige.

ANFÄNGER UND FORTGESCHRITTENE

Siehe, indem wir über die Auferstehung des Fleisches sprechen, sind wir von der Reihenfolge der Auslegung etwas abgewichen. Wir kehren somit zu dem zurück, womit wir begonnen haben.

11 Es haben die innern Tore Hallen, die fünfundzwanzig Ellen in der Länge messen. Wenn wir die Acht dreimal nehmen, kommen wir auf vierundzwanzig. Dem wird eins hinzugefügt, so daß wir bei fünfundzwanzig halten. Die guten Hörer des Wortes nämlich, die gleichsam die Hallen der Tore sind, besitzen die Ausdauer der Hoffnung und erleben den achten Tag im Glauben an die Dreieinigkeit. Da die Dreieinigkeit ein Gott ist, nehmen sie die Acht dreimal, stehen aber fest im Bekenntnis des einen Gottes. Die Hallen sind flach, weil die Herzen der guten Hörer demütig sind. Sie haben die entsprechende Länge, weil sie in der Ausdauer der Hoffnung verharren. Ihre Länge wird mit fünfundzwanzig Ellen gemessen, weil sie in der Achtzahl kraft der Dreieinigkeit an die Auferstehung des Fleisches glauben und bekennen, daß die heilige Dreieinigkeit ein Gott ist. Und ihre Breite beträgt fünf Ellen, weil sie im gewöhnlichen Leben, welches durch die fünf Sinne geleitet wird, zur Nächstenliebe ausgeweitet werden. Man beachte: nachdem oben von anderen Hallen der Tore die Rede war, heißt es nachher, daß die Halle, die fünf Ellen breit ist, nach außen blickt. Es gibt ja gewiß Glaubenshörer, die mehr durch den Fortschritt in den Tugenden zum Verständnis des inneren Lebens vordringen, und es gibt einfältige Menschen, die zwar brav leben, aber im Rahmen der leiblichen Sinne. Deswegen heißt es, sie blickten nach außen. Sie blicken nämlich gleichsam nach außen, weil sie im Rahmen der leiblichen

Sinne leben. Aber obgleich sie nach außen blicken, sind sie innen, denn auch wenn sie mit ihrer Einsicht die fünf leiblichen Sinne nicht zu übersteigen wissen, halten sie doch demütig am Glauben und an der Liebe fest. Somit sind sie durch den Glauben im Innern des geistigen Bauwerkes und blicken gleichsam hinaus in ihrer Einfalt.

Durch die Halle, die nach außen blickt, kann der Glaube der 12
Anfänger bezeichnet werden, und durch die innere Halle der Glaube der Vollkommenen, die durch ihren Glauben in Wunderzeichen und Machttaten hervorragen. Es können auch durch die innere Halle die höheren Vorschriften, durch die nach außen blickende Halle die geringeren Vorschriften versinnbildlicht sein. Durch die Halle geht man ja zu den Stufen und zum Tor, weil man durch die Vorschriften der Glaubensverkündigung zu den Tugenden gelangt sowie zum Zugang zur himmlischen Gnade. Indem die einen angewiesen werden, Ewiges zu betrachten, Himmlisches zu verkosten, und ihnen gesagt wird, sie sollen ihr Leben in Psalmen und Hymnen und geistlichen Liedern zubringen, wird gleichsam auf die innere Halle hingewiesen, die fünfzig Ellen in der Länge und fünfundzwanzig in der Breite mißt. Über diese Zahl schweigen wir jetzt, weil wir früher schon viel davon gesagt haben. Indem jedoch anderen vorgeschrieben wird: *Der Mann leiste der Frau die schuldige Pflicht, ebenso aber auch die Frau dem Manne* (1 Kor 7,3), wird gleichsam auf die nach außen blickende Halle hingewiesen. Obschon sie nach außen blickt, befindet sie sich doch im Innern, weil der unerfahrene Hörer zwar noch tut, was des Fleisches ist, sich aber dennoch nicht außerhalb der Zahl der Guten befindet.

HEIDENTUM, SYNAGOGE, KIRCHE

Es kann aber auch mit dem östlichen Tor der Herr, mit dem 13
südlichen Judäa und mit dem nördlichen das bekehrte Heidentum bezeichnet werden. Wir nennen den Herrn das Tor, weil wir durch ihn zu ihm eintreten. Judäa und das Heidentum werden passender Weise Tore genannt, weil wir zuerst in den hebräischen und danach in den aus dem Heidentum

kommenden Vätern den Zugang zu dem himmlischen Bauwerk gefunden haben. Nun stellt sich die Frage, warum im früheren Bericht des Propheten zuerst das östliche, danach das nördliche und zuletzt das südliche Tor erwähnt werden. Und da er die gleichen Tore im inneren Vorhof aufzählt, nennt er zuerst das südliche Tor, dann das östliche und an letzter Stelle das nördliche. Warum hat er nicht dieselbe Reihenfolge wie zuvor eingehalten, sie vielmehr bei der Aufzählung der Tore geändert, so daß er zuerst das östliche, das nördliche, und das südliche und sodann das südliche, das östliche und das nördliche nannte? Aber wenn mit Norden das Heidentum bezeichnet wird, dann ist es für alle aufmerksamen Leser klar, daß das Heidentum vor der Synagoge gewesen ist. Ist doch Heber, von dem der Name Hebräer abgeleitet ist, aus dem Heidentum erwählt worden (vgl. Gen 10,21). So mag also das östliche Tor vor dem nördlichen und dem südlichen genannt werden, weil ja der Herr in seiner Gottheit vor aller Zeit gezeugt ward, also vor dem Heidentum und vor Judäa. In dem nachfolgenden Bericht mag hingegen das südliche, dann das östliche, dann das nördliche Tor genannt werden, weil unser Erlöser gemäß der menschlichen Natur zwischen dem Judentum und dem Heidentum geboren zu werden sich gewürdigt hat, da er am Ende der Synagoge und vor dem Beginn der Kirche, die er aus den Heiden zusammenführte, gekommen ist. In dem ersten Bericht mag also das östliche Tor vor dem nördlichen und dem südlichen stehen, in dem zweiten dagegen das östliche zwischen dem südlichen und dem nördlichen genannt werden, weil er gemäß der Gottheit allem vorangeht, gemäß der Menschheit zwischen alles hineinkommt. Er ist zum Ende des untergehenden Judentums gemacht worden und zum Anfang des nachfolgenden Heidentums. Da wir also das, was noch nicht gesagt ward, mit Gottes Hilfe, so gut wir's vermochten, ergründet und das schon mehrfach Wiederholte übergangen haben, kommen wir jetzt zu dem, wovon in dem bisherigen Bericht noch fast gar nicht die Rede war.

(Ez 40,38) Und jede Schatzkammer hatte einen Eingang in die Vorbauten der Tore. Wir haben früher in den 14
Schatzkammern die Herzen der Lehrenden gesehen, in denen die Schätze der Wissenschaft aufbewahrt werden (vgl. zu Ez 40,17; Seite 356). Die Vorbauten aber sind die Worte und Werke der Glaubenslehrer, in denen wir nach außen hin erkennen, wie sie bei sich im Innern leben. Nun hat jede Schatzkammer einen Eingang zu den Vorbauten der Tore, sofern jeder Lehrende im Herzen des Hörenden das Verständnis für die Worte und Werke der Väter aufschließt. Wenn wir nämlich die Verkündigung des Petrus überdenken, wenn wir die Worte Pauli erforschen, wenn wir in das Johannesevangelium eindringen und aus dem von ihnen Gesagten unsere Zuhörer zu innerer Einsicht bewegen, was tun wir anderes als den Eingang zu den Vorbauten der Tore öffnen? Darum heißt es: *Und jede Schatzkammer hatte einen Eingang in die Vorbauten*, denn wenn der Lehrende das, was er sagt, nicht durch die Worte der Apostel absichert, schafft er keinen Eingang in die Vorbauten der Tore. Schafft er keinen Eingang, so kann er nicht als Schatzkammer des geistigen Bauwerkes bezeichnet werden, und wenn er kein Verständnis aufschließt, ist er kein Lehrer. Indem nun die guten Zuhörer aus dem Mund der Lehrenden die Worte und Werke der Apostel kennenlernen, machen sie sich bei sich selbst schweigende Vorwürfe über ihre Sünden und vergießen Tränen über alles von ihnen getane Böse, dessen sie sich erinnern. So wird über den Eingang, der sich in den Vorbauten der Tore befindet, beigefügt:

(Ez 40,38) Dort wuschen sie das Ganzbrandopfer. Die sich 15
durch den Glauben in heiliger Lebensweise dem Herrn geweiht haben, sind zu einem Ganzbrandopfer für den Herrn geworden. Aber weil sie von ihrem vergänglichen Fleisch noch immer vieles zu erleiden haben und die Reinheit des Herzens in ihnen durch unsaubere Gedanken befleckt wird, kehren sie täglich zu Reuetränen zurück und werden von unablässigem Weinen heimgesucht. Sie betrachten die Worte und Werke der Väter, und indem sie ihre eigene Unwürdig-

keit erwägen, waschen sie das Ganzbrandopfer am Eingang der Tore. Denn siehe, wer sich in der Furcht des Herrn vorgenommen hat, geduldig zu sein, niemandes Vorwürfe mit Gegenvorwürfen zu beantworten, alles gleichmütig zu ertragen – und wenn ihn nun eine unerwartete Beschimpfung aus dem Mund des Nächsten kränkt, wird er in seiner Erregung vielleicht doch etwas sagen, was er nicht hätte sagen sollen. Er ist gewiß schon ein Ganzbrandopfer, aber ein beflecktes. Mag sein, daß er gegenüber den ihm angetanen Kränkungen Geduld geübt hat, schweigsam geblieben ist, und trotzdem erregen diese Kränkungen, die er erduldet, einen Groll in ihm, und seine Seele wird in ihrer Liebe verwundet. Indes besteht die wahre Geduld darin, auch den zu lieben, den sie erträgt. Denn ertragen, aber hassen: das ist nicht die Tugend der Sanftmut, sondern ein Deckmantel des Zornes. Ein solcher wird sich daher in Gedanken oft verurteilen, sich um des Grolls willen tadeln und es dennoch nicht fertig bringen, keinen Zorn zu empfinden. Aufgrund seines guten Vorsatzes ist er ein Ganzbrandopfer, aber ein beflecktes wegen des empfundenen Zornes. Ein anderer hat bei sich selbst beschlossen, seinen ganzen Besitz den Bedürftigen zu geben, nichts für sich zu behalten und sein Leben einzig der Führung von oben anzuvertrauen. Doch während er seine Habe den Armen gibt, fährt ihm vielleicht der Gedanke durch den Sinn: wovon willst du leben, wenn du alles weggegeben hast? Zwar läßt er von seiner Freigebigkeit nicht ab, doch was er im Anfang freudig gegeben hat, gewährt er mit der Zeit nur noch ungern. Was ist seine Gesinnung anderes als ein Ganzbrandopfer der Barmherzigkeit, und doch befleckt durch den in Gedanken gehegten Unmut? Er hätte eben entweder eine so radikale Entscheidung nicht treffen oder nach der Entscheidung diese nicht wieder in Frage stellen dürfen. Wieder ein anderer verachtet die Hoffart der Welt und hat beschlossen, die Würden und Ehrenstellen dieses Säkulums auszuschlagen, und trachtet den letzten Platz unter den Menschen einzunehmen, damit er in der unvergänglichen Herrlichkeit umso höher erfunden werde, je niedriger er in dem vergänglichen Leben eingeschätzt wird. Nun mag es vorkommen, daß er sich unvermutet vom Nächsten verachtet sieht und sich unwillig frägt, weshalb er verachtet wird. Zwar möchte er an dem niedrigen Platz sein, will aber doch nicht verächtlich angesehen werden. Sein Vorhaben hebt ihn wohl empor, aber noch beschwert ihn seine Schwachheit. Somit ist er aufgrund seines Vorhabens ein Ganzbrandopfer, aber noch immer durch Schwachheit befleckt. Wer also in dem, was er sich im besten Willen vorgenommen hat, durch irgendeine Schuld seiner Schwachheit betroffen wird, aber aus den Worten der Glaubenslehrer die Aussagen der Väter besser verstehen lernt und erkennt, worin er schuldig geworden ist, und sich daraufhin in Wehklagen der Buße ergeht, der wäscht das Ganzbrandopfer am Eingang des Tores.

OPFER UND GANZBRANDOPFER

Indes muß man wissen, daß sich Opfer und Ganzbrandopfer 16
insofern unterscheiden, als jedes Ganzbrandopfer ein Opfer ist, nicht jedoch jedes Opfer ein Ganzbrandopfer. In einem Opfer ist üblicherweise ein Teil des Tieres, in einem Ganzbrandopfer hingegen das ganze Tier geopfert worden. Weswegen das zur Gänze Verbrannte in der lateinischen Sprache holocaustum, Ganzbrandopfer genannt wird. Laßt uns nun erwägen, was ein Opfer und was ein Ganzbrandopfer ist. Wenn einer etwas von dem Seinigen Gott weiht und anderes nicht, ist es ein Opfer. Wenn aber einer alles, was er hat, alles was er lebt, alles, woran er Geschmack findet, dem allmächtigen Gott geweiht hat, ist es ein Ganzbrandopfer. Gibt es doch solche, die ihrer Gesinnung nach in dieser Welt zurückgehalten werden und dennoch den Bedürftigen von ihrem Besitz Unterstützung gewähren und sich beeilen, die Unterdrückten zu verteidigen. Sie bringen in dem Guten, das sie tun, ein Opfer dar, weil sie etwas von ihrem Tun Gott aufopfern und das andere für sich behalten. Und es gibt andere, die nichts für sich zurückbehalten, vielmehr Gesinnung, Sprache, Leben und das erworbene Vermögen dem allmächtigen Gott opfern. Was tun sie anderes als ein Ganzbrandopfer darbringen, ja noch mehr: selbst zum Ganzbrandopfer werden? So hat das israelitische Volk das erste Opfer in Ägypten, das

zweite in der Wüste dargebracht. Wessen Gesinnung noch in dieser Welt befangen ist, wobei er aber Gutes wirkt, der hat Gott in Ägypten ein Opfer dargebracht. Wer hingegen das gegenwärtige Säkulum verläßt und nach besten Kräften Gutes tut, hat gleichsam Ägypten verlassen und opfert in der Wüste, weil er, dem Lärm der fleischlichen Gelüste entflohen, in allem, was er in der Stille der Abgeschiedenheit seines Geistes tut, Gott ein Opfer darbringt. Obgleich also wie gesagt das Ganzbrandopfer auch ein Opfer ist, so ist doch das Ganzbrandopfer mehr als ein Opfer, weil von der Seele, die durch die Liebe zu dieser Welt nicht belastet ist, alles, was sie hat, in dem Opfer des allmächtigen Gottes verbrannt wird.

17 Wir müssen freilich beachten, daß es Menschen gibt, die zwar die Welt verlassen und all ihre Habe dahingegeben haben, aber in dem Guten, das sie tun, keinerlei Beunruhigung erfahren. Gewiß ist das Gute, das sie tun, ein Ganzbrandopfer, doch weil sie sich weder zu beweinen noch richtig zu beurteilen verstehen noch aus Liebe zu Reuetränen bewegt werden, ist ihr Ganzbrandopfer nicht vollkommen. So spricht der Psalmist: *Er gedenke aller deiner Opfer, und dein Ganzbrandopfer soll fett sein* (Ps 19,4). Ein mageres Ganzbrandopfer ist ein gutes Werk, das nicht von den Tränen des Gebetes benetzt wird. Das Ganzbrandopfer ist fett, wenn das Gute, das man tut, demütigen Herzens von Tränen bewässert wird. Heißt es doch: *Markreiche Ganzbrandopfer will ich dir darbringen* (Ps 65,15). Wer ein gutes Werk tut, aber aus liebender Sehnsucht nach dem allmächtigen Gott keine Träne vergießen kann, bringt zwar ein Ganzbrandopfer dar, aber das Ganzbrandopfer hat kein fettes Mark. Wer jedoch das Gute tut und der Schau seines Schöpfers entgegenseufzt, wer sich beeilt, zu den Wonnen der ewigen Anschauung zu gelangen, wer sich selbst aus brennender Liebe mit Tränen zu einem Opfer weiht, hat dem Herrn markreiche Ganzbrandopfer dargebracht. Wir müssen uns daher alle Mühe geben, nicht nur das Böse vollständig zu meiden und nach Möglichkeit Gutes zu tun, wir sollen auch in allem Guten, das wir tun, uns von der Liebe zum ewigen Licht verwunden lassen. Diese Liebe zum Licht verscheucht die Finsternisse des Herzens, und wir vermögen genauer zu sehen, ob sich nicht in das von uns getane Gute

etwas Verkehrtes einschleiche. Wir müssen unser Tun beobachten: welche Gedanken das Tun begleiten und welche Absicht hinter den Gedanken steckt. Und wenn wir merken, daß unserem guten Wirken etwas von unrechter oder verkehrter Liebe beigemischt ist, wenden wir uns den Tränen zu und waschen das Ganzbrandopfer.

Und wieder gibt es Menschen, die sich mit großem Einsatz 18
dem Herrn geweiht und eine solche Vollkommenheit erreicht haben, daß sie durch keine Schwierigkeit jemals davon abgebracht und, zur Keuschheit entschlossen, in keiner Weise von verkehrten Gedanken an fleischliche Lust zu Fall gebracht werden. Werden sie einmal von einer derartigen Verlockung bedrängt, gestatten sie ihr keinerlei Erfolg, zumal sie durch das drohende Gericht nachdrücklich gewarnt sind. Auch nach dem Entschluß zur Geduld wird weder eine ungeordnete Rede dem Mund entschlüpfen, noch eine verschwiegene Kränkung die Seele bedrücken; beim Almosengeben wird kein Argwohn, Mangel zu leiden, der Seele jemals Sorge bereiten und nach dem Entschluß zur Demut keine Verachtung mehr wehtun. Auch wenn sie sich in ihrer aufrichtigen Selbsthingabe bereits als stark erwiesen haben, werden sie sich die vor ihrem guten Entschluß begangenen Sünden ins Gedächtnis rufen und, soweit sie sich erinnern, all das beklagen, was sie Unerlaubtes getan haben. So sind sie aufgrund ihres jetzigen Lebenswandels ein Ganzbrandopfer, aufgrund ihres früheren Lebens jedoch ein beflecktes. Sie waschen daher das Ganzbrandopfer am Eingang der Tore, da sie in der Einsicht, die sie aus den Worten der Väter gewonnen haben, täglich Wehklagen erheben und ihr Leben, das sie einst durch verkehrtes Tun beschmutzt haben, mit Tränen waschen. So wollen auch wir jetzt die Augen des Geistes auf das vergangene Leben richten und uns erinnern, wer wir gewesen sind, als wir den Begierden dieser Welt nachgaben. Und wenn wir schon von ganzem Herzen dem Herrn dienen, so laßt uns in Erinnerung an unsere Sünden wehklagen und das Ganzbrandopfer mit Tränen waschen.

Siehe, wir haben dem allmächtigen Gott unsere Keuschheit 19
geweiht: aber wenn noch immer unreine Gedanken die Seele beflecken, so laßt uns zu den Reuetränen zurückkommen und

das Ganzbrandopfer waschen. Siehe, wir haben uns entschlossen, die Geduld zu bewahren: aber wenn uns immer noch der Zorn in Unruhe versetzt, wenn eine verschwiegene Kränkung den Geist quält, so laßt uns zu den Reuetränen zurückkehren und das Ganzbrandopfer waschen. Siehe, wir haben gelernt, unseren Besitz wegzugeben und einen niedrigen Platz in dieser Welt einzunehmen: aber wenn noch immer die Sorge um die Armut unseren Geist bedrückt, wenn die Geringschätzung von seiten des Nächsten uns Kummer bereitet, so laßt uns zu den Reuetränen zurückkehren und das Ganzbrandopfer waschen. Groß ist der Schoß der Barmherzigkeit, in den unser Schöpfer die demütig Weinenden aufnimmt. Wo die Tränen so vieler Menschen aufgefangen wurden, wird auch unser Weinen seine Zufluchtstätte finden. Erwägen wir, was ein anderer Prophet spricht: *Und wer von ihnen an jenem Tag strauchelt, wird sein wie David, und das Haus Davids wie das Haus Gottes, wie der Engel des Herrn vor seinem Angesicht* (Zach 12,8). Das ist der Tag des Erbarmens, der uns in der Ankunft unseres Erlösers verheißen ward. Wer daher strauchelt, wird sein wie David, da sich ein Sünder zur Buße kehrt, das Haus Davids aber wie das Haus Gottes, da jeder, der sich zur Gerechtigkeit bekehrt, zur Wohnstatt seines Schöpfers wird: um vor seinem Angesicht wie ein Engel zu sein, da er die Innigkeit des Erbarmens, die er an sich erfahren hat, anderen kundtut und zuwendet.

QUELLE DER GNADEN

So heißt es an derselben Stelle wenig später: *An jenem Tag wird dem Haus Davids und den Bewohnern Jerusalems eine Quelle offen stehen zur Abwaschung des Sünders sowie der durch die Monatsblutung unrein Gewordenen* (Sach 13,1). Ein verborgener Quell ist der einziggezeugte Gott des unsichtbaren Vaters. Ein offener Quell ist derselbe Gott, Mensch geworden. Zu Recht wird das Haus Davids als der offene Quell bezeichnet, da unser Erlöser aus dem Geschlecht Davids zu uns hervorgegangen ist. Jerusalem bedeutet soviel wie Schau des Friedens. In Jerusalem wohnen die, welche ihren Sinn unverwandt in der Schau des innersten Friedens halten. Ein Sünder und die Unreine ist ein Mensch, der entweder Böses tut oder dessen Geist auf verkehrte Gedanken verfällt. Denn das ist die Befleckung der Unreinen, daß sie von keinem fremden Fleisch berührt wird, sondern in ihrem eigenen Fleisch unrein geworden ist. Gerade so ist auch jede Seele, die zwar nichts Böses tut, aber dennoch von unreinen Gedanken beschmutzt wird. So wird von einem anderen Propheten unter dem Bild Judäas von der von unreinen Begierden heimgesuchten Seele gesagt: *Alle, die sie suchen, brauchen sich nicht abzumühen: sie finden sie in ihrer Monatszeit* (Jer 2, 24). Die suchenden bösen Geister brauchen sich nicht abzumühen, wenn sie Verderben säen wollen, und sie werden auch nicht von der Geradheit guter Gedanken davon abgehalten. Sie finden die Seele in ihren Unreinheiten und verlocken sie, die sich mit schmutzigen Gedanken abgibt, gar leicht zu verkehrtem Tun. Heißt es doch: *An jenem Tag wird dem Haus Davids und den Bewohnern Jerusalems eine Quelle offen stehen zur Abwaschung des Sünders sowie der durch die Monatsblutung unrein Gewordenen*, da uns die Quelle schon aufgetan ist, nämlich unser Erlöser, der sich im Hause Davids Mensch zu werden gewürdigt hat, um den Sünder von verkehrtem Tun reinzuwaschen und den unreinen Geist von schmutzigen Gedanken zu säubern. Die Quelle steht offen: laßt uns mit Tränen herbeieilen und uns in diesem Quell der Gnaden reinwaschen.

David selbst ist in dieser Quelle reingewaschen worden, als 21
er nach der Befleckung durch große Schuld zu den Wehklagen der Buße zurückkehrte. Er suchte die Quelle zu finden, da er sprach: *Gib mir die Freude deines Heils wieder und stärke mich durch den siegreichen Geist* (Ps 50, 14). Das hebräische Wort Jesus heißt auf Lateinisch salvator, Heiland. Und daß er darum bat, die Freude Jesu möge ihm wiedergegeben werden, bedeutet nichts anderes, als daß ihm vor seiner Schuld die Schau Jesu vertraut gewesen war, er aber durch seine Schuld die Freuden dieser Schau verloren hatte. Zu Recht bat er danach, daß ihm aufgrund seiner Buße die Freude der Schau wieder zuteil würde. In dieser Quelle der Barmherzigkeit ist Maria Magdalena reingewaschen worden, als die ehemalige berüchtigte Sünderin in der Folge ihre Makel mit Tränen

abwusch und die Flecken durch eine Änderung ihres Lebenswandels tilgte (vgl. Lk 7,37–38). In dieser Quelle hat Petrus seine Leugnung öffentlich abgewaschen, als er bitterlich weinte (vgl. Mt 26,75). In dieser Quelle ist der Schächer vor seinem Sterben reingewaschen worden, er hat sich im Tod selbst schuldig bekannt und ist durch das Bekenntnis der Wahrheit von seiner Schuld reingewaschen worden (vgl. Lk 23,41).

22 Warum also sind wir so träge? Warum bleiben wir kalt und lahm, da wir doch sehen, wie viele sich in dieser Quelle der Gnade reingewaschen haben? Sollen wir etwa an unserer Besserung zweifeln, die wir soviele Beispiele der Barmherzigkeit zum Unterpfand haben? Sollen wir etwa davon ablassen, nach Vergebung zu suchen und mit Tränen neue Zuversicht zu gewinnen, die wir in der Besserung so vieler ein Unterpfand unserer Hoffnung erhalten haben? Wir hätten nach der Quelle des Erbarmens suchen müssen, selbst wenn sie verschlossen wäre. Doch sie steht offen, und wir achten nicht darauf! Blicken wir mit den Augen des Glaubens in der ganzen Welt umher, betrachten wir, wie viele Sünder bei Tag und bei Nacht durch Wehklagen in dieser Quelle der Barmherzigkeit reingewaschen werden, wie viele aus dem Dunkel zum Licht, aus dem Schmutz zur Reinheit gelangen. Laßt uns mit ihnen nach den Finsternissen des Todes zum Wasser des Lebens eilen und erwägen, wie sehr wir gesündigt haben, wie sehr wir täglich sündigen; und um nach den Sünden rein zu erscheinen, laßt uns das Ganzbrandopfer waschen. Zu diesem Tun steht uns die Gnade unseres Erlösers bei, der da lebt und herrscht von Ewigkeit zu Ewigkeit. Amen.

9. HOMILIE: Ez 40,39–43

HISTORISCHE WAHRHEIT UND MYSTISCHER SINN

Was sollen wir über den mystischen Sinn der Worte des Propheten Ezechiel sagen, die wir kaum deren historische Wahrheit erfassen? Siehe, nun spricht er: 1

(Ez 40,39–41) Und in der Halle des Tores waren zwei Tische auf der einen und zwei Tische auf der anderen Seite, um auf ihnen das Ganzbrandopfer, das Sündopfer und das Schuldopfer darzubringen. Und an der Außenseite, die sich zum Eingang des Tores hinaufzieht, das nach Norden führt, waren zwei Tische; und auf der anderen Seite waren vor der Halle des Tores zwei Tische. Vier Tische hüben und vier Tische drüben an den Seiten des Tores: es waren acht Tische, auf denen sie opferten.

In diesen Worten entsteht für uns eine große Dunkelheit der Ungewissheit darüber, ob hier von einem bestimmten Tor oder von zweien oder von jedem einzelnen die Rede ist. Indem je vier Tore an den Seiten erwähnt werden und dann die zusammenfassende Schlußfolgerung lautet: *Es waren acht Tische, auf denen sie opferten*, liegt es auf der Hand, daß der Geist hier nicht von den zuvor beschriebenen einzelnen Toren redet. Denn wenn die sechs zuvor beschriebenen Tore je vier Tische an den Seiten hätten, ergäben alle zusammen nicht acht, sondern achtundvierzig Tische. Gilt anderseits das Gesagte nur von einem Tor, stellt sich unserem Verständnis ein großes Hindernis entgegen, weil nach der Beschreibung der Halle des Tores, wo zwei Tische hüben und zwei Tische drüben erwähnt werden, noch zwei weitere Tische genannt werden an der Außenseite, die sich zum Eingang jenes Tores hinaufzieht, welches nach Norden führt, und dann beigefügt wird: *Und auf der anderen Seite waren vor der Halle des Tores zwei Tische.* Wenn nämlich innerhalb der Halle des Tores je zwei Tische an den Seiten waren, da es heißt: *Und an der Außenseite waren zwei Tische und auf der anderen Seite vor der Halle zwei*

Tische, zwischen welchen auch das zur Straße nach Norden führende Tor genannt wird, ist es vollends klar, daß eine Halle innen und eine Halle außen gewesen ist, denn zuerst wird das innere Tor und dann erst an dieser Stelle das äußere Tor nach Norden beschrieben. Als der Prophet von den drei Toren gesprochen hatte, hatte er auch drei andere vom inneren Vorhof erwähnt, deren äußerstes er als das Tor nach Norden bezeichnete, aber wie gesagt vom inneren Vorhof. Da nun also in der Halle des Tores zwei Tische hüben und zwei Tische drüben genannt werden, ist die Rede immer noch von dem inneren Tor, zumal unmittelbar beigefügt wird: *An der Außenseite, die sich zum Eingang des Tores hinaufzieht, das nach Norden führt, waren zwei Tische; und auf der anderen Seite waren vor der Halle des Tores zwei Tische.* Vom inneren Tor steht also geschrieben, daß es in der Halle an den Seiten je zwei Tische gab und vom äußeren Tor ebenso je zwei. Es sind aber gleicherweise vier Tische hüben und vier drüben, da an den einzelnen Seiten je zwei in der Halle des inneren Tores und je zwei hüben und drüben außen an dem Nordtor genannt werden, was zusammen acht ergibt, auf denen geopfert wird. Nachdem wir die äußere Beschreibung soweit erläutert haben, soll nun die Rede zum geistigen Verständnis übergehen, was mit Gottes Hilfe umso leichter sein wird, als uns das Unverständnis der äußeren Beschreibung nicht mehr beengt.

2 Wie schon früher gesagt (vgl. zu Ez 40,6; Seite 297) können unter dem Begriff der Tore die heiligen Glaubenslehrer verstanden werden, so daß die Halle des Tores das Volk ist. Wenn dieses die Worte des Lehrers demütigen Sinnes aufnimmt, werden aus den Tugenden die Tische fürs Opfer aufgebaut. Anderseits hindert nichts, unter dem Tor die Tatsache zu verstehen, daß uns durch den Mund der Lehrer die Einsicht in die heilige Schrift eröffnet wird. Dann ist die Halle für uns das Wort der Verkündigung, welches wir zuerst demütig aufnehmen, um so zum Verständnis der heiligen Schrift zu gelangen. Für uns ist somit das innere Tor das neue Testament, das äußere Tor das Alte Testament, denn jenes eröffnet das geistige Verständnis, und dieses hat für die noch ungebildeten Seelen in der Geschichtlichkeit der heiligen Schrift den Buchstaben bewahrt. Das innere Tor hat in der

großen Menge der gläubigen Völker zwei Seiten, die Gottesliebe und die Nächstenliebe. Je zwei Tische stehen hüben und drüben, da in der Gottesliebe der Glaube und der rechte Lebenswandel einzuhalten sind, während in der Nächstenliebe vor allem Geduld und Güte bewahrt werden müssen. Denn in der Gottesliebe sind Glaube und rechter Lebenswandel unerläßlich, steht doch geschrieben: *Ohne Glauben ist es unmöglich, Gott zu gefallen* (Hebr 11,6). Und: *Ohne Werke ist der Glaube tot* (Jak 2,26). In der Nächstenliebe müssen wir Geduld und Güte bewahren, denn von dieser Liebe steht geschrieben: *Die Liebe ist geduldig, ist gütig* (1 Kor 13,4). Geduldig, sofern sie das von den Mitmenschen angetane Böse gleichmütig erträgt; gütig, sofern sie von ihren Gütern den Nächsten gerne mitteilt. Auch das äußere Tor, das Gesetz, hat zwei Seiten, die geistigen Väter und das fleischliche Volk. An jeder Seite befinden sich je zwei Tische, denn den geistigen Vätern sind Lehre und Weissagungen zueigen, dem fleischlichen Volk Beschneidung und Opfer. Somit wird auf diesen acht Tischen geopfert, denn was immer der Glaube glaubt, was der Lebenswandel an Beispielen guter Werke aufweist, was die Geduld demütig erträgt, was die Güte reichlich darbietet, was die Lehre heilsam lehrt, was die Weissagung für die Zukunft im voraus anzeigt, was die Beschneidung in einem äußeren Gebot verbindlich gemacht hat, was das Opfer durch die Andacht des Darbringenden bewirkt, all das erweist sich in den Augen des allmächtigen Gottes als eine Opfergabe. Hat nicht das Volk unter dem Gesetz auch im fleischlichen Opfer die Andacht seines Herzens dargebracht? Indes ist zu bemerken, daß vier Tische nur zum Ganzbrandopfer ausersehen waren, jene, die wir der Halle des inneren Tores zuordnen, wogegen wir von den übrigen vier wissen, daß sie zum Opfer errichtet waren, nicht zum Ganzbrandopfer. Denn das Ganzbrandopfer wird, wie ich in der vorausgehenden Homilie dargelegt habe (zu Ez 40,38; Seite 415 ff.) zur Gänze verbrannt. Das Gesetz schreibt zwar die Gottes- und Nächstenliebe sowie die Einhaltung der göttlichen Gebote vor und verbietet das Begehren fremden Eigentums, nicht jedoch befiehlt es, alles zu verlassen. Im neuen Testament aber bezeugt uns die WAHRHEIT: *Wer nicht allem entsagt, was er besitzt, kann mein Jünger nicht sein* (Lk 14,33). Und: *Wer mir nachfolgen will, der verleugne sich selbst* (Mt 16,24; Lk 9,23). So sind also die Tische des inneren Tores für das Ganzbrandopfer da, weil wir in den Tugenden des Neuen Bundes wie in einem Ganzbrandopfer alles verbrennen, wenn wir allem, was zu dieser Welt gehört, entsagen. Die Tische des äußeren Opfers hingegen sind für das Opfer da, nicht für das Ganzbrandopfer, weil die gesetzlichen Vorschriften die Abgaben des Zehnten fordern, nicht jedoch das Alles-Verlassen.

3 Von den vier Tischen der inneren Halle heißt es: *Um auf ihnen das Ganzbrandopfer, das Sündopfer und das Schuldopfer darzubringen.* Zwischen Sünde und Schuld besteht ein Unterschied: Sünde heißt Böses tun, Schuld heißt unterlassen, was unbedingt getan werden müßte. Oder anders: die Sünde besteht in einer Tat, die Schuld geschieht in Gedanken. Daher werden zu Recht auf den vier Tischen des inneren Tores Ganzbrandopfer, Sündopfer und Schuldopfer dargebracht, denn wer immer dieses gegenwärtige Säkulum vollständig zu verachten, alles zu verlassen und sich selbst dem Herrn zum Ganzbrandopfer hinzugeben vermag, der hat zur Gänze begriffen, was es heißt, die Tatsünden sowie auch die Gedankensünden oder auch: das Böse, das er getan hat, und das Gute, das er hätte tun sollen, aber unterlassen hat, zu beklagen. Wer alles verlassen hat, ist freier in der weinenden Erkenntnis seiner Schuld. Und da irdische Sorgen seinen Geist nicht behindern, wird er in Reue über das Getane und Gedachte sich selbst dem allmächtigen Herrn als ein Ganzbrandopfer darbringen.

4 Es scheint ferner nicht ohne Bedeutung zu sein, daß der Prophet bei der Erwähnung der äußeren Seite und bei der Nennung des Toreinganges beifügt: *Der nach Norden führt.* In der äußeren Bewahrung wird ja das erlassene Gesetz festgehalten, und der Eingang des Tores ist das historische Verständnis des Gesetzes, das zur Furcht des Herrn führt. Von dem Tor heißt es, es führe nach Norden, weil ja das Gesetz die erkalteten Herzen des jüdischen Volkes in der Furcht vor drohenden Strafen im Zaum hielt. Denn jenes Volk wäre gleichsam in glühendem Eifer dahingeeilt, wenn es die Vorschriften des Herrn aus Liebe befolgt hätte. Weil es sich aber aus Furcht vor dem bevorstehenden Tod an den Buchstaben

gehalten hat, ist es gleichsam in eisiger Starre verblieben. Deshalb wird zu den neuen Völkern, die die ewigen Belohnungen lieben, die zeitlichen Plagen nicht fürchten und bereits in Liebe erglühen, gesagt: *Ihr habt nicht den Geist der Knechtschaft empfangen, so daß ihr euch wieder zu fürchten hättet, sondern den Geist der Annahme an Kindesstatt, in welchem wir rufen: Abba, Vater* (Röm 8,15). Es heißt jedoch: *Vier Tische hüben und vier Tische drüben an den Seiten des Tores.* Solange nämlich der Glaube und der rechte Lebenswandel, die Lehre und die Weissagung im Geist der Guten bewahrt wird, hat unser Tor, das ist das Verständnis der Heiligen Schrift, vier Tische an der einen Seite. Und die heilige Glaubensverkündigung, die in den fortgeschrittenen Völkern Geduld und Güte aufrecht erhält und zuvor in den fleischlichen Menschen die Beschneidung und das Opfer bewahrt hat, weist gleichsam auf die vier Tische an der anderen Seite. Diese acht sind alle für die Opferhandlung bestimmt, die vier inneren für Ganzbrandopfer, die vier äußeren für gewöhnliche Opfer. Denn die, welche in der heiligen Kirche den Glauben, die rechte Lebensweise, Geduld und Güte bewahren, sind zweifellos reich an höchsten Tugenden; und die, welche in der Synagoge Lehre und Weissagung, Beschneidung und Opfer gekannt haben, haben, indem sie das eine aufopferten und das andere für sich zurückbehielten, dem allmächtigen Gott die Opfergabe ihrer Frömmigkeit dargebracht.

DIE TISCHE AUS QUADERSTEINEN

Da nun, wie zuvor gesagt, die vier Tische der inneren Halle zu dem Zweck errichtet waren, daß auf ihnen Ganzbrandopfer für die Sünde wie auch für die Schuld dargebracht würden, wird anschließend dargetan, woraus diese Tische gebaut waren, da es heißt:

(Ez 40,42) Die vier für das Ganzbrandopfer bestimmten Tische waren aus Quadersteinen aufgebaut. Was verstehen wir an dieser Stelle unter den Quadersteinen anderes als jene Heiligen, deren rechte Lebensweise im Glück wie im Unglück kraftvoll zu bestehen vermochten? Der Quaderstein

steht gerade, auf welche Seite er auch gedreht wird. Wer also im Glück nicht überheblich wird, im Unglück nicht zerbricht, von den Einflüsterungen zum Bösen nicht verführt und durch keinerlei Widerrede von guten Werken abgehalten wird, ist ein Quaderstein. Wer in keiner Veränderung der Verhältnisse zu Fall kommt, hat gleichsam auf jeder Seite festen Stand. Freilich, als der Prophet erkannte, daß das Volk der Juden vom Glauben abfalle, und voraussah, daß in der Kirche heilige Apostel erstehen würden, durch welche viele aus den Heidenvölkern in der Kraft des Glaubens und des rechten Lebenswandels feststehen würden, sprach er in großem Trost: *Die Ziegelbauten sind eingestürzt, aber mit Quadersteinen werden wir bauen* (Is 9,10). Als er gewahr wurde, daß in der heiligen Kirche Apostel, Martyrer und Glaubenslehrer erstünden, hat ihn der Einsturz des Ziegelbaues, das ist der Untergang der Juden, weniger geschmerzt, zumal er sah, daß das Bauwerk des allmächtigen Gottes, das ist die heilige Kirche, aus Quadersteinen errichtet wurde. Die vier Tische werden also aus Quadersteinen aufgebaut, denn der Glaube und die rechte Lebensform, die Geduld und die Güte im Leben der Heiligen sind den nachfolgenden Völkern zu Leitbildern gegeben worden, auf daß die Halle Tische habe, das heißt, das Volk die Tugenden der rechten Lebensweise besitze und auf dem Altar seines Herzens dem allmächtigen Gott das Opfer des Gebetes entzünde. Was die guten Gläubigen des Volkes der heiligen Kirche getan haben beziehungsweise tun, haben sie aus dem Leben ihrer Glaubensboten zum Vorbild übernommen. Woher hätte denn die Halle ihre Tische, wenn sich keine Quadersteine gefunden hätten?

Um bei einem dieser Quadersteine geradewegs zum Wesenskern vorzustoßen: wollt ihr, geliebteste Brüder, den Glauben sehen? *Für mich ist das Leben Christus und das Sterben ein Gewinn* (Phil 1,21). Wollt ihr die Lebensweise erkennen? *Mir ist die Welt gekreuzigt und ich der Welt* (Gal 6,14). Wollt ihr von der Geduld hören? *Bis zu dieser Stunde leiden wir Hunger und werden geschlagen und haben keine bleibende Stätte und mühen uns ab mit unserer Hände Arbeit. Werden wir geschmäht, so segnen wir; werden wir verfolgt, so dulden wir's; werden wir gelästert, so begütigen wir* (1 Kor 4,11–13). Wollt ihr die Güte kennenlernen? *Ich aber will sehr gern Opfer bringen und mich aufopfern für eure Seelen* (2 Kor 12,15). Doch damit wir nicht etwa meinen, Paulus sei der Schuldner der Liebe bei denjenigen gewesen, für die er sich zum Opfer zu bringen sich sehnt, fügt er alsbald an dieselben Jünger gewendet bei: *Mag ich auch um so weniger geliebt werden, je mehr ich euch liebe* (2 Kor 12,15). Indem daher das Leben der heiligen Glaubenslehrer vom gläubigen Volk zur Tugendnachahmung erkannt wird, werden in der Tat in der Halle Tische aus Quadersteinen errichtet.

Doch hatte auch die Synagoge geistige Väter in Lehre und Weissagung, die sie sich zum Vorbild für eine tugendhafte Lebensweise genommen hat. Aber ihr ungebildetes Volk, das mehr aus Furcht diente, als aus Liebe nachfolgte, hat das Leben der Väter, das es sah, nicht nachahmen wollen, und deshalb hat das äußere Tor, das nach Norden führt, keine Tische für Ganzbrandopfer. Das ist im moralischen Sinn gesagt, es bleibt uns noch, die Tische nach ihrem typischen Sinn zu erläutern.

Unser Tor in der inneren Halle hat vier Tische, weil die heilige 6
Kirche durch die Frohbotschaft der vier Evangelisten unterrichtet wird. Aus deren Lehre hat das Herz gelernt, sich zur Liebe des allmächtigen Gottes aufzuschwingen und ihm seine Gedanken in einer Opfergabe darzubringen. Von diesen Tischen wird gesagt, daß sich zwei auf der einen und zwei auf der anderen Seite befänden, weil zwei Evangelisten das bezeugten, was sie vom Herrn gesehen hatten, und zwei das berichteten, was sie von jenen, die ihnen vorausgegangen waren, gehört und gelernt hatten. Oder anders: daß es vier Tische der inneren Halle gibt, liegt insofern offen zutage, als die heilige Kirche zur Unterweisung der gläubigen Völker vier leitende Ämter kennt, die Paulus als ein Geschenk des allmächtigen Herrn aufzählt, da er sagt: *Er hat die einen zu Aposteln bestellt, andere zu Propheten, andere zu Evangelisten und andere zu Hirten und Lehrern* (Eph 4,11). Die Hirten und Lehrer bezeichnet er als leitendes Amt, weil der die Herde Gottes wahrhaft weidet, der sie unterrichtet. Auch das äußere Tor hatte vier Tische, weil die Synagoge die Einhaltung des äußeren Opfers durch die Hohenpriester und Ältesten des Volkes sowie durch die Schriftgelehrten und Pharisäer beaufsichtigt

hat, welch letztere auch Gesetzeslehrer genannt wurden. Nun sind aber beim äußeren beziehungsweise inneren Tor je zwei Tische auf der einen wie auf der anderen Seite, weil die heilige Kirche in ihren Anfängen Apostel und Propheten gehabt hat. Zu diesen Propheten rechnen wir indes nicht jene, die im alten Volk waren, sondern die in der heiligen Kirche nach den Aposteln aufgetreten sind. In der darauffolgenden Zeit, die jetzt ist, gibt es die «Evangelisten» und die Lehrer. Und da Evangelium gute Botschaft heißt, bezeichnen wir jene als «Evangelisten», die den ungebildeten Völkern die Güter des himmlischen Vaterlandes verkünden. «Evangelisten» und Glaubenslehrer hat es zwar schon in früher Zeit gegeben, und es gibt sie, dank der Gnade des Herrn, bis heute; sehen wir doch, daß noch immer ungläubige Völker von Lehrmeistern zum Glauben geführt und manche Gläubige in den guten Sitten unterwiesen werden. Hingegen sind die Apostel und die Propheten in dieser gegenwärtigen Zeit verschwunden, und deshalb sagen wir, daß diese Tische unseres Tores, das heißt der heiligen Kirche, gleichsam auf der anderen Seite waren.

7 Auch das Tor, das nach Norden führt, hat je zwei Tische an der einen wie an der anderen Seite: das sind die, die wir die Hohenpriester und die Ältesten des Volkes genannt haben, mit einer größeren Autorität in der Leitung, sowie die Schriftgelehrten und die Pharisäer, die jenem ungebildeten Volk in einer geringeren Stellung vorstanden. Diese Tische stehen bei dem nach Norden führenden Tor, denn als diese vier Amtsträger dem Volke vorstanden, wütete die Synagoge in der Verfolgung unseres Erlösers und verfiel lähmender Treulosigkeit. Trotzdem hatten diese Tische ihr Opfer, welches aber lediglich gemäß buchstabengetreuer Anweisung vollzogen wurde. Darum sind sie in eisiger Erstarrung versunken, und das Feuer des Geistes hat sie nicht entzündet. Auf den inneren Tischen gab es Ganzbrandopfer, denn in den Herzen der Apostel und der Propheten wie auch im Geist der «Evangelisten» und der Glaubenslehrer brannte und brennt das Feuer des Geistes. Und weil dieses Feuer all ihr Sinnen und Trachten in guten Werken aufzehrt, entfacht die Flamme der Gottesliebe gleichsam in einem Ganzbrandopfer alles zumal, was es

findet. Ganzbrandopfer bringen nämlich jene dar, die in guten Werken wie auch in heiligen Gedanken im Innersten entflammt sind.

Die Tische sind aus Quadersteinen gemacht; indem die Men- 8
schen die Worte der Heiligen Schrift täglich in ihren Herzen erwägen, um dem Herrn das Ganzbrandopfer des Gebetes darzubringen, sind sie gleichsam aus Quadersteinen erbaut. Sind doch die Worte der Heiligen Schrift Quadersteine, weil sie in jeder Stellung feststehen, weil auf keiner Seite Tadelnswertes gefunden wird. In allem Vergangenen, wovon sie erzählen, in allem Künftigen, das sie ankündigen, in allen sittlichen Anweisungen, die sie geben, in allen geistigen Zusammenhängen, die in ihnen anklingen, haben sie gleichsam in ihren verschiedenen Seiten Standfestigkeit, da nichts Tadelnswertes in ihnen ist. Somit sind die Herzen der Heiligen Tische Gottes aus Quadersteinen zum Ganzbrandopfer errichtet, weil jene, die Gottes Worte stets bedenken, sich selbst, das heißt ihr fleischliches Leben in Gedanken dem Herrn zum Opfer bringen. Daher steht geschrieben: *Das Gesetz Gottes ist in seinem Herzen, und seine Schritte wanken nicht* (Ps 36,31). Und: *Ich habe deine Aussprüche in meinem Herzen geborgen, damit ich nicht wider dich sündige* (Ps 118,11). Und da wir nun wissen, woraus diese Tische gebaut sind, laßt uns auch vernehmen, welche Maße sie haben.

IRDISCHE HEILIGKEIT UND JENSEITIGE VOLLENDUNG

Es folgt:

(Ez 40,42) Anderthalb Ellen lang, anderthalb Ellen
breit und eine Elle hoch. Diese Stelle hat einer (vgl. Hie- 9
ronymus, In Ez 12,40 – CC 75, p. 582, 998/1002) so erklärt: Die Tische haben eine Länge und eine Breite von je anderthalb Ellen, die zusammen drei Ellen ausmachen, und bilden ein Quadrat. Zu diesen drei Ellen kommt die Höhe von einer Elle hinzu, so daß das Mysterium der Dreieinigkeit, das heißt der göttlichen Majestät, in dem Maß der einen Elle zum Ausdruck kommt. Die Ansicht dieser Auslegung hat des-

wegen keinen Bestand, weil in jener allerhöchsten Dreieinigkeit, die alles erschaffen hat und alles umfaßt, nichts Halbes ist noch etwas Ganzes aus zwei Hälften besteht. Denn diese Substanz erleidet keinerlei Einbuße oder Einschränkung, da sie stets unveränderlich bleibt und weder eine Verminderung noch eine Vermehrung erfährt. Wir haben ja mehrmals gesagt, daß die Länge die Geduld der Hoffnung, die Breite die Ausweitung der Liebe betrifft. Vielmehr mißt die Länge der zum Ganzbrandopfer errichteten Tische anderthalb Ellen, weil die heiligen Väter und Lehrer, die sich unermüdlich nach den Geheimnissen der innersten Hoffnung hin ausstrecken, durchaus vollkommen sind, indem sie tugendhaft leben, soweit es das menschliche Maß zuläßt; sie sind aber nicht vollkommen, gemessen an jenen göttlichen Mysterien, die von den Menschen nicht voll erfaßt werden können, solange sie in diesem sterblichen Fleische wandeln. Von sich aus gesehen haben sie also bereits eine Elle, von Gott her gesehen haben sie noch keine Elle, weil sie zwar in den Tugenden kraftvoll voranschreiten, während ihre Erkenntnis Gottes immer noch Stückwerk ist. Siehe, wieder treffen wir für das Maß des Tisches auf das Zeugnis Pauli. Sehen wir zu, ob sein Leben das Maß einer vollen Elle hat. Er sagt: *Wir alle, die wir vollkommen sind, wollen diese Gesinnung haben* (Phil 3,15). Sehen wir zu, ob er in dem, was er von Gott weiß, schon hingelangt ist zur vollständigen Erfassung der göttlichen Mysterien: *Ich bin nicht der Meinung, daß ich es begriffen hätte* (Phil 3,13). *Unser Erkennen ist Stückwerk und unser Weissagen ist Stückwerk; wenn aber das Vollkommene kommen wird, dann wird das Stückwerk abgetan werden* (1 Kor 13,9–10). Und abermals: *Jetzt ist mein Erkennen Stückwerk, dereinst aber werde ich erkennen, wie auch ich erkannt worden bin* (1 Kor 13,12). Wenn er also vollkommen ist und darüberhinaus sein Erkennen Stückwerk, hat er eine ganze Elle, soweit es an ihm liegt, und noch eine Hälfte über sich hinausragend. Es sollen sich daher die Herzen der Heiligen in unermüdlicher Hoffnung ausstrecken, ausstrecken in der ihnen gegebenen Vollkommenheit bis zu einer Elle. Aber weil sie noch nicht zur Gänze sehen können, worauf sie die Blicke der Hoffnung richten, nämlich das, was über die eine Elle hinausreicht, ist dieses Maß auf eine halbe Elle verkürzt, so daß sie sich in diesem Leben stets als Unvollkommene betrachten und mit um so glühenderem Eifer der Vollkommenheit entgegeneilen.

Auch die Breite des Tisches beträgt anderthalb Ellen, weil die 10
in der Weite der Liebe ausgedehnten Herzen der Heiligen in bezug auf den Nächsten, den sie sehen und lieben, das Maß einer Elle haben. Sie können jene vollkommen lieben, die sie gewissermaßen vollkommen zu kennen vermögen. Den allmächtigen Gott indes lieben sie von Herzen, folgen ihm von Herzen nach, und doch können sie ihn nicht so lieben, weil sie noch nicht imstande sind, den zu sehen, den sie lieben, und das Maß der Liebe ist geringer, wo das Maß der Erkenntnis noch geringer ist. Über die eine Elle hinaus gibt es daher auch eine halbe Elle, denn ihre Liebe ist vollständig in dem, was sehr viel geringer ist: in der Liebe zum Nächsten; noch nicht vollständig ist sie in dem, was sehr viel größer ist: in der Liebe zu Gott, den sie nicht sehen. Von dieser Liebe, welche hienieden einsetzt, um in der Schau des Herrn im ewigen Vaterland vollendet zu werden, sagt Isaias mit Recht: *Es lebt der Herr, dessen Feuer in Sion ist und dessen Glutofen in Jerusalem* (Is 31,9). Glutofen besagt mehr als Feuer, weil das Feuer klein sein kann, während im Glutofen eine weitaus stärkere Flamme brennt. Sion heißt soviel wie «ausspähen», Jerusalem «Friedensschau». Vorläufig erspähen wir hier unseren Frieden, auf daß wir ihn dereinst zur Gänze schauen. Genährt von der Liebe zum Herrn ist daher in Sion ein Feuer, in Jerusalem ein Glutofen, sofern wir in seinen Liebesflammen hier, wo wir etwas von ihm erspähen, bis zu einem gewissen Grad entbrennen, während wir dort zur Gänze entbrennen werden, wo wir den, den wir lieben, zur Gänze schauen werden.

Die Höhe der Tische schließlich beträgt eine Elle. Was ist die 11
Höhe der Heiligen anderes als der Glaube an die unsichtbaren Dinge? Im Glauben wird für wirklich gehalten, was man nicht sieht, und so wird durch ihn der Geist der Gerechten zur Höhe emporgeführt, so daß er alles Sichtbare auf Erden verachtet und dem Unsichtbaren im Himmel, von dem er gehört hat, Folge leistet. Die Höhe der Tische beträgt eine Elle, weil in den Herzen aller Heiligen eine Einmütigkeit im Glauben herrscht. Daß die Dreifaltigkeit ein Gott ist, haben

die Väter des Alten Bundes und die Glaubensboten des Neuen Bundes kundgetan. Daher ist die Höhe der Tische um nichts größer und um nichts kleiner als eine Elle, da der Glaube aller Väter in völliger Einhelligkeit mit sich übereinstimmt. Jene freilich, die in unermüdlicher Hoffnung in den höchsten Tugenden voranschreiten, deren Maß somit anderthalb Ellen erreicht, und deren Weite der Nächstenliebe ebenfalls mit anderthalb Ellen gemessen wird, die auch in der Höhe des Glaubens bis zu einer Elle heranwachsen, sind groß und in höchster Bewunderung verehrungswürdig. Sie sollen auch die Seelen der Kleinen in den Schoß ihrer Bemühungen aufnehmen und vor dem Angesicht des Herrn so etwas wie ein Opfer und ein Ganzbrandopfer darbringen. Darum wird nun beigefügt:

(Ez 40,42) Auf diese sollen sie die Gefäße stellen, in denen Ganzbrandopfer und andere Opfer dargebracht
12 *werden.* Was sind aber die Seelen der Gläubigen anderes als heilige Gefäße, die die Worte der Frömmigkeit aufnehmen, damit aus ihrer Erinnerung ein Ganzbrandopfer des Lebens und des Gebetes dargebracht werde? So war es, als Paulus, noch unerfahren in der Berufung zum Glauben, die Worte des Herrn vernahm, mit himmlischer Gnade erfüllt ward und ein Gefäß genannt wurde: *Er ist ein Gefäß der Auserwählung* (Apg 9,15). Ebenso mahnt der Prophet die Hirten und die Lehrer: *Reinigt euch, die ihr die Gefäße des Herrn tragt* (Is 52,11). Tragen sie doch gleich den Tischen die Gefäße des Herrn, wenn sie das Leben der Gläubigen, sie unterweisend, ertragen, um es dem Herrn dereinst als Ganzbrandopfer beziehungsweise als Opfer anzubieten. Auch darf die Bemerkung nicht übersehen werden, in diesen Gefäßen würden Ganzbrandopfer und andere Opfer dargebracht. Wie wir früher schon ausgeführt haben (vgl. zu Ez 4,3; Seite 255f.; zu Ez 40,38; Seite 413ff.), ist das Ganzbrandopfer ein Opfer, nicht jedoch ein Opfer stets auch ein Ganzbrandopfer. Wenn nämlich etwas zum Teil geopfert und zum Teil zurückbehalten wird, ist es ein Opfer, aber kein Ganzbrandopfer. Es gibt in der großen Menge der Gläubigen manche, die alles, was zur Welt gehört, verlassen, ihren ganzen Besitz weggeben, nichts für sich behalten, in Sehnsucht dem ewigen Vaterland entgegenseufzen und sich

aus ganzem Herzen mit Tränen anklagen. Das sind die Gefäße auf dem Tisch, in denen ein Ganzbrandopfer dargebracht wird. Und es gibt andere, die sich um ihr eigenes Haus kümmern, sich um die Kinder sorgen und auf ihr Erbe achten, und die, des ewigen Gerichtes eingedenk, den Armen Barmherzigkeit erweisen und ihnen Lebensmittel und Kleidung geben in dem Maße, als sie es für richtig halten. Das sind zweifellos jene Gefäße auf dem Tisch, in denen ein Opfer dargebracht wird, kein Ganzbrandopfer. Da nun die Heiligen in unermüdlicher Unterweisung mit Ermahnung und Geduld, mit Überredung und Drohung die Herzen der einen bis zu dem Punkt erziehen, daß sie alles verlassen und ganz in der Liebe zum Herrn entbrennen, die Herzen der anderen soweit unterweisen, daß sie, wenn schon nicht alles zu verlassen imstande sind, so doch in dem ihnen möglichen Maß barmherzig sind und die Sorge um das Leibliche mit der Sorge um die Seele teilen, so sind diese Heiligen die aus Quadersteinen erbauten Tische des Herrn, die die Gefäße tragen, in welchen Ganzbrandopfer und andere Opfer dargebracht werden, sofern die Vollkommenen wie gesagt alles verlassen und aus ganzem Herzen in der Liebe zum Herrn entbrennen, und die Unvollkommenen ein gewöhnliches Opfer darbringen, indem sie nur einen Teil zum Opfer weihen.

TREUE IM KLEINEN

Es folgt:
(Ez 40,43) Und ihre Ränder waren eine Hand breit, ringsumher einwärts gebogen. Daß das Maß der Tischrän- 13
der eine Hand breit ist, bedeutet nichts anderes, als daß die Hand breit ausgestreckt wird und die heiligen Väter und Glaubenslehrer so predigen, daß die Werke der Zuhörer zunehmen. Wir strecken gleichsam die Hand aus, wenn wir unsere Werke ausweiten. So rede denn jeder Prediger, er bewege das Herz des Zuhörers und vertreibe die Müdigkeit der Ermatteten. Indem er sie zu guten Werken anregt, zeigt er an, daß seine Ränder eine Hand breit sind. Auch ist zu erwägen, daß der größere und der kleinste Finger der Hand

ausgestreckt wird. Mit dem größeren und mit dem kleinsten Finger wird eine bedeutende beziehungsweise unbedeutende Tat bezeichnet. Die Ränder der Tische sollen eine Handbreite betragen, auf daß der Hörer durch die Verkündigung seiner Glaubenslehrer aufwache und dank ihrer Ermahnung große Werke vollbringe, jedoch nicht versäume, auch das Geringfügige zu tun. Und er sei so auf das Geringste bedacht, daß er auch in den größeren Werken nicht nachlasse. So spricht die WAHRHEIT im Evangelium: *Wehe euch, ihr heuchlerischen Schriftgelehrten und Pharisäer, daß ihr die Minze und den Anis und den Kümmel verzehntet und die gewichtigeren Stücke des Gesetzes hintanstellt: das Recht und die Barmherzigkeit und die Treue; dieses hättet ihr tun und jenes nicht unterlassen sollen* (Mt 23,33). Mit dem Recht und der Barmherzigkeit und der Treue wird auf den größeren Finger des Tuns hingewiesen. Durch die Minze und den Anis und den Kümmel wird zweifellos der kleinste Finger versinnbildlicht. Dieses sollte man tun, ohne jenes zu unterlassen, denn wenn wir wollen, daß unser Tun das Maß einer Handbreite habe, muß der kleinste Finger so ausgestreckt werden, daß dabei der größere Finger nicht eingezogen wird.

14 Wo der Prophet die Maße der Tischränder angibt und dabei das Maß der Handbreite erwähnt, fügt er treffend hinzu: *«eine»*. Wie nämlich durch die Verkündigung der Glaubenslehre die Einheit im Glauben festgehalten wird, so soll auch die Einheit der Gesinnung in den Werken gewahrt werden, damit durch das gute Werk, das einer tut, nicht etwa ein anderer in das Übel der Zwietracht gerät. Wir müssen die guten Werke so tun, daß wir dadurch auch die Einmütigkeit mit denen, mit welchen wir leben, soweit wir das rechtmäßig tun können, bewahren, und zwar nicht so, daß wir von unserem Tun ablassen, sondern so, daß wir dem Übel der Zwietracht, das zu befürchten ist, durch überzeugende Erklärungen zuvorkommen. So hat Paulus in seinen Werken die Handbreite eingehalten und die Entstehung von Zwietracht verhindert. Denn als er sah, daß die Korinther einen Gefallenen und von der Kirche Ausgestoßenen wieder aufnehmen wollten, meinte er: *Wenn ihr einem etwas verziehen habt, dem verzeihe auch ich. Denn auch ich habe, wenn ich etwas verziehen habe,*

um euretwillen an Christi statt verziehen, damit wir nicht vom Satan überlistet würden (2 Kor 2,10–11). Der pflegt ja aus Gutem Böses zu erzeugen und das, was aus Liebe getan wird, in Zwietracht einmünden zu lassen. So fügt Paulus gleich darauf über ihn hinzu: *Denn seine Anschläge sind uns ja nicht unbekannt* (2 Kor 2,11). Wenn nun ein Glaubenslehrer durch seine gute Predigt seine Zuhörer zum rechten Tun anhält, jedoch die Gesinnung der einzelnen nicht zur Eintracht zusammenbindet, so haben zwar seine Ränder die Handbreite, nicht aber die erwähnte Einheit der Handbreite.

TU' SELBST, WAS DU ANDEREN PREDIGST!

Erwägenswert ist ferner die Bemerkung, die Ränder dieser 15
Tische seien *einwärts gebogen*. Die Tischränder sind nämlich dann eingebogen, wenn sich die Prediger das, was sie sagen, in schweigendem Nachdenken ins Bewußtsein rufen und sich sorgfältig prüfen, ob sie selbst auch tun, was sie reden. Da aber die Tischränder zu Recht als einwärts gebogen bezeichnet werden, wird auch beigefügt: *ringsumher*. Die Prediger sollen sich nicht nur in einem bestimmten Bereich im Auge behalten und andere Bereiche bei sich zu prüfen unterlassen, vielmehr sich in allem beobachten und nach Kräften bemühen, jede Einzelheit, die sie lehren, in der Tat zu erfüllen, damit die Seelsorger anderer nicht sich selbst zugrunde richten, indem sie sich als Prediger bloß den Anschein geben, das Gute auch selbst zu tun. O du Seelsorger, siehe, du bist ja der Tisch, du trägst die Gefäße, du hältst in den Gefäßen der Gläubigen das Gewicht des Ganzbrandopfers und der Opfergabe, so biege den Rand einwärts, das heißt nimm dir die Predigt zu Herzen. Höre auf das, was du sagst, tu', was du predigst. Wenn du es verabsäumst, zu erfüllen, was du predigst, dann säst du die Ernte für andere aus und gehst selber deines Anteils am Getreide verlustig. So steht geschrieben: *Seine Ernte wird ein Hungriger verzehren* (Job 5,5). Die Ernte des Predigers, der das Gute verkündigt, aber nicht tut, verzehrt ein Hungriger, denn wer nach dem Brot der Gerechtigkeit hungert, führt die Anweisungen aus, die er vernimmt, wäh-

rend jener, der sich bei der Aussaat abmühte, keine Frucht erhält. So spricht Salomon: *Der Faule birgt seine Hand in der Achselhöhle und führt sie nicht einmal bis zum Mund* (Spr 19,24). Niemand ist so faul, daß es ihm zu mühsam erschiene, die Hand zumindest beim Essen zum Mund zu führen. Wer aber nicht tun will, was er sagt, ist ein Fauler, der seine Hand nicht zum Mund führt. Heißt es doch von jenen, die Gutes lehren und Schlechtes tun: *Die Söhne Ephrems, die den Bogen spannten und mit Pfeilen schossen, kehrten um am Tag der Schlacht* (Ps 77,9). Den Bogen spannen und mit Pfeilen schießen jene, die die Aussagen der Heiligen Schrift erklären und mit beredten Worten die Fehler der Zuhörer brandmarken. Aber am Tag der Schlacht machen sie kehrt, weichen in der Versuchung zur Sünde zurück und wollen ihr nicht die Stirn bieten, und so halten sie nicht stand im Kampf gegen die Anfechtungen. Wiederum heißt es: *Du hast die Schärfe seines Schwertes rückwärts gewendet und bist ihm im Krieg nicht beigestanden* (Ps 88,44). Das Schwert des Predigers ist das Wort Gottes. Daher sagt Paulus: *Und das Schwert des Geistes, welches ist das Wort Gottes* (Eph 6,17). Wenn der allmächtige Gott sieht, daß der Prediger nicht tun will, was er verkündet, entzieht er ihm am Tag des Krieges das Schwert seines Beistandes und gestattet nicht, daß die Worte der Unterweisung, die er gegeben hat, ihm im Kampf gegen die Versuchungen eine Hilfe seien. Er hat zwar ein Schwert, aber es nützt ihm nichts im Krieg, denn wenn die feindliche Versuchung über ihn hereinbricht, vergißt er das Wort, das er gepredigt hat.

Siehe, da kommt zum Beispiel ein Prediger auf die Geduld zu sprechen, auf welche Weise man die Geduld bewahrt, wenn man einen Schaden hinnehmen oder von einer Verleumdung hören mußte. Wird er aber selbst von einem Schaden oder einer Verleumdung betroffen, vergißt er, was er gelehrt hat, und schießt in der Rache am Nächsten oder in der Erwiderung auf die Verleumdung umso weiter übers Ziel hinaus. Er denke daran, daß er ein Opfertisch Gottes ist, er beuge den Rand einwärts, er halte sich an das, was er predigt. Steht doch geschrieben: *In eurer Geduld werdet ihr eure Seelen besitzen* (Lk 21,19). Und: *Des Mannes Einsicht erkennt man an seiner Geduld* (Spr 19,11). Ist also die Geduld der Wertmaßstab der Ein-

sicht, so erweist sich einer umso einsichtiger, je geduldiger er war. Auch jener gute Jünger sah seinen Lehrmeister in die Lüfte auffahren und rief in dem Gefühl großer Liebe aus: *Mein Vater, mein Vater, Wagen Israels und sein Lenker!* (4 Kön 2,12). Was bedeutet es, geliebte Brüder, daß Elias als *Wagen Israels und sein Lenker* bezeichnet wird, anderes, als daß der Lenker antreibt und der Wagen trägt? So wird ein Glaubenslehrer, der die Sitten des Volkes mit Geduld erträgt und es in den Worten der Heiligen Schrift unterweist, als Wagen und als Lenker bezeichnet: Wagen, indem er duldend trägt, Lenker, indem er mahnend antreibt; Wagen, weil er Böses erduldet, Lenker, weil er das Volk durch gute Belehrung aneifert.
Oder es richtet sich ein andermal die Rede des Predigers gegen 16
die eitle Ruhmsucht, und während er wunderbar darzulegen weiß, wie man ihr entgeht, strebt er gerade in den Predigten, in denen er gegen die eitle Ruhmsucht Stellung bezieht, nach nichtiger Ehre. Wenn er also das zu erlangen trachtet, wovor er warnt, biegt der Tisch den Rand nicht einwärts. Hingegen wird der Rand des aus Quadersteinen errichteten Tisches des Herrn dann einwärts gebogen sein, wenn sich der Betreffende bemüht, darauf zu hören, was er sagt. Es steht ja geschrieben: *Weder aus Streitsucht noch aus eitler Ruhmbegierde* (Phil 2,3). Zu ihnen spricht abermals der hervorragende Glaubenslehrer: *Wir haben keine Ehre von den Menschen gesucht, weder von euch noch von anderen* (1 Tess 2,6). Aus der Predigttätigkeit vergängliches Lob ernten wollen ist nichts anderes als etwas Großes um einen billigen Preis verkaufen. Liegt doch im Predigen eine schwere Gefahr, weil der Vortrag der Prediger oft vom Beifall der Zuhörer begleitet ist. Da manche Prediger angesichts ihres guten Rufes in ihrer Beredsamkeit nicht schwächer erscheinen wollen, kommt es soweit, daß sie sich in den Predigten, die sie zuerst, um die Seele der Zuhörer zu gewinnen, gehalten haben, in der Folge darum bemühen, Lob zu ernten. Und die zuvor in der Verkündigung des Gotteswortes geistigen Gewinn suchten, streben in der Folge nach zeitlichem Beifall. So geschieht es, daß sowohl manche gute Werke als auch die Worte heiliger Lehre dem Gericht des allmächtigen Gottes verfallen, wenn einer damit auf vergängliche Ehren ausgeht. Durch den Propheten wird zu Judäa gesagt,

was ein unvorsichtiger Geist in sich vorfindet, der nicht einmal dann, wenn er schuldig geworden ist, seine Gedanken genau durchforscht: *Einen prangenden, schönen, fruchtbaren, wohlgestalteten Ölbaum hat dich der Herr genannt: prasselnd loderte ein mächtiges Feuer an ihm auf und verbrannte seine Äste* (Jer 11,16). Der Herr nennt denjenigen *einen prangenden und schönen, fruchtbaren und wohlgestalteten Ölbaum,* dessen wirksames Tun beziehungsweise heiligen Eifer in den Worten der Wissenschaft er gutheißt. Doch *prasselnd loderte ein mächtiges Feuer an ihm auf,* wenn der, welcher gelobt zu werden beginnt, sich etwa schämt, geringer zu erscheinen, als man sagt, und sich anstrengt, das zu sein, wofür er gehalten wird. So steht geschrieben: *Wer frühmorgens aufsteht und seinen Nächsten mit lauten Glückwünschen begrüßt, gleicht dem, der ihn schmäht* (Spr 27,14). *Prasselnd loderte* daher *ein mächtiges Feuer an ihm auf,* da in der Größe des Beifalls die Flamme der Ehrsucht im Herzen entzündet wird. Und alle Äste des Ölbaums verbrennen, weil die guten Werke wie auch die gescheiten Worte vor den Augen des allmächtigen Gottes zunichte werden, wenn sie nicht aus Liebe zum Herrn, sondern aus Rücksicht auf vergängliches Lob getan beziehungsweise gesprochen werden. Auf diese Weise schleicht sich nämlich in eine gute Absicht eine verkehrte ein, so daß es selbst der Betreffende, der diese Gedanken hegt, kaum merkt. So spricht der vortreffliche Glaubenslehrer in ernsten Worten: *Das Wort Gottes ist lebendig und wirksam und schärfer als jedes zweischneidige Schwert und hindurchdringend bis zur Scheidung von Seele und Geist,* und fügt sogleich bei: *von Gelenken und Mark, und ist Richter der Gedanken und Absichten des Herzens* (Hebr 4,12).

17 Das Wort Gottes teilt Gelenke und Mark, da es die Gedanken und Absichten des Herzens unterscheidet. Durch die Gelenke werden Knochen mit Knochen verbunden. Doch während wir etwas im richtigen Gedanken tun, wenden wir uns oft alsbald der Ehrsucht zu und tun um des Lobes willen, was wir zuerst um der Wahrheit willen zu tun begonnen haben, indem sich Gedanken zu Gedanken fügen, gleichsam wie wenn es im Geist Gelenke gäbe. Indes haben die Knochen, die im Gelenk verbunden sind, auch das Mark. Worauf der heilige Glaubenslehrer deutlich hinweist: *Richter der Gedanken und der Absichten*

des Herzens. Die Gelenke sind unsere Gedanken, das Mark die Absichten. Oft denken wir das eine, und dann ist es etwas anderes, was wir in Gedanken beabsichtigen. Denn wenn einer um den angebotenen Geldpreis den Rechtsanspruch einer Waise oder Witwe verteidigt und, etwa in eine Kirche eintretend, in seinen Gebeten zu Gott spricht: Du siehst, daß ich den Rechtsanspruch einer Waise oder Witwe verteidige, so ist er sich zweifellos dessen bewußt, was er denkt, nicht aber dessen, worauf seine Gedanken abzielen. Das eine denkt er, und das andere beabsichtigt er. Sein Trachten zielt nämlich nicht auf die Verteidigung der Waise oder der Witwe, sondern auf den Lohn des Geldes. Denk dir nur den zeitlichen Lohn weg, und er wird die Waise oder die Witwe nicht verteidigen. So ist das Wort Gottes Richter der Gedanken und der Absichten des Herzens. Es schaut nicht darauf, was du bei dir selber denkst, vielmehr durch das Mark des Knochengelenks, das heißt durch die Absicht der Gedanken darauf, was du zu gewinnen trachtest. Daher bleibt es dabei: wenn der Prediger redet, biege er gleich dem Opfertisch Gottes die Ränder stets einwärts, damit er weder in schlechter Absicht zu reden anfängt noch nach einem guten Beginn, vom Beifall verführt, auf andere Absichten verfällt.

Ein andermal handelt die Rede des Predigers von der rechten 18
Art der Unterweisung. Dabei kommt es oft vor, daß er die Regeln der Unterweisung, über die er zu reden versteht, selbst nicht einzuhalten weiß, denn entweder ist er von allzu großem Eifer beseelt und zügelt sich zu wenig in der Sanftmut, oder er ist in allzu großer Sanftmut milde gestimmt und erregt sich zu wenig, von Eifer angestachelt, über die Laster. Indes müssen wir sehr aufmerksam erwägen, was geschrieben steht: daß zwischen den Randeinfassungen und Rundleisten auf den Gefäßen des Tempels Löwen, Rinder und Cherubim plastisch herausgetrieben waren, und unterhalb der Löwen und Rinder herabhängende Bänder (vgl. 3 Kön 7,29). Die Randeinfassungen sind das Zeichen des Sieges, die Rundleisten bezeichnen die Einmütigkeit der Eintracht, die Cherubim werden die Fülle der Wissenschaft genannt. Zwischen den Randeinfassungen und den Rundleisten, das heißt zwischen der Kraft des guten Werkes, wodurch man zum Sieg eilt, und der Eintracht

der Liebe, wodurch sie miteinander in keinem Widerspruch stehen, sind durch die Rinder, Löwen und Cherubim die Priester und die Prediger bezeichnet. Denn bei aller Fülle der Wissenschaft, die ihnen eignet, ist es notwendig, daß sie die Sanftmut von Rindern und den Feuereifer von Löwen besitzen, daß sie in der von ihnen angewandten Art der Unterweisung sowohl von heiligem Eifer entbrannt, als auch von väterlicher Liebenswürdigkeit milde gestimmt sind. Unter ihnen sollen Bänder herabhängen, so daß sie die Knoten ihrer rechten Unterweisung, mit welchen sie selbst gebunden sind, auch sorgfältig auf ihre Untergebenen anwenden. Daß unter ihnen Bänder herabhängen, heißt ja, daß sie ihre Untergebenen in den Banden der Wachsamkeit halten. Was dann richtig gehandhabt wird, wenn weder die Sanftmut der Rinder im Feuereifer verlorengeht noch der Schrecken des Löwen zu harmloser Sanftmut wird. Die Unterscheidung muß ein solches Maß haben, daß weder die Strenge zu groß ist noch die Milde dahinschwindet; sonst wird der Schuldige, wenn die Sünde ohne jede Ordnung einfach verziehen wird, tiefer in seine Schuld verstrickt, oder aber der Zurechtgewiesene wird, wenn ihm die Sünde ohne jede Rücksicht behalten wird, umso verstockter, je mehr er sieht, daß ihm keine wohlwollende Gunst entgegengebracht wird. Es ist daher denen, die sich verfehlt haben, Strenge in der Zurechtweisung, aber Liebe im Herzen entgegenzubringen, so daß die harte Zurechtweisung den, der sich verfehlt hat, in die Schranken weist, die Bewahrung der Liebe hingegen des Lohnes der Sanftmut nicht verlustig geht.

JOSEPH IN ÄGYPTEN

19 Siehe, während ich so rede, kommt mir Joseph in den Sinn, um als Zeuge zur Bestätigung des von mir Gesagten aufzutreten (vgl. Gen 37 f.). Er hat den Traum, in dem er seinen Aufstieg schaute, den Brüdern erzählt, und indem er ihn in aller Unschuld wiedergab, hat er dadurch die Stacheln der Arglist gegen sich aufgereizt. Von den Brüdern wird er an die Ismaeliten verkauft, dann nach Ägypten gebracht und durch

wunderbare Anordnung des allmächtigen Gottes als Vorsteher über Ägypten eingesetzt. Und als im Lande Kanaan eine Hungersnot ausbricht, kommen die Brüder nach Ägypten, finden Joseph als Vorsteher Ägyptens wieder und erweisen ihm, den Nacken bis zum Boden gebeugt, ihre Verehrung. Sie waren nicht imstande, Gottes Pläne zu durchkreuzen, und so haben sie ihn verkauft, um ihm keine Ehre erweisen zu müssen, und mußten dem, den sie verkauft hatten, ihre Verehrung bezeugen. Da hat der Mann Gottes, vom Geist der Unterscheidung erfüllt, seine Brüder erkannt, ohne von ihnen erkannt zu werden. Eingedenk ihrer Schuld und das Unrecht verzeihend, ging sein Bemühen dahin, die Bosheit der Brüder nicht zu vergelten, aber auch nicht ohne Sühne hingehen zu lassen. Allsogleich sprach er mit verstellter Stimme: *Ihr seid als Kundschafter gekommen, um die verwundbaren Stellen des Landes auszuspähen. Ich will euch jetzt auf die Probe stellen: beim Leben des Pharao, ihr sollt von hier nicht wegziehen* (Gen 42,9 und 15). Oh, welche Pfeilwunde im Herzen! Als Fremdlinge waren sie gekommen, flohen vor der Gefahr des Hungers, hatten das gewünschte Getreide nicht erhalten und sahen sich obendrein vom Vorwurf des Verbrechens betroffen. Inzwischen werden sie in den Kerker abgeführt und nach drei Tagen freigelassen, immer noch durch dieselbe Notlage in Schrecken gehalten. Schon geht man in sich, schon bedrängt die Erinnerung an die Schuld ihre Seele, und sie sagen zueinander: *Verdientermaßen leiden wir dies, denn wir haben uns an unserem Bruder versündigt: wir sahen seine Seelenangst, als er uns anflehte, und hörten nicht darauf. Darum ist diese Drangsal über uns gekommen* (Gen 42,21). Darauf wird Josephs Herz von Liebe überwältigt, er zieht sich zurück und bezahlt mit Tränen, was er der Geschwisterliebe schuldet. Doch streng kehrt er zu den Brüdern zurück, damit ihre gequälte Seele von der Schuld befreit werde. Nun wird einer in Ketten geworfen, die anderen werden mit dem Getreide fortgeschickt, und der eine Bruder, den sie als den Jüngsten bezeichnet hatten, sollte herkommen. Sogleich kommt dieser Bruder. Die Geschwisterliebe überwältigt die Seele Josephs, da sich der Bruder als unschuldig erweist, doch nach außen hin bleibt die Strenge aufrecht, damit die schuldigen Brüder geläutert würden. Das

Getreide wird ihnen gegeben, im Sack des jüngsten Bruders wird ein Silberbecher versteckt. Nachdem sie fort sind, wird die Anklage auf Diebstahl erhoben. Man schickt nach ihnen, um sie zurückzuholen. Es wird beschlossen, den, bei welchem der Becher gefunden würde, in die Sklaverei zu geben. Er wird im Sack des jüngsten gefunden. Daraufhin wird Benjamin zurückgebracht, alle Brüder folgen bedrückt. O welche Marter der Barmherzigkeit! Sie peinigt und sie liebt. Zurückgekehrt werfen sie sich weinend zu Boden und bitten um Vergebung. Eingedenk dessen, was sie dem Vater seinetwegen versprochen haben, vergehen sie vor unerträglichem Kummer. Da kann sich die zurückgehaltene Geschwisterliebe nicht mehr verleugnen, bricht geradewegs hervor und preßt Tränen der Liebe aus dem strengen Antlitz. Weggewischt ist der Zorn, der, nach außen hin als solcher in Erscheinung getreten, keiner war, offenkundig wird die Barmherzigkeit, die zwar bestand, aber nach außen hin nicht in Erscheinung getreten war. So hat der heilige Mann das Verbrechen der Brüder sowohl verziehen als auch bestraft. Er hat in der Festigkeit Milde walten lassen und sich gegenüber den sündigen Brüdern nicht ohne Strafe als gnädig erwiesen, nicht ohne Gnade als gerecht.

Siehe, das ist das Amt der rechten Unterweisung, die es versteht, den Sündern nicht nur in kluger Unterscheidung zu vergeben, sondern auch gnädig Einhalt zu gebieten. Die, welche den Geist der Unterscheidung nicht besitzen, verzeihen den Sündern so, daß sie sie nicht bessern, oder aber sie treffen sie, sie gleichsam bessern wollend, so hart, daß sie ihnen nicht vergeben. Deshalb soll sich der Glaubenslehrer, der über das rechte Maß der Unterscheidung sprechen muß, dessen bewußt sein, daß er ein Opfertisch Gottes ist, und den Rand einwärts biegen, auf daß er das, wovon er lehrend redet, im Geist der Unterscheidung sorgsam ausführt. Auch wenn er merkt, daß ihm hierin einiges mangelt, darf er von dessen Verkündigung nicht ablassen. Erfordert doch sein Amt, daß er redet. Er soll vielmehr mit seinen Worten in Einklang stehen und nicht etwa deswegen schweigen, weil er es selbst nicht tut, sondern es gerade auch deswegen tun, weil er zu reden gezwungen ist. Sieht er aber, daß er im Werk ausführt, was er sagt, so soll er die Zuhörer ermahnen und deren Seelen zum Eifer in guten Werken ermuntern. Sieht er hingegen, daß er das, wovon er redet, nicht erfüllt hat, soll er sich ebenfalls zu dem Guten aufraffen, zu dem er die Zuhörer auffordert, damit auch er in Tat und Wahrheit lerne, was die WAHRHEIT durch ihn in der Predigt spricht. Oft werden wir ja bei der Darlegung der Frohbotschaft dazu angeregt, das, was wir im Leben vernachlässigen, durch das Reden zu lernen; und während uns im Geist unsere Lauheit zu Bewußtsein kommt, quält die plötzlich entstandene Zerknirschung den Geist, so daß er, durch seine eigenen Worte angetrieben, zu dem Tun erwacht, wofür er vor seinem Reden in seiner Trägheit kein Gespür hatte. Siehe, wenn der Rand des Tisches eine Handbreit beträgt, das heißt wenn durch den Mund der Glaubenslehrer gegen die Laster Stellung bezogen und das Herz der Zuhörer zum guten Werk angeregt wird, erkennen viele, die seine Worte vernehmen, wie oft und wie schwer sie Böses getan haben, kommen geständig zu ihm und flehen mit Tränen zu ihm, er möge wegen ihrer Sünden zum Fürbitter werden und durch sein Gebet die Schuld tilgen, die er durch seine Predigt offengelegt hat.

MANCHE SIND VON WEITHER GEKOMMEN

Nun folgt:
(Ez 40,43) Auf den Tischen aber lag das Opferfleisch.
Indem die heiligen Glaubenslehrer für die reuigen und gestän- 21
digen Sünder dem allmächtigen Gott ihre Bitten vorbringen und für deren Leben unter dem Gesetz des Fleisches Vergebung erflehen, tragen sie als Tische des Herrn das Opferfleisch. Damit es dazu kommt, daß sie für Bekehrte und Bereuende beten, müssen sie sie zuvor, wenn sie noch in der Sünde sind, unterweisen; wenn sie sich dann anschicken, die Sünden zu meiden und zur Unschuld zurückzueilen, ist es notwendig, daß ihnen gegenüber die Eindringlichkeit der Unterweisung aus dem Mund des Glaubenslehrers zunehme. Er soll gewissen Leuten mit dem Wort seiner Unterweisung um so energischer zusetzen, je mehr er erkennt, wie tief sie

gefallen sind; weiß er doch, daß er eine um so größere Belohnung erhält, je schwerwiegender die Sünden sind, aus deren Abgrund er andere mit seinen Worten heraushebt.

22 In diesem Zusammenhang liegt es nahe, eine Stelle aus dem Evangelium anzuführen, die das hier Gemeinte in der Mitte trifft: die heilige Erzählung bezeichnet mit dem, was dort als ein Wunder geschehen ist, etwas, was sich täglich wunderbar ereignet. Denn als die entkräfteten und hungrigen Volksscharen zum Herrn gekommen waren, sprach der Herr zu den Jüngern: *Mich erbarmt des Volkes, denn siehe, sie harren schon drei Tage bei mir aus und haben nichts zu essen; und wenn ich sie hungrig nach Hause schicke, werden sie unterwegs ermatten, denn manche von ihnen sind von weither gekommen* (Mk 8,2–3). Die Scharen harren drei Tage beim Herrn aus, wenn sich die Menge der Gläubigen von den begangenen Sünden durch Buße lossagt und sich in Gedanken, Reden und Taten zu Gott bekehrt. Der Herr will sie nicht hungrig nach Hause schicken, damit sie unterwegs nicht ermatten, denn bekehrte Sünder erliegen auf dem Weg des gegenwärtigen Lebens, wenn sie, ohne die Nahrung heiliger Unterweisung zu sich genommen zu haben, entlassen werden. Auf daß sie also auf dieser Pilgerschaft nicht ermüden, müssen sie durch heilige Aufmunterung gelabt werden. Die heilige Rede, die hier aus dem Mund der WAHRHEIT hervorgeht, ist gar sehr beherzigenswert, wenn sie sagt: *Denn manche von ihnen sind von weither gekommen.* Es gibt freilich solche, die keinerlei Verirrung, keinerlei fleischliche Verführung erlebt haben und so zum Dienst des allmächtigen Gottes geeilt sind. Der ist nicht von weither gekommen, der in Unversehrtheit und Unschuld nahe gewesen ist. Ein anderer wieder hat sich, von keiner Unreinheit, von keiner Schande befleckt, lediglich nach einem Leben in der Ehe zum geistigen Dienst entschlossen. Auch der kommt nicht von weither, weil er ja eine erlaubte Verbindung eingegangen und nicht auf verbotene Wege abgeirrt war. Manche hingegen wenden sich erst nach fleischlicher Unzucht, andere nach falschen Zeugenaussagen, wieder andere nach begangenen Diebstählen, nach vollbrachten Gewalttaten, nach ausgeführten Mordanschlägen zur Buße und bekehren sich zum Dienst des allmächtigen Gottes: diese kommen offensichtlich von

weither zu Gott. Je mehr nämlich einer in verkehrtem Tun abgeirrt ist, desto weiter hat er sich vom allmächtigen Herrn entfernt. Auch der verlorene Sohn verließ den Vater und ging in ein fernes Land, wo er die Schweine hütete, das heißt Lastern frönte. Es soll also auch jenen, die von weither kommen, Nahrung geboten werden, weil den bekehrten Sündern die Speise der heiligen Lehre gegeben werden muß, damit sie ihre Kräfte für Gott wiederherstellen, die sie in Schandtaten eingebüßt haben. Oft ist es notwendig, daß sie von den Glaubenslehrern mit um so reichlicheren Speisen der Heilslehre gesättigt werden, je entkräfteter sie infolge der größeren Laster hergekommen sind. Und wenn sie bereits angefangen haben, die begangenen Übeltaten zu bekennen, bekennend von ihnen abzulassen und sie mit Tränen abzubüßen, dann müssen die heiligen Glaubenslehrer um deren Sünden willen flehentliche Gebete zum Himmel senden, tragen sie doch als Tische des Herrn das Opferfleisch. Sooft sie das tun und für fremde Sünden Fürsprache einlegen, decken sie immer mehr auch ihre eigenen Sünden vor den Augen Gottes zu. Indem sie sich in bewundernswerter Hingabe für fremde Verfehlungen mit Wehklagen aufopfern, erlangen sie durch diesen Liebesdienst auch ihre eigene Rechtfertigung. Es soll den Lehrenden das Vergießen von Tränen für die bekehrten Sünder nicht zu beschwerlich sein: ist doch der, der alles geschaffen hat, Mensch geworden und hat für unsere Sünden am Kreuz sein Blut vergossen, der da lebt und herrscht mit dem Vater in der Einheit des Heiligen Geistes, Gott von Ewigkeit zu Ewigkeit. Amen.

10. HOMILIE: Ez 40,44–47

1 Unter dem Anhauch des Heiligen Geistes erkennt der Prophet in kluger Einsicht den mystischen Sinn der heiligen Schrift, da er spricht: *Gar wunderbar sind deine Zeugnisse, darum hat meine Seele sie erforscht* (Ps 118,129). Und: *Öffne meine Augen, und ich werde die Wunder deines Gesetzes schauen* (Ps 118,18). Wer das Verborgene unter dem Offenkundigen noch nicht erkennt, dessen Augen sind verhüllt. Wer es aber erkennt, schaut mit enthüllten Augen die Wunder des Gesetzes Gottes; und indem er den Buchstaben der Worte Gottes geistig durchforscht, ermißt er, welche Größe sich im Inneren verbirgt. Oder ist es etwa nicht wunderbar, wenn etwas so oder so in den Ohren klingt, und etwas anderes, Unhörbares sich der Einsicht auftut? Könnte ich das Wort der Heiligen Schrift nicht mit einem Stein vergleichen, in dem Feuer verborgen ist? Mit der Hand faßt er sich kalt an, wenn er aber mit einem Stück Eisen geschlagen wird, springen Funken heraus, und was sich zuvor mit der Hand kalt anfassen ließ, bringt sodann sprühendes Feuer hervor. So, ja so geartet sind die Worte der Heiligen Schrift: in der bloß buchstäblich verstandenen Erzählung fassen sie sich kalt an, doch wenn einer unter dem Anhauch des Herrn aufmerksamen Sinnes anklopft, schlägt er aus ihrer mystischen Bedeutung Feuer heraus, und die Seele, die zuvor die Buchstaben kühl angehört hatte, erglüht dann im Geist beim Vernehmen ihrer Worte.

PROPHETISCHE BAUKUNST

Denn siehe, es spricht der Prophet.
(Ez 40,44) Und außerhalb des inneren Tores waren Schatzkammern für die Sänger im inneren Vorhof, der seitwärts des nach Norden blickenden Tores lag; und ihre Stirnseiten waren auf den einen Weg nach Süden gerichtet; seitwärts des Osttores, das zum Weg nach
2 *Norden blickte.* Nun, wessen Seele erglüht wohl zur Gottesliebe beim buchstäblichen Sinn dieser Worte, oder viel-

mehr: wem soll bei deren Lektüre warm ums Herz werden? Wenn jedoch der im Buchstaben verborgen liegende geistige Kern ergründet wird, dann springen Funken der Einsicht hervor und entzünden, was zuvor den Ohren des Herzens kalt geklungen hat. Trotzdem soll uns zuerst der buchstäbliche Sinn der Beschreibung klar werden, auf daß sich uns durch die Erleuchtung des Herrn die innere Einsicht auftut. Der Prophet sagt, daß das Tor innen und der als der innere bezeichnete Vorhof außerhalb desselben lag. Und dann werden noch andere Tore, nämlich die nach Norden, Süden und Osten, beschrieben, so daß der Vorhof selbst, von dem er gesagt hatte, er liege außerhalb des inneren Tores, in bezug auf die äußeren Tore innen zu liegen kommt. Somit liegt der Vorhof sowohl außen wie auch innen: außen, weil außerhalb des inneren Tores, innen, weil innerhalb der äußeren Tore. Nun heißt es, daß auch die Schatzkammern der Sänger in demselben Vorhof waren, und zwar seitwärts von dem nach Norden blickenden Tor angeordnet. Die Schatzkammern selbst waren zum Weg nach Süden hin gerichtet, und es wird beigefügt: *Seitwärts des Osttores, das zum Weg nach Norden blickte.* Aus diesen Worten ersieht man offenkundig, daß die Schatzkammern der Sänger zwischen der Seite neben dem Nordtor und der Seite neben dem Osttor angeordnet waren, welches zum Weg nach Norden blickte. Die Stirnseiten der Kammern waren zum Weg nach Süden hingerichtet, lagen aber zwischen dem Ost- und dem Nordtor. Auf der einen Seite des inneren Tores lag somit das Nordtor, auf der anderen Seite das Südtor. An der Vorderseite der Halle erhob sich das Osttor, und so umgaben die äußeren Tore den Vorhof, der außerhalb des inneren Tores war, doch so, daß auch der Vorhof nach innen zu liegen kam.

Dies sind wir in Kürze über den buchstäblichen Sinn der 3
Worte durchgegangen, um nunmehr ihren mystischen Sinn umso ausführlicher zu erforschen. An einer früheren Stelle waren drei Tore beschrieben worden, nämlich eines nach Osten, eines nach Norden und eines nach Süden. Darauf wurden drei andere im inneren Vorhof erwähnt, eines nach Süden, eines nach Osten und eines nach Norden und dann war ein Tor des inneren Vorhofes zur Sprache gekommen, in

welchem die aus Quadersteinen errichteten Tische genannt wurden, sowie ein nach Norden gerichtetes Tor, wo die Tische für die Opfer, nicht für die Ganzbrandopfer stehen. Wir hatten gesagt, daß durch das innere Tor die Kirche, durch das äußere Tor die Synagoge bezeichnet würden. Aber nachdem das abgeschlossen ist, beginnt Ezechiel von neuem das innere Tor und drei weitere nach Norden, Süden und Osten gerichtete Tore zu beschreiben und sagt, daß in deren innerem Vorhof, der aber noch außerhalb des inneren Tores liegt, sich Schatzkammern, Sänger, Priester, Tempel, Altar und Opfer befänden. Da er nun mit diesen Worten etwas anderes über die Einrichtung der Kirche zu sagen beginnt, als er es zuvor getan hat, hat er offenbar dem inneren Tor eine andere Deutung gegeben. Wenn er nämlich alles in ein und demselben Sinn deutete, würde er sich das eine wie das andere nicht gemäß der neuen Ordnung vorstellen. Denn wie können wir sagen, daß sich Vorhof, Schatzkammern, Sänger, Priester, Tempel, Altar und Opfer außerhalb des inneren Tores befinden, wenn an dieser Stelle durch dieses innere Tor die heilige Kirche bezeichnet wird? Da sich doch alle diese Dinge im Inneren der Kirche befinden, wie sind sie dann außerhalb des inneren Tores, wenn sie doch nicht außerhalb der Kirche sind? Das innere Tor kann man also als jenes annehmen, von dem wir viel weiter oben gesprochen haben, welches gegenüber dem Nord- und dem Osttor steht und von dem wir gesagt haben, es sei ein Sinnbild des Zuganges, der uns zu den inneren Freuden des himmlischen Vaterlandes offensteht, so daß hier auch durch die Tore, die um die Halle herumstehen, die heilige Kirche, durch das innere Tor jedoch der Zugang zum himmlischen Reich versinnbildlicht wird. Damit indes niemand meine, ich beuge die Worte des Heiligen Geistes gewaltsam nach meinem Verständnis, und sage, ich hätte die einmal gegebene Deutung des inneren Tores als der Heiligen Kirche nicht ändern dürfen, wollen wir dank der Erleuchtung durch die Gnade des allmächtigen Gottes an dem festhalten, womit wir begonnen haben: das innere Tor bezeichnet die Kirche, die uns zu den innerlichen Freuden führt, und Schatzkammern, Sänger, Priester, Tempel, Altar und Opfer sind im Vorhof, der außerhalb des Tores und gleichwohl nicht außerhalb der Kirche ist: Wenn wir nämlich mit sorgfältiger Überlegung nachdenken, so steht dem nichts im Wege, daß wir unter dem inneren Tor wie gesagt die heilige Kirche verstehen. Von ihr heißt es jetzt: *Und außerhalb des inneren Tores waren Schatzkammern für die Sänger im inneren Vorhof.* Damit wird ein Zweifaches festgestellt: das innere Tor und außerhalb desselben der innere Vorhof, wobei dieser Vorhof sowohl außerhalb wie auch innerhalb liegt: außerhalb des Tores, innerhalb aber wie gesagt der Tore, die Ezechiel in der Schilderung dann noch hinzufügt.

ZWEI LEBEN DER KIRCHE

Die heilige Kirche hat zwei Leben, das eine, das sie in der Zeit 4
führt, das andere, das sie in Ewigkeit empfängt, das eine, in dem sie sich auf Erden abmüht, das andere, in dem sie den Lohn im Himmel erhält, das eine, in dem sie Verdienste sammelt, das andere, in dem sie sich an den erworbenen Verdiensten freut – und in beiden Leben bringt sie Opfer dar, hier das Opfer der Reue, dort das Opfer des Lobpreises. Von jenem Opfer heißt es: *Ein Opfer für Gott ist ein zerknirschter Geist* (Ps 50,19), von diesem steht geschrieben: *Dann wirst du das Opfer der Gerechtigkeit annehmen, Gaben und Ganzbrandopfer* (Ps 50,21) und: *Auf daß dir meine Herrlichkeit lobsinge und ich kein Leid erfahre* (Ps 29,13). In beiden Opfern wird Fleisch dargebracht, denn hier bedeutet das Opfer des Fleisches die Kasteiung des Leibes, dort geschieht das Opfer des Fleisches zum Lob Gottes in der Herrlichkeit der Auferstehung. Dort wird das Fleisch gleichsam als Ganzbrandopfer dargebracht, wenn es, in ewige Unverweslichkeit verwandelt, nichts von einem Widerstreit, nichts von Sterblichkeit an sich haben wird, weil es zur Gänze in seinen Liebesflammen brennend in einem Lobpreis ohne Ende verharrt. Somit hat dieses innere Tor, das ist die Kirche, einen inneren Bereich, jenes Leben nämlich, das vor unseren Blicken noch verborgen ist. Und außerhalb dieses Tores ist der äußere Vorhof, das ist das gegenwärtige Leben in dem alles Gute getan wird, um zu dem Gut ohne Ende zu gelangen.

5 Es sind in dem inneren Vorhof, der gleichwohl außerhalb des Tores liegt die Schatzkammern der Sänger, sofern manche Erwählte und Vollkommene noch im sterblichen Fleische leben; sie sind im Schoß der heiligen Kirche, aber noch außerhalb der verborgenen Freuden des inneren Lebens. Die Schatzkammern sind innerhalb wie auch außerhalb: innerhalb, sofern die Herzen der Heiligen dem allmächtigen Gott in großer Liebesglut den Gesang ihrer Sehnsucht darbringen, und doch nicht innerhalb, sofern sie noch im Schoß der Kirche weilend bereits im Geist erblicken, was sie innerlich so sehr lieben, obwohl sie noch nicht vollkommen schauen, was sie lieben. Es sind somit die Schatzkammern im inneren Vorhof, aber außerhalb des Tores, so daß sie innen sind auf Grund der Sehnsucht, und doch nicht innen sind in bezug auf die vollständige Erfüllung. Sind denn die Schatzkammern der Sänger nicht die heiligen Begierden der Liebenden? Sie hüten die göttlichen Weisungen gleich Schätzen im Geiste und bewahren sie singend, denn sie führen die Gebote Gottes nicht in Furcht, sondern in Liebe aus, und so werden ihnen die Vorschriften des heiligen Wortes «sangbar», da sie sie nicht in Traurigkeit, sondern stets aus innerem Verlangen tun. Wollt ihr hören, wie das Herz des Gerechten gleich der Schatzkammer eines Sängers erklingt? *Wie Gesänge waren mir deine rechtfertigenden Satzungen im Haus meiner Pilgerschaft* (Ps 118,54). Rechtfertigende Satzungen nennen wir die göttlichen Gebote, welche uns gerecht machen, wenn sie erfüllt werden. Sie werden uns dann «sangbar» im Haus unserer Pilgerschaft, wenn wir auf der Wanderschaft unseres gegenwärtigen Lebens diese Vorschriften lieben und aus innerem Verlangen erfüllen. So kommt es, daß der Psalmist sich abermals aus der Schatzkammer der Sänger vernehmen läßt: *Von Gnade und Recht will ich dir singen, o Herr* (Ps 100,1).

6 Auch der Sünder soll das Erbarmen des Herrn, durch welches die Sünden nachgelassen werden, besingen, das heißt mit Freuden preisen und erhoffen. Doch wer ist so gerecht, daß er sich sein ewiges Gericht vor Augen hielte und nicht erschräke, es vielmehr vorwegnähme, sich beeilte, sich freute, zu jener Prüfung durch einen solchen Richter zu kommen? Wer immer es sei, er ist groß, weil er, die Gnade und das

Recht besingend, den allmächtigen Gott, der seine Sünden barmherzig verzeiht, mit der ganzen Leidenschaft des Geistes liebt und darum dessen Gericht nicht fürchtet. Denn die *vollkommene Liebe,* sagt der Apostel Johannes, *treibt die Furcht aus* (1 Joh 4,18). Er besingt das Gericht, dem zu unterziehen er sich nicht scheut. So ist sein Geist eine Schatzkammer der Sänger, so daß er, glücklich über die empfangenen Reichtümer des Erbarmens, dem Gericht entgegen geht, das er nicht mehr fürchtet. Schauen wir uns, wenn's Euch gefällt, geliebte Brüder, auch die Schatzkammer eines anderen Sängers an. Besingt nicht auch er das Gericht? Was sagt er nun? *Denn ich werde schon als Opfer hingegeben, und die Zeit meines Abscheidens steht bevor. Ich habe den guten Kampf gekämpft, den Lauf vollendet, den Glauben bewahrt; im übrigen ist mir die Krone der Gerechtigkeit hinterlegt, die mir der Herr an jenem Tage zuerkennen wird, der gerechte Richter* (2 Tim 4,6–8). Im Bewußtsein seiner Mühsale, eingedenk des durchfochtenen Wettkampfes und des bewahrten Glaubens sagt er, daß ihm im Gericht eine Krone hinterlegt sei und er darauf hoffe, sie werde ihm an jenem Tage viel eher zuerkannt als bloß geschenkt werden. Es liegt wahrhaftig auf der Hand, daß er das Gericht besingt, zu dem zu gelangen er sich sehnt. Doch fügt er auch bei: *Aber nicht nur mir, sondern auch denen, die seine Wiederkunft lieben* (2 Tim 4,8). Wohl niemand liebt die Wiederkunft des Richters, es sei denn, er sei sich seiner guten Sache im Gericht bewußt. Daher sind die Herzen jener, die die Wiederkunft des Richters lieben, Schatzkammern von Sängern, weil sie durch die Vorwegnahme der Gnade und des ewigen Lebens in der Kraft heiligen Verlangens das Gericht des Gerechten besingen, vor dem sich alle Ungerechten fürchten.

ZWISCHEN SÜNDE UND ERLÖSUNG

Indes wird sich Eure Liebe daran erinnern, daß wir in einer 7
früheren Homilie gesagt haben, durch das Osttor werde der Glaube, durch das Nordtor die Hoffnung und durch das Südtor die Liebe versinnbildlicht. Nun heißt es aber, diese Kammern lägen zwischen dem Ost- und dem Nordtor und

blickten auf den Weg nach Süden. Das bedeutet, daß die Herzen der Heiligen, die sich zwischen Glaube und Hoffnung befinden, auf den Weg nach Süden blicken, da sie in den Flammen heiliger Liebe brennen. Das Osttor ist, so wird gesagt, zum Weg nach Norden gerichtet, weil uns bei der Eingießung des Glaubens in der Taufe alle Sünden nachgelassen werden, und doch neigen wir auch nach der Eingießung des Glaubens oftmals zur Sünde, solange wir noch hier leben. Das Osttor ist somit zum Weg nach Norden gerichtet, sofern unser Leben auch nach dem Empfang des Glaubens manchmal in der Kälte der Schuld erstarrt. Denn wer vermag in diesem Leben nach der Eingießung des Glaubens ohne Schuld zu leben, da uns Johannes versichert: *Wenn wir sagen, daß wir keine Sünde hätten, betrügen wir uns selbst, und die Wahrheit ist nicht in uns* (1 Joh 1,8)? Mit dieser Ansicht stimmt Jakobus überein, indem er sagt: *Denn in vielen verfehlen wir uns alle* (Jak 3,2). Wenn aber die vergangenen Sünden durch den Empfang des Glaubens vergeben wurden und nach dem Empfang des Glaubens die Neigung zur Sünde weiter besteht, wie sollen wir die Rechtfertigung für uns in Anspruch nehmen, wie auf das immerwährende Leben hoffen, es sei denn, wir richten jetzt, da wir uns noch zwischen dem Ost- und dem Nordtor befinden, die Augen des Geistes auf den Weg nach Süden, damit uns, in heiliger Sehnsucht entbrennend, die Glut der Liebe von der Schuld der Erstarrung und der Kälte befreie. Darum liegen die Kammern zwischen dem Ost- und dem Nordtor und richten ihre Stirnseite wie gesagt zum Weg nach Süden, auf daß wir, im Glauben wiedergeboren und dann abermals in Sünde gefallen, die Hoffnung auf Gottes Güte vorwegnehmen, uns in der Feuersglut der Liebe einüben und die Augen des Herzens dorthin lenken, wo wir von den Flammen der Liebe entzündet werden.

8 Nun kann aber mit dem Nordtor auch das Heidentum bezeichnet werden, mit dem Südtor das Judentum, mit dem Osttor der Herr selbst. Versinnbildlicht doch der Norden nicht zu Unrecht das Heidentum, welches jener in eisiger Erstarrung festhielt, der da sprach: *Ich will Platz nehmen auf dem Berg des Zeugnisses im äußersten Norden* (Is 14,13). Und unter dem Südtor wird mit Recht Judäa verstanden, wo die

geistigen Väter in himmlischer Liebe erglühten. Einer von ihnen flehte: *Wende, Herr, unsere Gefangenschaft, gleich dem Sturzbach im Südland* (Ps 125,4). Obgleich es ein fleischliches Volk war, in dem wie im Norden die Kälte herrschte, brannte gleichwohl in seinen heiligen Lehrern und Propheten die Glut der Gottes- und Nächstenliebe. Das Osttor aber bezeichnet nicht zu Unrecht den, von welchen geschrieben steht: *Siehe, ein Mann, aufgehender Morgen ist sein Name* (Zach 6,12). Von ihm sagt Zacharias: *Er hat uns heimgesucht, der Aufgang aus der Höhe* (Lk 1,78). Die Kammern der Sänger befinden sich also seitlich vom Nordtor, weil nicht nur in Judäa die Herzen der Heiligen im Geiste erglühten, sondern auch in den Scharen des Heidentums die Herzen der Heiligen sich den heiligen Geheimnissen des Glaubens zuwenden, in Liebe zum himmlischen Vaterland entbrennen, sich nach den ewigen Freuden sehnen und nach der Gemeinschaft mit ihren Mitbürgern im Himmel verlangen. Die Vorbilder dieser Liebesglut, die sie als ein Geschenk des Heiligen Geistes empfangen, erhalten sie von den geistigen Vätern der Synagoge. Sind doch auch die auf der nördlichen Seite stehenden Kammern zum Weg nach Süden gerichtet. Siehe, wir stammen ja aus den Heiden, sehen in den Juden unsere Väter, die uns in ihren Worten täglich Vorbilder heiligen Verlangens darbieten.

Brannte nicht gleichsam in südlicher Feuersglut, der da 9
sprach: *Wie der Hirsch nach Wasserquellen lechzt, so lechzt meine Seele nach dir, o Gott. Meine Seele dürstete nach dem lebendigen Gott; wann werde ich hingelangen und vor dem Angesicht Gottes erscheinen* (Ps 41,2–3)? Und: *Ich will dir lobsingen und mich einsichtig zeigen durch unbefleckten Wandel, wenn du zu mir kommst (Ps 100,1–2).* Von dem gleichen Feuereifer war auch der entzündet, der da sprach: *Nun entläßt du, Herr, deinen Diener nach deinem Wort in Frieden, weil meine Augen dein Heil gesehen haben* (Lk 2,29–30). Weil wir also aus dem Heidentum stammen, uns aber die heiligen Väter der Juden zur Nachahmung der Gottesliebe vor Augen halten, sind wir gleichsam die Kammern für die Sänger, die seitwärts vom Tor liegen, das auf den Weg nach Norden blickt, doch unsere Stirnseite ist zum Weg nach Süden gerichtet.

Man beachte auch, daß sich diese Kammern zwischen dem 10

Nord- und dem Osttor befinden, denn nach der Menschwerdung des Herrn ist eine Vielzahl von Heiden zum Glauben gelangt, und aus diesen gläubigen Völkern entstehen immer wieder liebende Herzen, die die Geheimnisse der göttlichen Menschwerdung aufs innigste verehren. Daher befinden sich auf der einen Seite der heiligen Kammern das Südtor, auf der anderen das Nordtor. Denn viele, die die Geheimnisse ihrer Erlösung verehren, müssen auch die fleischlich Gesinnten innerhalb der Kirche ertragen; sie erstarken und schreiten in der Gottesliebe voran, wachsen in den Tugenden und sehnen sich nach der Ankunft des ewigen Richters. Zwischen dem, was sie lieben, und dem, was sie ertragen, sind sie gleichsam die Schatzkammern, die die Reichtümer des Geistes im Herzen bewahren. Auch erlahmen sie nicht zwischen den Geheimnissen, die sie lieben, und den Widrigkeiten, die sie ertragen, da sie das Gesicht dem Weg nach Süden zuwenden. Was erdulden wir denn, was unsere Väter aus Liebe zum Herrn ehedem nicht auch ertragen hätten?

11 Man beachte ferner, daß das Osttor zwischen dem Süd- und dem Nordtor steht, denn unser Herr und Erlöser stammt nach seiner Geburt aus dem Judentum und hat dann bald seine Kirche im Glauben an ihn aus den Heiden gewonnen. Er ist gleichsam zwischen dem Süd- und dem Nordtor erschienen: aus jenem ist er gekommen und dieses hat er zu seinem Dienst bekehrt. Somit heißt es treffend, daß das Südtor zum Weg nach Norden blickt, denn der menschgewordene Herr hat die Synagoge verlassen und eine Vielzahl von Heiden zusammengeführt. Schließlich beachte man, was von den Kammern noch erwähnt wird: *Und ihre Stirnseiten waren auf den Weg nach Süden gerichtet*, genauer: *auf den einen*. Daraus ersehen wir klar, daß es für uns, die wir aus dem Heidentum gekommen sind, ein und derselbe Weg zum himmlischen Vaterland ist wie für jene Väter, die im Judentum gelebt haben. Für uns wie für sie ist es derselbe Weg, der uns zu den ewigen Freuden geleitet, wie uns im Evangelium gesagt wird: *Ich bin der Weg, die Wahrheit und das Leben* (Joh 14,6). Von ihm spricht der Psalmist: *Damit wir auf Erden deinen Weg und unter allen Völkern dein Heil erkennen* (Ps 66,3). Denn das hebräische Wort Jesus heißt auf Lateinisch salutaris, heilbringend. Auf Erden wird

der Weg erkannt, weil Jesus, Gott vor aller Zeit, Mensch geworden am Ende der Zeiten, sich den Heidenvölkern geoffenbart hat. Ein und derselbe Weg gilt somit für die, welche von Süden kommen, wie für die, welche zum nördlichen Bereich gehören, weil unser Herr und Erlöser, nachdem er die Strafe der Verzweiflung beseitigt hatte, für die auserwählten Juden und Heiden den Weg zur Liebe des Vaters gebahnt hat und zum Beistand bis zur glücklichen Ankunft geworden ist.

PRIESTERLICHE AUFGABEN

Es folgt:
(Ez 40,45–46) Und er sprach zu mir: Diese Kammer die zum Weg nach Süden blickt, soll für die Priester bestimmt sein, die den Dienst im Tempel versehen, und dann wird anschließend beigefügt: *Ferner soll die Kammer, die zum Weg nach Norden blickt, für die Priester bestimmt sein, die den Dienst am Altar versehen.*
Aus diesen Worten des Propheten ergibt sich für uns die 12
Frage, welche Priester einen höheren Rang einnehmen, die, welche den Dienst im Tempel, oder die, welche den Dienst am Altar versehen. Aber weil es kurz darauf heißt: *Der Altar stand vor der Stirnseite des Tempels* (Ez 40,47), wird offensichtlich angezeigt, daß jene Priester einen höheren Rang einnehmen, die den Dienst im Tempel versehen, da sie ja an dem Altar dienen, der im Inneren steht. Die hingegen den Dienst am Altar vor der Stirnseite des Tempels versehen, sind insofern niedrigeren Ranges, als sie draußen ihren Dienst verrichten. Es erhebt sich somit die Frage, welche Priester es sind, die im Tempel Dienst tun, und welche das Amt des Altardienstes innehaben. Nun schreibt der Lehrer der Heiden an die Gläubigen: *Heilig ist der Tempel Gottes, der ihr seid* (1 Kor 3,17). Wer sind also die Priester, die im Tempel Dienst tun, wenn nicht jene, die durch Gebet und Predigt und in ihrer Sorge um geistige Belange die heilige Kirche gegen das Eindringen böser Geister, gegen die Einflüsterungen verkehrt Denkender und gegen die Irrtümer der Häretiker verteidigen?

War etwa der kein Diener des Tempels, der da die Mühsale seiner Leiden aufzählte? *In Mühsal und Beschwernis, in vielen durchwachten Nächten, bei Hunger und bei Durst, in vielem Fasten, in Kälte und Blöße* (2 Kor 11,27), und sogleich beifügt: *Abgesehen von dem übrigen: der tägliche Zudrang zu mir, die Sorge um alle Gemeinden* (2 Kor 11,28). Erwägt bitte, welche Sorgfalt und Wachsamkeit der Aufseher des Tempels walten läßt! Denn siehe, er leidet Unvorstellbares in seinem Innern und schenkt die Sorge seines Herzens den anderen. Von welcher Tugend, frage ich, zeugt es, mehr an den Nutzen der Mitmenschen als an seine eigene Bedrängnis zu denken? Wer kann das entsprechend würdigen, wer entsprechend einschätzen? Er müht sich ab, er trauert, hungert, dürstet, friert, fastet, durchwacht Nächte, und trotzdem denkt er wachsam an die Sorge um alle Kirchen! Siehe da den eifrigsten Wächter des Tempels zum Vorbild aufgestellt! Ihn ahme nach, wer dazu imstande ist. Um der Wahrheit willen Widerwärtigkeiten erleiden, den Mitmenschen Gutes zukommen lassen, über die Seelsorge wachen, achtgeben und abwehren, daß keiner in Unglauben, keiner in Überheblichkeit, keiner in Diebereien oder in Unlauterkeit gerate: das heißt Wächter des Tempels Gottes, der heiligen Kirche sein.

13 Demgegenüber sind die Priester, die den Dienst am Altar versehen, niedrigeren Ranges. Sie bemühen sich angelegentlich, die Verfehlungen der größeren Sünder zu bessern, das Leben der fleischlich Gesinnten zu ändern und sie soweit zu bringen, durch Tränen das Fleisch, dem sie bisher in Sünden zu leben verstattet haben, gleichsam in einem Opfer zu verbrennen. Denn die, welche die Aufsicht über die heiligen Kirchen haben, sind nicht imstande alles selbst zu tun. Während sie sich mit geistigen Angelegenheiten beschäftigen, überlassen sie verkehrte und fleischliche Dinge, die etwa vorfallen, anderen, die sich darum kümmern und sie wieder in Ordnung bringen. Wenn sie nun die nach dem Fleisch Lebenden zurechtweisen, auf daß sie bis zur Enthaltsamkeit und zu eifrigem Gebetsleben gelangen und so voranschreiten, wird gleichsam auf dem Altar das Fleisch verbrannt, so daß vor dem Angesicht des allmächtigen Herrn dort ein Opfergeruch aufsteigt, wo zuvor die Sünde Mißfallen hervorrief.

Hier stellt sich indes folgende Frage: wenn oben gesagt wurde, daß die Stirnseiten der Kammern auf den Weg nach Süden blicken, weshalb dann jetzt gesagt, daß die gegen den Weg nach Süden gerichtete Kammer für die Priester bestimmt sei, die den Dienst im Tempel verrichten, und die gegen den Weg nach Norden gerichtete Kammer für die Priester, die den Dienst am Altar versehen? Wenn beide Stirnseiten zum Weg nach Süden gerichtet sind, weshalb heißt es dann jetzt, die eine Kammer blicke auf den Weg nach Süden und die andere auf den Weg nach Norden? Dennoch läßt sich aus diesen Worten entnehmen, daß die Kammer für die Priester, die den Dienst im Tempel verrichten, derart angeordnet war, daß sie nur auf den Weg nach Süden blickte, während die Kammer für die Priester, die den Dienst am Altar versehen, so im Vorhof stand, daß ihre Stirnseite sowohl auf den Weg nach Süden wie auch auf den Weg nach Norden gerichtet war: ebenso wie die Kammer der Priester, die sich dem Dienst im Tempel widmen, blickte die Kammer der Priester, die den Dienst am Altar versehen, auf den Weg nach Süden, doch im Gegensatz zur Kammer jener Priester war diese Kammer auch noch zum Weg nach Norden hin gerichtet. Aber was soll das bedeuten, geliebte Brüder? Welchen mystischen Sinn können wir in diesen Worten erkennen, wenn nicht den, den der geistig geschulte Zuhörer schon aus dem Zusammenhang mit dem Vorausgegangenen ersehen kann? Die ranghöheren Priester, die den Dienst im Tempel versehen, blicken nur auf den Weg nach Süden, denn indem sie sich ausschließlich mit geistigen Dingen beschäftigen, sind sie immerdar auf das bedacht, was die Liebe zu Gott betrifft, während sich die rangniedrigeren Priester um die Verfehlungen der Sünder annehmen und somit ihre Blicke auch auf den Weg nach Norden richten, damit ihr Geist die frostige Erstarrung der Sünder sehe, sie mit Worten der Zurechtweisung zu wehklagender Buße führe und so gleichsam das Opferfleisch auf dem Altar des Herrn in Brand setze. Freilich blicken sie wie die ranghöheren Priester ebenfalls auf den Weg nach Süden, denn, was sie selbst angeht, glühen sie auch im Feuer der Nächstenliebe und brennen in den Flammen der Gottesliebe. Weil sie aber zumeist die Verfehlungen der Sünder in Ordnung bringen, 14 richten sich ihre Blicke auch auf den Weg nach Norden. Doch wird über beide Priesterordnungen hinzugefügt: *(Ez 40,46) Das sind die Söhne Zadoks, diejenigen von den Söhnen Levis, die dem Herrn nahen, um ihm zu dienen.*

15 Zadok heißt auf lateinisch iustus, gerecht. Wer aber ist gerecht, wenn nicht der, zu dem gesagt ward: *Du bist gerecht, Herr, und rechtens sind deine Gerichte* (Ps 118,137). Wer sind die gerechten Söhne, wenn nicht jene, von denen geschrieben steht: *So viele aber an ihn glaubten, denen gab er die Macht, Söhne Gottes zu werden* (Joh 1,12). Levi aber wird mit «aufgenommen» übersetzt. Wer ist vom Herrn aufgenommen, wenn nicht das gläubige Volk, welches durch die Sakramente des Glaubens von den Ungläubigen ausgesondert ward. Demnach sind alle, die sich unermüdlich geistigem Tun widmen, gerechte Söhne. Und die aus den Söhnen des Volkes Aufgenommenen nahen sich dem Herrn, um ihm zu dienen, denn auch von den Gläubigen werden welche auserwählt, die zum Dienst des allmächtigen Gottes kommen und sich in himmlischem Eifer der Erziehung des Volkes annehmen.

16 Indes müssen wir uns genauer fragen, wer dem Herrn wirklich dient. Nicht alle, die da Vorlesungen und Predigten halten, von ihrem Besitz etwas abgeben oder durch fleischliche Enthaltsamkeit den Leib kasteien, dienen dem Herrn. Denn wer im Vorlesen oder im Predigen die eigene Ehre sucht, wer durch Wohltätigkeit und Enthaltsamkeit, beziehungsweise Kasteiung des Leibes danach trachtet, von den Menschen Lob zu ernten, dient nicht dem Herrn, sondern sich selbst. Im Gegensatz dazu spricht der Herr durch den Psalmisten: *Wer auf makellosem Weg wandert, der dient mir* (Ps 100,6). Ein Makel aber auf dem Weg ist es, wenn einer in dem guten Werk, das er verrichtet, den Preis irdischen Ruhmes vor Augen hat, nach dem Lohn in dieser Welt strebt und so den Glanz des guten Werkes in den Augen Gottes mit dem Makel der verkehrten Absicht befleckt. Wenn einer beispielsweise mit glühendem Eifer auf die Einhaltung eines zuchtvollen Lebenswandels bedacht ist und den Verfehlungen der Sünder entgegentritt, bei diesem Tun aber nicht von der Liebe zum allmächtigen Gott, sondern von persönlichem Ehrgeiz geleitet wird, dann dient er damit nicht dem Herrn, sondern sich

selbst. Ein anderer duldet, um nicht hart zu erscheinen nachsichtig gar vielerlei, was verkehrt getan wird. Auch dieser dient, da er um des Herrn willen für nicht so streng gehalten werden will, durch seine betonte Nachgiebigkeit nicht dem Herrn, sondern sich selbst. Es bleibt also dabei: ob wir uns im Predigtamt abmühen oder den Bedürftigen von dem Unsrigen geben, ob wir durch Enthaltsamkeit das Fleisch im Zaum halten oder von Eifer angetrieben werden, ob wir in unserer Geduld bisweilen Verkehrtes nachsichtig dulden: wir müssen vor allem unsere Absicht prüfen, so daß wir alles, was wir tun, nicht um unseretwillen, sondern aus Eifer für die Sache des Herrn tun, um in unserem Tun nicht uns als vielmehr dem Herrn zu dienen. Nicht dem Herrn, sondern sich selbst haben gedient, von denen Paulus sagte: *Alle suchen das Ihrige, nicht was Jesu Christi ist* (Phil 2,21). Paulus jedoch beeilte sich mit den auserwählten Brüdern, im Leben wie im Tod nicht sich selbst, sondern dem Herrn zu dienen, da er sprach: *Keiner von uns lebt sich selbst, und keiner stirbt sich selbst. Denn leben wir, so leben wir dem Herrn; sterben wir, so sterben wir dem Herrn* (Röm 14,7–8). Die Heiligen leben weder noch sterben sie sich selbst. Sie leben nicht sich selbst, weil sie bei all ihrem Tun den geistigen Gewinn im Auge haben und in Gebet, Predigt und jeglichem heiligen Tun den Wunsch haben, die Bürger des himmlischen Vaterlandes zu vervielfachen. Sie sterben nicht sich selbst, weil sie mit ihrem Tod im Angesicht der Menschen Gott verherrlichen, zu dem sterbend zu gelangen sie ungeduldig erwarten. Laßt uns daher nicht abwägen, welcher Schimpf den Heiligen in ihrem Tod von den Ungläubigen angetan worden ist, vielmehr wie sehr der Lobpreis Gottes in den Herzen der Gläubigen zugenommen hat. Würden sie ihre eigenen Ehre suchen, so wären sie gewiß vor einer so vielfältigen Schande zurückgewichen, die sie im Tod erleiden mußten. Niemand von ihnen lebt sich selbst und niemand stirbt sich selbst, da sie weder im Leben noch im Tod ihre Ehre gesucht haben. Sehen wir zu, ob der erste Hirt der Kirche, der nicht sich selbst gelebt hat, sich selbst gestorben ist. Sein Gefährte Johannes hat nachgeforscht und über die Worte des Herrn, den Tod eben dieses Hirten betreffend, gesagt: *Das aber sagte er, um anzudeuten, durch welchen Tod er Gott verherrlichen werde* (Joh 21,19). Demnach ist er nicht sich selbst gestorben, der im Tod Gott verherrlicht hat. Lernen wir also, meine Brüder, in allem, was wir tun, unsere Absicht genau und sorgfältig prüfen und nicht das Unsrige suchen, wenn wir dem allmächtigen Gott dienen wollen. Aber da wir gesagt haben, aus dem gläubigen Volk seien die Söhne Zadoks zum Dienst des allmächtigen Gottes aufgenommen worden, gibt es etwa in diesem Volk nicht viele, die als solche erfunden werden, die in den Geboten Gottes vollkommen leben?

DAS QUADRAT DER TUGENDEN

Freilich gibt es sie, denn es wird beigefügt:
(Ez 40,47) Und der Vorhof maß hundert Ellen in der Länge und hundert Ellen in der Breite: ein Viereck.
17 Wir haben schon mehrmals erklärt, daß mit der Länge die Geduld der Hoffnung, mit der Breite die Weite der Liebe bezeichnet wird. Daß die Zahl Hundert, in welcher Zehn zehnmal enthalten ist, die höchste Vollkommenheit bedeutet, ist oben ausreichend erörtert worden (vgl. zu Ez 40,19, Seite 369f.; zu Ez 40,23, Seite 387ff.). Was bedeutet daher der Vorhof des geistigen Gebäudes anderes als die Gesamtheit der gläubigen Völker? Ist doch die Geduld der Hoffnung und die Weite der Liebe in den Herzen der Gläubigen nicht untätig, denn im Glauben wird gewirkt, was immer Bestand hat. So spricht Paulus: *In Christus Jesus vermag weder Beschneidung noch Vorhaut etwas, sondern der Glaube, der durch die Liebe wirkt* (Gal 5,6). Wenn also im Leben der Gläubigen je nach den Umständen bei einzelnen die Geduld der Hoffnung vollkommen, die Weite der Liebe vollkommen, die Sicherheit des Glaubens vollkommen und der Eifer im Ton vollkommen ist, dann hat der Vorhof 100 Ellen im Quadrat. In den Maßen des Quadrates ist weder eine Seite länger noch eine andere kürzer, vielmehr dehnen sich alle vier Seiten in gleicher Länge aus. Stellen wir ja bei uns selber fest, daß die vier genannten Tugenden: Glaube, Hoffnung, Liebe und Tatkraft, solange wir in diesem Leben leben, einander gleichwertig sind. Die Liebe wird zwar für größer gehalten als der Glaube und die

Hoffnung, denn nachdem wir zu Schau unseres Schöpfers gelangt sein werden, vergehen Glaube und Hoffnung, während die Liebe bleibt. Jetzt aber lieben wir in dem Maße, als wir glauben, und nehmen in der Hoffnung soviel vorweg, als wir lieben. Über Glauben und Werke sagt auch der Apostel Johannes: *Wer behauptet, Gott zu kennen, aber seine Gebote nicht hält, ist ein Lügner* (Joh 2,4). Die Erkenntnis Gottes gehört zum Glauben, das Halten der Gebote zu den Werken. Da nun die Tugend nach einer Zeit und einem Ort für ihre Verwirklichung verlangt, so wirkt einer in dem Maß, als er Gott erkennt, und erkennt Gott in dem Maß, als er für Gott Gutes wirkt. Somit werden die Tugenden des gläubigen Volkes nach dem Quadrat gemessen, weil jeder, der sich in der Ausübung des tätigen Lebens befindet, in dem Maß glaubt, als er hofft, wirkt und liebt, in dem Maß hofft, als er glaubt, wirkt und liebt, in dem Maß liebt, als er glaubt, hofft und wirkt, und in dem Maß wirkt, als er glaubt, liebt und hofft. Und weil es im Volk der heiligen Kirche viele gibt, die stark im Glauben, langausdauernd in der Hoffnung, weitausgreifend in der Liebe und tatkräftig in ihrem Wirkungsbereich sind, betragen die Maße des Vorhofes hundert Ellen im Quadrat.

Um indes auch von ihren Kardinaltugenden zu reden: oft 18
sehen wir manche von ihnen klug durch Einsicht, tapfer in Widerwärtigkeiten, gerecht im Handeln, maßvoll im Genießen und sich bei allem Eifer durch ausgewogene Diskretion auszeichnen. Indem sie Klugheit, Tapferkeit, Gerechtigkeit und Mäßigung oder, wie einige diese Tugenden in anderer Reihenfolge aufzuzählen belieben: Klugheit, Mäßigung, Tapferkeit und Gerechtigkeit besitzen, hat der geistige Vorhof die Gestalt eines Quadrates. Denn siehe, die Tugenden, die wie gesagt die Guten und Gläubigen besitzen, bilden in der Weise ein Quadrat, daß keine ohne die andere auskommt. So ist etwa die Klugheit etwas Großes, aber wenn sie im Genießen zuwenig Maß, in Gefahren zuwenig Tapferkeit, im Handeln zuwenig Gerechtigkeit an den Tag legt, ist sie wohl auch selbst zuwenig klug. Die Mäßigung ist etwas Großes, aber wenn sie nicht begreift, worin sie sich mäßigen sollte, wenn sie nicht imstande ist, Widerwärtigkeiten tapfer auf sich zu nehmen und die Seele in Ängste stürzt, wenn sie sich im

Übereifer dann und wann zu unrechtem Tun hinreißen läßt, ist sie auch selbst zuwenig maßvoll. Die Tapferkeit ist etwas Großes, aber wenn sie nicht erkennt, was sie an Gutem zu schützen, welchen Übeln sie zu widerstehen hat, wenn sie sich im Streben nach Genuß zuwenig mäßigt und von Verlokkungen besiegt wird, wenn sie gerechtes Tun zu gering anschlägt und dann und wann durch die Übermacht der Ungerechtigkeit überwältigt wird, dann ist sie auch selbst zuwenig tapfer. Die Gerechtigkeit ist etwas Großes, aber wenn sie zwischen rechtem und unrechtem Tun weniger, als sie sollte, unterscheidet, wenn sie dem Herz in den Ergötzlichkeiten der Welt zuwenig Mäßigung auferlegt, wenn sie sich angesichts von Widerständen zuwenig tapfer erweist, dann ist sie auch selbst zuwenig gerecht. So wird also das Leben der vollkommenen Gläubigen durch die Maße des Quadrates bestimmt, und eine Seite des geistigen Vorhofes ist ebenso lang wie alle übrigen. Denn jeder ist nur so klug, wie er maßvoll, tapfer und gerecht ist, nur so maßvoll wie klug, tapfer und gerecht, nur so tapfer wie klug, maßvoll und gerecht, nur so gerecht wie klug, maßvoll und tapfer. Trotzdem gibt es unter den Gläubigen einige, die noch nach dem Gesetz des Fleisches leben. Aber selbst wenn sie beispielweise die Buchstaben nicht kennen und die Vorschriften Gottes nicht lesen können, sehen sie doch im Umgang mit vielen Gläubigen das Gute, das sie nachahmen sollten. Siehe, in der Kirche erklingen die Stimmen des heiligen Evangeliums und der Apostel, siehe, die Menschen haben die Vorbilder derer, die recht leben, täglich vor Augen. Wir sehen bloß nicht, was wir nachahmen sollten.

ALTÄRE LEBENDIGEN OPFERS

Daher wird nun beigefügt:
(Ez 40,47) Und der Altar stand vor der Stirnseite des
19 *Tempels.* Was ist der Tempel anderes als das gläubige
Volk? Wie der Apostel Paulus zu den Jüngern sagte: *Denn der Tempel Gottes ist heilig, und der seid ihr* (1 Kor 3,17). Und was ist der Altar Gottes anderes als die Gesinnung der recht Lebenden? Die eingedenk ihrer Sünden die Makel mit Tränen

abwaschen, ihren Leib durch Enthaltsamkeit in Zucht nehmen, sich in keine Geschäfte dieser Welt einmischen, von ihrem Besitz den Bedürftigen geben und kein Verlangen tragen zu besitzen, was sie nicht haben. Mit Recht wird daher deren Herz ein Altar Gottes genannt, wo aus dem Reueschmerz Feuer auflodert und das Opferfleisch verzehrt wird. Sehen wir etwa nicht, geliebte Brüder, in diesem heiligen gläubigen Volk täglich solche Menschen sozusagen im Vorhof des Tempels? Ist uns nicht etwa deren Leben unablässig als Vorbild vor Augen gestellt? Der Altar ist also vor der Stirnseite des Tempels, da viele im Blickfeld der heiligen Kirche stehen und sich, eingedenk des ewigen Gerichtes, täglich in wehklagender Reue Gott zum Opfer weihen. Die, wie zuvor gesagt wurde, ihre Leiber kasteien und so das erfüllen, was der Lehrmeister der Heiden gesagt hat: *Daß ihr eure Leiber als lebendiges, heiliges, Gott wohlgefälliges Opfer erweist* (Röm 12,1). Wird doch das Opfertier geschlachtet, um geopfert zu werden. Ein lebendiges Opfertier ist ein um des Herrn willen von Leiden heimgesuchter Leib. Er wird sowohl als Opfertier wie auch als lebendig bezeichnet, denn er lebt in den Tugenden und ist tot für die Laster. Als Opfertier, weil er dieser Welt in ihrem verkehrten Treiben gestorben ist, als lebendig, weil er, soviel er nur vermag, Gutes wirkt.

Weil indes bei der Erwähnung des Altars die Rede auf die 20
Flammen der Reue kam, halte ich es für notwendig, die Verschiedenartigkeit der Reue aufzuzeigen. Die eine Reue entsteht aus Furcht, die andere aus Liebe, denn etwas anderes ist es, der Bestrafung zu entfliehen, etwas anderes das Verlangen nach Belohnung. So war im Gesetz angeordnet, daß im Bundeszelt zwei Altäre sein sollten, der eine draußen, der andere drinnen, der eine im Vorhof, der andere vor der Bundeslade, der eine von Kupfererz überzogen, der andere mit Gold umkleidet. Auf dem erzenen Altar werden Fleischstücke verbrannt, auf dem goldenen Altar wird Räucherwerk angezündet (vgl. Ex 39,37–39; 40,5.24–25). Daß draußen Fleischstücke, drinnen Räucherwerk verbrannt werden, bedeutet nichts anderes, als was wir jeden Tag sehen: daß es nämlich zwei Arten von Reue gibt, wonach die einen sich aus Furcht an die Brust schlagen, andere hingegen aus Liebe in

Wehklagen ausbrechen. Denn viele denken an ihre Sünden und vergießen aus Furcht vor den ewigen Strafen täglich Reuetränen. Sie beklagen das Böse, das sie getan haben und zünden die Laster mit dem Feuer der Reue an, zumal sie noch immer deren Verlockungen im Innern spüren. Sind sie nicht der erzene Altar, auf welchem Fleischstücke verbrennen, da sie noch immer ihre fleischlichen Werke beklagen?

21 Andere jedoch sind von fleischlichen Lastern frei oder fühlen sich dank langanhaltender Reuetränen außer Gefahr: ihre Reuetränen sind Ausdruck brennender Liebesglut, sie halten sich den Lohn des himmlischen Vaterlandes vor die Augen des Herzens und verlangen, bei jenen Bürgern droben zu sein. Hart erscheint ihnen die Knechtschaft, die lange Dauer ihrer Pilgerschaft. Sie sehnen sich, den König in seinem Glanz zu sehen, und hören nicht auf, aus Liebe zu ihm täglich Tränen zu vergießen. Sind sie nicht der goldene Altar, da in ihrem Herzen Räucherwerk aufglüht und Tugenden brennen? Treffend heißt es von diesem Altar, er sei vor dem Vorhang der Bundeslade im Allerheiligsten aufgestellt. Uns ist derjenige zur Bundeslade geworden, von dem geschrieben steht: *In dem alle Schätze der Weisheit und der Wissenschaft verborgen sind* (Kol 2,3). Die Bundeslade hinter dem Vorhang ist unser Erlöser im Himmel. Der goldene Altar vor dem Vorhang, auf dem das Räucherwerk verbrennt, sind die Herzen der Heiligen, die aus Liebe zu Gott in großen Tugenden auflodern, in heiligem Verlangen nach ihm erglühen, den sie, da ihr Antlitz verhüllt ist, noch nicht sehen können. Zwischen der Bundeslade und dem Altar ist ja ein Vorhang, weil das Hindernis, das uns von der Schau Gottes fernhält, unsere Verderbtheit, noch nicht weggeschafft wurde. Solange wir daher diesseits des Vorhanges sind, müssen wir gleich glühendem Räucherwerk in Liebesflammen brennen. Wir dürfen in tränenreicher Reue nichts Irdisches, nichts Vergängliches suchen. Er allein, der alles geschaffen hat, soll uns genügen. Laßt uns in der Sehnsucht über alles hinaussteigen, um den Geist in diesem Einen zu sammeln. Nicht aus Furcht vor Strafen, nicht im Gedenken unserer Laster, sondern von Liebesflammen entzündet laßt uns mit Tränen im Wohlgeruch der Tugenden erglühen.

22 Dieses Gebet der Auserwählten wurde längst vorausgesehen,

da es im Lobgesang der Braut heißt: *Wer ist jene, die dort aus der Wüste heraufkommt gleich einer Rauchsäule, umduftet von Myrrhen und Weihrauch und mancherlei Gewürzpuder des Spezereihändlers* (Hl 3,3)? Wenn sich die heilige Kirche der Auserwählten in heiligen Gebeten, in brennender Liebe aus dieser Welt emporhebt, dann steigt sie aus der Wüste, die sie zurückläßt, herauf. Wie sie heraufsteigt, wird auch gesagt: *Gleich einer Rauchsäule umduftet.* Der Rauch stammt vom Opferfeuer, wie der Psalmist sagt: *Mein Gebet steige wie ein Rauchopfer vor dein Angesicht* (Ps 140,2). Der Rauch pflegt Tränen hervorzutreiben. Und so besteht der Rauch aus Wohlgerüchen, das Reuegebet entspringt aus Liebestugenden. Das Gebet wird eine Rauchsäule genannt, denn da es nur Himmlisches erfleht, schreitet es aufgerichtet voran und denkt nicht daran, Irdisches oder Zeitliches zu erbitten. Man beachte auch, daß es nicht als ein Stab, sondern als eine Säule bezeichnet wird, ist doch die Liebeskraft in der Glut der Reue von solcher Feinheit, daß sie die erleuchtete Seele, die sie zu besitzen verdient, selbst nicht zu begreifen vermag.

Sehr richtig ist *von Myrrhen und Weihrauch* die Rede. Der 23
Weihrauch wird ja nach dem Gesetz beim Opfer dem Herrn angezündet. Mit Myrrhe werden die toten Leiber einbalsamiert, damit sie nicht von Würmern zerfressen werden. Ein Myrrhen- und Weihrauchopfer bringen somit jene dar, die den Leib kasteien, um nicht von den Lastern der Verderbnis beherrscht zu werden, die die duftende Opfergabe ihrer Liebe im Angesicht des Herrn entzünden und sich selbst in heiligen Tugenden Gott darbieten. Darum wird auch beigefügt: *Und mancherlei Gewürzpuder des Spezereihändlers.* Der Gewürzpuder des Spezereihändlers ist die Tugend dessen, der gute Werke vollbringt. Auch beachte man, daß die Tugenden dessen, der gute Werke tut, nicht als Schminke, sondern als Puder bezeichnet werden. Wenn wir etwas Gutes tun, dann bringen wir Schminke zum Opfer dar. Wenn wir aber das Gute, das wir tun, noch einmal überprüfen und, auf daß in ihm nichts Tadelnswertes sei, das Ergebnis der Prüfung berücksichtigen, machen wir gleichsam Puder aus der Schminke, um so unser Gebet dem Herrn in kluger Unterscheidung und Liebe als ein feines Rauchopfer darzubringen.

SCHLUSSWORT

24 Siehe, das ist's, was wir, soweit wir's mit Gottes Beistand vermochten, vor Euch, geliebteste Brüder, erarbeitet haben. Niemand nehme es mir übel, wenn ich nach dieser Homilie aufhöre. Denn meine Trübsale haben, wie ihr alle seht, überhandgenommen: ringsum sind wir von Schwertern bedrängt, ringsum quält uns die Angst vor drohender Todesgefahr. Die einen kehren mit abgeschlagenen Händen zu uns zurück, andere werden als gefangen, wieder andere als getötet gemeldet. Ich sehe mich außerstande, meine Ausführungen fortzusetzen, *denn meine Seele ekelt es ob meines Lebens* (Job 10,1). Niemand möge fernerhin von mir ein Studium der Heiligen Schrift erwarten, *denn meine Zither hat sich zum Trauerlied gewendet und meine Schalmei zu Wehklagen* (Job 30,31). Das Auge des Herzens wacht nicht mehr bei der Erforschung der göttlichen Geheimnisse, weil *meine Seele ermattet ist vor Überdruß* (Ps 118,28). Die Lektüre schmeckt meiner Seele nicht mehr süß, *weil ich vergessen habe, mein Brot zu essen, ob meines lauten Seufzens* (Ps 101,5–6). Wem aber zu leben nicht mehr vergönnt ist, wie soll der über den mystischen Sinn der Heiligen Schrift reden? Täglich werde ich genötigt, Bitteres zu trinken: wie kann ich da Süßes zu trinken geben? Was bleibt übrig, als daß wir unter den Geißelhieben, die wir um unserer Übeltaten willen erleiden, mit Tränen Dank sagen? Er, der uns erschaffen hat, ist ja für uns auch zum Vater geworden durch den Geist der Kindschaft, den er uns geschenkt hat. Das einemal nährt er die Kinder mit Brot, ein andermal weist er sie mit Züchtigungen zurecht, weil er uns durch schmerzhafte Wunden wie auch durch Gnadengaben zur ewigen Erbschaft heranbildet. So sei denn Ehre unserem allmächtigen Herrn Jesus Christus, der mit dem Vater lebt und herrscht in der Einheit des Heiligen Geistes, Gott von Ewigkeit zu Ewigkeit. Amen.